庸国荒史研究

本书定位于梳理历史沿革，接通文化断层；定位于抢救文化遗产，发掘文化资源；定位于提炼文化符号，打造文化品牌；定位于提升文化底蕴，彰显张家界文化形象。

李书泰 著

人民日报出版社

图书在版编目（CIP）数据

庸国荒史研究／李书泰著．—北京：人民日报出版社，
2018.7
ISBN 978－7－5115－5594－6

Ⅰ.①庸… Ⅱ.①李… Ⅲ.①张家界—地方史—研究
Ⅳ.①K296.43

中国版本图书馆 CIP 数据核字（2018）第 162332 号

书　　　名：**庸国荒史研究**
著　　　者：李书泰

出 版 人：董　伟
责任编辑：梁雪云
封面设计：中联学林

出版发行：人民日报出版社
社　　　址：北京金台西路 2 号
邮政编码：100733
发行热线：（010）65369509　65369846　65363528　65369512
邮购热线：（010）65369530　65363527
编辑热线：（010）65369526
网　　　址：www. peopledailypress. com
经　　　销：新华书店
印　　　刷：三河市华东印刷有限公司

开　　　本：710mm×1000mm　1/16
字　　　数：592 千字
印　　　张：34
印　　　次：2019 年 4 月第 1 版　　2019 年 4 月第 1 次印刷

书　　　号：ISBN 978－7－5115－5594－6
定　　　价：168.00 元

仙境張家界；
古國大庸都。

神奇鬼谷子；
靈異天門山。

何光岳
辛卯立夏後二日

然此书之立名，自有分寸。名之曰"荒"，自是筚路蓝缕，前无古人。而"荒史"之称，又非自我作古。书中叙及：明陈士元（1516－1597）就著有"荒史六卷，述'洪荒开辟之事'"。今人著庸国荒史，何所不可？且标明"研究"，并非自作定论。著者李书泰先生，也可谓谋其史识，善用史笔。

蒙著者惠赐样书，又破"良工不示人以璞"之惯例，不我遐弃，可谓推诚相待。我岂能妄自矜伐，而不以诚相接！逮我稍审目录，不禁咋舌。此书对庸国史料，可谓穷搜极讨，巨细无遗。全书500页，内容极其丰富，每有珍本秘籍，世所罕见。

张良皋
著名建筑学家、史学家、国务院终身成就奖获得者、
原华中科技大学教授、该校建筑学院创始人

自　序

　　历史和文化有如一条来自洪荒而又不断流向未来的长河，她生生不息地影响和引领着人们的生存与发展。在疆域辽阔的中华大地上，不同地区、不同自然环境，创造了不同的区域文化。正是这博大精深、多姿多彩的区域文化汇聚成了源远流长的中华文明。张家界历史文化有如澧水溇江一样千古流淌，汇入中华文明的浩瀚大海。

　　千百年来，张家界人民积淀和传承了一个底蕴深厚的文化传统。这种文化传统的辉煌和独特，在于她体现出不同凡响、令人惊叹、富于创造力的智慧和力量。

　　张家界历史文化的基因，早早出现在历史的源头。20 万年前（慈利）金台村文化，10 万年前（桑植）朱家台文化，结绳记事时代（武陵源索溪峪）索水索国文化，新石器时代（永定）古人堤文化，枫香岗文化，崇山、嵩梁山文化，无一不在湖湘文化乃至中华文化的源头留下创造和进步的脚印。

　　长期以来，张家界人民在与时俱进的历史轨迹上一路走来，秉承着富于开创、勇于担当的文化传统，并深深地融汇在一代代土家和苗、白人民的血液中，体现在一代代张家界人的创造活动中。从崇山氏（燧人氏）祝融部落钻木取火、以火施化，到枫香氏（凤向氏）伏羲部落观天画卦、教民渔猎；从嵩梁氏（神农族）赤松部落柔木为耒、教民农耕，到三苗氏（盘瓠族）驩兜部落开发崇山、建立方国；从伯庸（大庸）族鬻熊部落经营崇山、开发武陵，到半熊氏庸国君臣结盟周族、伐纣灭商；从鬼谷白公创造《捭阖》奇术，到诗祖屈原吟唱《离骚》古歌；从相单程围困充城、救民水火，到田希吕创办书院、教化一方；从孙开华、刘明灯戍台建功，到杜心五、谷壮猷辛亥立勋；从贺龙、袁任远、廖汉生投身革命、追求民主，到卓炯、田奇王隽、陈能宽致力学术、献身科技等等。这一切，无不展示张家界深厚的文化底蕴和澧溇儿女世代传承的战斗精神和开创意识。这薪火相传的文化创造力，从观念、态度、行为方式和价值取向上，孕育、形成了源远流长的澧溇文化传统和与时俱进的崇山文化精神。正是这种文化滋育着张家界的生命力，固化着张家界的凝聚力，培植着张家界人的创造力，激励着一代代张家界人不甘落后、永不停息，在各个不同历史时期超越自我、创新前进。

意蕴丰富、特色鲜明的张家界历史文化，是历史赐予我们的宝贵财富，也是我们开拓未来的丰富资源和不竭动力。在新的历史时期我们越来越深刻地认识到，今后一个时期，张家界能否跟上时代步伐，能否创造新的辉煌，很大程度上取决于我们对文化力量的深刻认识，取决于对发展先进文化的高度自觉，取决于我们加快文化强市建设的工作力度，取决于文化软实力能否最终转化为经济硬实力。文化资源是经济社会发展的重要资源，文化要素是综合竞争力的核心要素。研究张家界历史文化，增强文化软实力，为张家界经济社会发展服务，是全市人民的共同事业，也是张家界市委、市政府的重要使命和职责。

2009 年 6 月，中共张家界市委召开常委会议，决定成立"张家界历史文化基础性研究领导小组"，提出全面搜集、深入研究、系统整理张家界历史文化，着力提升本土民族文化特色，打造有张家界特色的文化品牌，让全市人民知我张家界、爱我张家界，充满自豪、满怀信心地建设张家界、发展张家界。这是张家界建市以来第一次启动的一项重要的文化工程。编纂出版《张家界历史文化研究丛书》，无疑是完成这一重大文化建设工程的重要举措，无疑是一项服务现实发展，造福子孙后代的高尚事业，在梳理历史沿革，接通文化断层，抢救文化遗产，破解历史谜团，发掘文化资源，提炼文化符号，打造文化品牌，提升文化底蕴，提高人文素质方面，无疑将发挥重要作用，产生重要影响。我们热忱希望张家界的文化人和有识之士积极参与、通力协作，拿出确有分量和价值的后续作品，扛鼎之作，用张家界历史鼓舞全市人民，用张家界文化熏陶全市人民，用张家界精神引领全市人民，进一步激发全市人民的无穷智慧和创造能力，推动张家界经济社会又快又好地发展。

崇山巍巍，因它蕴藏了文明的火种，才竖起了万世传颂的丰碑；澧水悠悠，因它托起了历史的渔舟，才赢得了千古不落的赞歌。如果说中华文化是一棵参天大树，那么崇山、澧水文化就是这棵大树上的一片绿叶。今天，当我们迈进新的历史时期，带着全市人民的期许和厚望，致力于世界旅游精品建设时，我们应当担负起历史的责任，让我们的文化薪火相传、绵延不绝，让我们的创造与时俱进，生生不息。

2018 年 3 月 2 日于张家界

前　言

　　张家界市地处湖南西北部,1988 年 5 月,国务院批准建立省辖地级大庸市,1994 年 4 月更名为张家界市,辖永定区(原大庸县)、武陵源区(1988 年 5 月新设置)、慈利县、桑植县。总面积 9516 平方公里,地理坐标为东经 109 度 40 分至 111度 20 分,北纬 28 度 52 分至 29 度 48 分。这里地质构造复杂,地貌风景奇特,既拥有世界罕见的石英砂岩峰林峡谷地貌,享誉世界,又是三苗、百濮等土著先民的传统领地,产生了祝融、赤松、驩兜等一批创世先贤,是庸楚文化、湖湘文化、土家文化的重要发祥地之一,是湘鄂西、湘鄂川黔革命根据地的发源地和中心区域,也是老一辈无产阶级革命家贺龙元帅的故乡。改革开放以来,在历届地方党委政府的领导下,着力实施旅游带动战略。经过全市 160 多万各族人民的团结奋斗,千年古境焕发青春,张家界已成为国内外知名的旅游胜地,历尽沧桑而又正在崛起的澧溇大地,以她古老、原始、神秘而又现代化、国际化的独特魅力,带给中外游人更多的欢欣和喜悦。

　　市委、市政府主要领导同志高度重视本土历史文化研究工作,要求市政协将文史工作重点转移到加强本土历史文化研究、服务和服从于世界旅游精品建设上来,充分利用政协平台和人才优势,将这项工作不断向纵深推进。2009 年 6 月,市委常委会作出决定,由市政协率头组建张家界历史文化基础性研究领导小组和专门的课题组。至此,张家界市历史文化研究工作全面、系统展开。

　　组织开展张家界市历史文化基础性研究工作,我们深感担子沉重,责任重大,丝毫不敢懈怠,所幸的是经过张家界市历届政协的努力,这方面的工作已有一个较好的基础。经过长达两年多的深入调研、广泛咨询和反复讨论,初步取得了一批研究成果,拟定了跨度为五年的研究计划。

　　本次基础性研究定位于梳理历史沿革,接通文化断层;定位于抢救文化遗产,发掘文化资源;定位于提炼文化符号,打造文化品牌;定位于提升文化底蕴,彰显张家界文化形象;定位于服务世界旅游精品建设,提高张家界经济社会发展软实力等五个方面。基于这一前提,课题组提炼出了"祝融氏与古庸国""枫香岗与伏羲氏""桑植坪与帝女桑""嵩梁山与赤松子""崇山君与驩兜国""白公胜与鬼谷子""大庸溪与赧王墓""武陵源与古索国""归乡岸与屈子魂""张良墓与黄狮(皇师)寨""相王起义与充城之战""田氏戍边与武溪兵屯""澧娄精英与戍台名将""历代兵战文化""土司卫所文化""革命老区文化"等本境古史核心研究课题及"桑植民歌""大庸阳戏""杖鼓舞乐""罗水傩戏"等非物质文化遗产研究课题。并计划逐步推出相关研究成果,编纂出版《张家界历史文化研究丛书》,旨在传承和弘扬张家界历史文化,服务于世界旅游精品建设,把张家界建设成风光绝美、文化独特、环境良好的世界旅游精品。

《张家界历史文化研究丛书》的出版,得到省有关部门和市委、市政府的高度重视,得到市、区、县有关单位的鼎力相助,得到相关高校和研究机构专家、学者的指导,得到社会热心人士的积极响应。在此一并表示诚挚的敬意和衷心的感谢。

文章千古事,得失寸心知。尽管编委会和各专辑的主编、编辑与审订者做出了很大努力,但由于水平所限,《张家界历史文化研究丛书》仍有不少缺点和不足。好在该丛书将会继续编辑下去,仍然有不断改进和提高的机会。错误和讹漏,请读者予以指正。同时,也希望有更多的有识之士加入到张家界历史文化基础性研究中来,为传承发展张家界历史文化奉献聪明才智。如果说探索是一种乐趣,那么,在探索的路上做一块不起眼的铺路石则是一种幸运,也是我与课题组成员的共同心愿。

一项开创性工作的持久生命力

张家界市历史文化基础性研究领导小组办公室

（2015 年 4 月 12 日）

长期以来，外界和我们自己似乎都认为张家界只有风景、没有文化。实际上张家界不是没有文化，而是缺少研究。在原市政协主席周元庭同志的努力呼吁下，这样的判断在我市领导层很快达成共识。2009 年 6 月 1 日，市委常委会议研究决定成立由市委书记和市长任顾问、市政协主席任组长的张家界市历史文化基础性研究领导小组（以下简称领导小组），正式启动这项浩繁的文化工程。

领导小组成立后，聘请有研究能力的退休老同志组成课题小组，经过 9 个多月的反复研究论证，于 2010 年 3 月拟定了《张家界历史文化基础性研究五年（2009－2013 年）计划》。2011 年 12 月就出版了《大庸阳戏研究》《鬼谷子身世研究》《张家界文物古迹》三部专集，《屈原故里在大庸》《庸国荒史研究》《大庸古乐研究》三个专题研究也在有序推进之中。其中《屈原故里在大庸》《庸国荒史研究》两个专题于 2012 年年底各试印样书 500 册，送各级领导、委员及专家学者审阅，得到各方人士好评，尤其在学术界产生广泛反响。海峡两岸先后有 40 多位专家学者对上述六部专著组成的《张家界历史文化研究丛书》给予一致好评，其中 20 多位学者亲笔撰写书评、序言或补充修改意见。

2012 年 12 月至 2013 年 11 月，中国先秦史学会组织有关专家分别通审了《张家界历史文化研究丛书》初稿，于 2013 年 11 月 9 日至 13 日进行为期 5 天的实地考察和集中评审。大家一致认为，古庸大地历史悠久，文化底蕴深厚。由中共张家界市委、市政府决策主导，由张家界市政协组织实施的张家界市历史文化基础性研究工作,是贯彻落实党的十八大精神,推进社会主义文化事业大发展、大繁荣的具体表现,也是加快区域历史文化研究工作的大胆实践,有着积极的建设性意义。初步完成的六部专著,选题精当,结构合理,内容充实,各具特色,彰显了张家界历史文化独有风貌。其中《庸国荒史研究》《屈原故里在大庸》和《鬼谷子身世研究》三部专著,在已有研究的基础上,有所发现、有所突破、有所创新、有所收获,充分展示了张家界市历史文化研究课题组严谨的治学态度和可贵的探索精神。同时,与会专家认为,张家界市历史文化基础性研究成果,在当地城市文化表达、文化产业建设、旅游提质升级、地方教材编写等方面得到广泛应用,让历史变得时尚,使文化显得亲近,为社会科学研究成果的推广与应用进行了有益探索,积累了宝贵经验。

2013 年 11 月 21 日,中共张家界市委常委会议听取市政协党组关于进一步加强和深化张家界市历史文化基础性研究工作的汇报,充分肯定此项工作取得的阶段性成果。会议认为,这项工作是提升张家界文化底蕴的需要,对于推动张家界文化旅游发展具有重要现实意义,要一如既往地坚持下去。因此作出决策,调整领导小组,增加工作经费,采取以奖代投、适当补助等方式支持研究成果转化。

2013 年以来,第六届市政协党组,注重提升此项工作的组织化程度,广泛征求各方面的意见,先后多次召开会议,认真谋划进一步加强和深化此项工作的长效机制,使此项工作迈上新的台阶。经过反复酝酿,先后拟定了《张家界市历史文化基础性研究领导小组议事规则》《张家界市历史文化基础性研究领导小组办公室工作职责》两个规范性文件,通过集思广益制定了《张家界市历史文化基础性研究第二个五年(2014 – 2018 年)计划》和《张家界市历史文化基础性研究课题遴选管理办法》两个操作性文件,进一步明确了研究方向和具体任务,使此项工作迈上有序推进的轨道。以此为基础,进一步整合了内外资源。一是明确了《从大庸古国走来的张家界》《张家界出土竹简铭文解读》《张家界非物质文化遗产研究》《湘鄂西湘鄂川黔革命根据地张家界历史全鉴》《刘明灯孙开华戍台实录》等五部专著的任务分工及责任单位。二是为全国政协委员、中国社会科学院学部委员宋镇豪先生提供近两万字关于庸国文化和湖湘远古文化的原始材料,宋镇豪委员于 2014 年 3 月在全国政协全会上亲自撰稿,提交了《关于彰显张家界地区历史传统文化资源的提案》，极大地提高了张家界市历史文化基础性研究的认知度和影响力，彰显了张家界市人文历史的深厚底蕴和独特魅力。三是受相关研究机构、学术团体的邀请和领导小组的委派，先后应邀参加云梦山鬼谷文化发展与世界和平高层论坛、吉首大学区域文化旅游高峰论坛、中国先秦史学会鬼谷子研究分会第二次代表大会、中国史记研究会第十三届年会、河南省济源市政协海峡两岸道教文化合作论坛等学术研讨和文化交流活动，我市代表的发言和论文得到与会专家、学者的高度关注和一致好评。四是整合人力资源，充实研究力量，建立基础性研究长效机制。2015 年 4 月 7 日，市政协主席、领导小组组长汪业元在市政协四楼党组会议室主持召开组长会议，决定成立张家界市历史文化研究会，整合一批社会力量参与市历史文化基础性研究，同时决定宋彦璋副秘书长担任领导小组办公室副主任，进一步充实了研究力量，提升了课题招标、组织协调和跟踪服务能力。

众擎易举。正是有了市委、市政府的高度重视，有了市政协党组的全力推动，有了基础性研究领导小组的集体谋划和科学部署，有了领导小组各成员单位的全力配合和责任担当，有了社会各界热心人士的大力支持和积极参与，张家界市历史文化基础性研究这项开创性工作，才得以顺利开展，并一步步走向深入，保持前所未有的持久生命力。芽叶依枝盈盈生，吸乳向阳渐长成。莫道今日枝叶茂，全凭沃野一根深。天时，地利，人和。让我们一起耕耘，一起期待更多的收获。

张家界市历史文化基础性研究
举行第二个五年计划课题签约仪式

　　红网张家界站 4 月 29 日讯(记者 伍文)张家界文化强市建设再添喜事! 4 月
29 日上午,随着五个课题研究协议的签订,张家界市历史文化基础性研究第二个
五年计划课题研究正式启动。

　　这五个课题是《万年张家界——古庸大地人文记忆》《张家界非物质文化遗产
研究》《天落山李自成归隐探秘》《楚军名将——台湾总兵刘明灯》、《满门英
烈——孙开华父子》。据了解,自去年开始选择第二个五年计划课题项目以来,接
到了很多专家学者的报名,最终按照"唯一性、前瞻性、标志性"的原则,这五个极
具代表性的项目脱颖而出。

就如何确保课题研究顺利进行,签约仪式上,市政协副主席、市历史文化基础性研究领导小组副组长陈红日要求,各课题组要进一步增强责任意识,不仅要把课题研究的每一个阶段规划好,更要精心实施好,加快研究进度,确保课题质量,切实在课题的研究与实施中服务于全市的改革、发展、稳定工作;领导小组办公室要加强协调和服务,督促相关单位和责任人按时完成课题研究任务。

市政协秘书长、市历史文化基础性研究领导小组成员刘桂清主持签约仪式。

载于 2015 年 4 月 29 日《张家界日报》

探索消失的文明古国

——序李书泰《庸国荒史研究》

为这样一部"史书"作序,任何人都要犯难。这是一部"史无前例"之史,来点老生常谈对付耶?免开尊口。"庸国"已是罕闻,庸国何曾有"史"?自名其书曰"荒史",想必其书或空间荒远,或时间荒古,或故事荒诞,或论断荒唐……或兼而有之,"序"云乎哉?何从下笔!

然此书之立名,自有分寸。名之曰"荒",自是筚路蓝缕,前无古人。而"荒史"之称,又非自我作古。书中叙及:明陈士元(1516-1597)就著有"荒史"六卷,述"洪荒开辟之事"。今人著庸国荒史,何所不可?且标明"研究",并未自作定论。著者李书泰先生,也可谓深具史识,善用史笔。

蒙著者惠赐样书(索序),又破"良工不示人以璞"之惯例,可谓不我遐弃,推诚相待。我岂敢妄自矜伐,而不以诚相接!逮我稍翻目录,不禁咋舌。此书对庸国史料,可谓穷搜极讨,巨细无遗。全书600多页,内容极其丰富,每有珍本秘籍,世所罕见,而此书见"庸"必取,决不轻易舍弃。当我猛见"居庸关"被收录,也不禁怀疑:是不是搞过头了?但一见其举证,更不禁心智大开。庸国嫡系先祖高阳氏颛顼的领域就曾"北至幽陵"。我近日从事中国蒿排文化研究,识出这个"幽"字,并非两束丝被扔到山沟里。那"两束丝"相并,乃是"兹"字,"兹"就是蒿排;下半截不是"山",而是"火"。"幽"字是蒿排"幽光"现象,是古代蒿排稳定火源甲烷(沼气)自燃。中国古代江淮河济四"渎"互通,长江蒿排流到"幽州"不难。所以此书不避庞杂,兼收并采,是正确策略。

全书大旨是先行汇集资料,我想应已够学者初步研究撷取。但有一个方面似尚待充实,即"巫风"或曰"巫学"资料。书中设想五帝之前有一个"大庸帝国",我不大惊小怪,因为我也曾以为庸之立国很可能先于五帝。但若设想五帝之前曾有一个"中央大帝国"在控驭全中国之运转则似过于靠拢"现代思维"。报刊上曾见有学者作此想，不限于《荒史》作者。这种想法也有一些历史现象作根据，并非全然空穴来"风"，若容粗陈鄙见，此"风"业自"巫风澧俗"。

人类何时跨入文明？学术界为此设定许多"门槛"，概略言之，自今入古，反推万年，大概已届文明的"蒙昧时期"起始线。此时，在中国，表现的就是"巫风"弥漫，大约经五千年，中国正式进入"有史"，出现"五帝"的国家形态。不能小看"先五帝时代"五千年的巫文化，不能小看中国大巫们的活动能量，包括他们的文化成就和地域范围。不必谈巫色变，畏之如"妖"，贬之为"邪"，置之于"怪力乱神"之列。中国史学，正因这些"小小的失误"，即使启动了"中华文明探源工程"，一直也只能、只愿意甚至是只知道在"黄河中下游"打转，以致始终只让老生常谈指引大家在不可能生长老猴子的地方找寻人类文明的萌生之所，其难度实无异于缘木求鱼。

作序人也算费了不短时间，才悟出《山海经》中的"灵山十巫"是"分境扬灵"，而不是聚集在某座"巫山"的一峰之上。因为《山海经》也开出了另一份"开明东六巫"的名单，表示"开明西"也至少还有"一巫"在那边活动。而"开明"乃是"荆人"（即楚人）某一支的酋豪带领部族到达蜀境建立的"新朝"，取代了蜀境原主人"望帝"政权，取代过程颇似尧舜禅让，说不定这场"蜀版禅让"还早于中原。这使我敢于设想：今成都一带以西，至少必有一巫。这一巫不在开明东六巫之列，很容易在"十巫"剩下的"四巫"中搜寻。得！必是"巫真"，他是滇池之巫。"滇池"得名之由，至今无人知晓。愚见以为，它不过是那位巫"真"到了"水"边。大巫所至，庸人随之，所以战国时代，庸裔楚人正式派遣庄蹻开滇。

"灵山十巫"中有一位"巫礼（礼）"，亦即巫醴、巫澧，是澧水酒神大巫、俎豆大巫。"开明东六巫"中有一位"巫履"，清代学人郝懿行本"礼之义履也"为言，认为巫礼即巫履。这应该引起张家界学人的重视。张家界位于澧水流域，是产粮区，粮食（豆居首，次为稻）一旦丰收，就有余力酿酒，澧水古代应以豆、稻酿酒得名"醴水"，精于植豆、育稻、酿酒的大巫完全可以升格为酒神：无酒不足以成礼。在巫文化时代，巫礼的地位恐仅次于盐神"巫咸"。张家界的学人要搜集巫礼传闻，具有地缘优势，也有义不容辞的责任。以酿酒为重点的巫礼之学来充实这一带乃至全国的"先五帝巫学"，会比单纯探讨"大庸帝国"要容易得多，具体得多，更易于取得全国学界的共识和帮助。尤其是书泰先生在《古庸国豆作文化初探》一节中，提出澧水流域是中国豆作的故乡，豆作文明是比稻作文明更早一轮的起步文明、奠基文明，更是史学界一个重大发现和突破，堪称理论创新。建议著者趁热打铁，做好后续研究工作。

　　同时,作序人在序言中提出研究巫礼课题,并非越俎代庖,不过为《庸国荒史研究》作者拾遗补阙,丝毫也不影响书中既定内容,也许还有小助于"大庸帝国"内容之落实。如果有人认为在李书泰先生《庸国荒史研究》中的荒远、荒古、荒信、荒寂……之外还隐约有一分"荒谬",那必为自己学问"荒疏"、胸臆"荒芜"所致;恭请大家审慎察之,切勿妄加腹诽,即使如您所言,亦应多加宽容,嘉其探路之功!是为序。

张良皋 2012 乱

2012. 中秋

（本文作者系著名史学家、华中科技大学教授）

一部填补历史空白的鸿篇巨制

——李书泰先生《庸国荒史》读后

王中兴

　　《庸国荒史研究》是一部填补历史空白、探寻人文源头的学术著作，是"中华文明探源工程"的一项积极成果。该书的著作者李书泰先生，虽然只是湖南张家界市一位从事本土文化研究的普通工作者，但他却能以如此鸿篇巨制贡献给学术界，不能不令人肃然起敬，拍手称赞。李先生的这一学术研究成果，一定会引起史学界的极大重视，产生积极、深远的影响。

　　古庸国，肇基于五帝之前，亡于春秋时期。这一古国，地处我们华夏大地的长江中游，拥有四川和洞庭湖两大盆地及江汉平原核心地带的广大地域。毋庸置疑，在当时显然是一个幅员辽阔的大国。但是，由于它的衰亡，这个古代大国的历史、文化，早已失去了它应有的魅力和光辉。对于我们当代的许多人来说，古庸国只能是一个记忆的符号，对其具体情况知之寥寥。史学界也有人以为，庸之立国先于五帝，是五帝之前的一个泱泱大国。但是，此前却未见有人对此进行深入的研究和探讨，破解这一历史难题，填补这一历史空白。我从事中国军事思想研究多年，在读史之余，也曾有过这样的遐想。但是，由于史学知识浅薄，且年事已高，对于这一历史空白的研究与填补，只好引领期盼有志于此的学者或后来人的辛勤劳动了。

　　2012年11月，我在陕西石泉参加鬼谷子学术研讨会期间，有幸与李书泰先生相识，蒙李书泰先生惠赐其大作《庸国荒史研究》的纲目与书稿。我在阅读之后，不禁为之咋舌称道。李书泰先生深具史识，善用史笔，几年来他对有关庸国的史料先行汇集，每有珍本秘籍，见"庸"必取，可谓巨细无遗。全书65万字，对大庸古国诞生与发展的客观条件，对这一古国的起源与演变、疆域和领土、前身与异称、亲族与属国等问题，都进行了认真的研究和论证。不仅如此，在该书中，李书泰先生对大庸古国的创世开先文化，诸如桑蚕文化、豆作文化、天文文化、造字文化、用火文化、拜草文化、祭祀文化、商贸文化、音乐文化、诗歌文化、崇山文化、昆仑文化、澧水文化等问题，也都进行了研究和论述，其内容非常丰富，其资料极其珍贵，堪称一部探源中华人文源头的史学专著，称之为有关古庸国历史知识的一部"百科全书"也绝不过誉。

　　《庸国荒史研究》所收集的资料非常丰富，文笔也好，可读性很强。尽管本书关于古庸国历史的研究和论述，属于一家之言，有些问题显然还需要做进一步的深入研究或补充，但探索消失几千年的一个文明古国的历史，李书泰所做的开创性工作，其探路之功，足可为之称道。如果这本书在出版以后，能引起史学研究者对这一历史段的探讨、分析、研究、补充，对李先生的一些观点进行增补或争论，我以为也是李书泰先生的一大功劳。这对于推进我们国家的中华文明探源工程的开展，是大有裨益的。

　　　　　　　　　　　　　　2013 年 1 月 16 日于北京香山寓
　　　　　　　　　　　（本文作者系中国人民解放军军事科学院研究员）

史料之外隐形线索和隐形历史的傲然成果

——读李书泰先生《庸国荒史研究》有感

周大明

　　和李书泰先生结识是在 2012 年 11 月初在陕西省石泉县举办的中国先秦史学会成立 30 周年纪念大会暨第二届中国石泉鬼谷子文化学术研讨会上。李书泰先生在会议期间是个明星式的人物。会场之上，他四处游走，手中的照相机不停地闪烁光芒，俨然是高度敬业的记者；会休之余，他不停地周游在与会专家的周围，主动发放资料、攀谈介绍地方学术文化研究成果，俨然是位文化传播的使者；及至其在闭幕会上响起的全体专家对张家界学者研究成果祝贺的掌声中的亮相，才使我恍悟他还是位受人尊敬的历史学者。会后，李书泰先生多次打电话和笔者联系，还将包括他两部大作在内的《张家界历史文化研究丛书》一套五本先后寄至北京家中，并再三嘱托要我写点什么。我被李书泰先生的执着感动了，在研读完该丛书中的《鬼谷子身世研究》后，就索性写了一篇阅评建议信，不期又被李书泰先生转至《张家界日报》刊登出来，在该地产生了较大的社会影响。他的敬业精神真是让我敬佩不已。之后两个多月来，我抽出大量时间，精读了该丛书中的《鬼谷子身世研究》《庸国荒史研究》，通读了《张家界文物古迹》《大庸阳戏研究》，浏览了《屈原故里在大庸》。现谨就《庸国荒史研究》谈谈自己的浅见。

　　李书泰先生在《庸国荒史研究》中体现出来的"穷搜极讨"、充分占有历史资料的精神是值得高度称道的。

　　《张家界历史文化丛书》之《张家界文物古迹》的编者之一向延振先生在该书后记中指出："编者原来想编写一部张家界通史，以适应人们了解张家界之需；着手之时方发现，有关张家界史料，秦汉以来两千多年的古文献记述寥寥，而夏商周以至远古有关张家界历史的文字资料更无从查找。"李书泰先生在撰写《庸国荒史研究》时必然遇到同样的问题。或许正是由于他本人非历史考古学科班出身的缘故,凭着勇者无畏的豪气,在传统研究方法之外别开生面,走进民间,深入生活,"穷搜极讨"一切可逢着的历史资料,为突破当代史学研究面临的"史料困境"增添了浓墨重彩的一笔。

从李书泰先生撰写的《庸国荒史研究》所引证的民间传说来看,张家界有着异常丰富的上古文化遗存。简而言之,几乎囊括从燧人氏、祝融、神农氏、蚩尤、共工、颛顼、盘瓠、驩头、三苗等上古时代的传说,乃至伯庸族建国、与周族结盟灭商,再至鬼谷子捭阖奇术、屈原《离骚》古歌等等中华文明传承史上的诸多奇观。而且更有民风民俗、地名、古代音乐遗存、古文字遗存、古代典籍等相佐证。以该书中所言"古庸地区反映三苗部落枫树(神木)崇拜习俗""大庸古国地区民众自古就有崇牛习俗"为例,作者即分别引用桑植县的几十处地名为佐证。引得张良皋先生大为喝彩,分别以"穷搜极讨""穷搜极讨又一例……"作为批注。这都是作者走出书斋、深入民间,以图"发现史料之外、文字之外的隐形线索和隐形历史"的傲然成果。而这些隐形线索和隐形历史的再现更增添了张家界地方文化的魅力和可信度。

其实,以传说为主的张家界地方文化乃至后世面临的史料困境只是整个中华文明及其研究困境的一个缩影。

马长寿先生在《凉山罗彝考察报告》中写道:"世界人种对于宇宙人类文物制度之起源,皆思予以解释,而解释不同。文明人重科学,其解释自成一系统;原始人重传说,其解释又成一系统。"建立在传说基础上的对于宇宙文物制度之起源,使得"中国古代史尚处于扑朔迷离的雾霭之中,神话与传说杂陈,嘈杂中不见科学面目。"随着时代的进步,科学与民主思想的普及,这种建立在神话基础上的历史不仅无法说服人们并为人们所接受,反而成为人们怀疑和质疑的对象,以至于中国上古史一度被后世形容为"层累地造成的"虚假的古史。而近代古史辨运动的兴起,则使疑古风潮流行一时。当代著名学者、清华大学教授陈来在《竹帛〈五行〉与简帛研究》言:"中国古书的特点,是在学派传承过程中往往加以润饰和增添,疑古运动正确地指出了这些后人附益的部分,但却由此把这些文献统统视为后人所作和晚出,造成了古代研究的史料困境,也使得现代中国古史研究不得不以'重建'为起点。"古书尚且如此,以神话了的民间传说为主要载体的"三皇五帝"之上古史学更一度成为人们普遍质疑和鞭挞的对象。

为了求得中国历史的真相,20世纪20年代,一批青年才俊在西方先进科学思想的影响下,走出国门,学习西方先进的科学思想,并期望通过学习科学的方法以治中国传统之学问。正是在这种崇高理想的支配下,1920年年初,傅斯年辗转来到英国,进了伦敦大学研究院,师从史培曼教授研究试验心理学,同时又兼学习物理学、化学和高等数学。1923年9月,傅斯年离开伦敦大学到德国柏林大学哲学系学习。他一面听相对论,一面听比较语言学。在英、德留学期间,以朗克为代表的历史语言考据学派"要明白历史的真相,只有穷本溯源,研究原始史料"的精神深植傅斯年心中,运用西方自然、社会各学科的理论和方法,清理中国的学术材料,建立科学东方学的宏伟抱负由此产生。1926年冬,傅斯年返回祖国,时年12月,应聘出任中山大学教授兼文科学长(国文、史学两系主任)。1927年秋,傅斯年和顾颉刚等创办中山大学"语言历史研究所",旨在"实地搜罗材料,到民众中寻方言,到古文化遗址去发掘,到各种人间社会去采风问俗,建设许多的新学问"。

从傅斯年和顾颉刚两位先生创办语言历史研究所得主旨来看,"到民间中寻方言""到各种的人间社会去采风问俗"与"到古文化遗址去发掘"一样同是建设"新学问"的好方法。

著名历史学家王国维先生在《古史新证》一文中指出:"研究中国古史,为最纠纷之问题。上古之事,传说与史实混而不分。史实之中,固然不免缘饰,与传说无疑;而传说之中,亦往往有史实之素地;二者不易区别,此世界各国之所同也。"王也肯定了"传说"对于历史学研究之史料价值。

整个中国上古史固然如此,张家界历史文化岂能例外? 既然张家界一代拥有丰富的上古时代的传说,那么,历史文化学者就有责任"到实地搜罗材料,到民众中寻方言""到各种的人间社会去采风问俗",尽其可能地占有历史资料,并以建立在现代科学的考古发掘成果为佐证,建设张家界地方文化的新学问。依此而论,李书泰先生在《庸国荒史研究》中体现出来的"穷搜极讨"、充分占有历史资料的精神不仅应该为人称道,更值得所有历史文化学者学习。

当然,李书泰先生在《庸国荒史研究》中也存在着"大胆设想"可表,但"小心求证"不足;"奉献精神"堪敬,但"学术视野"有限以及突出的地方功利主义等缺点。这是需要提醒读者留意辨别的。

总而言之,《庸国荒史研究》等系列专著提供的丰富的历史资料所共同指向的"以张家界一带是中华古文明的一大民间历史博物馆"必将成为我国学术研究的一个新的亮点!

2013年2月11日

(本文作者系北京大学震旦古代文明研究中心特聘研究员)

序李书泰《庸国荒史研究》

——李书泰先生《庸国荒史》读后

杨东晨

  阳春三月,我从美丽的广州回到西安,参加公祭黄帝陵的学术研讨会。历时五天回到家中,急忙拆开邮件,李书泰著《庸国荒史研究》、金克剑著《屈原故里在大庸》,呈现在眼前,令我惊喜和感谢!书内函件说:两书是征求意见样本,望阅读后,写些建议、题词或写序。我学识浅薄,不宜写序,又只见过书泰同志几面,且未及深谈过。但凭他是我知己朋友、学问渊博之何光岳研究员的信奉和崇拜者,凭他"板凳能坐十年冷"的敬业精神,就欣然自不量力地为其大著写些感言,互相交流。

  原始社会末期(相当于考古学的新石器时代,约1万至公元前2070年),随着先民人口的增多,氏族部落的联合,由血缘氏族发展到区域性的族团。占据黄河中游广大地区的"炎黄族团"地理位置优越而重要,经济文化开发较早,遂将分布于四周地区的族团(没有歧视轻看之义),分别称为东夷(包括韩国、朝鲜及日本,仅以今中国版图说,指今河南东部个部分、山东脊、辽宁、吉林、黑龙江的先民,称东北夷);北狄(以今中国版图说,指今内蒙古、河北、山西、陕西、宁夏的北境);西戎(今宁夏南部、甘肃、青海、新疆及西藏北部)和南蛮(今湖北江汉地区、长江以南地区);"四夷"之氏族或先民,融合于"中土"者称华夏;华夏氏族或民方徙入"四夷"者,则称夷。庸氏族或部落,就经历了由蛮到华夏,再由华夏回归蛮夷的历史。

  战国(约前475－前221年)时期人著作《列子》云:"黄帝与容成子居空桐(今甘肃平凉市崆桐山)之上。"汉代《世本》云:"容成作调历。"宋衷(忠)注:"容成,黄帝之臣。"南宋罗泌《路史》云:庸成氏,"古帝容成氏之后。"可见容成氏族之古老。战国时期哲学、文学家庄周(约前569－前286)的《庄子·胠箧》篇载:"昔者容成氏,大庭氏、伯皇氏、中央氏、栗陆氏、骊畜氏、轩辕氏、赫胥氏、尊卢氏、祝融

1

氏、神龙氏,当是时也,民结绳而用之。"这些氏族或部落首领,均为伏羲和女娲氏的后裔,代代相传,约处在 8000 至 7500 年前。容、庸同音而通用,为华夏族团的祖先之一。《春秋元命苞》载:"庸成氏八世。"其后裔侍至神农氏(约 6000 至 5000 年前)时期,《庄子·胠箧》篇云:先民已过着"甘其食,美其服,乐其俗,安其居,邻国相望,鸡犬之声相闻,民至老死,而不相往来。"这显然有庄子"小国寡民"的思想成分,也有其"逍遥自在"悠闲情操。庸(容)成氏与其他 10 位氏族或部落长一样,以功德而被称"皇"(有时又称帝),且世代袭号。黄帝之"臣"容(庸)成氏,是首代的下传子孙。

关于古庸成氏的起源和演变,文献也早有记载。《尚书·禹贡》云:"五百里荒服,三百里蛮,二百里流。"《周礼》云:"王畿之外有九服,候、甸、男、邦、采、卫、蛮、夷、镇、藩。大行人:卫服之外谓之要服,九州之外谓之蕃国。"郑玄注:"要服即蛮服"。可见蛮人也是以地域而称呼的。蛮氏族起源于今四川甘肃交界的岷(与蛮音近)山一带。炎帝神农氏时代,蛮氏族部落团的分支,已迁居黄河流域,以今河南、山东两省较多。夏朝(前 2070 – 前 1600 年)时庸人的一支迁居于今河北容城县。之后,又有一支迁居于今河南新乡建立小国。商代(前 1600 – 前 1046 年),善于筑城的庸方国人,修建殷都有功,被商王封为诸侯国。《诗·大雅·崧高》云:"以作而庸。"注曰:"庸,城也。"即含有庸人善于筑城之义。因其与房州(都城在今湖北竹山县)庸国同祖,故又称其东庸国。周武王伐纣,东庸叛商助武王。宋代郑樵《通志·氏族略》云:"庸氏,商时侯国,周武王时,来助伐纣。"指的就今河南新乡的东庸侯国。同时,西南的小庸国,也从武王伐纣,以功封为子爵国。东庸本为商王封的诸侯国,关系亲密,反戈一击才保住了国家。但因武王封的"三临"均为伯爵国,故也降其为伯爵国。成王时,管、蔡、霍三国均结武庚叛乱,庸国被"三叔"引诱参加,遂被周公大军一齐灭掉。营修洛邑王城时,庸人被迫做劳工,城修好后,部分庸不愿受奴役,遂经今河南卢氏县逃往今陕西南部,再逃入以功被周武晋封的子爵庸国(在今湖北省西北部),成为蛮夷故国之民。《中国历史地名大辞典》云:"庸国,一作鄘国,西周封置,姬性,在今河南新乡县西南。"这显然是周公旦灭庸伯国后,封宗室子弟于其地的姬姓之国。又云:庸国,"在今湖北竹山县西南。商、西周、春秋时国。《左传·文公十六年》(前 625 年)云:楚人、秦人、巴人灭庸。"蛮人庸国约延续 915 年。

打开封包,《庸国荒史研究》之书名,首先入目。第一感觉是否为文艺性的史书? 又翻书页,见到的为何光岳研究员的题词:"仙境张家界,古国大庸都"。张良皋先生题词曰:"然此书之主名,自有分寸。名之曰'荒',自是荜路蓝缕,前无古人。而'荒史'之称，又非自我作古。书中叙及：明陈士元(1516－1597)就著有'荒史六卷，述洪荒开辟之事。'"我才有所理解。这是因马列主义史学传入中国后，接受唯物史观党员史学家(如郭沫若、范文澜、翦伯赞等)，不再使用近代史学家称的"古史传疑时代"之术语，而运用了革命导师斯大林称的"原始社会"。新中国建立后，考古学家又提出了"史前"一词；徐旭生研究员则称为：中国古史的传说时代。故对"荒史"感到"陌生"和"过时"，遂有了一种错觉。愚见，请著者三思，最好不要用"荒"字。因为写史书者，会有错觉，故会降低阅读率。

忙里偷闲，坐下来后，浏览600余页的大作，著者使用"荒史"二字，旨意一是自谦，不愿称大著是正史；二是含有"拓荒"之意。因庸国的正史，先秦典籍，《史记》及《正义》《索隐》《集解》，以及唐至清之书籍，均对夏至春秋的"庸国"作过论述。新中国成立后的论著，尤其是何光岳研究员《南蛮源流史》，可谓集大成之著。但从追索庸(容)成氏的遥远、大庸国地域之广等，可谓"拓荒"之作；三是容量的开拓，庸国在古今书籍中，十分普通和简略，而书泰同志的著作，计划分三部，多达一二百万字，可谓空前；四是"大庸国"地域的辽阔，令人吃惊。从标题看，几乎涉及汉江、江南地区，广达半个中国，可谓其独创，文化之丰富，难以表述；五是囊括上古传说人物之多，涉及古国之多，对张家界的崇高地位等，都达到了空前的、无以复加的地步，令搞史学30多年的本人，望之莫及！

改革开放后，尤其是进入世界政治多极化、经济全球化时代后，学子们利用科学手段快速搜集资料，不需要20世纪30、40、50、60年代学子的"板凳要坐十年冷""高点明灯下苦心""言史不说一句空"等古训了。衷心希望书泰同志继续发扬"坐冷板凳"的精神，一避当前"速成书"之时风，进一步斟酌、修改好另外两本大著，争取更上一层楼！

2013年4月22日草于古都西安

(本文作者系著名史学家、陕西省历史博物馆研究员)

目 录
CONTENTS

第七章　从祝融到盘瓠的嬗变

第八章　舜帝从俗嫁骧兜

第九章　姜姬同源　庸楚一家

第二十五章　大庸古国音乐遗存

第二十六章　文化不灭　大庸古国光照千秋

第二十七章　大庸古国历史文化长卷脚本

附：张家界人文史话三字序

【附一】古庸国重要历史文献辑录

只要找到了路就不怕路远

第一章　生命之舟·人类摇篮·文明古国

——总论大庸古国诞生和发展的客观条件

先庸时期有着灿烂的崇山文化,先楚时期存在神奇的大庸秘史,崇山文化代表一个时代,大庸古国本是一代王朝。

考古学家苏秉琦教授把中国古史的框架脉络高度概括为"超百万年的文化根系,上万年的文明启步,五千年的文明古国,两千年的中华一统实体"。

人类最早诞生于何地? 多少年来一直争论不休。1857 年,美国古生物学家赖迪就认为人类最早是在亚洲出现的。从巴基斯坦和印度北方的西瓦拉克山发掘出来的腊玛古猿化石来看,人类确实最早出现在亚洲。但 20 世纪 20 年代,非洲发现了南猿化石,许多人又认为那里是真正的人类起源地。而我个人认为:人类只可能诞生于生命繁衍最昌盛的地区,文化只可能孕育于人类诞生最早的地区,国家只可能出现于文明形成最早的地区。以古庸都张家界为核心的中国西南大武陵地区 ,地处北纬 30 度两侧对称线内,是地球上生命繁衍最昌盛的地区,也是洞庭三苗国、长沙历山国、崇山讙头国、武陵大庸国等人类历史上最早文明古国的发祥之地。这一推断早为民族史诗、典籍记载和考古发现所证实。

——1957 年和 1958 年,在中国云南开远小龙潭,发现了森林古猿和腊玛古猿化石。有人把云南开远的森林古猿、腊玛古猿化石、禄丰腊玛古猿化石与元谋猿人化石和贵州桐梓猿人化石、四川资阳人化石联系起来进行研究考察,有人提出了"亚洲高原说",主张中亚高原是人类的摇篮。

——1985 年,考古工作者在重庆巫山县庙宇镇龙坪村龙骨坡,发掘出一段带有 2 颗臼齿的残破直立人左侧下颌骨化石以及一些有人工加工痕迹的骨片。

——1986 年又发掘出 3 枚门齿和一段带有 2 个牙齿的下牙床化石。此外,遗址中还出土了包括步氏巨猿、中国乳齿象、先东方剑齿象、剑齿虎、双角犀、小种大熊猫等 116 种早更新世初期的哺乳动物化石。经学者研究,龙骨坡遗址出土的遗物代表了一种直立人的新亚种,后被定名为"直立人巫山亚种",一般称之为"巫山人",距今约201~204万年。至此,人类最早诞生于云贵高原的大武陵地区的论点已被许多有识之士所认同。

第一节 地球三极与世界之"中"

整个地球以青藏高原为主轴,以珠穆朗玛峰为顶极,就像一个倒立的陀螺悬浮于宇宙空间。亚洲许多大河流,如长江、黄河、湄公河、恒河、印度河等,都发源于这座冰雪覆盖的"世界屋脊"。它孕育出的巫山直立人、澧水石门人、崇山骦头国、武陵大庸国的大武陵山区恰在这屋檐下的第二级台阶之上。《荀子·大略》说:"欲近四方,莫如中央;故王者必居天下之'中',礼也。"故在古庸都崇山南沿至今留有"中央仙山""中央仙山庙""中央仙山村、昆仑峰、昆仑山、昆仑寺、昆仑之祖"等地名、遗址、碑文,因而《河图》一书曰:"昆仑者,中央之地也"。而在中国远古荒史传说中又恰有"中央氏"的故事:中央氏象伟姑娘是一位很有才华的女首领,不到二十岁便当选为部落大酋长。她领导中央氏族民垦荒种田,建设家园,改善人们的生活环境。她不仅重视农业,而且还积极发展新兴的手工业作坊,生产骨器、石器、木器、陶器等生产工具和生活用品。此时民间已经有了简易的纺织机械,能够用树皮和麻类纺织成粗布,制做衣服。象伟姑娘支持和鼓励族民搞各种发明和创造,对成绩突出者给予表彰和奖励,并且提拔重用,大大地调动了族民创造发明的积极性,为促进远古文明的发展打下了良好的基础。

第二节 武陵山区与诺亚方舟

诺亚方舟出自圣经《创世记》中的一个引人入胜的传说。由于偷吃禁果,亚当夏娃被逐出伊甸园。亚当活了930岁,他和夏娃的子女无数,他们的后代子孙传宗接代,越来越多,逐渐遍布整个大地。此后,该隐诛弟,揭开了人类互相残杀的序幕。人类打着原罪的烙印,上帝诅咒了土地,人们不得不付出艰辛的劳动才能果腹,并且因着堕落的本性人的怨恨与恶念与日俱增。人们无休止地相互厮杀、争斗、掠夺,人世间的暴力和罪恶简直到了无以复加的地步。

上帝看到了这一切,非常后悔造了人,对人类犯下的罪孽感到十分忧伤。上帝说:"我要将所造的人和走兽并昆虫以及空中的飞鸟都消灭掉。"在罪孽深重的人群中,只有诺亚在上帝眼前蒙恩。上帝认为他是一个义人,很守本分;他的三个儿子在他的严格教育下也没有误入歧途。诺亚也常告诫周围的人们,应该赶快停止作恶,从充满罪恶的生活中摆脱出来。但人们对他的话都不以为然,继续我行我素,一味地作恶享乐。

最后上帝选中了诺亚一家:诺亚夫妇、三个儿子及其媳妇,作为新一代人类的种子保存下来。上帝告诉他们要用洪水实施大毁灭,要他们用歌斐木造一只方舟,里面一间一间地分隔,里外抹上松香。这只方舟要长300肘、宽50肘、高30肘。方舟上边要留有透光的窗户,旁边要开一道门。方舟要分上中下三层。他们立即照办。

上帝看到方舟造好了,就说:"看哪,我要使洪水在地上泛滥,毁灭天下,凡地上有血肉、有气息的活物无一不死。我却要与你立约,你同你的妻子、儿子、儿媳都要进入方舟。凡洁净的畜类,你要带七公七母;不洁净的畜类,你要带一公一母;空中的飞鸟也要带七公七母。这些都可以留种,将来在地上生殖。"

2月17日那天,诺亚600岁生辰,海洋的泉源都裂开了,巨大的水柱从地下喷射而出;天上的窗户都敞开了,大雨日夜不停,降了整整40天。水无处可流,迅速上涨,比最高的山巅都要高出15肘。凡是在旱地上靠肺呼吸的动物都死了,只留下方舟里人和动物的种子安然无恙。方舟载着上帝的厚望漂泊在无边无际的汪洋上。

上帝顾念诺亚和方舟中的飞禽走兽,便下令止雨兴风,风吹着水,水势渐渐消退。诺亚方舟停靠在亚拉腊山上。又过了几十天,诺亚打开方舟的窗户,放出一只乌鸦去探听消息,但乌鸦一去不回。诺亚又把一只鸽子放出去,要它去看看地上的水退了没有。由于遍地是水,鸽子找不到落脚之处,又飞回方舟。七天之后,诺亚又把鸽子放出去,黄昏时分,鸽子飞回来了,嘴里衔着橄榄叶,很明显是从树上啄下来的。再过7天,诺亚又放出鸽子,这次鸽子不再回来了。诺亚601岁那年的1月1日,地上的水都退干了。诺亚开门观望,地上的水退净了。到2月27日,大地全干了。于是,上帝对诺亚说:"你和妻儿媳妇可以出舟了。你要把和你同在舟里的所有动物都带出来，让它们在地上繁衍滋长吧。"于是，诺亚全家和方舟里的其他所有生物，都按着种类出来了。于是，后世的人们就用鸽子和橄榄枝来象征和平。

这就是"诺亚方舟"故事的由来，本来只是个传说，但前些年却有很多报道，说《圣经》中记载的很多事情都被证实是真实的，譬如，在一次战争中，一位军官根据《圣经》中的记载，成功地找到了大山里的一条秘密小道，并通过这条小道突然出现在敌人面前，取得巨大胜利。如果能证明"诺亚方舟"也是真实的，那么这个发现肯定将在全世界引起轰动。所以，很多年以来，许多国家的圣经考古学家都希望揭开这个千古之谜。其实真正的谜底并非西方人所说的"方舟是一只排水量四万三千吨的巨大木箱"，不少方舟被发现的传言出现，都仅仅止于传言。

但学界公认，人类历史上确曾经历了一次特大洪水，全球人类遭受灭顶之灾，只有少数人躲过这一特大劫难。那么这批幸运的人是在哪里躲过这一劫的呢？答案很可能就在我们居住的大武陵地区。

武陵山区地处洞庭大沼泽和四川大盆地之间，也就是中华著名大典籍《山海经》所说的东海和西海之间，以崇山、天门山为核心武陵大陆桥，在冰盖、冰川融解暴发初期，由于四川大盆地的承载和缓冲没有受到特大冲击，今天以桑植县八大公山为代表的一系列冰川孑遗植物和孤高壁立的武陵源3000奇峰就是最有力的现实证据。而在洪水后期，随着海平面升高、海水漫溢、泛滥成灾的时候，又由于以脉发崇山、嵩梁（天门）山等武陵主峰为核心之大武陵地区的阻隔和承载，被洪水追赶的湖区幸存者有了一块相对安全的栖身之地，今天遍布于大武陵地区一系列古人类化石遗址就是毋庸置疑的铁证！历史和科学同时证明，高海拔地区排斥生命，低海拔地区淹没生命，中海拔地区承载生命；武陵地区为川泽陆桥，是名副其实的"诺亚方舟"。

据著名地质学家陈国达先生考证，沅澧流域张家界一带在3亿8000万年以前处于浅海近岸地带，附近是茂密的大森林，是恐龙活跃地带，大约2亿年前灭绝的恐龙留下了大量化石，恐龙之父——芙蓉龙化石就出土于今桑植芙蓉桥乡。以张家界为核心的沅澧流域正处于地球上生命繁衍最昌盛的北纬30度生物圈内，而古庸国自南至北正处于我国地形西高东低之东经110度分界的轴线两侧，这一座标系内，正是人类文明发生、繁衍最密集的地区。

"人创造环境，同样环境也创造人""人们自己创造自己的历史，但是他们并不是随心所欲地创造，并不是在他们自己选定的条件下创造，而是在直接碰到的、既定的、从过去承继下来的环境条件下创造"。武陵山片区山峦叠嶂，河谷幽深，地势险峻,属亚热带向暖温带过渡类型气候。境内有乌江、清江、澧水、沅江、资水等主要河流,水能资源蕴藏量大。森林覆盖率达 60.1%,是我国亚热带森林系统核心区、长江流域重要的水源涵养区和生态屏障。生态环境呈现温暖、多雨、多山、多洞的特点,地理空间结构独特、自成体系,林木茂盛,物产丰富,干果杂粮遍布,飞禽走兽多样,生物物种多样,素有"华中动植物基因库"之称,对人类的生存极为有利。同时,矿产资源品种多样,锰、锑、汞、石膏等矿产储量居全国前列,极具创造的条件和开发的潜力,构成了人类最理想的栖息之所,百万年以上的旧石器时代遗址多处发现。

据不完全统计,大武陵及西南地区古人类化石有 18 处:蝴蝶人、巫山人、元谋人、建始人、郧县人、大洞人、水城硝灰洞人、桐梓人、穿洞人、桃花洞人、水城人、兴义人、柳江人、资阳人、丽江人、桂林人、长阳人、石门人。

"蝴蝶人",又称"蝴蝶腊玛猿",据今 400 万~500 万年。(云南元谋蝴蝶梁子与竹棚豹子洞)

"巫山人",距今 201 万~204 万年。(重庆巫山县庙宇镇龙坪村龙骨坡)

"元谋人",距今 170 万年左右。(云南元谋上那蚌村附近)

"建始人",距今 200 万至 250 万年。(恩施自治州建始县高坪镇麻札坪村巨猿洞)

"郧县人",距今 100 万~35 万年。(湖北郧县曲远河口学堂梁子)

"大洞人",距今 30 万年至数万年。(贵州省盘县珠东乡十里坪村)

"水城硝灰洞人",距今 10 多万年。(贵州省六盘水市)

"桐梓人",距今 18.1±0.9 万~11.3±1.1 万年。(贵州省桐梓县岩灰洞)

"桃花洞人",距今一万多年。(六盘水市六枝特区城区桃花洞).

"穿洞人",距今 1.6 万年左右。(贵州普定县城西约 4 千米的穿洞)

"水城人",打制石器的方法与众不同,考古学上把它称为"锐棱砸击法",当是贵州古人类的一大创造。

"兴义人",距今 1.2 万年左右。(黔西南州猫猫洞)

"柳江人",距今 22.7 万~10.1 万年或距今已有四到五万年历史。(广西壮

族自治区柳州市东南柳江县新兴农场通天岩)

"资阳人",距今 7500±130 年,有人据此认为资阳人属于新石器时代(四川省资阳县城西黄鳝溪)

"丽江人",距今 10 万~5 万年的晚期智人(云南省丽江县西南木家桥村)

"桂林人",公元前 10000~9000 年(广西桂林市南郊的独山西南麓)

"长阳人",距今约为 19.5 万年。(湖北省长阳县西南下钟家湾村"龙洞")

"石门人",距今 5 万~2 万年(湖南省石门县皂市镇凤堡岭西山角的燕尔洞)

如此多的古人类化石遗址的发现,充分证明武陵山区是人类最早诞生地和摇篮之一。

而武陵陆架肩挑四川大盆地和洞庭湖平原,至今仍然是生物多样性的示范区。

渝鄂湘黔武陵山区位于北纬 30 度附近,是地球上没有经过四纪冰川侵蚀的地区,生物资源十分丰富。野生动物 180 余种,其中:哺乳动物 45 种、爬行动物 15 种、两栖类 13 种、鸟类 60 种、鱼类 47 种。被列为国家保护的动物有金丝猴、大鲵(娃娃鱼)、山溪鲵、水獭、金雕、猴面鹰、穿山甲、五步蛇等。植物种类 3700 多种,其中:属国家一、二类保护的有珙桐、水杉、银杏、贵州紫薇等;中医药植物 400 多种,主要有治癌植物红豆杉,以及金银花、五棓子、桔梗等;经济林木 100 多种,主要有杜仲、猕猴桃、桠柑、淡竹、油桐、油茶、吴萸等;用材林上千种,主要有松、柏、杉和各种阔叶林木等。可以说,武陵山区是全国物种保存最为完好的地方之一。通过武陵山区各区县的通力合作,完全可以将之打造成为全国生物多样性的示范区和动植物的基因库。

至此,我们可以得出这样的结论:生命从海洋走向陆地,人类从高山走向平原,迈上一条由征服森林到征服沼泽,由征服沼泽到征服海洋,由征服海洋到征服极地,由征服极地到征服太空,由征服太空到征服宇宙的生生不息的探索之路。

第三节　彭壶双山与盘瓠之祖

彭壶双山繁衍盘瓠部落,是名副其实的三苗祖山。在澧水流域有两座著名的文化之山。一是澧水上游的崇山、天门山,合称天崇山,又称壶头山;二是澧水下游的澧县彭头山。

彭头山是世界最早的稻耕遗址,距今9000~10000年(道县玉蟾岩12000年)

彭头山附近有城头山,被称为中华第一城,距今6500~7000年。武陵山脉与洞庭湖之间已发现原始社会遗址400多处,是中国原始社会发现遗址最多、脉络最清晰、内涵最丰富、价值最大最完整的地区。

壶头山(天崇山)北麓有五方城(年代待考)、联城村(年代待考)、古城堤等庸都三古城。古城堤,距今7000多年,出土文物分上、中、下三层。下层为新石器时代的长方形磨光石锛、打击石片刮削器、石器半成品等文物;上层为大量木牍和竹简等文物,最有价值的是九九乘法表和充长之印,这些文物由近及远,层层覆压,应该是远古崇山祝融驩兜、三苗、百濮、盘瓠及汉代土著先民共同留下的历史见证。

我认为盘瓠族就是彭壶族。盘瓠即彭壶的同音异记,盘瓠族指居住、生存、繁衍于彭头山和壶头山之间的澧水先民,即祝融、伏羲、驩兜等"三苗族""三苗国"先祖的简称,也是古代山岳崇拜观念支配下所产生的最原始的族称。彭头山和壶头山可以说是盘瓠族最早的祖山和国山。

盘瓠国是古庸国在高辛时期的异称,盘瓠族就是祝融后裔中的吴回一族(见拙文《从祝融到盘瓠的嬗变》)。土著苗裔始祖为盘古(即燧人氏祝融)、女娲、伏羲、神农(炎帝)、蚩尤(最后一个炎帝)、驩兜等都是对族人有重大贡献的土苗先祖。三苗实际是祝融族蚩尤苗裔、伏羲族盘瓠苗裔、共工族驩兜苗裔三部分组成的土著苗蛮集团或部落王国。

其实盘瓠族的老祖宗就是伏羲。吴、瓠同音,盘、回同义。盘者,回也,盘回往复之意。盘,象形动词,盘回,盘曲,盘绕。回,曲折,环绕,旋转。祝融族亦即伏羲族。著名学者许顺湛在《五帝时代研究》一书中指出:"祝融氏也可以称为'伏羲氏'之号。祝融氏可归入伏羲氏族属系统。"盘者,伏也。瓠、伏同音。其实盘瓠族的老祖宗就是伏羲。伏,从人,从犬。意思是人如狗那样地匍伏着。"伏"就是牧犬之人,发展成以狗为图腾的民族。盘瓠就是伏羲的同义变音,同音异记。

故祝融也好,伏羲也好,盘瓠也好,其实都是住在崇山南北古庸国的先祖。

"大"与"犬"之说由来已久,皆缘于"大",亦即"王"也。成者为王败者为寇,脱毛的凤凰不如鸡。鸠占鹊窠,和谐何来?清朝屈大均著《广东新语》中所说的"以盘古为原始,盘瓠为大宗",总算有人说到点子上了。有意思的是本境著名学者金克剑先生在其《大庸屈原故里研究》

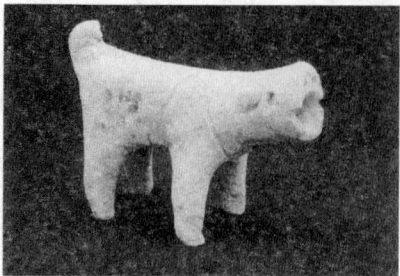

陶狗——1986年5月30日出土于今张家界市城区邮电公寓大塔岗古墓

一书中指出,屈原先祖有一个叫狂屈竖的人,很可能就是一代大王,即盘瓠族人酋长。总之,盘瓠国就是上文所述犬戎国,即大戎国,亦即后来的大庸国。

《史记·楚世家》载:"彭祖氏,殷之时尝为侯伯,殷之末世灭彭祖氏。"清人孔广森在注《列子·力命篇》中说"彭祖之智不出尧舜之上而寿八百"。

大彭国最早的发祥地可能在湖南澧县的彭头山。大彭国先祖们作为先进生产力的代表,在澧阳平原的彭头山创造出很高文明后,一路开疆拓土,在大江南北建立了很多根据地。由于年代久远,很多根据地被后人称为彭国祖居地或发祥地。如江苏彭城、四川彭山、湖北房县等。大彭国在经历八百年风风雨雨之后,于商武丁四十五年被商王朝罗织罪名,趁乱而灭。据《国语·郑语》载:"大彭、豕韦为商所灭矣。"商代晚年,怀着对商王朝的憎恨而参与周武王伐商,为"庸率八师"之一。

第四节　澧沅二水与洞庭之野

澧沅流域是名副其实的洞庭之野。据实地考察和史料记载,洞庭山、洞庭溪、洞庭岩、洞庭湖等地名均与澧沅二水密切相关。

《庄子》曰:"(黄)帝张《咸池》之乐于洞庭之野。"据《史记》记载:"西宫咸池,曰天五潢。五潢,五帝车舍。"《史记·正义》指出:"咸池三星,在五车中,天潢南,鱼鸟之所托也。"《晋书·天文志》曰:"天潢南三星曰咸池,鱼囿也。"《宋史·天文志》曰:"咸池三星,在天潢南,主陂泽鱼鳖凫雁。"而今天之汩湖乡恰有潢河村、潢河垭、潢河庵等地名,联系邻近芙蓉桥、马合口两乡之高阳村、青阳村及永定区所辖七星山、高阳村、高阳峒、潢河村、潢河垭、天子山、天门山、天崇山、太阳坪、看日山等地名,我们不能不茅塞顿开:原来天文星宿里的"咸池星""天潢星""鱼囿星"全部源于高阳氏,源于大庸古国最古老天文观测点的原始天文活动!再联系黄帝铸鼎君山、张《咸池》之乐,"尧增修而用之"的历史传说和记载,联系澧水之源桑植"洞庭山",慈利至沅陵"洞庭溪"、永定洞庭村(洞庭水库),澧水之尾岳阳"洞庭湖"的铁定事实,我们再也不能怀疑《庄子》所曰"帝张《咸池》之乐于洞庭之野"的历史真实性和可靠性了!原来,从澧源到澧尾的澧水流域就是真正的"洞庭之野"。

据《中山经·中次十二经》:"洞庭之山……帝之二女居之,是常游于江渊,澧、沅之风,交潇、湘之渊,是在九江之间……又东南一百八十里,曰暴山……又东南二百里,曰即公之山……又东南一百五十九里,曰尧山……凡夫夫之山、即公之山、尧山、阳帝之山,皆冢也"。又《澧纪·卷之九·述制纪二·典祠》载:"宋任续《思王庙记》曰:'崇山连天外,界越隽岗阜。靡迤如舞如驰,遏千里之势,於洞庭之野,屹瞰都治,兹为彭山,盖澧邦所瞻也。庙盖其巅,神曰彭山,世传为唐神尧子。'"

又桑植民间手抄本《五藏山经传·卷五注》载:"(洞庭)山在酉阳柿溪西七十余里,曰上峒,与其东北四十里之下峒并临澧水之上,水象却车就位之形,其北之零水,辰水东西分流象屋宇形,故曰洞庭,庭之义谓左右之位也。巴陵陂亦号洞庭,以为洞庭山水所潴,亦如彭蠡之水潴为鄱阳湖,因号曰彭泽也。"

又据《湖南省志》《永顺县志》记载,西汉高祖五年(前202)改秦黔中郡为武陵郡,治所迁沅陵,同时置酉阳县,治所在今湖南永顺县之王村。因王村地处酉水北岸,古人以水北为阳,酉阳因此得名。然而2006年湖南里耶考古发掘的秦简上,多处出现"酉阳""迁陵"等县名,这就意味酉阳县早在秦代已置,西汉高祖所置王村之酉阳,只不过是沿用秦制。唐人颜师古注《汉书》,所述酉阳,自然是秦汉所置王村之酉阳,绝不是颜师古之后数百年新产生的宋酉阳。王村之酉阳(即汉酉阳)于南朝梁代废,易地改为大乡县,而今酉阳(南宋初冉氏所置酉阳寨、酉阳州)产生之时,汉酉阳已废700多年。因此,今酉阳和汉酉阳不存在建制沿革关系。

据《土司在酉阳》一文载:"明代酉阳土司的疆域,东南交永顺宣抚司保靖司,腊惹洞;南接平茶洞长官司至小桥堡,邑梅司、宋农诸洞;西至格眼、也江交乌罗司,平头著可司油蓬堡与贵州铜仁府镇千户所腊耳山接壤;西北与重庆府彭水县、黔江县为邻;南至司南宣慰司,东北至散毛宣慰司,施州卫大田千户所。"

湖南工业大学历史系教授刘俊男先生所著《华夏上古史研究》,在对上古

"三皇""五帝"及其他相关问题作了点评和详考后,认为华夏文明源于南方。"在夏以前,主要是南北迁徙,并以长江中游洞庭湖为中心,将文明向四周辐射。"《符子》曰:"舜禅夏禹於洞庭之野。"《管子》曰:"昔者七十九代之君,法制不一,号令不同,然俱王天下者,何也? 必国富而粟多也。夫富国多粟生于农,故先王贵之。"

据北京大学文博学院博士生导师、全国政协委员宋镇豪教授考证,夏商时期人口总数:夏初为 240 万~270 万人,商初为 400 万~450 万人,至晚商大致增至780 万人。

在夏朝以前,我们的先祖们还没有治理黄河的能力,也没有治理黄河的必要。大禹治水不是治的黄河,而是洞庭之野的小江小河,即所谓九澧、九江。

据《湖湘文库》分册——清·王先谦《湖南全省掌故备考·山川二》(56 页)载:"息壤,(零陵)县南。故龙兴寺中,状若鸱吻,色若青石。柳宗元记,寺东北陬有堂地隆然,负砖礮(pi)而起,广四步,高一尺五寸,人夷之,则死。"引文中的"息壤",是古人对大禹有效治理此处长江边上的洪灾险情(即现在所称的"管涌")的神秘称谓。息者,乃平息之意;壤者,则泛指治理此处管涌的填充之物。息壤,简而言之,就是指平息这处管涌险情的土壤(沙石土填充物)。《玉堂闲话》对此则有更清楚明了的表述:"禹镌石造龙宫填于空中,以塞水眼。"可见大禹治理管涌险情选用沙石填塞水眼与现今的做法基本相同。这也足见大禹治理水患险情的高明。此处管涌的有效治理,使百姓对大禹更加崇敬不已,息壤也因之罩上了神秘的面纱,成为一块似乎能呼风唤雨的神壤。如稍有不慎,触怒息壤,就有可能大雨滂沱,引发洪涝,遭至灭顶之灾。当然这只是一种神话传说而已,但吸取教训、小心为上的防治水患却是千真万确的。这大概也是息壤这一胜迹世世代代流传不息的原因。

澧水的九条支流先后在不同地段汇入澧水,自上而下分别叫酉澧、温澧、茹澧、溇澧、䃚澧、涔澧、黄澧、道澧、詹澧;张家界市九溪一带直到民国时期还叫九江乡。故,大禹治水纪功碑立在我省南岳而不立在中原,就是历史真相之所在。

第五节　崇山南北与庸国之都

据不完全统计,今全国境内共有 13 处与庸国文化有关的地名(四境十三庸):即云南建水县之哈不庸村;贵州德江县之庸州;重庆乾江县之庸州;四川成都市之庸部;湖北竹山县之上庸;湖南张家界市之大庸;河南卫辉市之鄘城,信阳市之庸墩村;安徽舒城县之舒庸城,宿州市之庸桥区,南部无为县之庸浦;山东青岛交州市之庸村;北京昌平区之居庸关等。那么,哪里才是古庸国最早的都城呢?

从这些地名来看,唯大庸位居中央地带,且史料最丰富、最系统、最完整,从理论到史实最有说服力。北京"居庸关"(又曾称居庸塞、居庸县),恰在"幽陵";云南"哈不庸村",恰到"交阯";四川"庸部",恰近"流沙";青岛"庸村",恰近"蟠木"。这与司马迁笔下的颛顼国的四至高度吻合。由此推断,颛顼国与大庸古国很可能是同一个古国的不同称谓,或者是同一地区、前后相承之古国的前称和后称。《太平御览》引《尚书》曰:"太甲既立,不明,伊尹放诸桐,三年复归于亳,思庸(念帝道也)。""思庸",即所谓"念帝道",太甲以"思庸"来比喻自己立志图强,表明要像大庸古帝一样建功立业的决心,可见大庸古国,早就被古人尊为"帝道大昌"的伟大帝国。

《诗·鄘风·定之方中》云:"定之方中,作于楚宫,揆之以日,作于楚室。"旧注谓"揆之以日",是"树八尺之臬,而度日出入之景,以定东西,又参日中之景,以正南北"。测度日影的方法由来已久,殷人已能运用自如,甲骨文中有一字作嶭,像手持立臬(音 nie,古代测日影的标杆)于山上,日影投之地上,本义是揆日度影以定方位。"鄘风"为何要"作于楚宫、作于楚室"? 庸楚一家也。可以说,楚国领土大多是庸国领土之故地。著名史学家张良皋先生说:"'楚'的国号是'蚩尤'之疾呼,(庸国子族)楚人很可能自称为'蚩尤之国'。"而笔者早已论证,大庸国有一代帝王就叫"蚩庸"。可见,楚是庸国的子族。楚,又称荆、荆楚。其族首曾随庸国出征伐纣,周成王时被封为子爵,称楚国。无论称"楚"还是称"荆",都是古庸国最具发展活力的子族,由于他是大庸国实力最强的子族,世人常把它作为庸国的代称。之所以用"楚"或"荆"作为庸国的代称,可能因为古庸国曾是桑蚕之国,筑城之国。秘密就隐藏在这"荆""楚"二字之中:

"楚"字从"林"从"疋","林"代表桑林,"疋"代表桑蚕丝织成的布疋(pi),且"楚"与"祝"一韵相通,因此"楚"即代表古庸部落里的桑蚕族群;"疋",又读 shū,即"脚"的意思,亦可理解为行走于桑林中的人,与上一种解释既相通又互补。这又使我们想到,先秦时期就在中国西南居住的一个古老民族:"僰(bo)人"。僰人长期雄据西南云贵川鄂湘交界的咽喉地带,是一个很难驯服的族群,历来是被中央政府视为心腹之患。这"僰"字怎么看都像那"楚"字,它就是一群行走在荆棘丛林中的猎人和开荒斩草、刀耕火种的"烈山氏"农民,可谓真正的"先农"。"荆"

字从"草",从"开",从"刀",表示筚路蓝缕、开荒斩草,且"荆"与"墉"一韵相通,故"荆"即代表古庸部落里的版筑一族(所谓"版筑"就是用竹木荆条做模板注土筑城、筑堤、筑墙)。他被封立国后日益强大,终于在大庸王朝老庸君们日趋昏聩的时候取而代之,成为南方祝融氏族新的旗手,一跃成为春秋五霸和战国七雄之一。古代文字很少,一个字符往往代表一组词群,一个故事,一段历史。这就是古庸国因是铸钟大国而称"镛",因是军事大国而称"戎",因是桑蚕大国而称"楚",因是版筑大国而称"荆",因是煮盐大国而称"巴"的历史真相。

请看西汉孔安国所作《尚书序》的一段记载:"倚相倚氏,名相。春秋时楚国左史。熟谙楚国历史,精通楚国《训典》,能读古籍《三坟》《五典》《九丘》《八索》。常以往事劝谏楚君,使之不忘先王之业。楚灵王及楚平王期间,颇受楚国君臣尊敬。楚人遇有疑难常向其请教,誉之为良史、贤者、楚国之宝。"又曰:"《春秋左氏传》曰:'楚左史倚相能读《三坟》《五典》《八索》《九丘》。即谓(楚)上世帝王遗书也。'"为什么独独"熟谙楚国历史、精通楚国《训典》"的楚国左史倚相倚氏"能读古籍《三坟》《五典》《九丘》《八索》,常以往事劝谏楚君,使之不忘先王之业"呢? 因为"《三坟》《五典》《八索》《九丘》,即谓(楚)上世帝王遗书也'"!

可见,崇山、崧梁山南北,是古庸国核心地区,天崇山是名副其实的文化之山。多方史料证实,崇山是远古三苗、百濮、盘瓠部落的祖山、国山,是大庸帝国的都城所在地,是泱泱大楚的伟大母国——斑斑历史载诸史籍、流传民间:

《尚书·尧典》记载:"流共工于幽州,放骧兜于崇山……"《尚书·舜典》载:"舜生三十征庸,三十在位,五十载陟方乃死"。《国语·周语上》:"夏之兴也,融降于崇山。"《竹书纪年》:"祝融之神降于崇山,乃受舜禅,即天子之位。"西汉《淮南子·时则篇》:"南方之极,自北户孙之外,贯颛顼之国,南至委火炎风之野,赤帝(即炎帝)、祝融之所司者万二千里。"汉司马相如《大人赋》曰:"余欲往乎南矣,历唐尧于崇山兮,经虞舜于九嶷。"宋苏轼《晓登尽善亭望韶石》曰:"君王自此西巡狩,再使鱼龙舞洞庭。蜀人文赋楚人辞,尧在崇山舜九嶷。圣君若非真得道,南来万里亦和为?"明孙斯亿《永定道中》诗:"云边骧兜冢,雪裹杉松犵狫村。"清金德荣《大庸风土四十韵》诗曰:"欲问大庸俗,崇山舜典详。"清罗振鹏《崇山》诗曰:"崇山万古矗层云,虞代有臣周有君。"永定区沅古坪镇,民间婚俗礼仪中的《庸人歌·告祖词》曰:"祝融佳人伴夜郎,繁衍百国围崧梁。伯庸八祖铸钟铃,神农嫘祖植麻桑。"今崇山北麓之沅陵县北容(伯庸)乡尚有铁炉巷、钟铃巷、铸庸池、祭祝岗等地名,而且在铸钟、铸瓦、铸铃、铸钹、铸锣等铸造活动中要唱《铸钟歌》,祭祀时要唱《祭祝歌》,在《薅草锣鼓·九腔十三板·请神词》中要唱《庸人歌》,写家神词时要写歌颂祝融(伯庸)的对联:"钟铃长昭百世香火,伯庸永显千秋神明。"崇山文化和大庸古国客观存在,它代表一个时代!

　　湘江,即乡江—炎帝、嫘祖、尧舜故乡之江;资水,即挈水—女娲、蚩尤、春姬孳育之水;沅水,即源水—盘古、盘瓠、辛母祖源之水;澧水,即里水—祝融、赤松、驩兜、屈原故里之水。湖湘大地是天文学、农耕学的发祥地,是三苗国、驩头国、古庸国核心地区,是东方文明的滥觞之地,是三皇五帝创世立国之地。

第二章　大庸:不可置疑的文明古国

—— 试论大庸古国的起源与演变

"庸",在今天已经成了一个多含贬义的概念。例如"庸人",就是没有才干、没有理想、没有智慧的人。然而在上古时代,正是一群"庸人",建立了一个以"大庸"(大钟)为族徽和国徽的国家。大庸古国在历史上并不平庸,她是中华文明的源头之一。长期以来,人们一直认为华夏文明,最早是在黄河流域诞生和发展起来的,以致春秋以后,大庸古国的历史几乎被人们遗忘,很少留下足以反映其历史本来面貌的文字记录。竹溪县学者甘启良先生说得好:"由于庸国在战国之前即已灭亡,史书上可见的文史资料很有限,难以对古庸国文化进行系统的研究,以至于人们对古庸国造成淡化或遗忘。甚至自汉、唐以来,人们谈及古庸国属地文化时,大多以'三分天下'来解释,即:湘鄂西之现隶属湖南、湖北部分归属为'楚文化',陕南、甘东之隶属于陕西、甘肃的部分归属为'秦文化',长江三峡至重庆东北地带归属为'巴文化'。"其实,大庸古国是一个横跨长江两岸、肩挑川(四川盆地)泽(云梦大泽)大地的一个疆域辽阔的大国。故著名史学家张良皋先生说:"庸国首先肇启人文,连黄帝都不是外来户。"

经考证,在今湖南省张家界市两区两县除留下大庸溪、大庸渡、大庸水、大庸坪、大庸田、大庸口、大庸所、大庸铺、大庸路、大庸桥、天师庸、蜡烛庸多处地名以外,还留下了不少以"庸"和"国"命名的原始村寨聚落名称。如:

慈利县赵家岗乡之大庸村;

杨柳铺镇龙跃村之莫庸村村民小组;

许家坊乡芦花坪村之超庸村村民小组;

杉木桥镇清水村之雅庸村村民小组;

通津铺镇星峪村之富庸村村民小组;

永定区桥头乡伍家峪村之正庸村村民小组;

三家馆乡漩水村之二公庸村民小组；

沙堤乡沙田村之于金庸村民小组；

武陵源区合作桥乡覃家山村之下庸村民小组；

官地坪镇黄家台村之竹国峪村民小组；

汩湖乡之护国村；

沙塔坪乡六耳口村之小茶国村民小组；

河口乡西坪村之大国村村民小组；

慈利县之国太桥乡；

广福桥镇乌龙岗村之国家堰村民小组；

象市镇田家坪村之国岩村村民小组；

高桥镇高桥居委会之国阳岗村民小组；

近邻石门县夏家巷镇之观国山村等等。

这些以庸以国命名的地名，正是远古大庸帝国在其国都所在地留下的活化石，是我们打开大庸古国历史大门的金钥匙！

关于庸国疆土，史书上没有明确的记载。但其前身颛顼国的疆域，在司马迁《史记》中有明确界定。据《史记·五帝本纪》载："帝颛顼高阳者，黄帝之孙而昌意之子也。静渊以有谋，疏通而知事；养材以任地，载时以象天，依鬼神以制义，治气以教化，絜诚以祭祀。北至于幽陵，南至于交阯，西至于流沙，东至于蟠木。动静之物，大小之神，日月所照，莫不砥属。""交阯"指今天的越南，"蟠木"指今天的日本，可见颛顼帝国疆土有多大。故魏曹植《帝颛顼赞》曰："昌意之子，祖自轩辕。始诛九黎，水德统天。以国为号，风化神宣。威鸿八极，靡不祗虔。"可谓"普天之下，莫非王土"！

据《太平御览》引《尚书》曰："太甲既立，不明，伊尹放诸桐，三年复归于亳，思庸（念帝道也）。""思庸"，即所谓"念帝道"，太甲以"思庸"来比喻自己立志图强，表明要像大庸古帝一样建功立业的决心，可见大庸古国，早就被古人尊为"帝道大昌"的伟大帝国。关于大庸古国的起源，历来众说纷纭，莫衷一是。目前较流行的主要有以下几种说法：

第一节　"大踵"说

持此一说的学者认为：大庸国的母国是华胥国，大庸国就是"大踵国"。相传，某天华胥氏去一个叫作"雷泽"的地方游玩，发现一只巨大的脚印，那是人头龙身之雷神的脚印，他只需要鼓起肚子，就能发出响雷。华胥氏很好奇，踩了那个脚印一下，结果立刻感到全身震颤，回到家后就怀了孕，不久生下伏羲，子孙繁衍，发展成大踵一族，称大踵国。《春秋世谱》中的相关记载为："华胥生男为伏羲，生女为女娲。"这恰与《山海经》所载"岐踵国""大踵国""大人国"的史迹相互勾连。据《山海经·海外西经》载："……跂踵国在拘缨东，其为人大，两足亦大。一曰大踵国。欧丝之野大踵东，一女子跪据树欧丝"。《海外东经》："大人国在其北，为人大，坐而削船。一曰在（	差）丘北"。又据《大荒东经》载："东海之外，大荒之中，有山名曰大言，日月所出。有波谷山者，有大人之国"。《山海经》又有"长股国""夸父国""博父国"的记载，长股也好，夸父也好，博父也好，都是身材十分高大的巨人。既是巨人，必然腿长足大，故称大踵国。据《海外西经》载："博父（国）：人，在聂耳东，其为人大，右手操青蛇，左手操黄蛇。…… 跂大踵（国）：人，在拘缨东，其为人大，两足亦大。"今湖南省张家界市永定城区白鹤嘴有雷泽坪地名，枫香岗麻空山（又名祺宫山）、天门山丹灶峰、慈利县金岩乡神坛坪三处皆有巨人足迹，俗称脚迹岩、仙人足迹岩，应是华胥生育神话诞生的物质基础。也就是说，今张家界一带是伏羲、女娲出生神话的原生点。

第二节　"大容"说

《庄子》曰："北门成问于黄帝：'张咸池之乐于洞庭之野，吾始闻之而惧，复闻之而惑。'帝曰：'吾奏之以人，徵之以天，行之以义礼，建之以太清。'以人奏之，以天征之，天人合德，尔乃知以春为礼，以秋为义，太清乃建。"又曰："黄帝闻广（yan）成子在于崆峒之上（今张家界城区戴家湾凤羽山即称崆峒山），故往见之，曰：'敢问至道之精。'广成子曰：'自而治天下，云气不待簇而雨，草木不待黄而落，日月之光益以荒矣。又奚足以语至道？'黄帝退，捐天下，筑特室，席白茅，闲居三月，复往邀之。"《齐桓公伐楚》曰："尔贡包茅不入，王祭不共，无以缩酒"。"包茅"又名"苞茅""白茅""菁茅""芭茅"等，至今仍是古庸张家界等大武陵地区的土特产。

上文提到的"广成子"实即容成氏，亦即庸成氏。容成氏又有两种解释。一种称之为"黄帝之臣"，《后汉书》载："容成，黄帝之臣。"也有人说容成是古代诸皇之一。《庄子·胠箧》载："昔者容成氏、大庭氏、伯皇氏、中央氏、栗陆氏、骊畜氏、轩辕氏、赫胥氏、尊卢氏、祝融氏、神农氏，当是时也，民结绳而用之。"近些年出土楚简中,也发现一些类似记载。有学者考证,容成氏就是庸国的先君,容成氏就是庸成氏,"容"与"庸"通用。《诗·大雅·崧高》云:"以作尔庸。"注云:"庸,城也。"《路史·前纪五》云:"庸成氏,庸成者,垣墉城郭也。"朱起凤《辞通·庸》云:"容、庸同声通用。《庄子·胠箧篇》又云:'容成氏'。《六韬·大明篇》作'庸成氏',是其例也。"顾实《结绳而治时代之文书》云:"容成氏即庸成氏,《穆天子传》称:'群玉之山,庸成氏之所守,先王之策府'。"《姓氏词典》引《新纂氏族笺释》注:"容姓出自大容氏。"大容氏部落后派生出容成氏族,即传说中的大容氏"生"容氏。《春秋元命苞》云:"庸成氏八世。"《庄子·胠箧》篇又云:容成至神农氏时期,先民"甘其食,美其服,乐其俗,安其居,邻国相望,鸡犬之声相闻,民至老死,而不相往来。"注:"此十二氏皆古帝王。"容成氏世代以此为号,任氏族或部落首领。故,大庸亦可称大容。

第三节 "鄘国"说

即鄘、邶、卫三监之一的"鄘"。鄘即庸也。三监畔被平息之后,鄘人被迫南迁建立了庸国。故《汉书·地理志》称:"'武王崩,三监畔,周公诛之。'迁邶、鄘之民于洛邑。"庸是三监之一鄘人南迁后的封国。武王灭商后,周武王封纣王的儿子武庚来治理朝歌,武王又怕武庚叛周,分商都畿内地为邶、鄘、卫三国,监视武庚,史称"三监"。即"殷都以北谓邶,霍叔监之;霍叔以东谓卫,管叔监之;殷都以西南谓鄘,蔡叔监之"。新乡地处殷都的西南,自然归鄘国所辖。鄘国存在时间不长,国号是随着周公旦平"三监"而消失。知名学者甘启良先生认为:"这种说法显然从史料记载及逻辑推理上难以圆其说。庸如果是三监之一鄘人南迁后的封国,其领地既不可能一下子超过周宗姬封侯国,也不会超过秦楚之国。另一方面,《尚书·牧誓》中所点到的庸、蜀、羌、微、卢、彭、濮人,均属江汉中西部地区氏族部落,史称'南方八国'。从这里可以看出,武王伐纣时的庸,应该是来自江汉西部地区。《礼记·王制》曰:'天子百里之内以共官,千里以内以为御。千里之外,设方伯。……天子使其大夫为三监,监于方伯之国,国三人。'这一制度对三监的职责说得比较明白,也就是管理千里之外的'方伯'之国。从这里我们不妨换一个思路:庸国由于参与了武王伐纣,有功于周。周为了给予嘉奖,封庸为三监之一,负责管理千里之外的方伯之国,并保留其原有的疆土。如果这样,《诗经·鄘风》关于'期我乎桑中,要我乎上宫,送我乎淇上矣。……定之方中,作于楚宫。揆之以日,作于楚室。

升彼虚矣,以望楚矣。望楚与堂,景山与京。'就不难解释。前者可以理解为庸人对周王室背信弃义的抱怨,后者则表现出庸人对故土的怀念。"我认为甘先生说的很有道理。作为伐纣功臣的部分庸人,被武王封为三监之一,"三监之乱"后,被迁回南方母国之大庸或上庸,是符合事物发展规律的。

第四节 "上庸"说

甘启良先生认为:"庸国的都城(之一)上庸,本身也表现出庸国的古老。为何叫上庸?庸有'城'的意思。上庸可以理解为上古之城,也可以理解为天子之城。在典籍《乐府诗集·鼓吹曲辞一》中有一首民间爱情诗歌说:'上邪!我欲与君相知,长命无绝衰。'意思是:苍天啊,我要与君相知相守,还要使这种相知永远不绝不衰。这里,'上'就是天的意思,'上庸'中的'上'字也很可能就有'天''天子'之意。庸者,城也。上庸可以理解为上古之城,也可以理解为天子之城,上即天也。"甘先生此说亦比较靠谱,但没有说清上庸与大庸之间的渊源。对此,我曾在《以文贯史说大庸》一文中对大庸国的进程做了这样的推断:上古大庸帝国疆域辽阔,也许包括今两广、越南(甚至整个中南半岛)及湘、鄂、渝、滇、黔、川等广袤无垠的地域,开疆后根本无法管理,只能任其自生自灭。就连"天子"脚下的"巴民""楚族"也只能派自己的持节使臣去统治。熟知地理历史的人士都十分清楚,巴域是古代重要的产盐地区,而荆楚(这里所说的楚还不是后来强大的楚国,只代表江汉平原及周边地区,用这个概念仅图方便)则是典型的粮仓,而粮食和食盐是人类赖以生存的两大支柱。年长日久,持节使者很少有不乘势坐大、要挟"母国"(宗主国)的。巴国的兴起正是由于它控制了大庸国的经济"命脉"食盐——历史上有名的"巴盐""盐巴"。"盐巴古道",曾经为大庸领土扩张和文化传播发挥了巨大作用。东进庸人则凭着沿途富饶的土地和丰富的物产,高歌猛进,创造了比肩甚至超过祖国"大庸"的经济和文化。庸国子民走出"大庸"一个一个都出息了,但他们没有衣锦还乡,报效"祖国",固守祖业的"庸人"们一天天落后于那些后起之秀。西周早期,大庸人在鬻熊、熊绎领导下一度复兴,成为协助武王伐纣的"八国之首",但正是这次伐纣引起了周王朝的高度警觉,采取大封庸国子族的策略,一步一步分化削弱庸国领导核心和军事力量。随着楚、巴、秦等子族的纷纷独立自大,"大庸帝国"已进入"后庸国"时代。末代"庸主"不得不考虑迁都偏安。一批留守大庸北疆军事前哨的军界精英,选择今湖北省竹山县境之田家坝作为临时都城。出于不忘故都的感情,遂将新城定名为"上庸",故都大庸称为"下庸"。甘先生所理解的"上庸"正是这一时期古庸国的历史面貌。

第五节 "夏庸"说

夏朝在入主中原之前一直在崇山称伯(霸)一方,故曰"禹夏之兴,祝融降于崇山"。故《白虎通·五行》:"时为夏,夏之言大也,位在南方"。大庸即夏庸。巧在今张家界市武陵源区合作桥乡覃家山村恰有"夏庸"(又称下庸)村民小组之地名,且北有"上庸",北为上,南为下,夏庸"位在南方",故又可称下庸。而根据"禹夏之兴融降于崇山"的记载,"夏庸"有可能指夏禹称王的庸国。

据田贵争先生回忆,在今永定区白龙泉地段(张家界国际大酒店附近),有一座很有名的寺庙叫白马寺,里面供奉着一座高大古老的石碑,叫"禹王碑"。

又《大庸县地名录·协和公社概况》89 页载:"插旗峪大队(有)禹王庙。"

又清道光版《永定县志·金石志》(249 页)载:"周宣之鼓,神禹之碑,历久长新者也。然其质古,并有镶刻,皆博物所毕具也,宜与邑乘并传不朽。"更具历史纪念意义的是今永定区仍有一行政区划叫禹溪乡,一自然溪流叫禹溪,一自然山体叫羽山,又叫禹山、凤羽山、奉禹山。

又《竹书纪年》载:"当尧之时,舜举之禹……祝融之神降于崇山,乃受舜禅,即天子之位。"《管子》曰:"昔者七十九代之君,法制不一,号令不同,然俱王天下者,何也? 必国富而粟多也。夫富国多粟生于农,故先王贵之。"从夏禹国人口总数来看,最初的国土核心有可能不在河南,而在湖南,其国都很可能就在今澧水之源桑植县洞庭山,及发源今慈利县垭上、流经永定区湖田垭、沅陵县蚕忙坪的洞庭溪,与澧水之末洞庭湖之间的崇山(今张家界市)一带,即所谓"洞庭之野"。古庸湖湘地区乃天下粮仓,最有可能成为三皇五帝之都城,三皇五帝最有可能在这里建立大庸帝国,而夏禹王朝很有可能就脱胎于古老的大庸帝国。故《符子》曰:"舜禅夏禹于洞庭之野。"

又据湖南工业大学历史系教授刘俊男先生考证,禹之父子均是今湖南人。他十分肯定地说:"鲧曾被分封在崇山,称崇伯鲧,张传玺等曰:崇山古代在'湖南大庸县境。'《尚书·舜典》:'放驩兜于崇山',《史记·五帝本纪》《帝王世纪》:'放驩兜于崇山,以变南蛮',可见崇山在南蛮(湖南),或曰崇山就是中岳嵩山,大谬。中岳古称太室山,嵩山之名是汉武帝时才定的,《汉书·地理志》:'古文以崇高为外方山也'亦可为证。若说嵩山就是崇山,处南蛮,那么三代时的中国在哪里?所以鲧之生活在湖南无疑。禹本人当然也是湖南人。"刘教授的推断很有道理,《大戴礼记·五帝德》云:"宰我曰:请问禹。孔子曰:高阳之孙,鲧之子也,曰文命。"鲧为崇伯,禹为鲧子,且受禅于崇山,故"夏之言大也,位在南方",夏禹在崇,亦即夏禹在庸,夏庸即大庸也。

第六节 "大邑"说

笔者认为,自夏启以后,大庸古国已被夏朝取而代之,大庸国很可能已经只是名义上的"祖国"了,直到商汤灭夏后才由商王将其遗族封回古庸旧都,"以延庸夏之祀",就像周武王攻下商都朝歌后,封商王纣之子武庚于商都一样,既收买人心,又加以防范。

据考,商王都多以大邑称之,但甲骨文中之"大邑"未必尽指商都,如:"贞□大邑于庸土"。尽管有的学者识"庸"为"唐",但即使为"唐",也可能为"庸"之形误或借用。"庸"之地望,在今湖南省西北之大庸,即古大庸都城所在地;但如果作"唐"字来解,则在山西南部夏县一带,即唐叔所封大夏之地;不管怎么说,据卜辞"方其出于唐",此等大邑时受敌对方国侵扰,可能是王国的边地重镇。今张家界市古称大庸,城区又有古城堤(亦称古人堤),大邑与大庸乃一声之转,且是商代实力很强的一个方国。因此,大庸很有可能就是甲骨所记之"大邑"。故在殷墟甲骨文中有"新庸""旧庸""美庸""□庸""庸门""水庸"及"贞□大邑于庸(亦有学者识作唐)土"等字样。

从这些字样和以后庸人不惜倾全国之力参加武王伐纣的史实来看,我们可以做出这样的判断:庸夏先民作为掌握版筑、修堤、造城、治水等先进技术民族,在国亡家破后,很可能被商朝统治者作为奴隶驱使,专门从事修城、筑堤等繁重的体力劳动;数百年的民族歧视和劳役之苦,使一代又一代庸夏后裔长期沦为奴隶、佣人甚至囚徒,几乎完全被排斥在主流社会之外;由于上层统治者长时期不断地奴化驱使和贱斥愚化,庸国遗民便被一步步污化为无能无用之民,以致"庸人"被污称为无用之人!哪里有压迫,哪里就有反抗。商朝末叶,趁着商族高层的荒淫腐化,以庸伯鬻熊为首的一批庸国精英联合族内七个部落,协助西伯姬周一举打败商纣王朝,终于扬眉吐气,获得新的生机,并由其子国大楚,续写了作为南方文明古国的新的辉煌。

第七节 "大融"说

庸国究竟是容成氏所创,还是祝融氏后裔所创? 祝融是远古三皇之一祝融氏,还是帝喾之火正官重黎或吴回? 从诸多文献看,大庸国民应该是颛顼苗裔的分支,可究竟其国君的祖先是谁,恐怕是永远也无法得知了。但不管大庸古国的开国始祖是谁,有一点是毋庸置疑的——大庸国的起源应在夏时或更早。笔者认为,大庸古国源于远古蚕图腾部落。长期以来,我们低估了古人的科学素养,低估了他们对生命现象的认识能力。古人对生命现象充满了好奇,具有极强的观察力、思辨力和表达力。大家知道,虫是典型的象形字,活像刚从蛋卵中浮化出壳的那个小小的生命,乍一看上去仿佛正在爬动。笔者认为"蠻"(蛮)是蚕(蠶)的初文,会意理解为吐丝的虫。"蚕"这只天降神虫,每到日神(炎帝上古虚化人物,代表南国共主)远归、天气转暖的春季,它就破卵而出,不停地采食桑叶让自己一天天长大,直到能为人类吐出备冬御寒的丝来,以至最后作茧自缚,成为一只蚕"融"(疑为"蛹"的初文)。为人类献出它宝贵的一生,真是"春蚕到死丝方尽"! 然而,这么一只无私奉献、福佑人类的神虫怎么会死呢? 天遂人愿,它没有死。它不会死。它终于羽化成蛾听从日神召唤飞回了天空。这一神奇的生命现象,让古人感到十分好奇,小小春蚕——这只神虫让他们产生发自内心的崇拜。他们十分虔诚而又隆重地筑下神坛,请来部落最高首领主祀,向这只"大融"(融,亦为蛹,初文应为裹在丝中的"蠻虫"。"蠻"一字二指,既代表蚕也代表蛹),尸而祝之,期望这只神虫来年春天再回人间,为他的子民再赐生命之丝,古人最早的图腾就这样诞生了。著名爱国主义诗人屈原先生在他的千古绝唱《离骚》中,开言即说"帝高阳之苗裔兮,朕皇考曰伯庸(古为【虫庸】或【庸虫】)"。意思是说,我是古帝高阳族三苗部落的后裔,我的高祖叫作伯庸。也就是说,他是祝融的后裔,"伯""祝"训诂皆为"大"。伯为长,长为大,兄为长,长兄为大。跟进推论,屈原也承认自己是以"大融"为图腾的祝融后裔。

第八节 "大戎"说

湘西苗族《接龙词》(古苗语称"惹戎惹筶",直译为"喊花喊夔",汉语简译之为《接龙词》)说:大庸就是"大戎",大庸国亦称大戎国。苗语接龙是接"大戎(大庸)""大笮"。传说大戎(大庸)是湘西苗族的主要祖先。他首先发现朱砂和使用朱砂,故把大戎(大庸)接回来时,要在中堂放朱砂酒,叫"安龙堂"。大戎(大庸)是一个很强大的部落,在长江中游活动的时间相当长,上起神农下至夏禹,都是长江中游苗蛮集团的主体氏族。他们的后裔认为,从舜以后所遭到的一切不幸,都是由于祖先大戎(大庸)离开了他们之后才发生。因此,他们想把大戎(大庸)接回来。尔后"接龙"的祖宗崇拜仪式,就这样兴起而沿为习俗。又《湘西苗族》一书曰:"从舜开始,三苗中的驩兜部落融合南蛮部落,组成苗蛮集团,世代子孙,一直在崇山生息繁衍。现在大庸县的仡庸堤,又叫古城堤,就是这一苗蛮集团的文化遗址。"一大批苗族学者都认为,祝融就是仡索。蛮左、蛮戎都是九熊后裔,南蛮中的大氏族。他们的后裔现在自称仡戎、仡索,仆程就是濮左。九熊后裔到崇山后,叫濮人,建立大庸国;后叫苗民,建立驩兜国;再后叫南蛮,建立卵民国、羽民国、凿齿民国、黑齿民国等许多小鬼国,度过夏、商、周三朝,没有遭大的兵祸,发展农耕,繁盛一时。

第九节 "大钟"说

据著名建筑史学家张良皋先生考证,古庸国是铸钟大国;著名古文字学家裘锡圭先生亦指出,庸是大钟。因此,又有学者认为:大庸国就是大钟国。经考证,恰有民间资料与之印证对接。据湖南省张家界市永定区沅古坪镇,民间婚俗礼仪中的《告祖词》曰:"祝融佳人伴夜郎,繁衍百国围崧梁。伯庸八祖铸钟铃,神农嫘祖植麻桑。"今崇山北麓之沅陵县北容(伯庸)乡尚有铁炉巷、钟铃巷、铸庸池、祭祝岗等地名,而且在铸钟、铸瓦、铸铃、铸钹、铸锣等铸造活动中要唱《铸钟歌》,祭祀时要唱《祭祝歌》,在《薅草锣鼓·九腔十三板·请神词》中要唱《庸人歌》,写家神词时要写歌颂祝融(伯庸)的对联:"钟铃长昭百世香火,伯庸永显千秋神明。"

据裘锡圭先生考证,庸即是"镛",亦称"铙",是镛口向上而末植于座上的打击乐器。当时还有"新庸""旧庸""美庸""□庸"的区别;豐有"新豐""旧豐"之称,可能是用玉装饰的贵重大鼓;豐可能是专指一种与镛配用的鼓;□可能是管乐器芋的象形初文。他还注意到甲骨文中称作"新熹""旧熹"的熹,以及另一个奇字□,每与庸、鼓对文,推测也指两种乐器。除以上庸、鞀、豐、鼓、竽、熹、□等七种乐器外,甲骨文中至少尚可寻出另十一种乐器名。商代的乐师,主要是由称作

"万"的人组成。甲骨文有"万其奏"(《合集》30131)、"万其作庸"(《合集》31018),可见"万"熟悉有关乐器的性能,称得上是商代的出色演奏家。有一片甲骨卜辞云:万惟美奏。惟庸奏。于孟庭奏。于新室奏。(《安明》1823+《明续》2285)四辞同卜一事,言"万"要奏叫作"美"的乐曲,是用庸演奏吗,是在孟庭还是在新室的宫廷演奏呢。《左传·僖公二十七年》引《夏书》称夏代"明试以功,车服以庸",以车马及服饰品类示有功者的尊贵宠荣。故《清同治直隶澧州志校注下·双溪桥记》(1545页)曰:"斯御也,慈人慰镐京之望,当路旌卓异之才,靡不曰:'令哉,我良侯也!转闻天子必大庸。'侯以树绩天下,于大书特书不一书,又将昭煌青史矣。"后人以"大庸"喻"大功"。

清嘉庆《慈利县志·卷之八·石钟》引南济汉诗云:"制传凫氏出金镛,石室谁知有异踪。圆贮月轮天上窟,啮残狮钮古来钟。鲸鲵长借峥潨水,籁寂时鸣涧壑松。志士功名期不朽,高瞻宛对燕然峰。"

注:"凫氏出金镛":《山海经.海内经》:"炎帝之孙伯岐生鼓,是始为钟"。《吕氏春秋.仲夏纪》:"昔黄帝令伶伦作为律。……黄帝又命伶伦与荣将铸十二钟,……"《管子.五型篇》:"昔者黄帝以其缓急作五声,以政五钟。令其五钟,一曰青钟大音;二曰赤钟重心;三曰黄钟洒光;四曰景钟昧其明;五曰黑钟隐其常"。传说:尧舜时一位名叫垂的人所创,有学者认为钟起源于铜铃等。

后世古庸旧地多处出土的虎钮錞就是庸钟的一种。錞于出土于张家界市境内,古代多有记载。宋洪迈《容斋续笔》卷11载:"淳熙十四年(1187年),澧州慈利县周赧王墓旁五里山摧,盖古冢也。其中藏器物甚多,予甥余玠宰是邑,得一錞,高一尺三寸,……虎钮高一寸二分,阔一寸一分,并尾长五寸五分,重十三斤。"《武陵记》曰:"淳于山,与白雉山相近,在辰州、武陵二郡界。绝壑之半,有一白雉,远望首尾可二丈,申足翔翼若虚中翻飞,即上视之,乃有一石雉舒翅缀着石上。山下有石室数亩,望室里虽暗,犹见铜钟高丈余,数十枚,其色甚光明。"

据《山海经·北山经》曰:"又北五百里,曰錞于毋逢之山(疑即淳于山),北望鸡号之山(疑即白雉山),西望幽都之山,浴水(疑即酉水)出焉。是有朋蛇,赤首白身,其音如牛,见则其邑大旱。"

清嘉庆《慈利县志·卷之六·纪闻》载:"宋淳熙十四年(1187),余玠宰慈利。于周赧王墓旁五里堆,得一铜錞。乾隆五十五年(1790),六都文童张宏铨于金刚山得铜器,形如小钟,而匾高二尺许,横一尺六寸。环在钮旁。两面共三十六齿。击之,其声清越。一齿自为一音。"又据清康熙《慈利县志·卷之二·山川志》载:"伏牛山,在屯堡东北。昔有金钟伏此,现有卧牛池,故名。"可见大庸古国是名副其实的铸钟大国,称大庸国为大钟国名正言顺!

第十节 "祝融"说

据姜大可、尹雯轩《清同治安福县志》载:"《通志》:南楚当祝融之墟。位炎离,钟火德,故四时之气候寒少而燠多,五六月湿气上腾,楹壁间皆拭之欲流。而长江风急,寒喧亦旦夕不常,自长而北为岳州。《山海经》云:'洞庭,帝之二女居之,出入必以飘风暴雨。'一指顾间汪洋万顷,风雨不时,俄而长烟一空,皎月千里,融和之气近袭襟裙,杜甫诗所谓'楚天不断四时雨'也(楚天连文,杜甫已然,张正明说是柳永首创,出于调流毛氏)。澧属濒大湖,与岳同候。"《通志》及姜尹二人虽未点明祝融与庸国的关系,但肯定"南楚当祝融之墟"已是了不起的发现! 其实"祝"训诂为"大",融与庸同音,庸即融演化而来,庸人就是祝融氏的后代。大庸和祝融就是一个概念。据《史记·楚世家集解》说:"祝,大也。融,庸音同,古通用。"又《国语·周语》曰:"昔夏之兴也,融降于崇山。"又岳麓书社主编、周谷城作序的《续千字文》亦有"沅绕祝融"的记载,可见《通志》所说的"祝融之墟"就是崇山。

祝融,远古三皇之一。上文所引《庄子》载,神农之前有祝融氏。《白虎通》也说:"伏羲、神农、祝融,三皇也。"又说:"祝者,属也;融者,续也,言能延续三皇之道而行之,故祝融也。"祝融亦即古三皇之一燧人氏,因其发明钻木取火,温暖人间,族人尊其为祝融。也有学者说,祝融是黄帝的大臣。《通典》称,祝融是黄帝六相之一庸光,黄帝"得祝融而辨南方,得蚩尤而明元道,得太常而察地理,得苍龙而辨别东方,得风而辨西方,得后土而辨北方,谓之六相。"也有人认为,祝融是为帝喾管理民事和天文的两位大臣,即颛顼高阳后裔,卷章的两个儿子

重黎和吴回。据《史记·楚世家》载:"重黎为帝喾高辛居火正,甚有功,能光融天下,帝喾命曰祝融。共工氏作乱,帝喾使重黎诛之而不尽。帝以庚寅日诛重黎,而以其弟吴回为重黎后,复居火正,为祝融。"《山海经》亦曰:"炎帝之妻,赤水之子听𧪻生炎居,炎居生节并,节并生戏器,戏器生祝融,祝融降处于江水,生共工……洪水滔天,鲧窃帝之息壤以堙洪水,不待帝命。帝令祝融杀鲧于羽郊。"又载:"南方祝融,兽身人面,乘两龙。"有学者认为,融与庸同音,庸即融演化而来,祝融就是庸国的先祖,古今大庸人都是祝融氏的后代,都是帝颛顼高阳的后裔。其实,庸楚一家(后有专论),祝融既是庸国的祖先,也是楚国的祖先。《国语·郑语》曰:"祝(指祝融)之兴也,其在芈姓乎!"《诗经·殷武》:"挞彼殷武,奋发荆楚。罙入其阻,裒(音 póu)荆之旅。有截所其,汤孙之绪。""荆楚"一词在夏商之时就已出现,但并未立国,它只可能是老牌庸国的子族。西汉《淮南子·时则篇》:"南方之极,自北户孙之外,贯颛顼之国,南至委火炎风之野,赤帝(即炎帝)、祝融之所司者万二千里。"王大有在《三皇五帝时代》考证说:"祝融遂承榆罔帝号为赤帝,南方之极,自北户孙之外,贯颛顼之国,实与黄帝'各有天下之半'。"

以上诸说看似矛盾,实际高度一致。"容成"就是"庸成","容成氏"出自"大容氏",亦即出自"大庸氏"。又《史记·楚世家集解》曰:"祝,大也。融、庸音同,古通用。"《路史·后记》曰:"祝融,字正作祝庸。"可见,"祝融"也是"大庸"。而"上庸"更不用说,意思也是"大庸",《淮南子·说山》注:"是以能上之。(上者)大也。"故至今民间尚有"上大人"之说。又《说文》曰"上,高也。"指上天、天帝。实际上,大踵也好,大人也好,大钟也好,大庸也好,大戎也好,祝融也好,大融也好,上庸也好,夏庸也好,大邑也好,都只是同一个国家的异称或同音异记而已。当然,也有字义上侧重点不同的区别:就先祖生育神话而言,称"大踵"或"大人";就族别姓氏而言,称"大容(庸)"或"容(庸)成";就部落图腾而言,称"大融"或"祝融";就国家事功而言,称"大钟""大庸"或"大戎";就国都位置而言,称"夏庸""下庸""上庸"或"大邑"。

总之,"大庸"二字不是一个普通的概念,它是"东方古罗马",可与"大秦"齐名,号称"大庸"的中华南国古都所在地。故"大庸文化"是中华文化的重要源头之一。我们已经深切地感到,历朝历代很多人研究历史都没有从文化本源上去着眼和入手,以致自觉或不自觉地抬高或矮化自己的历史和文化。"大庸文化"由于它处于历史的本源地位,早已被后起的多层文化所掩盖,自古至今还没有人悟透它的真象,破解它的密码,以致其历史文脉被阻隔,历史地位被矮化。我们发现和研究大庸文化,绝没有带着地域观念去有意抬高它的私心,而只是还历史以本来面貌。

第三章　普天之下　莫非庸土

——大庸古国的疆域和领土初探

　　大庸古国,是一个横跨长江肩挑川(四川大盆地)泽(两湖云梦大泽)的一个地域辽阔的大国。关于庸国疆土,史书上没有明确的记载。但其前身颛顼国的疆域,在司马迁《史记》中有明确界定。据《史记·五帝本纪》载:"帝颛顼高阳者,黄帝之孙而昌意之子也。静渊以有谋,疏通而知事;养材以任地,载时以象天,依鬼神以制义,治气以教化,絜诚以祭祀。北至于幽陵,南至于交阯,西至于流沙,东至于蟠木。动静之物,大小之神,日月所照,莫不砥属。""交阯"指今天的越南,"蟠木"指今天的日本,可见颛顼帝国疆土有多大。故魏曹植《帝颛顼赞》曰:"昌意之子,祖自轩辕。始诛九黎,水德统天。以国为号,风化神宣。威鸿八极,靡不祗虔。"真可谓"普天之下,莫非王土"!

　　上文已述,今全国境内共有 13 处与庸国文化有关的地名(四境十三庸):即云南建水县哈不庸村;贵州德江县庸州;重庆乾江县庸州;四川成都市庸部;湖北竹山县上庸;湖南张家界市大庸;河南卫辉市鄘城,信阳市庸墩村;安徽舒城舒庸城,宿州市庸桥区,南部无为县庸浦;山东青岛交州市庸村;北京昌平居庸关等。从这些地名来看,北京"居庸关"(又曾称居庸塞、居庸县)恰在"幽陵",云南"哈不庸村"恰到"交阯",四川"庸部"恰近"流沙",青岛"庸村"恰近"蟠木"。这与司马迁笔下的颛顼国的四至高度吻合。由此推断,颛顼国与大庸古国很可能是同一个古国的不同称谓,或者是同一地区、前后相承之古国的前称和后称。《太平御览》引《尚书》曰:"太甲既立,不明,伊尹放诸桐,三年复归于亳,思庸(念帝道也)。""思庸"即谓"念帝道",太甲以"思庸"来比喻自己立志图强,表明要像古庸帝王一样建功立业的决心,可见大庸古国,早就被古人尊为帝道大昌的伟大帝国。故张良皋先生在其鸿著《巴史别观》一书中说:"夏商周时代,庸国是祝融氏之国;五帝时代,庸国是高阳氏之国。"经笔者研究,又进一步考定,三皇时期,庸国是蚩尤氏之国。古大庸帝国经历了"蚩庸""颛庸""鲧(伫)庸"三个鼎盛时期,晚夏、商周时期庸国渐趋衰弱,直到春秋中晚期(前611)为其子国楚国兼并,取而代之,以"春秋五霸"和"战国七雄"之一的大楚之名续写一段新的辉煌。

第一节 庸国方位

(一)庸国在南方之极

《淮南子·时则训》曰:"南方之极,自北户孙之外,贯颛顼之国,南至委火炎风之野。赤帝、祝融之所司者万二千里。"这里的"北户孙",袁珂先生注为"传说中南方国名"。"北户孙"是一个很有意思的地方,据说是因为太阳常常出现在这个国家的北方,全国的房子的窗户都是向北开着,所以叫作北户孙。这里的"孙"其实并不是很严格意义上的名称中的部分,而是后代、后裔的意思。这个特点很像今天的南庄坪,如果门窗不向着北方开着,总觉得反向,当西晒,住着不舒适。好在今日有空调,可以抵挡烈日西晒之苦。

《后汉书·祭祀志中》:"立夏之日,迎夏于南郊,祭赤帝祝融,车旗服饰皆赤,歌《朱明》。"《幼学琼林·岁时》:"南方之神曰祝融,居高而司夏,丙丁属火,火则旺于夏,其色赤,故夏帝曰赤帝。"又《淮南子·天文训》曰:"南方火也,其帝炎帝,其佐朱明。"高诱注:"旧说云祝融。"又《吕刑》传云:"重即羲也,黎即和也。"颛顼国正是在重黎的旁边。故历史文献记载的"绝地通天、乃命重黎"的颛顼,其实是东海之外的颛顼。所谓"东海"不是今天所说的东海,而是古庸国东郊的洞庭湖。颛顼国在南方"委火炎风之野",且在"东海(洞庭)之外(围)",只能是以今张家界为核心的古庸大武陵地区。故颛顼国与古庸国在同一地区,颛顼国是古庸国真正的"祖国"。

(二)庸国在江汉之南

《伪孔传》说:"庸、濮在江汉之南。"《逸周书·王会解》说:"卜人以丹沙",孔晁注:"卜人,西南之蛮。"周景王使詹桓伯也说过:武王克商以后,"巴、濮、楚、邓,吾南土也。"据《竹山县志》(1865—1993)载:竹山"商代前为汉水流域重要部落方国,称庸国。武王伐纣,庸起兵相从,得袭封。公元前611年(楚庄王三年),庸率群蛮叛楚。8月,楚伐庸,楚人、秦人、巴人灭庸,庸地入楚,置上庸县。《读史方舆纪要》(清·顾祖禹著)载:"竹山县府西南三百八十里,东北至房县百七十里。本周之庸国。秦为上庸县地。汉因之,属汉中郡。后汉亦为上庸县。建安末,置上庸郡。魏、晋因之。宋、齐亦曰上庸郡,皆治上庸县。梁析置安城县。西魏改曰竹山,又置罗州于此。隋开皇十八年,改曰房州。大业初,州废,县属房陵郡。唐武德初,复置房州治此。贞观十年,州移治房陵,以竹山县属焉。宋、元因之。明洪武初省。十三年,复置竹山县,属襄阳府。"竹山新县志载:"1476 年(宪宗成化十二年),设郧阳府,竹山属之,同时割竹山县西尹店社置竹溪县(竹山之有竹溪,一如巫山之有巫溪)。"昔竹山知县常青岳在其《竹山行》中曾赞曰:"上庸山水巨灵护,控蜀引荆形势固。"《左传》《史记》《水经注》《读史方舆纪要》及古今志书等大量史籍均载明竹山为古庸国疆土。

(三)庸国在先楚地区

《诗·鄘风·定之方中》云:"定之方中,作于楚宫,揆之以日,作于楚室。"旧注谓"揆之以日",是"树八尺之臬,而度日出入之景,以定东西,又参日中之景,以正南北"。测度日影的方法由来已久,殷人已能运用自如,甲骨文中有一字作嵲,像手持立臬(音 nie,古代测日影的标杆)于山上,日影投之地上,本义是揆日度影以定方位。"鄘风"为何要"作于楚宫、作于楚室"? 庸楚一家也。可以说,楚国领土大多是庸国领土之故地。

《国语·楚语》载:"昭王问于观射父曰:'周书所谓重、黎实使天地不通者,何也? 若无然,民将能登天乎?'对曰:'非此之谓也。古者民神不杂。及少皞之衰也,九黎乱德,民神杂糅,不可方物。颛顼受之,乃命南正重司天以属神,命火正黎司地以属民,使复旧常,无相侵渎,是谓绝地天通。'"大体的意思是:楚昭王问观射父:"周书(尚书)所说的重黎断绝了天地的联系,为什么呢? 难道说如果不这样做,人们可以到天上去吗?"观射父说:"并非如此。太古时民、神并不混杂,但是到了少昊治理时代的末尾,九黎族扰乱文化,民神混杂了,不可能分辨出来。颛顼接了天帝职位之后,就让南正重管理天、火正黎管理地来区别神和人,使情况恢复到原先的状况,所以说重黎断绝了天地的联系(颛顼时期,巫职专业化,不少人自称巫史)。"同样,庸国先祖"绝地通天"的史事为何出现在《楚语》之中? 答案只有一个,即庸为楚祖,庸在先,楚在后,楚国的领土就是庸国的故土。

(四)庸国在武陵地区

《庄子》曰:"昔容成氏、大庭氏、柏皇氏、中央氏、栗陆氏、骊连氏、轩辕氏、赫胥氏、尊卢氏、祝融氏、伏羲氏、神农氏,当是时也,民结绳而用之,(郭象曰:足以纪要而已也。)甘其食,美其服,(适故常甘,当故常美,若思夫侈靡,则无时慊矣。)乐其俗,安其居,邻国相望,鸡犬之声相闻,民至老死而不相往来(无求之至也。古庸地区至今犹有此说),若此之时,则至治也已。"这正是当年武陵地区的生活写照。又

《山海经·海内北经》曰："海内西北陬以东者。蛇巫之山，上有人操柸而东向立。一曰龟山。西王母梯几而戴胜杖。其南有三青鸟，为西王母取食。在昆仑虚北。有人曰大行伯，把戈。其东有犬封国。贰负之尸在大行伯东。犬封国曰大戎国，状如犬。"

今永定区枫香岗乡恰有巫山和蛇山、龟山等地名，崇山南麓的沅陵县正是盘瓠族犬封国的核心地带；且后文有述"盘瓠就是陆终，盘瓠国就是犬封国，犬封国就是大戎国，大戎国就是大庸国。"（详见拙文《从祝融到盘瓠的嬗变》）；而武陵山区自古就是蛮夷聚居之地，留下了多种蛮夷名称，如武陵蛮、五溪蛮、板木盾蛮、乌蛮、北蛮、昼蛮、天门蛮、石门蛮、溇中蛮、澧中蛮、慈利蛮、酉溪蛮、黔阳蛮、衡阳蛮、长沙蛮、梅山蛮、黔中蛮、巴蛮、盘瓠蛮、充蛮、苗蛮、土蛮、九溪蛮、茅岗蛮、施庸蛮、柿溪蛮、相州蛮、辰州蛮、荆蛮等；还留下了多处反映远古文化信息的地名，如巫山、夏聚渡、周公渡、大庸渡、大庸溪、大庸坪、大庸所、大庸铺、大庸路、大庸口、大庸桥、上庸、中庸、前庸、长谷庸、日月山、子午台、北正街、南正街、七星山、刻木山、杆子坪、鬼谷、巫山、历山、宋山、连山、脚印岩、太极图、枫香岗、仙人溪、仙人洞、不死国、高禖湾、赤松山、赤松峰、赤松洞、赤松村、赤松坪、赤松溪、赤松桥、赤松碑、丹灶峰、熊壁岩（熊山）、熊馆、且住岗（后土岗）、风羽山、社溪等（以上均在张家界市城古庸都附近）；融江，融水，融州，融县，融安（均在广西北部）；溶江，榕江（以上在贵州东南）；楚伐庸纪功碑（在岳麓）、嫘祖墓（在衡阳）、姜嫄村（在平江）、大庭镇（在吉首）、舒庸溪，舒国（在淑浦）、麇子国（在岳阳）、罗子国（在湘阴）、夔子国（在秭归）、索国（在武陵源）、道国（在澧县）、蔡国（在慈利），长寿国、茹国（均在大庸）等。这一系列信息足以印证大武陵地区是大庸古国的核心地区。

（五）庸国在湖湘地区

笔者认为，颛庸大帝国晚期，长江以北的大庸国领土，已经出现强邦割据或子族独立局面。而湖南则很可能是尧帝的故乡或第二故乡，作为尧帝之子的丹朱（即驩兜，史称帝丹朱），很可能是回到故乡即位，出任大庸国一代帝王。

湖南工业大学历史系教授刘俊男先生所著《华夏上古史研究》，在对上古"三皇""五帝"及其他相关问题作了点评和详考后，认为华夏文明源于南方。"在夏以前，主要是南北迁徙，并以长江中游洞庭湖为中心，将文明向四周辐射。"华夏文明起源是否如此，姑且不论，但他的一些立论，如"三皇五帝原义为三正五行，后来才用称呼人帝，人间的三皇五帝不固定，随时而变。""伏羲是个哲学概念，伏羲、宓羲、包羲、太昊、东皇太一等是指《易》学中的'太极'，后人称这种哲学的创立者为伏羲氏。伏羲氏其实就是烈山氏，亦即神农氏……少典是末代神农妃，生黄帝轩辕炎帝蚩尤。"（刘先生认为炎帝就是指的蚩尤）。又如："尧舜禹等禅位的'河、洛'非指今黄河、洛水,而是指古浏河和渌水,是古都长沙南北的两条湘江支流,湖南南岳一带为上古政治及天文科技中心。

刘教授在这段论述中涉及我国远古文化一个广为流传的、具有神话色彩的历史典故——"河图洛书"。河图与洛书是中国古代流传下来的两幅神秘图案,历来被认为是河洛文化的滥觞。河图洛书是中华文化,阴阳五行术数之源。最早记录在《尚书》之中,其次在《易传》之中,诸子百家多有记述。太极、八卦、周易、六甲、九星、风水等皆可追源至此。《易·系辞上》有："河出图,洛出书,圣人则之"之说。但早期"河洛文化",绝非后起于黄河流域的"河洛文化"!

据《湖南古今地名辞典》第 80、88、490 页载,远在中原文化兴起之前,在今湖南株州市攸县皇图镇就有"皇图岭""禹门洞",茶陵县小田乡有"皇雩山",零陵地区宁远、祁阳、新田、双牌等县之间就有"洛阳山",今浏阳县有首禅山等地名遗迹。又引徐霞客《楚游日记》曰："所谓皇雩者,谓雩祝（雩［yú］古代为求雨而举行的一种祭祀。）之所润,济一方甚涯也。"又引崇祯《长沙府志》谓"下有岩泉七窍,灌田数万亩。"可见,刘教授所言不虚,是持之有据、言之有理的可信之论。

据《管子》载："昔者七十九代之君,法制不一,号令不同,然俱王天下者,何也?必国富而粟多也。夫富国多粟生于农,故先王贵之。"而且在我湖南张家界市永定区小河坎就有大庸溪、大庸坪、大庸口等地名,今湖南宁远县宁远河就古称"牛庸水"（见马王堆出土之西汉地形图）。根据这一南一北两条庸水,我们完全可以把湖湘大地称为古庸大地。古庸湖湘地区乃天下粮仓,当为三皇五帝之都城,故曰大庸也。据《竹书》记载："昔尧德衰,为舜帝囚也。又有'偃朱'故城,在县西北十五里"。《竹书》云"舜囚尧,复偃塞丹朱,使不与父相见也。"

据此,笔者推断:舜帝入主中原掌握军事实权后,不甘心尧帝父子以母国大庸之太上皇的身份对他指手画脚,一气之下,兴兵威逼大庸国首都崇山,赶走骓兜或劫走尧帝,"使不与父相见也"。但骓兜很可能并没有屈服,很快就东山再起,故在"舜生三十而征庸"的九年后,再次借"南巡狩"之名发动政变,结果以"道死苍梧"而告终。据《史记》记载,舜帝"践帝位三十九年,南巡狩,崩于苍梧之野,葬于江南九疑,是为零陵。"什么意思? 这是说舜帝登位第三十九年,舜帝去江南巡狩,死于苍梧境内,葬于长江以南的九嶷山,这就是零陵。

又《孟子》曰："封之有庳","庳"者,音鼻。又《帝王纪》说："舜弟象封于有鼻。"又《括地志》说："鼻亭神在营道县北六十里。故老传云,舜葬九疑,象来至此,后人立祠,名为鼻亭神。"又《舆地志》说："零陵郡应阳县东有山,山有象庙。"

又《皇览》曰："舜冢在零陵营浦县。其山九溪皆相似,故曰九疑。又《传》曰'舜葬苍梧,象为之耕'。又《礼》曰'舜葬苍梧,二妃不从'。又《山海经》曰'苍梧山,帝舜葬于阳,丹朱葬于阴'。"皇甫谧曰:"或曰二妃葬于衡山。"又,王隐《晋书》说:"泉陵县,北部东五里有鼻墟,象所封也。"可见,舜帝之弟象所封之地大约应为洞庭湖之南,桂林之北,沅水与湘水之间的土地,也就是今天湖南、广西交界处一带。

又据湖南工业大学历史系教授刘俊男先生考证,禹之父子均是今湖南人。他十分肯定地说:"鲧曾被分封在崇山,称崇伯鲧,张传玺等曰:崇山古代在'湖南大庸县境'。《尚书·舜典》:'放驩兜于崇山',《史记·五帝本纪》《帝王世纪》:'放欢兜于崇山,以变南蛮(湖南),可见崇山在南蛮(湖南),或曰崇山就是中岳嵩山,大谬。中岳古称太室山,嵩山之名是汉武帝时才定的,《汉书·地理志》:'古文以崇高为外方山也"亦可为证。若说嵩山就是崇山,处南蛮,那么三代时的中国在哪里? 所以鲧之生活在湖南无疑。禹本人当然也是湖南人。据《湖南古今地名辞典》254、256 页载:"在华容县南部有'禹磐垸',1919 年由禹甸、磐石两垸合并,取首字为名。……禹山,在华容县南部终南乡境内,山顶昔有'禹王庙'。"又据《新语》:'大禹出于西羌',《吴越春秋》:禹'家于西羌'。西羌在何处?《后汉书·西羌传》:'西羌之本,出自三苗,姜姓之别也。其国近南岳'。《战国策·魏策》中吴起说:'昔者三苗之居,左彭蠡之波,右有洞庭之水,文山在其南,而衡山在其北。'表明三苗人居于洞庭、鄱阳两湖为中心的地区,而古人地理观念不强,常以大家熟悉的高山地区作为统治中心(如五岳),因此大禹会集万国诸侯的茅山很可能在江西湖南交界的地方,今攸县东部与江西交界的天子山很可能与大禹有关。"

我认为刘教授说得很有道理,按笔者几年来的考证,已经发现大庸古国恰为夏禹国的母体(见拙文《大庸古国的前身和异称》),夏禹国在湖南,古大庸当然也在湖南。笔者提出这个观点,绝非凭空而论。我们想想:既然驩兜在崇山为帝,而鲧又曾为崇伯,根据"鲧腹生禹"的历史传说,我认为鲧是女性,而且是驩兜之妻,大禹很可能是他们的儿子。据《山海经·海内经》载:"洪水滔天。鲧窃帝之息壤以埋洪水,不待帝命。帝令祝融杀鲧于羽郊。鲧复生禹"。在《楚辞·天问》中又作"伯禹腹鲧"。复、腹相通,意思说大禹是从鲧的肚子里生出来的。《全上古三代秦汉三国六朝文》辑《归藏·启筮》又曰:"鲧殛死,三岁不腐,副(剖)之以吴刀,是用出禹。"这显然是"剖腹产"的真实记录。

鲧之性别身份,是中国神话史上一个颇有争议的话题。其实,早有巴蜀文化研究者考察古蜀王柏灌氏的身世,从音训角度推测"'柏灌'很可能就是'伯鲧'的隐音",并根据"鲧腹生禹"传说断言"伯鲧或柏灌氏族乃母系制",即"伯鲧是一位伟大的母亲"!正如四川大学教授李祥林先生所说:"'从历史发展阶段来认真研究,公鸡不会下蛋,男人不可能生孩子。'以鲧为女性的观点并非今天才有,学界早就有人提出'鲧在这个神话诞生之初,显然并不是一位男性神,而是一个女性神',因为'鲧禹神话的产生很可能是在图腾制时期,也就是说在母系社会的初期阶段。'持此见者不同意把鲧视为男性和把鲧禹神话视为父系社会的产物,指出女性神的出现乃是'母权制社会的一个重要标志','只有到母权衰亡、父权确立之后,男性才相应地在神话中逐步代替女性神而占据主要的、统治的地位',而'鲧从女性神到被确认为是男性神,那已经是鲧禹神话经过演变的结果',也就是经过了从女权中心的母系社会到男权中心的父系社会的历史演变的结果。"这一论述恰与笔者《舜帝从俗嫁驩兜》一文的观点完全吻合,也进一步佐证驩兜与鲧是夫妻之猜想的合理性和可能性。

(六)庸国在茫茫洞庭

清代道光版《永定县志·金石》载:刘国道铸造的灵顺寺钟,上镌"大元荆湖北道澧州路慈姑县十三都大庸口"。清人诗作中,不断出现"大庸""庸城"等字眼,如"大庸城小户零星,温水茫茫达洞庭","万山深处古庸城,文物衣冠渐得名"之类。题为《永定竹枝词》的一组作品,其中亦有"阿侬生长大庸城,风景年年记最清"的句子。

前文已述,湖南则很可能是尧帝的故乡或第二故乡,也是尧帝之子的丹朱(即驩兜,史称帝丹朱)对抗舜帝的主战场。故《山海经·中山经·中次十二经》载:"洞庭之山……帝之二女居之,是常游于江渊,澧、沅之风,交潇、湘之渊,是在九江之间……又东南一百八十里,曰暴山……又东南二百里,曰即(鸡、姬)公之山……又东南一百五十九里,曰尧山……凡夫夫之山、即公之山、尧山、阳帝之山,皆冢也。"又《山海经·海内北经》曰:"湘水出舜葬东南陬,西环之。入洞庭下。一曰东南西泽。汉水出鲋鱼之山,帝颛顼葬于阳,九嫔葬阴,西蛇卫之。"

又《太平御览》引《淮南子》曰:"尧之时,十日并出,焦禾穗,杀草木,而民无所食,猰貐、九婴、大风、修蛇、封豨、凿齿为民害。尧乃杀凿齿于畴华之泽,(畴华,南方泽也)杀九婴於凶水(疑为熊溪熊水)之上,缴大风於青丘之泽(大风,大鸷也。缴以石磻,缴,系矢射之。青丘,古庸有青水、青丘、青父山),上射十日(羿射日堕日中鸟羽)而下杀猰(音轧)貐(音庚,猰貐状如龙形,人齿食人也),斩修蛇於洞庭,(洞庭,南方水也。其蛇食象,三岁而其骨出也),禽封豨於桑林(封豨,大彘也。桑林,汤祷旱地)。万民皆喜,置尧为天子也。"又《山海经·东山经》曰:"又东北百里,曰大尧之山(今崇山有尧湾),其木多松柏,多梓桑,多机,其草多竹,其兽多豹虎鹿麟。……又东南一百五十里,曰尧山,其阴多黄垩,其阳多黄金,其木多荆芑柳檀,其草多藷薁莸。"

今湖湘地区多处留有尧帝之地名痕迹:张家界市慈利县通津铺镇通津铺居委会之尧泉居民小组,广福桥镇四十八寨之尧坪地片,杉木桥镇杨华村之尧老榜村民小组;桑植县凉水口镇上尧儿坪村、下尧儿坪村,洪家关乡之尧充峪村,澧源镇肖家峪村之尧湾村民小组;永定区后坪镇崇山连五间村之尧湾地片,谢家垭乡筒车坪村之尧家山村民小组;武陵源区中湖乡鱼泉峪村之尧湾村民小组;湘西自治州龙山县石羔镇之尧坪村、红岩溪镇之尧城村;邵东县黑田铺镇之尧塘村;耒阳县大义乡之尧隆村;茶陵县之尧水乡、尧市村;新田县知市坪乡之尧头村;靖州县渠阳镇之尧管村;洞口县黄桥镇之尧王村;双牌县江村镇之访尧村;麻阳县之尧市乡、尧市村、尧里河、尧里桥;常德市武陵区之尧天坪镇;安化县大福镇之小尧村、大尧村等地名。地名是历史的记录,是文化的化石,如此多的"尧字号"地名,证明以帝子丹朱氏讙兜大本营崇山为核心的湖湘大地,亦即洞庭之野,很可能是尧帝的故乡或长期生活之地。

舜帝与庸国的关系,史籍载录亦很清晰。据《尚书》载:"舜三十征庸,三十在位,五十载,陟方乃死"。《竹书纪年·帝舜有虞氏》亦载:"三十二年,帝命夏后总师,遂陟方岳"。又,司马迁在阅读了大量史书后,"探禹穴,窥九嶷,浮于沅、湘",在亲临九嶷山之后在《史记》中作出结论:舜"南巡守,崩于苍梧之野,葬于江南九嶷"。《史记·五帝本记》载:"舜耕历山,渔雷泽,陶河滨,作什器于寿丘。"《淮南子·修务训》载:"舜南征三苗,道死苍梧。"

据张家界及宁远学者考证,与舜帝南巡有关的地名在湖南境内有上百处。比如张家界市澧水之源的桑植县有历山、永定区有历山坡、雷泽坪、澧河、澧滨、陶窑、陶(yao)坪等舜帝发迹前耕历山,渔雷泽,陶河滨的地名;永州市有舜皇山、九嶷山、帝舜陵、帝舜庙、帝舜祠、虞帝庙等舜帝去世后的地名。另有舜帝平生活动有关的不少地名,如:舜帝在洞庭湖中小山舟教制茶,小山舟就叫了君山;舜帝在常德一山丘讲修身齐家,小山丘就叫了德山;舜封弟象于有鼻便有了象庙(永州府志》载:"舜封弟象于有鼻,即今道州地,道州北五十里地方有庳亭,今其地有象祠,土人水旱必祷"。光绪《道州志》载:"在州北六十里,道旁有石碑,刻'古封有鼻圩'五字故名");舜帝在湘江边一个山冲演奏韶乐,山冲就叫了韶山冲;舜帝夸苍梧山里新宁县一山"山之良也",这山就叫了崀山;舜帝路经苍梧山境内的东安县和桂林的山,东安就有了舜皇山,桂林有了虞山;舜帝崩葬于苍梧之野,二妃寻夫,山峰林立,难辨帝冢在何处,在岳阳就有了二妃墓(《唐诗鉴赏辞典》。余恕诚在注释李白《远别离》一诗中,有这样一段文字:"……帝崩后,二妃朝朝暮暮立于湘山之巅,遥望九嶷云雾,恸哭于湘江边绿云般的丛竹之间,哭声随风波远逝,去而无应。其悲痛之泪滴于竹上,留下斑斑泪痕,溺于湘江从舜而去";由于"九峰相似,望而疑之",苍梧山又叫了九疑(嶷)山。把君山、德山、韶山、崀山、舜皇山、虞山、九嶷山联成线,恰恰地在舜帝南巡路径上,这绝对不是一般意义上的巧合!九嶷山源远流长的地名许由村、何侯石室、马蹄坳、玉琯岩、凤凰岩、半边山、象山、鸣条峰、萧韶峰、舜源峰、娥皇峰、女英峰等,以及湖南民间流传的一系列传说故事,无一不有舜帝活动的身影和轨迹。这些地名和故事,唯九嶷山独有。这恰恰说明舜帝最后一次南巡到苍梧九嶷山以后,就再没北返,直至最终崩于苍梧之野,葬于九嶷山。

鲧禹父子(亦或母子)与庸国湖湘的关系更为紧密。据《山海经·内经》记载:"洪水滔天,鲧窃帝之息壤以堙洪水,不侍帝命,帝令祝融杀鲧于羽郊。鲧腹生禹,帝乃命禹率布土以定九州。"又据《湖湘文库》分册——清王先谦《湖南全省掌故备考·山川二》(56 页)载:"息壤,(零陵)县南故龙兴寺中,状若鸦吻,色若青石。柳宗元记,寺东北陬有堂地隆然,负砖甓(pì)而起,广四步,高一尺五寸,人夷之,则死。"

又《山海经·东山经》曰:"又东南一百十里,曰洞庭之山,其上多黄金,其下多银铁,其木多柤梨橘櫾,其草多葌、蘪芜、芍药、芎䓖。帝之二女居之,是常游于江渊。澧沅之风,交潇湘之渊,是在九江之间,出入必以飘风暴雨,是多怪神,状如人而载蛇。"鲧是谁我想大家都知道,他就是那个历史上最伟大的治理水患的大禹的父亲,但是因为治水不力,而被杀死在羽郊。传说鲧死后变成黄熊,并生了大禹。这里的记载的鲧偷了天帝的息壤——这可是宝物,据说可以不断生长,鲧本来想用息壤湮塞洪水,但是以我们现在的常识也应该知道水患是不能靠湮塞治理的,结果好几十年也没能把滔天的洪水治理好,于是天帝让祝融去把鲧杀死在羽郊。既然息壤在我湖南,说明鲧盗天帝息壤以堙洪水的故事发生在湖湘大地。其实这事的本来面貌就是古庸先祖们在湘、资、沅、澧四水所归之洞庭湖地区,因筑堤防洪而争土打架,甚至打大架、打群架,发展成部落与部落之间的战争。

（七）庸国在崇山地区

清代江苏人金德荣,担任永定县令期间,其弟来信问及当地风土人情,他写下《大庸风土四十韵》代作家书,开篇二句即:"欲问大庸俗,崇山舜典详。"

《史记·楚世家集解》云:"祝,大也。融,庸音同,古通用。祝融即大庸。"《国语·周语》载:"禹夏之兴,融降于崇山。"又《山海经·东山经》曰:"又西一百二十里,曰厘山(今崇山有厘垴),其阳多玉,其阴多蒐。有兽焉,其状如牛。苍身,其音如婴儿,是食人,其名曰犀渠。潇潇之水出。"这说明市域先民的一支系庸楚先祖祝融一脉在洞庭、崇山一带,故"大庸"这个名字有怀念先祖之意。又《东山经》曰:"东山经之首,曰口敕之山,北临乾昧。食水(疑即桑植柿水、柿溪)出焉。而东北流注于海。其中多鳙鳙之鱼,其状如梨牛,其音如彘鸣。"

又《大荒西经》曰:"大荒之中,有山名曰月山,天枢也。吴姬天门,日月所入。有神,人面无臂,两足反属于头,山名曰嘘。颛顼生老童,老童生重及黎,帝令重献上天,令黎邛下地,下地是生噎,处于西极,以行日月星辰之行次。"重、黎并非一个人,而且都是老童的儿子——老童也正好是《大荒西经》记载的祝融的父亲,重、黎为祝融,而祝融又是老童的儿子,他所出生、生活的日月山,就是今日天门山。

又《山海经·海外南经》载:"狄山,帝尧葬于阳,帝喾葬于阴……南方祝融……",这话出现在"海外南经"里,明其葬于南方,在今永定区崇山顶骥兜屋场后恰有凤凰山,而帝尧又是丹朱氏骥兜之父。

又《水经注》云:"墨子以为尧死葬蛩山之阴。《山海经》:'尧葬于狄山之阳,一名崇山。'崇、邛声近,蛩山又狄山之别名"(崇山别名:狄山、烈山、历山、熊山、穷山、宗山、宋山、重山、从山、祖山、国山、中央仙山)。而至今崇山尚有"尧湾"之地名。

又《左传〈昭公元年〉》曰:"高辛氏有二子,伯曰阏伯,季曰实沈。"喻权中先生认为,文中"实沈",是"舜"的缓读,舜"道死苍梧"之"苍梧"即是"崇"的缓读。这些史料信息,无疑是庸国在崇山一带的有力证据。

又《穆天子传》曰:"季夏丁卯,天子北升于舂山之上,以望四野。曰:'舂(chong 冲)山,是唯天下之高山也。'木华不畏雪。天子于是取木华之实,持归种之。曰:'舂山之泽,清水出泉,温和无风,飞鸟百兽之所饮食也。先王所谓悬圃。……曰天子五日观于舂山之上,乃为铭迹于悬圃之上,以诏后世。"文中"舂山"实即崇山,所谓"舂山之泽",指崇山北坡之腰的夹门泽(疑为驾门泽或驾穆泽),泽旁恰有两条瀑布飞流直下,故曰"清水出泉"。"舂山之泽,清水出泉",状写崇山之顶(良田沃野)良好的水资源条件。今崇山顶有稻田 800 多亩,大小山泉遍地皆是,仅连五间半个村就有清澈山泉 21 口,有"祝融洞""六苗庸"两座水库(堪称天池)。"铭迹于悬圃之上",是说在崇山之巅勒石记功,"以诏后世"。古崇山周围有四大悬圃,今风貌依旧。三国曹魏陈琳《大荒赋》曰:"仰阆风之城楼兮,县圃邈以隆崇。娅若华之景曜兮,天门阅以高骧。"

赋中"阆(láng)风",当指今天子山袁家界之昆仑峰(见《桑植县地名录·地片》),《楚辞·离骚》:"朝吾将济於白水兮,登阆风而绁马。"王逸注:"阆风,山名,在崐崙之上。"又《海内十洲记·昆仑》:"山三角:其一角正北,干辰之辉,名曰阆风巅;其一角正西,名曰玄圃堂;其一角正东,名曰崐崙宫。""城楼"指天门洞南面的王楼巀(zè),即王楼子山。章炳麟《答铁铮书》:"观其以阆风、玄圃为神仙羣帝所居,是即以昆仑拟之天上。"

陈琳,字孔璋,广陵(今杭州)洪邑人,三国时曹魏文臣,亦是著名文学家、檄赋家,东汉末年曾为何进主簿,在建安七子中学问最深,对其作品,有时曹操竟不能为之增减一字。刘熙载《艺概文概》称"曹子建、陈孔璋文为建安之杰"。宋朝吴械《韵补书目》曰:"《大荒赋》,几三千言,用韵极奇古,尤为难知。"温庭筠《过陈琳墓》曰:"曾于青史见遗文,今日飘蓬过此坟。词客有灵应识我,霸才无主始怜君。石麟埋没藏春草,铜雀荒凉对暮云。莫怪临风倍惆怅,欲将书剑学从军。"作为大学问家,他将古充县的昆仑阆风巅、天门王楼山、崇山之悬圃等地名及位置记录得如此准确,说明他肯定来远古文化之都大庸古城进行过实地考察,也说明他对大庸古都和作为祖山、国山的崇山充满崇拜之情。

又司马相如《大人赋》曰:"祝融惊而跸(bì)御兮,清雾气而后行。屯余车其万乘兮,綷(cuì)云盖而树华旗。使勾芒其将行兮,吾欲往乎南嬉。历唐尧于崇山兮,过虞舜于九疑。纷湛湛其差错兮,杂遝(tà)胶葛以方驰。骚扰冲苁(sǒng)其相纷挐兮,滂濞(pì)泱(yǎng)轧洒以林离。攒罗列聚丛以茏(lóng)茸兮,衍曼流烂坛以陆离。径入雷室之砰磷郁律兮,洞出鬼谷之崛礨(lěi)嵬(wéi)石褱(huái)。遍览八纮(hóng)而观四荒兮,揭(jiē)渡九江而越五河。经营炎火而浮弱水(茹水)兮,杭绝浮渚而涉流沙。奄息葱极泛滥水嬉兮,使灵娲鼓瑟而舞冯夷。时若薆薆将混浊兮,召屏翳(yì)诛风伯而刑雨师。西望昆仑之轧沕(wù)洸忽兮,直径驰乎三危。排阊阖(天门)而入帝宫兮,载玉女而与之归。登阆风而遥集兮,亢乌腾而一止。低回阴山(融山)翔以纡曲兮,吾乃今目睹西王母?暤(hé)然白首戴胜而穴处兮,亦幸有三足乌为之使。必长生若此而不死兮,虽济万世不足以喜。"

赋中"崇山"乃南方火神、赤帝祝融降生之崇山,尧帝居所(尧湾)之崇山,故曰"历唐尧于崇山";因天门山有鬼谷洞,故曰"洞出鬼谷(众鬼所居之地)之崛礨(lěi)嵬(wéi)石褱(huái)";慈利县有九江村,永定区有五溪(茅溪、巫溪、熊溪、武溪、禹溪),故曰"渡九江而越五河";"弱水"就是永定城区之茹水,"阊阖"就是天门,"阴山"又名融山,传说在昆仑山西,今城区阴山恰在天门之西;天门就是"昆仑"就是西王母居住的帝宫和神都(详见后文《天门神瀵与神都昆仑》),故曰"排阊阖(即天门)而入帝宫兮,载玉女而与之归。低回阴山(融山)翔以纡曲兮,吾乃今目睹西王母?"

又苏轼《宿建封寺晓登尽善亭望韶石》曰:"双阙浮空照短亭,至今猿鸟啸青荧。君王自此西巡狩,再使鱼龙舞洞庭。蜀人文赋楚人辞,尧在崇山舜九疑。圣主若非真得道,南来万里亦何为。岭海东南月窟西,功成天已锡玄圭。此方定是神仙宅,禹亦东来隐会稽。"

崇山又称狄山,是五帝王归葬之地(见《山海经·狄山注》张守节正义引张揖曰:"崇,狄山也。"北魏郦道元《水经注·瓠子河》:"《山海经》曰:'尧葬狄山之阳。一名崇山。'"),东麓又有仙人溪地名,故苏轼一语界定"此方定是神仙宅"。又据刘俊男教授《九江、涂山、会稽考》一书考证:"大禹时的九江、涂山、会稽与战国秦汉以后的同名地点地望不同,大禹至春秋时的九江在湖南,涂山即会稽山,在湖南攸县一带。周穆王伐楚(伐大越)所至之九江及涂山之会的地望与大禹同。"刘教授说九江在湖南很对,张家界市慈利县九溪就称九江,民国前一直叫九江乡,今日改为江垭镇。而攸县恰在今张家界的东方,故苏子又曰"禹亦东来隐会稽"。

第二节　庸国南疆

(一)融州与庸国

融州之名含有祝融元素,融州文化亦富有庸国文化传统。

融州,洪武十年(1377年)降融州为融县,属柳州府。清代因之。

柳江自贵州黔东南奔流而下,一路进入广西,在广西柳州市三江到柳城境内之间被称为融江。这条大江是柳州至古洲(今榕江县)的黄金水道,各种物资从这一水道逆水而上进入贵州,是南部侗族地区的经济命脉。融江河段三江境内的梅林、富禄村、葛亮村、洋溪、老堡双江口、丹洲在未通陆路时候,从唐代至明清,早就成为商船中转货物的码头,历来都是商贾云集贸易繁荣之地。中华人民共和国成立初期,1949年至1952年7月融县隶属柳州专区。此间,1951年7月,融县人民政府从融水镇迁至长安镇,于次年9月成立融安县;1952年11月,以原融县中区为主,先后从罗城县、融安县、三江县和贵州省的从江县各划出一部分地区,成立了大苗山苗族自治区(县级),属宜山专区;1955年,大苗山苗族自治区更名为"大苗山苗族自治县",至1958年改为属柳州地区;1966年,大苗山苗族自治县改名为"融水苗族自治县"。笔者认为无论是更名前的大苗山苗族自治县,还是更名后的融水苗族自治县,无论是"苗"还是"融",都与南方祝融始祖有关,无论是融州还是融水,它们都在古庸国版图之内,古融州应该属于古庸国之南部疆土。

融江,水名,在广西壮族自治区。广西融江系珠江上游水系,为柳江上游,发源于贵州,流经广西三江、融安、融水三县入柳江。全长20多公里。由于自然生态保持完好,一派江南水乡美景。水面宽阔,横穿县城,沿途亦多县、镇,为广西水路交通要道,桂北物资转运枢纽之一。除了留下古商水道文明的历史烙印之外,两岸山水风光和人文景观颇具品位。梅林的石碑滩、美人洲,富禄的诸葛亮寨、三国城、洋溪的关公庙岩、良口的产口千年古榕、沿浔江、都柳江和融江有三道石门、下石门东岸古壁旁边,相传李白谪贬夜郎时经过此地,曾登此岩,至今遗址尚在,故名太白遗岩,在下石门西山头,距旧治丹洲10余里,层峦九叠,相连如串玉贯珠,高入云际,顶上平敞有九曲仙棋、和里三王宫、人和桥、丹洲险滩、狮子岩、姑娘房、采育场、明代怀远古迹。明代怀远古城丹洲是三江旧治,四面环水,围如玉带,易守难攻,月夜登楼,澄空如练,河水清澈,波光潋滟,太白诗云"二水中分白鹭洲",于此可见。丹洲西有文星西指,东有天马东来,北有军听澄潭等景致。明朝时,洲上建有城墙和城楼,如今城墙部分被毁,仅有北城楼仍耸立如初,另仍存有衙门和古书院的部分建筑,是极好的凭幽吊古之所。可惜时至今日,当地人士尚没有注意到家乡山水与华夏先祖祝融有关,没有意识到融江融水竟然是赤帝祝融活动遗迹的残留,也没有意识到大苗山苗族人民就是古大庸祝融、伏羲、赤松、蚩尤、驩兜等崇山先祖的后裔,更没有意识到融州融县今日之版图乃大庸古国之领土!

(二)融安与庸国

融安之"融",亦属于祝融之"融",融安文化也应该与祝庸文化一脉相承。

融安县位于广西北部,聚居着彝族、白族、傣族、壮族、苗族、回族、傈僳族、拉祜族、佤族、纳西族、瑶族、藏族、景颇族、布朗族、布依族、阿昌族、哈尼族、锡伯族、普米族、蒙古族、怒族、基诺族、德昂族、水族、满族、独龙族等民族。

融安县北连侗乡三江,南接苗乡融水,其山、水、人、情构成了多层次的山水人文景观,展现出迷人的山水风光和浓郁的民族风情。

烧炙:是融安特色风味小吃。外貌似油炸丸子,呈褐色,油亮。有一层当地人称为"猪网油"的东西包住,用碎猪肉、碎猪肝、葱白、冬笋等制成肉馅。经油爆和炭火炙烤过后香脆诱人,每逢春节当地百姓也自己动手包烧炙,平时配以滤粉食用。这看似平常的小吃,折射出祝融部落在崇山发明用火,结束茹毛饮血生活,逐步走向文明的大历史、大进步、大跨越!

牌灯:民国年间在长安镇最为风行,每逢年节夜晚,每条街都有耍灯队伍。它先用大字牌中的大一至大十洗牌,然后组成一二三、四五六,或二三四等牌上街戏耍,十分好看。新中国成立后,艺人们把它改成口号,亦是三个灯做一组,例如:组成"毛主席""万万岁""共产党""像太阳""鼓干劲""争上游"等。这种艺术形式叫"耍牌灯"(民间已不多见,建议当地政府大加保护),名为耍灯,实为祀神,是大庸古国祝融后裔崇火、崇光、尊祖、礼天意识的天然传承,"毛主席""像太阳"正是传统礼仪的现代翻版。

(三)榕江与庸国

榕江之"榕"虽与祝融之"融"字形不同,但读音一致,而且榕江独特的用火文化及苗王庙的显著图标都体现出鲜明的祝融遗风。

榕江县位于贵州省东南部,黔东南苗族侗族自治州南部。地跨珠江与长江流域。东邻黎平县、从江县,西与雷山县、三都县接壤,北接剑河县,南接荔波县。

榕江旧称古州,为江南八百州之一,历史悠久,文化底蕴深厚,民族风情原始古朴,文物古迹保存完好,享有"风情浓郁、璞玉浑金、无迹不古、山水独秀"的美称。县城内建有镇台衙门、天下独一苗王庙等古建筑和古寺庙。由于有得天独厚的水上交通,省内外商贾纷至云集,古州商贸繁华,昔有"小南京"之美誉。清雍正以来,共建有广东、广西、两湖、五省、广庆、福建、江西、四川、贵州等九大会馆,经漫长岁月,尤古香古色。

榕江于1913年置县。因榕江流经县境,故名榕江县。

元至元二十年(1360年),置古州八万洞总管府,后改军民府,属思州安抚司。明洪武三年(1370年),置古州蛮夷长官司,属思州宣慰司;二十六年(1393年)置古州卫,寻废;永乐六年(1408年),设古州司流官吏目;十二年(1414年),以古州蛮夷长官司属黎平府。清雍正五年(1727年),设开泰县丞分驻古州;七年(1729年),设古州镇,置古州厅,以黎平府同知驻其地;乾隆元年(1736年),置古州兵备道;二年(1738年),移开泰县丞分驻朗洞。民国二年(1913年),改古州厅为榕江县,以县境有榕江得名,属黔东道;十二年直属于省;二十四年(1935年),属第十行政督察区;二十五年(1936年),属第八行政督察区;二十六年(1937年)以后属第二行政督察区。1950年,属独山专区,1952年,属都匀专区,1956年,划入黔东南苗族侗族自治州,1958年,并入江县,1961年,从江县分出,恢复榕江县。

榕江县苗王庙最能体现古庸国遗风。它位于榕江城关西面卧龙岗上,是三苗部落被舜禹联军从崇山压迫退居古州后,为开辟苗岭原始大荒的始祖而建,历代香火鼎盛,是中国乃至世界上绝无仅有的供奉苗族始祖的庙宇,被称为"苗族天下独一庙",如果要恢复重建崇山苗族祖庙,这是一座可供参考的理想标本。该庙在贵州省内外,在东南亚,乃至欧洲都有一定的影响,法国巴黎博物馆还有古州苗王庙的资料记载,1987 年哈尔滨地图出版社出版的《中国旅游地图》上,标有这一重要景点,泰国曼谷一家五星级宾馆大厅悬挂的《世界旅游地图》上,也有古州苗王庙的显著标图。

另有七十二寨侗族火堂亦为我们研究大庸古国崇火崇光部落文化传统提供了活的样本。火堂分"平烧火堂"和"高烧火堂"两种,一般设在堂屋里间或两侧房间内,楼下主要用来关养牲畜,楼上住人,存放粮食,天楼堆放生活、农用杂物等。平烧火堂的表层齐楼板表面,装满黄泥巴的挞斗形状的火堂斗高约一尺,长宽约 1 米,悬于楼板下边;高烧火堂的泥斗置于楼板之上,火堂表面高于楼板尺许,左右及内侧再铺一层楼板,形成上下两层,就表上层连火堂形成长约一丈,宽约六尺的长方形楼台,台下的楼板仅余常约一丈,宽四尺的狭长形,与火堂表面形成两层,这就是独具特色的七十二寨侗族"火铺台"。"火铺台"主要用于炊事和烤火,其下面一般用来存放红苕、洋芋等物。

又如榕江民歌,曾参加全国南北民族歌手擂台赛获最佳新秀奖和组织奖,如果进一步研究包装,可与古庸核心地区的桑植民歌、大庸阳戏媲美,成为古庸国三苗部落文化遗产的重要标本。

(四)庸州与庸国

庸州遗址,是大庸古国的一种历史记忆,后世帝王皇室设州置郡非常注重历史底蕴,讲究名从史出,名正言顺。该地若非古庸旧地,断不会以"庸"而名。

1. 潜江遗址

隋开皇五年(585)置庸州,治石城县(今重庆黔江县坝乡县坝村)。大业三年(607)废庸州,石城县隶属巴东郡。庸州建州时间比置石城县早 21 年。因而"庸州与石城县并非同时兼置,而是先置庸州,后废州置县。"黄宗福说。隋炀帝大业三年(607 年)改黔州为黔安郡,废庸州,又省石城县并入彭水县,属黔安郡。庸州、石城县历经北周、隋两朝,前后共 43 年,距今 1447 年。庸州、石城县治所并存于县坝 22 年。

2. 德江遗址

隋朝时期(582—604)的庸州治所,管辖周边三县,时过境迁,当年的规模隐隐可见,街道"衙城址""观堡",庙宇"真武观""观音堂"等基石尚存,规模壮阔,蕴藏着一段千年的历史和沧桑之变。如今被当地百姓叫作"衙宅屋基"。

嘉庆《贵州省志》载:"贵州隋初置庸、牂、费三州。"《隋志》载:"贵州隋初庸、牂、费三州。"《隋志》载:"开皇十九年(公元 599 年)置务川县(今沿河)属庸州之巴东郡(德江属之)。"《环宇记》、《旧唐志》载:"甲子,仁寿四年(公元604年),庸州刺史奏置于扶水之北,置扶阳县(今德江地)。"《嘉靖·思南府志》载:"在府西北八十五里,隋于扶水之北置县,属庸州。"《田氏宗谱》载:"隋黔中刺史田宗显征金头和尚,追及小漆地(后坪金竹山下),建牙访贼,至石马(今境内泉口乡马纳村)问住民何所?答以"石马故庸州也",宗显以土地肥饶(沃),城郭宛然,遂家焉。"《方舆纪要》载:"炀帝大业二年(公元606年)改州设郡,庸州废,扶阳县拨属巴东郡。"《嘉靖·思南府志》载:"寻废,以地置务川县,隶庸州。后废庸州,以县属巴东郡。"《贵州古代志》载:"大业二年(公元606年)废庸州,以原所领三县属巴东郡,巴东郡原领县十二(不在贵州),至此领县十五。"《环宇记》载:"大业二年(公元606年)废庸州,以务川县属巴东郡。"

贵州省德江县城北部泉口乡居住着汉、土家、苗、仡佬等少数民族,无疑是古庸三苗部落遗族。乡内有丰富的铁、汞、重晶石和萤石等矿产资源,正是大庸古国作为冶炼、铸造大国的资源基础。今德江县泉口乡马喇村郁郁葱葱的丛林中,有一巨石,其酷似一马,称"庸州石马",故元代设土司时命名为"石马土司"。据明代《嘉靖思南府志》载,系思南府十景之一,庸州四景之一。郡人安康有诗颂:"石马名山接上台,郁葱云气近蓬莱。大完气象由天造,西极精神岂匠裁。风过不闻嘶紫陌,春来唯见长苍苔。时人贫爱同支循,题咏还归壮老才。"邑人亦有诗赞:"石马无鞍在庸州,古来移下数千秋。大风忽忽无毛动,细雨霏霏有汗流。嫩草风吹难入口,长鞭夜打不回头。强人大力牵不走,天地作栏夜不收。"

3. 亭州遗址

亭州,中国古代行政区划名。北周置,治盐水县(今湖北长阳土家族自治县西)。辖境约有今湖北省恩施市及相邻四川省等地。隋大业初改为庸州。清《酉阳直隶州总志》:"隋开皇五年,置石城县,兼置庸州。"恩施城域早在原始社会末期已有人烟,相传为廪君巴务相率部西迁时盐水女神部落所在之地盐阳,而廪君称君的夷城则在清江上游今恩施市龙马镇附近(另一说在恩施城南蛮王寨)。按著名史学家张良皋先生对"巴"字的考证推断,廪君很可能是大庸古国派往盐水地区的持节使者,古庸帝国的盐政大使。后周,这里始设亭州、施州及清江郡;隋时废郡存州,一度更名为庸州,又复名为施州,下设开夷县。利川在隋为庸州清江郡,唐代,省盐水县入清江县,改庸州为施州,清江郡。

这些政区名称的变更,表明大庸古国虽已远去,但在后世统治阶层并未完全"失忆"。

（五）庸邑与庸国

远古巴蜀大地，有两个名称相同、文化相近的民族，一是长江三峡的鱼复，二是川西的鱼凫。鱼复，作为地名，大致在今重庆奉节；作为族群，则大概生活在三峡一带。由于历史的原因，先秦文献很少记载西南的事，今天我们只能看到有关鱼复的只言片语。如《左传》文公十六年载楚师伐庸，"惟裨、鱼人实逐之。"《逸周书·王会》："其西鱼复（献）鼓钟、钟牛。"鱼复人吃鱼，渴望捕得更多的鱼，因而他们也崇拜捕鱼的鸟——鸬鹚。鸬鹚，又名鱼鹰，重庆又有水老鸹之称。这与古大庸城区鸬鹚世家捕鱼为生的习俗及巫山和鸬鹚湾地名信息完全吻合，反映了古庸国国民不断北迁的发展轨迹。故《杜注》："鱼，庸邑，即鱼复。"《一统志》记："春秋时庸国鱼邑，汉置县。"《左传》："文公十六年，庸人率群蛮叛楚，楚人伐庸七遇皆北，惟裨、鯈、鱼人实逐之。"清《四川通志》记："夔州，禹贡荆梁二州之域，春秋为庸国地，后属巴国，战国时属楚。""奉节县，春秋时之鱼邑，汉置鱼复县。"《秦巴山区县情》在介绍云阳县时称："古为梁州之域，春秋属庸国，战国系楚。"姜孝德先生撰文说："巫溪县，商周至春秋前期属庸国鱼邑，战国属巫县。汉置北井县，宋设大宁监，元升监为州，明降州为大宁县，民国初更名巫溪县。"

夏、商、周三代，因巫盐为王朝侯国所倚重，《尚书·牧誓》记载，巫盐销及于庸国辖地，渝陕鄂边"盐大道"始于此时。春秋时，巴联秦楚灭庸，得巫盐；战国时，楚取巴巫盐立巫郡，后秦取楚郡立巫县。史载万顷池（今巫溪红池坝）即为春申君故居（明《一统志·山川》）。秦汉巫县置盐官；汉立北井县，大举开发巫溪盐泉，沿巫溪岩岸凿孔建栈道270里（旧称），于东汉永平七年（64），曾引泉至巫山（《舆地广记·图经》）。其规模之浩大，工程之艰险，堪称奇迹。现仍见宁河两岸方孔万余。巫溪是大三峡腹地最原始、最神奇的一方净土。到巫溪，可以感受最原始的异质文化，追寻最亲近的纯净自然；来巫溪，可以体味到与古大庸地区一脉相承的原生原态原始风情，触摸到同祖之地巫山如出一辙的灵山、灵水、灵巫文化。

（六）庸部与庸国

《汉书·王莽传》载，天凤三年，"遣宁始将军廉丹与庸部牧史熊击句町。"又，《汉书》卷95《西南夷两粤朝鲜传》载，天凤三年，"军廉丹与庸部牧史熊大发天水、陇西骑士。"颜师古注："莽改益州为庸部。"《汉书·王莽传下》载，天凤六年："更遣复位后大司马护军郭兴、庸部牧李晔击蛮夷若豆等。"《后汉书》卷13《公孙述传》："又商人王岑亦起兵于雒县，自称定汉将军，杀王莽庸部牧。"李贤注："王莽改益州为庸部，其牧宋遵也。"《后汉书》卷31《廉范传》："祖父丹，王莽时为大司马庸部牧。"李贤注："王莽改益州为庸部。"《汉书·王莽传下》地皇四年（公元23

年)："莽扬州牧李圣、司命孔仁兵败山东,圣格死,仁将其众降,已而叹曰:'吾闻食人食者死其事。'拔剑自刺死。及曹部监杜普、陈定大尹沈意、九江连率贾萌皆守郡不降,为汉兵所诛。"

王莽为西汉外戚王氏家族的成员,其人谦恭俭让,礼贤下士,在朝野素有威名。西汉末年,社会矛盾空前激化,王莽被朝野视为能挽危局的不二人选,被看作"周公再世",公元9年,王莽代汉建新莽政权。作为饱学大儒,一代名臣,代汉称帝后,他为何要改益州为"庸部"?益州作为蜀地为何不改"蜀部"?又为何要将自己新朝的年号定为"始建国""天凤""地皇"等?

难道汉代前后大庸古国的历史还很清晰?难道王莽对大庸古国的历史文化有独到的研究和了解?不然,他怎么会莫明其妙地恰恰将古庸子国蜀国(详见拙文《大庸古国的亲族和属国》)所在地的益州,改为"庸部"?又怎么知道"大庸古国"是太平洋西岸的"始建之国"呢?当然,他所说的"始建国"是指自己代汉而立的"新朝",但谁能说王莽不是用古庸国来取喻自己的新朝呢?更耐人寻味的是他竟然用火鸟"天凤"这一大庸国赤帝祝融的代号(图腾)和大庸国"地皇"这一炎帝神农的谥号作为新朝年号!难道他也认为大庸古国是三代以前、三皇五帝时代的文明古国?他也认为有"皇"有"帝"就应该有"国"?而这有着众多前身和异称的大庸古国就是我们真正的"祖国"?

原来,王莽早年生活贫寒,使他养成了勤奋好学的品格,年轻时,拜名儒陈参为师而习"礼经","勤身博学,被服如儒生",虔诚地信仰儒学,成为一名地地道道的儒家理论实践者。取得政权后,便全面改制,竭力复古。他一向认为,"承天当古,制礼以治民"。是以做了大司马成为宰辅后,"议论决断,靡不据经"。新朝建立后,他言必称三代,事必据《周礼》,"每有所兴造,必欲依古得经文",把一切政令、设施都弄得古色古香,一部《周礼》几乎是王莽新政的蓝本。王莽是一位儒家理想主义者,所以他对历史上的大儒们所描绘的理想境界羡慕不已。为了解决日益严重的土地兼并问题,在始建国元年,即公元9年,他下诏实行"王田制"。他冥思苦索,引经据典,围绕皇权天授、江山永固、国泰民安的愿望,为自己新朝年号定名,如"始建国""天凤"、"地皇"等,其用心至为良苦。在政治方面,为了表示改朝换代,革汉立新,废刘兴王,王莽根据儒家经典,将一大批政府机构和官职改换名称。如在中央官职中,更名大司农为"羲和",后改为"纳言",改大理为"作士",太常为"秩宗",大鸿胪为"典乐",少府为"共工",水衡都尉为"予虞",光禄勋为司中,太仆为太御,卫尉为太卫,执金吾为"奋武",中尉为"军正"。地方官职的名称也多有改动:太守改为"大尹"(或卒正、连率)、益州改为"庸部"、益州牧改为"庸国公"、都尉改为"太尉"、县令(长)改为"宰",等等。

在王莽"授封茅土"时,接受茅土的诸侯中有"公十四人"。其中"共工""羲和""予虞""庸国公""大尹""军正"等官名显然是照搬或仿制古庸三皇五帝时代的官员名称。其"庸部""庸国公"等名称为后世王朝或学者多次沿用。如南北朝时,北周的国公之封也有庸国公。庸国公王雄,字胡布头,生于北魏宣武帝正始三年(506年),卒于北周武帝保定四年(564年),太原(今山西太原市西南)人,乃北魏、北周大将。永安三年(530年)尔朱荣控制了北魏朝政,遂派尔朱天光和贺拔岳入关镇压起义,王雄随之入关,被署为征西将军、金紫光禄大夫。王雄入关后,就留在了关中。西魏大统十七年(551年)八月,侯景废梁简文帝为晋安王,立豫章王萧栋为帝。九月进逼江陵(今湖北江陵县),梁湘东王萧绎向西魏求援,命梁、秦二刺史、宜丰侯萧循以南郑(今陕西汉中)割于西魏,召萧循还江陵,萧循拒不从命。于是西魏宇文泰遣大将军达奚武将兵9万取汉中(今陕西汉中东)。派王雄出子午谷。次年,王雄攻取上津(今湖北郧西县上津镇)、魏兴(今陕西安康西北),以其地为东梁州,不久,西魏安康人黄众宝反,进攻东梁州,王雄又出兵讨之。西魏恭帝元年(554年),特赐王雄姓为可频氏。北周孝闵帝宇文觉即位后,授少傅,增邑两千户,进位柱国大将军。北周明帝武成初(559年),进封(王雄)为庸国公,封邑万户,不久出为泾州刺史,泾州(今甘肃泾川北)总管诸军事。

另有一名庸国公叫王谦。据《周书·卷六 帝纪第六》载:"丙寅,出齐宫中金银宝器珠翠丽服及宫女二千人,班赐将士。以柱国赵王招、陈王纯、越王盛、杞国公亮、梁国公侯莫陈芮、庸国公王谦、北平公寇绍、郑国公达奚震并为上柱国。……戊戌,以上柱国、庸国公王谦为益州总管。"

又如,颜师古、李贤等学者,都拿益州当"庸部",今人大抵都沿用着他们的说法。(注:例如王谨《王莽与州刺史改州牧》,以"益州,王莽改"注庸部(《山西师大学报》2000年第1期);汪清《王莽时期州制的变化兼论都督制的滥觞》说"句町在庸部统辖之内";罗开玉《论历史上巴与蜀的分分合合》云"王莽改'益州'为'庸部'"。《后汉书》卷75《刘焉传》:"赞曰:焉作庸牧,以希后福。"可见南朝的范晔,也用"庸"来称呼益州。然而孟康有言:"余按王莽制州牧、部监,州自是州,部自是部。今史熊为庸部牧,则又若州、部牧为一。"

据教育部长江学者特聘教授阎步克先生考证,庸部牧、曹部监,是新莽设于公国的监管之官。在王莽"授诸侯茅土"时,受茅土的人中有"公十四人"。"十四人"这数目十分微妙,跟"诗国十五"有密切关系,王莽封公之数恰为十四,乃是用来比附《诗经》十五国风的;至于为什么"诗国十五"而公仅十四呢? 这必与《国风

·王风》相关。《王风》出自东周的洛阳,王莽也以洛阳为东都,这个地区属于王畿。或许因为王畿不封,故"公"仅十四,或许还有别的原因,在后面还将加以揭示。无论如何,庸部、曹部、魏部、邠部,我认为都是公国封地,在"诸公一同,有众万户,土方百里"之列。《诗经·墉风》之"墉"原是周武王灭商之后所立之邦,本在河北的朝歌附近,周公东征后又把墉及邶迁到了河南洛邑。可是王莽庸部牧史熊曾参与平定句町战事,杀死王莽庸部牧的王岑又是在雒县起兵的,这跟洛阳都有相当距离(按,周代另有庸国,属南蛮,是《牧誓》所见西土八族——庸、蜀、羌、髳、微、卢、彭、濮之一)。据本境著名学者金克剑先生考证,屈原的祖先就是庸国人,其故地在今湖南省张家界市永定区庸国遗址。王莽很可能是拿古庸国当《鄘风》之"鄘"了。

那么,庸部、曹部、魏部、邠部的"牧""监",又是怎么回事儿呢? 饶宗颐、李均明先生曾推测说:"牧监之设本于《周礼》。《周礼·大宰》:'乃施典于邦国而建其牧,立其监。'《大司马》:'置牧立监,以维邦国。'"可以说,《诗经》和《周礼》二者,都是"诗国"规划之所本。庸、曹、魏、邠之名来自《国风》,而牧、监之设,则应来自《周礼》的"置牧立监"之说。

总之,王莽改制,在成都设庸部牧、称庸国公的举措是取法周礼、于史有据的,为我们研究大庸古国历史真相提供了重要线索和依据,应抓住不放,穷追到底。

(七)容半与庸国

据著名史学家何光岳《楚灭国记》曰:"庸,又作鄘、容、溶,庸姓,子爵,在今湖北竹山县庸城山,山下有庸水,庸浦,西南四十里有上庸山、上庸水。秦于此置上庸县,东汉末置上庸郡。公元前611年,楚庄王会秦、巴二国灭庸。遗民被迫迁于监利县北八十里之容城,又再南迁于今湖南攸县北的容陵,附近有容水、容口,汉于此置容陵县。另一部分庸人则由故地南迁于恩施山区,隋炀帝曾于此设庸州,湖南西北部澧水上中游,有大庸溪、大庸坪,明洪武三年于此设大庸县。永顺县东南九十里施溶溪、施溶洞,宋于此置溶州,明称施溶州。湖北鹤峰县有容美峒,元置容美峒军民总管府,明改为安抚司。这一带以溶为地名确是星罗棋布,多如牛毛,这与庸人迁此有关。"

何先生在多年前就意识到容美土司与大庸古国的关系,着实令人肃然起敬! 尽管他只从周朝三监之一的"鄘国"说起,而对"大庸古国"在商周以前的历史渊源,未作重点进行更深入的探索,但对后来者的研究,仍然具有探路开先的指导意义。

1. 容美土司

容美土司地处楚之"西南徼"。东连江汉,西接渝黔,南通湘澧,北靠巴蜀,境内山岳连绵,沟壑纵横,是武陵山脉东段的中心。其疆域控制面积元末约 2000 平方公里,明末清初鼎盛时期达 7000 平方公里以上,包括今恩施土家族苗族自治州的鹤峰县的大部分地区,巴东县野三关以南的大部分地区,恩施县、建始县清江以南的部分地区,五峰土家族自治县、长阳土家族自治县的大部分地区和湖南省石门县、桑植县与之接壤的部分地区;至清雍正年间改土归流,其控制疆域缩小在四关四口(东百年关、洞口,西七峰关、三岔口,南大崖关、三路口,北邬(巫)阳关、金鸡口)之内,总面积亦在 4000 平方公里上下。

容美土司古称容米,又称柘溪,是容米部落的后裔。"容米",据土家族语言学家考证,为古土家族语"妹妹"的意思。从这个语言信息中可以推断,容米部落是一个以女性为首领的部落,或者说是一个古老的具有母系氏族社会遗存特点的原始部落。这个部落是古代庸族巴子廪君种的一支,最早出现在长阳县资丘镇附近清江南岸天池河口的容米洞。以后,容米部落沿天池河而上,从今日的五峰,逐步深入到今日鹤峰一带,建立了第二个容米洞,史书称之为"新容米洞"。在这里繁衍生息,直到元至大元年(公元 1308 年),史书上始有记载。容米部落处于"世外桃源"的境界长达 1600 年以上。

容美土司为田氏世袭。田氏为容米部落受姓后之沿袭。第一代土司为墨施什用(庸)(元至大三年被授予黄沙寨千户),第二代土司为田先什用(庸)(元至正十年被授予容美洞等处军民总管府总管),第三代土司为田光宝(元至正二十六年朱元璋授予四川行省参政行容美军民宣抚司事),到末代土司田明如共传承 15 代、23 位司主。

"容美精兵悍甲诸部",是容美土司"富强"的一个重要标志。容美土司实行兵农合一、寓兵与农的旗长制度,平时为民,战时为兵。兵丁训练,寓于狩猎、渔猎的生产活动之中,平时养成了不畏强敌,勇于拼搏的精神。加上土兵编队以旗为基础,以部落为单位,父子兄弟同时上阵,前仆后继,格外强悍,在多次的奉调抗倭或"平叛"战斗中,屡战屡捷,多次受中央王朝的嘉奖。

2. 容米探源

何谓"容米"? 对此,鹤峰县著名学者祝光强先生有比较到位的解释。他在《容米"古桃源"新证》一文中说:

"容米是土家语,用汉语是无法解释清楚的。据土家语言学专家、吉首大学副教授叶德书先生考证:古代土家语称'妹'为'冗','米'或'美'是其词尾,相当于妹的儿化，'容'与'冗'是近音，故'容米'或'容美'相当于'妹儿'的意思。从这个语言信息，可以说明此地古代为'妹妹的住地'，或者说这里的部落首领是女性，称之为容米部落。"在土家族"人类起源歌"中有《雍尼·布索尼》(译为汉语即是"兄妹"的意思)的神话故事，"雍尼"与"容米"近音，虽然不能说"容米"就是神话故事中的"雍尼"，至少可以肯定，容米部落就是土家族先民中一个很古老的，以女性为首领的部落。史书称鹤峰的"容米洞"为"新容米洞"，在清江流域今长阳县资丘镇清江南岸的高岭头也有个"容米洞"。这说明容米部落源于清江流域，是古代(庸族—李注)巴人廪君种的一支。古代(庸族)巴人廪君种"源于东夷集团，流居长阳武落钟离山。容美是汉化了的名称。它在元至正十年(1350)以前称容米。第一次出现在史书上是元《招捕总录·四川门·至大元年三月条》内，称"容米洞蛮"，接着"容米洞""容米洞官""容米洞长官司"等称谓在《元史》《蒙兀儿史记》等史书中大量出现，至元至正十年设立容美军民总管府以后，"容米"才为"容美"所代替。

容米部落开始是没有姓氏的，直到元至大元年(1308年)其首领叫墨(麦)施什用，"墨"(麦)为土家语，译为汉语为"天"，"施什用"也是土家语，译为汉语为"首领""大王""酋长"的意思，"墨施什用"译成汉语即是"天王、首领"的意思。墨施什用的儿子何以叫"田先什用"？这是因为土家语的墨是天，天与田近音，天不是姓，田是姓。所以容美田氏，是从土家语的"墨"演变为汉语的天，再由天演变为汉语姓氏的田。从此容米部落也就有了汉语姓氏。我们注意到，在这个演变过程中，起到关键作用的是田先什用(汉语名田乾宗)和田光宝两代。田乾宗这个名子不是田先什用自己起的，而是在他去世以后，由他汉化了的儿子田光宝"挂靠""加封"的。"乾宗"按汉语可以解释为"开天辟地、第一代祖宗"的意思，目的是强调其始祖地位，同时也证明田光宝接受了汉语言的影响，从他父亲开始使用汉名了。

元至大元年(1308年)在《招捕总录·四川门·至大元年三月条》载的"墨色什用"，元至大二年(1309年)《陇石全石录·五·安德基碑》记的"麦色什"，元至大三年(1310年)《元史·二十三·武宗纪·至大三年四月己酉条》载的"田墨"，元至大三年(1310年)《蒙兀儿史记·海山可汗纪·至大三年十一月条》载的"田墨施什用"与"墨施什用"就是一个人。元至大元年(1312)三月，大弟什用，集洗王、不鬼、散毛洞等兵，侵者等洞，既具出降，遣墨施什用、答戾(zè)什用赴阙。五月，归州巴东县唐伯圭言，十七洞之众惟容米洞、罔告洞、抽拦洞有壮士兵一千，余皆不足惧也，若官军讨之，可分四道：其一，自红钞寨，直趋容米、玩珍、昧惹、卸加、阿惹、石驴等洞;其二,从苦竹寨,抵桑厨(植)、上桑厨(植)、抽拦洞;其三,由绍庆至挚摩、大科、阳蔓(庸蛮)师、大翁迦洞;其四,徼又巴洞问十万大帝什用,洞兵接应,如此可平。至治二年,散毛洞蛮大望什用,劫掠黔江县五里荒。三年五月,顺元洪番安抚劫掠卜哥所管寨民铜鼓、牛、毡等物。

《元史·卷二九·泰定帝纪·泰定元年(1324年)十二月乙亥条》载的"夔州路容米洞蛮田先什用",《元史·卷三五·文宗纪·至顺三年(1331年)七月辛丑条》载的"怀德府洞蛮二十一洞田先什用",也是田先什用一个人,就是汉语姓名田乾宗。容米部落的首领开始没姓氏,后来渐以祖先之称谓而受姓,因其先祖墨施(或称墨色什用)之"墨色"在土家语言中称为天王之意或首领之称,故随着容美土司逐步与汉文化交融,由"墨"到"天",再由"天"到"田",墨→天→田,就是容美田氏的真正来源。

3. 容米文化

(1)女神崇拜

据祝先生考证,鹤峰境内比较流行的花鼓灯就是对土家神话传说《雍尼·布索尼》的形象演绎和歌颂。花鼓灯由一男一女表演,众人伴唱,锣鼓伴奏。女角头带青丝帕垂背齐腰,身着八幅罗裙,脚踏绣花鞋,左手抖绢,右手团扇;男角头带高牦,身着大袖多纽扣对襟镶边上衣,脚登编耳草鞋,手摇描花扇,彩画脸谱。象征着一为美丽、端庄的容米女神,一为崇拜女神,时刻不忘围着她转、心甘情愿受她驱使的布索武士。容美土司地区的土家族崇拜祖先,崇拜母性和生殖,崇拜大自然,无限热爱自己的生存环境,在源自母系氏族原始公社的人际观念的滋养下,培育了一种敦厚、诚实、与人无争的性格,讲究诚实而憎恶虚伪,讲究俭朴而不追慕奢华,讲究信用,说话算数,一言既出,绝无反悔。有如今日纳西族的母系亲族世系以母系血统关系为纽带。在对偶婚的情况下,因子女从母居,男配偶也不甚固定,世系也只能按女方计算。即由祖母传给母亲,再由母亲传给女儿,依此类推。当地谚语说:"无男不愁儿,无女水不流""生女重于生男,女儿是根根"。妇女关系到母系亲族能否长久绵延。若没有女继承人,母系亲族就面临绝灭的危险。所以,纳西族人把女儿的出生视为值得庆贺的大事。

(2)洞穴生活

容米境内为喀斯特地貌,石灰岩构造的各式溶洞星罗棋布,不计其数。在清代、明代及其以前,容米部落的首要人物,多住在洞穴里,今鹤峰、五峰境内发现的"土王洞"不下数十处。对洞穴的选择也大有讲究,首先是隐蔽性,其次是险要,如万全洞处于悬崖中部,自屏山进洞,不到洞口,决不知洞在何处。顾采在游南府燕喜洞后慨叹:"谁凿青山腹内空,下临幽邃上穹窿","千古未曾分昼夜,万家兼可避兵戎!"

(3)狩猎遗风

顾彩写于1704年的《容美纪游》里记载他在容美土司内用餐、赴宴达30多处,除在司外之薛家坪记有"白米二斗,天助我粮"外,在司内吃的都是干鱼、鹿腊、竹鼬、野猪腊、青鱼乍、洋鱼、虎头脯、笋芦根、鸡乑、谷粉蒸肉、葛粉、蕨粉饼、青稞饭、荞粉、蜂蜜等,饮的是新茶啞酒,而对现今已成为主食的大米、面粉、家养鸡肉、家养猪肉等则只字未提。可见司中农耕产品少到何种程度。写于清乾隆五十九年(1794年)的《甄氏族谱·山羊隘沿革纪略》对山羊隘地区的经济生活做了非常清楚的记载。文曰:"山羊隘古夷地也,……康熙年间,悉行丈量,照依道州例输纳。是时,人烟稀散,上下一带居民不过一二十户,草木畅茂,荒郊旷野。道路俱系羊肠小径,崎岖多险,兽蹄鸟迹,交错于道。山则有熊、豕、鹿、麂、豺、狼、虎、豹诸兽,成群作队,或若其性。水则有双鳞石鲫、重唇诸色之鱼,举网即得,其味脆美。时而持枪入山,则兽物在所必获;时而持钩下河,则水族终致盈笥,食色之嘉,虽山珍海肴,龙脑凤髓,未有能右者。其间小鸟,若竹鸡、白雉鸡、凤凰、锦鸡、上宿鸡、土香鸡,真有取之不尽,用之不竭之概。……春来采茶,夏则砍畬,秋时取岩蜂、黄蜡,冬则入山寻黄连剥棕,常时以采蕨挖葛为食,饲蜂为业,取其蜂蜡为赋税之资,购盐之具。……至乾隆年间,始种包谷,于是开铁矿者来矣,烧石灰者至焉。众来斯土,斧斤伐之,可以为美乎?叠叠青山,为之一扫光矣!禽兽逃匿,鱼鳖罄焉。追忆昔日,入山射猎之日,临渊捕鱼之时,取之不尽,用之不竭,不可复得矣!"

(4)戏曲演艺

容美土司时期,戏曲演艺文化十分兴旺发达,剧种百花齐放,有苏腔、昆曲、楚词秦腔。特别是南剧、柳子戏更具地方特色,是容美土司时的戏曲艺术奇葩。以致号称南洪(洪升)北孔(孔尚任)照耀当时文坛的双星,北方之星孔尚任的名曲《桃花扇》竟在容美盛演不衰。全司戏楼林立,演员阵容庞大而精良,即在全楚亦称上乘。

4. 古庸标本

前文已述,大庸古国可能是早在三代以前、中华文化第一轮文明初创之三皇五帝时代就已存在的文明古国(详见拙文《大庸古国的前身和异称》),其创世先祖是大容氏祝融。

《姓氏词典》引《新纂氏族笺释》注:"容姓出自大容氏。"大容氏部落后派生出容成氏族,即传说中的大容氏"生"容氏。《庄子·胠箧》篇云:"昔者容成氏、大庭氏、伯皇氏、中央氏、栗陆氏、骊畜氏、轩辕氏、赫胥氏、尊卢氏、祝融氏、伏羲氏、神农氏，当是时也，民结绳而用之。"结绳记事是渔猎经济时代先民的记事方法，说明容成氏约处在伏羲氏前后。《春秋元命苞》云："庸成氏八世。"《庄子·胠箧》篇又云：容成至神农氏时期，先民"甘其食，美其服，乐其俗，安其居，邻国相望，鸡犬之声相闻，民至老死，而不相往来。"注："此十二氏皆古帝王。"容成氏世代以此为号，任氏族或部落首领。

罗泌《路史·前纪》卷八中说："祝诵氏，一曰祝龢，是为祝融氏……以火施化，号赤帝，故后世火官因以为谓。"《史记·楚世家集解》说："祝，大也。融，庸音同，古通用。"祝融即大庸。

比较上述引文中的祝融、大庸和大容，其音相同，其义相通，其史相承。"融"既可通"庸"，亦可通"容"，"融""庸""容"三字通用，都是创世先祖祝融的同音异记。祝融的后裔分为八姓，即己、董、彭、秃、妘、曹、斟、芈等，史书称为"祝融八姓"（这与《春秋元命苞》所记"庸成氏八世"就是一回事）。祝光强老先生认为"'雍尼'与'容米'近音，'雍尼'就是'容米'；容米部落就是土家族先民中一个很古老的，以女性为首领的部落。"而早期大庸古国正处于三代以前的母系社会，其部落首领多为女性。如华胥、诸英、大比赤阴、女娲、吴姬、吴枢、颛顼、女登、嫘祖、简狄、女勋、辛女、姜嫄等，皆为女性。如《说文·女部》所列的古姓，如婚、嬴、妫、妘、姚、燃、妞、娸、㛚、妄、娥、娃、姒、姻、始、嫪、姜、姬等，皆从女，可知是母系氏族的姓。

值得注意的是"雍尼""容米""容美"均与"融芈""庸芈"同音，且"用""庸"同音通用。很显然，这"容美土司"族人就是大庸（容）古国祝融八姓中"芈"姓一族的余脉。土司王"墨施什用"的名称正是"芈氏十庸"的变音！

"什"，从人从十。十亦声。"什"的本义是集体的"十"。《说文》曰："什，相什保也。"《周礼·官正》曰："会其什伍。"注："五人为伍，二五为十。"《礼记·祭义》："军旅什伍。"注："士卒部曲也。"《周书·大聚》曰："十夫为什。"《管子·立政》曰："十家为什。"又如"什长"：古代军队十人为什，其头头叫"什长"；"什伍"：五人为伍，十人为什，称什伍，亦泛指军队的基层建制；"什吏""什长""什伯"均为古代兵制；十人为什，百人为伯。因以"什伯"泛指军队基层队伍。

前文已述，"容美精兵悍甲诸部"，是容美土司"富强"的一个重要标志。容美土司实行兵农合一、寓兵于农的旗（什）长制度，平时为民，战时为兵。兵丁训练，寓于狩猎、渔猎等生产活动之中。大庸古国是地道的军事强国，又称大戎国。容美土司这种"兵农合一、寓兵于农"的旗长制度，正是大庸帝国作为军事强国的传统建制! 作为"芈氏十庸"的"什长"正可称为"首领""大王""酋长""天王"!而这种军事结构和军事传统的形成,正是古庸创世时期的人们,在穴居野处、围捕猛兽的狩猎生活中磨砺而成的!

5. 庸国遗响

至此,我们再回过头来看当代湘鄂两位史学大师的研究,的确具有敏锐的学术眼光。何光岳先生将容美土司与古大庸遗族联系起来考证,是一条十分正确的路径,因而具有探路开先的地位和影响。而自称"生于楚境,长在巴域,壮操班倕之业,老治大匠之学"的建筑大师张良皋先生,则一头撞进大庸帝国的茫茫史海,让深埋历史底层的古庸文化露出冰山一角,其开拓奠基的作用,更是令人钦佩和景仰的。

踩着两位巨人的肩膀,笔者有幸一览大庸帝国诱人的历史和灿烂的文化。我认为大庸古国的文化并没有消亡,而是由她的子国楚、吴、巴、蜀不断发扬光大,一步步推向历史的高峰。正如张先生所提示的那样,巴蜀、荆楚原来都只是大庸古国的族属或"附庸","巴虫""楚林"都保留了蚕虫和桑叶的基因。古代巴域只是大庸持节使者统治的地方。巴字既是"虫"的变形,也是"节"的简化(见张老《巴史别观》)。上古大庸帝国疆域辽阔,也许包括今两广、越南(甚至整个中南半岛)及湘、鄂、渝、滇、黔、川等广袤无垠的地域,开疆后根本无法管理,只能任其自生自灭。就连"天子"(那时可能早有天子这个概念)脚下的"巴民""楚族"也只能派自己的持节使臣去统治。熟知地理历史的人士都十分清楚,巴域是古代重要的产盐地区,而荆楚(这里所说的楚还不是后来强大的楚国,只代表江汉平原及周边地区,使用这个概念仅仅图个方便)则是典型的粮仓,而粮食和食盐是人类赖以生存的两大支柱。年长日久,持节使者很少有不乘势坐大、要挟"母国"(宗主国)的。巴国的兴起正是由于它控制了大庸国的经济"命脉"食盐——历史上有名的"巴盐""盐巴"。"盐巴古道"曾经为大庸领土扩张和文化传播发挥了巨大作用。东进庸人则凭着沿途富饶的土地和丰富的物产,高歌猛进,创造了比肩甚至超过祖国"大庸"的经济和文化。

然而,当时光推移至春秋中晚期,情况发生了逆转。公元前611年,当庸楚母子两国在庸城交战时,巴、秦等国临阵倒戈,前后夹击。昔日的"宗主国"被三大强邻一举打败,庸国自此退出历史舞台,被淹埋在历史的烟尘深处。庸国遗民成了楚国属民,一些不甘当亡国奴的皇族携眷带族回到大庸故都,亦或是被楚庄王发配回老家,过上了平民生活。元明时期在故都大庸之天子山、茅岗一带起义称王的"向王天子"和"覃垕王",也算是"大庸国"后裔在时隔3000多年以后兴起"复国"梦想。部分强者则凭着同巴国的亲缘关系,在毕方鸟(即庸人图腾火鸟凤凰,见《山海径》)栖棲的地方,今鄂西长阳、鹤峰(凤)一带留下,过着小国寡民的隐居生活,发展成明清时代比较强大的一个封建土司政权。直至清雍正十三年容(庸)美(芈)土司最后一个土司王自缢身亡,容美土司改土归流,大庸古国贵族余脉才终告结束,彻底融入由其祖先奠基而又早已海纳百川的中华大国。

(八)哈不庸与庸国

哈不庸村是离庸国四至之南方边疆郊址最近的一处庸国文化遗珍。它隶属于云南省红河州建水县利民乡清江村委会,属于山区。素有"文献名邦""滇南邹鲁"称号的建水县,位于云南省南部红河北岸,面积 3789 平方公里,居住着汉、彝、回、哈尼、傣、苗等民族,总人口 51 万。1988 年建水被国务院批准为对外开放县,1994 年又被列为中国历史文化名城和中国重点风景名胜区,使建水成为蜚声海内外的旅游胜地。元置建水州,清改县,因水得名。据《元史》:"建水古称步头,亦云巴甸,每秋夏溪水涨溢如海,夷谓海为惠,囗为大,故名惠囗。汉语曰建水。至元十三年改名建水州。唐元和年间设县至今。"明清时期建水为临安府所在地,府的行政长官称知府。民国元年(1912)10 月,改知府为府长,临安府所在地的建水县被裁撤,由临安府府长兼理建水县行政事务。第二年国民政府统一撤销府的建制,"复设县治于建水,改名为临安县"。又一年,恢复建水县旧名。建水古城位于昆明之南 220 公里处,东邻弥勒县、开远市和个旧市,南隔红河与元阳县相望,西靠石屏县,北同通海县、华宁县毗连。建水交通方便,蒙(自)一宝(秀)铁路接滇越铁路,连接省会昆明及河口,通往越南的首都河内。古称步头,亦名巴甸。唐南诏时筑惠历城,汉语译为"建水",隶属于通海都督府。宋大理国时期属秀山郡阿白部。元时设建水州,明代称临安府。清乾隆年间改建水州为建水县。在建水城内外留下了许多充满浓厚文化积淀的建筑物,古代寺庙、祠庵和楼台亭阁达 50 余处。尤以版筑黄泥木顶土墙屋最具特色,体现了古庸荆人夹荆版(板)筑技艺的古老传统。有建于元代的文庙,清代的双龙桥,还有燃灯寺、东林寺、玉皇阁等文物古迹。这些历尽沧桑、古迹斑驳的瑰宝,闪烁着中国古代文化艺术的灿烂光辉。

建水是一个民族聚居县,境内主要居住有汉、彝、回、哈尼、傣、苗等民族。在历史发展的长河中,各民族人民在共同发展建水的同时也逐步形成了多姿多彩、独具特色的风情习俗。不同民族的住房、服饰、待客、婚嫁,别具一格;插秧号、烟盒舞、串寨等传统习俗,苦扎扎、扎特勒、阿玛拖、火把节、采花山等传统节日各具风采,令人心驰神往。

1994 年,建水经国务院批准定为第三批中国历史文化名城(若与庸国南疆历史连接起来,其文化底蕴将更加深厚,更为世人所瞩目)。建水城最早为南诏时修筑的土城,明洪武二十年(1387 年)扩建为砖城。城周六里三、城墙高二丈五尺,四门有城楼,楼为三层,各高四丈,雄伟壮观。清顺治初年,李定国攻占临安城时,南北西三座城楼被战火焚毁,康熙四年又复修,后再度毁损。唯有东门朝阳楼,虽历经多次战乱和地震,至今近六百年,仍旧巍然屹立,但已破损不堪。新中国成立后政府又拨款修葺,才焕然一新。建水孔庙,建筑宏大,其规模仅次于山东曲阜孔庙,其他还有燕子洞、双龙桥、指林寺、纳楼长官司署、朱家花园、小桂湖等重要名胜古迹,素有"文献名邦"之称,为国家级的历史文化名城和风景名胜区。

建水县在元代就始建庙学。明洪武年间建临安府学,万历年间又建建水州儒学。清代先后建立了崇正、焕文、崇文、曲江四个书院。境内人才辈出,明代有文进士 30 人,武进士 23 人,文举人 288 人,武举人 29 人。清代有文进士 33 人,武进士 15 人,文举人 412 人,武举人 355 人。当时,有"临半榜"之 称,即云南科举考试中榜者中,临安府就占了半数左右,堪称云南之冠,在全国亦不多见,加上建水文庙规模宏大,建筑精致,故有"文献名邦""滇南邹鲁"之美誉。这与他们作为具有祝融血统和熊馆遗风的崇庸人后裔的身份很是吻合。

(九)容州与庸国

《姓氏词典》引《新纂氏族笺释》注:"容姓出自大容氏。"大容氏部落后派生出容成氏族,即传说中的大容氏"生"容氏。《庄子·胠箧》篇云:"昔者容成氏、大庭氏、伯皇氏、中央氏、栗陆氏、骊畜氏、轩辕氏、赫胥氏、尊卢氏、祝融氏、伏羲氏、神农氏,当是时也,民结绳而用之。"结绳记事是渔猎经济时代先民的记事方法,说明容成氏约处在伏羲氏前后。《春秋元命苞》云:"庸成氏八世。"《庄子·胠箧》篇又云:容成至神农氏时期,先民"甘其食,美其服,乐其俗,安其居,邻国相望,鸡犬之声相闻,民至老死,而不相往来。"(注:"此十二氏皆古帝王。"容成氏世代以此为号,任氏族或部落首领。)

容县古称容州,位于广西东南部,与广东西部毗邻,是云、贵、川、湘等省区陆路通往广东沿海的必经之地,交通十分便利。

容县位于大容山和云开大山两大弧形山脉之间,东西南三面高,中部和东北部低,由南向东北微坡倾斜,平缓下降。县内山峦叠嶂,岭谷相间,河谷交错,丘陵起伏,是一个丘陵山地占优势的县。外廓呈北西——南东走向的长方形。容县地貌类型复杂,各种地类兼备,有堆积平原、台地、丘陵、山地等。河流两岸为狭小的平原台地,山地丘陵向中部逐渐下降,在中部的槽谷地带,丘陵起伏,沟谷纵横,地表切割强烈,无平坦辽阔的平原。大容山脉,东北—西南走向,西南与东南是云开大山支脉天堂山，西北一东南走向，是容县最高山峰。中部有都峤山，又称南山。

容县历史悠久，自晋置县以来，已经1700多年。历史上，容县曾置管、路、县、郡、州。容城为管治、州治、郡治所在地，是岭南重要的政治、经济、文化中心。秦始皇在岭南置三郡后，今容县地属象郡辖地。秦在岭南所置郡，辖今广西西部、越南北部中部。治所在今崇左。汉曰南郡，即象郡。这种说法，见于《汉书·地理志》。班固于日南郡下自注说："故秦象郡，元鼎六年开，更名。"班固根据《秦地图》《舆地图》十分可靠的志书而说。班固之后至唐代数百年间，各正史和志书，都因袭班说，指汉的南郡即秦的象郡，在今越南境内（摘自黄现璠撰《回忆中国历史学会及越裳、象郡位置的讨论》，载《顾颉刚先生学行录》，中华书局2006年7月初版）。

容县人杰地灵，历史悠久，名人辈出，是中国古代四大美女之一的杨贵妃、世界壮学和岭南民族历史文化研究先驱徐松石的故乡，也是雍正朝的太子少傅何涛（乾隆皇帝的老师）的故乡。民国时期有黄绍竑、黄旭初、夏威、伍廷飏、杨愿公等5位省主席，黄绍竑等人还曾任民国民政部部长等要职，将级以上军官70多人，其他军政要员380多人。容县还是广西最大的侨乡，在东南亚等国家经济界起着不可忽视的作用。

《诗·大雅·崧高》云："以作尔庸。"注云："庸，城也。"《路史·前纪五》云："庸成氏，庸成者，垣墉城郭也。"朱起凤《辞通·庸》云："容、庸同声同用。《庄子·胠箧篇》：'容成氏'。《六韬·大明篇》作'庸成氏'，是其例也。"顾实《结绳而治时代之文书》云："容成氏即庸成氏，《穆天子传》称：'群玉之山，庸成氏之所守，先王之策府'。"

大庸（容）古国不仅是筑城大国、冶炼大国，更是制陶、制鬲大国。老祖宗祝融的"融"字，就是制陶部落的重要标志。"融"，从"鬲"从"虫"，"鬲"表义，"虫"表音。鬲（lì），象形，金文字形，象饮食器具形。古代炊器，用于烧煮或烹炒的锅，特指类似于鼎状的炊具。融（róng），融化流动，熔化陶冶，熔化锤炼之意。《晋书》曰："融融者皆趣热之士，其得炉冶之门者，惟夹炭之子。"

容县陶瓷业，具有悠久的历史，可谓深得女娲祝融等创世先祖之真传。20世纪90年代初，随着建筑陶瓷业的兴起，当地县委、县政府组织了一批专家、学者整理容县城关窑址的珍贵资料，有意无意继续发扬了古庸人精湛的制瓷技艺，重振容县陶瓷业，进一步促进容县社会经济的大发展。1992年，容县兴建容县高级墙地砖有限公司后改为广西都峤陶瓷有限公司，总投资1.4亿元，先后建成彩釉砖生产线和玻化砖生产线。现在，除了原来的容县瓷厂、广西南山瓷器有限公司，容县还在西郊规划了陶瓷工业园区,吸引了中兴瓷厂等数家陶瓷企业前来投资办厂。充满魅力的容县陶瓷工业,正以一种崭新的形象,绽放出富有创造精神之祝融后裔,即大容(庸)人氏的智慧与光芒!

第三节 庸国北疆

(一)上庸与庸国

上庸郡,东汉建安二十年(2127)析汉中郡置,属荆州,治所在上庸县(今湖北竹山县西南四十里渚水北岸),辖北巫、安乐、武陵、安富、微阳5县。220年(建安二十五年即曹丕黄初元年),孟达降魏,袭刘封,刘封逃回蜀国,魏合并房陵、上庸、西城3郡为新城郡。228年(太和二年),魏分新城之上庸、武陵、北巫3县为上庸郡,治上庸。230年(太和四年),撤上庸郡并入锡郡。237年(景初元年),分魏兴郡之微阳县和锡郡之安富、上庸2县并为上庸郡。嘉平年间又撤上庸郡,至259年(甘露四年)复置。265年(武帝泰始元年),上庸郡辖上庸、富安、微阳、上康、武陵5县,属荆州。辖境约当今湖北竹山、竹溪二县及十堰市与陕西平利、镇坪二县地。421年(宋武帝永初二年),上庸郡辖上庸、北巫、富安、微阳、武陵、新安、吉阳7县,属梁州。484年(齐武帝永明二年),上庸郡辖上庸、武陵、齐安、北巫、上廉、新丰、新安、吉阳8县。503年(梁武帝天监二年),改称上庸郡为新丰郡。598年(隋文帝开皇十八年),废郡。北魏永平四年(511)东上洛郡改名上庸郡,西魏废上庸郡,故治即今陕西山阳县治。

关于大庸国疆域,尚没有找到明确的文字记载。过去,人们一言及庸国,多模糊注释为:"在竹山县西南",即现今竹溪、竹山之地,故称之为"楚之小国"。而对庸国的大面积疆土却很少提及。我们虽未能从史料上直接找出庸国东南西北边界,但可根据史书记载及巴、楚、蜀疆域上的地名符号中,辨析出其大致方位。

近年来,大多数史学家认为,古庸国应包含麇、䲡、鱼、夔等附属小国。其实,

这都只是针对大庸古国上庸时期而言的。这一时期的古庸国,其东部含古麇属地(现房县、保康、丹江口及神农架北部),东南部含鄂西和湖南大庸国故都张家界市,及慈利、桑植等县。今巴东、兴山、秭归、建始等县,即古"夔子国"地,为庸国属地。《舆地纪胜》载:归州(含巴东、秭归、建平、归乡)"于周为夔子国。"楚辞《离骚》的作者屈原为秭归人,其先祖即庸国的一代国君伯庸,这已为很多史学家所公认。但又将屈原称其为"巴人",这一点是难以被人认可的。准确地说,屈原应为庸人。据《舆地志》记:"太康元年分秭归、巫二县置建始。"巫县本为庸地,故鄂西的建始县亦为庸国属地。庸国疆域东达鄂西,有很多史料可以说明。据史书记载,张家界市区原本不叫张家界,叫大庸,是古庸国所在地。"庸,国名。《左传》:文公十六年(公元前611年),楚灭庸。"故有"大庸,古庸国是也"的说法。张家界之大溶溪原名大庸溪,又称大容溪,附近还有大历山,又称大烈山、大融山、大容山(与广西容州大容山同名同义),皆由"大庸"而来。清道光《永定县志·关隘》记载:"庸,国名。《左传》文公十六年,楚灭庸。"公元前611年,楚国大饥,庸人乘机联合湖南芷江、沅陵以北的濮人(亦称卜人),陈兵于今湖北枝城一带,大有进攻楚都之势。楚庄王大惊,决定迁都。有大臣说,"我能往,蛮亦能往。"主张进攻庸都上庸,使其"群蛮无首"。楚庄王一听,很受启发,遂联合巴、秦为援,并亲率楚军主力,直接进攻上庸。庸国轻敌,疏于防备,旋被楚、巴、秦联军所灭。上庸失陷后,庸人向南逃亡,迁回故都张家界大庸溪两岸祖居之地。湖南省社科院何光岳先生曾著文认为:今鄂西鹤峰原名容美,以及大溶溪,永顺长官区的施溶溪,这些"溶"字的来历,亦与庸人回归定居的路线有关。其实这些地名,很可能早在大庸国开国时期就已存在。1995年12月23日,新华社发表了株洲工学院教授刘志一关于南岳麓山岣嵝碑(又称禹王碑)破译的消息,原来"千古之谜"禹王碑上的文字即记录着楚庄王灭庸的功绩,更加说明大庸国疆域早就达到湘西张家界一带。庸人能够成功地从鄂西逃回大溶溪两岸定居,只能说明这一带本身就是大庸古国的疆土。那么张家界与竹山县之间的湘鄂西大武陵地区,皆属庸国疆土当是无可置疑的。

据竹山县知名学者袁林先生考证,商汤至姬周早期的庸国疆土,还应包括现今的荆州市及荆门市的南部到今钟祥一带。楚国都原本在丹阳,即现今河南淅川境内。现今所说的楚故都郢(现荆州市北纪南城),原本应为庸国所属,后被楚国侵占。楚国在向南扩张时,最早与庸国发生的战争即争夺郢。《史记·楚世家》记载:"熊渠生子三。当周夷王时(公元前869—公元前857),王室微,诸侯或不朝,相伐。熊渠甚得江汉间民和,乃兴兵伐庸、杨粤,至于鄂(一说至于鄂)。"丹阳之战时(此战在后,是怀王时事,楚、秦、巴合兵分庸在前),秦军大败楚师,斩首八万,楚被迫迁都于郢。为夺回郢,庸与楚不断发生战争。至公元前611年,楚国发生饥荒,庸国认为夺回郢的机会到来,将主力部队集结到选(今湖北枝城境内),准备进攻楚国都郢,想一举收回被楚占领的郢地。不料楚军联合秦、巴奇袭庸国都上庸,最终招致庸国自身灭亡。这些史料足以说明,春秋战国时楚国故都郢原本属庸国领土。近年来在荆州附近出土的文物中频频发掘出并非楚国固有的文物,令考古学家百思不得其解。其实,这与古楚都郢原本属庸国有直接的关系。袁先生的判断可谓精当、切实,毫无夸饰之意。按自己长达五年的考证,我认为连四川三星堆文物也本属大庸古国的国之重器(另有专论)。

袁先生认为,春秋时期的庸国疆域,包括今重庆东北地区,含万洲、开县、梁平(古称梁山)以北各县。《读史方舆纪要》载:"四川首州府,周庸国地。……四川大宁、奉节、云阳、万县、开县、梁山皆其地也。"今云阳、奉节为古鱼国属地,又称鱼邑。汉时为鱼复,后来为夔州所辖。夔州所辖即今之云阳、奉节、巫溪、巫山四县。关于夔州的沿革,《一统志》记:"春秋时庸国鱼邑,汉置县。"《左传》:"文公十六年,庸人率群蛮叛楚,楚人伐庸七遇皆北(败,向北称臣),惟裨、鯈、鱼人实逐之。"《杜注》:"鱼,庸邑,即鱼复。"清《四川通志》记:"夔州,禹贡荆梁二州之域,春秋为庸国地,后属巴国,战国时属楚。""奉节县,春秋时之鱼邑,汉置鱼复县。"《秦巴山区县情》在介绍云阳县时称:"古为梁州之域,春秋属庸国,战国系楚。"《华阳国志》所言巴国疆域"东至鱼复",实际是指庸国被灭之后。巴国因参加了灭庸战争,作为战胜国分占了鱼邑,但后来很快又被楚占领。这一点《四川通志》记载的很清楚,在《开县志》中也有明确记载:"春秋(前770—前476)本境为巴国地。周平王二十一年(前570),巴、楚、秦三个诸侯国结盟伐庸。灭庸以后,瓜分其地,巴分到今下川东(含今开县)地。"

庸国的西部疆域应包含现今的汉中市大部分属地。汉中是否古为庸地,其东部已有明确的答案。现今西乡、城固、镇巴、洋县、佛平五县,古为洋州属地。洋州在《太平环宇记》和《舆地纪胜中》均称"春秋时为楚国属地。"汉中西半部古汉中郡,其归属何处?《华阳国志·汉中志》云:"本附庸国,属蜀。"即原本为庸国的附属之地,后来属蜀。《舆地广记》云:"汉中属楚,后属秦。"以上资料表明,汉中在春秋至战国时

期为楚属地。由此我们可以说,汉中古应属庸国。因为在庸被灭之后,秦作为参战国,有情于楚,不分一点羹,反将自己的疆土让给楚,道理是说不过去的。蜀国虽未参战,不顺势捞一点也就罢了,也不会让出疆土给楚。汉中作为战略地位来讲,更有利于蜀,楚国在当时也不大可能靠战争去夺取汉中。只能说明一点,即汉中原本属庸,楚灭庸后顺理成章得汉中之地。

庸国的北部疆域含今湖北郧西县、陕西旬阳县及商洛东部。郧西县古为上津县,隶属金州(现安康市)。关于金州的沿革,《太平环宇记》《舆地纪胜》均言"于周为庸国之地。"陕西商洛一带夏商时期部分所属史书记载不明。在夏商时期,其东部部分地区很可能亦属于庸地。据《魏书》记载:"皇兴四年置东上洛,永平四年改为上庸郡。辖商、丰阳二县。"即今商洛东部丹凤、商南、山阳一带。为何当时更名上庸郡? 应与远古大庸帝国属地有直接的关系。

上述资料表明,在公元前 611 年前古庸国疆土至少可包括以下县(市):湖北省十堰市城区、竹溪、竹山、郧县、郧西、房县、保康、丹江口、神农架林区、恩施、巴东、建始、利川、鹤峰、咸丰、宣恩、来凤,宜昌市区、枝江、宜都、当阳、远安、兴山、秭归、五峰、长阳;湖南省的张家界市、桑植、龙山、永顺、慈利等县市;陕西省安康、平利、白河、镇坪、旬阳、岚皋、紫阳、石泉、汉阴、宁陕、西乡、镇巴、城固、洋县、佛坪、南郑,以及商洛市的丹凤、商南、山阳等县;重庆市巫溪、巫山、奉节、云阳、城口、开县、万州、梁平。在公元前 857 年之前,古庸国疆土还应包括荆州市的沙市区、荆州区、松滋市、石首市、洪湖市、江陵县、公安县、监利县及荆门市、钟祥、沙阳、潜江等县市。庸国疆土如此之大,尽管与颛顼时期大庸帝国的疆域无法相比,但在春秋前期已属少有。袁先生认为,这样大的一个独立氏族国家,在文化上却被少数学者言其为别国的附属,似乎有悖史实。

(二)庸墩与庸国

庸墩村,位于今信阳市平桥区平昌关乡。平桥区辖 5 个街道、5 个镇、9 个乡:羊山街道、前进街道、南京路街道、平桥街道、甘岸街道、明港镇、五里店镇、邢集镇、平昌镇、洋河镇、肖王乡、龙井乡、胡店乡、彭家湾乡、长台乡、肖店乡、王岗乡、高梁店乡、查山乡;上天梯管理区。平昌关乡 2006 年改为平昌镇,辖 1 个居委会、19 个村委会:昌平居委会、朱庄村、王畈村、古城村、庸墩村、刘湾村、李营村、平昌村、杨寨村、胡寨村、蒿林村、刘集村、清淮村、母子河村、翟寨村、石桥村、徐湾村、陈店村、灌塘村、莲花村。该区还有与古大庸相同读音的洋河镇,洋河镇北依淮河、南临羊山新区。2006 年,洋河乡(代码 411503204)辖 1 个居委会、15 个村委会:洋河镇居委会、小洋河村、苏双楼村、姚寨村、大山头村、周畈村、洋河村、陈畈村、吕老堂村、黄院村、关湾村、白土堰村、陆庙村、卧牛店村、董冲村、苏庙村。2007年，洋河乡撤乡建镇。"庸墩""古城""洋河"与古大庸地区"庸城""古城堤""阳和坪""阳合乡"等地名何其相似，是古大庸地名北迁的重要信息。

信阳市平桥区位于河南省南部，北枕中原，南襟荆楚，左扼两淮，右控汉江。平桥四通八达、交通便捷。考古发现，新石器时期境内已有人类居住。西周，宣王将信阳地增封申伯，称申。春秋，楚灭申，信阳属楚冥厄地。此地留有庸墩地名，绝非偶然，必定与古庸国北方疆土有莫大的关联。

（三）舒庸与庸国

舒庸城，舒庸，是舒人和一部分由西而东迁的庸人互相结合而形成的舒庸国。《左传》襄公十三年，楚"战于庸浦，大败吴师。"庸浦当在无为县南的姚沟一带。舒庸的所在地，《太平环宇记》卷一二六《庐州舒城县》载："与舒鸠城相似，谓之舒庸城。"《读史方舆纪要》卷二十六《庐州府舒城县》载："春秋时舒庸、舒鸠诸国地也。"《中国古今地名大辞典》说："在今安徽舒城、庐江二县境，即今舒城县东五十里的舒旭。"《左传》成公十七年，舒庸因不堪楚国的压迫，便"道吴围巢，伐驾，围厘、虺"，激怒了楚国、楚军便灭亡了舒庸。"舒、舒庸、舒鸠、舒蓼、舒龙、舒鲍、舒龚及宗、巢等国，到春秋末期，都次第被楚国并吞。据伏元杰先生考证(详见《蜀史考》)，"舒庸"就是"蜀庸"。

在今天的安徽省合肥市地图上的城西，我们可以赫然看到大蜀山、蜀山湖、蜀山路、蜀山森林公园等地名，这些带"蜀"字的地名使人思索：安徽何以有这么多的含蜀字的地名？是现在命名的吗？安徽合肥市城西何以有大蜀山、蜀山森林公园、蜀山湖呢？春秋安徽巢湖地区的群蜀(舒)当然也不是安徽最古的蜀国，安徽之群蜀应是从洞庭湖地区迁徙过去的。《左传·文公十六年》杜预注："裨、倏、鱼庸三邑。鱼，鱼腹县"。此鱼腹即鱼凫的假借字。所以，桐柏山的复国实即凫国，也即蜀国。山东人读蜀为邾，山西人读蜀为叟，四川年轻人读蜀为蜀，但四川古音似无唇齿音，把"书"读成"夫"，"树"读成"富"，"水"读成"匪"，"蜀"自然要读成"复"。河南桐柏县之"复国"也同此理，大约河南旧时也读"蜀"为"复"，"蜀阳"为"复阳"。因此，桐柏山的复国实即蜀国。太湖一带是早期人方所在地，也有名为"蜀"的古地名。

太湖西岸的"江苏宜兴东南亦有蜀山，本名独山，蜀独通用，后人以东坡爱其风景类蜀改名，亦非也。汶、宜二山，皆屹然独立，与独义固合，然独立之山，不止二处，何以不皆名独山？知独立之义，或后人望文附会，不尽然也。"宜兴市南今有丁蜀镇，扬州市北有蜀岗，这些存在于太湖岸的蜀地名恐怕与蜀不会没有关系，而前文早已论证,蜀国乃庸之属国,故称舒庸为蜀庸是成立的,无论是庸人从蜀地迁舒而称舒庸,还是庸人自舒地迁蜀而称蜀庸,他们都是大庸古国的属民是毋庸置疑的。

(四)庸浦与庸国

庸浦在今无为县,位于安徽省中部。无为县名"始于城口置无为军,思天下安于无事,取无为而治之意以名之"。春秋战国时,无为县境属楚居巢。

襄公十三年(公元前559年)"吴侵楚,养由基奔命,子庚以师继之。……战于庸浦,大败吴师,获公子党。"庸浦,杜预注:"楚地",未言所在,清人认为在"无为州南",即今安徽无为县南滨江之地,可备一说。从以"庸"相称分析,也可能是"舒庸"附近某一滨水之地,亦应在安徽六安、舒城一带。襄公十四年:秋,楚子为庸浦之役故,子囊师于棠以伐吴,吴不出而还。子囊殿,以吴为不能而弗儆。吴人自皋舟之隘,要而击之,楚人不能相救。吴人败之,获楚公子宜谷。

庸浦之战:周灵王十二年(公元前560年),楚司马子庚、大夫养由基率军在楚地庸浦(今安徽无为南)设伏,击败吴军的作战。春秋中晚期,值晋、楚两强在争夺中原霸权的较量中难分胜负之时,崛起于长江下游的吴国的势力迅速壮大,成为楚国的潜在威胁。晋国君臣及时抓住这一机遇,实施联吴制楚的战略,于周简王二年(前584年)派遣逃亡在晋的楚叛臣申公巫臣赴吴,传授吴军排兵布阵及使用战车之法,使吴叛楚。此后,吴不断西向用兵,吞并了原附属于楚的蛮夷诸部,成为楚之东方劲敌。周灵王十二年秋,楚共王逝,吴乘机发兵侵楚。楚司马子庚,大夫养由基率军迎敌。身为先锋将的养由基鉴于吴军轻敌且疏于防备,向子庚提出诱敌深入而后伏击的建议,被子庚采纳。随后,养由基率部分楚军进击已渡过长江的吴军。两军交兵后,楚军诈败后撤。吴军不审虚实,尾随追击至庸浦。子庚指挥埋伏于该地的三处伏兵猛攻吴军。吴军猝遭突袭,溃败而逃。吴公子党被俘。

庸浦得名毫无疑问与庸人活动有关。问题是很多人可能只承认是春秋时庸人东迁才有了"庸浦"之名,而没有想到春秋以前古大庸帝国的庸人也有可能迁至无为地区开疆拓土而留下庸浦之名!

(五)庸城与庸国

北方有几处庸城,都与南方古大庸祝融部落北迁有密切关系,它们都应该是颛顼帝大庸帝国的领土或"飞地"。

一是河南修武庸城。修武县位于河南省西北部,与山西省接壤,属于焦作市,古为宁邑,北齐天佑七年,改为修武县。殷商时代名宁邑,武王伐纣途中遇雨,曾在此地临时驻扎修兵练武,故得名"修武"。公元前221年,秦始皇统一中国后,实行郡县制,始设修武县,属三川郡管辖。光绪《彭县志卷一·沿革志》:"庸城县在今怀庆府修武县。"怀庆府地理范围大致相当于如今河南省焦作市、济源市及新乡市的原阳县所辖地域。修武之名由来甚久,或谓起于周初。秦置修武县,汉于同地又置山阳县,同属河内郡。北魏孝昌间分置北修武县,旋北修武与山阳俱省入修武县。东魏置西修武,旋废。隋大业间县徙于武陟,别置修武县于西修武故址。宋熙宁间降为镇,元佑初复置修武县,历元、明、清三代不变。明、清均属怀庆府。民国初属河北道。新中国成立后,始属平原省,1952年划归河南省新乡专区,1985年属焦作市辖县。

修武县自古名士往来不绝,文化源远流长。在北部山区,有唐代大医学家孙思邈采药炼丹的"药王洞",汉献帝的避暑台有千姿百态的"千佛洞"和潺潺流水的"明月泉",有魏晋时期"竹林七贤"游隐的百家岩,有晋人孙登之"长啸台",有宋代当阳峪瓷窑遗址等古迹,在南部平原,有李固龙山文化遗址,有汉献帝陵,有宋代胜果寺塔,有经修复的海蟾宫等,风格迥异,各有绝妙之处,吸引历代名人流连驻足,留下许多脍炙人口的诗章。修武庸城得名有三种可能:一是颛顼大庸国时期,祝融部落在此开疆,留下庸城地名;二是武王伐纣时庸师八国联军在此"修兵练武",留下庸城地名;三是后庸国上庸遗民逃至该地留下庸城地名。表面看来,第二种可能似乎较可靠,但细究起来,我以为第一种可能性最大。理由是庸师八国之所以选择此处"修兵练武",更有怀念祖先,鼓舞士气的战前动员作用。

二是安徽宿县庸城。宿县庸城早在五千年前就有徐夷、淮夷等部落在这里繁衍生息。春秋战国时期,又有宿国、萧国、徐国等小诸侯国、秦汉设立。隋大业年间,通济渠(汴水)开通,古城宿州随着汴水漕运的兴盛逐步发展起来。唐宪宗元和四年始置宿州,千余年间,宿州一直是历代州府的治所。唐元和四年(809)以符离、蕲县及虹县置宿州,治埇(庸)桥,即今宿州市区。1912年废州为宿县。1979年宿县析城关镇及近郊置宿州市,1992年市县合并为宿州市。1998年12月6日,国务院批准撤销宿县地区和县级宿州市,设立地级宿州市。市人民政府驻新设立的埇(庸)桥区。宿州市设立埇(庸)桥区,以原宿州市的行政区域为埇(庸)桥区的行政区域。

自古以来,这里便是兵家必争的战略要地,史称这里"扼汴水咽喉,当南北要冲",为"百战之道"。秦末,中国第一次农民大起义在这里揭竿而起。楚汉相争,垓下决战,霸王别姬的旷古悲剧在这里绝唱。唐代中叶,宿人庞勋率戍云南的淮北卒起义,回师故里,兵困宿城,鏖战数旬,史卷上留下斑斑血迹。南宋时期,这里又是张浚、韩世忠抵御外侮、抗击金兵的"戎马之郊"。清末张乐行的捻军起义，席卷宿州大地。民国时期，军阀混战在这里拉锯。抗日战争时期，新四军四师的抗日健儿又在这片土地上与日本侵略者进行了浴血奋战。宿县的名称起源于春秋时期的"宿国"，当时是一个驿站。宿县这个名称一直使用到二十世纪九十年代撤县并市，宿县地区相当于今天的宿州市，宿县相当于今天的埇桥区。

庸桥，又称埇桥，埇（yǒng），从土从甬。甬，本是钟，乃后人用字变迁，缩小其义为钟柄。（引自杨树达《积微居小学述林》）。甬，又是古代两旁有墙垣遮蔽的通道。如：甬路，楼房之间有篷顶的通道，院落中的砖石路。庸国作为铸钟大国不是天生的，庸国先祖们用泥土烧制原始陶钟起步，发展到用青铜浇铸精美铜钟。该区还有一个重要的乡镇叫"苗庵乡"，这是大庸古国三苗族留下的历史痕迹，与庸桥、土甬形成难得的证据链条。

宿州埇桥马戏艺术的前身是始于明末清初的民间杂技，到清朝末年已具有相当规模。新中国成立后，在民间演出团的基础上，宿县政府组建了我国第一家国有性质的"大众动物表演团"（后更名为宿县动物表演团）和"宿县杂技团"。改革开放以来，以篱沟乡为中心的民营马戏艺术得到迅速发展，到二十世纪九十年代，已有民营马戏团近160家，驯兽水平和演出效果也得到很大提高。目前，全区拥有近300家马戏团，万余名马戏艺人常年巡回全国各地演出，年创收2亿多元，牢牢占据着全国马戏演出市场的半壁江山。庸桥区作为马戏之乡，与古大庸帝国历史看似关系不大，实际却最能反映历史真相。"戏剧"的"戏"和"劇"均与大庸古国先民的狩猎和畜牧生活有密切关系，古庸先人们常常见到猛虎跟野猪搏斗，不仅造了一个字来表示，并用以标志斗争的剧烈与难解难分。"戏剧"的"戏"和"劇"就从此而来。《说文解字》卷9豕部："豦：蹳、醵、遽、聚、劇、勮、壉、憷、據、濠、臑等字，均从豕、从虎。豕、虎之斗不解也。读若劇草之劇。"司马相如说："豦，封豕之属。一曰虎两足举。""戏"（戲、戱、戯、戲），表示戏剧的娱乐性，兼有"戏剧"与"游戏"二义；"劇则象征着戏剧冲突的严重性、紧张性、难解性。勃莱朗蒂尔说："冲突是戏剧的本质。"柏林斯基也说过类似的话。中国人用一个"劇"字就把它渲染得十分明白，十分形象。"蜡仪"因而也带上了强烈的戏剧性。苏东坡甚至从这里窥见了大蜡的扮演性——作为萌芽状态的戏剧性歌舞"大蜡"的重要特征。任二北先生说："八蜡之一，正由豕虎之斗而来。"至少，"劇"字作为"戲剧"的历史性象征是极为合适的。这种扮演"虎""豕"之类动物的蜡仪、准蜡仪在那坡彝族"跳公节"舞蹈中简直是惟妙惟肖地复现出来。今西南少数民族地区（古庸属地）有一种游戏：一个老头子用一件黑衣蒙在竹凳上，再举起竹凳罩住头，扮作糟蹋庄稼的野猪,东奔西突,人们又像打害鸟一样,追打不舍,可谓古庸人围猎生活的仿真性实景表演。

2004 年,张家界市永定区罗水乡土家茅古斯民俗文化将首次参加中国第六届民间艺术节大展演。中国第六届民间艺术节于 2004 年 9 月 26 日至 9 月 30 日在山西省榆次市举办。此次活动由中国文联、中国民间艺术协会、山西省人民政府等单位主办,来自全国 31 个省、市、自治区和国外代表将汇集一堂,同台献艺。在前去参加本次演出的我省演员和节目的阵容中,张家界罗水乡占了近四成,反映古代渔猎、巫傩生活的土家茅古斯舞和八宝铜铃舞是罗水此次展演的主打节目。

张家界罗水乡是以土家族人为主的聚居地,茅古斯文化村就坐落在这四面环山,郁郁葱葱、四季长青的山谷之中。茅古斯舞是土家族最原始的舞蹈,茅古斯土家语即"毛人"的意思,当时的土家先民因为民族或战乱的原因,在深山老林中,被迫四处迁徙,钻山住洞靠赶肉(当地方言,意为打猎)捕鱼为食,以茅草、兽皮为衣,过着"辣椒粉为盐,棕树壳当棉"的艰苦生活,在这漫长的生活中,如同非洲的土著部落一样,产生了他们特有的驱兽、祭祀祈福之类的舞蹈,这就是茅古斯。茅古斯舞表演少则 10 余人,多则几十乃至上百人等,其中以德高望重的老人饰茅古斯,代表土家族祖先,由他主持祭祖和表演活动,其余人饰小茅古斯,代表子孙后代,表演者身披稻草扎成的草衣,面部用稻草或矛草扎成的帽子遮住,头顶冲天而竖的稻草辫,辫有单双之分,单数表示糟蹋庄稼的野猪、野牛或其他多种猛兽,双数代表围猎的人,它一般是土家另一舞蹈摆手舞蹈跳到一定的时候,表演者突然轰然入场,意为祖先来了,摆手舞立即中止,以示恭敬。整个舞蹈原始粗犷,充满野味。无论打虎还是猎猪,都是大庸先民围猎生活的仪式化表现,是集体性的节日娱乐,可视为古大庸傩蜡之风的原始形式。至今这种原始遗风还残留在庸(埇)桥马戏、杂技表演的某些仪式和技术元素之中。

三是河南新乡鄘城(详见《鄘城与庸国》)。

(六)庸村与庸国

东庸村,村庄由来,建村年代不详。相传西汉宣帝时儒生庸谭治古文《尚书》及《齐论语》处,死后葬于此。村以其姓为名,而庸谭之"庸"正是古庸人以国为姓的实例。该村人口繁衍众多,遂分为东、西、南、中四村,此村居东。古有庸生祠,早废。位于胶州市区北部,北关街道办事处西 3 公里处,东南面是砚里庄村,南面是中庸村,中庸村位于胶州市区西北,距老城区中心 4 公里,南、西北、北分别与北关办事处南庸村、西庸村、北庸村为邻。

庸谭,世称胶东庸生,约生活在秦末汉初。居住在现胶州市北关办事处庸村。

精通古文《尚书》《齐论语》等。设塾授徒,对我国古文化的传播做出了卓越贡献。秦末,由于秦始皇焚书坑儒的野蛮统治,使前人创造的优秀古文化几乎损失殆尽;汉朝建立后,尊儒术。庸谭凭着惊人的记忆力,整理成书,得使《尚书》《齐论语》流传后世。后乡人建"庸生庙"以祀之,树碑立传,以志庸谭传播古文化之功德。

西庸村坐落在胶州市北关街道办事处西北部,同三高速公路从村西由东北向西南贯通,西临江北最大的花卉苗木基地——"青岛市永存花卉苗木基地",东临"中铁物流工业园";村南是胶济铁路线;北靠"北岭"。西北面与胶北镇的北台村相望,南面为南庸村。南庸村地处胶州市西外环——国家石油部第七建设公司驻地,紧靠铁道部青岛集装箱转运站。全村 620 户,1960 口人,1750 亩耕地。该村引进了胶州市明光茂腔剧团,每逢重大节日义务为村民演出,同时,村还建立了图书室,成立了太极拳健身队、柔力球表演队和老年人活动中心,每天清晨和夜晚,村文化大院做健身操的、打太极拳的、唱茂腔的、锣鼓喧天,歌声不断,非常热闹……处处展现出南庸村村民昂扬向上的精神风貌,很有古庸人尚武、健身遗风。

胶州市是山东省青岛市所辖的一个县级市,位于胶州湾畔,东临即墨市,青岛市城阳区,北接平度市,西靠高密市,西南临诸城市,南与胶南市接壤。

胶州是华夏文明发祥地之一,历史悠久, 文化灿烂。4000 年前,即有先民在这里刀耕渔猎、繁衍生息。商业贸易相当发达,唐宋时期曾是全国五大商埠之一、长江以北唯一的通商口岸,素有"金胶州"之美称。胶州人杰地灵,创造了世界闻名的新石器时代原始氏族社会的三里河文化,有西汉祓国旧址,明代养马城"牧马城"遗址,清代著名书画篆刻艺术家、被列为"扬州八怪"之一的左笔高手高凤翰故居旧址,以及大量的古葬墓、古庙宇和金石碑刻、书画诗文。勤劳智慧的胶州人民孕育了丰富多彩的民间文艺,具有 300 多年历史的"胶州大秧歌"驰名中外,全国保留剧种胶州茂腔及民间戏曲、剪纸绘画等也都在国内外有较大艺术影响力,具有古庸祝融先祖们富于创造的基因特质。自胶州跨海去朝鲜半岛和日本列岛,即司马迁笔下古大庸颛顼帝国的东部疆界"蟠木"所在地,因而胶州庸村在研究古大庸疆土学术工程中,具有不可忽视的重要作用。

(七)容城与庸国

容城地处京、津、石三角腹地,西汉置容城县,县以城名。据《河北通志稿》:"容城故城在容城县西北十五里城子村。"汉置容城县,唐曾赐名全忠县。唐天宝元年(742)复改容城县。治设城子村。明景泰二年(1451)迁今治。1958 年年底并入徐水县,1962 年 5 月复置容城县。

陈士元《姓觿》曰:"《路史》云:(庸),'古帝容成氏之后。'《韩非子》有容成子。《列子》云:'黄帝与容成子居空桐之上。'《庄子》云:'老子师容(庸)成'。"
《列仙传》云:"容(庸)成公者自称黄帝师,见于周穆王,能善补导之事。"《集韵》则
认为容成是高阳氏八恺之一的"仲容之后"。《山海经·大荒东经》有"仲容之
国"。可见在春秋、战国时,容成氏的传说已相当广泛。黄帝东迁涿鹿(今属河
北),容(庸)成为臣,部落复迁回容(庸)城。

容城之名始见于汉代。据《容城县志》记载,汉景帝中元三年(前147)以匈奴
降王徐卢封容城侯,是容城侯国。据《容城县志》记载:"汉封降王有容氏于此,置
容城县。"容城一名,盖从"有容氏"与"成侯国"各取一字衍变而来,后来"成"渐变
为"城")。《诗·大雅·崧高》云:"以作尔庸。"注云:"庸,城也。"《路史·前纪
五》云:"庸成氏,庸成者,垣墉城郭也。"朱起凤《辞通·庸》云:"容、庸同声同用。
《庄子·胠箧篇》:'容成氏'。《六韬·大明篇》作'庸成氏',是其例也。"顾实《结
绳而治时代之文书》云:"容成氏即庸成氏,《穆天子传》称:'群玉之山,庸成氏之
所守,先王之策府'。"

又据传说:道家始祖名叫容(庸)成子,道号易家,他曾脚踏龟背,观日月星象,
受龟纹启示,绘成阴阳道纹。后周丞相姜子牙在此基础上绘成八卦。文王演《易》
后,感容成子之功,追封容成子后代。封号称"易家"。封地之内,不纳税赋,不服
徭役。后秦始皇"焚书坑儒",此地渐渐荒芜。后代感念始祖恩德,此地改叫容成
子,后衍变为容城。

汉封降王有容氏于此,始置容城县。后频繁封侯建国至东汉末年。晋时重置
容城县。北齐废之,入范阳县。隋为遒县地。唐武德五年(622)县境内置北义州,
贞观元年(627)裁撤。武周圣历二年(699),契丹入侵,容城军民奋起抵抗,得以保
全,因而赐名全忠县。唐神龙二年(706)复名遒县,唐天宝元年(742)恢复容城县。
大历二年(767),容城属雄州。五代时容城属契丹易州。后周世宗收复容城南境,
移县治于雄州城内。契丹于拒马河以北侨置容城县。自此南北容城并存。

从容城新石器时期的磁山文化和龙山文化遗址,可证明在7000年以前,就有
人类在这块土地上繁衍生息,形成了比较稳定的古村落。从古至今,地名命名类
型多样。既反映了地理风貌,又体现了历史的沧桑变迁。

1982年和1997年,河北省文物研究所,于容城县城南1.5公里的午方村西文
化遗址,发现三个文化层,即仰韶文化层、龙山文化层和商周文化层。仰韶文化层
出土器物有彩陶钵、彩陶碗、彩陶罐陶环、陶纺轮、网坠、陶罐、陶支座、陶釜、陶甑、
陶盘、石斧、石凿、石磨盘、石磨棒、石铸、石杯、刮削器、双翼石镞、石刀、骨刀、骨
剑、骨鐘、鹿角铲、骨镞、骨凿、鱼骨饰件等。

对比湖南张家界大庸国故都古城堤、慈利金台、桑植朱家台等考古遗址的出土文物,容城县午方村遗址出土文物虽年代不及张家界早,但其文物种类与特点,与古庸核心地区的张家界出土文物有很多相似之处。

故都古人堤遗址位于张家界市西邮政大楼背后,澧水岸边的台地上。1962年,省、州文物工作队实地发掘考察,发现有远古文化遗层。文化遗物多为陶鼎、陶豆、陶鬲、陶盆、陶罐、陶壶和绳纹筒瓦、板瓦等。1980年6月,自治州文物工作队在此遗址的下层又发现了有长方形的磨光石锛、石斧、打击石片、割削器和石器半成品,并采集了一批泥质红陶、泥质灰陶、夹砂灰陶、印纹硬陶等。纹饰有印纹(方格印纹、绳纹)、划纹、弦纹、兰纹、篾纹等。器形有折唇罐口器、折唇罐形器、圈足豆、鬲、鼎、碗、缸。由此内含可以断定,此层文化应属于原始社会晚期的文化遗存。古城堤文化遗址为我们研究澧水流域的古文化及大庸古国历史,提供了宝贵的实物资料,并将对研究长江中下游古代文明史有着深远的意义。金台村遗址,位于慈利县蒋家坪乡金台村。1986年在地处澧水左岸二级阶地,距澧水70米处发现了面积约600平方米的文化遗址。在距地表1.5米深的第四纪次生黄土层内采集到很多石器、石核等,皆为砺石原料,经考证,该遗址内涵丰富,体现从旧石器晚期到新石器时期文化延续,对研究湘北古文化发展序列,具有重要价值。朱家台遗址,位于桑植县城西端。1981年在桑植县城朱家台菜丘文化层遗址中发掘出商周时期的陶器、陶片;在南岔月亮田采集到磨制石斧一件,呈梯形,双面刀一件,呈弧形,皆为石灰岩制成。从器物形制上看,与湘西北、湘中、鄂西地区同时期商周文物明显相似,其陶器特征以灰陶为主,绳纹、凹弦纹最常见,但也有如土家人服饰压边的"角尺纹"陶片。这是一具有土著文化特色和商周文化的技艺融合文物。朱家台遗址的发掘,为研究大庸古代土著民族政治、经济和文化提供了实物佐证。

两地文物如此相似,证明远古大庸国时期同一批人在不同地区创造了相同的文化,发源于长江流域、武陵山区的猎牧文化和农耕文化已向北向东拓展到了山东半岛,甚至有可能传到了蟠木即日本列岛。

(八)鄘城与庸国

鄘国之城在今河南省新乡市东北一带。武王灭纣,为便于统治,即在殷都朝歌以北建"邶"、在朝歌以南建"鄘"、在朝歌以东建"卫"三个诸侯国,因新乡位于鄘国西南部,故向有"古鄘""鄘南"之称,其地在今河南省新乡市西南,即新乡县。新乡县于隋开皇六年建置,距今有1400多年的历史。《诗经·鄘风》就是描写古鄘国劳动人民和历史的记录。新乡地处殷都的西南,自然归鄘国所辖。鄘国的存在时间不长,国号是随着周公旦平"三监"而消失的。但在西周的历史上却为后人留下浓浓的一笔。

王应麟《诗地理考》卷一云:"鄘城,即鄘国","本庸姓之国"。

容成氏的后裔为商王作城的奴隶,始称"庸",后以参与修筑殷都(在今河南安阳)有功,复被商王封为庸国。

有人说,《鄘风》即《庸风》,加了表示城郭之义的"阝",表明庸国是一个筑城大国、营建大国。此言大谬。筑城大国,有墉字为证;冶铸大国,有镛字为证,而鄘字绝对不能代表庸国,只能代鄘国。

鄘,中国周代诸侯国名,在今河南省汲县北,这个远在黄河流域的国家与庸国有何关系呢? 这还得从武王伐纣说起。当年庸国出兵五万,为周武王打败商纣王、建立周王朝立下汗马功劳。那时,纣王赴火自焚,周武王封纣王之子武庚为殷侯,商朝王畿(音 ji,国都附近的地方)分为邶、卫、鄘三国,由武王之弟管叔等人管辖,史称"三监"。邶由纣王之子武庚禄父掌管,卫由蔡叔度掌管,庸由管叔鲜掌管,史称"三监"。邶、卫、鄘三字都有共同的偏旁,即"阝"(笔者认为邶、鄘的"阝"实属历史遗留问题),"阝"通"节",有管辖、管理之义,表明鄘国由庸人负责管理和保卫。有学者说,鄘国只是庸国的一块飞地,国外之国,它并不能代表疆域广阔的庸国,况且两者的地位大不相同。鄘不过是子国,而庸的爵位至今史无明载,我们从屈原"朕皇考曰伯庸"可推断庸国曾为伯国,从湖北竹山县出土的"庸公戈"可推断庸国曾为公国,这相当符合庸国诸侯长的地位,但这一时期的庸国与颛顼大庸国时期已不可同日而语了。

伐纣灭商后,部分庸人曾留驻纣王子武庚封地殷都西南,建立为鄘国……成王时随管叔等叛乱而遭遣,重新回到母国大庸,其爵被褫夺为子爵(五等爵中的第四等)。"子国封地不过方圆五十里,只能容留部分庸人,那更多的庸人在哪儿呢?当然是在疆域广阔的庸国。部分庸人建立了鄘国,庸国就不存在了吗? 难道只有被遣送回来的庸人回来后,才又把庸国建立起来吗? 这显然不合情理。正确的解释应该是,庸与鄘曾同时存在,鄘国被撤后,庸国仍在。

如果说鄘人叛乱实属管叔裹挟,舒庸人攻楚则是复仇之战。公元前六百一十一年,强大的楚国联合秦国以及巴国,将母国取而代之,瓜分了庸国之地,庸人亡命天涯。一部分庸人逃到舒地(今安徽西部舒城一带),史称"舒庸"。周简王十二年(前574),舒庸人联合吴人讨伐楚国,楚共王命"楚公子橐师袭舒庸,灭之。"庸人又被迫迁往幽州,即今北京地区。公元 228 年正月,司马懿攻入上庸城,擒斩孟达,又将上庸、房州七千余户迁往幽州苦寒之地,这让我们很容易想起一个耳熟能详的地名:居庸关。

(九)居庸与庸国

①居庸塞,"居庸"一词最早见于战国时代成书的《吕氏春秋》:该书说:天下有九塞,"何谓九塞? 大汾、冥厄、荆阮、方城、崤、井陉、令疵、句注、居庸"。故,居庸塞乃九塞之一。

居庸关,居庸关长城所在的峡谷,属太行余脉军都山地,地形极为险要。早在春秋战国时代,燕国就要扼控此口,时称"居庸塞"。汉朝时,居庸关城已颇具规模。南北朝时,关城建筑又与长城连在一起。此后历唐、辽、金、元数朝,居庸峡谷都有关城之设。

②居庸县,西汉初置居庸县(治在今延庆县城)。属上谷郡。王莽夺取皇位,改上谷郡为朔调郡,居庸县属之。东汉光武帝平定天下复朔调郡为上谷郡。居庸县属幽州上谷郡。

居庸县之名,最早见于《汉书》,"上谷郡,秦置",辖15县,其中有居庸县,如果从秦始皇算起,居庸县在历史上存在了约800年,是延庆县历史上存在时间最长的县。《水经注》说"沧水(即清夷水)又西南,右合地裂沟(即王泉营河)""沧河又西经居庸县故城南"。

三国魏上谷郡治从沮阳县(河北怀来县大古城北7里)徙至居庸县。五族乱晋,居庸县先后为代王拓跋郁律、辽西公段辽、赵王石虎、前燕王慕容儁、前秦苻坚、后燕慕容垂所据。后魏皇始元年(396)居庸县迁治今延庆城东北30里旧县。孝文帝太和十一年(487)分恒州东部、幽州北部置燕州(北京昌平区东南沙河镇辛力庄),居庸县属燕州上谷郡。东魏天平中(534—537)置东燕州,治军都城),居庸县属东燕州上谷郡。北齐末居庸县遭受突厥多次摧残,无复人迹。到北齐灭亡之公元577年,居庸县已不存在。

上面两则史料,第一则对居庸塞的解释,我认为是对历史的曲解,是在对大庸帝国历史缺乏研究的情况下,做出的不符历史真相的武断结论。第二则史料当然无可厚非,在居庸塞设县而称居庸县是顺理成章的事情。既然"早在春秋战国时代,燕国就扼控此口,时称'居庸塞'",那么,"居庸塞"绝非所谓"秦始皇徙庸徒之地",而实是十分古远的老牌地名。

第四章 祝融百国围崧梁

——从《庸人歌·告祖词》看大庸古国主体民族和主要传人

　　大庸古国,三皇五帝时代就已存在,是三代以前古中华第一轮文明时期,长江流域创世开基、地位很高的南方文明古国,既是三皇之国,也是五帝之国。具体而言:史前为部落;夏前为帝国;商前为夏都;商周降为侯国。《太平御览》引《尚书》曰:"太甲既立,不明,伊尹放诸桐,三年复归于亳,思庸(念帝道也)。""思庸"即谓"念帝道",太甲以"思庸"来比喻自己立志图强,表明要像古庸帝王一样具有建功立业的决心。又据湖南省张家界市永定区沅古坪镇,民间婚俗礼仪中的《庸人歌·告祖词》曰:"祝融佳人伴夜郎,繁衍百国围崧梁。伯庸八祖铸钟铃,神农嫘祖植麻桑。"今崇山北麓之沅陵县北容(伯庸)乡尚有铁炉巷、钟铃巷、铸庸池、祭祝岗等地名,而且在铸钟、铸瓦、铸铃、铸钹、铸锣等铸造活动中要唱《铸钟歌》,祭祀时要唱《祭祝歌》,在《薅草锣鼓·九腔十三板·请神词》中要唱《庸人歌》,写家神词时要写歌颂祝融(伯庸)的对联:"钟铃长昭百世香火,伯庸永显千秋神明。"可见大庸古国,早就被古人尊为帝道大昌的伟大帝国。祝融氏族则是她的主体民族。祝融即大庸(详见拙文《以文贯史说大庸》),"他的族名称祝融,氏族首领之名也称祝融,而且是族内世袭名称。祝融之名在文献中作为族团可以用,作为具体人也可用……"(见著名学

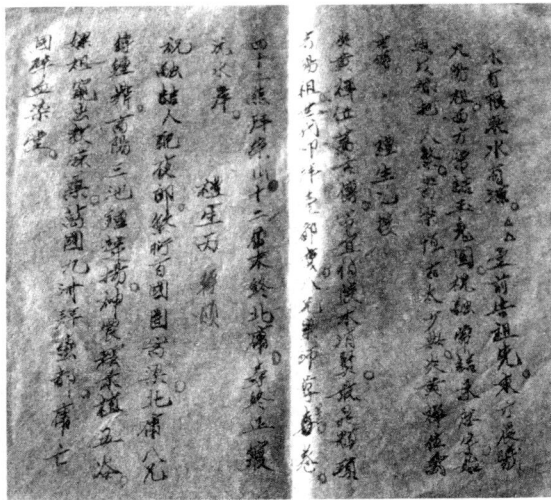

者许顺湛先生《五帝时代研究》),只是在不同时期,不同地域存在语音差异和字形差异而已,诸如"赤阴""诸英""赤松""蚩尤""共工""祝尤""祝由""祝和""祝庸""祝诵""柱融""神农""庸光""苟芒""朱明""重黎""陆终""容成""庸成""广(yan)成""烛龙""丹朱""鬶(yù)熊""伯庸"等等。有苗族学者认为,祝融就是仡索。蛮左、蛮戎都是九熊后裔,南蛮中的大氏族。他们的后裔现在自称仡戎、仡索,仆程就是濮左。九熊后裔到崇山后,叫濮人,建立大庸国;后叫苗民,建立驩兜国;再后叫南蛮,建立卵民国、羽民国、凿齿民国、黑齿民国等许多小鬼国,度过夏、商、周三朝,没有遭大的兵祸,发展农耕,繁盛一时。

第一节　创世祝融

1. 取火祝融曰燧人(又曰赤阴或诸英)

传说中燧人氏与华胥氏诸英是夫妻,他发明取火也许是夫妇共同所为,也许是华胥独自发明而被父系社会统治者改说成燧人发明。但从读音分析他们更可能就是一个人名的同音异记。

《山海经·海内经》云:"帝俊生三身,三身生义均,义均是始为巧倕,是始作下民百巧。后稷是播百谷。稷之孙曰叔均,始作牛耕。大比赤阴,是始为国。禹、鲧是始布土,均定九州。"文中"始为国"的"大比赤阴"很可能就是大庸古国的开国之君,而"大比赤阴"会是谁呢? 我认为就是"燧人"和"诸英"。"赤阴""燧人"和"诸英"三者实为一人。

王子年《拾遗录》曰:"遂明国,有大树,名遂,屈盘万顷。后世有圣人游日月之外,至於其国,息此树下,有鸟啄树,粲然火出,圣人感焉,因用小枝钻火,号燧人氏。"《易通卦验》曰:"燧皇始出,握机矩表计冥图,其刻曰:'苍渠通灵。'"郑玄注曰:"矩,法也。燧皇也,谓燧人,在伏牺前,作其图谓之计冥,时无书,刻石而谓之耳,刻曰苍精渠之人能通神灵之意也。"

《尚书大传》曰:"燧人为燧皇,燧人以火纪。火,阳也。阳尊,故托燧皇於天。《礼含文嘉》曰:"燧人始钻木取火,炮生为熟,令人无腹疾,有异於禽兽,遂天之意,故谓燧人。"《古史考》曰:"古之初,人吮露精,食草木实,穴居野处。山居则食鸟兽,衣其羽皮,饮血茹毛;近水则食鱼、鳖、螺蛤。未有火化腥臊,多害肠胃。於是有圣人以火德王,造作钻燧出火,教人熟食,铸金作刃,民人大悦,号曰燧人。"

从引文中"炮生为熟""遂天之意"等事功来看,这正是炮羲氏炮生为熟、继天而王的重要基础。《汉书·律历志》卷二十一下《世经》有详细记载的古帝德："太昊帝《易》曰：'炮羲氏之王天下也。'言炮羲继天而王，为百姓先，首德始于木，故为帝太昊。作网罟以田渔，取牺牲，故天下号曰'炮羲氏'……"炎帝《易》曰："'炮羲氏没，神农氏作。'言共工伯而且不王，虽有水德，非其序也。以火承木，故为炎帝。教民耕农，故天下号曰神农氏。"《礼》曰："昔者先王未有火化（食腥也），食草木之实，鸟兽之肉，饮其血，茹其毛（此上古之时也）。后圣人有作（作，起）。然后修火之利，范金（铸作器用）合土（瓦瓴瓮及大＜俞瓦＞），以炮以燔，以烹以炙，以为醴酪。"根据这些记载，我同意部分史家的观点，坚信"燧人氏""祝融氏"和"炮羲氏（即伏羲氏）"是一个氏族。祝者，大也；融，光明，光融天下也。这和燧人、炮羲事迹和功德完全一致。张家界市既有火炼山，又有祝融洞（又叫相公洞）、伏羲泉、女娲娘娘洞等地名，可佐证燧人、祝融、伏羲部落很可能就出生并创世于今张家界一带。

2. 称帝祝融曰赤帝（又曰火帝）

祝融，神话传说中的古帝，以火施化，号赤帝，后人尊为火神、火帝。有人说祝融是古时三皇五帝中三皇之一，住在昆仑山的光明宫，是他传下火种，教会人类使用火的方法。

《姓氏词典》引《新纂氏族笺释》注："容姓出自大容氏。"大容氏部落后派生出容成氏族，即传说中的大容氏"生"容氏。

又罗泌《路史·前纪》卷八载："祝诵氏，一曰祝龢，是为祝融氏……以火施化，号赤帝，故后世火官因以为谓。"《史记·楚世家集解》说："祝，大也。融，庸音同，古通用。"祝融即大庸。

又《庄子·胠箧篇》曰："子独不知至德之世乎？昔者容成氏、大庭氏、伯皇氏、中央氏、栗陆氏、骊畜氏、轩辕氏、赫胥氏、尊卢氏、祝融氏、伏羲氏、神农氏，当是时也，民结绳而用之；甘其食，美其服，乐其俗，安其居；邻国相望，鸡犬之声相闻，民至老死不相往来。若此之时，则至治。"《庄子》描述的社会是我们经常说的原始共产社会。在这个社会里排列了十二个部族，这十二个部族是同时存在，还是有先后时代顺序，文中没有交代。在这里值得我们注意的是，提到"祝融氏、伏羲氏、神农氏"，祝融氏还排在伏羲氏、神农氏之前，是否早于伏羲氏和神农氏不确定，但是至少说不会晚于伏羲氏和神农氏，或者说是同时存在的族团。《遁甲开山图》（《太平御览》卷七十八《女娲》条下引）说："女娲氏没，大庭氏王有天下，五凤异色。次有柏皇氏、中央氏、栗陆氏、骊连氏、赫胥氏、尊卢氏、祝融氏、混沌氏、英氏、有巢氏、葛天氏、阴康氏、朱襄氏、无怀氏，凡十五代，皆袭庖牺之号，自称'毕兹卡'。自无怀氏(吴回否,待考)以上,经史不载,不知都之所在。"这与《庄子》所载有些区别,从女娲氏至无怀氏"凡十五代",这是明确了这个排列是有时代顺序的。文中删去了容成氏、轩辕氏、伏羲氏和神农氏四个族团,又增加了七个族团。一删一增自有作者的道理。这一条记载把女娲氏排在十五个族团之首,女娲氏没,才逐步出现了其他十四个族团。很重要的一句话是,"凡十五代,皆袭庖牺(即伏羲)之号",即十五代族团皆可称为伏羲氏。但是祝融氏仍在十五个族团之列,当然祝融氏也可以称为"伏羲氏"之号了。这样说来,祝融氏可归入伏羲氏族属系统。

《金楼子·兴王篇》所载与以上大致相同,但不知为什么把"祝融"氏改为"祝和氏",究竟是讹传,还是别有用意,不得而知。《史记·三皇本纪》中司马迁把燧人氏、伏牺氏、神农氏作三皇看待。他把三皇以来有天下之号者也排了一个顺序:"自人皇已(以)后,有五龙氏、燧人氏、大庭氏、柏皇氏、中央氏、卷须氏、栗陆氏、骊连氏、赫胥氏、尊卢氏、浑沌氏、诸英氏、有巢氏、朱襄氏、葛天氏、阴康氏、无怀氏,斯盖三皇已(以)来有天下者之号。但载籍不纪,莫知姓王年代所都之处。"这个排列中没有祝融氏,也没有伏牺氏和女娲氏。但是《三皇本纪》中说:女娲"当其末年也,诸侯有共工氏,任智刑以强,霸而不王,以水乘木,乃与祝融战,不胜而怒,乃头触不周山,崩,天柱折,地维缺。女娲乃炼五色石以补天,断鳌足以立四极,聚芦灰以止滔水,以济冀州。于是地平天成,不改旧物"。这样看来,在伏牺、女娲时代祝融氏是存在的,从与共工战来看,他的确是一个族团。至于天柱折,地维缺,女娲炼石补天之事,是编织的神话,可以不必管它。

《通鉴外纪》与《帝王世纪》全同。《丹壶书》中排列的名单中有祝融,而且还说祝融有二世。《路史》中排列的名单也有祝融,不过他写为"祝诵氏"。

宋均《纬书》注时就认为伏羲、神农、祝融为三皇。《帝王世纪》认为:伏羲、女娲、祝融为三皇。《白虎通·德论》:"三皇者何谓也? 谓伏牺、神农、燧人也。或曰,伏牺、神农、祝融也。《礼》曰:伏牺、神农、祝融,三皇也。"《风俗通义》引《礼记谥号》说:"伏羲、祝融、神农"为三皇。可见三皇时代,不仅祝融存在,而且他的地位较高。

3. 继位祝融曰神农(又曰柱炎)

神农就是炎帝,其中一代炎帝又称"柱",可谓"柱炎",亦可称"柱庸""祝庸",而大庸古都西"∩"(郊),恰有"且(祖)柱岗"地名,且柱岗对面就是素有祖山、国山之称的崇山(又称狄山、烈山、历山、熊山、穷山、桥山、宗山、宋山、重山、从山、祖山、国山、中央仙山),附近崆峒山又有"神农洞"和"神农婆(坡)"等地名。了解到这些信息的学者大多认为神农炎帝很可能就是大庸帝国的"炎帝",认为庸国就是

"炎国"，炎帝就是"庸帝"。也就是说，此时的祝融已被炎帝请上神坛，成为世代祭祀的祖神。故长沙子弹库遗址出土的帛书上即载有"炎帝请祝融以降四神"之句。

《水经注》载："水南有重山，即烈山……山下有一穴……是神农所生处也……水北有九井，子书所谓'神农既诞，九井自穿'……又言'汲一井，则众水动'。井今堙塞，遗迹仿佛存焉。"《路史·后纪三》载："《荆州记》云'神农井……重堙围之。广一顷二十亩，内有地云神农宅……神井既育，九井自穿，旧言吸一井则八井动'。《寰宇记》云，'……按今一穴大木，木傍荫人，即其井处为神农社，年常祠之'。《荆州图》云，'东有石穴，高三十丈，长二百丈，谓之神农穴，神农生此'。"晋代著名历史学家习凿齿说："神农生于黔中。"（见其晋代《伏滔集所载〈习凿齿论荆楚人物略〉》）

上文已述，"重山"即"崧山"。"水南有重山"，指今张家界市城区澧水南岸之崧山。"水北有九井"，指今张家界城区古人堤九对（18 口）古井。古人堤遗址位于澧水河岸台地上一低洼处，1987 年 4 月至 8 月，湖南省文物考古研究所和湘西土家族苗族自治州文物工作队、大庸市文物管理所联合对古人堤遗址进行了发掘，发掘前为砖瓦场，东侧高出两米的遗址主体部分为蔬菜地。共发掘 5 平方米的探方 5 个，探方方向 32，共出土新石器至汉代文物多种，其中文化遗物非常丰富，简椟（包括九九乘法表和"充长之印"）都出自该探方中，同时发现古井 9 对 18 口。今城区普光寺和旅游学校内尚存阴阳二井，汲一井而二井动。古传敦谊学校和大庸府城亦有连儿井，汲一井而众井动，与上述记载完全一致。这印证习凿齿所说"神农生于黔中的记载是可信的，也可证明炎帝就是一代祝融"。

4. 战神祝融曰蚩尤（又曰蚩庸）

蚩尤是南方早期祝融部族的杰出代表，"诸英""蚩尤""祝尤""祝由""祝和""祝庸""祝诵""赤松""容成""庸成""广（yan）成""鬻（yù）熊""伯庸"皆为"祝融"之名在不同历史时期的同音异记。而古代汉语里还有"蚩庸"一词，用来形容无知平庸貌。如《南齐书·萧遥光传》："萧遥光宗室蚩庸，才行鄙薄，缇裙可望，天路何阶。"笔者以为它跟"颛庸"一样，是典型的名词，实际就是大庸帝国那位了不起的国君"蚩尤"。著名史学家张良皋先生说："'楚'的国号是'蚩尤'之疾呼，作为庸国子族的楚人很可能自称'蚩尤之国'。"

蚩尤时出现了冶铜技术，会制造金属兵器，而且兵器品种也多。蚩尤会用皮革制造铠甲。这些在军事方面都是一个很大的贡献。正因为蚩尤武器精良，先后两年就兼并了二十一个诸侯，更扩大了地盘，增强了实力。

《史记·五帝本纪·正义》引《龙鱼河图》云："黄帝摄政,有蚩尤兄弟八十一人。"这里提到的"蚩尤兄弟八十一人",应理解为八十一个氏族大联合的族团。孔安国曰："九黎君号蚩尤。"《集解》引应劭曰："蚩尤,古天子。"《索隐》案:蚩尤"盖诸侯号也"。由此可知蚩尤是一个族团,可以称为蚩尤族,蚩尤既是族的名称,也是首领的名称。这个族强悍善战,《鹖冠子·世兵》说:"黄帝百战,蚩尤七十二。"《黄帝元女战法》说:黄帝与蚩尤"九战九不胜"。杜佑《通典·乐典》中说:黄帝与蚩尤"三年九战,而城不下,问之五胥,乃设五旗五军具,四面攻之,三日而后得其志"。《史记·五帝本纪》也说:"蚩尤最为暴,莫能伐。""黄帝乃征师诸侯,与蚩尤战于涿鹿之野,遂禽杀蚩尤。"黄帝联合了各路诸侯虽然打败了蚩尤,但是打得很艰苦。能够与黄帝长期对峙的蚩尤,的确是一个威震八方的大族团,也是一代赫赫有名的祝融。

5. 雨师祝融曰赤松(又曰赤制)

《山海经·海内经》云："帝俊生三身,三身生义均,义均是始为巧倕,是始作下民百巧。后稷是播百谷。稷之孙曰叔均,始作牛耕。大比赤阴,是始为国。禹、鲧是始布土,均定九州。"文中"始为国"的"大比赤阴"很可能就是大庸古国的开国之君,而"大比赤阴"会是谁呢? 我认为就是"燧人"或"诸英"。"赤阴""燧人"和"诸英"

赤松大象天然石像

三者实为一人。《说文》:"比,密也。二人为从,反从为比。从《说文》解释来看,这"比"字大有鲜为人知的史学及文化蕴涵。笔者推断,三皇五帝时代的大庸古国可能已经从纯粹的母系社会过渡到一个以母族为主导的"夫妻治国"之"家天下"社会,作为内当家的女首领是当然的一国之主,而作为带领亦猎亦耕、亦兵亦农之"庸人"们保卫国家的男性首领也有了很高的地位,成为女帝们的靠山,甚至代行国家祭祀、外交和军政大事。大庸国很可能就是"大比赤阴国"的苗语全称或汉语简称。而这一时期恰有一大批地位对等的两性首领,如燧人、诸英与庸国;伏羲、女娲与庸国;蚩尤、春姬与庸国;赤松、帝女与庸国;高阳、颛顼与庸国;盘瓠、辛女与庸国;老童、善卷与庸国;尧帝、女皇与庸国;舜帝、二妃与庸国;驩兜、丹朱与庸国;共工、鲧伯与庸国;大禹、涂氏与庸国。

又据《易·系辞》曰："神农斫木为耜,揉木为耒,耒耨之制,以教天下。"又据

《衡湘传闻》曰："帝之匠赤制氏,作来于郴州之来山。"从姓氏和事功来看,这赤制与赤松很可能是一族人,甚至就是同一人。而赤松子很有可能就是大比亲阴国的大巫师,重要的农事军政首领,"赤松""赤阴"一声流转,应该就是一个部落或氏族。赤松子,相传为神农雨师,执掌耕云播雨之事。天门山、武陵源等地,古有张良从赤松子游的传说。今天门山顶尚有赤松峰、赤足大仙、丹灶峰等地名。山下则有赤松村、赤松坪、赤松溪、赤松桥等遗址。袁家界有松子岗,澧水河畔有赤松亭(独子岩附近)。明万历年间,有南岳僧刘瑄专程来天门山寻访过赤松子遗迹。据《续修永定县志》载:"赤松子隐赤松山,有丹灶列天门十六峰之一。"其实,赤松疾呼为"崇",赤松山就是崇山。该《志》云:"张良从赤松子游,天门、青岩(即今武陵源)诸山,多存遗迹"。《直录澧州志》载:"赤松山。与天门山对峙,有岩。相传赤松子隐此,丹灶遗址犹存。上下数里,号赤松村。"清代诗人罗复诗曰:"昔闻张子房,从此赤松游。"《路史》载:"赤松子,炎帝时诸侯,老居襄阳石室。帝尝行弟子之敬。"《列仙传》:"有赤松子与黄帝时啖百草花,不谷食,至尧时犹存,此张良所愿游者。"在屈原的诗篇中,也有"从赤松子游"的句子,说明赤松子的传说古老而又广泛。明清以来,留下许多吟咏赤松子在天门山炼丹的诗文。如明代慈利知县叶守礼之《丹灶峰》七绝:"悬崖峭壁隔尘寰,上有仙人学炼丹。炼得丹成鹤已去,独留丹灶在峰峦。"清嘉庆文人罗振笏《游赤松山》诗曰:"攀藤跻险到高峰,忘却非仙觅赤松;几次欲寻丹灶处,洞门却被白云封。"清代另一文人罗复《赤松山》诗曰:"昔闻张子房,从此赤松游;知足故不辱,知止故不忧;扰扰(攘攘)道旁者,驾言焉所求。"

赤松子又名赤诵子,号左圣南极南岳真人左仙太虚真人,秦汉传说中的上古仙人。相传为神农时雨师。能入火自焚,随风雨而上下。记载其事之典籍,当以《淮南子·齐俗》为最早,继以《列仙传》而详其事。刘安云:"今夫王乔、赤诵子,吹呴呼吸,吐故纳新,遗形去智,抱素反真,以游玄眇,上通云天。"高诱注曰:"赤诵子,上谷人也。病厉入山,寻引轻举。"《列仙传》谓:"赤松子者,神农时雨师也,服水玉以教神农,能入火自烧。往往至昆仑山上,常止西王母石室中,随风雨上下。炎帝少女追之,亦得仙俱去。至高辛时复为雨师,今之雨师本是焉。"赤松子曾服用水玉这种药物祛病延年,并把这种方法教给神农氏。炎帝的小女儿追随他学习道法,也成了神仙中人,与他一起隐遁出世。到了高辛氏统治时,他又出来仍当雨师布雨,现在天上管布雨的神仙仍是赤松子。

在中原传说中赤松子只是一个仙人,行踪不定,居无定所。实际仙人就是先人,也是贤人,还可称闲人。他是本境土生土长的一位创世祖先,与南方火神、赤帝祝融就是一个人。他诞生于崇山,定居于大坪。祝融年轻时发明用火,以火施化,让先民告别茹毛饮血的野人生活,被族人立为酋长,被酋邦推为赤帝,被后人尊为火神,可谓真正的贤人。年老后,他将帝位传给炎帝,退居故乡大坪闲居养老,故又可称"闲人",故大坪原称赤松坪。他晚年致力于研究养生保健之术,常在天门山(古称崧梁山,又称云梦山、壶(瓠)头山采药炼丹,并练习腹式呼吸法,推研出一套集药膳、气功于一体的长寿修炼法,连接班人炎帝也经常向他请教。加之他精于天文地理、擅长气象观察和天气预报,又被炎帝聘为顾问,拜为雨师。由于他退而不休、老而有为、健而长寿,人们又称他为仙人、仙师,故今天门山顶有赤松峰、丹灶峰,山下有仙人溪、赤松岗,邻近有仙人桥、赤松树。又因为他的子孙和传人亦多有自称赤松子者,随着时光流迁,便被误认为他是长生不老的"真人"、真仙。但人类父子相传,子又传子,孙又传孙,子子孙孙,以至久远。故人虽然会老,但人类却永远不会老。故长久的"久"实际就是一上一下两个人字的连写,表示一代一代传下去。

6. 水神祝融曰共工(又曰庸回)

庸回实际就是共工。《路史·共工传》说:"共工氏,羲氏之代侯者也,是曰康回(即庸回),髦身朱发。"这里也把共工作为诸侯看待。注引王逸说:"康回,亦即庸回,共工氏之名也。"

《左传·昭公十七年》载:"秋,郯子来朝,公与之宴。昭子问焉,曰:'少皞氏鸟名官,何故也?'郯子曰:'吾祖也,我知之。昔者黄帝以云纪,故为云师而云名。炎帝以火纪,故为火师而火名。共工氏以水纪,故为水师而水名。大皞(太昊)氏以龙纪,故为龙师而龙名。我高祖少皞(蚩尤)挚之立也,凤鸟适至,故纪于鸟,为鸟师而鸟名。"郯子把共工与黄帝、炎帝、太皞、少皞相提并论,说明共工曾是资格很老的古帝,而且有可能就是大庸古国的一代先帝。据今张家界市永定区沅古坪镇《龚氏族谱序》载:"龚氏得姓出共工氏,子为句龙,十九代孙'锦'为祖辩冤,触犯皇纲,流放苍源(江西)五年,遣返武陵,携佤裙(佤族姑娘)为室(妻室),繁衍子孙,而典立共工武陵堂。"可见共工原籍为古大庸武陵地区,进一步证明共工极有可能是大庸古国的一代先帝。而共工实际又是鲧,即大禹之父的母系族姓。鲧与共工是同名异记,鲧在上古音中属于见母文部,共属见母,工属东部,两者是非常接近的。急读则为鲧,缓读则为共工。两者的读音差异主要是地域差异引起的。这虽然是一个新观点,但我自信也并不牵强。因为并不仅仅是由于"鲧"与"共工"在读音上相近,更是由于他们两人的事迹惊人的一致。

(1)共工和鲧犯的是同样的错误,共工同样用堙堵洪水的方法使天下受害。

《国语·周语下》记载："昔共工……虞于湛乐,淫失其身,欲壅防百川,堕高堙庳,以害天下。皇天弗福,庶民弗助,祸乱并兴,共工用灭。其在有虞,有崇伯鲧,播其淫心,称遂共工之过,尧用殛之于羽山。其后伯禹念前之非度,厘改制量,象物天地,比类百则,仪之于民,而度之于群生,共之从孙四岳佐之,高高下下,疏川导滞,钟水丰物,封崇九山,决汨九川……合通四海……皇天嘉之,祚以天下。"《淮南子·本经》篇云:"舜之时,共工振滔洪水,以薄空桑。龙门未开,吕梁未发,江淮遍流,四海溟涬。民皆上邱陵,赴树木。"《淮南子·天文篇》记载:"昔共工与颛顼争为帝,怒而触不周之山,天柱折,地维绝。天倾西北,故日月星辰移焉;地不满东南,故水潦尘埃归焉。"

(2)他们都与祝融发生过战争。《山海经·海内经》说:"帝令祝融杀鲧于羽郊。"《史记会注考证》引司马贞《补〈史记·三皇本纪〉》云:"诸侯有共工氏,任智刑以强,霸而不王。以水乘木,乃与祝融战,不胜而怒,乃头触不周山,天柱折,地维缺。"当然,文献中记载的更多的是共工与颛顼的争斗,如《淮南子·天文篇》云:"昔共工与颛顼争为帝,怒而触不周之山,天柱折,地维绝。"《兵略篇》又云:"共工为水害,故颛顼诛之。"《史记·律书》亦云:"颛顼有共工之阵以平水害。"但这与和祝融战并不矛盾,因为祝融本是颛顼之后。《左传》昭公二十九年说:"颛顼氏有子曰犁,为祝融。"《山海经·大荒西经》说:"颛顼生老童,老童生祝融。"从上述记录中可以看出,共工与颛顼之间的斗争实际就是共工与祝融之间的斗争,颛顼斗共工是由祝融来执行的。

(3)他们的结局相同。鲧化为黄熊入于羽渊已是为各种文献所记载的:《国语·晋语八》:"昔者鲧违帝命,殛之于羽山,化为黄熊以入于羽渊。"《左传》昭公七年也云:"昔尧殛鲧于羽山,其神化为黄熊以入于羽渊。"而共工也有入渊之传说:《淮南子·原道》篇载:"昔共工之力触不周之山,使地东南倾,与高辛争为帝,遂潜于渊,宗族残灭,继嗣绝祀。"

(4)两人都有一个平治九州的儿子。禹是鲧的儿子是大家所熟知的,《国语·鲁语》"共工氏之霸九有也,其子曰后土,能平九土。"这里的九有、九土都是九州的意思。虽然名字与大禹不一样,但其事迹是一模一样的。我们不能想象在同一时代有两个人都平治了九州。显然,他俩实际上是一个人。综上所述,共工与鲧的事迹实际上只是同一史实的分化。

《补史记·三皇本纪》说:女娲氏"当其末年也,诸侯有共工氏,任智刑以强,霸而不王。以水乘木,乃与祝融战,不胜而怒,乃头触不周山,崩,天柱折,地维缺。女娲乃炼五色石以补天,断鳌足以立四极,聚芦灰以止滔水,以济冀州。于是地平天成不改旧物。"

《山海经·海内经》:"炎帝之妻,赤水之子听訞,生炎居,炎居生节并,节并生戏器,戏器生祝融,祝融降处于江水,生共工。共工生术器,术器首方颠,是复土壤,以处江水。"这一段话把共工定在炎帝玄孙位置上。

前边谈到共工死了,或共工被灭了,或者说逃跑了,可是炎帝的后裔祝融在江水又生共工,到底是怎么一回事?著名学者许顺湛分析说:"其实祝融也是伏牺、女娲时代的族团,曾经战败过共工,后来祝融族团衰败了,炎帝族团把祝融又扶持起来,祝融族团在江水兴盛起来之后,发现共工族团的首领被杀后一直有空缺,祝融协助共工族团确立了首领,其共工族团又振兴起来。这应该是祝融生共工的真相。"说得太好了!历史真相很可能就是如此,而且这个新扶持起来的首领很可能就是大禹的母亲鲧(鲧腹生禹),即新一代共工,实际也是新一代祝融。

7. 黄帝司马曰庸光(又曰庸成)

《帝王世纪》云,黄帝"立四辅、三公、六卿、三少、二十四宫,凡百二十官,有秩以之共理,而视四民。命知命纠俗、天老录教、力牧准斥、鵹冶决法、五圣道级、规纪补阙、地典州络,七辅得而天下治,神明至"。"申命封胡以为丞,'鬼庚区'为相,力牧为将,而周昌辅之。太山稽为司徒,庸光为司马,恒先为司空"。黄帝有位老师叫庸成子,又称容成子,与引文中这位司马"庸光"很可能是一个人,任老师为司马,或以司马官兼任老师是极有可能的。

《封禅书》曰:"黄帝采首山铜铸鼎於荆山下。鼎既成,有龙垂胡髯下迎黄帝,黄帝上骑龙,群臣后宫从上者七十馀人,馀小臣不得上,乃悉持龙髯,龙髯拔堕,堕帝之弓,百姓仰望。帝既上,乃抱其弓与龙髯而号。故后世名其处曰鼎湖,其弓曰乌号。"湖湘民间盛传黄帝命人到首山采来青铜,在洞庭山南麓铸起鼎来,铸了九九八十一天方成。又传,今常德市鼎城即由此而得名。鼎城之名,由来甚古。《衡湘稽古》曾谓黄帝轩辕氏采首山之铜,铸鼎于洞庭之野,今鼎港是也,后因此名郡,并为嘉庆《常德府志》引为论据。而岳阳君山有黄帝铸鼎台。又传,龙阳有神鼎山,以神鼎出于水而名,后取名鼎州。故《水经注》谓沅水下有一支流澹水,又作渐水,即《禹贡》九江之一,因传说神鼎出于其入沅之处,故名鼎口、鼎江口,澹水又称鼎江、鼎水。

这些地名向我们透露,象征黄帝霸权的神鼎都在我湖湘铸造,那么黄帝之都也可能在湖湘某处,作为黄帝重臣的祝融族重要首领庸光,很可能是黄帝最倚重的大臣,作为祝融故乡的崇山,则很可能一度为黄帝之都。

8. 开国祝融曰颛顼（又曰颛庸）

据明高尚志《澧纪·卷之十七·澧中神仙》载："渌图国：在湘澧之间，与大隶赤民（与前述'大比赤阴'很是相似）、柏夷父大亮、俱葆和蕴真、颛顼往从，以浚其明而益其圣。于是作战戒盈之器，著复礼之铭，注新历而作承云，理阴阳而镇方岳，盖五人为之范云。——出应城陈士元《荒史》。"又《湖南掌故备考》载："高远先生，尧时人，与何侯同理闰。因共炼丹药，亦得道去（澧水）。"

从《澧纪》和《湖南掌故备考》对渌图国与高远先生的描述来看，他们与古帝颛顼为"往从"好友，且"在湘澧之间，注新历，而用承云，理阴阳而镇方岳"，可见颛顼治国的核心地带在"湘澧之间"的"洞庭之野"，这与《庄子》所言"帝张咸池之乐于洞庭之野"的记载是完全一致的。

现代汉语有"颛庸"一词，形容愚蒙平庸。如宋苏舜钦《荐王景仁启》："某资虽颛庸，心辄喜善，敢缘世契，上布公言。"但最初的"颛庸"却可能是一个典型的名词，就像"蚩庸"为一代庸帝一样，很可能就是大庸帝国的一代霸主"颛顼"。

《淮南子·时则训》："南方之极，自北户孙之外，贯颛顼之国，南至委火炎风之野。赤帝、祝融之所司者万二千里。"文中"北户孙"，袁珂先生注为"传说中南方国名"。引文中的"北户"指住房大门一律对着北方。实际上即使到了今天，住在天门山下的居民，其住宅大门也必须向北方面对澧水而开着，不然就成了冷水洗背的不利居向。可见《山海经》中的"颛顼国"很可能就是崇山、天门山下的大庸国，即颛庸国。

据古籍记载，颛顼娶滕贲氏（腾隍氏）之女女禄，产称（又名偁、伯称、伯偁、伯服。孺帝，后创建颛顼国）。《山海经·大荒东经》："颛顼有子为服，服至东海外，自立颛顼国。"颛顼的孙子黎，任颛顼的大臣，系炎帝的后代，火正祝融荐死后，担任了火正祝融。后黎的弟弟回为火正，黎为北正，司地以属民。

《尚书.尧典》记载，羲和浴日的汤谷（旸谷）在一个叫作嵎夷的地方。"乃命羲和，钦若昊天，历象日月星辰，敬授人时。分命羲仲，宅嵎夷，曰旸谷"。《山海经·大荒南经》写道："又有蒲山，澧水出焉……东南海之外，甘水之间，有羲和之国。"羲和之国为观天制历之国，与颛顼国同处澧水流域，应该有莫大关系。也许就是一个国家的两种不同的称谓。

古籍中，仅《山海经·大荒西经》就有七次提到颛顼的名字：

①有国，名曰淑士，颛顼之子。②有芒山，有桂山，有瑶山。其上有人，号曰太子长琴。颛顼生老童，老童生祝融，祝融生太子长琴，是处瑶山始作乐风。③颛顼生老童，老童生重及黎。帝令重献上天，令黎邛下地，下地是生噎，处于西极，以行日月星辰之行次。④有池名孟翼之攻颛顼之池。⑤大荒之中有山，名曰大荒之山，日月所人。有人焉，三面，是颛顼之子，三面一臂。三面之人不死，是谓大荒之野。⑥有互（氏）人之国，炎帝之孙名曰灵恝，灵恝生互（氏）人，是能上下于天。有鱼偏枯，名曰鱼妇，颛顼死即复苏。⑦风道北来，天乃大水泉，蛇乃化为鱼，是为鱼妇，颛顼死即复苏。又，《山海经·海内北经》曰："湘水出舜葬东南陬，西环之。入洞庭下。一曰东南西泽。汉水出鲋鱼之山，帝颛顼葬于阳，九嫔葬阴，西蛇卫之。"又，《山海经·大荒南经》曰："……颛顼之子，食黍。有羽民之国，其民皆生羽。"

上述史料表明颛顼国就在洞庭湖西岸的崇山天门一带。如"南方之极""委火炎风""南方国名""东海"将方位锁定在南方洞庭湖境内；"回为火正""黎为北正""羲和""汤谷""湘水""甘水""成山""羽民之国"将具体地点锁定在古庸都周围；"颛顼""伯称""羲和""重黎"将国之君臣锁定在南方崇伯、重黎、羲和等人名下。前文已经论证南方东海指古庸国东边的洞庭湖，甘水即古庸城天门山下的甘溪，羲和指今阳和坪，汤谷指温塘、汤鸡峪等地，火正即南正，它与北正、官黎等地名均在今张家界市城区。可见这颛顼国就是驩兜国、古庸国的前身，即祖国和母国。《祭法正义》引《春秋命历序》云："颛顼，则高阳氏。传二十世，三百五十岁。"王大有先生著《三皇五帝时代》一书说颛顼称帝前已有300多年，称帝后传16世。张良皋先生《巴史别观》一书说："高阳、高辛二氏都以'高'名其族。在甲骨文中高字的形象是吊脚楼。正是吊脚楼这种居住形式，帮助高阳、高辛二氏入主中原、开发中原，所以开发中原的首功还归于巴人（实即庸人）。"

第二节　复兴祝融

1. 火正祝融曰重黎

祝融氏族在炎帝时代晚期一度衰落，但到了黄帝时代，因其精通天文历法，又得到黄帝重用，一步步走向复兴之路。

《管子·五行》说："黄帝得六相而天地治，神明至。蚩尤明乎天道，故使为当时;大常察乎地利,故使为廪者;奢龙辨乎东方,故使为土师;祝融辨乎南方,故使为司徒;大封辨于西方,故使为司马;后土辨乎北方,故使为李。"其中祝融便是黄帝六相之一,负责管理农业生产。

《史记·楚世家》说:"楚之先祖出自帝颛顼高阳。高阳者,黄帝之孙,昌意之子也。高阳生称,称生卷章,卷章生重黎。重黎为帝喾高辛居火正,甚有功,能光融天下,帝喾命曰祝融。共工氏作乱,帝喾使重黎诛之而不尽。帝乃以庚寅日诛重黎,而以其弟回为重黎后,复居火正为祝融。"《集解》引徐广曰:"《世本》云老童生重黎及回。"《山海经·大荒西经》:"有人名吴回,奇左,是无右臂,亦为火正也。"

《左传》昭公二十九年晋国史官蔡墨谈到"社稷五祀"时说:"故有五行之官,是谓五官。实列受氏姓,封为上公,祀为贵神,社稷五祀,是尊是奉。木正句芒,火正祝融,金正蓐收,水正玄冥,土正后土。"《帝王世纪辑存》说帝喾:"都亳,以人事纪官,故以句芒为木正,祝融为火正,蓐收为金正,玄冥为水正,后土为土正,是五行之官分职而治诸侯"。

2. 盘瓠祝融曰陆终

陆终族擅长音乐,盘瓠族亦擅长音乐。

吴、瓠同音,盘、回同义。盘者,回也,盘回往复之意。盘,象形动词,盘回,盘曲,盘绕。回,曲折,环绕,旋转。祝融族即伏羲族。著名学者许顺湛在《五帝时代研究》一书中指出:"祝融氏也可以称为'伏羲氏'之号。祝融氏可归入伏羲氏族属系统。"盘者,伏也。瓠、伏同音。其实盘瓠族的老祖宗就是伏羲。伏,从人,从犬。"伏"就是牧犬之人,发展成以狗为图腾的民族。盘瓠就是伏羲的同义变音,同音异记。故祝融也好,伏羲也好,盘瓠也好,其实都是住在崇山南北古庸国的先祖。

《搜神记》曰:"高辛时戎吴强盛,数侵边境。乃募天下有能

得戎将军首者,赐金千镒,封邑万户,又赐以少女。"

《史记·楚世家》中记载:"……重黎为帝,尝高辛居火正,甚有功,能光融天下,帝喾命曰祝融。共工氏作乱,帝尝使重黎诛之而不尽。帝乃以庚寅日诛重黎,而以其弟,吴回为重黎后,复居火正,为祝融。吴回生陆终。"

盘瓠是狗图腾族人,受高辛鼓动杀了犬戎部落吴将军,等于是杀了自己的亲族,受封为犬封国王;陆终之父吴回,因高辛帝杀了陆终的伯父重黎而被封为火正官祝融。笔者认为这两件事很可能发生在同一家族内。

盘瓠妻曰辛女,即女辛,陆终妻曰女隤,女辛、女隤同音异字而已。盘瓠生六子,陆终也生六子。辛女怀孕三年而生六子,女隤亦怀孕三年而生六子(详见拙文《从祝融到盘瓠的嬗变》)。故盘瓠也是一代祝融。

3. 丹朱祝融曰驩兜

丹朱乃尧帝之子。《孝经援神契》曰:"尧鸟庭,荷胜,八眉(《太平御览》注:尧,火精人也。鸟庭,庭有鸟骨。表取像朱鸟与太微庭也。朱鸟戴胜,荷胜似之。八眉,眉彩色有八毛)。"可见尧帝之子曰丹朱,反映子从父姓自尧帝时就已兴起,距离禹夏父系社会已经不远了。但仍没有摆脱母系社会的传统影响,故丹朱又从祖母庆都叫驩兜(都)。可见驩兜与丹朱实际就是一个人。对这一结论已有许多学者注意并论述到,只是没有说穿说透而已。

据《春秋合诚图》载:"尧母庆都有名於世,盖天帝之女,生於斗维之野,常在三河之南。天火雷电,有血流润大石之中,生庆都,长大形像天帝,常有黄云覆盖之。梦食不饥。及年二十,寄伊长孺家,出观三河之首,常若有神随之者。(三河之首,东河北端。)有赤龙负图出,庆都读之,赤受天运,(运,录运也。)下有图,人衣赤光,面八彩,须鬓长七尺二寸,兑上丰下,足履翼翼。署曰赤帝起,诚天下宝。(衣赤光,光像而又着衣也。八彩,彩色有八也。翼,翼星,大位宿也。图人傍有此署文七十也。)奄然阴风雨,赤龙与庆都合婚,有娠,龙消不见。(龙乘风云故先,阴风乃龙至也。婚犹会合,或为结也。)既乳,视尧如图表。及尧有知,庆都以图予尧。"

又据《山海经·海外南经》云:"驩头国在其南,一曰在毕方东二或曰驩朱国。"又,《大荒南经》曰:"大荒之中,有人名曰驩头。鲧妻士敬,士敬子曰琰融,生驩头。头人面鸟喙,有翼,食海中鱼,杖翼而行。维宜芑苣穋是食。有驩头之国。"

故著名史学家何光岳引童书业《丹朱与驩兜》一文说:"丹朱,驩兜音近,鹐𠬝兜《古文尚书》作鹐𠬝,鹐字从鸟,丹声,𠬝或作咮,或作鴭,从口,朱声;皆可为丹朱,可读为驩兜之证。"

孙注《史记》:"𠬝,即驩兜字。"古文《尚书》亦作驩兜为鹐𠬝。据此,驩头乃以食鱼的水鸟鹳为图腾。因兽图腾转变为鸟图腾，是因为他们东迁到山东后，和东夷族中的鸟夷接触通婚而受其文化习俗的影响，亦采用鸟夷以鸟为图腾的通例，选择了一种鸟作为自己的图腾，这种鸟便以自己的名字来命名。

朱芳圃概括说："按丹朱即驩兜，驩，其证有四：朱既驩兜，谨头之简称，《山海经·海外南经》言：'谨头国或曰懽朱国。头，兜与朱音近，通用。其证一也。丹朱被放居丹渊，驩兜亦放于崇山，其证二也。谨头即鹲鸺，朱亦即鸺，其证三也。《国语·周语上》："有神降于莘，惠王问内史过，内史过以为丹朱之神，请使太宰帅狸姓，奉牺牲粢盛往焉。"韦昭注："狸姓，丹朱之后也。"又《山海经·大荒北经》言："谨头生苗民，厘姓。狸与厘同音通假，其证四也。"指出了鹲朱即丹朱之鹲，又同为狸姓，姓名皆同，应为一人。笔者认为，所谓厘姓，实即澧姓，厘、狸、澧同音，且与"舜放驩兜于崇山"的地望一致，崇山在澧水流域，故为澧姓，亦即厘姓。

《诂经精舍经学文钞》载毛宗澄说："按谨头国古作灌朱国。又《周礼【革是】【革娄】氏》注："四夷之乐，西方曰朱离"，亦作"兜离"，是兜、朱二字可通用；而《尚书古文考》驩又作鹏殳。鹏字从丹，而兜朱又可通用；朱与絑又音义近，或者丹絑其即驩兜乎？……或者南蛮之君，其名为絑者乎？把丹朱当成驩兜了。

袁珂认为"驩头国或鹲朱国，实则当是丹朱国。《山海经·南次二经》云："柜山有鸟焉，其状如鸱而人手，其音如痹，其名曰鹲，其名自号也，见则其县多放士。"即是丹朱神话之异闻。吴任臣云：陶潜《读山海经》诗："鹏鹅见城邑，其国有放士。或云鹲鹅当为鹏鹲。为鹏鹲正是也。丹者，赤也；朱者，鹲也。丹朱即丹鹲，火鸟也。火鸟即火神、太阳神，故驩兜氏丹朱也是一代祝融。"据前文推知，驩兜嫁到颛顼国应是高阳女婿（详见拙文《舜帝从俗嫁驩兜》），当然也是祝融族的人了。看来大禹是取代驩兜当了崇山古庸王朝最高统治者。并由此奠基，开疆拓土，完成了划定九州，一统天下的帝业。

4. 受禅祝融曰大禹

据长江文艺出版社 2004 年 4 月第一版《黑暗传》163 页载："共工本是一帝君，作恶无道失民心，祝融一见怒生嗔，领兵与他来相争。提起祝融一段文，他是天上火德星，治理洪水有功勋。"从引文中不难看出"治理洪水有功勋"的大禹也是一代祝融。根据史籍记载和本土地名来考证，大禹氏祝融的治水治国核心地带就在古大庸崇山、禹溪、洞庭湖地区。

据民间老艺人田贵争先生回忆，在今永定区白龙泉地段（张家界国际大酒店附近），有一座很有名的寺庙叫白马寺，里面供奉着一座高大古老的石碑，叫"禹王碑"。

又，《大庸县地名录·协和公社概况》89 页载："插旗峪大队（有）禹王庙。"

又,清道光版《永定县志·金石志》(249页)载:"周宣之鼓,神禹之碑,历久长新者也。然其质古,并有镶刻,皆博物所毕具也,宜与邑乘并传不朽。"更具历史纪念意义的是今永定区仍有一行政区划叫禹溪乡,一自然溪流叫禹溪,一自然山体叫羽山,又叫禹山、凤羽山、奉禹山。

《竹书纪年》:"当尧之时,舜举之禹,观于河,有长人白面鱼身出曰:'吾河精也。'呼禹曰:'文命治。'言讫授禹《河图》。言治水之事。乃退入渊。""祝融之神降于崇山,乃受舜禅,即天子之位。"《尸子》卷下:"禹理洪水,观于河,见白面长人,鱼身,出曰:'吾河精也'授禹河图而还于渊中。"

《博物志·异闻》:"昔夏禹观河,见长人鱼身出,曰'吾河精',岂河伯也。"

《水经注·河水》:"洮水又东,迳临洮县故城北。禹治洪水,西至洮水之上,见长人,受黑玉书于斯水上。"

《抱朴子》:"禹乘二龙,郭支为驭。"《山海经·海外南经》说:"南方祝融,兽身人面,乘两龙。"《玉函山房辑佚书》辑《礼纬含文嘉》:"禹卑宫室,尽力平沟洫,百谷用成,神龙至,灵龟服,玉女敬养,天赐妾。"《述异记》卷下:"今药中有禹余粮者,世传昔禹治水,弃其所余粮于江中,生为药也。"《太平御览》七十七卷引《郡国志》:"越州百涂山有石船一丈,禹所乘者。"

《白虎通·圣人》:"禹耳三漏,是谓大通,兴利除害,决河疏江。"《山海经广注》辑《山海经佚文》:"禹治水,有应龙以尾画地,即水泉流通。禹因而治之。"《拾遗记》卷二:"禹尽力沟洫,导川夷岳,黄龙曳尾于前,玄龟负青泥于后。玄龟,河精之使者也。"《淮南子·汜论训》:"禹劳天下,死而为社。"不少地方还营建有禹王庙。如张家界市武陵源区协和乡禹王庙等,永定区还有古来就以大禹之名命名的神水"禹溪"。这些史料一致界定大禹为神,与祝融一样是乘着两条龙的神,是新一代祝融,只是一下由火神变为水神了。

据《史记·夏本纪》说:"夏禹,名曰文命。禹之父曰鲧,鲧之父曰帝颛顼,颛顼之父曰昌意,昌意之父曰黄帝。禹者,黄帝之玄孙而帝颛顼之孙也。禹之曾大父昌意及父鲧皆不得在帝位,力人臣。"又据《世本·帝系篇》载:"颛顼生鲧,鲧生高密,是为禹。"说明大禹是开国祝融高阳之孙,当然也是一代祝融。

《国语·周语下》:"有崇伯鲧。"韦昭注:"鲧,禹父。崇,鲧国;伯,爵也。"很显然,大禹出生、成长、受禅登位于崇山鲧国。故《国语·周语上》曰:"夏之兴也,融降于崇山。"故《杜夷幽求》曰:"以舜禹之登庸,不似跛鳖之与晨骥乎?"故《符子》曰:"舜禅夏禹於洞庭之野。"故《竹书纪年》曰:"当尧之时,舜举之禹,祝融之神降于崇山,乃受舜禅,即天子之位。"

据北京大学文博学院博士生导师宋镇豪教授考证,夏商时期人口总数:夏初约为 240 万~270 万人,商初为 400 万~450 万人,至晚商大致增至 780 万人左右。《竹书纪年》称夏代"用岁四百七十一年",又称商代"用岁四百九十六年。"我们暂且按 950 年的夏商总积年数,依据人口学复制公式,平均年增长率,计算得夏商时期人口平均年增长率仅为 0.10%~0.12%,可见这一历史时期的人口增长速度是比较缓慢的。即就封建社会中,人口年平均增长率才约为 0.1%,与夏商人口增长情况几乎相同,这是值得注意的现象。

从夏禹国人口总数来看,最初的国土核心不在河南,而在湖南,其国都很可能就在今张家界市。《管子》曰:"昔者七十九代之君,法制不一,号令不同,然俱王天下者,何也? 必国富而粟多也。夫富国多粟生於农,故先王贵之。"

5. 蜀祖祝融曰烛龙(直目蚕丛)

四川三星堆出土了不少与蚕丛氏相貌一致的器物,如人像面具中的纵目式面具和椎髻左衽服饰等,这是不是蚕丛部族留下的生活遗迹呢?

据《山海经》之《海外北经》与《大荒北经》载曰:"钟山之神,名曰烛阴,视为昼,瞑为夜,吹为冬,呼为夏。不饮,不食,不息,息为风。身长千里,在无启之东。其为物。人面蛇身赤色,居钟山下。西北海外,赤水之北,有章尾山。有神人面蛇身而赤,直目正乘。其瞑乃晦,其视乃明。不食,不寝,不息,风雨是谒。是烛九阴,是谓烛龙。"

纵目祝融

烛九阴是一种龙,古时候叫作烛龙,又叫烛阴。它是中国古代神话中的神兽,人面龙身,口中衔烛。传说舜帝时代常狩猎烛龙,将其炼油制成蜡烛用以取光,几千年前就灭绝了。据说它身体通红,长达千里,居住在钟山,在山上俯瞰世间。烛龙的眼睛是上下排列的,下面的一只是本眼,上面的一只叫作阴眼。传说千年的烛九阴阴眼连着地狱,给他看一眼就会给恶鬼附身,久之就会变成人头蛇身的怪物,西方的传说经常有这样的怪物。它的两只眼睛,一只代表太阳,一只代表月亮。它威力极大,睁眼时普天光明,即是白天;闭眼时天昏地暗,即是黑夜。但是如果它同时睁开两只眼睛,大地就会被酷热烤焦。烛阴不食不息,口中衔烛,放出的神光照耀整个大地。古人认为烛阴的吹气会导致大风,因此认为冬天就是它在用力吹气,而夏天则是它轻微的吐气。这个神的形象明显来自古代对气象的自然崇拜。而今文化史家认为,烛龙为北方龙图腾族的神话,其本来面目应是男根,由男性生殖器蜕变而来,其产生晚于女阴崇拜时代。

在中国的古书中,有多处关于"烛龙"的神话,它的记载如下:

(一)《楚辞·天问》:"西北辟启,何气通焉? 日安不到? 烛龙何照?"王逸《楚辞章句》注:"言天之西北有幽冥无日之国,有龙衔烛而照之也。"

(二)《楚辞·大招》:"魂乎无北,北有寒山,逴龙赩只,代水不可涉,深不可测只,天白颢颢,寒凝凝只,魂乎无往,盈北极只。"洪兴祖《楚辞补注》云:"逴音卓,远也。《山海经》中云:西北海之外有章尾山,有神身长千里,人面蛇身而赤,是烛九阴,是谓烛龙,疑此逴龙即烛龙也。赩,许力切,大赤也。"

(三)《山海经·大荒北经》:"西北海之外,赤水之北,有章尾山。有神,人面蛇身而赤,直目正乘,其瞑乃晦,其视乃明,不食、不寝、不息,风雨是谒,是烛九阴,是谓烛龙。"

(四)《淮南子·地形》:"烛龙在雁门北,蔽于委羽之山,不见日,其神,人面龙身而无足。"高诱《淮南子注》云:"蔽,至也。委羽,北方山名也。一曰龙衔烛以照太阴,盖长千里,视为昼,瞑为夜,吹为冬,呼为夏。"

(五)《诗纬·含神雾》:"天不足西北,无有阴阳消息,故有龙衔火精(火字原脱,据李善注〈雪赋〉引补),以往照天门中。"(《山海经·大荒北经》郭璞注引)

(六)《括地图》(《太平御览》卷九引):"锺山之神名烛龙,视为昼,眠为夜,吹为冬,嘘为夏,息为风。"

(七)《玄中记》(《太平御览》卷三十八引,又见《古小说钩沈》):

"北方有锺山焉,山上有石首如人首,左目为日,右目为月,开左目为昼,开右目为夜,开口为春夏,闭口为秋冬。"

(八)《洞冥记》卷三(《增订汉魏丛书》四):"天汉二年,帝升苍龙阁,思仙术,召诸方士言,远国遐方之士。唯东方朔下席操笔跪而进,帝曰:"大夫为朕言乎!"朔曰:"臣游北极,至种火之山,日月所不照,有青龙衔烛火,以照山之四极。"

烛阴之神异,在于烛龙之呼吸开闭关乎天气晦明、时节风雨,可谓神奇。然而,一旦明白了烛阴就是苍龙,为古人据以观象授时之星象,则烛阴的诸般神奇也就不难理解了。《大荒北经》所谓"其瞑乃晦,其视乃明,不食不寝不息,风雨是谒",《海外北经》所谓其"视为昼,瞑为夜,吹为冬,呼为夏,不饮,不食,不息,息为风",正体现了龙星纪时代的先民对于一年四时的风雨晦明等气象现象与龙星运行之间关系的认识。

此龙既非活物,故"不食不寝不息",自然也无目不能视,无口不能呼吸,盖经文"视"通"示",朱骏声《说文通定声·履部》云:"视,假借为示《汉书》多以视为示,古通用字。"《尚书·洛诰》:"公既定宅,伻来,来,视予卜,休恒吉。"《诗尽·小雅·鹿鸣》:"视民不恌,君子是则是效。"郑玄笺云:"视,古示字也。"烛龙之"视",指龙星昭回于天,皎皎可见。《周易·乾卦》所谓"见龙在田""飞龙在天"是也。反之,烛龙之"瞑"则指龙星潜隐不见,《周易·乾卦》所谓"潜龙勿用"也。烛龙"瞑乃晦""视乃明",古人观察龙星,非为别昼夜朝夕,而为别岁序早晚,"晦""明"既可特指一日之昼夜,亦可泛指天气之晦明。因龙星潜隐之时正值昼短夜长、万物冥藏的冬天,而龙星高悬之时则值阳光盛长、万物发明的夏天,故"其瞑乃晦,其视乃明",或谓依据龙星的伏见而别寒暑晦明之时节。

当我们纵观历来对烛阴的解释,关于烛龙之原型,大致有如下说法:

其一,烛阴即太阳说。此说最古,上引《易纬乾坤凿度》即开其先河。清人俞正燮发明其说,其《癸巳存稿·烛龙》条备引古书烛龙之文,认为"烛龙即日之名",并称烛龙之说出自盖天说宇宙观。

其二,烛阴即火烛说。姜亮夫《楚辞通故·烛龙》所据材料全抄自俞氏,但其说却大相径庭,他认为"烛龙"即"祝融"之音转,烛龙传说即"祝融传说之分化",又谓:"古人束草木为烛,修然而长,以光为热,远谢日力,而形则有似于龙。龙者,古之神物,名曰神,曰烛龙。"

其三,烛阴为开辟神。袁珂《山海经校注》把烛龙与开天辟地的盘古等同起来,并说:"说者谓此神当即是原始的开辟神,征于任昉《述异记》:'先儒说:盘古氏泣为江河,气为风,声为雷,目瞳为电。古说:盘古氏喜为晴,怒为阴。'《广博物志卷九引《五运历年纪》:'盘古之君,龙首蛇身,嘘为风雨,吹为雷电,开目为昼,闭目为夜。'信然。盘古盖后来传说之开辟神也。"

当然,以上诸说各执一词,各有道理,可作参考,不可全信,也不可一概否定,应科学甄别,去伪存真,择需而用。

第一,烛龙"视为昼,瞑为夜"(《海外北经》),有似于日,然《天问》谓:"日安不到,烛龙何照?"《淮南子·地形训》谓:"烛阴在雁门北,蔽于委羽之山,不见日。"《诗含神雾》云:"天不足西北,无有阴阳消息,故有龙衔火精以照天门中。"

第二,"烛龙"与"祝融"声韵相近,"烛龙"之名缘于"束草木为烛"之形,很可能指民间"火把龙""板凳龙"之类。

第三,盘古为开辟神,《艺文类聚》卷一引《三五历纪》云:"天地浑沌如鸡子,盘古生其中。万八千岁,开天辟地,阳清为天,阴浊为地。盘古生其中,一日九变,神于天,圣于地。天日高一丈,地日厚一丈,盘古日长一丈。如此万八千岁,天数极高,地数极深,盘古极长。"称天地原本浑沌,是由盘古开辟为天和地的。清代马骕的《绎史》卷一引《五运历年纪》云:"元气蒙鸿,萌芽兹始,遂分天地,肇立乾坤,启阴感阳,分布元气,乃孕中和,是为人也。首生盘古,垂死化身,气成风云,声为雷霆,左眼为日,右眼为月,四肢五体,为四极五岳,血液为江河,筋脉为地理,肌肉为田土,发髭为星辰,皮毛为草木,齿骨为金石,精髓为珠玉,汗流为雨泽,身之诸虫,因风所感,化为黎氓。"

本境传说则认为世间万物为盘古死后身体所化。任昉《述异记》云:"昔盘古氏之死也,头为四岳,目为日月,脂膏为江海,毛发为草木。秦汉间说:盘古氏头为东岳,腹为中岳,左臂为南岳,右臂为北岳,足为西岳。先儒说:盘古氏泣为江河,气为风,声为雷,目瞳为电。古说:盘古氏喜为晴,怒为阴。吴楚间说:盘古氏夫妻,阴阳之始也。今南海有盘古氏墓,亘为三百里,俗云:后人追葬盘古之魂也。桂林有盘古氏庙,今人祝祀。"《三五历纪》和《五运历年纪》的作者徐整为三国人,任昉为南北朝时梁人,此前的先秦及秦汉文献如《楚辞·天问》《淮南子·原道训》等在述及世界创生时,皆未提及盘古,可见盘古创世的神话出现较晚。且据徐整称引"吴楚间说",并云"南海有盘古氏墓""桂林有盘古氏庙",可见盘古神话当是魏晋间由南方民族传入。

广汉三星堆一带建城很早,而且曾经多次发生过部族间的争斗,这其间是否有蚕丛取代其他部族或鱼凫、柏灌取代蚕丛的争斗呢?明曹学佺《蜀中广记》引《仙传拾遗》记载一则故事,就说到当时三星堆一带部族间的争斗情况:"蚕女者,当高辛氏之世,蜀地未立君长,各所统摄,其人聚族而居,遂相浸噬,广汉之墟,有人为邻土掠去已逾年,惟所乘之马犹在。其女思父,语焉:'若得父归,吾将嫁汝。'马遂迎父归。乃父不欲践言,马跄嘶不,父杀之。曝皮于庖中。女行过其侧,马皮蹶然而起,卷女飞去。旬日见皮栖于桑树之上,女化为蚕,食桑叶,吐丝成茧。"

蚕丛何许人也?我认为,他就是"蝅",即"蜀"的化身,是第一个把古庸国桑蚕技术带入四川大盆地的祝融部族首领。他很可能是古庸国第一个入主蜀地为王的庸国精英,是古蜀国的第一代祝融,即古蜀国的开国祝融。他"衣青衣,劝农桑,创石棺",以其伟大的胆略和超群的智慧,在成都平原发展生产和经济,铸就了古蜀国的历史辉煌。唐代大诗人李白在《蜀道难》一文中感慨道:"蚕丛及鱼凫,开国何茫然。"李白之所以感到"茫然",是因为那时三星堆文物还没有出土,古庸国与古蜀国的渊源也可能很少有人研究过(详见后文)。

6. 大彭祝融曰彭祖

据《史记·楚世家》载:"彭祖氏,殷之时尝为侯伯,殷之末世灭彭祖氏。"清人孔广森在注《列子·力命篇》"彭祖之智不出尧舜之上而寿八百"之句时说:"彭祖者,彭姓之祖也。彭姓诸国:大彭、豕韦、诸稽。大彭历事虞夏,于商为伯,武丁之世灭之,故曰彭祖八百岁,谓彭国八百年而亡,非实铢不死也。"所谓彭祖年长八百,实际上是大彭氏国存在的年限。但对于彭祖善于养生的种种传说历代并无异议,可以推想,由于彭祖这个氏族精于养生,族中长寿之人辈出,并以此而名闻于世,于是逐渐产出彭祖享寿八百这类的传说并流于后世。故彭祖这个氏族可以说是上古时代一个有代表性的著名长寿家族。

彭祖在历史上的影响很大。孔子对他推崇备至;庄子、荀子、吕不韦等先秦思想家都有关于彭祖的言论。《庄子·刻意》曾把他作为导引养形之人的代表人物,《楚辞·天问》还说他善于食疗。《史记》等史书也有关于他的记载;道家更把彭祖奉为先驱和奠基人之一,许多道家典籍保存着彭祖养生遗论。晋代医学家葛洪撰写的《神仙传》中还特别为彭祖立传,当时的君王派人向他求道,他只说:"吾遗腹而生,三岁而失母,遭犬戎之乱,流离西域,百有余年。加以少怙,失四十九妻,丧五十四子,数遭忧患,和气折伤,荣卫焦枯,恐不度世。所闻浅薄,不足宣传。"

我认为大彭国最早的发祥地可能在湖南澧县的彭头山。大彭国先祖们作为先进生产力的代表,在澧阳平原的彭头山创造很高文明后,一路开疆拓土。由于年代久远,很多根据地被后人称为彭国祖居地或发祥地。如江苏彭城、四川彭山、重庆彭水、湖北房县等。大彭国在经历八百年风风雨雨之后,于商武丁四十五年被商王朝罗织罪名,趁乱而灭。据《国语·郑语》载:"大彭、豕韦为商所灭矣。"商代晚年,怀着对商王朝的憎恨而参与周武王伐商,为"庸率八师"之一。

7. 楚祖祝融曰鬻熊

鬻熊,姓芈(音 mǐ),名熊,又称为熊蚤、芈蚤。祝融氏的后代,是陆终第六个儿子季连的后裔。鬻熊在古庸祖地崇山北麓设熊馆收授学子,周文王、姜子牙都曾来此拜他为师。直到武王、成王都把他当作老师。成王大量分封异姓诸侯,其时鬻熊已经去世,他的儿子熊丽、孙子熊狂也都已去世。故封他的曾孙熊绎于楚地,子孙都以熊为姓。传有三十一世四十三位君主。鬻熊有《鬻子》一卷。《史记·楚世家》记载:"鬻熊先生辅佐文王,去世早。熊通说:'我的先人鬻熊渊博,是周王的老师,去世早。'"但《鬻子》说九十岁才见文王,之后有武王、成王向他求教封康叔于卫的事,算起他的年龄应该超过一百岁才对。所以前面说到的去世早,指的是未及受封就去世,而不是说不长寿。故楚人以鬻熊为始祖(楚人奉颛顼帝高阳氏为先祖,老童、祝融为远祖,鬻熊为近祖)。

8. 巴祖祝融曰廪君

最早的巴国是由五个氏族部落联合形成一个大型的部落集团,其中巴人以武力和船技上的优势,获得了集团的领导权,巴人首领巴务相(实为巫相)成为该集团的首任领袖,称廪君。

据《世本·氏姓篇》载:"巴郡南郡蛮,本有五姓,未有君长,俱事鬼神。廪君名曰务相,姓巴氏,与樊氏、暺(音沈)氏、相氏、郑氏凡五姓,俱出皆争神。"

又据《后汉书·南蛮西南夷列传》载:"巴郡南郡蛮,本有五姓:巴氏、樊氏、暺氏、相氏、郑氏。皆出于武落钟离山。其山有赤黑二穴。巴氏之子生于赤穴,四姓之子皆生黑穴,未有君长,俱事鬼神。乃共掷剑于石穴,约能中者奉以为君。巴氏子务相乃独中之,众皆叹。又令各乘土船,约能浮者当以为君,馀姓悉沉,惟务相独浮。因共立之,是为廪君。乃乘土船,从夷水至盐阳,盐水有神女谓廪君曰:'此地广大,鱼盐所出,愿留共居'。廪君不许,盐神暮辄来取宿,旦即化为虫,与诸虫群飞,蔽掩日光,天地晦冥,积十馀日。廪君伺其便因射杀之,天乃开明。廪君于是乎君于夷城,四姓皆臣之。"

据著名史学家张良皋先生《识出巴字》一文考证,巴人的"巴"字,就是持节使者的"节(卩、阝、莭、節)"字。那么这位持节使者是谁呢?很可能就是这打败盐水女神的廪君。从庸师伐纣八国中没有巴国来分析,"廪君王巴"很可能是伐纣以后的事。庸国积极响应武王的号召,率领自己亲族七个国家参与牧野之战,立下赫赫战功。周王朝很可能将古庸旧地三峡一带封还给庸国,庸国派自己的嫡亲战将廪君持节北上,收复商朝时失去的疆土。(详见拙文《古庸国的亲族和属国》)

9. 屈祖祝融曰伯庸

屈原《离骚》第一句"帝高阳之苗裔兮,朕皇考曰伯庸",也就是说他的家族是高阳氏颛顼的后代,而他的父亲则是末代"庸伯",即名存实亡、早被子国架空的古庸国祖地的一代守陵人。朕皇考曰伯庸。朕:我,考,父也。伯:通"霸",指称霸一方的领主。比如:西伯姬昌,商之方国西方之领主。庸:融之通假,指祝融。芈楚近祖。屈原远祖为高阳,直系祖先为鬻熊,开姓始祖为屈瑕(即第一代伯庸),生身父亲为伯庸,出生之地在大庸,为官之地在楚都,流放之地在三湘,殉国之地在汨罗。

第三节 神祇祝融

1. 陪祀祝融曰火神

《白虎通·五行》:"时为夏,夏之言大也。位在南方,其色赤,其音微,止也。

阳度极也。其帝炎帝者,太阳也。其神祝融,祝融者,属续,其精为乌,离为鸢。"这里把炎帝比作太阳,把祝融比作太阳中的乌,如离开太阳则为鸢。说明祝融是作为炎帝之佐陪祀于神坛之侧的。

《吕氏春秋·孟夏纪》:"孟夏之月,日在毕,昏翼中,旦婺女中。其日丙丁,其帝炎帝,其神祝融。"高诱注:"祝融,颛顼氏后,老童之子吴回也,为高辛氏火正,死为火官之神。"故火灾又称回禄之灾,回禄应该就是吴回。

炎帝和祝融是南方之神,炎帝为主,祝融为佐。高诱在注里说明了祝融的出身,原为高辛氏的天文官,死后为火官之神。重黎也是一代祝融,高辛居火正。《淮南子·时则训》:"南方之极,自北户孙之外,贯颛顼之国,南至委火炎风之野,赤帝、祝融之所司者万二千里。"高诱注:"赤帝,炎帝。少典之子,号为神农,南方火德之帝也。祝融,颛顼之孙,老童之子,吴回也。一名黎,为高辛氏火正,号为祝融,死为火神也。"炎帝和祝融作为南方之帝、南方之神,管辖的范围是"万二千里"。高诱注里说吴回一名黎,回、黎是一个人,其职务是高辛氏火正,其号为祝融,还说"死为火神"。《山海经·海外南经》:"南方祝融,兽身人面,乘两龙。"郭璞注:"火神也。"

祝融家族人才辈出,尤其在宗教改革和制定历法方面贡献很大。正如《史记·太史公自序》中说的:"唐虞之际,绍重黎之后,使复典之,至于夏商,故重黎氏世序天地。其在周,程伯休甫其后也。周宣王时,失其守而为司马氏。"古代的天文官多是出色的科学家,往往集行政、宗教于一身,宗教是原始礼制的基础,礼制是控制人们言行的法宝。故祝融家族也就逐步被后人神格化而得到民间的信奉。

2. 城隍祝融曰水神

"春秋时代有火灾的国家,必祀城墉。"《左传》昭公十八年:"(子产使郊人)禳火于玄冥、回禄,祈于四墉。"孔颖达疏:"楚之先回为祝融,或云回禄即回也。"如果回禄是吴回,祈于四墉就与祝融有关系。因此,丁山认为四墉就是城墉,祝融即城墉之神:"也即魏晋以来所谓城隍了。从前大都小邑,有市之城必有城隍庙,俗或名为城隍土地。"又说:"祝融之原始神格,为水庸,为城隍;而后世习以为火神者,或以都邑遇了火灾,必祈禳于城墉之故。"丁山认为祝融为城隍之说也为一家之言。

3. 司灶祝融曰灶神

《周礼·明堂月令》:"夏,其日丙丁,其帝炎帝,其神祝融,其祀为灶。"其意是于三夏丙丁日祭火神于灶,把炎帝、祝融都作灶神来祭。《淮南子·氾论篇》:"炎帝于火而死为灶。"《荆楚岁时记》列许慎《五经异义》说:"颛顼有子曰黎,为祝融。

火正祝融为灶神,姓苏,名吉利;妇姓王,名抟。"祝融不仅成了灶神,而且还另有名姓,特别是还娶了王抟做妻子。《癸巳存稿》卷十三引《许慎异义》说:"灶神,古《周礼》说,颛顼有子曰黎,为祝融,祀以为灶神。"

但是灶神不止是祝融,如《酉阳杂俎》说:"灶神名隗,状如美女。又姓张,名单,字子郭。夫人字卿忌,有六女,皆名察洽。一曰灶神名壤子也。"《玉烛宝典》引《杂五行书》说:"灶神,名禅,字子郭,衣黄衣,从灶中披发而去。"在民间灶神不只一个人,各有所出。《礼记》有灶神记载,孔氏《正义》引郑氏驳《五经异义》说:"古《周礼》说,黎为祝融,祀以为灶。其实民间敬的诸神多是古代有作为的人,例如木匠敬鲁班,医生敬药王孙思邈,儒生敬孔丘,经商的敬文财神赵公明、敬武财神关公,但是商圣却又尊范蠡,等等。老子被道教尊为至高无上的神灵,可是民间的铁匠敬的也是老子。炎帝是中华人文始祖,是南方天神大帝,可是《淮南子·氾论训》则说:"炎帝于火而死为灶。"炎帝也成了灶神。

4. 火阳祝融曰回禄

西南地区也有忌恨"火阳"传说。据传这种神蛇身牛首,掌管人间烟火,专司烧屋火灾,是邪恶之神。在传说中,远古时代"火阳"居住在今武陵山脉一带,见土著部族生活比天上还舒服,顿生妒嫉之意,于是先后两次放火烧山,导致山寨颗粒无收,饿死了不少人。后来,人们特意在每年的 4 月 18 日举行"赶火阳"仪式,用大竹扎纸船来驱逐灾星"火阳",以寻求平安美满的生活。

史籍还有很多关于回禄之灾的记载,认为回禄就是传说中的火神。《左传·昭公十八年》:"郊人助祝史除於国北,禳火于玄冥,回禄。"杜预注:"回禄,火神。"《国语·周语上》:"昔夏之兴也,融降于崇山,其亡也,回禄信於聆隧。"后用以指火灾。《旧五代史·世袭传二·钱镠》:"元瓘幼聪敏,长於抚驭,临戎十五年,决事神速,为军民所附,然奢僭营造,甚於其父,故有回禄之灾焉。"《官场现形记》第三十七回:"刘道老太爷年纪大了,一身的病,家累又重得很,自遭'回禄'之后,家产一无所有。"廖仲恺《致蒋介石函》:"兄作战计划原稿,乃遭回禄,此弟所引为至憾者。"一说,指吴回、陆终。又,吴曾《能改斋漫录·事始一》:"太史公采取二传以为《楚世家》云:'……帝乃以庚寅日诛重黎,而以其弟吴回为重黎,后复居火正,为祝融。吴回生陆终,陆终生子六人,六曰季连,楚其后也。'以此考之,则祝融之后有吴回、陆终。回禄者,回陆也,举二人而言耳。陆,禄音相近。"

第四节　祝融余脉

1. 巫臣之子曰狐庸

申公巫臣原是楚国的著名车族将军,因为与楚王争夺美貌倾城的风流寡妇夏姬,而舍掉高位带着夏姬私奔出逃晋国,最后又由晋国投奔到东南的吴国。吴王寿梦当时正为施展宏图而求才若渴,一见巫臣,高兴万分,立加重用。又任命巫臣的儿子狐庸为吴国行人,负责邦交礼宾事务。寿梦得此良臣,开始与中原通使交流,引进吸收中原的先进文化。巫臣认为,光靠武器与勇力,不足于进行大规模战争,遂教吴军复杂的兵法战阵,让长期习惯于水战舟举的吴人学习使用中原兵车作战。经过数十年的苦心经营和勇敢开拓,吴国已成为了一个拥有今江苏、上海与浙江、安徽之一部分地区的泱泱大国,兵强国富,并开始进攻吴楚交接的亲楚小邦——巢、徐,威震诸侯。

2. 王僚之弟曰烛庸

春秋晚期,吴王僚有两个胞弟叫掩余和烛庸,执掌兵权。公元前515年,吴王僚乘楚平王死去楚国举行国丧之际,派弟弟掩余、烛庸率军伐楚,同时又派季扎出使晋国,观察中原诸国的动向。楚国早已做好准备,派大军截断了吴军的退路。吴军进退两难,吴王僚的两个弟弟掩余、烛庸不能回归吴国,吴王僚坐立不安。公子光见时机成熟,假意宴请僚,让专诸伺机刺杀僚。正遭楚军围困的吴王僚的两个同母弟弟盖余和烛庸,听到公子光弑君自立的消息后,顿感大难临头,纷纷弃军逃走。公掩余逃到徐国,烛庸逃到钟吾。公元前512年,二公子终于投楚。楚国以隆重的礼节接待了二人,又把养邑(约在今河南沈丘与安徽首县一带)分封给他们作采邑。从此,吴王余眜的两房后裔就从江苏迁居到河南沈丘一带,后裔以两公子名字掩余、烛庸为氏。

3. 秦宫辞臣曰庸芮

秦宣太后爱魏丑夫。太后病将死,出令曰:"为我葬,必以魏子为殉。"魏子患之,庸芮为魏子说太后曰:"以死者为有知乎?"太后曰:"无知也。"曰:"若太后之神灵,明知死者之无知矣,何为空以生所爱葬于无知之死人哉? 若死者有知,先王积怒之日久矣,太后救过不赡,何暇私魏丑夫乎?"太后曰:"善。"乃止。

4. 胶东大儒曰庸谭

庸谭,祖籍胶州,其人生多半时间在胶州度过,被后世称为"胶东庸生",对于其生存年代,由于时间久远,历史记载出现两种说法:一是秦朝,一是西汉。在庸谭故里——胶州砚里庄,还流传着"胶东大儒"的传说——庸谭对《孟子》的"复生"具有不可磨灭的功绩。因为焚书坑儒,不仅"孔学"遭受灭顶之灾,而且《孟子》也毁于一旦,是庸谭凭借超强的记忆力将它记载下来的,否则《孟子》早已失传于世。庸谭弟子张禹既攻读鲁《论语》,又从庸谭那里学到了齐《论语》精髓,他将这两种《论语》融会贯通,创造出有名的"张侯论",并因此名闻天下,并有幸教授汉成帝,一跃成为天下"第一师",庸谭也因此赢得身后名望,这也是庸生祠建立和其名声遍天下的原因之一。

5. 孟获之妻曰祝融

《三国演义》塑造了一个女战将"祝融夫人",说她是"祝融氏之后",虽为小说虚构,却未必无稽。祝融是中国上古神话中的赤帝、火神,同时又是五帝时期的"火正"官,掌管取火、存火、用火之事。据史载,轩辕黄帝有一支后裔担任火正,赐号"祝融"。他们的后代,在中国南方繁衍生息,又与三苗等民族融合,成为春秋战国时期楚国的重要组成部分。而楚国又曾派军队进入云南。所以,祝融夫人的祖先,很可能是在周代进入云南的。而云南在远古时期正是古庸国的属地。在西南少数民族地区,如汉族一样男尊女卑的秩序并未确定,女子还具有相当的地位。历史上也不乏女性将军,比如南北朝时期的冼夫人、明朝的秦良玉等。祝融夫人同她们一样,也是某个部族的女性首领。

张家界市永定区龚建业老人收藏
的祖传祝融锦"双龙驮日"原件

第五章　淹没在时空深处的历史真相

——揭秘大庸古国的前身和异称

　　古庸国诞生在生命繁衍最昌盛的武陵大陆梁地带,肩挑洞庭湖平原和四川大盆地两大吉壤沃野,得天独厚的地理、自然环境,使她成为中华第一轮文明,即夏、商、周三代以前,三皇五帝时代原始古国的总称。实际亦是古中国的前身和异称。庸国即钟国,钟国即中国。夏商以后,王朝大于国家,庸国地位江河日下,绵延至春秋晚期最终退出历史舞台。其历史真相亦被淹没在时空的烟尘深处。随着历史的演进,她有多重前身和若干异称。很多苗族学者认为,祝融就是仡索,仡索就是九黎,九黎就是九熊。蛮左、蛮戎都是九熊后裔,南蛮中的大氏族。他们的后裔现在自称仡(果)戎、仡(果)索,仆程就是濮左。九熊后裔到崇山后,叫濮人,建立大庸国。

第一节 燧明国（村）

传说很久以前，在很远的西南方，有一个偏僻的国家，名字叫燧明国。他们偶尔捡到被天火（张家界市茅岗恰有天火岭）烧死的野兽，拿来一尝，味道很美。于是，人们渐渐学会用火烧东西吃，并且想办法把火种保存下来，使它常年不灭。一日，有个聪明智慧的人来到大森林里，发现有一种大鸟在大树上跳来跳去找虫吃，每一啄，就发出璀璨夺目的火光。这聪明人受到启发，想到取得火种的办法。于是捡来一根硬木枝，学着钻起来，结果也发出火光。回到自己的国家（村子）后，他把钻木取火的办法教给人们，让大家享受到光明。为了纪念他的重大贡献，人们尊称他为"燧人氏"，又称"祝融氏"。祝者，大也；融，光明，光融天下也，并将他常住的山洞称为祝融洞（又叫相公洞），将他去世之地——衡山的最高峰命名祝融峰。今张家界市永定区崇山恰有相公洞，且《国语·周语上》载："昔夏之兴，（祝）融降于崇山。"足可佐证祝融很可能就出生并创世于今张家界一带。也可佐证古庸国最早的前身始祖就是这传说中的燧明国（村）。

第二节 华胥国、赤阴国

我认为华胥国就是《山海经》里的"大比赤阴国"。她是古庸国最早的"母国"。据《大荒北经》载："大比赤阴：神，是始为国（最早建立的国家）。"所谓华胥国，就是华胥氏部落。据专家学者考证，华胥氏乃为伏羲和女娲的母亲，是中国母系氏族社会的一位杰出的首领。华胥氏，又称诸英。"赤阴""诸英"都是"祝融"的变音。诸英（即赤阴）乃第一代祝融，她生活在五帝之前，是燧人氏的女儿。相传，某天华胥氏去一个叫作"雷泽"的地方游玩，发现一个巨大的脚印，那是人头龙身之雷神的脚印，他只需要鼓起肚子，就能发现响雷。华胥氏好奇地踩了那个脚印一下，结果立刻感到全身震颤，回到家后就怀了孕，不久生下了伏羲。《春秋世谱》中的相关记载为："华胥生男为伏羲，生女为女娲。"张家界市永定区白鹤嘴有雷泽坪地名，枫香岗麻空山（又名祼宫山）、天门山丹灶峰、慈利县金岩乡神坛坪三处皆有巨人足迹，俗称脚迹岩、仙人足迹岩，应是华胥生育神话诞生的物质基础。也就是说，今张家界一带是伏羲、女娲出生神话的原生点。这恰与《山海经》所载

"岐踵国""大踵国""大人国"的史迹相互勾连。

第三节 大踵国、大人国

据《山海经·海外西经》载:"……跂踵国在拘缨东,其为人大,两足亦大。一曰大踵国。欧丝之野大踵东,一女子跪据树欧丝。"《海外东经》:"大人国在其北,为人大,坐而削船。一曰在(辰差)丘北"。又据《大荒东经》载:"东海之外,大荒之中,有山名曰大言,日月所出。有波谷山者,有大人之国"。"有大人之市,名曰大人之堂。有一大人踆其上,张其两耳"。又据《大荒北经》载:"大比赤阴(不知道是否是这个名字):神,是始为国(最早的国家建立)。……赣巨人:人/兽,人面长臂,黑身有毛,反踵,见人笑亦笑,唇蔽其面,因即逃也。"

又据《大荒东经》载:"大人(国):人,有一大人踆其上,张其两耳。"

又《大荒北经》曰:"东南海之外,大荒之中,河水之间,附禺之山,帝颛顼与九嫔葬焉。爰有丘鸟久、文贝、离俞、鸾鸟、皇鸟、大物、小物。有青鸟、琅鸟、玄鸟、黄鸟、虎、豹、熊、罴、黄蛇、视肉、口瑰、瑶碧,皆出卫于山。丘方员三百里,丘南帝俊竹林在焉,大可为舟。竹南有赤泽水,名曰封渊。有三桑无枝。丘西有沈渊,颛顼所浴。有胡不与之国,烈姓,黍食。……蜚蛭,四翼。有虫,兽身蛇身,名曰琴虫。有人名曰大人。有大人之国,厘姓,黍食。"

又据《海外西经》载:"博父(国):人,在聂耳东,其为人大,右手操青蛇,左手操黄蛇。……跂/大踵(国):人,在拘缨东,其为人大,两足亦大。"《山海经》还记有与大踵国大人国同质异名的几个方国,可能是同一个部落方国在不同时期或不同地区、不同民族对他的不同称呼。如(1)长股国:巨人,都披散着头发,脚很长,这样使他们行走速度很快,瘦弱的身体,有着灵活的动作,采集树枝上的果实,运送木头,干活,都非常麻利。(2)夸父国:巨人类,夸父族的人身材十分高大,但行动却不缓慢,是巨人类中的精英,他们族内的唯一八位巫师长者守护着女娲当年拯救世界的天柱,他们最大的优点就是耐力很好。夸父国遗留下来的人不多,为了追求自己无上的光荣使命,即追逐控制太阳的能力,不断地向东方奔跑。他们是幽冥之神后土的后代,住在北方荒野的成都载天山上。(3)博父国:巨人类,博父国在聂耳国东部,博父国的人身材高大,手中缠着蛇,右手青蛇,左手黄蛇。夸父手杖化作的邓林就在博父国的东边,博父国的人据说是夸父族的后裔。拘缨国:人类,住在积石山的东边。种植缨树,缨树上结的果子非常甘甜,而且能充饥。

长股也好,夸父也好,博父也好,都是身材十分高大的巨人,既是巨人,必然腿长足大,故称大踵国。

第四节　大钟国、大镛国

大钟国是大镛国(大庸国)的异称。《史记·赵世家》云:"广乐九奏万舞,不类三代之乐,其声动人心。"甲骨文恒见"奏舞""庸舞"的用语,可见"殷人尚声",贵族所尚者一般都是有音乐与舞蹈相配的。商代的乐器,品类众多。甲骨文有"奏庸"(《明续》684)、"奏□"(《英国》2370)、"乍豐庸"(《明续》549)、"置豈"(《京人》2269)、"置庸豈"(《宁沪》1·73)、"置新□"(《铁》139·1)等。裘锡圭先生指出,庸是大钟,亦称铙,是镛口向上而末植于座上的打击乐器,当时还有"新庸""旧庸""美庸""□庸"的分别;豐有"新豐""旧豐"之称,可能是用玉装饰的贵重大鼓;豈可能是专指一种与镛配用的鼓;□可能是管乐器芋的象形初文。他还注意到甲骨文中称作"新熹""旧熹"的熹,以及另一个奇字□,每与庸、鼓对文,推测也指两种乐器。除以上庸、鞀、豐、鼓、竽、熹、□等七种乐器外,甲骨文中至少尚可寻出另十一种乐器名。商代的乐师,主要是由称作"万"的人组成。甲骨文有"万其奏"(《合集》30131)、"万其作庸"(《合集》31018),可见"万"熟悉有关乐器的性能,称得上是商代的出色演奏家。有一片甲骨卜辞云:"万惟美奏。惟庸奏。于孟庭奏。于新室奏。"(《安明》1823 +《明续》2285)四辞同卜一事,言"万"要奏叫作"美"的乐曲,是用庸演奏吗,是在孟庭还是在新室的宫廷演奏呢?《左传·僖公二十七年》引《夏书》称夏代"明试以功,车服以庸",以车马及服饰品类示有功者的尊贵宠荣。

据《封禅书》载:"黄帝采首山铜铸鼎於荆山下。鼎既成,有龙垂胡髯下迎黄帝,黄帝上骑龙,群臣后宫从上者七十馀人,馀小臣不得上,乃悉持龙髯,龙髯拔堕,堕帝之弓,百姓仰望。帝既上,乃抱其弓与龙髯而号。故后世名其处曰鼎湖,其弓曰乌号。"湖湘民间盛传黄帝命人到首山采来青铜,在洞庭山南麓铸起鼎来,铸了九九八十一天方成。又传,今常德市鼎城即由此得名。鼎城之名,由来甚古。《衡湘稽古》曾谓黄帝颛顼氏采首山之铜,铸鼎于洞庭之野,今鼎港是也,后因此名郡,并为嘉庆《常德府志》引为论据。而岳阳君山有黄帝铸鼎台。又传,龙阳有神鼎山,以神鼎出于水而名,后取名鼎州。故《水经注》谓沅水下有一支流澹水,又作渐水,即《禹贡》九江之一,因传说神鼎出于其入沅之处,故名鼎口、鼎江口,澹水又称鼎江、鼎水。

更重要的是黄帝铸鼎于洞庭之野,不仅指澧水归宿的洞庭湖,还包括澧水之源,即今桑植县上峒街与永顺县交界处的洞庭山和发源慈利、流经永定湖田垭、沅陵蚕忙坪、汇入沅江的洞庭溪(全长66公里,详见《湖南古今地名辞典》;今沅陵县有洞庭溪乡)。而从地名信息和史料记载来看,黄帝铸鼎之地,是大庸古国的核心地区。据湖南省张家界市永定区沅古坪镇,民间婚俗礼仪中的《告祖词》曰:"祝融佳人伴夜郎,繁衍百国围崧梁。伯庸八祖铸钟铃,神农嫘祖植麻桑。"今崇山北麓之沅陵县北容(伯庸)乡尚有铁炉巷、钟铃巷、铸庸池、祭祝岗等地名,而且在铸钟、铸瓦、铸铃、铸钹、铸锣等铸造活动中要唱《铸钟歌》,祭祀时要唱《祭祝歌》,在《薅草锣鼓·九腔十三板·请神词》中要唱《庸人歌》,写家神词时要写歌颂祝融(伯庸)的对联:"钟铃长昭百世香火,伯庸永显千秋神明。"

"庸"就是钟和鼎。宋代罗泌在《路史》中说:"讙兜……所窜之崇山,则今慈利也,有讙兜鼎、讙兜墓。"明代《万历慈利县志》也载:"崇山在县西百余里,舜放讙兜于崇山,即此。"清代《道光永定县志》卷六又载:"古讙兜冢、讙兜鼎,在县西南崇山绝顶。有巨垄,土人皆以见为不祥。"

后世古庸旧地多处出土的虎钮錞于就是庸钟的一种。《武陵记》曰:淳于山,与白雉山相近,在辰州、武陵二郡界。绝壑之半,有一白雉,远望首尾可二丈,申足翔翼若虚中翻飞,即上视之,乃有一石雉舒翅缀着石上。山下有石室数亩,望室里虽暗,犹见铜钟高丈余,数十枚,其色甚光明。

清嘉庆《慈利县志·卷之六·纪闻》载:"宋淳熙十四年(1187),余玠宰慈利。于周叔王墓旁五里堆,得一铜錞。乾隆五十五年(1790),六都文童张宏铨于金刚山得铜器,形如小钟而匾,高二尺许,横一尺六寸。环在钮旁。两面共三十六齿。击之,其声清越。一齿自为一音。考《博古图》,云周庙乐器。徽音钟第三。后为邑侯吴焕取去。"

清嘉庆《慈利县志·卷之八·古诗》载南济汉《石钟》诗曰:"制传凫氏出金镛,石室谁知有异踪。圆贮月轮天上窟,啮残师钮古来钟。鲸鲵长借峥潺水,籁寂时鸣涧壑松。志士功名期不朽,高瞻宛对燕然峰。"

(注"凫氏出金镛":《山海经·海内经》:"炎帝之孙伯岐生鼓,是始为钟"。《吕氏春秋·仲夏纪》:"昔黄帝令伶伦作为律。……黄帝又命伶伦与荣将铸十二钟,……"《管子·五型篇》:"昔者黄帝以其缓急作五声,以政五钟。令其五钟,一曰青钟大音;二曰赤钟重心;三曰黄钟洒光;四曰景钟昧其明;五曰黑钟隐其常"。传说:尧舜时一位名叫垂的人所创,有学者认为钟是起源于铜铃等。)

又据清康熙《慈利县志·卷之二·山川志》载："伏牛山，在屯堡东北。昔有金钟伏此，现有卧牛池，故名。"

錞于出土于张家界市境内，古代多有记载。宋洪迈《容斋续笔》卷11载："淳熙十四年（1187年），澧州慈利县周赧王墓旁五里山摧，盖古冢也。其中藏器物甚多，予甥余玠宰是邑，得一錞，高一尺三寸，……虎钮高一寸二分，阔一寸一分，并尾长五寸五分，重十三斤。"

关于錞于，《周礼·地官》载，"以金錞和鼓。"郑玄注："錞，錞于也"。《国语·晋语》卷十一（赵宣子曰）："战以錞于，丁宁，儆其民也"。韦昭注："錞于形如碓头，与鼓角相和"。形状"圜如碓头，大上小下"近似桶形。錞于顶部中央铸有虎形钮，虎形仰头张嘴，倨牙翘尾。

东京国立博物馆，创立于1872年，是日本最早、规模最大的博物馆。馆内收藏有虎钮錞于一尊，通高40厘米，重30公斤左右。肩围大而腰围小，整体呈椭圆筒形。顶部中央铸有一只老虎，虎的耳目清晰，张口露齿，四肢伫立，尾巴微翘，末端卷曲，造型栩栩如生。

巧在时至当代，2004年2月10日，成都市民张明建议，将重庆万州出土的国家一级文物"虎钮錞于"设计为重庆市徽，同时包装"天城倚空"，重点开发红池坝。他的建议立即引起市政府高度重视，很快提上了议事日程。1974年，万县武陵长江边发现的"虎钮錞于"，这是全国同类文物中出土体积最大的一件，被定为国家一级文物。此文物造型奇特，上部为一圆雕铜虎，是为"虎钮"，下部为一中空有灯状的铜器，与铜虎相衔接的顶盖投影为一椭圆形，刻有11个精美的象形符号，其中最为神秘的一个图案上绘有神树、神鸟及神舟。无独有偶，成都西郊金沙遗址也出土了古代蜀人绘有"太阳神鸟"图案的金箔，这从侧面反映了古代庸楚、巴蜀文化紧密相连的事实。

2010年1月5日晚，在长沙举办的一场新年音乐会上，一种来自2600年前的古青铜乐器"编錞"再次奏响了千古美乐。

"编錞"是中国古老的南方文明古国——古庸国先民所使用的一种名叫"錞于"的乐器研制而成，这种乐器在商周时期到东汉时期，曾经在中国南部一带盛行，并广泛运用于战争、庆典和祭祀活动。2000多年来，"錞于"一直被埋没地下。经考古挖掘，目前存于各地博物馆的錞于有150多件，其中陶制的錞于有20多件，青铜錞于有120多件，其中虎钮錞于有80多件，这些錞于在湖南石门出土最多，达到了32件。

2009年，石门县文联和石门县音乐家协会在有关部门和专家的支持下进行技术攻关,对出土"錞于"进行研究和复制,终于研制成功了首件符合音乐高要求,能够用于演奏的编錞,国家专利局为它办理了国家专利证书,仿古编錞不仅在湖南,在中国,也仅有一套。石门县荆河喜剧团进行錞于乐舞的创作与攻关,在新中国成立60周年大庆之际,还获得了艺术节金奖。

2011年4月12日,国家旅游局汪黎明处长与中国石门虎钮錞于文化品牌推广形象代言人田七先生敲响石门虎钮錞于。田七先生结合对石门县文化旅游资源考察报告分析,就关于石门文化旅游产业发展策划理念与汪黎明处长进行会谈,对壶瓶山、夹山寺、热水溪等景区进行深入探讨;汪黎明处长对石门县文化旅游资源的保护开发思路表示支持,希望石门县文化旅游产业能够得到更好的策划定位。

古庸国有先进的铸造文化。庸人中有一支远走东南瓯越(福建)山地,成了后来的百越中的一支越人,这个外来民族以善冶炼青铜器著称,最初被称为"钺人",钺与镛意义相通,都是指善于冶炼青铜,钺是一种青铜兵器,这也显示了以武立国、精于冶炼的巴镛人的一个特性,在古代,钺越二字相通,钺(镛)人后来才被叫成越人。这支越人就是庸人的后裔,武夷山区一带存在大量秦汉以来的悬棺崖葬,与庸人的风俗完全相同。

历史上许多代文明的传承,往往借着人们之间的口传心授。许多有价值的祖先智慧被湮没在历史的尘埃之中。青铜器在中国古代文明史中占有很重要的地位。而许多青铜重器的铸造与流传,不仅载有宝贵的铭文,往往还会伴随着神奇的传说。从春秋战国时期吴王铸剑,"干将、莫邪"的童男童女祭,到明代永乐时期成祖铸钟、娘娘殉等传说,祖先们的血肉之躯与金属铸造结下了不解之缘,被人们赋予了神奇的色彩。古青铜器多为祭礼用器,其礼仪之隆重、铸工之精细、使用之严格,必为一国一族之首举。

《搜神记》载:"楚干将、莫邪为楚王作剑,三年乃成。王怒,欲杀之。剑有雌雄。其妻重身当产。夫语妻曰:'吾为王作剑,三年乃成。王怒,往必杀我。'汝若生子是男,大,告之曰:'出户望南山,松生石上,剑在其背。'"于是即将雌剑往见楚王。王大怒,使相之:"剑有二,一雄一雌,雌来雄不来。"王怒,即杀之。

莫邪子名赤,比后壮,乃问其母曰:"吾父所在?"母曰:"汝父为楚王作剑,三年乃成。王怒杀之。去时嘱我:'语汝子,出户望南山,松生石上,剑在其背。'"于是子出户南望,不见有山,但睹堂前松柱下石砥之上。即以斧破其背,得剑,日夜思欲报楚王。

王梦见一儿,眉间广尺,言欲报仇。王即购之千金。儿闻之,亡去,入山行歌。

客有逢者,谓:"子年少,何哭之甚悲耶?"曰:"吾干将、莫邪子也,楚王杀吾父,吾欲报之!"客曰:"闻王购子头千金,将子头与剑来,为子报之。"儿曰:"幸甚!"即自刎,两手捧头及剑奉之,立僵。客曰:"不负子也。"于是尸乃仆。

客持头往见楚王,王大喜。客曰:"此乃勇士头也,当于汤镬煮之。"王如其言。煮头三日三夕,不烂,头踔出汤中,瞋目大怒。客曰:"此儿头不烂,愿王自往临视之,是必烂也。"王即临之。客以剑拟王,王头随坠汤中,客亦自拭己头,头复坠汤中。三首俱烂,不可识辨。乃分其汤肉葬之,故通名"三王墓"。

第五节　犬戎国、大戎国

天地寿命不知已有多少万年,岁月悠悠,这世间生灵经时光沉淀,已不乏大神通者。茫茫碧波,有异兽翻江倒海;沧桑大地,有异兽横行无忌;无边苍穹,有异兽雄霸旋空。盘瓠一族也为大戎国。《山海经·海外北经》载:"有人曰大行伯,把戈。其东有犬封国。贰负之尸在大行伯东。犬封国曰大戎国,状如犬。有一女子,方跪进柸(1. 古书上说的一种黑黍,一壳二米。2. 谷皮。)食。有文马,缟身朱鬣,目若黄金,名曰吉量,乘之寿千岁。"又曰:"帝尧台、帝喾台、帝丹朱台、帝舜台,各二台,台四方,在昆仑东北。"

古庸国是一个军事强国,涌现出很多能征善战的英雄人物,故又称大戎国。戎者,军队也。从戈,从十。"戈"是兵器,"十"是铠甲的"甲"。本义为古代兵器的总称。弓、殳、矛、戈、戟为古代五戎。"十"又表示"多",很多人荷"戈"而行,即指军队开拔。据苗族老艺人龙玉六先生说:"大戎(大庸)是一个很强大的部落,在长江中游活动的时间相当长,上起神农下至夏禹,都是长江中游苗蛮集团的主体氏族。"

兵神蚩尤:中国的战神,就是与黄帝大战的蚩尤。关于他的事迹,大多记录在《山海经》《太平御览》《神异经》或《述异记》中,形象怪异,残暴凶狠,所谓"兽身人语,铜头铁额,食沙石子……诛杀无道,不仁不慈"等。《述异记》中说:"有蚩尤神,俗云:人身牛蹄,四目六手……秦汉间说蚩尤氏耳鬓如剑戟,头有角,与轩辕斗,以角抵人,人不能向……"司马迁在《史记·高祖本记》中说:"司兵之星名蚩尤。"也就是那时的人们将天上的彗星说成是"蚩尤之旗"。《史记·天官书》又说:"蚩尤之旗,类彗而后曲,象旗,见则王者征伐四方。"也就是出现作为"蚩尤之旗"的彗星,对战争是有利的。事实上,蚩尤,无论被认为就是炎帝,或炎帝的后裔,有一个事实,那就是,他们是同胞无疑。我们现在都说自己是炎黄子孙,所以蚩尤同是我们英雄的祖先。

战神刑天:传说刑天是炎帝的部下。他用的武器是干戚;干,是盾;戚,是斧。炎帝被黄帝打败后屈居到南方做了小小一名天帝。虽然炎帝忍气吞声,不敢和黄帝抗争,但他的子孙和手下却不服气。当蚩尤举兵反抗黄帝的时候,刑天曾想去参加这场战争,只是因为炎帝的坚决阻止没有成行。蚩尤和黄帝一战失败,蚩尤被杀死,刑天再也按捺不住他那颗愤怒的心,于是偷偷地离开南方天庭,径直奔向中央天庭,去和黄帝争个高低。刑天左手握着长方形的盾牌,右手拿着一柄闪光的大斧,一路过关斩将,砍开重重天门,直杀到黄帝的宫前。黄帝正带领众大臣在宫中观赏仙女们的轻歌曼舞,猛见刑天挥舞盾斧杀将过来,顿时大怒,拿起宝剑就和刑天搏斗起来。两人剑刺斧劈,从宫内杀到宫外,从天庭杀到凡间,直杀到常羊(疑即崇庸山)山旁。

庸师伐纣:《尚书·牧誓》曰:"(武)王左杖黄钺,右秉白旄以麾,曰:'逖矣西土之人。'王曰:'嗟! 我友邦冢君,御事、司徒、司马、司空、亚、旅、师氏、千夫长、百夫长及庸、蜀、羌、髳、微、卢、彭、濮人。称尔戈,比尔干,立尔矛,予其誓'。"《史记·周本纪》载,周文王死后,他的儿子发继位,是为武王,迁都于镐(在沣水东)。这时,商纣王正在对东夷用兵,损耗很大,国内的各种矛盾日趋尖锐。在这种情况下,周武王联合西土庸、蜀、羌、髳、微、卢、彭、濮等族和方国,并亲率"戎车三百乘,虎贲三千人,甲士四万五千人,以东伐纣。"庸列于八国之首,实为西土军事大国、强国,称"大戎国"当之无愧!

附录:

接 龙 词(节选)

龙玉六口述

按语:接龙词,古苗语称"惹戎惹筶",直译为"喊花喊夔",汉语简译之为《接龙词》。苗语接龙是接"大戎(大庸)""大筶"。传说大戎(大庸)是湘西苗族的主要祖先。他首先发现朱砂和使用朱砂,故把大戎(大庸)接回来时,要在中堂放朱砂酒,叫"安龙堂"。

大戎(大庸)是一个强大的部落,在长江中游活动的时间相当长,上起神农下至夏禹,都是长江中游苗蛮集团的主体氏族。他们的后裔认为,从舜以后所遭到的一切不幸,都是由于祖先大戎(大庸)离开了他们之后才发生的。因此,他们想把大戎（大庸）接回来。尔后"接龙"的祖宗崇拜仪式，就这样兴起而沿为习俗。

东方的大戎（大庸），西方的大筜，

五方的大戎（大庸），六角的大筜，

离家上路走了，开步启程远行。

从此我们挣钱无路，从此我们找钱无门，

家门从此不旺，家业自此不兴。

喂鸡不大，养猪不肥，

撒谷种不生秧苗，播小米不长根茎，

怎不叫人寒心冷意？哪不叫人坐立不安？

因此——

选吉日来接戎濮戎娘①，择良辰来接戎奶戎妈②，

请得我宗戴诉③，到屋里来唱，

聘得我族巴戴④，到家里来讲。

戴诉带来三千龙氏师徒，巴戴带来三百筜家人马。

进屋坐满堂，进门站满屋。

做成三千三百面白旗、黄旗，

做好三千三百面青旗、红旗。

九十九套黄战袍青铠甲，九十九件黑战袍红战衣。

黄笼有顶，黄伞有把，

大旗大伞，烧香明烛。

大戎（大庸）住的屋是岩石砌，大筜坐的房是砖瓦房。

大戎（大庸）住的房屋五光十色，大筜坐的房子光华闪亮。

喇叭叫，唢呐吹，铜锣、皮鼓响，

吹打弹唱，热闹非常。

有银饰梳子，有金花银簪，

有水酒、烧酒一坛坛，有米酒、甜酒一罐罐，

有凉肉下烧酒，有精肉配琼浆。

花猪、白豕、金鸡……

良禽五谷，样样齐全，

摆在堂屋里面，放在堂屋中央。

戴诉带来五十人众助兴，巴戴引到六十人客撑场。

穿起红袍、黄褂，威武无比，

穿了夹袍、单褂,一表堂堂。

黄袍飘带,红褂垂缨,

龙旗夔旌飞舞,将旗帅纛高扬。

舅爷舅娘,你们最大,你们最亲。

你们要到东寨的大潭边接,

你们要去西村的大井旁请,

到中央寨里的大潭边喊,

到中央寨中的大井旁邀,

……

去请大坊土地,去聘古老仙人,

去喊管寨郎子,去求地脉龙神……。

听到喊声请起身,听到喊话要启程!

下到凡间寨子的大井边去,

走到人间村头的大潭旁来!

来了帮请戎濮戎娘! 到了帮接戎妈戎奶!

从大江大河请上来,从大潭大井接上路。

从九层龙潭请上来,从十重海口接上路。

从南畿请上来,从北畿接上路。

从豆莱的故土上来,从王姬的旧地上路。

他们听到喊话,会竖起金角张起耳朵。

他们闻到呼声,会仰起脖子挺起胸背。

听到喊话沿着流水上来,闻到呼声沿着流泉上走。

沿着路慢慢起来,顺着道慢慢走到。

先来一位做大官的大戎(大庸),先到一位领头的大笮。

他们戴金银首饰,戴金钏玉镯,

坐车乘辇,骑驴跨马。

注:①、②分别为龙公、龙婆、龙父、龙母之意。

③戴诉:指巫师或鬼主。

④巴戴:指巫师或鬼主。

第六节 颛顼国

《淮南子·时则训》:"南方之极,自北户孙之外,贯颛顼之国,南至委火炎风之野。赤帝、祝融之所司者万二千里。"文中"北户孙",袁珂先生注为"传说中南方国名"。《山海经·海内北经》曰:"湘水出舜葬东南陬,西环之。入洞庭下。一曰东南西泽。汉水出鲋鱼之山,帝颛顼葬于阳,九嫔葬阴,西蛇卫之。"

另据《山海经》载,中国的南方,有个颛顼国,为颛顼长子(孺帝)伯服(伯称)所建。有季禺之国,颛顼之子,三面(季禺)建立的。在颛顼国的南方,有炎洲国(即古庸辰州及株州炎陵一带),为颛顼之孙火正(祝融),后来改任北正的黎(赤帝)所建。又,《列子·汤问》云:"楚之南,有炎人国。"

颛顼娶滕贲氏(腾隍氏)之女女禄,产称(又名偶、伯称、伯偶、伯服。孺帝。后创建颛顼国)。《山海经·大荒南经》"有季禺之国,颛顼之子,食黍(即务农矣)。"《山海经·大荒东经》"颛顼有子为服,服至东海外,自立颛顼国。"颛顼之孙"黎",在颛顼大臣(炎帝后代),火正祝融荐死后,担任了火正祝融。后,黎之弟吴回为火正,黎为北正,司地以属民。

《尚书·尧典》记载,羲和浴日的汤谷(旸谷)在一个叫作嵎夷的地方。"乃命羲和,钦若昊天,历象日月星辰,敬授人时。分命羲仲,宅嵎夷,曰旸谷"。孔安国注云:"东夷之地称嵎夷。"

《山海经·大荒南经》写道:"东南海之外,甘水之间,有羲和之国。"

《山海经·大荒南经》:"又有成山,甘水穷焉。有季禺之国,颛顼之子,食黍。有羽民之国,其民皆生毛羽。有卵之国,其民皆生卵。"《尚书·禹贡》曰:"海、岱惟青州:嵎夷既略,潍、淄其道"。《山海经·大荒东经》载:"东海之外大壑,少昊之国,少昊孺帝颛顼,弃其琴瑟。有甘山者,生甘渊,甘水出焉"。《山海经·大荒南经》:"有国曰颛顼。生伯服(伯称),食黍;"《山海经·大荒东经》:"颛顼有子为服(伯称),服(伯称)至东海外,自立颛顼国。《大戴礼》:'滕奔氏之女,谓之女娽,生伯称、季禺。'"《吕刑》传云:"重即羲也,黎即和也。"颛顼国正是在重黎的旁边。故历史文献记载的绝地通天、乃命重黎的颛顼,其实是东海之外的颛顼。所谓"东海",不是今天所说的东海,而是古庸国东郊的洞庭湖。颛顼国在南方"委火炎风之野",且在"东海(洞庭)之外(围)",只能是以今张家界为核心的古庸大武陵地区。故颛顼国与大庸古国在同一地区,颛顼国是大庸古国真正的"母国"。《今本竹书纪年》记"颛顼高阳氏,元年,即居濮"。经文献和考古资料确证,今崇山西南的桑植和沅陵就是典型的濮文化区域,而且就在澧水下游的湖南澧县城头山,又出土了蚌塑"人骑龙"图像,也正是颛顼继承母系龙信仰,"乘龙至于四海"的神权化身。据邵望平、郭广仁在《龙文化与中华民族学术会》一文指出,"西水坡龙是用毛蚌、淡水蚌、砺蚌、三角蚌、蛛蚌等组成的,这种蚌类,只有在长江流域、洞庭湖区存在",可见中原文化的很多元素都是南方文化北传的结果,进一步证明颛顼国在南方,是大庸古国的前身和母国。

颛顼国地域很宽,可谓超级大帝国。《大戴礼》曰:宰我曰:"请问帝颛顼。"孔子曰:"颛顼,黄帝之孙,昌意之子,乘龙(即蒿排)而至四海……"《史记·五帝本纪》曰:"帝颛顼高阳者,黄帝之孙而昌意之子也。静渊以有谋,疏通而知事;养材以任地,载时以象天,依鬼神以制义,治气以教化,絜诚以祭祀。北至于幽陵,南至于交阯,西至于流沙,东至于蟠木。动静之物,大小之神,日月所照,莫不砥属。""交阯"指今天的越南,"蟠木"指今天的日本,可见颛顼帝国疆土有多大! 故魏曹植《帝颛顼赞》曰:"昌意之子,祖自轩辕。始诛九黎,水德统天。以国为号,风化神宣。威鸿八极,靡不祗虔。"真可谓"威鸿八极",一统天下。据汤锦程《日本汤人的由来》一文载:"日本古称'倭国',在中国东方的大海内,《海内北经》曰:'倭国在带方东大海内,以女为王,其俗露紒衣服,无针功,以丹朱涂面。'日本古代民俗,尊女为王,崇尚太阳,认为'日出本土',故而以'日本'为国名。隋炀帝大业四年(公元 638 年),倭王致书隋炀帝,自称'日出处天子'。但'本'字在汉字解释中,意为'中央',所以日本之汉译应是'中央之国的太阳',证明大和民族源自中国。"《荀子·大略》说:"欲近四方,莫如中央;故王者必居天下之中,礼也。"而恰在古庸都所在地的今张家界市就有"中央仙山"地名、碑文和有关日本人来崇山寻根的传说,说明汤锦程先生考证"大和民族源自中国"是有历史依据的。故西汉《淮南子? 时则篇》曰:"南方之极,自北户孙(北户似秦'北向户')之外,贯颛顼之国,南至委火炎风之野,赤帝(即炎帝)、祝融之所司者万二千里。"又《今本竹书纪年》载:"颛顼高阳氏,元年,即居濮。"这说明颛顼之国的国都就在桑庸古濮之地,而且自开国第一年起就居国于我桑永、慈庸之地,故曰"元年,即居濮"!

第七节　盘瓠国

盘瓠国是古庸国在高辛时期的异称,盘瓠族就是祝融后裔中的吴回一族(见拙文《从祝融到盘瓠的嬗变》)。苗族始祖为槃古(即燧人氏祝融)、女娲、伏羲、神农(炎帝)、蚩尤(最后一个炎帝)、欢兜等都是对族人有重大贡献的苗人先祖。三苗实际是祝融苗(蚩尤苗)、槃瓠苗、驩兜苗三部分组成的苗蛮集团或部落王国。其实盘瓠族的老祖宗就是伏羲。伏,从人,从犬。意思是:人如狗那样地匍伏着。伏就是牧犬之人,发展成以狗为图腾的民族。

伏羲也有叫包牺、槃瓠之说,是同一首领在不同部落的称呼或时而让禅为王的称谓。在汉籍中记为伏羲女娲、奶傩巴傩、傩公傩娘或傩公傩母,这些全是苗语和苗汉双语的称谓。女娲伏羲苗语叫相娘相濮、娘仡濮仡,伏羲叫濮伏濮羲,女娲即娲女,孕妇(苗语叫娲乃或帕娲)。娲:女有孕,肚大如呙(锅底)。槃古,苗语叫濮戎濮仡,汉语叫槃古或槃古公公、槃古龙公。槃瓠苗语叫濮瓠或濮伏,即槃瓠公公或伏羲公公,辛女叫相娘、娘羲或娘辛,即女希、女辛。娘在苗语中是祖母的意思,不是汉语中的妈,汉语的爹娘即爹妈。盘瓠辛女就是苗人的阿濮阿娘,也就是祖父祖母。

苗族创世纪史诗《古老话:一、开天辟地篇·濮斗娘柔》(《古老话》龙炳文、龙秀祥等整理译注,岳麓书社 1990 年 11 月出版)讲到槃古开天,是没有神化的史话,到了汉籍加了许多汉意识的神话。湖北神农架史诗《黑暗传》(明清时期形成和流传的手抄本)中有对槃古的描述:“槃古大豪杰,说话成雷鸣,眨眼变闪电,呼吸成风吹,眼泪变雨水,顶天久身死,头发变草木,皮肉成泥土,骨头变山坡,东南十二山。”这是沅水流域苗歌对槃古记载的翻版,同时,湖北在远古时为苗人之巢穴。闻一多先生在《伏羲考》一文中,认为伏羲女娲皆是葫芦。“‘槃瓠’‘伏羲’一声之转,明系出于同源”,“‘槃瓠’与‘包羲’字异而声义同”。“在初本系一人为二民族共同之祖,同祖故同姓。”“包戏转为伏希,女娲转女希。”“伏羲、女娲确是苗族的祖先。”伏羲(槃瓠)是苗族的先祖,也是中华民族的祖先之一。我认为古代没有今天这么具体的民族界线,苗族也好,土家也好,汉族也好,他们都是祝融、伏羲、盘瓠、驩兜的后裔,苗不离土,土不拒苗;苗土相生,苗土一家;苗汉同源,苗汉共祖;土在汉先,土汉同根。

在苗族《古老话》中,玛媾是父系社会最早的祖先。母系社会复辟,玛媾被杀,父系社会反复辟胜利,苗人才椎牛祭祖——纪念奶夔玛媾。(详见《古老话:二、前朝篇(一)·奶夔玛媾》,玛媾是音译,曾意译为“狗父”(《苗族民间故事选》上海文艺出版社 1980 年出版)。

槃瓠故事最先见于汉末应劭《风俗通义的记载》,《后汉书·西戎传》《魏略·西戎传》均有记载。氐羌“其种非一,称槃瓠之后”,此处并没有说槃瓠是犬。《国语·周语》说"穆王将征犬戎",韦注:"犬戎,西戎之别名"。《史记·周本记·正义》说:"犬戎,槃瓠之后也"。何光岳在其《南蛮源流史》中引《通志》卷197说:"槃瓠得女,负而走入南武室中。"南山即南武山,又简称武山,实际上就是今张家界的崇山,下有武溪,武陵之名即源于此。

《异域志》卷下说:"瓠人负女入南山穴中,于是帝封于长沙。"钟敬文先生在其《槃瓠神话的考察》一文中,客观地认为:这是"出于记录者有意无意的改动。"如果说蚩尤是虫,是苗龙、融吾、戎吴、嬉龙、嬉妍,是嬉鬺或嬉酉即炎帝;嬉是谦称,而"龙"字去一撇成尤,就成了一条愚蠢之极的大虫、蛮犬,这完全是无聊御用文人对南方民族的污化诽谤之词。

巍巍崇山,万年文明,我们不可数典忘祖。槃瓠在古大庸三苗百濮时期为尾濮,距今已近5000年;五帝争霸时期为能征善战的犬戎(实为大戎,也是"大"字加了一点变成"犬")。《左传》庄公二十八年,晋献公娶"大戎狐姬"。犬戎便成龙犬或白犬了;大体成犬体(见《楚辞天问》:"舜服其弟,终焉为害,何肆犬体,而厥身不危败?"),大神或神大加点也变成了犬神或神犬,因名槃瓠等等;百蛮时期是槃瓠蛮,百苗时期是黑苗(黑脚苗),而今是苗族大家庭中不可分割的成员。由此看来,"大"与"犬"之说由来已久,因者皆缘于"大",亦即"王"也。成者为王败者为寇,脱毛的凤凰不如鸡。鸠占鹊巢,和谐何来? 清朝陆大均著《广东新语》中所说的"以盘古为原始,盘瓠为大宗",总算有人说到点子上了。总之,盘瓠国就是上文所述犬戎国,即大戎国,亦即后来的大庸国。

第八节　讙头国

《山海经·海外南经》曰:"海外自西南陬至东南陬者。结匈国在其西南,其为人结匈。南山在其东南。自此山来,虫为蛇,蛇号为鱼。一曰南山在结匈东南。比翼鸟在其东,其为鸟青、赤,两鸟比翼。一曰在南山东,羽民国(疑即今永定区鸭坪村)在其东南,其为人长,身生羽。一曰在比翼鸟东南,其为人长颊。有神人二八,连臂,为帝司夜于此野。在羽民东。其为小人颊赤肩。尽十六人。毕方鸟在其东,青水西,其为鸟人面一脚。一曰在二八神东,讙头国在其南,其为人人面有翼,鸟喙,方捕鱼。一曰在毕方东,或曰讙朱国。厌火国在其国南,兽身黑色。生火出其口中。一曰在讙朱东,三株树在厌火北,生赤水上,其为树如柏,叶皆为珠。一曰其为树若彗,三苗国在赤水东,其为人相随。一曰三毛国,载国在其东,其为人黄,能操弓射蛇。一曰载国在三毛东,贯匈国(疑即天门山硬气功先祖)在其东,其为人匈有窍。一曰在载国东,交胫国在其东,其为大交胫。一曰在穿匈东,不死民在其东,其为人黑色,寿,不死。一曰在穿匈国东,歧舌国在其东。一曰在不死民(今仙人溪)东。"

联系其他史籍得知,上文《山海经》所记驩头国最重要的标志是崇山。《尚书·尧典》云:"(舜)放驩兜于崇山"。《释方》云:"崇山南裔也";《史记》裴骃《集解》引东汉马融曰:"崇山,南裔也。"指明崇山在南方。

《淮南子》云:"崇山南极之也";《荆州记》《太平环宇记》《尚书蔡传》云:"崇山在澧阳县南七十五里";《左传·文公十八》:"帝鸿氏有不才子……谓之浑沌。杜预注:即驩头也。帝鸿子也。"

《史记·五帝本纪》:"昔帝鸿氏有不才子……浑沌。贾逵注:帝鸿祀黄帝,其苗裔驩兜也。"

《读史方舆纪要》云:"崇山,县西三十里。隋置崇州,盖以山名";《尚书地理今释》云:"崇山在今湖广永定卫西";《辞源》载:"崇山,山名,位于湖南大庸西南,相传舜放驩兜于崇山即此。"唐杜佑《通典》一八三《州郡》十三"澧州·澧阳"条:"汉零阳(今慈利、石门、澧县、临澧一带)县地,有澧水,有崇山,即放驩兜之所。"明《万历慈利县志》卷四:"崇山在县西百余里,舜放驩兜于崇山,即此。"《明史·地理志五》"澧州慈利"条:"西南有天门山,有槟榔洞,与猺分界。又西有崇山,又有历山。"清顾祖禹《读史方舆纪要·湖广》"慈利县·崇山"条:"县西三十里,相传即舜放驩兜处。"《清史稿·地理志·湖南》"澧州直隶州永定县"条:"雍正十三年以慈利永定卫置,析安福(今临澧)县地益之。南天门,西南崇山,西北马耳,东北香炉。"著名古史学家徐旭生先生认为"驩兜氏族畏惧兵威,暂避于今湖北或湖南西部高山里面"。商务印书馆1980年版《辞源》据唐杜佑《通典》、明邝露《赤雅》、清顾祖禹《读史方舆纪要》等书,说崇山"在湖南大庸县西南,与天门山相连。相传舜流放驩兜于崇山,即此",指明崇山在今张家界市。据明朝万历(1573)《慈利县志》卷之十二《丘墓》载:"驩兜墓在崇山,舜放驩兜于此。后死,遂葬于山上。"又,清同治十三年(1874)《直隶澧州志·陵墓》(永定县一百一十五页)载:"唐驩兜冢:崇山绝顶有巨垄,相传为驩兜冢。土人皆以见之为不祥。民有耕此获铜甲环者,商人买者,乃金甲也,未知何所藏。"又,清光绪三十二年(公元一九〇六年)《永定县乡土志》卷三十五页载:"在崇山北有驩兜石室,基础犹存,土人掘地得铁器如锄式,三角有柄,不详所用。"又,清道光《永定县志》卷六《金石》十六页载:"鼎一具,在崇山中,相传为驩兜鼎,历数千年,古色斑驳。"又清同治七年

(1868)《续修永定县志》卷十二《金石》载:"鼎在县玉泉寺,古色斑驳,寺僧用以焚楮。"又,清光绪三十二年(1906)《永定县乡土志》卷三十七页载:"驩兜鼎在玉泉寺,渔人得之边岩潭中,无他字迹,土俗指为驩兜鼎,形质古朴,颇似釜鬻,决非近时之物,僧置寺院中,以焚楮帛。"经查此鼎在土改后,因拆了庙宇而下落无着。又,民国三十七年(1948)《民国大庸史初稿·名胜古迹》载:"传曰:'舜放驩兜于崇山',本县崇山,留存有驩兜墓,并有驩兜庙筑于冢侧,遗迹可考。"

唐代王维《叔王墓》诗曰:"蛮烟荒雨自千秋,夜邃空余鸟雀愁。周叔不辞亡国恨,却怜孤墓近驩兜。"《山海经·海外南经》道:"讙头国在其南,其为人人面有翼,鸟喙,方捕鱼。一曰在毕方东。或曰讙朱国。"方,擅长。郭璞注此讙头国即尧予讙兜之子之封地。袁珂注此讙兜即为尧子丹朱。《吕氏春秋·恃君览》:"尧战于丹水之浦。"又曰"封子丹朱于丹水"。可以理解为:尧以大军征服丹水之浦的苗民,然后"封子丹朱于丹水"。自汉以来,历代史家都在猜"丹水之浦"究竟在何方?《淮南子·兵略训》认为"此丹水,即今丹江,为汉水北支流"。《吕览·召类篇》则载有:"夏氏谓丹水即今南阳浦岸"。都没有猜对,与史实相差甚远。原因其实很简单:他们没有像袁珂那样认识到"讙兜即为尧子丹朱",没有弄清《尚书·尧典》所记"(舜)放驩兜于崇山"的"崇山"在哪里。前面所引大量史籍记载已经论证:今湖南省张家界市永定城郊之崇山,即为"(舜)放驩兜于崇山"之崇山。而这座崇山之北麓,就有一条非常著名的文化、文明、文渊之水——大庸水(又称大庸溪)。其"丹水"二字不过就是"大庸水"的疾呼快读而已!

驩头国统治地域决非崇山一地,而是长江以南广大的所谓南方蛮夷之地。《山海经·大荒南经》亦道驩头国为翼人之国。驩头国在《海外南经》则有"或曰驩朱国"一语,表示"驩头""驩朱""驩兜"都是汉语音译南越语的族名。按"驩朱"与"番禺"同音,故此国即"番禺国"。已知驩头与缚娄、阳禺并称,表示地理位置相近,缚娄即今博罗县,阳禺即今清远县,可知驩兜也当在珠江三角洲中,番禺正居于此。驩头国在《海内经》中,记为"番禺",且记为帝俊的曾孙,造舟始祖,则番禺族迁珠江三角洲,适应水网生活,造船业发达也是合理之事。驩头族本在三苗之地,尧帝亦"放驩兜于崇山"(见《舜典》、《大戴礼记·五帝德》),更补上一句"以变南蛮"。番禺(驩兜)一族由湘而桂,由桂沿西江进入粤、越、泰、柬地区。故驩兜国实际继承了颛顼帝国的南部疆土。

在崇山分五宗六族:仡蹼、濮僮、濮沙(今崇山尚有大沙、麻沙等地名)、仡骡、仡轲;熊、夷、颛、徕、铠、鲧。称崇山为主姓坡立谱山,濮语叫"比高立姓高仁立谱"。即《山海经·大荒南经》载:"又有宗山,又有姓山。"

三苗被征服后,除三苗、驩兜、共工、鲧率一部分被放逐外,大部分降服。留在左洞庭右彭蠡。后来留在左洞庭右彭蠡的三苗复叛,禹又征三苗。《今本竹书纪年》载:"三十五年,帝命夏后征有苗,有苗氏来朝。"特别值得注意的是《战国策·魏略》说:"禹伐三苗,东夷之兵不起。"说明东夷与三苗降部结成了联盟,共同反舜、禹。这次战争,是鲧妻土敬为首。战败后,鲧妻土敬率子炎融逃到崇山投奔驩兜。《山海经·大荒南经》载:"鲧妻土敬,土敬子曰炎融,奔驩兜。"祝融就是仡索。蛮左、蛮戎都是九熊后裔,南蛮中的大氏族。他们的后裔现在自称仡戎、仡索,仆程就是濮左。九熊后裔到崇山后,叫濮人,建立大庸国。

第九节　三苗国

《山海经·大荒北经》:"西北海外有黑水,之北有人……名为苗民。郭璞注:三苗之民。"《山海经·大荒南经》:"赤水出昆仑。""三苗国在赤水东,其为人相随。郭璞注:昔尧以天下让舜,三苗之君非之,帝杀之,有苗之民叛入南海,为三苗国。一曰三毛国。"《史记·五帝本纪·正义》说:"三苗之国,左洞庭而右彭蠡(lǐ)"。按:洞庭,湖名,在岳州巴陵西一里,南与青草湖连。彭蠡,湖名,在江州浔阳县(即今江西省九江市)东南五十二里。以天子在北,故洞庭在西为左,彭蠡在东为右,今江州、鄂州、岳州,三苗之地也"。相传,三苗国在中国南方,势力较强,恃其地险为乱,负国不服,抗拒朝廷,被舜帝驱逐于三危之地。三危在今甘肃省敦煌县东南三十里之处。《史记·五帝本纪》又曰:"三苗在江淮、荆州,数为乱。于是舜归而言于帝,请流共工于幽陵,以变北狄……迁三苗于三危,以变西戎……"至此,三苗国亡灭。

苗族是中国的一个古老的民族,它曾经叱咤风云,南征北战,在历史长河中也曾经多灾多难,但它是一个顽强勇敢的民族,经历了无数次的战争。苗族之名在古史文献中有不同的称谓,如三苗、有苗、苗民、苗蛮等。《山海经·大荒北经》:"西北海外,黑水之北,有人有翼,名于苗民。颛顼生驩头,驩头生苗民,苗民厘姓,食肉。"郭璞注说:苗民,"三苗之民"。毕沅注引《神异经》云:"西荒中有人焉,面目手足皆人形,胳下有翼不能飞,为人饕餮淫逸无理,名曰苗民。"郭璞说苗民就是三苗之民。毕沅引《神异经》有点神话色彩,实际是反映了苗民的一支中有鸟图腾信仰,与《大荒北经》中说的"有人有翼"是一致的。

"驩头生苗民"的意思是说,苗民的一支是来自驩头族,而驩头又是颛顼的分支,颛顼是黄帝的子孙族。"苗民厘姓",即黄帝二十五子中的"僖"姓。这一支苗民源于黄帝族系统。"食肉"二字,是说这一支苗民不从事农业生产,其生活资料来源主要是畜牧或狩猎。《海外南经》说:骧头国"其为人,人面,有翼,鸟喙,方捕鱼。或曰谨朱国"。骧头国的人捕鱼为生,信奉鸟图腾。《大荒南经》说:"大荒之中,有人名曰骧头。鲧妻士敬,士敬子曰炎融,生骧头。骧头人面,鸟喙,有翼,食海中鱼,杖翼而行。惟宜芭苣、穆杨是食。有骧头之国。"骧头国人的生活资料来源,除了海中捕鱼之外,还采集植物作为生活的补充。这段史料说明:骧头是鲧的分支族,或说是鲧的通婚族士敬的分支族。不过鲧也是颛顼的子族,与"颛顼生骧头"并不矛盾。我认为骧兜很可能是颛顼的女婿,崇伯鲧(果庸)的主要之夫,大禹的主要之父。故崇国(即崇山国)、骧头国、三苗国很可能就是一个国家的三种不同称呼,依母系称崇山国,依父系称骧头国,依族系称三苗国。这正是由母系社会向父系社会过渡,由酋长联盟向世袭王朝过渡的历史特征。

《大荒北经》的骧头生苗民记载在西北方,从事狩猎;《海外南经》和《大荒南经》把骧头记载在南方,而且是从事渔猎。这正是骧兜从北方嫁到南方以后生活生产方式的重大改变。《五帝本纪》载:"昔帝鸿氏有不才子,掩义隐贼,好行凶慝,天下谓之浑沌。"《史记集解》引贾逵曰:"帝鸿,黄帝也。其苗裔骧兜也。"这里直接把骧头说成黄帝的苗裔。《五帝本纪》还说:"缙云氏有不才子,贪于饮食,冒于货贿,天下谓之饕餮。"《集解》引贾逵曰:"缙云氏,姜姓也,炎帝之苗裔,当黄帝时任缙云之官也。"《正义》说:"今括州缙云县,盖其所封也。"《正义》还说:"饕餮谓三苗也。言贪饮食,冒货贿,故谓之饕。"《世本》也说:"缙云氏姜姓也,炎帝之苗裔,当黄帝时任缙云之官。"《左传》文公十八年记载:"缙云氏有不才子,贪于饮食,冒于货贿;慢欲崇侈,不可盈厌;聚敛积实,不知纪极;不分孤寡,不恤穷匮。天下之民,以比三凶,谓之饕餮。"《左传》昭公九年孔颖达疏:"饕餮,三苗也。"《尚书·舜典》:"窜三苗于三危。"其下注说:"三苗,国名。缙云氏之后为诸侯,号饕餮。三危,西裔。"

古人把三苗比作饕餮,反过来说,饕餮就是三苗。这虽是对三苗的贬称,但可以看出三苗是缙云氏的后裔,而且是一个诸侯国。但是缙云氏又是姜姓,是炎帝的苗裔,印证三苗族团的祖族是赤帝祝融,即炎帝神农族团。《尚书·吕刑》:"苗民弗用灵,制以刑。惟作五虐之刑曰法。"注说:"三苗之君习蚩尤之恶,不用善化民,而制以重刑,惟为五虐之刑,自谓得法。"疏说:"昔炎帝之末,有九黎之国君号蚩尤者。"而蚩尤又是九黎的国君。这说明三苗与九黎同宗共祖,本来就是祝融氏族一根藤上的瓜。

《礼记·缁衣》:"苗民匪用命,制以刑。惟作五虐之刑曰法。是以民有恶德,而遂绝其世也。"疏引郑玄注《吕刑》云:"苗民,谓九黎之君也。九黎之君,于少昊氏衰而弃善道,上效蚩尤,重刑必变。九黎言苗民者,有苗九黎之后。颛顼代少昊诛九黎,分流其子补为居于西裔者三苗。至高辛之衰,又复九黎之君恶,尧兴又诛之。尧末又在朝,舜时又窜之。"

《国语·楚语下》:"及少之衰也,九黎乱德,民神杂糅,不可方物。……其后,三苗复九黎之德。"注说:"其后,高辛氏之季年。三苗,九黎之后。高辛氏衰,三苗为乱,行其凶德,如九黎之为也,尧兴而诛之。"《古本竹书纪年》:"三苗将亡,天雨血,夏有冰,地坼及泉,青龙生于庙,日出,夜不出。"《随巢子》:"昔三苗大乱,龙生于苗,犬哭于市。"《论衡》:"三苗之亡,五谷变种,鬼哭于郊。"《金匮》:"三苗之时,三月不见日"。

上述几段话足见战争之惨烈。著名史学家许顺湛先生做了这样的理解:"有苗九黎之后,即九黎是有苗的祖族之一。九黎在少昊氏衰败之时,上效蚩尤,不行善道,颛顼杀了九黎的首领,把其族众驱散,驱逐到西裔者称为三苗。留在中原地区的三苗族众又集结起来,在高辛氏衰败时,三苗又恢复了九黎之君的法规,在尧势力强盛时,战败了三苗,诛其首领,使其归顺了帝尧,其新任首领参加了尧的领导集团。在帝尧末期,三苗又不顺从,被舜窜之四裔。这里最重要的一点是:三苗的族源之一来自九黎。《五帝本纪·正义》引孔安国曰:'九黎君号蚩尤。'《尚书·吕刑》疏说:'有九黎之国君号蚩尤者。'这就把三苗、九黎、蚩尤紧密联系起来了。九黎可能是三苗的主要族源,或者由于九黎之君蚩尤在历史上影响较大,在三苗族团中形成了最有威信的英雄形象,所以直到现在的苗族人还尊蚩尤为始祖。"

祝融后裔分为八姓:己、董、彭、秃、妘、曹、斟、芈。张家界市至今尚有"八家河""八芈桥"等地名遗迹。其中七姓都迁徙到北方,只有芈留在南方,主要在湖南和湖北,史书上称为芈蛮。史学泰斗徐旭生(1926年任北京大学教务长。1927年任北京师范大学校长)在《中国古史的传说时代·苗蛮集团》中说:祝融(主要是芈姓一支)"由于他到苗蛮集团中做首领,苗蛮自然受他的影响,而他及他的后人的风俗习惯大部分也要同化于苗蛮,也是一种不可避免的情形。我们所分的集团,主要是指在文化方面,血统方面不大重要。所以,后人把祝融当作南方集团的代表,也可以说没有错误。不过所指的是楚、蛮芈、夔、邾等氏族。其他散处各地的氏族并不属于苗蛮篡团"。多年前徐先生就把话说得这么到位,着实让人叹服!遗憾的是他不知何故,竟忽视了大庸古国的存在,与揭开古庸国历史谜底失之交臂。其实,很多苗族学者都认为,祝融就是仡索,九黎就是九熊。蛮左、蛮戎都是九熊后裔,南蛮中的大氏族。他们的后裔现在自称仡戎、仡索,仆程就是濮左。九熊后裔到崇山后,叫濮人,建立大庸国。

第十节　夏禹国

　　我认为夏禹建立的华夏历史上最早的国家——夏禹国(前2070—前1600),最初发迹于祖岳崇山(古称云梦山)所在的湖湘大地,夏禹国就是夏庸国,夏朝在入主中原之前一直在崇山称伯(霸)一方,故曰"禹夏之兴,祝融降于崇山"。故《白虎通·五行》:"时为夏,夏之言大也,位在南方。"大庸即夏庸。夏禹国可能在立国几代后,才由湖南崇山北上,迁都于河南嵩山(古称太室山)东麓颍水居夏,夏邑(河南禹州)一带,后称阳翟。

　　一是史有明载。

　　《史记·夏本纪》载:"于是帝尧乃求人,更得舜。舜登庸(入主庸宫),摄行天子之政,巡狩。行视鲧之治水无状,乃殛鲧于羽山以死。天下皆以舜之诛为是。于是舜举鲧子禹,而使续鲧之业。"

　　《国语·周语下》:"有崇伯鲧。"韦昭注:"鲧,禹父。崇,鲧国;伯,爵也。"很显然,大禹出生、成长、受禅登位于崇山鲧国。故《国语·周语上》曰:"夏之兴也,融降于崇山。"故《杜夷幽求》曰:"以舜禹之登庸,不似跛鳖之与晨骥乎?"《白虎通·五行》:"时为夏,夏之言大也,位在南方。"故《符子》曰:"舜禅夏禹於洞庭之野。"故《竹书纪年》曰:"当尧之时,舜举之禹,祝融之神降于崇山,乃受舜禅,即天子之位。"鲧曾被分封在崇山,称崇伯鲧,张传玺等学者说:崇山古代在"湖南大庸县境"。《尚书·舜典》曰:"放欢兜于崇山",《史记·五帝本纪》《帝王世纪》:"放欢兜于崇山,以变南蛮",可见崇山在南蛮(湖南),有人说崇山就是中岳嵩山,大错特错。中岳古称太室山,嵩山之名是汉武帝时才定的,《汉书·地理志》:"古文以崇高为外方山也"亦可为证。若说嵩山就是崇山,处南蛮,那么三代时的中国在哪里?所以鲧之生活在湖南无疑。《新语》:"大禹出于西羌",《吴越春秋》:禹"家于西羌"。西羌在何处?《后汉书·西羌传》:"西羌之本,出自三苗,姜姓之别也。其国近南岳"。《战国策·魏策》中吴起说:"昔者三苗之居,左彭蠡之波,右有洞庭之水,文山在其南,而衡山在其北。"

　　二是国居沃野。

《管子》曰:"昔者七十九代之君,法制不一,号令不同,然俱王天下者,何也?必国富而粟多也。夫富国多粟生於农,故先王贵之。"古庸湖湘地区乃天下粮仓,当为三皇五帝之都城,故曰大庸也。据《史记》载:"禹平水土,定九州,计民数",是说大禹曾为治水进行过人口调查,当时登记人口为1355万人。《逸周书·世俘》述武王伐商,"憨国九十有九国,馘磨亿有十(七)万七千七百七十有九,俘人三亿万有二百三十,凡服国六百五十有二。"这则史料的几个数字值得注意:一是或灭或降国族数为751个,与甲、金文中方国、方伯、诸侯包括地方族落或基层地缘组织名共约791个,比较接近。二是被杀被俘者为四亿八万七千余人,按《尚书·洛诰》:"公其以予亿万年",传云:"十万为亿",是人数为48.7万多人,约为上估780万的晚商全国总人口的1/16,国家倾覆,民人遭殃。这则史料应该说是可信的。又据北京大学文博学院博士生导师宋镇豪教授考证,夏商时期人口总数:夏初为240万～270万人,商初为400万～450万人,至晚商增至780万人左右。从夏禹国人口总数来看,最初的国土核心不在河南,而在湖南、湖北一带,其国都就在今张家界市。两百多万人口,守住有天下粮仓之称的两湖地区,就足以居国养民了。

三是地名有证。

在今张家界市桑植县有鲧(鲧伯)水峪、鱼(鲧死化鱼)山嘴、涂(禹娶涂山氏)家湾、剖腹(禹臣防风氏自杀)溪,永定区有禹(大禹)溪乡、后(夏后)坪镇、夏聚(夏人村落)渡、尹(伊尹)家溪,武陵源区协和乡有禹王(纪念大禹)庙,慈利县有九江(禹治九水至九江)乡、九溪村等一系列与夏王朝父子、君臣事功有关的地名,当与夏朝立国之初的史实有内在联系,绝非偶然。

四是有碑为证。

著名的《禹王碑》最初刻石于衡山岣嵝山,公认为大禹治水时的手书,六行七十七字,奇古难认,现有复制品藏浙江会稽"禹墓"之岣嵝碑亭内。其文云:"平定华岳泰衡……(回)徙南渎,衍亨,衣制食备,万国首宁,窜舞永奔"。"(回)徙南渎,衍亨",直接点明禹王平定水土后回到了古庸湖湘地区。"衣制食备,万国首宁,窜舞永奔",则如刘俊男教授所说:"生动地描绘了禹治水后返回南岳而安居乐业的热烈场面",故刻下此碑,永作纪念。

据《山海经·大荒西经》记载:"有人无首,操戈盾立,名曰夏耕之尸。故成汤伐夏桀于章(崇)山,克之,斩耕厥前。耕既立,无首,厥咎,乃降于巫山。"巫山,即崇山北麓之宋山,又叫麻空山、禖宫山,庸国很可能在此收留了夏亡国后的遗民。这是夏禹国最初建于崇山的又一重要线索。

第六章　武王伐纣　庸首会焉

——从武王伐纣看大庸古国的亲族和属国

《尚书·牧誓》:"武王伐纣,庸首会焉。"又曰:"王左杖黄钺,右秉白旄以麾,曰:'逖矣西土之人。'王曰:'嗟!我友邦冢(大)君,御事、司徒、司马、司空、亚、旅、师氏、千夫长、百夫长及庸、蜀、羌、髳、微、卢、彭、濮人。称尔戈,比尔干,立尔矛,予其誓。"可见,庸国是当时武王讨伐商纣联军的主力部队,而且是以庸国为首,蜀、羌、髳、微、卢、彭、濮都是他的亲族或属国(即"小庸首"),故曰"庸首会焉"。

第一节　庸国与蜀国

我认为,蜀山氏是祝融氏的直系后裔,古蜀人是古庸人的血统亲族,古蜀国是古庸国的嫡传属国。蜀者,属也。"蜀""属"二字皆从"尸",从"几",从"虫",且读音相同,皆读为"shǔ",音义全通。"蜀"是"属"的初文,"属"是"蜀"的引申,蜀国乃庸国的属国。故西汉末王莽曾改成都(益州)为庸部,称庸部牧为庸国公。南北朝有《爨使君》碑文云:"迁避庸蜀,流薄南人。"北周帝亦在此设庸部牧,称庸国公。故古蜀国很可能是远古大庸国的一部分,曾为大庸国的领土。

1. 蚕与蚕图腾

蚕(蠶、蝅、䗞),是蚕蛾的幼虫,丝绸原料的主要来源,在人类经济生活及文化历史上有重要地位。科学研究探明,蚕茧是由一根长度为 300～900 米(1000～3000 英尺)连续的丝织成的。家蚕的虫及蛹可以食用,并有食疗功效。成虫的蛾不能飞,它又被称为"蚕蛾"。

融(róng),从鬲,虫省声。鬲(lì),古代一种烹饪器,与鼎相似。本义:炊气上升。蛹(yǒng)，昆虫从幼虫过渡到成虫时的一种形态：蚕蛹。蛹化、蛹卧(蚕蛹蜷伏茧中，喻隐居)。融、蛹音义相通，茧中蜷伏曰"蛹"，破茧化蛾曰"凤"，入鬲可食曰"融"。随着文明的进步，"融"由普通食品转为祭祀供品(先祭祀后食用)。

　　长期以来，我们低估了古人的科学素养，低估了他们对生命现象的认识能力。古人对生命现象充满了好奇，具有极强的观察力、思辨力和表达力。大家知道，虫是典型的象形字，活像刚丛蛋卵中浮化出壳的那个小小的生命，乍一看上去仿佛正在爬动。笔者认为"蠻"(蛮)是蚕(蠶)的初文，会意理解为吐丝的虫。"蚕"这只天降神虫，每到日神(炎帝上古虚化人物，代表南国共主)远归、天气转暖的春季，它就破卵而出，不停地采食桑叶，让自己一天天长大，直到能为人类吐出备冬御寒的丝来，以至最后"作茧自缚"，成为一只蚕"融"(疑为"蛹"的初文)。然而，这么一只无私奉献、福佑人类的神虫怎么会死呢？天遂人愿，它没有死。它不会死。它终于羽化成蛾听从日神召唤飞回了天空。这一神奇的生命现象，让古人感到十分好奇，小小春蚕——这只神虫让他们产生发自内心的崇拜。他们十分虔诚而又隆重地筑下神坛，请来部落最高首领主祀，向这只"大融"尸而祝之，期望这只神虫来年春天再回人间，为他的子民再赐生命之丝，古人最早的图腾就这样诞生了。楚国人的凤图腾，其实就是那只蚕虫的化身。试看凤凰的"鳳"，就是将"風驰电掣"的"風"字中的"虫"字换成了"鸟"字，凡虫变鳳鸟，是超越生死的涅槃，是继承，也是升华。前面叙述春蚕的一生，大家已有初步认识。请看凡、風、鳳三字的外壳，都是一个"几"字，"几"为何意？几者，长凳也，指长形案板之类的工具。承放桑叶之案板也。凡者，何也？案板上的一粒蚕卵，它是很平常很平常的。但孵化出幼虫就开始不平凡了，幼虫蚕食桑叶一天天长大，直到吐丝化蛹(融)羽化，这只平凡的蚕虫变成蚕蛾(产卵而终)飞上天，就再也不是凡虫了。而成了庸楚先民心目中的神鸟，也就是火神祝融。著名爱国主义诗人屈原先生在他的千古绝唱《离骚》中，开言即说"帝高阳之苗裔兮，朕皇考曰伯庸(古字为'虫庸'或'庸虫')"。意思是说，我是古帝高阳族三苗部落的后裔，我的高祖叫作伯庸。也就是说，他是祝融的后裔，"伯""祝"训诂皆为"大"。伯为长，长为大，兄为长，长兄为大。跟进推论，屈原也承认自己是以"大融"为图腾的祝融后裔(详见拙文《以文贯史说大庸》)。

　　2. 蜀与蚕丛氏

　　蜀(shǔ)，《说文·虫部》"蜀"："蜀，葵中蚕也，从虫，上目像蜀头形，中像其身娟娟，《诗》曰：'娟娟者蜀'。"此处所说"葵中蚕"，应作"桑中蚕"，《尔雅》释文即引此作"桑中蚕"，可为其证。段玉裁注云："《诗》曰：'娟娟者蜀，蒸在桑野'，似作桑为长。"又云:"《毛传》曰:'娟娟,蠋貌;蠋者,桑虫也。'《传》言虫,许(慎)言蚕者,蜀似蚕也。"朱熹《诗集传》也说:"蠋,桑虫蚕似也。"古代以蚕为虫类,所以蜀为"桑中蚕""桑虫"。郑樵《通志·昆虫草木略二》说:"蚕之类多。《尔雅》曰:'蟓,桑茧。仇由,樗茧、棘茧、栾茧。虫亢,萧茧。'此皆蚕类吐丝成茧者。食桑叶为茧者曰蟓,盖蚕也,或云野蚕。食樗叶、棘叶、栾叶为茧者曰仇由。食萧叶为茧者曰虫亢;萧,蒿也。原蚕者,再熟之蚕也。"《韩非子·说林上》曰:"鳝似蛇,蚕似蠋。人见蛇则惊骇,见则毛起。渔者持鳝,妇人拾蚕,利之所在,皆为贲诸。"《淮南子·说林》的说法与此大同。其文曰:"今鱼单之与蛇,蚕之与蠋,状相类而爱憎异。"高诱注曰:"人爱鱼单与蚕,畏蛇与蠋,故曰异也。"现代史学家任乃强也说:"论界以为字,(蜀)盖即原蚕之本称也。"蜀人以擅长养蚕而得名,其族因此以蚕(蜀)得名。

现代生物遗传学知识表明,家蚕是从桑蚕而不是其他野蚕驯化而来的,只有桑蚕能够经过人工驯养演化为家蚕,其他野蚕则不能驯化为家蚕。家蚕和桑蚕的这种亲缘关系,从其性状杂交可育性、染色体数等方面,已得到充分证实。四川省社会科学院研究员、四川省巴蜀文化研究中心副秘书长(常务)段渝先生在《古代的蜀图》一书中说:"蜀指桑蚕,是家蚕的近祖或前身。它同一般的野蚕是不一样的。"

蚕丛,养蚕专家,又称蚕丛氏,是蜀国首位称王的人。据说他的眼睛跟螃蟹一样是向前突起,头发在脑后梳成"椎髻",衣服样式向左交叉(通常汉族传统衣服为右衽,即向右交叉的),最早他居住岷山石室中。后来蚕丛为了养蚕事业,率领部族从岷山到成都居住。在夏桀十四年,夏桀派大将军扁攻打蚕丛和有缗氏,于是蚕丛跟有缗氏说用美女来让夏桀没有打仗的心情,果然夏桀被美女迷惑后,宣布要回到朝廷。西周时期,蚕丛被其他部落打败后,蚕丛的子孙后代,都各别逃到姚和嶲(两地于今四川西昌一带),最后由新势力鱼凫来结束这次战争。

三星堆的确出土了不少与蚕丛氏相貌一致的器物,如人像面具中的纵目式面具和椎髻左衽服饰等,这是不是蚕丛部族留下的生活遗迹呢? 广汉三星堆一带建城很早,而且曾经多次发生过部族间的争斗,这其间是否有蚕丛取代其他部族或鱼凫、柏灌取代蚕丛的争斗呢? 明曹学诠《蜀中广记》引《仙传拾遗》记载一则故事,就说到当时三星堆一带部族间的争斗情况:"蚕女者,当高辛氏之世,蜀地未立君长,各所统摄,其人聚族而居,遂相浸噬,广汉之墟,有人为邻土掠去已逾年,惟所乘之马犹在。其女思父,语焉:'若得父归,吾将嫁汝。'马遂迎父归。乃父不欲践言,马跄嘶不已,父杀之。曝皮于庖中。女行过其侧,马皮蹶然而起,卷女飞去。

旬日见皮栖于桑树之上,女化为蚕,食桑叶,吐丝成茧。"

3. 祝融氏与蜀山氏

前文已述,古蜀人的始源是蚕丛氏。从中国古籍考察,又可追溯到蜀山氏。所谓蜀山氏,就是居住在蜀山的族氏。我认为,蜀山氏就是蚕丛氏。依祖宗族源而言,习称蚕丛氏("丛"与"融"音义相通);依新开领地而言,则曰蜀山氏("蜀"与"祝"音义相通);合而言之,可谓"蜀山氏蚕丛"或"崇山氏祝融"。从时间上考证,蚕丛很可能是在虞舜和大禹权力交替时期,入主蜀山并开基立国的。《世本》《山海经》等先秦古籍即载有"蜀山氏"名号。及至汉初,在《大戴礼记》和《史记》中,均载有"蜀山氏"之名。诸书并谓"蜀山氏之女名昌濮",所谓"氵蜀(蜀)子",其称于世的时代是五帝时代。所谓五帝时代,笼统而言,是指中国新石器时代的末叶,大致相当于考古学上的龙山时代的较早时期,约在公元前二千六七百年。这表明,以蜀命名的这支族群,早在距今四五千年前就已经形成。我推断崇山骥兜部落在这次权力交接中很可能是最大的反对派,但最后以失败告终,只好带着庸国重器逃往蜀山,易地为王。20世纪八十年代,四川出土的三星堆文物,很可能就是崇山古庸国"国之重器"的一部分。这与《太平御览》引《武陵记》所载崇山附近镩于山石室,"犹见铜钟高丈余,数十枚,其色甚光明"的庸国重器有着不可估量的惊人联系。这既为古崇山、古庸国文化与文物不对称和三星堆、金沙遗址文物来路不明确找到了不可不信的基本答案,也为新莽政权与宇文北周王朝为何在益州(四川)设庸部牧,称成都为庸部,封庸部牧为庸国公,找到了明确无误的史源依据。

4. 古蜀民与天门山不死国

著名学者伏元杰教授认为澧水流域是古蜀族的发源地。他曾专文论述说澧水流域古庸国境内的仙人溪,即为《山海经》里的"不死之国",亦为早期的原始古蜀国。据《博物志·物产》载曰:"员丘山上,有不死树,食之乃寿。""不死树"之"不死"是在训诂"寿"字。伏教授解释说:"'寿'字在古代又为晋语'蜀'同音假借字。川人读蜀为 shǔ,而晋语读蜀为 shǒu,《尚书·牧誓·伪孔传》:'蜀,叟也'。"

朱骏声《说文通训定声》注"晋人语也。"《后汉书·董卓传》:"吕布军有叟兵,内反。"注:"叟兵即蜀兵也。"汉字中还有一个"熟"字也与"蜀"字读音情况相同。现在来看"女丑之尸",就会明白它的含义了。"女丑"即"妞"字。"女丑之尸"即"妞尸","妞尸"为"尸妞"的左言。"尸妞"是"叟"的拼音字,犹后世之反切。"叟"即晋语"蜀"字。这些解释很见功力。从文化发生和语言、语源学来看,"蜀"

"属""寿""叟"乃同源衍生的文化字群。

《山海经·大荒西经》中"女丑之尸"与三淖、垅山相邻,知"女丑之尸"在晋南,即蜀在晋南。而"女丑之尸""衣青",这正是蚕神的文化特征。蚕丛为蜀之先王这是很清楚的,这证明"女丑之尸"即蜀族中的蚕丛氏。由此推论,《竹书纪午》中的"禹生石纽"之"石纽";《帝王世纪》中的"禹生石坳"之"石坳";《山海经》的"女丑之尸"之"尸妞",均为晋语"蜀"的拼音字。这是西北汉民拼写外来生字的一种方法。(宋)李石《续博物志》就说过:"'不可'为'叵','如是'为'尔','而己'为'耳','之乎'为'诸'。西域三合之音,切字之原也。"晋语为什么要这样拼写蜀字呢,是因为晋西南并不是蜀人的始居地,蜀人是外来者,他们是南方祝融氏炎帝族后裔展转西迁、北上东进才来到中原晋南地区的。蜀字是外来词,只好用拼音的办法(石纽、石坳、尸妞、嵩周)和同音假借的办法(叟、搜、寿、首)来解决。

同理,《帝王世纪》说:"黄帝生于寿丘,……居轩辕之丘"的"寿丘",也当为晋语之"蜀丘";《史记·五帝本纪》:"舜作什器于寿丘"也为蜀丘;《史记·封禅书》:"黄帝采首山之铜"之"首山"即蜀山。此首山即《通典》所说的雷首山。现在知道,它应叫雷蜀山,即嫘祖之蜀山。晋南广泛流传着黄帝元妃嫘祖的传说,在山西夏县西荫(陵)村有一块呈水泥灰色,上面寸草不生的高台名"丘台",当地人说是嫘祖葬身的地方。附近的断崖堆积层里还有夹有古代的陶砖瓦碎片,半个蚕茧化石就在这里发现,黄帝和西陵氏为通婚族,他们都住在昆仑丘——今天门山(详见拙文《天门昆仑》),这是合情理的。石璋如先生在《殷代的铸铜工艺》一书中说,山西殷代铜矿有七处:垣曲、闻喜、夏县、降县、曲县、翼城、太原。说明中条山大部分地区都产铜,证明黄帝首山采铜,蚩尤以金(铜)作兵器言之有据。

有人将"黄帝生于寿丘"改为"寿陵",以为寿丘为黄帝寝陵之地,这样,黄帝的出生地却变成了黄帝葬地。此乃不明"寿丘"为晋语"蜀丘"的缘故。《山海经》也犯过类似的错误,《山海经》中有众多的"不死之王""不死之国""不死之民"。天下哪有不死的王、不死的民呢? 其实,"不死"即"长寿"之意。"不死之王"实为晋语"蜀(寿)王";"不死之国"实为"蜀(寿)国";"不死之民"实为"蜀(寿)民"之误。

《山海经》中的"不死之国(民)"有三处:一是在晋南。《山海经·海内经第十八》云:"西海之内流沙之西有国,名曰氾叶……流沙之东黑水之间有山,名不死之山。"二是在山东曲阜。《山海经·海外南经·第六》:"不死民在其东,其为人黑色,寿,不死。一曰在穿胸国东。歧舌国在其东。一曰在不死民东。""歧舌"为"曲阜"的同音假借字,"黑"同"黎"。《诗序》:"黎侯寓于卫"即此,也即《山海经》

中的歧舌国地。三是在湖南的澧水流域。《山海经·大荒南经·第十五》："南海之外，……大荒之中有不姜之山，黑水（发源于今桑植县岩屋口乡龙穴坪村）穷焉……又有蒲山，澧水出焉……又有人方食木叶。有不死之国，阿姓，甘木是食。"这里的"不死之国"即蜀国。此蜀国在洞庭湖畔的澧水流域，当是蜀族的发源地，这里恰好是城背溪文化所在地。

伏教授最后得出结论："澧水流域的驩兜族为不死之民，即蜀之先民。"驩头墓在湖南澧水流域张家界市天门山毗邻的崇山。（明）嘉靖《澧州志·卷三》："崇山，在县西一百里，舜放驩兜即此。"（清）同治《续修永定县志〈卷十二·葛山、历山、崇山辨〉》："《山海经》云：'葛山之首，澧水出焉。'旧志谓山在大庸所西南极陲。《汉书〈地理志〉》及《桑钦水经》，郦道元《水经注》皆云澧水出充县历山。旧志谓山在慈西二百二十里，……循澧溯之桑植龙山两县交界之所有栗山坡，实为澧源。或历栗音同而字误，其即《水经》所云历山欤？至崇山在慈西二百一十里，今拨归永定县。上有巨垄，土人指为驩兜冢。《尚书》所谓放驩兜于崇山是也。"

驩兜也写作"獾兜""欢头""欢朱""丹朱"。驩兜族当属蜀族。因为《大荒北经》说："颛顼生欢头，欢头生苗民，苗民厘姓。"厘、黎、苗姓都是神农族裔，这与蜀族出于神农氏的族属相同，而且，颛顼本身就是蜀族，在古五帝金文中，颛顼又名"珠高阳"。伏元杰先生在《蜀史考》中已论证"珠高阳"实为"蜀高阳"，驩兜既是蜀族颛顼之子，其也应当是蜀人，即崇山人。

而《大荒经》说得更直接："有人焉，三面，是颛顼之子。三面一臂，三面之人不死。"驩兜为颛顼子，自是"三面不死之人"，"不死之民"既为蜀人，澧水流域的驩兜族当为蜀人，且为远古蜀族之初民。

洞庭湖为中国内陆的大湖，蜀族先民以湖为族姓而最早发源于此。只是，初期的古蜀离我们实在太遥远了，历史的沧海已磨灭了汉文典籍中蜀字的"湖""海"本义，淹没了古蜀先民在洞庭湖及澧水流域的足迹，我们只能在典籍中寻找他们的踪迹。

第二节　庸国与羌国

《诗·商颂·殷武》："自彼氐羌，莫敢不来享，莫敢不来王。"孔颖达 疏："氐羌之种，汉世仍存，其居在秦陇之西。"《荀子·大略》"氐羌之虏也，不忧其系垒也，而忧其不焚也。"杨倞注："垒读为纍。氐羌之俗，死则焚其尸，今不忧虏获，而忧不焚,是愚也。"三国蜀刘禅《复诸葛亮丞相诏策》:"降集氐羌,兴复二郡。威震凶暴,功勋显然。"章炳麟《訄书·序种姓上》:"姜,姓也,逋子为氐羌。"

据《大荒西经》,氐与羌均被认为是炎帝之后裔,炎帝为姜姓,氐人酋帅与羌人同,亦多姜姓。因而认为氐羌同源,氐出于羌。范晔在《《后汉书·西羌传赞》明云:"金行气刚,播生西羌。氐豪分种,遂用殷疆"。张良皋先生认为氐族人是上了蒿排的羌人,宋丁度等《集韵》亦云:"氐,黎都切,音低,羌也"。或云氐族是汉化了的羌人。羌人有文字可考的历史可追溯到商周时期。诗经大雅中已提到羌人。一说大禹即是羌人,汉魏时有"禹出西羌"的说法。

春秋战国时,羌人已聚居于今陕西、甘肃、青海一带。秦国向西扩张时曾与羌人发生过战争。西汉时,居住在今甘肃、青海东部、四川西部的各族普遍被称为氐羌,而羌族与氐族是否为同一民族至今未有定论。原始藏族在汉文史籍中被称为发羌。而藏族早期的神话传说认为藏人起源于东方,即今四川、西藏、青海相邻地区,故有观点认为藏族起源于羌族,亦即羌族的一支——藏人建立了吐蕃王朝,松赞干布(569–650)在位时盛极一时。青衣羌国建于公元前816年。青衣羌国领地在今四川雅安至乐山之青衣江流域地带。"古代蜀人以穿青衣著名,因此又有青羌之称。"徐中舒《"交州外域记"蜀子安阳王史迹笺证》云:汉代青衣羌国领县三:雅安、卢山、名山三县地,以后扩展至宝兴、天全(羌全)峨眉、乐山等县。国都在今宝兴县灵关镇。北宋时建立西夏的党项族亦被唐、宋时人认为是羌人的一支,称之为党项羌。西夏灭亡后,党项人多被蒙古军杀戮,一部分残存者南迁,融入川西各族之中(张良皋先生认为胶州在齐鲁,交州在越南,皆蒿排居民)。

有现代学者考证,现在的嘉绒藏族即保留了较多东羌族血统,青海、甘肃、陕西、四川等省的羌民大起义,青衣羌亦积极响应。羌汉人民反抗东汉王朝的斗争长达两年。起义被镇压后,改青衣江为"平羌江"。南北朝的北周时,置平羌郡,郡治今乐山,峨眉为平羌县,乐山城为平羌镇。眉山亦为平羌郡。故今乐山市内有"平羌饭庄""平羌春商店""平羌牌"三轮车"平羌三峡"等名称。唐代还有"峨眉山月半轮秋,映入平羌江水流"之诗句。今雅安市内有"羌江区""羌江南路"街道、"羌水月"饭店、"羌江旅馆"等名称。羌位于甘肃东南部,东接周国,南连蜀国,是后来羌族的发源地,后纳入秦国领土。史学界早有学者认为,氐羌与古老的三苗有渊源关系。三苗是我国古代传说中的重要部落集团,与华夏族先民有极为密切的联系,在《尚书》的《舜典》《大禹谟》《皋陶谟》《禹贡》《吕刑》诸篇中均记有三苗之事迹。前文已述,三苗国就是驩头国,它们都是古庸国的前身或异称。

三苗最早分布地带北达长江以北、淮河以南,与作为华夏文化来源的仰韶文化分布区是紧密相连的,由于华夏集团向南扩张,三苗不得不向西向南回迁。一支沿汉水向西北迁徙,即《舜典》提及的"窜三苗于三危",迁徙到渭水上游和岷山以北的地区,即后来祝融子族氏羌族的第二故乡;而另一支向南迁徙至鄱阳、洞庭湖之间的祝融老家,崇山及衡山一带。后复向西移,逐渐分布于川西、黔东一带,其中一部分成为今天苗族的先人。因此,有人认为三苗西徙和南迁的两支分别成为氏羌族和苗族的渊源之一。从氏羌族和苗族都有相同的创始传说,如以服色为部落区分标志的共同特征、共同的农耕方式、氏羌族地区留有苗的遗痕等方面均可得到证实。据《魏略·西戎传》载氏羌人"其种非一,称盘瓠之后",而在三苗后裔的武陵蛮中也有盘瓠为始祖的传说,且前文已论证清楚,盘瓠族就是祝融族里的陆终族;同书又云氏人"或号青氐,或号白氐,或号蚺氐……人即其服色而名之也",而苗族亦以服色分为黑苗、白苗、红苗、青苗、花苗等;氏羌人从先秦以降就是农耕民族,三苗的后裔武陵蛮也是农耕民族;据《水经注·渭水》条云:"渭水又东历大利,又东南流,苗谷水注之。"清孙星衍云:"泾谷、伯阳谷、苗谷三水今清水县界。"清水县所属略阳郡正是氏羌族比较集中的地带。苗谷之来源,可能与"三危三苗所处"有关。因此,氏羌与三苗本有渊源关系。这位老前辈可谓触及了历史的本来面貌。

第三节 庸国与髳国

髳国位于四川巴县一带,后为蜀国所灭。武王伐纣时,主力军为以庸为首的八个方国。《尚书·周书·牧誓》即"庸,蜀,羌,髳,微,卢,彭,濮人"。八国中有"髳"无"巴",而髳却一直居于巴地,故可断定"髳"很可能就是"巴"的前身或异称,也很可能就是《山海经》所载的"毛民国"。《山海经·海外西经》曰:"毛民之国在其北,为人身生毛。一曰在玄股北。"又《大荒北经》曰:"有毛民之国,依姓,食黍,使四鸟。""髳(máo)",额上头发齐眉的一种发式,喻草木葱茏、朦胧不清。据传毛民国的人身上长着又黑又粗的鬃毛,力气非常大,不崇尚计谋。以黍为食,擅长驱使虎豹熊罴作战,当初禹生均国,均国生了役采,役采生了修革,修革杀了绰人,天帝可怜血绰人,帮助他们的后人建立了国家,就叫毛民国。这些描述都与庸人和巴人勇武善战,以虎为图腾的特点相一致。而且"毛民国",有可能就是苗民国,毛苗二字音近义通,毛民国很可能就是三苗国的一支。

西周至战国,髳国辖境属巴国地。周慎靓王五年(公元前316年)秦灭巴国,周赧王元年(公元前314年)秦在巴国旧域设县治理,江州县为其一,隶于巴郡。南齐永明五年(公元487年),改江州县为垫江县,北周武成三年(561年)又改垫江县为巴县,并废枳县入于巴县。

武王伐纣时庸师八国中有鬃国而无巴国,伐纣结束后,有巴国兴起,而不见鬃国记于史册,可见巴国很可能已取代鬃国,成为庸国新的子国而传名于世。

第四节　庸国与微国

历史上有两个微国。一是同庸国一道参与武王伐纣的微国,一是纣王庶兄、宋国之祖微子启被封的微国。古庸国与这两个微国都有很深的渊源关系。武王伐纣取得胜利后,可能对旧朝方国酋长进行了较大的调整。重新洗牌后旧朝贤人微子启可能封到了微国旧地,庸国功臣可能被赐姓姬封到商都为三监之一的北子郮。湖北望山曾出土写有"邯子""邯宗""祝融""穴熊""三楚先""二天子""龟求其崇""有崇于火"等字残简。江陵万城出土西周早期铜器一组,有"蓼作北子乍簋(guǐ)""用遗厥祖父日乙""其萬年子子孙孙寶"等字样。这些文字内容所记录的可能正是庸楚共祖祝融、穴熊及北子郮的有关史实。武王君臣从庸师八国参与伐纣看到了庸国的强大,可能将庸国另一主帅分封到今湖北竹山为侯称上庸,从而将古国大庸一分为三,大大分化和削弱了庸国实力,解除了周王朝的心头之忧。古庸人可能正是因为着了老辣姬、姜二人的道,而被后人讥为无用之人,庸国君主亦被视为昏聩的庸君、庸主、庸才。

1. 早期微国

微国,夏朝时期最早建立于山东的西南部,后被殷商上甲微打败,向西逃到了山西潞城,但是冤家毕竟是冤家,敌国终究是敌国,商与微最后还是战争不断,后来商王廪辛(商代第26位国王,公元前1191年即位。廪,音 lǐn)对微国的打击最为沉重,在战争中,俘获了微国的重要首领,并用以祭神。战败的微人不得不再次西迁,这次他们西迁到了渭水中游南岸,今陕西眉县境内,依附于西周。《公羊传·隐公七年》:"滕侯卒,何以不名? 微国也。"《穀梁传·庄公五年》:"黎来,微国之君,未爵命者也。"《后汉书·窦融传》:"赐融玺书曰:'……欲遂立桓文,辅微国,当勉卒功业'。"位于渭水中游南岸,今陕西眉县境内,依附于西周,后受周人压迫,迁入湖北。

周原出土的卜辞中记载,周文王时,楚和微曾共同参与了周的祭祀活动,举行过焚柴祭天的仪式,这表明微国对西周十分忠诚。由于微族与商人属世仇,周武王伐商,微国积极参与的程度可以用"不遗余力"来形容。据《尚书·牧誓》记载,联军部队"如虎如貔如熊如罴",一直是勇往直前,不知退缩。武王灭商后,微国受到重赏,受封为子爵,在陕西眉县正式立国。此处离西周都城不远,微国负有保护周京外围安全的责任,表明灭商后,周王对微国十分信任。事物往往会走向自己的反面。常言道,"飞鸟尽,良弓藏,狡兔死,走狗烹。"当周王朝平定了东方的动乱,政权一旦稳固,微国和其宗主国的矛盾就突显出来,西周王朝不允许在他的发祥地出现一个强大的外姓族国,特别是有影响和号召力的方国,于是,在西周早年的金文中就出现了征眉(微)的记载。微国先是委曲求全,一面卑词求和,一面进贡布帛珍宝,但周王朝还是不依不饶,最后,不得已,微国再次走上了逃亡之路。

2. 微子封国

微子乃周代宋国的始祖。名启(汉时避帝讳改称开),殷商帝乙之子,纣的庶兄。以纣王淫乱,商将亡,屡次劝谏。王不听,遂出走。武王克商,他肉袒面缚乞降。后纣王子武庚作乱,被周公旦攻灭,即以他继承殷祀,封于宋。传说他为政贤能,为殷民所爱戴。因其封国名微,爵位为子,故称微子。微子是商王帝乙之长子,纣王庶兄。微子多次亲谏纣王,见"纣终不可谏",便谋于太师箕子、少师比干。箕子认为"今诚得治国,国治身死不恨;为死,终不得治,不如去"。微子便远离纣王逃到微。"微"是微子的封国,原在今山西省潞城县东北,后微子又迁到山东梁山西北,所以那里也称为"微"。周武王灭商后,微子持祭器造于武王军门,肉袒面缚,左牵羊,右把矛,膝行而前,向武王说明自己远离纣王的情况。周武王很受感动,乃释其缚,"复其位如故",仍为卿士。约公元前1063年,周公以成王命封微子国于宋,即今商丘一带。微子成为宋国国君、始祖,寿终后,葬于今山东微山湖微山岛西北部高岗上,墓前有古碑四通,主碑上有汉代匡衡"殷微子墓"四字,横额为"仁参箕比","箕"指箕子,"比"指比干。孔子称"微子""箕子"与"比干"为"三仁"。

3. 微国附(投)庸

这次逃亡,由于东出函谷关的道路为西周军队把守,微人不得不向南翻越险峻陡峭的秦岭,出褒斜古道,千辛万苦经陕西汉中奔鄂西北,在鄂西北有和他们的先祖并肩作战过的庸、卢、彭、濮等方国的后人,这些方国与微国由于历史上曾经结盟,一直保持着较为友好的关系。微国在竹山立国,大概在周穆王(公元前976—前923年在位)时期,微国彻底迁出鄂西北,大概是在西周末年,或是东周初年,其受庸国庇护,在竹山西立国,不足两百年。熊渠伐庸,庸国为了息事宁人和减少麻烦,大概同意了驱逐微国的要求,但这只是一种敷衍。

当楚军撤退之后,微国仍在庸国的西境活动,故至周宣王时,仍然有征眉(微)之举。由于受楚国和周王室的双重压迫,微国在鄂西北很难立足,特别是后来楚国势力愈来愈强,庸国已自身难保,无力为微国提供保护,在这种情况下,微国进一步向远离中原的西南地区迁徙。于是关于微国的地望,又有四川巴县之说,还有更远至四川眉山的说法,认为眉山也是微人居住后留下的地名。从湖北竹山西南至四川巴县,再西至四川眉山县。

第五节　庸国与卢国

卢国是春秋时期的一小国。其址在今山东济南长清区一带。在长清归德镇有洼地名叫"卢城洼",是卢国故城的遗址,也就是春秋时期卢邑的城都。现存文物保护标志碑,上写"卢国古城遗址"。它与古庸国的渊源不仅仅因为它曾同庸国一道参与武王伐纣之战,从人类起源西南云贵高原的史实来看,卢人、卢国的老祖宗应在古庸国所在的崇山地区。卢(盧),汉语读作 lú。远古时,卢氏人以虎头为图腾,以耕田为生,以藤条编器皿——"盧器"。因此,繁体"盧"字上为虎字头,中为田,下为皿。古庸人正是虎图腾民族,正是以耕田为生的民族,也正是善用藤条编制器皿的民族。他们当中一部分人迁到山东发展、定居是很正常的事。

又据《姓纂》《通志、氏族略》《卢氏族谱》等记载,卢氏本文公子高之孙溪封于卢,齐太公姜尚(子牙)的 13 代孙名溪,任齐国正卿,因功分封于卢。溪的后代以地代姓,均姓卢。故有"卢氏出姜姓"之说。而古庸地区崇山南麓,即今天门山下就有子牙溪地名,崇山东南之慈利县有姜女庙、桃源县有姜水村等地名和炎帝出生的传说。《说文》曰:"神农居姜水,因以为氏。"《国语·晋语四》说:"昔少典娶于有蟜氏,生黄帝炎帝。黄帝以姬水成,炎帝以姜水成。成而异德,故黄帝为姬,炎帝为姜"。《帝王世纪》说:"炎帝神农氏长于姜水,始教天下耕种五谷而食之,以省杀生"。《春秋纬元命苞》说:"少典妃安登游于华阳,有神农首感之于常羊,生神农"。这些史籍的原始记录都没有说姜水在北方,也没有说炎帝出生在北方。姜姓的原生点很可能不在北方而在南方古庸地区的姜水村。

齐太公,就是辅佐周武王兴周灭纣的吕尚(又名吕望、子牙,后世俗称姜子牙)。他于大功告成之后,被封在齐国,爵位为公,成为后世许多同宗而不同姓的家族的共同始祖。卢氏,既然是创自齐文公的曾孙傒,当然也是名正言顺的齐太公后裔。如果再往上推溯，则齐太公是祝融、炎帝、神农氏的直系姜姓裔孙，那么，卢姓自然也是道地的祝融、融炎子孙了。如古庸三苗国所辖的江西、湖南就有多处"卢溪"地名，并曾先后设置"盧溪县"。湖南泸溪作为县建制，始于梁鸣凤三年（619，唐武德二年）。当时称卢溪县，治设沅水、武水交汇处。唐天宝元年（742），县治迁洗溪口。南宋绍兴初复迁回沅、武二水交汇处。清顺治六年（1649），改卢溪县为泸溪县。江西资溪县，明朝万历六年（1578）始置县治，位于泸溪河上游，时亦名泸溪县，民国3年（1914）为避免与湖南省泸溪县重名，更名为资溪县，县城有泸溪路。这都是庸国与卢国亲缘关系的证据线索。

　　唐朝张守节的《史记正义》引《黄帝八十一难》说："（秦越人）家于卢国，因命之曰卢医也。"卢国是全世界所有卢姓人氏的发祥地。在长清至今还有卢国国君墓遗址，目前有一块纪念碑。韩国前任总统卢泰愚和夫人金丙淑曾前来认祖，拜谒了卢国国君墓，并在长清成立了世界卢氏宗亲创立大会。如果他们要追寻的更远的话，还得来古庸地区的子牙溪和姜水村考察。

　　据《姓纂》《通志·氏族略》《卢氏族谱》等记载，卢氏本文公子高之孙溪封于卢，齐太公姜尚（子牙）的13代孙名溪，任齐国正卿，因功分封于卢。溪的后代以地代姓，均姓卢。故有"卢氏出姜姓"之说，卢邑城齐时为五里之城，是济北国都或济北郡治所，也是晋时卢县故城。春秋之时，齐桓公并国拓地，将卢扩为齐国版图，并将其赐封给齐国上卿与己关系非同一般的齐直公姜尚的13代孙齐国王卿高溪作采邑，高溪得卢，溪的后代遂以封地为氏，于是卢氏从姜姓部落集团中分裂而生出，后独为一支繁衍生息。因此，也有"卢氏出自姜姓"之说。卢故城之名始有本源且延续至今。古庸湘西地区卢溪之地名渊源也由此得到启示。

第六节　庸国与彭国

　　据传，彭国又名大彭国。由祝融八姓之一的彭氏部落首领彭祖建立，是夏朝东方比较强大，政治关系也较密切的属国，夏王启曾命大彭国君寿平定西河叛乱。商朝前期也很强大，商王外壬时，帮助商朝平定了邳人、姺人的叛乱。但是，商王武丁在位时，灭掉了大彭国。大彭国大约存在了八百年。我认为大彭国最早的发祥之地可能在湖南澧县的彭头山。彭头山是一处新石器时代早期的古文化遗址，距今9000～7500年。出土的陶器中夹杂了大量的稻谷、稻壳，充分展现了这里原始稻作农业的发展规模，成为我国乃至世界最早的人工栽培水稻遗迹，由此确立了长江中游地区在中国稻作农业起源与发展的历史地位。彭头山遗址的文化面貌与以往所发掘过的新石器时代文化面貌完全不同,已被命名为彭头山文化,并正式写入大学教科书,国务院还将彭头山文化作为中华文明的起源载入"中华世纪坛"。

大彭国先祖们作为先进生产力的代表,在澧阳平原的彭头山创造很高文明后,一路开疆拓土,在大江南北建立了很多"殖民地"。由于年代久远,很多殖民地或根据地被后人称为彭国祖居地或发祥地。如:(1)江苏彭城。据《彭城志》记载:大彭由在徐州市城西三十公里,是古大彭人居住地。山北以称大彭村,大彭国都城在大彭由下。他们认为,徐州是大彭国的发祥地,而大彭村则是大彭国的诞生地。(2)四川彭山。据文献记载和历史考据,彭国在历史上一度由东南迁徙至西南的成都平原,在现在的四川省彭山县一带立国。彭国只是若干古蜀国中的一个。按现在的地理位置,应该是以彭州市为主体,以广汉市、郫县、都江堰市部分地区为疆土的隶属国。(3)湖北房县。据众多历史文献的记载,房县曾为彭国域地,并在房县短暂立国。前面我们说过,彭国最初封于现在徐州的彭城,怎么又说它曾经在房县立国呢?原因是这样的:彭祖篯铿在夏朝初年被封于彭城,建立彭国,到了公元前1301年,商王朝腐败混乱,大彭国和它的同宗同族同为姬姓后裔的豕韦国便脱离商王的管辖,宣布独立,不再纳贡称臣。

大彭国在经历八百年风风雨雨之后,于商武丁四十五年被商王朝罗织罪名,趁乱而灭。《国语·郑语》有记载"大彭、豕韦为商所灭矣"。大彭国被灭后后,其后代于是以国为姓,为彭姓的渊源;而豕韦国被灭后,其后代也以国为姓,为韦姓的来源。在周朝时期,彭氏的一个子孙在周王朝中担任掌管钱粮的官员,后以"钱"为姓,成为彭氏的姓氏分支,所以历来都称"钱彭一家"。《风俗通义》卷一云:"及殷之衰也,大彭氏、东韦氏复续其绪,所谓王道废而霸业兴者也。"因此彭人虽受商王朝的征伐,但并未绝祀,而是往南迁移,到达今江汉流域,在今鄂西北崇山峻岭中的房县立国,仍称彭国。商代晚年,怀着对商王朝的憎恨而参与周武王伐商,为"庸率八师"之一。西周建立后,因彭是西周王朝的盟国,其国祚得以延续。彭以伯为爵号受到西周王朝的重视。周平王东迁后,随着周天子势力的衰弱,南方楚国的强大,作为祝融八姓(己、董、彭、秃、妘、曹、斟、芈)之一的彭国,终于在公元前710年前不久为楚所收编,彭地入楚,成为楚最早收编归宗的方国之一。

第七节　庸国与濮国

《伪孔传》说:"庸、濮在江汉之南。"《逸周书·王会解》说:"卜人以丹沙。"孔晁注:"卜人,西南之蛮。"周景王使詹桓伯也说过:武王克商以后,"巴、濮、楚、邓,吾南土也。"《辞源》关于"濮"的释义是:"一、水名。为古黄河济水分流。二、我国古代西南地区民族名。殷周时分布于江汉以南,春秋以后渐散布于今湖南西北部澧沅二水流域。以部族繁多,又称百濮。……"《逸周书·王会解》说商周时代濮人屡次入贡,"商百濮以象齿、文犀、翠羽为献"。《史记·周本纪》:"武王曰:'嗟!我有国家君、司徒、司马、司空、亚旅、师氏、千夫长、百夫长,及庸、蜀、羌、髳、微、纑、彭、濮人,称尔戈,比尔干,立尔矛,予其誓。'"所附的解释如下:"《集解》孔安国曰:'八国皆蛮夷戎狄。羌在西。蜀,叟。髳、微在巴蜀。纑、彭在西北。庸、濮在江汉之南。'《春秋左传正义》,第四十一卷《昭元年》中有"吴濮有衅,楚之执事,岂其顾盟?"《昭公九年至十二年》中有"巴、濮、楚、邓,吾南土也。"《土地名》正义曰:"巴,巴郡江州县也。楚南郡江陵县也。邓,义阳邓县也。建宁郡南有仆夷地。然则巴、楚、邓,中夏之国,唯濮为远夷耳"。《昭公十七年至十九年》有"楚子为舟师以伐濮"一句。注曰:"濮,南夷也"。

濮人所分布的地区是很广的,及于荆楚、湖湘和云、贵、川一带。尤其是西南地区多濮人,且延续下来,仡佬、猓猡、德昂、佤族等许多少数民族都认为自己是濮人后裔。左思《蜀都赋》载:"东有巴,绵亘百濮。"《华阳国志·巴志》载:"其属有濮、苴、共、奴、夷之蛮。"《华阳国志·巴志》载:"其属有濮、苴、共、奴、夷之蛮。"《华阳国志·蜀志》载:"堂狼县,故濮人邑也。今有濮人冢。"《华阳国志·南中志》载:汉杀郎竹王后,"夷濮阻城,咸怨诉竹王非血气所生,求立后嗣。"同书又载:"兴古郡……多鸠僚、濮。""谈槁县,有濮、僚。"又曰:"句町县,故句町王国名也。其置自濮王,姓毋,汉时受封迄今。"又曰:"南中在昔盖夷越之地,滇濮、句町、夜郎、叶榆、桐师;崔唐侯王国以什数。晋左思《蜀都赋》云:"左绵巴赛,百濮所充。"又曰:"东有巴,绵亘百濮。《尔雅·释地》云:'南至于濮铅。'"《国语·郑语》说:"叔熊逃难于濮而蛮。"

上述引文得出这样几个共同的结论:1. 濮在楚西南。2. 庸濮在汉之南。3. 庸濮在江汉之南,是濮为西南夷也。4. 庸濮殷周时分布于江汉以南,春秋以后渐散布于今湖南西北部澧沅二水流域。5. 巴、楚、邓,中夏之国,唯濮为远夷耳。6.

百濮被楚征服,其地成了楚国的一部分。这同史志工作者周光烈的研究结论基本一致。

沅陵县地方志编纂委员会主任周光烈从事文史研究40多年,周先生考证发现,商周时代的濮国应在湖南沅陵。沅陵境内商周文化遗址有50多处,均分布在该县太常乡窖头战国古城遗址周边乡镇的沅水、酉水两岸,其中古城遗址西北有40多座巨型古墓,古城遗址试掘出土了大量的楚前文物,如新石器时代的石制器具。周先生认为,湘西北一带至今未发现像窖头规模之大的宫殿式古城遗迹,结合从沅陵窖头战国古城遗址溯源和当时濮国经济、文化、道礼、军事诸多方面论证分析,窖头战国古城遗址不仅是楚秦黔中郡郡址所在地,而且应该是濮国都城。

我认为《辞源》编者们的界定和周先生的研究都接近了历史真相,遗憾的是他们都忽视了建都于崇山之麓的泱泱大国——颛顼国、盘瓠国、驩头国、三苗国和古庸国的赫然存在。在古代,"濮"与"卜"二字通假互用,"濮",即"卜",即"巫"。"濮pú",就是"巫wū"与"卜pǔ"(土语读仆音不,读不音)的拼音快读。因此濮氏又称卜氏。"濮国"实际就是"巫国",就是《山海经》所记驩头国附近的"巫咸国"和"巫载国"。他们都是大庸古国的贵族,由巫卜组成的知识阶层,是一个物质上"丰衣足食"的桃花源一般美好的古国,而且是一个宗教(巫教)氛围极浓、精神文明十分发达的文明古国。正如《山海经·大荒南经》所说:"有载民之国。帝舜生无淫,降载处,是谓巫载民。巫载民盼姓,食谷,不绩不经,服也;不稼不穑,食也。爰有百兽,相群是处,百谷所聚。"

又据《山海经·海外西经》载:"巫咸国,在女丑北,右手操青蛇,左手操赤蛇,在登保山,群巫所以上下也。"巫咸国就是"务相国",巫与务谐音,咸与相谐音,因为黔江、渝东南方言里"咸"读成"hang"或"han"。且巫咸国系承袭华胥国,咸与胥谐音,以其民皆信巫,又加之后照的祖父名叫"咸鸟",故名"巫咸国"。《山海经·大荒西经》载:"大荒之中,有山名曰丰沮玉门,日月所入。大荒之中有灵山,巫咸、巫即、巫盼、巫彭、巫姑、巫真、巫礼、巫抵、巫谢、巫罗十巫,从此升降……沃之野,凤鸟之卵是食,甘露是饮。凡其所欲,其味尽存。爰有甘华、甘柤、白柳、视肉、三雅、璇瑰、瑶碧、白木、琅玕、白丹、青丹,多银、铁。鸾凤自歌,凤鸟自舞,爰有百兽,相群是处,是谓沃之野。"《山海经·海内西经》亦载:"开明东有巫彭、巫抵、巫阳、巫履、巫凡、巫相(郭璞注:皆神医也),夹窫窳之尸,皆操不死之药以距之(郭璞注:为距却死气,求更生)。"当年伏羲在崇山创立了先天八卦,成为当时巫师们的最高精神领袖。"十巫"作为伏羲的后人,他们必然精于天文、巫道、医术,还可能有高水平的兽戏表演团(相当于今日的马戏团)。因而他们可以"不绩不经,服也;

不稼不穑,食也",还可以"相群是处,百谷所聚"。

现在看来,如果濮国就是"卜国",即巫卜之国,那么历史上很多谜团可迎刃而解。如:庸师伐纣为何要濮国奠后? 为何中原亦有濮人、濮水、濮地? 楚武王首开之濮地在今日何处等等? 濮的部落为何分布甚广而没有真正形成统一力量? 今日土家族与濮人有何渊源? 原来庸国之所以连自己亲族子国濮人都动员参战,很可能出于占卜、军慰、后勤保障等方面的需要;武王伐纣夺得天下后很可能将濮人功臣分封于今河南濮水濮阳一带,故中原地区也就有了濮人聚聚地;而楚武王所开濮地则很可能就指靠近中原的某块濮人聚居地;随着庸国的衰落,作为贵族的巫卜集团可能流散于西南各地从事自由职业,故有百濮之称,很多土家族人也自称濮人后裔。

苗族学者对濮人与大庸崇山的关系说得更加明白。他们认为,熊绎是从崇山越过长江随武王伐纣的。受封于楚后,率一部分南蛮人去楚经营。周宣王时(公元前八二七年)楚王族中争王,熊叔堪率一部分芈人回崇山,当时崇山仍是兜(驩兜后人否?)鬼主住地,是阿濮亿龙芈的后裔继任鬼主,仍叫濮地。汉史记载此事为"逃难于濮而蛮"。其实熊叔堪的祖籍就是濮地,逃离楚地,回到老家来了。《逸周书·王会解》说:"卜人以丹沙。"晋孔晁注说:"卜人,西南之蛮;丹砂所出。"宋王应麟补注说:"卜,即濮也;沙今作砂。"据唐刘伯庄《史地音义》说:"濮在楚西南。"欧阳缨著《中国历代疆域战争合图·周代图》把欧"濮"字注记在今湖南常德附近;其《春秋时代图》把"百濮群蛮"四字注记在今湖南沅陵一带;其附说云:"濮人称百濮,清湖南常德、辰州二府境。"从《尚书后案》:"湖南辰州,实古濮地。"很显然濮人就是崇山的苗蛮集团。

第八节　庸国与巴国

巴国最早见于《山海经·海内经》记载:"西南有巴国。太皞生咸鸟,咸鸟生乘厘,乘厘生后照,后照是始为巴人。"太皞(qiā)即伏羲,后照为巴人始祖。至夏禹时期,巴国加入夏王朝,成为夏王朝的诸侯之一。《左传·哀公七年》载:禹"会诸侯于会稽,执玉帛者万国,巴蜀往焉。"至此,巴国成为夏的统治集团的一部分。《山海经·海内南经》记载:"夏后启之臣曰孟涂,是司神于巴,巴人请讼于孟涂之所,其衣有血者乃执之,是请生。(孟涂)居山上,在丹山西。丹山在丹阳南,丹阳居属也。"《竹书纪年》也记载:"帝启八年,帝使孟涂入巴涖讼。"

《史记》所载伐纣八国不见巴国,但《华阳国志·巴志》称:"巴师勇锐,歌舞以凌殷人,前徒倒戈,故世称之曰:'武王伐纣,前歌后舞'也。武王既克殷,以其宗姬封于巴。"春秋时期的楚国逐渐强大,迫使巴国的疆域不断向西迁移。《华阳国志·巴志》载:"巴、楚数相攻伐""巴子怒,伐邓,败之。其后巴师、楚师伐申。楚子惊巴师。鲁庄公十八年,巴伐楚,克之。""鲁文公十六年,巴与秦、楚共灭庸。""哀公十八年,巴人伐楚,败于鄾。"《左传·桓公九年》:"文公十六年(即公元前611年)以后,巴遂不见,盖楚灭之。"最终楚国夺取了巴国经济的根基:位于巫溪和清江的盐业基地。逼使巴都城也沿江向西迁移。《华阳国志·巴志》:"巴子时虽都江州(重庆),或治垫江(合川),或治平都(丰都),后治阆中。其先王陵墓多在枳(涪陵)。"

《华阳国志·巴志》说:"七国称王,巴亦称王。"其疆域是"东至鱼复(奉节),西至僰道(宜宾),北接汉中,南极黔涪。"又曰:"秦惠文王与巴、蜀为好。蜀王弟苴侯私亲于巴。巴蜀世战争,周慎靓王五年,蜀王伐苴侯。苴侯奔巴。巴为求救于秦。秦惠文王遣张仪、司马错救苴、巴。遂伐蜀,灭之。仪贪巴、苴之富,执王以归。置巴、蜀及汉中郡。分其地为四十一县。仪城江州。司马错自巴涪水,取楚商于地,为黔中郡。"

公元前316年,秦惠王应巴的要求,使张仪、司马错率大军南下灭了蜀国。顺道向东灭了巴国。在江州设立巴郡,成为秦始皇36郡之一。巴国形成于公元前11世纪的西周初期,灭亡于公元前316年的战国中期,约有800年的历史。

最早的巴国是由五个氏族部落联合形成一个大型的部落集团,其中巴人以武力和船技上的优势,获得了集团的领导权,巴人首领巴务相成为该集团的首任领袖,称廪君。

据《世本·氏姓篇》载:"巴郡南郡蛮,本有五姓,未有君长,俱事鬼神。廪君名曰务相,姓巴氏,与樊氏、曋(音沈)氏、相氏、郑氏凡五姓,俱出皆争神。"又曰:"廪君之先,故出巫蜒。"我认为"巫蜒"就是"巫庸",蜒、庸乃同声假借。《山海经·海内经》曰:"炎帝之孙伯陵,伯陵同(通)吴权之妻阿女缘妇,绿妇孕三年,是生鼓、延、殳。始为侯,鼓、延是始为钟,为乐风"。意思是说"炎帝的孙子叫伯陵,伯陵与吴权的妻子阿女缘妇私通,阿女缘妇怀孕三年,这才生下鼓、延、殳三个儿子。殳最初发明了箭靶,鼓、延二人发明了钟,作了乐曲和音律。"前文已述(见拙文《古庸国的前身和异称》),古庸国是铸钟大国,炎帝之孙"延(蜒)"作为钟的发明者,在钟国(即镛国和庸国)为君是很有可能的,故庸人又可称蜒人。廪君之先既然出子巫庸,当然就是庸人之后。可以说廪君也是一代祝融。

又据《后汉书·南蛮西南夷列传》载："巴郡南郡蛮,本有五姓:巴氏、樊氏、曋氏、相氏、郑氏。皆出于武落钟离山。其山有赤黑二穴。巴氏之子生于赤穴,四姓之子皆生黑穴,未有君长,俱事鬼神。乃共掷剑于石穴,约能中者奉以为君。巴氏子务相乃独中之,众皆叹。又令各乘土船,约能浮者当以为君,馀姓悉沉,惟务相独浮。因共立之,是为廪君。乃乘土船,从夷水至盐阳,盐水有神女谓廪君曰:'此地广大,鱼盐所出,愿留共居'。廪君不许,盐神暮辄来取宿,旦即化为虫,与诸虫群飞,蔽掩日光,天地晦冥,积十馀日。廪君伺其便因射杀之,天乃开明。廪君于是乎君于夷城,四姓皆臣之。"

又据《录异记》载："李时,字玄休,廪君之后,昔武落钟离山崩,有石穴,一赤如丹,一黑如漆。有人出于丹穴者,名务相。姓巴氏;有出于黑穴者,凡四姓:婚氏,樊氏,柏氏,郑氏。五姓出而争焉,于是务相以矛刺穴。能著者为廪君,四姓莫著,而务相之剑悬。又以土为船,雕画之,而浮水中。曰:'若其船浮者为廪君。'务相船又独浮,于是遂称廪君。乘其土船,将其徒卒,当夷水而下,至于盐阳。水神女子止廪君曰:'此鱼盐所有,地又广大,与君俱生,可无行。'廪君曰:'我当为君,求廪地,不能止也。'盐神夜从廪君宿,旦辄去为飞虫,诸神皆从,其飞蔽日。廪君欲杀之,不可别,又不知天地东西。如此者十日,廪君即以青缕遗盐神曰:'婴此即宜之,与汝俱生;不宜,将去汝。'盐神受而婴之。廪君至砀石上,望膺有青缕者,跪而射之。中盐神,盐神死,群神与俱飞者皆去,天乃开朗。廪君复乘土船,下及夷城。石岸曲,泉水亦曲,望之如穴状。廪君叹曰:'我新从穴中出,今又入此,奈何?'岸即为崩,广三丈余,而阶阶相承。廪君登之,岸上有平石,长五尺,方一丈。廪君休其上,投策计算,皆著石焉。因立城其旁,有而居之。其后种类遂繁。秦并天下,以为黔中郡,薄赋敛之,岁出钱四十万。巴人以赋为賨,因谓之賨人焉。"

从《山海经》的记载来看,巴人的始祖为伏羲,伏羲重孙后照起"始为巴人"。伏羲生于崇山下的雷泽坪,附近后坪极有可能就是后照生活之地。可见巴人最先不在三峡一带,而在古庸国澧水崇山和洞庭巴陵一带繁衍生息。入主三峡称王,建立巴国是务相廪君战胜母系部落首领盐水女神以后的事。而这个"廪君"怎么看,怎么听都像是"庸君",不仅字形相似,其读音也很相近。据著名史学家张良皋先生《识出巴字》一文考证,巴人的"巴"字,就是持节使者的"节(卩、㔾、莭、節)"字。那么这位持节使者是谁呢? 很可能就是这打败盐水女神的廪君。从庸师伐纣八国中没有巴国来分析,"廪君王巴"很可能是伐纣以后的事。庸国积极响应武王号召,率领自己亲族七个国家参与牧野之战,立下赫赫战功。周王朝很可能将古庸旧地三峡一带封还给庸国,庸国派自己的嫡亲战将廪君持节北上,收复商朝时失去的疆土。也有可能这时古大庸在鄂西北的竹山设立了监管巴楚两大子国的军事前哨，代行庸王职权。后人习惯称它为"上庸"，而将古庸都称为"大庸"，就像元朝国民习惯称北京为大都，而称位于今内蒙古自治区锡林郭勒盟正蓝旗境内的开平府为上都一样。至此我们又可以澄清一段史实：巴人不是土家族的祖先，只有作为祝融主脉的古庸人才是我们共同的祖先。也再次证明廪君有可能也是一代祝融，巴国是庸国的子国、属国。故唐代诗人白居易有诗曰："前主为将相，得罪窜巴庸。"可见，巴只是庸的一部分，巴的母国是庸国。故，后人也许因为庸国掌控制盐大族巴国，而将巴庸并称或用巴国来代称庸国。

第九节　庸国与舒国

舒国又称舒庸国，古庸地区的沅陵、溆浦均有舒溪，舒庸溪（今讹为舒溶溪）等地名。舒者，扩展，扩张也。舒庸乃古庸国东征西讨新开辟的领土，故称舒庸，是地道的古庸子国，春秋时脱离庸国独立发展。据《左传》所载，公元前657年，舒子平被徐国所灭，后又复国，称为舒鸠国。

春秋时期，江淮地区，舒国、舒庸国、舒蓼国、舒鸠国、舒龙国、舒鲍国、舒龚国等小国都是周武王灭亡商朝以后，皋陶后裔受封建立的，合称群舒国，实际上，这七个国家是联合在一起的一个军事集团，可以说近乎于同一个国家。《春秋·僖公三年》记载，公元前657年，徐国灭舒国。但正如杨伯峻（原名杨德崇，湖南省长沙市人，著名语言学家）先生指出的，徐国难以控制离自己数百里的舒地，因此此年之后群舒复起，重见于《春秋》和《春秋左氏传》。群舒国又复国，为楚国附庸。据《春秋左氏传·文公十二年》载，公元前615年，群舒背叛楚国，楚国令尹成嘉俘获舒国君主和宗国君主，进而围攻巢国。国家灭亡后，群舒国的王室以国为氏，是为"舒氏"。

古舒国的地理位置大致是今安徽庐江县西南四十里的古舒城，庐江县城池乡的地方。春秋时舒国，汉置舒县，故城在今安徽庐江县西（今存地名城池即为舒县城故址所在），隋更名庐江，《清一统志》旧说及府县志，皆以舒城为古舒县，而以庐江为古龙舒。考之萧齐志，庐江郡舒县注，建元二年为郡治；隋书庐江县注，齐置庐江郡，梁置湘州，据隋志所云，置郡之地，与齐志合，是舒与庐江皆为郡治。

从舒城县的现存地名看，远在安徽的舒城与我们古庸地区有着天然的联系。古龙舒即今舒城县。舒城县境至今仍存有"龙舒"名，宋《太平寰宇记》："龙舒河，在舒城县南三里"。现"龙涧口水库"即"古龙舒河"口。舒城县不仅有"龙舒河",而且有龙舒山。《舆地记胜》:龙舒山"在县(桐城)西北三十里,与舒城、六安接界"。《中国古今地名大辞典》载:"龙舒山,在安徽舒城县西南八十里,接桐城县界,即龙眠山也"。《舒城县志》载:"南溪,一名欧溪,发源县西孤冲,南入巢湖,盖即龙舒之水也"。由此可见,只有龙舒县(今舒城县)有"龙舒"二字,有"龙舒山""龙舒河""龙舒水",而舒县(今庐江县)是没有"龙舒"地名的。

考证地名、县名,"事必法古,名地者必求于古""地近则易核,时近则易明"。上述地名在古庸地区大多都能找到与之对应的例子。如湘西和张家界市的"龙溪""舒溪""龙溪口""舒溪口""舒庸溪""南溪坪""泸溪""泸江""卢溪"等。尤其是梁朝在舒庸城置"湘州",更能说明古人对自己的历史渊源还是比较清楚,并十分重视传承的,而地名搬家则是古人常用的技术手段和记忆方法。

第十节 庸国与楚国

著名史学家张良皋先生说:"'楚'的国号是'蚩尤'之疾呼,(庸国子族)楚人很可能自称'蚩尤之国'。"而笔者早已论证,大庸国有一代帝王就叫"蚩庸"。可见,楚是庸国的子族。楚,又称荆、荆楚。其族首曾随庸国出征伐纣,周成王时被封为子爵,称楚国。无论称"楚"还是称"荆",都是古庸国最具发展活力的子族,由于他是大庸国实力最强的子族,世人常把它作为庸国的代称。之所以用"楚"或"荆"作为庸国的代称,可能是因为古庸国曾是桑蚕之国、筑城之国。秘密就隐藏在这"荆""楚"二字之中:

"楚"字从"林"从"疋","林"代表桑林,"疋"代表桑蚕丝织成的布疋(pǐ),且"楚"与"祝"一韵相通,因此"楚"即代表古庸部落里的桑蚕族群;"疋",又读 shū,即"脚"的意思,亦可理解为行走于桑林中的人,与上一种解释既相通又互补。这又使我们想到,先秦时期就在中国西南居住的一个古老民族:"僰(bó)人"。僰人长期雄据西南云贵川鄂湘交界的咽喉地带,是一个很难驯服的族群,历来被中央政府视为心腹之患。这"僰"字怎么看都像那"楚"字,它就是一群行走在荆棘丛林中的猎人和开荒斩草、刀耕火种的"烈山氏"农民,可谓真正的"先农"。

"荆"字从"草",从"开",从"刀",表示筚路蓝缕、开荒斩草,且"荆"与"墉"一韵相通,故"荆"即代表古庸部落里的版筑一族(所谓"版筑"就是用竹木荆条做模板注土筑城、筑堤、筑墙)。他被封立国后日益强大,终于在大庸王朝老庸君们日趋昏聩的时候取而代之,成为南方祝融氏族新的旗手,一跃成为春秋五霸和战国七雄之一。古代文字很少,一个字符往往代表一组词群,一个故事,一段历史。这就是古庸国因是铸钟大国而称"镛",因是军事大国而称"戎",因是桑蚕大国而称"楚",因是版筑大国而称"荆",因是煮盐大国而称"巴"的历史真相。

另有古诗为证,说明"楚"是"庸"的属国。《国风·鄘风·定之方中》曰:"定①之方中,作于楚宫。揆②之以日,作于楚室。树之榛栗,椅桐梓漆③,爰伐琴瑟。升彼虚④矣,以望楚矣。望楚与堂,景山与京⑤。降观于桑。卜云其吉,终焉允臧⑥。灵⑦雨既零,命彼倌人。星言凤驾,说于桑田⑧。匪直也人,秉心塞渊⑨。騋⑩牝三千。"翻译过来意思是:"定星十月照空中,庸王动土筑楚宫。度量日影测方向,庸国楚室正开工。栽种榛树和栗树,还有梓漆与椅桐。成材伐做琴瑟用。登临漕邑废墟上,把那楚地来眺望。庸君眺望楚堂邑,测量山陵与高冈,走下田地看农桑。求神占卜显吉兆,结果必然很安康。好雨夜间下已停,吩咐驾车小倌人。天晴早早把车赶,歇在桑田劝农耕。他是正直有为人,内心充实又深沉。良马三千多如云。"庸王"定之方中"为何要"作于楚宫"? 庸国"揆之以日"为何要"作于楚室"? 庸君为何要"把那楚地来眺望"? 答案只有一个,那就是庸楚一家,庸是楚的母国,楚是庸的子国、属国。

【注释】①定:定星,又叫营室星。十月之交,定星昏中而正,宜定方位,造宫室。②揆(音葵):测度。日:日影。③榛、栗、椅、桐、梓、漆:皆木名。椅,山桐子。④虚(音区):一说故城,一说大丘,同"墟"。⑤堂:楚之旁邑。景山:大山。京:高丘。⑥臧:好,善。⑦灵:善。零:落雨。倌:驾车小臣。⑧星言:晴焉。凤:早上。说(shuì 税),通"税",歇息。⑨匪:犹"彼"。直:特也。秉心:用心、操心。塞渊:踏实深远。⑩騋(音来):七尺以上的马。牝(音聘):母马。三千:约数,表示众多。

又据《史记·周本纪》(卷四)载:"周后稷,名弃。其母有邰氏女,曰姜嫄。姜嫄为帝喾元妃。"又据《史记·五帝本纪》(卷一)载:"帝喾高辛者,黄帝之曾孙也。高辛父曰蟜极,蟜极父曰玄嚣,玄嚣父曰黄帝。"又据罗泌《路史·国名记甲》载:"(有)邰,炎帝之后,周弃外家。"又据晋皇甫谧《帝王世纪》载:"(炎帝)在位一百二十年而崩,葬长沙。"宋罗泌《路史》载:"(炎帝)崩葬长沙茶乡之尾,是曰茶陵。"由上述史料推知,周朝始祖就父系而言乃黄帝后裔,就母系而言,乃炎帝外甥。而炎帝恰为南方火德之帝,生姜水为姜姓。我省平江县有"姜源村""周公塘",桃源县有"姜水村",慈利县有"姜女山""孟姜山",津市市有"嘉山"(疑为姜山),有孟姜女传说,古大庸有"周公渡""夏聚渡"等地名,均与周族高祖妣姜嫄形成信息对接。由此可知,古人视周弃(后稷)为"炎帝之后",炎帝为"周弃外家",是很有依据的。

再看庸、楚祖先。据《史记·楚世家》(卷十四)载:"楚之先祖出自帝颛顼高阳。高阳者,黄帝之孙,昌意之子。高阳生称,称生卷章(亦即老童,亦即善卷),卷章生重黎。重黎为帝喾高辛(周朝之祖)居火正,甚有功,能光融天下,帝喾命曰祝融。共工氏作乱,帝喾使重黎诛之不尽。帝乃以庚寅日诛重黎,而以其弟吴回为重黎,复居火正,为祝融。"又据《国语·周语》载:"禹夏之兴,(祝)融降于崇山。"屈原《离骚》曰:"帝高阳之苗裔兮,朕皇考曰伯庸。……揽茹(水)蕙(香草)以掩涕兮,霑余襟之浪浪。"这些珍贵的史料记载为我们提供两条重要信息:一是庸楚一家,二是周楚同源。

据《世本》《古今姓氏书辩证》及《元和姓纂》等所载,黄帝的子孙在商末有个叫鬻熊的,很有学问,做过周文王的老师。其子事文王,早卒。曾孙熊绎以王父字为氏,成熊姓。周成王分封先王功臣时,封熊绎于荆楚,建都于丹阳建立了楚国。

春秋战国时期,楚国一度强大起来,势力扩展至中原,为春秋五霸之一。公元前223年,楚灭于秦。楚君的后人多以熊为姓,称为熊氏,史称熊氏正宗。《史记·楚世家》曰:"楚之先祖出自帝颛顼高阳。高阳者,黄帝之孙,昌意之子也。高阳生称,称生卷章,卷章生重黎。重黎为帝喾高辛居火正,甚有功,能光融天下,帝喾命曰祝融。共工氏作乱,帝喾使重黎诛之而不尽。帝乃以庚寅日诛重黎,而以其弟吴回为重黎后,复居火正,为祝融。吴回生陆终。陆终生子六人,坼剖而产焉。其长一曰昆吾;二曰参胡;三曰彭祖;四曰会人;五曰曹姓;六曰季连,芈姓,楚其后也。昆吾氏,夏之时尝为侯伯,桀之时汤灭之。彭祖氏,殷之时尝为侯伯,殷之末世灭彭祖氏。季连生附沮,附沮生穴熊。其后中微,或在中国,或在蛮夷,弗能纪其世。周文王之时,季连之苗裔曰鬻熊。鬻熊子事文王,蚤卒。其子曰熊丽。熊丽生熊狂,熊狂生熊绎。熊绎当周成王之时,举文、武勤劳之后嗣,而封熊绎於楚蛮,封以子男之田,姓芈氏,居丹阳。楚子熊绎与鲁公伯禽、卫康叔子牟、晋侯燮、齐太公子吕伋俱事成王。"

又,屈原《离骚》曰:"帝高阳之苗裔兮,朕皇考曰伯庸。"这是屈原对祖先的认定,应该是郑重的,他本人对自己出自颛顼之后,更是充满了自豪之情。传说中的黄帝时代,大体处于由氏族制向阶级社会的过渡时期。这一时期,由于社会生产的扩大与发展,原来狭小的民族组织必须被突破。作为楚王同宗贵族的屈原,在《离骚》中明白地说,自己是"帝高阳之苗裔",《史记·楚世家》中楚灵王也说:"昔我皇祖伯父昆吾。"昆吾为夏伯,是祝融氏陆终(即盘瓠)的后裔(详见拙文《从祝融到盘瓠的嬗变》)。据《大戴礼记·帝系》载:"陆终氏娶于鬼方氏,鬼方氏之妹谓之女隤氏,产六子……启其左胁,六人出焉。其一曰樊,是为昆吾……"可见,楚王室的族源为华夏祝融族,当是有史籍为证的。

《战国策·楚策一》:"楚,天下之强国也。楚地西有黔中、巫郡,东有夏州、海阳,南有洞庭、苍梧,北有汾陉之塞、郇阳,地方五千里。"楚国之疆域,虽然时有得失损益,"但在其鼎盛时期,据考察其地跨今十一省,兼县三百余,为战国时代最大之国"。楚国的这种蓬勃发展的势头,从西周初年算起,持续了大约700年之久,直到战国后期楚怀王时代,由于重大决策失误,才出现逆转。

黄瑞云教授在《楚国论》一文中说:"华夏蛮夷濮越,文明程度相差很大,历史渊源各不相同,楚国都能加以安抚。楚国在战争中从未有过像秦军那样,动辄斩首几万,也没有见过大量俘馘的记录。"张正明教授也在其所著的《楚文化史》中说:"对于被灭之国,楚人的惯例是迁其公室,存其宗庙,县其疆土,抚其臣民,用其贤能。即使对于蛮夷,也是相当宽厚的"。

我认为两位教授道出了楚国之所以强大的内在原因,让我茅塞顿开,受到极大启发,得以在他们基础上有了人性上更深层次的认识:楚灭国约有近七十来个(详见何光岳先生《楚灭国考》),"从未有过像秦军那样,动辄斩首几万,也没有见过大量俘馘的记录",根本原因在于它所"灭"的国大多数都是自己老祖宗祝融的后裔,对与自己一脉相传的同宗下来的像秦国那样的狠心吗?被"灭"的国会像异族那样有深仇大恨吗?更何况楚国处处打着"不祀祖先祝融"的问罪旗号,代天行伐,师出有名!所谓灭国只不过是代替老祖宗收编古大庸时代的同宗族亲而已,对自己的血亲能不"相当宽厚"吗?正因为如此,楚国才能够得到各民族的拥护,显示出强大的凝聚力,在横跨大江南北的广大领域,建立起一个强盛的积极进取的多民族国家,并且不断强化其臣民的国家认同的观念,激发他们的爱国主义精神,以及强烈的本土意识和民族意识。应该说,这是楚国由小到大,由弱到强,获得迅猛发展的一个重要的内在原因(在这样的国土上产生世界上最著名的爱国主义诗人屈原理在必然)。

祝融就是仡索。蛮左、蛮戎都是九熊后裔,南蛮中的大氏族。他们的后裔现在自称仡戎、仡索,仆程就是濮左。九熊后裔到崇山后,叫濮人,建立大庸国;后叫苗民,建立骧兜国;再后叫南蛮,建立卵民国、羽民国、凿齿民国、黑齿民国等许多小鬼国,度过夏、商、周三朝,没有遭大的兵祸,发展农耕,繁盛一时。

第十一节 庸国与吴国

吴国与庸国的关系最为久远,亦最为复杂,最让后人感到扑朔迷离。上古时代有西吴、东吴、北吴等"古三吴"之称,西吴主要指今湖南湘西北龙山、大庸(张家界)一带,故龙山县洗车河有西吴坪地名,慈利县(古白县)称吴地。东吴指春秋吴国(今苏皖两省长洒以南部分),北吴在今山西、河北一带。故今河北省广平县有北吴村、山东省稷山县有北吴村等地名。它继承了周族的姬姓,却沿袭了庸国前身的国号。它衍族于古庸崇山南北,却立国于苏皖梅里。要弄清它们之间的来龙去脉,还得先从"吴"字说起。

"吴"字,它的原始意义表示一个人在奔跑时一边高声喊叫,一边回头反顾,寓意着原始狩猎者的召唤。《说文解字》曰:"吴者,哗也。"吴字的原始象形:奔跑、回头、高声喊叫。"吴"是一个会意字,由"矢"和"口"两个构件组成。大约到东汉以后,汉字规范化。"矢"部已开始改成"天"。东汉时期有一个学者叫吴平,他和袁康写了一部著名的书叫《越绝书》,他在书的末篇中用拆字的方法,隐语式地道出了自己的姓名。书中说:"文属辞定,自于邦贤。邦贤以口为姓,承之以天;楚相屈原,与之同名。"今天的吴姓人在向初见面的人介绍自己的姓时,往往也都说姓吴——"口天吴"。

"吴"字作为语言的符号,虽然可与"虞""獻""敔"等字通假,但作为人们血缘出身标志即姓氏的"吴",却从来不与"獻""敔"等混用;西周以上,"吴""虞"不分。自秦汉以后,"吴""虞"二姓始已区分清楚,除极个别的如《隋书》中"吴卓"也写作"虞绰"外,唐宋至今,"吴""虞"二字作为姓氏则更加泾渭分明,绝无混淆。"天吴"这种人面虎身的怪兽作为吴人的图腾兼始祖神,与吴人的狩猎生活密切相关。

从读音上看,吴字的读音与"呜""哇""喔""喂"等象声词相近,它极可能就是原始人狩猎时喊叫的声音。到这里,我们仿佛听到了原始狩猎者那大声的喊叫,是因突然发现大野兽时的喜悦或惊恐,是招呼同伴做好准备的信号? 还是期望以那震耳欲聋的声音吓唬凶猛的动物? 不管怎样,"吴"字除了会意外,还是一个表声的文字。

从吴字的两个构件看,"口"表示呼喊,喊叫,"矢"像一个人在奔跑时不时地回头反顾。两个构件结合组成"吴",它的原始意义就是表示一个人在奔跑时一边高声喊叫,一边回头反顾。这种情形对于当代的我们应该并不陌生,在原始壁画中甚至是一种世界性的主题,因为它描绘的其实就是一幅人类童年时代狩猎生活的图画。当狩猎者发现大野兽时,一边奔跑,一边呼喊,还不时回头看。这种大喊大叫的动作就叫吴,这种人就叫吴人。原始人类狩猎时常身披虎皮,这从当代非洲原始部落的狩猎生活和原始舞蹈中仍能看到,在《水浒》武松打虎那一回中我们也曾看到过这种身披虎皮的狩猎者。所以,古代"吴"字又常加"虍"首,作"虞",吴人又因此叫虞人。先秦文献中常有虞人,是指专门掌管田猎的官吏。故今张家界一带留下许多与虎图腾有关的地名符号,如永定区三家馆乡虎头垴村、黄虎院村、兴隆乡虎势村、三岔乡团包虎村、四都坪乡野虎垴村、红土坪乡王虎界村、马虎界村;武陵源区合作桥乡老虎岩村、龙虎峪村、白虎躺村、协合乡豹虎嘴村、俞家嘴乡白虎堂村;慈利县杉木桥乡虎坪村、文家溪乡杨虎村、城郊区阳虎村、熊家庄乡老虎冲村、三官寺乡唐虎峪村、江垭镇虎头山村;桑植县人潮溪乡白虎峪村、瑞塔铺镇虎形村、走马坪乡虎形村、白石乡虎王坪村、河口乡马落虎村、寒家坡乡虎路塔村、廖家村乡二虎溪村、打鼓泉乡穴虎洞村、桥自湾乡虎落垭村;沅陵县官庄镇塘虎坪村、五强溪镇黄虎溪村、张家滩乡龙虎坪村等。

张家界地处湖南西北边陲,武陵山区腹地,恰为北纬30度——生命繁衍最昌盛的地区,是中华人祖诞生最早的地区,也是原始初民围猎觅食的天然猎区和牧场,以张家界为核心古庸国所在地,即整个大武陵地区的土家族人民,自古就是以虎为图腾、勤劳而勇敢的民族。他们是最早学会取火、围猎、牧养、耕种、造屋、筑城的创世先祖,也是最早以虎为图腾,以虞、吴、庸为姓的人文始祖。吴人从这里兴起,吴国从这里奠基。先后有天吴(天姥 mǔ 负儿峰)朝阳村(今沙堤乡)治水,为水神,称水伯;吴姬在天门山观天司日,为日神,称吴姬;吴权在月爷山伐木狩猎,效忠炎帝;吴枢在七星山(北斗天枢在吴姬天门之七星山)感孕圣帝,教化一方,其历史文化基因早就毋庸置疑地出现在湖湘乃至中华文化的源头。

1. "天吴"可能曾为沙堤水伯

《山海经》又载:"朝阳之谷,有神曰天吴,是为水伯。其为兽也,人面八首八足八尾,皆青黄。"《山海经·海内北经》载:"有珍兽,大若虎,五彩毕具,尾长于身,名曰驺吾,乘之日行千里。"可见,远古的吴人,也是以崇拜一种叫"虞"或"驺虞"的动物得名。这种动物在名"虞",被吴人尊为图腾和族神后,就成为"天吴"——伟大神圣的"吴祖"。《山海经·大荒东经》载:"楚吴生恨火石,见之灭之。""天吴"人面虎身,这与吴人的狩猎生活密切相关。

吴人以狩猎为生,而"虎为百兽之王",因此,吴人崇拜一种似虎的动物,这种古动物可能在先秦时变得稀少而绝迹了,吴人便是以虞为图腾,"天吴"的原型即是虞。在前面的吴字解字中,我们曾指出,猎人常身披虎皮作为一种狩猎时伪装和欢庆收获猎物时的摹拟动物动作的舞蹈装扮。所以,像吴常加"产"作"虞"一样,"天吴"不但形象似虎,它的名称在《南山经》和《大荒西经》中又称作"大虞"。

这则史料对我们研究古庸国历史和土家族族源弥足珍贵,不仅仅是因为我们主体民族是以虎为图腾的土家族,更难得的是它的文化发生点很可能就在我们城区。引文中"朝阳之谷",很可能就是沙堤乡的"朝阳村"。前文已述,古庸武陵地区是天然狩猎场,在天然狩猎场的朝阳村谷地围猎成功,捕获一头"大若虎,五彩毕具,尾长于身,名曰骀吾"的"天吴",对原始先民来说无异于神从天降,自此奉为神灵,每猎必祭,相习成俗。

2. 天门"吴姮"可能是庸帝母亲

《山海经·大荒西经》曰:"大荒之中,有山名曰日月山,天枢也。吴姮天门,日月所入。有神,人面无臂,两足反属于头山,名曰嘘。颛顼生老童,老童生重及黎,帝令重献上天,令黎邛下地。下地是生噎,处于西极,以行日月星辰之行次。""姮"字从女从巨,巨亦声。"巨"本义为"包罗万象",转义为"气象万千""千姿百态"。"女"和"巨"联合起来表示姿态优雅的女子。吴姮虽然是首见于《山海经》的名词,是山名,但从字面分析,"吴姮"却可能是"孕妇"。"姮"字从"女"从"巨","巨"活像鼓鼓的大肚子,同"女"合起来表示"怀孕的女人"。"吴姮"很可能就是"吴枢",故曰"天枢也,吴姮天门",而吴枢则是黄帝的母亲。这就意味着黄帝很可能出生在天门山。这下子不得了啰,很多人会觉得荒诞不稽,但历史的真相可能在骂声中尘埃落定!

3. 月斧山可能是吴刚神话诞生地

《山海经》载:"吴刚又曰吴权,西河人。"传说炎帝之孙伯陵,趁吴刚离家三年学仙道,和吴刚的妻子私通,还生了三个儿子,吴刚一怒之下杀了伯陵,因此惹怒太阳神炎帝,把吴刚发配到月亮,命令他砍伐不死之树——月桂。月桂高达五百丈,随砍即合,炎帝就是利用这种永无休止的劳动作为对吴刚的惩罚。而吴刚的妻子对丈夫的遭遇亦感到内疚,命她的三个儿子飞上月亮,陪伴吴刚,一个变成蟾蜍,一个变成兔,一个不详。又传南天门的吴刚和月宫里的嫦娥很要好,但他经常与嫦娥相会,而疏于职守。玉皇大帝知道后,一气之下,就罚吴刚到月宫里去砍一棵叫月亮树的大树,如果吴刚不砍光这棵月亮树,便不能重返南天门,也不能与嫦娥相会。

远古神话多有历史的影子,大多源于生活。吴刚月宫伐木实为月山伐木,月斧即吴权月山伐木之斧。当然,月斧山之名也可能源于这则神话。但无论哪种情况,这种文化现象都实实在在地与张家界市发生了关联。

4. 吴枢可能在大庸孕育一代圣帝

《路史·国名纪》载:"(黄)帝之母,曰吴枢。"《史记·五帝本纪正义》说:"(黄帝)母曰附宝,之祁野(祁盛大,桑植上河溪乡有大野村),见大电绕北斗枢星,感而怀孕。"东晋前秦王嘉《拾遗记》说:"轩辕出自有熊之国,母曰吴枢。"《史记·五帝纪》载:"黄帝七十七年令昌意降居四川若水,娶蜀山氏女昌仆为妻,生子颛顼。"

引文中"祈野"之"祈"乃"盛大"之意,今桑植县上河溪乡尚有大野村;黄帝又称"有熊氏",而古庸都崇山北麓就有熊穴洞、熊壁岩、熊水、熊溪、熊娘嘎婆洞等地名;黄帝儿媳为"昌仆氏",崇山南麓沅陵县二酉乡就有昌仆(民间讹为菖蒲)溪地名;北方有黄帝陵等地名,而古庸澧水下游有黄陵村、黄陵渡、黄陵亭等更多的地名,且有黄帝铸鼎君山的史传记录。这些历史信息很奇妙地同吴枢和黄帝身世之谜形成对接,这对黄帝是中原土著的传统说法提出很大挑战,很值得史学界高度重视。

另据《古今小说·闲云庵阮三偿冤债》载:"请笪先生教他读书,到一十六岁,果然学富五车,书通二酉。"文中"二酉"指大酉、小酉二山。在今湖南省沅陵县西北。二山皆有洞穴。相传小酉山洞中有书千卷,秦人曾隐学于此。《太平御览》引《武陵记》曰:"天门山,上有葱,如人所种,畦陇成行。人欲取之,先祷山神乃取,气味甚美;不然者,不可得。岩中有书数千卷,人见而不可取。"说明崇山南北的沅陵和大庸自古就是文化发达地区,黄帝很可能就是生于斯,长于斯,后来才率军北上称霸中原的。

5. 吴回继承兄长担任庸君祝融

《山海经·海内经》:"乃以庚寅日诛重黎,而以其弟吴回为重黎后,复居火正,为祝融。"《史记·楚世家》中记载:"……重黎为帝喾高辛居火正,甚有功,能光融天下,帝喾命曰祝融。共工氏作乱,帝喾使重黎诛之而不尽。帝乃以庚寅日诛重黎,而以其弟,吴回为重黎后,复居火正,为祝融。吴回生陆终。"《山海经·大荒西经》:"有人名吴回,奇左,是无右臂。"郭璞注:"吴回,祝融弟,亦为火正也。"《吕氏春秋·孟夏》载:"其帝炎帝,其神祝融"。汉高诱注:"祝融,颛顼氏后,老童之子吴回也,为高辛氏火正,死为火官之神。"宋陈师道《赠二苏公》诗:"前驱吴回后炎星,绛旗丹毂朱冠裳。"章炳麟《訄书·尊史》:"老童之子,实曰吴回,斯祝融矣。"

6. "吴将军"可能死于亲族之手

《后汉书》曰："帝高辛氏有狗名盘瓠,其文五色。时犬戎兵强,乃募能得犬戎吴将军首者,赐以少女。盘瓠得之,于是少女随盘瓠升南山,产子男女十二,自相夫妻。后繁盛也。"干宝《搜神记》曰："盘瓠者,本高辛氏宫中老妇人,有耳疾。医者挑治之,有物大如'尔虫'。以瓠离盛之,以盘覆之,有顷化为犬,其文五色,因名盘瓠。"《杂五行书》曰："白犬虎文,南斗吾畜之可致万石。黑犬白耳,大王犬也,畜之,令富贵。黑犬白前两足,宜子孙。白犬黄头,家大吉。黄犬白尾,代有衣冠。黄犬白前两足,利人。"

上述史料意思是说,吴人在高辛氏时,有一支加入西方犬戎的部落,以狗为图腾。吴族中的一位杰出者,以英勇善战成为犬戎部落的首领,史称"吴将军"。吴将军能征善战,与中原高辛氏领导的华夏部落集团为敌。帝喾高辛氏克敌无方,只好以重赏求才:谁能砍下吴将军的人头来见,就许诺将自己两位容貌倾城的公主嫁他为妻。诏令下达后,无人应征。这时,高辛氏身边养的一条狗却走了出来。大概犬戎以狗为图腾,视狗为神,不敢打杀,可悲那位百战百胜的吴大将军,竟被这一条狗咬下了颈上人头。后来高辛氏的两位美貌公主,果然下嫁这条有功的狗,传说还繁衍下众多子孙,为今天苗、瑶等族的始祖神。这无疑是统治阶级对战败者的丑化污蔑之词,出自部分御用文人在仇蛮心理驱使下对少数民族泼的污水。从故事中犬戎部落首领遭一条狗杀死的情节来看,这位"吴将军"有可能死于亲族之手。强权统治下,舍亲保族是弱者走途无路的选择,历史上屡见不鲜。

7. 吴贺可能在天门"比射"征服有穷国君

《中国姓氏大全》说:"传说中夏代国王少康时有吴贺,其后有吴氏"。《帝王世纪》载,他曾与羿比射,吴贺使羿射雀,贺要羿射雀左目,却误中右目。其实,吴贺就是古代吴人中的一员。吴人所建立的氏族政权即吴,它在夏商时代一直存在。《路史·国名纪》说:"(商)纣时亦有吴伯。"据传,后羿是夏代有穷国的国君,曾经起兵推翻过夏朝太康的统治,有穷国夷羿在代夏期间极度淫乱,任用寒浞为相,但寒浞却与他的妻子纯狐私通夺取了他的王位,最后夷羿被其家臣逢蒙暗害,死在桃木棒(桃棓)下。吴贺比射终没能劝醒夷羿。

又《左传·襄公四年》曰："昔有夏之方衰也,后羿自鉬迁于有穷,因夏民以代夏政恃其射也,不修民事而淫于原兽。弃武罗、伯因、熊髡而用寒浞。寒浞,伯明氏之谗于弟子,伯明后寒弃之,夷羿收之,信而使之,以为己相。浞行媚于内而施赂于外,愚弄其民而虞羿于田,树立诈慝,以取其国家,外内咸服。羿犹不悛,将归自田,家众杀而烹之,以食其子,其子不忍食诸,死于穷门。靡奔有鬲氏,浞因羿室,生浇及,恃其谗慝诈伪而不德于民,使浇用师,灭斟灌及斟鄩(xún),处浇于过,处殪(yì)于戈。靡自有鬲氏收二国之烬,以灭浞而言少康。少康灭浇于过。后杼灭殪于戈,有穷氏遂亡,失人故也。"

《左传》中的这段文字记述明白,为我们提供了后羿有穷国的兴亡史。历史传说的发展、演变及历史人物活动背景的变化往往是其传承者历史的曲折反映,政治附属品意义上的传统史学下写成的史书,要求我们去寻找历史背后的历史。

引文中"武罗",很可能是"巫罗";"伯因"很可能是"伯庸";"熊髡"则很可能是崇山熊馆或熊溪人。张家界市天门山十六峰里恰有"箭杆峰",不远处恰有"后坪镇",这"箭杆"与"后坪"是否恰与吴贺与后羿比射史实有关联呢?很值得我们思考。尽管有穷国被中原史家解释在黄河流域,但后羿未必就是中原人,相反,后羿的许多传说都在南方。

《山海经·海内南经》云:"羿与凿齿战于寿华之野,羿射杀之,在昆仑墟东。羿持弓矢,凿齿持盾。一曰持戈。"《淮南子·本经篇》文云:"尧之时,十日并出,焦禾稼,杀草木,而民无所食。猰貐、凿齿、九婴、大风、封豨、修蛇者皆为民害。尧乃使羿诛凿齿于畴华之野,杀九婴于凶水之上,缴大风于青丘之泽,上射十日而下杀猰貐,断修蛇于洞庭,禽封豨于桑林。万民皆喜,置尧以为天子。于是天下广狭、险易、远近始有道里。"

引文中"凿齿",是典型的南方民族;"昆仑",是大庸古国的神都,实为今日之天门山和崇山;"洞庭",更不用说,在湖南。可见,"吴贺比射服后羿"的故事很可能发生在古代大庸地区。

8. 太伯奔荆蛮实际就是奔庸蛮

据《史记·吴太伯世家》载:"吴太伯,太伯弟仲雍,皆周太王之子,而王季历之兄也。季历贤,而有圣子昌,太王欲立季历以及昌,于是太伯、仲雍二人乃犇荆蛮,文身断发,示不可用,以避季历。季历果立,是为王季,而昌为文王。太伯之奔荆蛮,自号句吴。荆蛮义之,从而归之千余家,立为吴太伯。"引文中"荆蛮"就是"庸蛮"。庸国是最早学会版筑的筑城大国,常用藤木荆条做材料筑堤砌墙,建筑城池或堤坝水塘。故庸人又称荆人、荆蛮或庸蛮。又据《汉书·地理志下》:"大伯初奔荆蛮,荆蛮归之,号曰句吴。大伯卒,仲雍立,至曾孙周章,而武王克殷,因而封之。又封周章弟仲于河北,是为北吴,后世谓之虞。"引文中"荆蛮"即"庸蛮","句吴"即"狗吴",亦即"犬戎盘瓠",就是庸国前身大戎国陆终,在高辛威逼利诱下"大义灭亲",弑杀父王吴回将军以后建立的犬封国(详见拙文《从祝融到盘瓠的嬗变》),又称勾(gōu)吴国。

其实,太伯"亡如荆蛮"的真正原因并不是为了让位,而是另有图谋。司马迁当年因为资料、信息、交通、时间、精力、环境等各个方面的限制,未能廓清太伯南奔的真正目的和准确地点,以为他和仲雍一开始就到了长江下游的东吴地区。并说"自太伯作吴,五世而武王克殷,封其后为二:其一虞,在中国;其一吴,在夷蛮。十二世而晋灭中国之虞。中国之虞灭二世,而夷蛮之吴兴。"他哪里知道太伯他们所奔的是东吴"祖国"古庸国前身勾吴国,后称西吴国,亦即春秋末年楚大夫鬼谷子白公胜的封地,习称吴地,又称白县,因曾为赤帝祝融都邑,又称赤县。秦始皇改称慈姑县,汉高祖五年(公元前202年),析慈姑县置充县,属武陵郡。

9. 古庸属地长沙国王吴芮遗体传奇

西晋泰始二年(266年)春,原魏国南蛮校尉吴纲,在安徽寿春遇一东吴老汉。一见面,老汉惊奇地打量着吴纲说:"你的身材相貌很像长沙王吴芮呀!"吴纲听后大惊,说:"吴芮乃是我16世先祖,已死400多年,你怎么看得出我的相貌像他呢?"老汉说:"实不相瞒,40年前,东吴在临湘(今长沙)欲修孙坚庙,因缺乏木材,就挖长沙王吴芮的墓,取出棺椁作建庙材料。我正好参加了掘墓,曾亲眼看见吴王尸体面目如生,衣帛完好!"吴听罢,甚是惊奇,对老汉道:"尸体衣服既完好,有没有改换个地方埋葬啊?"老汉答:"换地方埋葬了。"

这个故事散见于多处,正史、野史、地方志、族谱等典籍多有记载。北魏郦道元在《水经·湘水注》中,引郭颁《世语》曰:"魏黄初末,吴人发芮冢取木,于县立孙坚庙,见芮尸容貌衣服并如故。吴平后,与发冢人于寿春见南蛮校尉吴纲曰:'君形貌何类长沙王吴芮乎?君微短耳。'纲瞿然曰:'是先祖也。'自芮卒至冢发四百年,至见纲又四十余年矣。"

为了却吴王心愿,吴芮灵柩被从墓穴内取出,由长沙迁葬至其出生之地——浮梁瑶里,秘密葬于五股尖仰天台下一岩洞深处。为防贼人再次盗掘破坏,分别在休宁、婺源、浮梁、高岭四处修建了衣冠冢(今安徽休宁、江西景德镇一带),吴氏宗族族谱画有仰天台地貌图,标注了"吴王墓在五股尖山脉"等语。现遗迹尚存。

一代名王吴芮之冢被盗掘,其后世子孙吴纲与东吴老汉巧遇,被称为中国盗墓史上第一奇事,同时也为现代考古研究楚地汉代陵墓制度,以及古尸防腐术提供了具有重要历史价值的参照系谱。

长沙王吴芮的经历,史料多有记载。此人据说是吴王夫差的后代,生于瑶里,在秦朝时为番阳县令,号为番君,颇为当地百姓及江湖志士敬慕。当陈胜、吴广等一帮农民兄弟扛着用木头杆子和被单褥罩做成的黄龙大旗,高喊着"帝王将相宁有种乎"的口号造反起事时,吴芮审时度势,亦率一帮生死弟兄开始与秦王朝划清界线,面南称孤,自立为王。未久,与最有实力的造反英雄项羽结成联盟,被项羽正式封为衡山王。随着战争局势的发展演变,吴芮见风使舵,转降刘邦,并在楚汉战争中立下卓越战功。汉高祖己亥五年(公元前 202 年),天下已定,吴芮被刘邦封为长沙国王。

吴芮封长沙王当年即莫名其妙地撒手归天,留下大堆谜团。说法有二:一说死于营中;一说刘邦密诏长沙国丞相利苍将其用毒药害死。两种说法皆无过硬的证据支撑。班固《汉书·韩彭英卢吴传》对吴芮之死只是一笔带过,并未提及死因,文中说:"项籍死,上以有功,从入武关,故德芮,徙为长沙王,都临湘,一年薨,谥曰文王,子成王臣嗣。"汉初刘邦共封 8 位异姓王,后来 7 王皆反,旋被翦灭,唯吴氏长沙国忠于汉室,共历 5 代。据《汉书》载,高后元年(前 187)封长沙王吴芮之子吴阳为沅陵侯,死于文帝后元二年(前 162),在位 25 年。吴阳生的一个儿子叫吴福,于公元前 162 年袭封第 2 代沅陵侯,在位 17 年去世,吴福的儿子叫吴周,于公元前 145 年嗣封成为第 3 代沅陵侯。沅陵哀侯吴周也无子,前 132 年吴周去世后侯国被废除。因而班固赞称吴氏"不失正道,故能传号五世。"

就在东吴老汉与吴纲对话 1700 年之后的 1972 年初夏,湖南长沙又发生一件震惊世界的大事。解放军 366 医院在长沙东郊五里牌外马王堆土包下挖掘防空洞,意外发现一喷气、冒火的洞穴。墓中一具"面目如生"的女尸横空出世。极富历史趣味和巧合的是,这位叫辛追的墓主人生前与长沙王吴芮相识,其夫就是秘密监视吴芮的第一任丞相利苍。同为长沙豪门出身,何以吴芮与利苍夫人辛追的尸体在后人发现时完好无损,面目如生,而葬于同一块墓地、相隔仅几米远的利苍本人与儿子的尸体却早已腐烂,只剩下残骨碎渣? 结论并不复杂,利苍之子墓葬和棺椁本身封闭不严,白膏泥有明显缺口,棺椁有裂缝。利苍本人尸骨无存,则与墓葬被盗有关,若无盗贼毁坏,可能同他夫人一样,尸体会完好无损地保留下来。

10. 古庸属地龙山土著老蛮头吴著冲

后梁开平四年(910),楚王马殷封江西彭瑊为溪州刺史。彭到溪州后,土酋吴著冲邀其为"助理"。彭"以私恩结人心,日渐强盛",图谋驱逐吴著冲。

吴逃亡猛峒(今永顺县地),彭发动攻击,吴又逃洛塔(今龙山县洛塔乡),凭险与彭相抗,彭数攻不克,便与漫水(今湖北来凤县)土司之弟向柏林结为兄弟,联合攻吴,许事成后以洛塔相酬。

向摸清吴著冲虚实后,与彭里应外合,包围吴王堡。吴以擂石、弓箭等与彭、向鏖战数年,终因粮绝而败。一说"困毙其处",另说他独身杀出重围,投奔结义兄弟惹巴冲(今龙山洗车河下游),后因伤势过重,死于途中西吴坪。其地洛塔为向柏林所据,其余尽为彭瑊所有。

　　据《龙山县志·卷六》载:"土人家乘称,其先有老蛮头吴著冲,今邑之本城、洗罗、辰旗、懂补、洛塔、他沙皆其世土。因延江西吉水县彭氏助理,彭氏以私恩结人心,日渐强盛,至彭瑊,谋逐著冲。著冲败走猛峒,瑊复率众击之,遂匿洛塔山。时有漫水司土官之弟向伯林,骨肉不和,归瑊。瑊令伯林合攻吴著冲,著冲困毙洛塔山石洞,瑊以洛塔之地酬向氏,余土归瑊。后著冲为祟,土人时相惊呼,瑊惧,建祠祀之。今永顺县旧司城有吴著冲祠,土人犹争祀焉。又有惹巴冲者,与吴著冲结为兄弟,今邑之明溪、五赛、坡脚、捞车、二梭、三甲、四甲诸里皆其世土,后亦为瑊所并。瑊于梁开平年间归顺,命为溪州刺史,子彦晞(即彭士愁)为靖边都指挥使,守溪州刺使。"

　　吴著冲史称老蛮头,是极有影响之土著首领。彭虽战吴据有其地,却不为部众接受,常借吴之威名造反,随应许祭祀。《永顺县志》载:土民"每岁三月杀白羊、击鼓、吹笙以祀鬼,四月十八日、七月十五日夜皆设鬼堂,谓是已故土官阴魂祀处。每岁正月初三至十七,男女齐集,鸣锣击鼓,跳舞唱歌,名曰摆手"。永顺彭氏土司祭庙内的偶像正面是彭士愁,背面为吴著冲;昼祭彭氏,夜祭吴氏。

　　土人跳大摆手,祭"八部大王",实际是土著先民中的八位部落首领。名曰"破西洛蒙、缺太洛蒙、泽在洛蒙、拜尔洛蒙、洛陀洛蒙、蜡烛洛蒙、比耶洛蒙"等,都是汉语记音。酉水流域的《摆手歌》也将"八部大王"的来历,称为"剪刀洛蒙、牛角洛蒙、钵头洛蒙、锣槌洛蒙、鼓槌洛蒙、牛皮洛蒙、懒毫洛蒙、扫帚洛蒙"等。土语"冲""送""踵"等词相近,是"王"或"首领"的意思。《永顺县志》记载,土语呼"长官曰冲,又曰送,又曰踵,又曰从"。

11. 庸都旧地茅岗宣慰都元帅吴统志

　　元初,太伯后人吴统志,因功授慈邑茅岗宣慰都元帅,世袭八十余年,后为慈利安抚使覃垕击败逃亡。据慈利三让堂《吴氏族谱》载:"吴后避居荆襄,由汉及唐,支庶蕃衍,遍满天下宇之,有吴姓自兹始。及宋社既墟,地失其守,有(吴)永贵之远孙吴统志,喜慈阳山水之胜,因(宋)建炎南渡而居焉。惠多谋,娶妻向氏,贞静且哲,同子吴毓领家丁往岳茅岗,朝臣保奏,安诸土峒苗夷。有元受命,以功授茅岗宣慰都元帅,赐三品印。统志卒,毓立;毓卒,吴秀立;秀卒,(吴)恭立;恭卒,吴敬立;敬生五子,名遵、远、进、达、邀。四长俱儒,五子吴邀聪明,袭元帅职。八十九年,世袭其爵,控制诸夷,有声兹土。至元末,因覃垕作反,杀至土峒,(吴)邀弃官逃难,四兄举族悉隐……十三世,吴子仁,首领,生子仲孙,乏嗣。程氏,生四子:文、行、忠、信。(子)仁祖,明皇甲辰年,于澧州徐丞相下,归附本所,领先祖旧口总旗。自备器械,管军守(曲溪)隘。"另据《慈利吴氏族谱》载:"吴子仁,元末土司官,旧谱称苗峒酋长,势大难制。元年甲辰冬,各蠢作乱,(吴)子仁牒云阳寨主唐涌分把隘口。"

12. 吴周太祖吴三桂屯兵大庸古都城旧地

太伯后裔吴三桂(1612－1678 年 10 月 2 日),字长伯,一字月所(可见吴三桂取义于月中之桂)。明朝辽东人,明末清初著名政治军事人物,吴周政权建立者吴周太祖。祖籍江南高邮(今江苏高邮),锦州总兵吴襄之子。以父荫袭军官。明崇祯时为辽东总兵,封平西伯,镇守山海关,后封汉中王,济王。1644 年降清,引清军入关,被封为平西王。1661 年杀南明永历帝,1673 年叛清,发动三藩之乱,并于1678 年农历八月十七夜病死。康熙十三年(1674)春,吴三桂部将吴围贵、马三保等 10 万余众陷澧州。马又进占慈利,知县周熊兆、典史童枋投顺,续占永定卫屯地 5 年。各营战马散放乡村,饲料分派于民,牧丁轮户供给钱粮预征 2 年。官兵乘夜抢劫金银财物,或以吊、铐、烹、烙等酷刑敲榨屯民。吴部在茅岗炼铁,在卫城铸大炮、造船,凡民之木、铜、铁、油、麻、棉等搜刮殆尽,众多百姓死于丁夫、匠作等苦役。康熙十八年(1679)吴三桂部败于岳州,经慈利向川黔溃退,沿途烧房掳掠。十月,清兵"进剿"吴三桂部。吴所委官吏尽逃,沿途焚劫一空。岳后营、总镇兵扎永定卫城,派屯民运粮以供,劳役繁苦。其孙吴世璠继其皇帝位。清康熙十二年(公元 1676 年),吴三桂在衡阳称帝,国号周。衡阳曾为"国都"称应天府。意思是说康熙他们的清朝是夷狄异族的政权,没有主政汉族天下的资格,他吴三桂是周朝伯祖姬太伯的后裔,要顺天应人,恢复周室正统王朝。

第十二节　庸国与越国

《吴越春秋》记载说,当年大禹巡行天下,回到大越,登上会稽山朝见四方诸侯,封有功,爵有德,死后就葬在这里。至少康时,担心大禹后代香火断绝,便封其庶子于越,号曰:"无余"。贺循《会稽记》说:"少康,其少子号曰于越,越国之称始此。"按此史料倒推:越国,乃"无余"封国;"无余",乃"少康"之庶子;"少康",乃夏朝之国君,大禹之嫡裔;"大禹",乃"大庸王朝"之末代帝君,大夏王朝之开国始祖。故越国乃大庸亦即祝融之后裔,无可置疑。

无余传世十余代,末君微劣,不能自立,转从众庶为编户之民,禹祀已绝。又十余代,有人自承禹王之后,重修前君祭祀,重复禹墓之祀,为民请福于天,以通鬼神之道。因祀封立,承越君之后,复夏王之祭,号曰无壬。无壬生无择,无择专心守国,安心奉祀,不失上天之命。越国久远,历夏商周三代,亡而复立。

《史记·越王勾践世家》云:"越王勾践,其先禹之苗裔,而夏后帝少康之庶子也。封于会稽,以奉守禹之祀。"裴松之《后汉书〈刘表传〉》记:吴越有"宗党""宗兵""宗贼",即"崇党""崇兵""崇贼"。说明到了汉代,迁到东南沿海的崇族还保持了鲜明的民族特征。后来屡见于史书的生活在吴越之地的"山夷""山越"应是崇山人。从字源、词义上分析,生活在海峡两岸的"高山族"同胞即为其后裔,高山即崇高山之意。台湾高山族为越人的一支,专家们多有论述。陈国强在《从台湾考古发现探讨高山族来源》一文中,指出"高山族祖先是祖国南方古代百越的一支",那么追根溯源,其老祖宗也是崇山人,也是正宗的崇山血统。故,《汉书·地理志》注引《世本》曰:"越为芈姓,与楚同祖。"既然与楚同祖,当然亦是楚祖大庸帝国的后裔。

第七章　从祝融到盘瓠的嬗变

—— 盘瓠及吴将军真实身份探讨

传说上古时期,帝喾(高辛氏,黄帝后裔)为了击退入侵的犬戎部落吴将军,向臣民许诺:不论是谁,只要能够击退敌人,就把高辛公主许配给他。帝喾的神犬盘瓠听到了这个消息后,顿时躁动不安,抬头长啸三声。帝喾与它开玩笑:"你要是能够退敌,我照样招你为婿。"盘瓠又长啸三声,兴奋地向营外跑去。第二天清晨,盘瓠真的取回了敌酋吴将军的首级,于是帝喾把高辛公主嫁给了它。

娶了高辛公主后,盘瓠要她把自己放进大蒸笼,架起大锅,猛火蒸煮七天七夜。高辛公主担心"丈夫"受不了,还差一晚就打开笼盖,顿时一个赤身裸体的美男子出现在她眼前,只是头顶还留着一块狗毛。她后悔莫及,找来一块长丝帕盘在夫婿头上。

旁人常常拿盘瓠头上的丝帕嘲笑。盘瓠便和妻子南迁深山中生活。数年后,他们生育六子六女,并配成六对兄妹夫妻。这六对夫妇繁衍了苗、瑶、畲等族后人,盘瓠因此成了这些民族的始祖,被尊称为"盘瓠大王",于是就有了盘瓠部落的兴起和发展。

第一节　盘瓠氏陆终部落的史实记录

盘瓠一作槃瓠。将盘瓠故事纪之于书的,首先是《风俗通义》。在东汉以前,并无此说。应劭曰:"高辛之犬盘瓠,讨灭犬戎;高辛以少女妻之,封盘瓠氏。"

三国时《魏略》曰:"高辛氏有老妇居王室,得耳疾,挑之,乃得物大如茧,妇人盛瓠中,覆之以盘,俄顷化为犬,其文五色,因名盘瓠。"同书又云:"氐人,其种非一,称盘瓠之后。"

干宝《晋记》云:"武陵,长沙、庐江郡夷,盘瓠之后多,杂处五溪之内,盘瓠凭山阻险,每常为害。糅杂鱼肉,叩槽而号,以祭盘瓠。俗称赤髀横裙,即其子孙。"

干氏又有《搜神记》曰:"高辛有老妇人居于王宫得耳疾,医为挑洽出顶,虫大如茧,妇人置于瓠中,覆之以盘。俄化为犬,因名盘瓠。时戎吴强盛,数侵边境。乃募天下有能得戎将军首者,购金千镒,封邑万户,又赐以少女。后盘瓠衔得一头造王阙。王诊视之,即是戎吴……盘瓠得女上南山,入谷,止于石室之中。盖经三年,产六男六女,自相配偶,号曰蛮夷。"

南齐黄闵《武陵记》云:"山半有盘瓠石室,可容万人,中有石床,盘瓠行迹……遥见一石……蛮俗相传,云是盘瓠像也。"

沈约撰《宋书》卷九七曰:"荆、雍州蛮,是盘瓠之后也",《隋书·地理志下》卷三一:"长沙郡又杂有夷蜑,名曰莫徭,自云其先祖有功,常免徭役"。

杜佑《通典》卷一八七注曰:"按范晔后汉史蛮夷传皆怪诞不经。大抵诸家所序四夷,亦多此类,未详其本出,且因而商略之。晔云高辛氏募能得犬戎之将军头者,购黄金千镒,邑万家,妻以少女。按黄金周以前为斤,秦以二十两为镒;三代以前分土,自秦汉分人,又周末始有将军之官;其姓宜自周命氏。晔皆以为高辛之代,何不详之甚。"

又按宋史晔被收后,于狱中与诸甥侄书自序云:"六夷诸序,论笔势放纵,实天下之奇作。其中合者往往不减过秦篇。尝其比方班氏,非但不愧之而已。按班贾序事岂复语怪,而晔纰缪若此,又何不减不愧之有乎?"

《唐书》曰:"黄国公册安昌者,盘瓠之苗裔也。世为巴东蛮田,与田、李、向、邓各分盘瓠一礼,世传其皮,盛以金函,四时致祭。"

宋朱辅撰《溪蛮丛笑》叶钱序云:"五溪蛮皆盘瓠种也。聚落区分,名亦随异。沅其四壤,环四封而居者,今有五:曰苗、曰猺、曰僚、曰壮、曰仡佬。风俗气习,大抵相似。"

南朝宋时,范晔撰《后汉书》,将所记加以扩充云:"昔高辛氏有犬戎之寇,帝患其侵暴,而征伐不克。乃访募天下,有能得犬戎之吴将军头者,购黄金千镒,邑万家,又妻以少女。时帝有畜狗,其毛五采,名曰盘瓠。下令之后,盘瓠遂衔人头造阙下,群臣怪而诊之,乃吴将军首也。帝大喜,而计盘瓠不可妻之以女,又无封爵之道,议欲有报而未所宜。女闻之,以为帝皇下令,不可违信,因请行。帝不得已,乃以女配盘瓠。盘瓠得女,负而走入南山,止石室中。所处险绝,人迹不至。于是女解去衣裳,为仆鉴之结,著独力之衣(鉴、独二字可能有误)。帝悲思之,遣使寻求,辄遇风雨震晦,使者不得进。经三年,生子一十二人,六男六女。"

《元和郡县志》云："辰，蛮戎所居也，其人皆盘瓠子孙，或曰巴子兄弟入（一作立）为五奚谷之长。"

《蛮书》云："黔、泾、巴、夏四邑苗众，咸通三年春三月八日，因入贼朱道古营栅竟日，与蛮贼将大羌杨阿触、杨酋盛，柘东判官杨忠义话得姓名，立边城自为一国之由。祖乃盘瓠之后。"

王通明《广异记》云："高辛时人家生一犬，初如小特（小公牛）。主怪之，弃于道下，七日不死，禽兽乳之，其形继日而大，主人复收之。当初弃道下之时，以盘盛叶覆之，因以为瑞，遂献于帝，以盘瓠为名也。后立功，啮得戎寇将军头。帝妻以公主，封盘瓠为定边侯。公主分娩七块肉，割之七男。长大各认一姓，今巴东姓田、雷、冉、向、蒙、曼、叔孙氏也。其后苗裔炽盛，从黔南逾昆湘高丽之地，自为一国。幽王为犬戎所杀，即其后也。盘瓠皮骨今现在黔中，田、雷等家时祀之。"（高丽二字似误）。

《夔城图羟》云："夷事道，蛮事鬼。初丧，鼙以为道哀，其歌必号，其众必跳，此乃盘瓠白虎之勇也。"

《路史》注引《辰州图经》云："石窟如三间屋，一石狗形，蛮俗云盘瓠之像。"

《太平寰宇记》载："《后汉书》云：其在黔中五溪长沙间则为盘瓠之后；其在峡中巴梁间则为廪君之后。其后种众繁盛，侵扰州郡或徙交杂，亦不可得详别焉。"又云："按其地，长沙西南黔中五溪之地皆为其有。"

自此以后元明清三代，受范晔的影响传播盘瓠由来者，如《三才图会》云："盘瓠者，帝喾高辛氏宫中老妇，有耳疾，挑之有物如茧，以瓠离盛之，以盘覆之。有顷化为犬，五色，因名瓠犬。时有犬戎之寇，募能得将军者妻以女。瓠犬俄衔人头诣阙下，乃将军之首也。帝大喜，欲报之事，未知所宜，女闻帝下令，不可违信，因请行。帝不得已，以女妻之。瓠犬负女入南山石室中。三年，生六男六女，其母以状白帝，于是迎诸子，言语侏离，帝赐以名山大泽。其后滋蔓，长沙武陵蛮是也。"

又如清陆次云《峒谿纤志》云："苗人，盘瓠之种也。帝喾高辛氏以盘瓠为奸溪蛮之功，封其地，妻以女，生六男六女而为诸苗祖。尽夜郎境多有之……以十月朔为大节，岁首祭盘瓠，揉鱼肉于木槽，扣槽群号以为礼。"其余著作尚多不尽录，但也有评论盘瓠由来之妄者。

《路史》谓伯益经云："卡明生白犬，是为蛮人始祖；卡明，黄帝曾称也。白犬者乃其子之名，盖后世之"乌彪""犬子"，"豹奴""虎貚"云者，非狗犬也。"

盘瓠一作槃瓠。将盘瓠故事纪之于书的，首先是《风俗通义》。在东汉以前，并无此说。应劭曰："高辛之犬盘瓠，讨灭犬戎；高辛以少女妻之，封盘瓠氏。"

三国时《魏略》曰:"高辛氏有老妇居王室,得耳疾,挑之,乃得物大如茧,妇人盛瓠中,覆之以盘,俄顷化为犬,其文五色,因名盘瓠。"同书又云:"氐人,其种非一,称盘瓠之后。"

晋《荆州记》曰:"沅陵县居西口,有上就、武阳二乡,唯此是盘瓠子孙。……二乡在武溪之北。"

日本国白鸟芳郎教授在泰国清迈发现的汉文《徭人文书》,其中有《游梅山书》一本,末记"抄书人董胜利,在广西来太吐地坊(方)",时间记着是"民国六十三年癸丑岁十一月抄成"。虽然年代甚晚,但该文书分明是从广西传入泰国北部的。

《游梅山书》内记载梅山三十六洞及梅山十殿。其十殿之一殿为太广冥王殿,三殿为宋帝冥王殿。很明显它是受到《十三经》一类经典的影响。这一文书是以梅山为主题。

另外在其他的文书中谈及梅山亦不少,例女口弯《超度书》中有"开山法"和"关山法",录之如下:

"谨请祖师……征变东方征梅山岭,南方征梅山岭,西方征梅山岭,北方征梅山岭,中央征梅山岭……"(开山法)"谨请祖师……东方青帝征梅山岭,南方赤帝征梅山岭,西方白帝征梅山岭,北方黑帝征梅山岭,中央黄帝征梅山岭,五方五面山河江水关来押下梅山岭却下倒藏速变速化准我王奉太上老君急急令敕。"(关山法)

这里言及梅山岭的五方五面。又在"女人唱歌"中的"盘古歌"说道:"初世声:郎在湖南,妹在京州,郎在湖南松柏院,妹在桂州来听声。京(景)定元年四月八,逢作圣王改换天。改换山源向水口,淹死凡间天底人。重有伏仪(羲)两姊妹,结为妻对合双双。先直徭人直百姓,百姓徭人自结双……立有梅山学堂院,读书执笔写文章……立有连州行平庙,立有香竹圣王前。交过红(洪)武年间专,败了凡间无一人。改换君王在圣殿,徭人退下圣王前,流落广东海南岸……十二姓徭人无记内,飘飘过海向东京……盘古圣王开金口……船行到岸马行乡,流落广东朝(潮)州府,乐昌安扎直田塘……"

这一首"盘古歌"和所谓"高皇歌"很相似,描写明以后徭人尝从湖南播迁到了广东朝(潮)州,从下句"乐昌安札","朝州"可能是"韶州"的音讹。歌中的"京定",必是"景定"。泰国《徭人文书》最宝贵的文献是《评皇券牒》,上面题署《正忠景定元[昇](祀)十二月二十一日给》,即当南宋理宗时(公元1260年)。这一重要文书是从泰国北部的徭村村长盘思文氏取得的。

　　徭人从湖南到广西,再向西走出国境,可入越南及泰国,以前在河内,法国人远东学院马伯乐采集的徭人文书,有"世代源流刀耕火种,评皇券牒"(见日本《东洋文化研究所纪要》第七册,山本达郎文),这与泰国北部所出的《评皇券牒》相同,评皇即指盘皇(盘瓠),徭人当是畲民,毫无疑问。

　　《宋史》卷一五《神宗纪》云:"五年……十一月癸丑……章惇开梅山,置安化县。"又卷四九四云:"梅山峒蛮,旧不与中国通,其地东接潭,南接邵,其西则辰,其北则鼎、澧,而梅山居其中……嘉佑末,知益阳县张颉收捕其桀黠符三等,遂经营开拓……熙宁五年,乃诏之潭州潘夙、湖南转运副使蔡烨、判官乔执中同经制章惇招纳之……于是遂檄谕开梅山,蛮徭争辟道路……籍其民,得主、客万四千八百九户,万九千八十九丁……诏以山地置新化县……"

　　瑶人《高皇歌》(没有比瑶人《高皇歌》那样更原始的歌词了)曰:"狗王听到偷欢喜,衔着皇文进殿上。正月元宵去打猎,梅树树叉夹死狗。皇帝拍掌笑呵呵,狗王得胜来回朝。兄妹回家来商议,将树做成四只鼓。本部殿前不好看,送进深山大岭去。五哥六哥来得慢,拿根若竹来做笙。小姐怀胎生六子,六子六妹甚荣华。细细竹子明亮亮,吹得五音六律全。"

　　吴回是远古吴人中一个杰出的半人半神的人物,他是颛顼高阳氏的曾孙,老童之子。到高辛氏(帝喾)时代,吴因迁居吴人之地而称吴回。吴回之兄重黎担任了高辛氏的火官,叫作祝融,后因办事不力被高辛氏帝喾消灭。这样,吴回接替重黎担任帝喾高辛氏的管火之官,任祝融。祝融之官的职责,一是观测天空的火星火宿,另外掌管部落用以照明、取暖、熟食的大火,这是蒙昧时代和野蛮时代一件极神圣的事情。正因为如此,吴回担任祝融后,声威远震,死后被尊为祝融神。祝融与火打交道,死后成为火神,也叫"朱天菩萨",乡间民俗,一遇火灾,则口中大呼"朱天菩萨保佑平安",双膝跪地而拜。在五行学说的神秘理论中,火与南方相配,于是火神祝融又成为五方帝中的南方之神。

　　《史记·楚世家》中记载:"楚之先祖出自帝颛顼高阳。高阳者,黄帝之孙,昌意之子也。高阳生称,称生卷章,卷章生重黎。重黎为帝喾高辛居火正,甚有功,能光融天下,帝喾命曰祝融。共工氏作乱,帝喾使重黎诛之而不尽。帝乃以庚寅日诛重黎,而以其弟,吴回为重黎后,复居火正,为祝融。吴回生陆终。陆终生子六人,诉剖而产焉。其长一曰昆吾,二曰参胡,三曰彭祖,四曰会人,五曰曹姓,六曰季连,芈姓、楚其后也。"《索隐》引《系本》:"陆终娶鬼方氏妹,曰女嬃。其长一曰昆吾;二曰参胡;三曰彭祖;四曰会人;五曰曹姓;六曰季连,喗(芈)姓,楚其后也。"

《世本·帝系》云："黄帝娶于西陵氏之子,谓之累(嫘)祖,产青阳及昌意,昌意生颛顼,颛(同前字)顼生鲧。黄帝生玄嚣,玄嚣生侨极,侨极生帝喾,帝喾生尧。黄帝为其子昌意取蜀山氏。昌意之子干荒,亦娶蜀山氏。颛顼母独山氏之子。青阳即少昊,黄帝之子,代黄帝而有天下,号曰金天氏。少昊,黄帝之子,名契,字青阳,黄帝殁,契立,王以金德,号曰金山氏,同度量,调律吕,封泰山,作九泉之乐,以鸟纪官。昌意生高阳,是为帝颛顼。颛顼母,蜀山氏之子,名昌濮。颛顼娶于胜溃氏之子,谓女禄,是生老童。颛顼生儒僻,儒生卷章,卷章生黎。老童娶于根水氏,谓之骄福,产重及黎。老童生重黎及吴回,生陆终。陆终娶于鬼方氏之妹,谓之女嬇,是生六子,孕三年而不育。剖其左胁,获三人焉;剖其右胁,获三人焉。其一曰樊,是为昆吾;其二曰惠连,是为参胡;其三曰篯铿,是为彭祖;其四曰求言,是为邻人;其五曰晏安,是为曹姓;其六曰季连,是为芈姓。"

《姓氏寻源》六:"吴回生陆终,其支庶为陆终氏。"

《元和姓纂》云:"陆终之后,受封于黄,为楚所灭,以国为氏。"

《诸暨孝义黄氏族谱》亦云:"黄为嬴姓十四氏之一,出于陆终氏,后受封于黄,今光州定城西十二里犹有黄国故城。黄既为楚所并,子孙散之四方,以国为氏。"

《新唐书·宰相世系表》记载,陆通之子陆发,仕齐为大夫,谥号恭侯。陆发生有两子:陆万、陆臬。陆万生陆烈,字伯元,西汉时为县令、豫章都尉,深得吴人爱戴,死后葬于胥屏亭,他的子孙成为吴郡吴县人。

对陆终的身世和六子的情况,《东周列国志》有详细记述:"出自颛顼帝孙重黎,为高辛氏火正之官,能光融天下,命曰祝融。重黎死,其弟吴回嗣为祝融。生子陆终,娶鬼方国君之女,得孕怀十一年。开左胁,生下三子;又开右胁,复生下三子。长曰樊,己姓,封于卫墟,为夏伯,汤伐桀灭之。次曰参胡,董姓,封于韩墟,周时为胡国,后灭于楚。三曰彭祖,彭姓,封于韩墟,为商伯,商未始亡。四曰会人,妘姓,封于郑墟,五曰安,曹姓,封于邾墟。六曰季连,芈姓,乃季连之苗裔。"这里陆终的次子也为参胡,但是董姓。关于黄姓应祖血缘陆终之说不知出自何经典,有何依据。《世本》《大戴礼记》《史记》这三本书,成书时间较早,应该比《姓谱》《元和姓纂》《百家姓》《广韵》《通志·氏族略》《万姓统谱》等可信、可靠。

高辛使重黎诛之而不尽。帝乃以庚寅日诛重黎,而封其弟吴回为重黎后,复居火正为祝融。《山海经·大荒西经》说:"榴山,其上有人号曰太子长琴。颛顼生老童,老童生祝融,祝融生太子长琴,是处榴山,始作乐风。"

第二节 盘瓠就是陆终

比较上述史料,我认为盘瓠与祝融族吴回之子陆终有 8 点相同、相似或相通之处,盘瓠和陆终就是一个人。

1. 所处时代一致

两人都是帝喾高辛时期的部落首领。《风俗通义》《魏略》《搜神记》皆曰盘瓠为高辛帝女婿。《史记·楚世家》、郭璞注《山海经》皆曰吴回为高辛时祝融之弟。

2. 所在地域一致

两者都在中国南方。晋《荆州记》曰:"沅陵县居西口,有上就、武阳二乡,唯此是盘瓠子孙。……二乡在武溪之北。"干宝《晋记》云:"武陵,长沙、庐江郡夷,盘瓠之后多,杂处五溪之内,盘瓠凭山阻险,每每常为害。糅杂鱼肉,叩槽而号,以祭盘瓠。俗称赤髀横裙,即其子孙。"

《山海经海外南经》中说:"南方祝融,兽身人面,乘两龙。"罗泌《路史》卷八说:"(祝诵氏)其治百年,葬衡山之阳,是以谓祝融峰也。"《南岳志》载:"祝融峰,南岳主峰。"《山海经·大荒西经》:"有人名吴回,奇左,是无右臂。"郭璞注:"吴回,祝融弟,亦为火正也。"其实吴回也称祝融。

3. 族称涵义相通

吴、瓠同音,盘、回同义。盘者,回也,盘回往复之意。盘,象形动词,盘回,盘曲,盘绕。回,曲折,环绕,旋转。祝融族亦即伏羲族。著名学者许顺湛在《五帝时代研究》一书中指出:"祝融氏也可以称为'伏羲氏'之号。祝融氏可归入伏羲氏族属系统。"盘者,伏也。瓠、伏同音。盘瓠就是伏羲的同义变音,同音异记。故祝融也好,伏羲也好,盘瓠也好,其实都是住在崇山南北古庸国的先祖。

4. 故事情节相似

《搜神记》曰:"高辛时戎吴强盛,数侵边境。乃募天下有能得戎将军首者,购金千镒,封邑万户,又赐以少女。"

《史记·楚世家》中记载:"……重黎为帝,尝高辛居火正,甚有功,能光融天下,帝喾命曰祝融。共工氏作乱,帝尝使重黎诛之而不尽。帝乃以庚寅日诛重黎,而以其弟,吴回为重黎,后复居火正,为祝融。吴回生陆终。"

盘瓠是狗图腾族人,受高辛鼓动杀了犬戎部落吴将军,等于是杀了自己的亲族,受封为犬封国王;陆终之父吴回,因高辛帝杀了陆终的伯父重黎而被封为火正官祝融。笔者认为这两件事很可能发生在同一家族内。三苗百濮部落,亦即祝融盘瓠部落,在高辛帝大军压境的威势下,为免于灭族,内部出现分歧。高辛帝威恩并用,一诛一立,降伏弱族。恰如明代朱元璋征服覃垕一样,利用反间计封其女婿朱思济为谷用大元帅,骗覃垕出关被擒而遭凌迟之刳。5000多年前,我们古庸祝融重黎老祖宗,很可能就是在类似情况下惨遭毒手的。而继任祝融吴回很可能只是表面顺从,暗中仍与高辛较劲。高辛故伎重演,威逼、利诱盘瓠将自己的至亲"吴将军"杀死,当了强族女婿和新一代祝融。很显然这"吴将军"就是刚继位不久的祝融吴回,这"立功"的盘瓠无疑就是陆终。这"陆终"二字怎么听都是"祝融"的变音。盘瓠祝融杀父求荣,猪狗不如,为族人、国人和后人所不齿,故被描绘成一只狗。传说盘瓠婆了高辛公主后,要她把自己放进大蒸笼,架起大锅,猛火蒸煮七天七夜。这正是在巨大舆论谴责和内心愧罪双重压力下备受煎熬的曲折反映,同时也是一种模拟性赎罪巫术活动。故盘瓠后来在家乡待不下去了,被流封到了东部沿海地区。据晋代训诂学家郭璞(公元276－324年)在注释《山海经》的《玄中记》中记载:"狗封氏者,高辛帝有美女,未嫁。犬戎为乱,帝曰'有讨之者,妻以美女,封三百户。'帝之狗名盘护,三月而杀犬戎,以其首来。帝以为不可训民,乃妻以女,流之会稽二万一千里,得海中土,方三千里而封之。生男为狗,生女为美女。封为狗民国。"(另本《搜神记》略有出入:辛乃封盘瓠为桂林侯(一作会稽侯),美女五人,桂林郡(一作会稽郡)一千户)。

5. 妻名音义相近

盘瓠妻曰辛女,即女辛,陆终妻曰女隤,女辛、女隤同音异字而已。

《世本・帝系》(张澍碎集补注本)说:"陆终娶鬼方氏之妹,谓之女隤,是生六子。"

应劭注《风俗通义》曰:"高辛之犬盘瓠,讨灭犬戎;高辛以少女妻之,封盘瓠氏。"清《一统志》曰:"辛女岩在泸溪县南三十里……"

今泸溪白沙镇辛女村以辛女取名的有辛女岩、辛女溪、辛女庵、辛女潭、辛女湾、辛女庙、辛女祠,以盘瓠命名的有盘瓠庙、狗岩山(盘瓠山)、黄狗坨、打狗冲、料狗坨、盘瓠洞。(台湾高雄市原名"打狗"。)

6. 生育状况一致

盘瓠生六子,陆终也生六子。辛女怀孕三年而生六子,女隤亦怀孕三年而生六子。《帝系》说:"吴回产陆终。陆终娶于鬼方氏,鬼方氏之妹,谓之女隤氏,产六子,孕而不粥(生也),三年,启其左胁,六人出焉。"《搜神记》曰:"……后盘瓠衔得一头,造王阙,王诊视之,即是戎吴……盘瓠得女上南山,入谷,止于石室之中。盖经三年,产六男六女,自相配偶,号曰峦夷。"

《世本·帝系》云:"老童生重黎及吴回,生陆终。陆终娶于鬼方氏之妹,谓之女嬇,是生六子,孕三年而不育。剖其左胁,获三人焉;剖其右胁,获三人焉。其一曰樊,是为昆吾;其二曰惠连,是为参胡;其三曰钱铿,是为彭祖;其四曰求言,是为郐人;其五曰晏安,是为曹姓;其六曰季连,是为芈姓。"

7. 艺术天赋一致

陆终族擅长音乐,盘瓠族亦擅长音乐。《山海经·大荒西经》说:"榣山,其上有人号曰太子长琴。颛顼生老童,老童生祝融,祝融生太子长琴,是处榣山,始作乐风。"瑶人《高皇歌》(没有比瑶人《高皇歌》那样更原始的歌词了)曰:"狗王听到偷欢喜,衔着皇文进殿上。正月元宵去打猎,梅树树又夹死狗。皇帝拍掌笑呵呵,狗王得胜来回朝。兄妹回家来商议,将树做成四只鼓。本部殿前不好看,送进深山大岭去。五哥六哥来得慢,拿根苦竹来做笙。小姐怀胎生六子,六子六妹甚荣华。细细竹子明亮亮,吹得五音六律全。"

8. 后裔居地、自称一致

据南朝宋时范晔所撰《后汉书》云:"盘瓠死后,因自相夫妻。织绩木皮,染以草实,好五色衣服,制裁成皆有尾形。其母后归,以状白帝。于是使迎致诸子。衣裳斑斓,语言侏离,好人山壑,不乐平旷。帝顺其意,赐以名山广泽。其后滋蔓,号曰峦夷,外痴内黠,安土重旧,以先父有功,母帝之女,田作贾贩,无关梁符傅租税之赋。有邑君长,皆赐印绶,冠以獭皮。名渠帅曰精夫(荆夫),相呼为殃徒(读音很像"庸徒")。今长沙武陵蛮是也。"而自称古庸国祝融之裔的古代张家界人亦有相同的自称。如东汉充县农民起义首领相单程就自称武陵精夫,曰渠帅,登高一呼,发动九溪十八峒十万民众进攻充县,占据壶头天门山,与东汉王朝对垒,一代名将马援徒叹奈何,命丧天门,马革裹尸而返。又 隋黄闵《武陵记》曰:"武陵山高可万仞,山半有盘瓠石室,可容数万人。中有石床、盘瓠行迹。今按山窟前有石羊石兽古迹,奇异者尤多。望石窟大如三间屋,遥见一石,仍似狗形。蛮俗相传云是盘瓠像也。"另据《新唐书·宰相世系表》记载,吴郡吴县多陆姓后裔人,这与《玄中记》所记盘瓠流封会稽的史料又相互勾连,进一步印证盘瓠就是陆终。

可见,盘瓠就是陆终毋庸置疑也,盘瓠族就是祝融世系的陆终一族。也就是说,盘瓠族就是祝融族,苗人、濮人、盘瓠都是祝融后裔,即古庸人后裔,只是不同时期有不同称呼而已。

第三节 古庸国盘瓠部落的分布与迁徙

盘瓠部落的分布,历代文献有所记载,有线索可寻。

东汉时期开始出现盘瓠的名称。《风俗通义》首先提出,似在五溪地区。但时间上溯至高辛、即帝喾,距东汉将近二千六百年。考帝喾为东南部首领,自古以来盘瓠部落世居于东南部,说明盘瓠部落与高辛却有一定历史关系。

三国时,已不见盘瓠部落的名称。证明已分化改组和融合于其他部落之内。如《魏略·西戎传》说:"氐人自称盘瓠之后。"按氐人先于羌人进入今陕西、四川,其南部到达四川成都附近。此时五溪琵訇盈颚唇裔一部西迁与冉龙、白马诸部落融合是可能的。所以自称氐人,却又认为盘瓠之后。还应当看到迁徙不可能是全部,也就是说,五溪地区仍然有盘瓠的后裔。

晋代,干宝《晋纪》明确记载盘瓠在武陵、长沙、庐江郡,但《太平御览》所引《晋纪》无"庐江"二字。干宝《搜神记》说:"盘瓠得女上南山。"南山可以理解为南部。但是另本《搜神记》则有"帝乃封盘瓠为会稽侯。美女五人,会稽郡一千户。"(按:晋代会稽郡在今浙江绍兴之地。)

郭璞注,《山海经·海内北经》犬封国下说:"乃浮之会稽东南海中,得三百里封之。"

《太平御览》引《玄中记》也说:"于会稽东南海中土三百里而封。"另本《玄中记》与此略有出入,但地区一致。

由此可见,晋时盘瓠后裔,一在浙东,一在沅陵。在浙东一部分,为今日的畲族。他们有盘瓠的传说,有妇孺都能口诵的"狗王歌",每家中堂却供奉"本家寅奉堂上高辛氏敕封忠勇王一脉宗亲长生香火祖师之神位。"每宗都刻有一根狗头杖。绘有盘瓠故事画像。祭祀时,必供狗头杖,悬挂盘瓠故事画像。因此,盘瓠后裔迁入浙东会稽一带的可能即三国时之山越的一部分,其后形成今日的畲族。至于流入四川的盘瓠后裔,则已与氐人融合了。

南朝宋时,《后汉书》写成,但传本颇多。据《蛮书》所引唐本《后汉书》,并无"其后滋蔓"以下一段,更无"今长沙武陵蛮是也"一句。《太平御览》所引《后汉书》,与今本也略有差异,不知孰是。但盘瓠之裔写在《南蛮传》之首,应指五溪地区无疑。

唐代,据《太平御览》引《唐书》,盘瓠后裔已向西迁徙到巴东一带,兼及贵州北部。《元和郡县志》又证明辰州仍居住着盘瓠后裔。

杜佑《通典》把古代所谓蛮荆皆称为盘瓠之后，又说荆州境内还有蛮蜑。

《蛮书》所云黔泾巴夏四邑苗众：黔，指黔中道；泾，可能指唐设泾南县，故泾在四川泸县西南；巴，指四川巴东一带；夏，指湖北。王通明《广异记》所云其后苗裔炽盛，从黔南逾昆湘高丽之地，自为一国。高丽二字显然有误，昆湘是否昆明之误。如昆指云南昆明，则盘瓠后裔进入云南已在唐代之前了。

宋代盘瓠后裔据《溪蛮丛笑》言仍以沅陵一带为中心。特别值得重视的是说明盘瓠部落已经不是代表一个族属，而是包括五个分支，即苗、瑶、僚、壮、仡佬。这就反映当地五个氏族或部落曾在同一地区结成了一个盘瓠部落，甚至是一个小部落的联盟。正如汉族形成以前以黄帝为始祖，其实以黄帝为首的部落联盟内，还包括有许多部落的成分。

东汉时期五溪地区掀起了一次大的斗争，斗争的规模，不是一个小的部落可以进行的。那时候为了同东汉王朝进行搏斗，当地的各族先人结成部落或部落联盟是可能的，而且是必需的。

唐宋以后，盘瓠部落分散迁徙，同时逐步分化，形成许多民族。

元代，盘瓠诸部的中心仍在长沙武陵之间，周致中《异城志》云："盘瓠……封于长沙，武陵蛮，今其国人是其裔也。"

同书又云："阿丹，其国与罗罗国，乃西蕃种类，盘瓠之裔也，与云南四川之境相邻。"这也是向西迁的一支。

《元史地理志》载："罗雄州，与溪洞蛮僚接壤，历代未曾置郡。俗传盘瓠六男，其一曰蒙由丘，后裔有罗雄者居此甸，至其孙普恐，名其部曰罗雄。"罗雄在今云南罗平县，马龙州夷名曰撒匡。昔僰、剌居之。盘瓠裔纳垢逐旧蛮有其地。马龙州在今云南曲靖地。

《新纂云南通志》引《马龙州志》："盘瓠城在州北，纳西所筑。"

明代《明一统志》："湖广、靖州、永顺司等地皆出自盘瓠。"

《蛮司合志》："两广土司、其先皆盘瓠之裔，故两江大姓尚有以盘为氏者。特其种不一，其在桂林之兴安、义守，柳州之融县、怀远界者则谓之瑶。"这是迁入云南一支。

《天下郡国利病书》《酉阳杂俎》等书皆有记载。

清代《续通志》："西南溪洞诸蛮皆盘瓠种。"

清代《一统志》："庆远府，引府志，无河，思恩又有伶、僚、姆佬、佯，狼，侗之属皆盘瓠遗种。"

《历代沿革表》："广西如德归州、果化州、忠州等皆古盘瓠百蛮峒。"

《黔中纪闻》亦云："佚、佯、伶、侗、壮、瑶皆祀盘瓠，故人多云皆盘瓠后。"又引《搜神记》下注云："今吐番乃盘瓠后。"

其余记载盘瓠后裔分布的文献很多，大抵元、明、清时期湖南、广西、贵州为比较集中居住地。由于他们曾加入过这一部落或部落联盟，故说源出盘瓠。至于以下各分支如佚、伶、苗、瑶等人之中，有的在分化改组和融合中形成独特之民族，如苗、瑶等族。有的势力较弱，还界于部落与民族的过渡阶段，则称人，如伶人佯人等。

自从盘瓠后裔迁徙之后，其中一部分经过分化改组，融合于其他族。例如今日云南的罗平、马龙，主要是彝族。所传纳西也是彝族，但又自认为盘瓠之后。显然是这些盘瓠后裔加入了彝族。又如盘瓠部落后裔迁入广西，大部分在一定时期形成瑶族；迁入贵州、四川、云南者，多数成为苗族。而苗族迁至边境与当地民族融合又成某某族。至于留在五溪地区的盘瓠后裔，在东汉以后，却属于五溪蛮之内，成为后来的土家族。实际上五溪蛮只是一个概称，其中又有若干民族在内。

《畲族简史》认为"除了盘瓠传说外，史书中找不到畲族是武陵的一支或从湖南迁来的其他线索。"但从各处徭人文书看来，徭人南迁路线可以从湖南向各地迁播，本文引用的泰国《徭人文书》，分明记载由梅山（湖南）到连州（广东）、潮州。另外，在潮州地区的畲族文书，如惠东县陈湖村《黎氏族谱》所记该族人的迁移路线是：河（湖）南潭州永康县鹅塘都——连州（六祖）（宋淳熙二年）。又一支从鹅塘东（乡）——广东高腰（要）——罗浮，以后到博罗、归善（海丰）（嘉熙元年）。正是由潭州向东迁入广东，这可与暹罗《徭人文书》互相印证。《黎氏族谱》中所称六姓人丁为盆家、蓝家、盘家、雷家、栏家、黎家。六姓之中有黎，而通称之曰"徭人"，称其远祖为平皇，即该文书"评皇"，故知徭与畲自是一家。"畲民"一名出现较晚，说者以刘克庄的《后村先生大全集》中《漳州谕畲》所见"畲字为族名之最早记录"。按"刀耕火耘"为畲，然畲田之咏，唐刘禹锡有《畲田行》，北宋王禹偁有《畲田词》五首（《小畜集》卷八，第一三——一四页），刘禹锡在连州有《腊日观莫徭猎西山》及《莫徭歌》二首，《蛮子歌》内云"时节祠盘瓠"，皆有关畲俗之重要文献。

另据日本国白鸟芳郎教授，于民国六十三年癸丑岁十一月在泰国清迈发现的汉文《徭人文书》之一《游梅山书》记载，盘瓠族还从广西流迁到朝鲜、日本及泰国等东南亚地区。

总之，古庸时期的祝融氏盘瓠部落，又由于战败，一部分留在当地，统称为五溪蛮；一部分则向西向南迁徙,远至四川、贵州、云南、广西,以及浙东等地。唐宋以后,一部分形成苗族、瑶族、侗族等,并与僚人融合,形成壮族、仡佬族。南宋以后,迁徙更广,这种波浪式的发展,均有线索可寻。不过他们已加入当地民族,而只有"盘瓠子孙"的追忆而已。而留在今张家界崇山南北的古庸盘瓠、百濮后裔,则与后来迁入五溪地区的巴人与楚人融合发展为今天的土家族。

第八章　舜帝从俗嫁骥兜

——"舜放骥兜于崇山"新考

自汉迄今,研究上古历史的人对《尚书》所记"舜放骥兜于崇山",一直众说纷纭,莫衷一是。不仅对崇山究在何处争论不休,而且对原句的解释也说法不一。大多数学者都认为,舜放骥兜是流放、放逐、驱逐,即把尧子骥兜流放或驱逐到南方崇山一带,而且把骥兜说成"四凶"之一。这完全是望文生义,颠倒历史事实。其实舜放骥兜于崇山是把他出嫁到南方古国先帝祖居之地崇山。

这里先从古代"普那路亚"家庭说起。美国民族学家,历史学家路易斯·亨利·摩尔根指出,凡是血亲婚配受到限制的部落远比其他部落发展迅速。这一巨大进步的影响直接促使氏族的形成。一个氏族的一群兄弟同另一氏族的一群姐妹共同结婚,就是"晋那路亚"式婚姻,也就是"集团结婚",即"族外群婚",形成一群新的"亲密同伴",促使人类生育出现一次质的飞跃。人们不再以血缘划分族团,而以地缘山头划分族团,以后逐渐形成对偶家庭,由群婚过渡到一夫一妻、"成对配偶"的婚姻制度。这种婚姻的突出特征是一个男子在许多妻子中有一个主妻,同样一个女子在许多丈夫中有一个主夫。更重要的特点是"一切亲属之间都禁止结婚"。这样自然选择的优生效果进一步表现出来。用摩尔根的话来说就是"没有血缘亲属关系的氏族之间"的婚姻,创造出在体质上和智力上都更加强健的人种;两个正在进步的部落混合在一起,新生一代的颅骨和脑髓便扩大到综合了两个部落的才能程度。

实际上中国历代典籍中关于原始婚姻形态的记载很多。吕振羽在《史前期中国社会研究·神话传说所暗示之野蛮时代的中国社会形态》(三联出版社,1961年12月第一版)中这样写道:母系制度的主要特征是子女属于母亲的氏族,是男子出嫁,女子娶夫。在中国传说式的记载中,关于母系制度的史料虽然不算充分,但足以说明其基本特征。

许慎《五经异义》引《春秋·公羊传》说："圣人皆无父,感天而生。"《尚书大传》郑注云："王者之先祖,皆感太微五帝之精以生。"《白虎通》曰："古之时,未有三纲六纪,人民但知其母,不知其父。"《庄子·盗跖》曰："民知其母,不知其父,与麋鹿共处。"《商君书·开塞》曰："天设地而民生之,当此时也,民知其母,而不知其父。"《宋书·符瑞志》《孝经钩命决》《诗含神雾》《太平御览》等书曰："太昊庖牺之母,居华胥之渚,履巨人迹,意有所动而生太昊。"《帝王世纪》《宋书·符瑞志》《文选》引《春秋元命苞》曰:"少昊(少皞,名挚,号金天氏,东夷首领,以鸟为图腾,以鸟为官名,设有工正、农正)字青阳,母曰女节,有大星下流华渚,女节梦接意感而生少昊。"《春秋元命苞》曰:"少典妃(炎黄之先祖)安登游于华阳,有神龙首感于常阳山,生神农。"《初学记》引《诗含神雾》曰:"黄帝母附宝,见大雷绕北斗,极星光照郊野,感而孕。"《山海经》《竹书纪年》《初学记》曰:"帝颛顼、高阳母见摇光之星,贯月如虹,感已于幽房之宫,生颛顼于若水。"《帝王世纪》曰:"帝喾姬姓也,其母不觉,生而神异。"《初学记》《太平御览》曰:"尧母庆都与赤龙合昏,生伊耆,尧也。"《尚书命验》曰:"帝舜母纵华,感极星而生舜。"《孝经钩命决》曰:禹母见流星贯昴,梦接意感,既而吞神珠而生禹。《竹书纪年》:"简狄吞玄鸟之卵而生契。"《尚书中侯》《诗经正义》:"弃母履巨人迹,感而生弃。"

上述这些传说人物,都是在古籍中常见的,他们都只有确定的有名有姓的母亲,都说是由其母与某种自然现象或生物交感而生。这正是关于母系制的传说反应。在母系社会只有把女儿留在身边才能确知谁是自己的后代,男子出嫁,女儿娶婿是天经地义的事。故《周礼》有"凡娶,判妻,入子","凡嫁子、入妻者"的记载,就是说自己的女儿要从其他氏族中去娶进丈夫来,自己的男儿便要嫁出去到其他氏族中做女婿。在母系氏族社会中男子不能享有其本族的氏族权,但在他的妻族中倒有可能,而女子则被公认为氏族的基本成员,能充分享有本族的氏族权。所以崔述《考信录》说"上古无传子之事"。古代男子出嫁的形迹在史书记载的一些传说中得到印证。如《国语·晋语》载:"黄帝之子二十五人,其同姓者二人而已……四母之子别为十二姓。凡黄帝之子二十五宗,其得姓者十四人为十二姓:姬、酉、祁、巳、滕、箴、任、荀、僖、姞、儇、依是也。"《世本》载:"舜之子孙分为:胡、公良、陈、彭、原、铖、仲、庆、夏、宗、孔、仪、司徒、司城等姓。"另据历代姓氏资料记载:高阳十世分为"巳、董、彭、秃、妘、曹、斟、芊八姓";祝融氏分为八姓,即"巳、彭、秃、妘、斟、曹、芊、芈(米)。"陆终的六个儿子分别为:"昆吾、岑胡、彭祖、来言、安、季连。"这说明:兄弟不同姓,正是因为他们要出嫁,只看他们嫁到哪一氏族去,他所生的子女便是以他所嫁的氏族为姓。因此即使亲兄弟他们也未必同姓,除非他们同时嫁给同一个氏族。因而传说中的所谓尧子"丹朱"(即"驩兜")不仅不能算尧的本氏姓的儿子,而且在尧的妻族中,他还要被嫁出去,而尧的两个女儿娥皇、女英却可以名正言顺地将舜娶进家门并继承帝位。

可见《尚书》所记"舜放驩兜于崇山",并不是将驩兜流放到崇山,而是按母系社会世俗传统"嫁驩兜于崇山"。"放"就是"嫁",这在今天的民间尚能找到语义遗存。如将女儿许配给婆家称"放人家";打听别家女孩婚配没有,称"放人家没有?更令人惊喜的是驩兜出嫁崇山的史实在苗族《古老话》中得到充分印证。《古老话·前面一朝·戴驩》载:"戴驩上来坐巴人,戴驩上去坐巴扒;生西家,育驩跑。西家下坪下平野,驩跑从岭绕道;驩高务,驩高果,驩明高,驩扒代。坐守屋公,坐耕父田;坐守树梨根根,坐守树栗苑苑。西家下坪下坝子,在仁大巴生大巴,在仁大罗养大罗。在仁大巴女的生男的养,在仁大罗养儿生孙;一根树发满山,一根竹发满岭。才生仡笑濮地,才育濮郎大例。濮弟才生太列欧若先,仡笑才育欧熊欧若谋;留在明高,留在板罗。才生阿若告考,才育阿若告雅;阿仁告考坐芈偻,阿若告雅任董乍。才生大果住流当,才养楼口住高驩。女的才学跳盟跳舞,男的才来学击拍。仡笑濮地,濮郎大例,杀水牛祭祖宗,背鼓成神仙;在地上成大夔,在天上成神仙。"古歌中《话亲话姻》一节还分为《戴驩》《戴弄》《戴辽》《戴轲》《载硴》《戴恺》《戴莱》《戴卢》《濮沙》《大(戴)若芈偻》10 个小段分别记录了三苗先民十大宗首找亲结戚、繁衍子孙的历史。这恰好与传说中为古代苗族首创族外婚姻的十对夫妻(娘比归与戴欠榜茹;娘比溪与戴欠榜姑;娘细普与大芈;娘细略与惹偻;错正与后杯;错抓与后羿;金都归与大戎;金者乜与大索;姗比与大巴;英比与大罗)史料相符。更弥足珍贵的是,上述"十首"中的"八戴"恰与古代传说中八个才德之士相似。《左传·文公十八年》:"昔高阳氏有才子八人,名'苍舒''颓敳''梼戴''大临''尨降''庭坚''仲容''叔达',齐圣广渊,明允笃诚,天下之民谓之'八恺'。"孔颖达疏:"恺,和也,言其和于物也。"《汉书·古今人表》云"庭坚作咎繇"(见 1989 年上海辞书出版社《辞海》缩印本 307 页)。而高阳氏就是颛顼帝,如果"八戴"就是"八恺",则可反证高阳帝的国都就在大庸崇山,舜嫁驩兜于崇山可谓顺理成章。只有皇族嫁帝邦才门当户对、各得其所。同时还可反证《史记》所记上古传说中的五帝并非同一个地方前后相继并相互承袭的五个帝王,而是分处大江南北不同地域的几个强邦大国,是各自独立而又密切联系的几个部落联盟。

另外,我们还可以从舜帝入主尧都的真相来佐证尧舜时期对偶婚姻存在的形迹,佐证舜嫁驩兜于崇山的客观可能和大庸古国的真实存在。从舜的出生情况来看,人们无法确认他的父亲是谁。根据《尚书帝命验》载:"帝舜母纵华,感极星而生舜。"而《史记》中所记的舜父瞽叟三番五次地要害死舜,也暗示人们舜不是他的亲子,而只是对偶婚中主妻所生之子而已。从舜的婚姻情况来看,正如屈原在《楚辞·天问》中所问的那样,"尧不姚告,二女何亲"——尧如果不告诉姚氏,怎么能就把舜请到自己这方面来,并和他的两个女儿结婚呢?只有在原始群婚或对偶婚传统之下,尧帝才从俗将女儿留在身边并娶进女婿继承自己的帝位。更何况在原始民主制度下,实行的是"二首政长"机制(见《史前期中国社会研究》第89页),尧不可能把天下拱手让给女婿,而是从俗实行"盟主并治"的客观要求。在尧退位之前是"尧舜二首",在尧退位以后是"舜禹二首",禹后是"益启二首"。启杀益,"二首政长"制退出历史舞台,男权社会拉开帷幕。

从舜帝与其弟其妃的家庭生活来看,他又是原始对偶婚的活标本。据《楚辞·天问》载:"眩(瞬)弟并淫,危害厥兄。"《孟子·万章》载:"象往入舜宫,舜在床琴。象曰……干戈朕,琴朕,朕,二嫂使治朕栖。"《列女传·有虞二妃》载:"娥皇为后,女英为妃。"《史记·五帝本纪》:"象乃止舜宫居,鼓其琴,舜往见之,象愕不怿。"可见娥皇、女英姐妹与舜和象两兄弟间,实行的是共夫共妻的两性关系。另据《楚辞·湘君》载:"娥皇为舜正妃"。《山海经·大荒南经·大荒西经》载:"帝俊妻娥皇。"有女子名曰羲和……羲和者帝俊妻。"帝俊妻常仪"。《帝王纪》曰:"帝喾有四妃:元妃姜源生后稷,次妃简狄生卨,次妃庆都生放勋,次妃常仪生帝挚。"《吕氏春秋·孟春记》曰:"舜有子九人。"这些记载又可看出舜似乎是娥皇或女英的主要之夫,娥皇或女英是舜的主要之妻。舜本来有九个儿子,但大家只承认商君(或季厘)是他的儿子;和他有性关系的妻子不只是娥皇和女英两个,另外还有"四妃"。由此可见其弟象有可能是娥皇、女英主夫以外的丈夫。郭沫若曾断言,这正是普那路亚婚姻制度的一种转述。在这样的婚姻制度下,连他的"元妃"也能同他的兄弟"象"去发生性爱关系而不受到排斥。

又据《史记·五帝本纪·索隐》皇甫谧语曰:"尧娶散宜氏之女曰女皇,生丹朱(驩兜),又有庶子九人";"尧以二女妻舜以观其内,使九男与处,以观其外。"也就是说尧帝有一个主妻,生出一个直系的儿子叫丹朱(驩兜),此外还有九个旁系的儿子。这九人是尧的"庶子",尧当然也是这九人的"庶父"。照中国儒家的传统说法是尧因为儿子丹朱不肖,所以才把"帝位"传给舜。但他那九个庶子都是傻瓜不成?古儒们哪里知道在母系制社会时代,男子不曾取得继承家族权力的"习惯许可"。这就正如郭沫若在《中国古代社会研究》中所说:"尧的帝位不能传给丹朱,也不是丹朱是十恶不肖的儿子,事实上是氏族评议会不能再举丹朱。而丹朱也嫁给别的族去做好婿去了。"笔者认为,驩头实际是到崇山做了上门女婿,当了三苗之君。伏羲氏末期出现母系对偶婚烟制度,在这种制度下,不管真正的血统如何,只以主要的妻的生育为直系子女,所以,规定了男子出稼、女子娶夫的习俗。这与母系血统的财产继承相适应,如《史记·索隐》:"尧娶……女皇生丹朱,又有庶子九人。"于是,史家有丹朱嫁有扈氏的说法。笔者认为史家们只说到了一点影子,没有揭示出历史真相。其实,有扈氏就是有壶(瓠)氏,"扈""壶""瓠"同音,皆读"hù",完全是汉字同音异记造成的;立户建邑于澧水而踞有壶头之山,故曰有壶氏;亦即盘踞(居)于壶头山的氏族,故曰盘壶(瓠)氏。

也只因古代儒士们的认识能力不可能达到后世吕振羽、郭沫若、摩尔根和恩格斯这样高的水平,虽能猜对线索而无法阐明真相。

现在看来,"舜嫁驩兜于崇山"的史实疑问已迎刃而解。舜帝作为姐夫级合法继承人,将舅族驩兜非常体面地嫁到南方古国大庸崇山。驩兜来到大庸崇山并不算遭了贬吃了亏,而是分疆治国、易地为帝。而尧帝的九个庶子同驩兜一起嫁到崇山,正好印证了苗族古老话中所传的那十对首创族外婚姻的夫妻。

历史就是这样机缘巧合。十九世纪八十年代西方两位超级大师的科学理论与遥远东方的古老传说,竟被一个全然不专史学的普通职员沟通对接,发现她无穷的历史奥妙,一举破解千古谜团,让扑朔迷离的历史真相大白于天下,实乃不可思议。历史研究真是其乐无穷。大庸文化博远精深,它是当之无愧的世界级文化遗产,崇山是比夏墟、殷墟历史更加久远的文化遗址,即名副其实的"庸墟"。

驩兜陵遗址

第九章　姜姬同源　庸楚一家

—— 周赧王归葬大庸史实揭秘

周赧王,名姬延,周朝最后一代国君,在位59年。他在位期间,周王室已十分衰弱,地盘仅限于洛阳附近不到40座小城镇,寥寥3万多人口。面对日益强盛的秦国,周赧王忧心忡忡,一筹莫展,曾天真地寄希望于楚怀王合纵抗秦之策,向城内富户举债募兵,以抗强秦。终因盟军不至,合纵失败而不战自散。公元前256年,秦国大兵压境,"西周君犇秦,顿首受罪,尽献其邑三十六,口三万,秦受其献,归其君于周"(见《史记·周本纪》)。按《史记·正义》所注,此处"西周君"为"西周武公",西周武公乃惠公之长子,并非周赧王本人。接着司马迁又说:"周君王赧卒,周民遂东亡。秦取九鼎宝器,而迁西周公于狐。后七岁,秦庄襄王灭东周,东西周皆入于秦,周既不祀。"此处"君"和"王"的身份实在很难区分,而且对周赧王逝于何地、葬于何处也只字未提,以致后世赧王之墓多处出现,成为千古之谜。

1200多年前,盛唐著名诗人王维宦游南国,来到古庸城旧地,写下《赧王墓》绝句一首,诗曰:"蛮烟荒雨自千秋,夜邃空余鸟雀愁;周赧不辞亡国恨,却聆孤墓近貙兜。"说明早在唐代即有名家认可周赧王葬地在南疆崇山(今张家界市)境内。到了宋代,又有著名学者洪迈在其《容斋续笔》中记载:"淳熙十四年(1187),澧州慈利县周赧王墓旁五里山摧,盖古冢也。其中,藏器物甚多。予甥余玠宰是邑,得一錞。"文中注明他的外甥在本境为官,曾亲眼目睹五里山摧的现场,并得到一件文物(錞于)。可见古代名家亦确信周赧王葬地在古庸境内。本境现存明清方志亦明确记载:"周赧王墓,在(永定)县西十五里。县有赧王山,中有大冢,封殖甚高,周列小冢四十余,或云殉葬宫嫔也。"

看来,末代周王姬延归葬本境,原本确定不虚,只因为史载多语焉不详,仅记其所在,未载其所以,故两千多年来,人们半信半疑,一直没有定论。近年来,笔者苦索古籍,遍搜轶闻,总算捕捉到一些来自远古的信息密码,并确信能为人们揭开千古谜案提供参考。根据史料记载和民间古传,我认为至少有6条线索值得我们高度关注。

第一节　周、庸、荆、楚,同宗共祖

　　先看周朝祖先。据《史记·周本纪》(卷四)载:"周后稷,名弃。其母有邰氏女,曰姜嫄。姜嫄为帝喾元妃。"又据《史记·五帝本纪》(卷一)载:"帝喾高辛者,黄帝之曾孙也。高辛父曰蟜极,蟜极父曰玄嚣,玄嚣父曰黄帝。"据罗泌《路史·国名记甲》载:"(有)邰,炎帝之后,周弃外家。"又据晋皇甫谧《帝王世纪》载:"(炎帝)在位一百二十年而崩,葬长沙。"宋罗泌《路史》载:"(炎帝)崩葬长沙茶乡之尾,是曰茶陵。"由上述史料推知,周朝始祖就父系而言乃黄帝后裔,就母系而言,乃炎帝外甥。而炎帝恰为南方火德之帝,生姜水为姜姓。我省平江县有"姜源村""周公塘",慈利县有"姜女山""孟姜山",津市市有"嘉山"(疑为姜山),有孟姜女传说,古大庸有"周公渡""夏聚渡"等地名,均与周族高祖妣姜嫄形成信息对接。由此可知,古人视周弃(后稷)为"炎帝之后",炎帝为"周弃外家",是很有依据的。

　　再看庸、楚祖先。据《史记·楚世家》(卷十四)载:"楚之先祖出自帝颛顼高阳。高阳者,黄帝之孙,昌意之子。高阳生称,称生卷章(亦即老童,亦即善卷),卷章生重黎。重黎为帝喾高辛(周朝之祖)居火正,甚有功,能光融天下,帝喾命曰祝融。共工氏作乱,帝喾使重黎诛之不尽。帝乃以庚寅日诛重黎,而以其弟吴回为重黎,复居火正,为祝融。"又据《国语·周语》载:"禹夏之兴,(祝)融降于崇山。"屈原《离骚》曰:"帝高阳之苗裔兮,朕皇考曰伯庸。……揽茹(水)蕙(香草)以掩涕兮,霑余襟之浪浪。"这些珍贵的史料记载为我们提供了两条重要信息:一是庸楚一家,二是周楚同源。说庸楚一家,是因为楚之始祖降于崇山,而崇山就在大庸境内,也就是屈原所说"伯庸"的由来。伯庸者,庸伯也,即庸地之伯长也。这条史料恰与上文所引"帝喾使重黎诛之(共工)而不尽"的史实相吻合。"共工"就是"鲧"的疾读(快读),而鲧曾为"崇伯"(见《山海经》)。崇伯者,崇地之伯长也。重黎、吴回诛灭崇伯共工(鲧)之后取而代之为崇伯顺理成章。崇者,充也(汉代我地又曾建充县),充者庸也。崇伯就是充伯,充伯就是庸伯,庸伯即伯庸,亦即楚国先祖,亦即屈原先祖。说周楚同源,是因为周祖后稷之高祖玄嚣与楚祖祝融之太祖昌意同为黄帝之子,乃同胞亲兄弟。而且楚祖祝融曾为周祖后稷之父帝喾的重要辅佐之臣,居火正,主管天文历法等重要皇家事务。周庸楚渊源之深可见一斑。

作为周、庸氏族的共同子孙,以周赧王为代表的周朝遗族选择庸国故地作为最后归宿,当在情理之中。洛邑本都和周原发祥之地已为强秦所控,不能自由居住。三十六计,走为上计,采取金蝉脱壳之计逃往祖先旧地,应是赧王君臣的最佳选择。

第二节　周族图强　庸为基地

凡对三代历史有所了解的人都十分清楚,早在殷商早中期就有一支生机勃勃的部落几乎与商朝同时崛起于西部周塬一带。这支充满活力的民族就是周朝的祖先后稷一族。传至文王之祖太王古公亶父时,已经成为能与殷商分庭抗礼的强大方国。商朝晚期,残酷的奴隶主统治阶级无情压榨和奴役广大奴隶和平民,过着"酒池肉林"的腐化生活,甚至将大批无辜奴隶像牲畜一样处死殉葬,梦想死后在"阴间"也有奴隶为他们服务。这种惨绝人寰的暴行加速了商朝走向灭亡的步伐。一直韬光养晦的周族高层,瞅准时机,不断向外界施恩示惠,争取民心。并深谋远虑地在遥远的南方串联会盟,积蓄军事力量,只等时机一到,便向摇摇欲坠的殷商王朝以致命的一击。对周族精英们这一"远交近亲"(不同于"近攻")战略行动,史籍多有曲折记载,只是后人们未曾破解它的真实密码。

据《史记·周本纪》记载:"古公有长子曰太伯,次曰虞仲。太姜生少子季历,季历娶太任,皆贤妇人,生昌,有圣端。古公曰:我世当有兴者,其在昌乎?长子太伯、虞仲知古公欲立季历以传昌,乃二人亡如荆蛮,文身断发,以让季历。"司马迁在这段记述中明确告诉我们:周文王姬昌的两个伯父南下到了"荆蛮"地区。只是他把南下的原因和目的做了不合历史事实的"妄断"。按照三代历史时期帝王或部落首领传位制度(实为礼俗),古公传位于姬昌完全顺理成章,他居伯、仲之位的两个儿子完全没有逃亡的必要。因为在当时那个时代,王位传长孙是天经地义的事。尤其是长子,根本没有继承王位的资格,在特殊情况下即使传给外甥也不会传给长子。这就是商周二分制和昭穆制传统之下王位传孙传甥不传子双保险传位制度。它的历史真相源于远古遗俗:在母系社会向父系社会过渡时期,女子婚配仍有很大的自由空间,婚前怀孕是常有的事情,长子为婚后第一胎,多被怀疑不是男方的亲骨肉,他们很难摆脱遭遗弃或歧视的厄运。周族之祖后稷就是这种遗俗的活标本。请看《史记·周本纪》对后稷出生情景的记载:"姜原为帝喾元妃。姜原出野,见巨人迹,心忻然说(悦),欲践之,践之而身动如孕者。居期而生子,以为不祥,弃之隘巷,马牛过者皆辟不践;徙置之林中,适会山林多人,迁之;而弃渠中冰上,飞鸟以其翼覆荐之。姜原以为神,遂收养长之。初欲弃之,因名曰弃。"这段描述告诉我们,姜原生后稷应是无父私生,所谓践巨人迹纯属托辞。反复弃之,正说明古代遗弃长子的习俗真实存在。可见作为古公亶父长子的太伯"亡如荆蛮"的真正原因并不是为了让位,而是另有其因。那么作为次子的虞仲为何也要一同逃亡呢?他不是长孙,他也不存在让位的前提条件。他们双双同时"亡如荆蛮"只有两种可能。第一种可能是他们为双胞胎,都是第一胎,只是落地有先后而已。他们同遭家族歧视,远走高飞,回到南方祖奶奶家乡自由生活。周赧王选择这里作为自己的最后归宿是否带有思慕先贤、暗示后人不忘国耻、发奋图强、东山再起的愿望呢? 这些猜想是高看赧王呢,还是妄下断语? 请读者批评。

第三节　武王伐纣　庸当先锋

太伯和虞仲来到古庸荆蛮一带取得重大外交胜利。庸楚著名先贤鬻熊(亦称鬻子),为南方著名学者,曾有著作《鬻子》传世,经太伯、虞仲二人引荐,竟与周文王姬昌一见如故,文王以师事重之,鬻熊则子事文王。据《鬻子古文虎经·鬻子原序》载:"鬻子名熊,楚人,周文王之师也。年九十见文王。王曰:老矣。鬻子曰:使臣捕兽农糜已老矣,使臣坐策国事尚少也。文王师之,著书二十二篇,名曰《鬻子》。"鬻熊博怀大德,善谋政事,文王重之而如虎添翼,为后期武王伐纣奠定了内政外交方面的坚实基础。公元前1035年,文王次子姬发即位,师修文王绪业。11年后,即公元前1046年,周武王看准商纣王多行不义,"自绝于天"、天怒人怨的时机,调集以庸国为首的南方八路诸侯"共行天罚",八国联军一路"前歌后舞",直捣商都牧野,商师阵前倒戈,纣王自焚,践祚500多年的商王朝灰飞烟灭,800年周朝基业自此拉开帷幕。司马迁《史记·周本纪》对这段历史有较为翔实的描述:"二月,甲子昧爽(天还未明),武王朝至于商郊牧野,乃誓。武王左杖黄钺,右秉白旄,以麾。曰:'远矣西土之人!'武王曰:'嗟! 我有国家(冢,大也)君,司徒、司马、司空、亚旅、师氏、千夫长、百夫长、及庸、蜀、羌、髳、微、纑、彭、濮人,称尔戈,比(举)尔干(盾牌),立尔矛,予其誓。'……誓已(毕),诸侯兵会者车四千乘,陈师牧野。"武王誓词中蛮师八国中"庸""濮"两国均在今大庸、桑植为核心的武陵山区境内。《史记·集解》孔安国注曰:"庸·濮在江汉之南"。并引《括地志》注曰:"房州竹山县及金州,古庸国也。益州及巴、利等州,古蜀国也。"

道光刊本《梅里志》(卷三)所引南朝陈时和尚释智匠所撰一段文字,淋漓尽致地道出了长期融于庸濮荆蛮族群中早已成为荆蛮一分子的太伯、虞仲与周朝皇族割不断的血肉亲情:"太伯见太王传季历,于是与虞仲俱去,被发文身以变形,托为采药。后闻古卒,乃奔丧,哭于门外,示夷狄之人不得入王庭。于是季历谓'太伯长子也,伯当立,何不就?'太伯曰:'吾生不供养,死不饭含,哭不临棺,不孝之子,焉得继父乎?断发纹身,刑余之人(被逼或自愿去势之人乃歧视长子之遗俗),戎狄之民也,三者除焉,何可为君矣?季历垂泪留之,终不肯止,遂委而去……'"后来季历作《哀慕之歌》,更是感情至深,如泣如诉:"先生既殂,长霄异邦,哀丧腹心,未写中怀。追思伯仲,历我何如?梧桐萋萋,生于道周。宫馆徘徊,台阁既除,何为远去?使作空虚。支骨离别,垂思南隅,瞻望荆越,涕泪交流。伯兮仲兮,逝彼来游,自非二人,谁诉此忧?"周皇族对太伯、虞仲的深厚感情也衬托出庸濮等国为周朝立国所建立的巨大功勋。由对伯、仲二人的念念不忘转化为对庸濮功臣的分封赏赐。武王去世后,年幼的周成王即位,周公且辅政。为安抚诸侯,巩固政权,而大封功臣。鬻子重孙熊绎因自崇山率兵渡江伐纣立下汗马之功而被封于楚地,赐以子男之田,荆楚由此立国,延祚800余年,几与大周共始末。司马迁以非常简洁的文字记录了楚先祖受封立国的史实:"周文王之时,季连之苗裔曰鬻熊。鬻熊子事文王,蚤卒(与鬻子原序所记矛盾)。其子曰熊丽。熊丽生熊狂,熊狂生熊绎。熊绎当周成王之时,举文、武勤劳之后嗣,而封熊绎于楚蛮,封以子男之田,姓芈氏,居丹阳。楚子熊绎与鲁公伯禽、卫康叔子牟、晋侯燮、齐太公子侣伋俱事成王。"纣王选择旧臣封地作为最后归宿,多少有点投亲靠友的传统意味,人在落难时投亲靠友也是一种无奈之举。一代君王寄人篱下,苟延残喘,博得了历代文人的深切同情。故此,王维之辈才有"却怜孤墓近疆兜"之慨叹。

第四节 周伐荆楚 庸为保障

西周初年,由于商王朝统治被推翻,当初响应太伯、虞仲盟约一同灭商的南方"荆蛮"各氏族部落得到发展机会,实力不断强盛起来,昔日盟友成为今日劲敌。据《古本竹书纪年·周纪》记载,大约公元前11世纪,即周昭王十六、十九及末年,昭王姬瑕御驾亲征,先后三次征伐"荆楚",而且战事均不顺利,遭到"荆蛮"各部落的激烈反抗。最后周昭王"南巡不返""卒于江上"。很多人认为这里的"江上"指长江或汉水,其实都未必正确,按《太平寰宇记》和《大清一统志》的说法,应该是指湘江。今湖南长沙与湘潭之间的湘江岸边有"昭山",传说是因当年周昭王南征至此而得名。其江中有深潭名"昭潭",就是昭王葬身之处。看来,昭王南征"荆楚"显然是以庸国做跳板或大本营的,不然周朝大军从陕西南下是不可能一下从空中飞到湘江流域的。尽管昭王所征之"荆楚"并不一定包括"封以子男之田"的"楚国",但一定有许多楚国的亲族或附属部落,周朝征荆蛮的战略意图,显然在于削弱和限制楚国的发展。周楚关系出现裂痕并逐步恶化。夹在中间的庸国处于进退两难的微妙地位。一方面周朝不断向自己示好,将其作为周土南疆的一道屏障,控制南土的一座营盘;另一方面作为子族的楚国又不断坐大,对母国大庸早就想取而代之。于是一步一步蚕食庸国领土,最后将大庸贵族压缩到长江北岸的上庸一带偏安苟延。想当初周朝统治集团分封庸国战将于楚地,本来是想借机分化削弱庸国,现在看来目的确实达到了。我们不得不佩服姬氏精英们的政治智慧。但始料未及的是庸国虽然被削弱了,一个强大的楚国却悄然崛起,成为一匹桀骜不驯的烈马。

为驯服这匹烈马,大约公元前 11 世纪末或 10 世纪初(见《湖南省通鉴》),周穆王姬满继昭王之后,前后两次对南方"荆蛮"、"楚越"诸部落发动战争。据《古本竹书记年》记载:"穆王十七年,起师至九江(古洞庭九江之汇处)……三十七年,伐楚,大起九师,至于九江,以鼋鼍为梁。"又据《穆天子传》载:"乙亥,天子南征……,癸亥,天子南征……,庚辰,天子大朝于宗周之庙,乃里西土之数。曰宗周㴉水(疑即澧水)以西,南至于春山(疑即崇山)。……癸亥,天子乘鸟舟、龙舟浮于大沼。夏庚午,天子饮洀上(疑即酉水之上)。……辛未,天子北还,钓于渐泽,食鱼于桑野(疑即桑丘或桑植)。……甲寅,天子作居范宫,以观桑者,乃饮于桑中。穆天子姬满既然南征到达洞庭湖平原,不可能不到太伯、虞仲的老家大庸、桑植一带视察或招兵买马。上文同音地名应该成为我们研究史实真象的重要线索。穆王几次南征大约得到古庸贵族的支持,取得军事上的重大胜利,终于达到"荆人来贡"(见《今本竹书纪年》)的目的。

西周末年,周厉王姬胡实行暴虐统治,社会矛盾激化,国人暴动,姬胡出逃,周王朝统治动荡,长江和洞庭湖南北的荆蛮各部落得到恢复和发展,纷纷起来反抗西周王朝的统治。经过所谓"共和行政"14 年后,周宣王即位,周朝恢复元气,再次发动了大规模征蛮行动。据《诗经·采芑》记载:"宣王南征也,方叔莅上,其车三千,师干之试。"文中"其车三千"应是战车三千乘,可以说是全国的军队倾巢出动,可见当时荆蛮的力量多么强大。周王朝一次次南征,并没有达到削弱楚国的目的。相反,楚国却在战争磨炼中一天天强大起来。深受其害的是庸国君臣和国民,作为宗主母国顺周抑楚则辱没亲情;作为传统友邦,顺楚抗周则大逆不道。周楚两国多次用兵,在夹缝中生存的庸国早已疲惫不堪。公元前611年,江南荆楚地区发生特大饥荒,庸国境内最为严重,饥民纷纷出山筹粮度荒。预谋已久的楚庄王熊侣看准时机,借助巴秦两国等外力,成功地发动一次军事政变,将自己的母国一举打败,庸国的宗主地位由楚国取而代之,完成了庸国历史上又一次改朝换代,"庸国"自此退出历史舞台,被淹埋在历史烟尘深处。自此以后,周王朝对楚用兵再也没有可靠的跳板和营地了,周王朝南土用兵成为一段远去的记忆。楚国一跃成为春秋五霸之一。作为一国之君,赧王姬延对庸强楚封、庸亡楚强的这历史应该是十分熟知的,当周朝走向庸国相同命运的时候,选择庸国故址作为安身之地,并最终长眠于这块文明之墟。大国之君归葬方国故址,不知有何深意或寓义,是历史的巧合还是某种有意选择? 我们不得而知。但周朝与庸国的传统渊源却多了一份难得的物证。

第五节　强秦崛起　周楚修好

　　庸国的改朝换代标志着周朝国力衰退,到了战国时期,周王朝基本处于名存实亡的状态。各路诸侯都在关心鼎之大小和轻重。最先"问鼎"的是一举灭庸、一鸣惊人的那位楚庄王熊侣。在遭周官王孙满"在德不在鼎"的一番抢白后,终久未能将周鼎收为己有,倒是一直韬光养晦的秦国君臣在积蓄国力,暗中谋取九鼎。在秦相张仪几次戏弄楚怀王后,各路诸侯终于看清了秦国的本来面目,魏国信陵君、楚国春申君等一批有识之士决心联合诸侯各国,一举吞并秦国。公元前257年,楚考烈王派使者请求周赧王以天子名义号令各路诸侯联合起来,任命考烈王为主帅讨伐秦国。周赧王在自身难保的情况下居然答应了他们的请求。虽然自不量力,却也让这位死后谥号为"赧然羞愧"的末代君主显示了一回男儿本色。公元前256年,周赧王不惜向城内富户举债,在30000多人口的"周朝"组建了一支5000多人的"抗秦救国军",不久楚国和燕国也派军队赶到,加起来已有30000多人的军队,但其他各国却迟迟不见动静,一直等了三个月仍不见一兵一卒。赧王和考烈王两位天真的盟主和联军统帅只好偃旗息鼓,无功而返。联兵抗秦虽然流产,但周赧王与楚考烈王却结下了深厚的友谊,回顾双方先祖联兵伐纣的那段辉煌历史,料也感慨万千。周赧王在位59年,考烈王在位25年,两位君王近四分之一世纪的相互合作创下了春秋战国史上的一段统战佳话。周赧王选择昔日属庸而以后属楚的古大庸作为自己的最终归宿地,当与这段经历和友谊有着不容置疑的联系。我想作为庸楚国民一定会厚待这位生不逢时的末代君王,这位豪气冲天而又力不从心的性情中人。

第六节　丁姓旧臣　护送故主

上述五条线索,笔者所引《史记》等书并未写明周赧王卒、葬何时何地,但联系周、庸、楚三国历史渊源判析周赧王归葬古庸的可能性,本条线索却很有补充价值。本境古传:周朝灭亡时,周的居民向东逃亡,人群中有位姓丁的旧臣,因世世代代受恩于周君,便携赧王趁着月黑风高,远走高飞逃到南国大庸。这一传说是否可信无法判定,但这位"丁姓"旧臣的身份却向我们透露出几条可靠的信息。一是赧王墓前确实一直住着丁姓人家,墓址所在地也一直叫丁家溶。这丁姓旧臣在周朝时代为官更觉可信。据《潜阳丁氏宗谱》记载:"吾丁姓出于姜齐太公,子伋为丁公,因以命氏,此丁氏之由来也。……吾丁氏始出山东也。"山东为周朝开国勋臣姜尚(姜子牙)的封地,丁公吕伋为姜尚之子。姜子牙的子孙在周朝"世代为官"应是可信无疑的。丁姓旧臣将自己长期服侍的君王护送隐蔽到安全的地方既符合君臣之义,也符合人之常情。看来周赧王十有八九是归葬大庸故址了,至于他是生前逃来还是去世后运回来,是避债而来还是被驱逐而来,有待于进一步寻找更加可靠的依据。

赧王山民族文化园规划设计方案三
——总体鸟瞰图

第十章　文化地名　大庸古国的金钥匙

——且住岗、母老溃、武陵山与大庸国祖根文化

经考证,我们发现在古庸地区留下了一系列珍贵的文化地名符号,为我提供了大开庸国历史和文化大门的金钥匙。如华胥湾(在今桑植县官地坪镇)、祝融洞(在今永定区后坪镇)、伏羲泉、高阳泉(在今永定区枫香岗乡)、高阳峒(在今永定区大坪乡)、高阳村(在今桑植县芙蓉桥乡)、青阳村(在今桑植县马合口乡)、青阳寺(在今永定区阳湖坪镇)、且住岗(在今永定区且住岗社区)、母老溃(在今桑植县官地坪镇)、武陵山(在今永定城区南郊与大坪镇北界之间的崇山和天门山合称天崇山)、沅陵峪(在今永定区大坪乡)、沅古坪(在今永定区沅古坪乡)、高禖湾(在今永定区官黎坪社区)、昆仑峰(在今武陵源区袁家界景区)、崆峒山(在今永定区戴家湾社区)等等。

这里先从"且住岗""母老溃""武陵山"三个看似平常的地名入手,开启我们的探索之旅。犹如西方基督教徒有上帝,中国人有自己的祖宗。祖宗对于中国人来说是一种具有绝对性、终极性、至上性的存在。正如张良皋先生所说,祖宗是自然产生,上帝是人为制造。迄今为止,所有中国人记忆、情感、意识与潜意识中的祖宗神,应当就是中国人的终极关怀与至上的心理依托。

第一节　"且"字与男根崇拜

"且住岗"实为"祖住岗",亦即"祖柱岗"、"祖主岗"、"诅祝岗"。"柱",指炎帝。炎帝族曾数世建国,炎帝不是一人之号,而是一代的通号。神农氏是其始封之君,第二代国君为炎帝柱,又称农、稷,第八代末帝为帝榆罔。《帝王世纪》说炎帝族建国"传八代至帝榆罔亡,合五百二十岁"。自神农氏以下,经帝承、帝临、帝

明、帝直、帝来、帝里、帝榆罔，传八世。《路史》又说炎帝族建国共传了十六帝。"主"，即"炷"。"主"是个象形字。甲骨文的四个"主"字，都像点着的火把。"主"就是火把，也就是"炷"的本字。因此火把就是"主"的本义。故今天祭祖仍须燃上一炷香方显庄重。"诅"，从言，从且，且(jū)亦声。"且"意为"加力""加强"。"言"与"且"联合起来表示"强化的言语""力言"。本义：力言。引申义：强力的骂人话，或强力的誓言。郑玄注《周礼·盟诅》曰："主于要誓，大事曰盟，小事曰诅。""祝"，甲骨文字形，像一个人跪在神前拜神，开口祈祷。从示，从儿口。"儿"是古文"人"字。本义：男巫，祭祀时主持祝告的人，即庙祝。《战国策·赵策》曰："……祭祀必祝。""且""诅""祖""柱""主""炷""祝"乃"文化字群"，即文化发生学上的同源字词。

甲骨文产生之初字数很少，所以一般情况下每一个本义对应只有一个字。相反，每一个字却可能用在人名、地名、国名等方面，所以一个甲骨文字常常不止一个义项，除了本义以外还有别的义项。且和祖是同时出现在甲骨文中的，所以且和祖应该有不同的本义。

且和祖在卜辞中是本义相关的两个字，那种坚持且是祖的本字或者且和祖是同一个字的观点值得商榷。如下图。

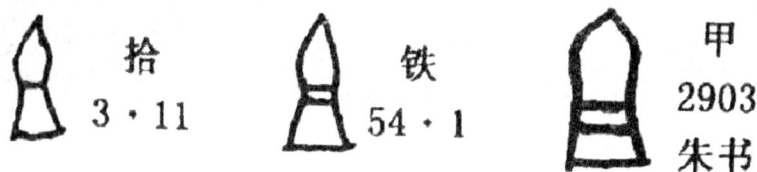

上图中第一个字(左侧)是祖，它的左半形如 T 形的意符表示商代的祭祀用的祭坛，祭坛可以是木柱、石柱或者石台、石堆等。这个 T 形台在甲骨文中专门有一个字：示。在甲骨文中，凡是有这个 T 字形符号的字，都与商人的祭祀有关。

祖的右半边是甲骨文"且"字。这个"且"字有时候没有中间的两横，也是"且"字。在春秋战国时期流行于各国的古文中，有些"且"字就是没有中间这两横的。

《说文》"且，薦也。从几足有二横，一其下地也。"文中的"几"是祭祀时盛肉的器具。

《说文》"祖，始庙也。从示且声。"文中"始庙"就是祖庙，是祖宗的神主所在的庙。

先看且字。高鸿缙说："字本义为祖庙，只象祖庙之形：上象庙宇，左右两墙，中二横为楣限(门楣和门槛),下则地基也"(见《金文诂林》卷十四)。马如森说:"独体象物字,象宗庙形。又一说象神主牌位形。"罗振玉就以为且是神主之形。追问一步,神主为什么就是"且"字形呢?

　　我们知道,母系社会流行的是孕妇崇拜和生殖崇拜。前者如红山文化的孕妇陶像、阴山岩画的孕妇像等。后者见于全国各地出土的玉猪龙,以及良渚、二里头出土的刻有人类胚胎的陶器。进入父系社会以后,人类发现了男性生殖器在人类生殖中所起的重要作用,所以父系社会普遍流行的是男性生殖器崇拜,又叫男根崇拜。这是人类社会发展的带有普遍性的现象。迄今为止,世界范围内有很多父系社会文化遗址都出土了陶祖。笔者亦于公元 2002 年在今张家界市永定城区古人堤下防洪堤施工现场,拾得一尊完好无损的石祖遗物,能够说明这个问题。有些考古学家和历史学家就提出这个甲骨文且是男性生殖器的象形。我赞成这个观点。

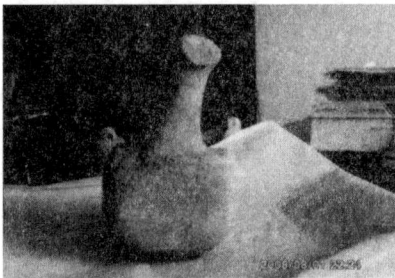

2004 年古人堤施工现场出土石祖　　　　**2004 年古人堤施工现场出土石祖**

　　"且"的本义:男性生殖器,是名词。引申为:祖宗之祖。神主——祖宗的牌位正是男性生殖器的模仿和变形。所以神主应该是"且"的引申义。所以"且"字的两横是可有可无的。而不在于它有两横,而在于它是男性生殖器的象形。祖宗之所以是祖宗,就是因为他的男性生殖器是本氏族这一血脉能够源远流长的根源。所以神主被做成了男性生殖器的模样。不能本末倒置! 祖的本义是祭祀祖先,是动词。

　　每当商人祭祀祖先时,他们将祖宗的牌位奉上祭坛。所以产生了记述这种祭祀仪式的新字:祖。在卜辞中,且和祖绝不是混用的。它们在使用上是很严格的。"乙巳卜,宾,贞:三羌用于祖乙"(前 196)。这里祖的意思是祭祀。"侑于祖辛八南……"(卜通 159)。这里祖的意思是祭祀。"翊乙丑,囗于且乙"(前 7·30·3)。这里"且"的意思是祖宗。"贞:勿囗于且辛"(铁 54·1)。这里是祖宗的意思。有专家臆断口应是侑字值得商榷。我们看到在卜辞中,且和祖是不能混用的。祖,解作祭祀祖先;且,解作祖宗×××。这一点应该对现行甲骨文著作进行纠正。甲骨文是很严肃的,也是很严谨的。

第二节 "也"字和女阴崇拜

"母老溃"实为"母奶溃""祖奶溃""祖母溃"。"老"字本义:《说文解字》对于"老"字的解释语焉不详。"转注"之说更是云里雾里。其实,"老"字既非会意也非形声,它是个象形字。甲骨文中的"老"像一个人头发散乱、手拄拐杖的样子,头发散乱说明头发长而不拘于礼节去束发。这是老年人所有的特权;手拄拐杖,正是老年人体衰,需要外力扶持行走的样子。这是个特征突出的象形字。《说文解字》说从人从匕,大致还仿佛有点象形的意味,"毛"和散乱的头发还相关。只不过"人"应该是手杖的讹变,反而"匕"是"人"的变形。"母老"无疑就是母系社会那些有智慧或生育力、生命力很强的老祖奶奶。如大踵国老祖奶奶华胥氏(华胥国为庸国前身)、轩辕国老祖奶奶嫘祖、盘瓠国老祖奶奶辛女、夏禹国老祖奶奶涂山氏、殷商国老祖奶奶简狄、西周国老祖奶奶姜嫄、嬴秦国老祖奶奶女脩等。

"母老溃"又称"也老溃"。"也"字和用来象形男性生殖器的"且"字相对应,是用来象形女性生殖器的。其实男根女阴的崇拜不独中国为然,世界各地都有,便是近在我们身旁的印度,在古代他们所信仰的印度教的一个支派中便以"六芒星"为图腾,此图腾乃是男根和女阴的结合体。男女合二为一,能源循环不绝,大抵是各民族文明一发端便有的觉悟。《黑暗传》中有首唱词:"玄帝老祖洞中坐,四十八祖来朝贺。玄帝老祖生斗母,斗母出世生混沌。混沌初开生洪均,后传子牙一门人。"唱词中的"斗母"很可能就是"母老"的别称,斗母也好,母老也好,都是对人类老祖奶奶的口语化俗称,而"母老溃"则是一个纪念性地名,有可能是这位老祖母的出生地或归宿地。

性器官、怀孕、分娩本来都是一种自然现象,可是原始人把它看得十分神秘。女性生殖器的象征物,最初主要是子宫或肚腹,还有阴部。初民先以陶环、石环等为女阴的象征物,其后则以鱼的形象作为女阴象征,这是因为鱼形特别是双鱼与女阴十分相似,并且鱼的繁殖力很强,当然这也和原始初民都经历过漫长的渔猎时期有密切关系。

关于女阴崇拜,古代的书中有很多记载。发展到后来,居然有了压邪、克敌的新功能,以致在古代战阵交攻中用之不辍。明朝的小说《封神演义》中描述,两军对阵,一方施用妖法,搞得天昏地暗;另一方则举起"万点梅花帐"以破这妖法。这个"万点梅花帐"是什么东西呢?就是许多处女性交时,处女膜破裂所流的血染就的布帐,因此威力无比。

据俞炫的《临清纪略》记载:清乾隆三十九年(1774年),山东发生了以王伦为首的暴动,攻打到临清城,官兵在城墙上看见王伦队伍中有一个身着黄绫马褂的人,坐在南城对面几百米的地方,看样子像是一个首领,口中念念有词。于是官兵移动许多炮筒,瞄准射击,当时的炮弹被称为铅丸,群轰而下,却都在那个人面前一两尺的地方坠地。城墙上诸位军官正束手无策之时,忽然有老兵把一个妓女带到城墙上,解下她的内衣,并露出阴部对准那个人,再下令放炮。众人看见铅丸依旧坠地,不过忽然跃起,正好打中那人的肚子,一时间兵民欢声雷动。

到了清光绪二十六年(1900年),义和团运动爆发,在京城久攻洋人使馆区——东交民巷不下,当时主战的徐荫轩相国是个笃信程朱理学、昧于中外大势的糊涂虫,居然相信洋人之所以坚持那么久,是因为洋人让使馆里的妇女赤身裸体围绕在一起,以御枪炮,并戏称之为"阴门阵",当成一种快事在翰林间宣讲,而且居然还有人相信,也是一大奇闻。这件事情由于清人高树《金銮琐记》的记载,而得以流传,此君还为此赋诗一首:"学守程朱数十年,正容庄论坐经筵。退朝演说阴门阵,四座生徒亦粲然。"

而另一位进士出身的官员华学澜则曾在其《庚子日记》中说:"本日为拳民荡平西什库之期,摆金网阵,唯洋人有万女旄一具,以女人阴毛编成,在楼上执以指麾,则义和团神皆远避不能附体,是以不能取胜。"由此可见女阴崇拜在中国的影响力。

巍巍天崇,土苗祖山;滔滔澧溇,庸楚母河。张家界神奇山水养育了古庸儿女。且住岗既为祖住岗,亦为祖主岗,那么她居住的是哪些祖先呢?从考古资料和地名信息来看,他们很显然就是古人堤、古人寨上的那批古人,就是古庸前身华胥国、不死国(仙人溪)、羽民国(鸭坪)、讙头国的"国民"。那么他们所祭拜的"祖主"又是哪些人呢?我想除了求子于高禖湾的华胥、女娲,取火于天火岭的燧人、祝融,画卦于太极图(枫香岗)的伏羲,炼丹于崧梁山的赤松,观日于七星山的高阳,受封于瓠(壶)頭山的盘瓠、辛女,立国于崇山下的驩兜,不会是别人,我们的祖先不会从别处请来一位神仙作为祖神祖主来祭祀和朝拜的。

天门女阴崇拜

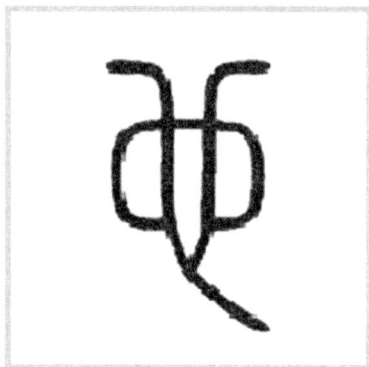

古体"也"字

第三节　"武"字与祖先足迹

　　大庸古国早在夏朝已前,就已千真万确地存在于以崇山南北为中心的大武陵地区。武,足迹也。《诗·大雅·生民》曰:"昭兹来许,绳其祖武。祖武,即祖宗之足迹也。""陵"的本义是大土山,由大山引申为帝王陵墓。武陵就是留下三皇五帝等远古人文始祖们足迹和陵墓的大山区。汉设武陵郡,治所在今湖南省常德市。今张家界市武陵源区,即因地处武陵山区核心地带而得名。据龙炳文、柴焕波等学者考证,武陵山就是天崇山,即崇山和天门山。

　　1982 年版《湘西苗族》载:"从舜开始,三苗中的驩兜部落融合南蛮部落,组成苗蛮集団,世代子孙,一直在崇山(张良皋批曰:其实崇山就是赤松山,赤松只是崇的拼音疾呼而已)生息繁衍。现在大庸县的仡庸堤,又叫古城堤,就是这一苗蛮集团的文化遗址。这个遗址有新石器文化层、陶器文化层、铜器文化层、铁器文化层,虽列入州文物保护遗址,但至今还未发掘。崇山后来叫'云梦山',苗语叫'仁云仁梦',再后叫'嵩梁山',苗语叫'召嵩召梁',三国叫'天门山',苗语叫'仁大坝',最后才叫'武陵山'。崇山在湖南省西北部及湖北、贵州两省边境,东北——西南走向是乌江、沅水、澧水的分水岭,地连黔、涪、巴、夔,有龙山、扬凤山、崇山、壶头山、赤松山、熊罴岩等险峻山岭,连绵几百里,出可进中原,退可入高山洞穴。"

　　柴焕波先生在《武陵山区考古纪行·天门山》一文中动情地说:"这些年,我一次次地登临武陵山主峰,寻找着武陵山川的语言……天门山则一直迎着历史,在大开大阖的气势中,夹带着历史的洪流,别有一种鸿蒙苍茫的历史底蕴与出于尘表的自然神韵。它是武陵之门,历史之门,文化之门。"

第十一章　桑人植桑　羲和化蚕

——桑植坪、帝女桑、呕丝女与大庸古国农桑文化

　　桑植上古史籍称古西南夷地,夏、商属庸地,春秋属楚地白县,战国属楚、秦巫郡慈姑县,西汉至宋,相继属武陵郡充县、天门郡县、临澧县、崇义县、慈利县等。宋仁宗年间,桑植推行土司制度,设桑植宣抚司。元、明、清因袭宋制,至清雍正五年改土归流,七年(1729年)设桑植县,沿袭至今。因境内盛产桑树及古土司治所设桑植坪(位于今桑植县芑(苞)茅溪乡。该乡辖楠木坪、黄连台、芭茅溪、汨落湖、獠竹湾、桑植坪、取和坪、十里坡、杨家湾、水田坝10个村委会,是贺龙元帅两把菜刀闹革命的发起之地),更因澧源先民自古就善养桑蚕,是名副其实的桑蚕之乡。故今张家界一带尚有多处以桑命名的村组。

第一节　帝女之桑应在澧水之源

　　《太平御览》卷九二一引《广异记》:"南方赤帝女学道得仙,居南阳崿山桑树上,正月一日衔柴作巢,至十五日成,或作白鹊,或女人。赤帝 见之悲恸,诱之不得,以火焚之,女即升天,因名帝女桑。"翻译过来就是说:"炎帝的二女儿向神仙赤松子学道,后修炼成仙,化为白鹊,在桑树上做巢。炎帝见爱女变成这模样,心里很难过。叫她下树,她就是不肯。于是炎帝用火烧树,逼她下地。帝女在火中焚化升天。这棵大树就被命名为"帝女桑"(见《太平御览》引用《广异记》),而使桑植地名在我国最古老的《山海经·中山经》中就有记载:"又东五十里曰宣山……其上有桑焉,大五十尺,其枝四衢,其叶大尺馀,赤理黄华青柎,名曰帝女之桑。"又,《山海经·东山经》曰:"又东三十里,曰雅山。澧水出焉,东流注于视水(今称柿水、柿溪),其中有大鱼,其上多美桑,其下多苴,多赤金。又东五十五里,曰宣

山,沧水出焉,东南流注于视水,其中多蛟。其上有桑焉,大五十尺,其枝四衢,其叶大尺余,赤理黄华青柎,名曰帝女之桑。"

炎帝之女在澧水桑植之地焚化升天,留下帝女桑纪念性风物名称,说明帝女之桑源出桑植,桑植自古就是文明开化之地,心灵手巧的古桑人民留下了许多闻名中外的工艺美术珍品,其类别有织锦、剪纸、挑花、银饰、蜡染、绘画等,这些传统工艺美术都具有较高的艺术价值。如土家族的西兰卡普,在工艺美术的百花园里是一朵柔媚多姿的奇葩,许多产品被国外专家及国家博物馆收藏。编织有竹编、麻编、草编、藤编等。编织出的生产生活用品造型奇特,美观大方,经久耐用;刺绣当作衣裤、围裙、门帘、被面、围衣、帐帘、枕头、荷包、褡裢等的装饰。剪纸图案各类繁多,结构大方,形象生动。挑花乃是与刺绣相配合的一种工艺,挑出的龙、鱼、狮子、花卉、鸟雀等形象逼真、具有独特的艺术结构;银饰名类繁多,有银冠、银珈、项圈、披肩、项练、手镯、戒指、耳环、璧、牙签等。这些工艺品都具有形美、声脆、透明、情深、实用等优点,均为难得的工艺珍品。如此精美的艺术珍品充分证明,桑庸人民具有悠久的治丝、织锦等技艺、技术传统,有祖传的创造、创新天赋。

帝女之桑

1986 年,慈利县蒋家坪乡金台村出土了尖状器、砍砸器、盘状器、石片、石核等打制石器 108 件,为旧石器时代中期遗址,证明距今约 5 万年至 20 万年已有远古人类在溇澧两岸繁衍生息。1988 年,在桑植县澧源镇朱家台村包子堡采集到砍砸器、石斧和石片等打制石器,为距今 3 万年至 10 万年的旧石器时代遗址。此外还有桑植县楠木岗遗址、永定区三兜丘遗址、慈利县桥头等遗址,有石斧、石刀、石锤、石球、石针、陶鼎、陶鬲、陶罐、陶钵、陶豆等多种文物出土。尤其是桑植县澧源镇朱家台龚家坟山遗址出土的陶罐腹部刻了一周蚕纹,证明早在旧石器时代的先庸时期,澧水流域的先民们就学会了人工饲养桑蚕。

第二节 呕丝之野就是古桑之野

《山海经·海外北经》载:"欧丝之野在大踵东,一女子跪踞树欧丝。""呕丝之女"既是蚕的化身,也是后来传说中马头娘化身的起源,同时也是中国农耕社会分工——男耕女织的解释。"女"兼具"吐丝之蚕"和"织丝之女"的功能。"欧丝"亦即"呕丝""吐丝"。根据民间传说判断,这里的"一女子跪在树上吐丝",很可能就是在古庸桑植一带广泛流传的"蚕马"传说的雏型,呕丝之野可能特指桑植坪一带最原始的古桑之野。

干宝《搜神记》卷十四云:"旧说,太古之时,有大人远征,家无余人,唯有一女。牡马一匹,女亲养之。穷居幽处,思念其父,乃戏马曰:'尔能为我迎得父还,吾将嫁汝。'马既承此言,乃绝缰而去,径至父所。……(父)亟乘以归。为畜生有非常之情,故厚加刍养。马不肯食,每见女出入,辄喜怒奋击,如此非一。父怪之,密以问女,女具以告父,……于是伏弩射杀之,暴皮于庭。父行,女与邻女于皮所戏,以足蹙之曰:'汝是畜生,而欲取人为妇耶?招此屠剥,如何自苦?'言未及竟,马皮蹶然而起,卷女以行。……邻女走告其父。……后经数日,得于大树枝间,女及马皮尽化为蚕,而绩于树上。其茧纶理厚大,异于常蚕。邻妇取而养之,其收数倍。因名其树曰桑。桑者,丧也。由斯百姓种之,今世所养是也。"《周礼夏官》说:"夏官:掌质马……禁原蚕者。"郑玄注:"天文,马为辰。蚕为龙精,月值大火,则浴其蚕,是蚕与马同气。"辰是星名,即房宿,又称天驷。马属大火,蚕为龙精,蚕在大火二月浴种孵化,故说蚕和马同气。汉《阴阳书》也说:"蚕与马同类。"这种把天象与物候人事联系的解释,与阴阳五行说有关,也是天人合一思想的反映。杜光庭《墉城集仙录》的记载,该书所述的故事情节较《搜神记》更为详细:

"蚕女者,乃是房星之精也。当高辛之时,蜀地未立君长,唯蜀山氏独立一方。其人聚族而居,不相统摄,往往侵噬,恃强暴寡。蚕女所居,在今广汉之部,亡其姓氏。其父为邻部所掠已逾年,唯所乘马犹在。女念父隔绝,废饮忘食。其母慰抚之,因告誓其部之人曰:'有能得父还者,以此女嫁之。'部人虽闻其事,无能致父还者。马闻其言,惊跃振迅,绝绊而去。数月,其父乘马而归。…父怒,射杀之,曝其皮于庭中。女行过侧,马皮蹶然而起,卷女飞去。旬日,复栖于桑树之上,女化为蚕,食桑叶,吐丝成茧,用织罗绮衾被,以衣被人间。蚕自此始也。……一旦,蚕女乘彩云,驾此马,侍卫数十人,自天而下,谓父母曰:'太上以我孝能致身,心不忘义,授以九宫仙嫔之任,长生矣,无复念也。'言讫,冲汉而去。今其家在什邡、绵竹、德阳三县界。每岁祈蚕者四方云集,皆获灵验。蜀之风俗,诸观画塑玉女之像,披以画皮,谓之马头娘,以祈蚕桑焉。……"《太古蚕马记》、唐《原化传拾遗蚕马》、宋《太平广记》等,都有类似记述。祭马头娘的民间风俗一直流传至今。

第三节 桑树图腾就是马桑图腾

正因为澧水之源的桑植人民最早学会了养蚕,故桑树、桑蚕成了先民们最早的图腾物。《易经·否》苟注:"桑者,上元下黄,以象乾坤也。"贾谊《新书·胎教》谓桑木乃大地"中央之木";班固《白虎通德论·姓名》云桑木使天地"相逢接之"。

马桑树(coriaria sinia)亦称"千年红""马鞍子",马桑科,落叶灌木,多生于山地灌丛中,分布于我国西南、西北、华北和华中。《尔雅》曰:"木旗(簇)生为灌,灌木:丛木也。"马桑树是簇生的,多枝丛生成一簇,枝易脆、弯曲。但在西南地区和华中的湘西鄂北(广义的西南)却广泛流传着过去是高大乔木的传说,只是近两三百年才变成又矮又弯的簇生灌木。笔者耳闻目睹广大西南到处是"马桑树"修造的老庙宇,老房子柱头。

马桑树为啥长不高?传说,有一个皇帝(也有人说是秀才),一次在马桑树下乘凉,顺手将帽子挂在马桑树上(又说是将马拴在树上),就在树下睡着了。等他一觉醒来,马桑树长到半天去了,挂在树上的帽子也冲上了天;又说马被吊死在空中)。于是他诅咒道:"马桑树长得高,长不到三尺要勾腰;马桑树长得快,一年发个嫩苔苔。"从这以后,马桑树就再也长不高了。

苗族苗家上刀梯的故事讲马桑树顶天立地,高顶云天,英雄张羽得以爬上马桑树登天。玉帝震怒,命天兵天将踏矮马桑树。土家族《制天制地》讲青蛙顺着马桑树爬上天界吞十一个太阳,张古(果)老用棒打弯马桑树。另外版本有马桑树齐天高,孙猴子爬上天庭,引来洪水,玉帝诅咒"马桑树越长越勾腰,不能长到两丈高。"苗族《马桑树为啥长不高》的故事还讲从前马桑树是树中之王,长得最大最高,其中一棵长到天上去了。一天七个苗女顺着马桑树爬上了天,惊动玉帝,玉帝命天将拿宝斧砍断马桑树,并下圣旨叫掌管人间草木的天神不准马桑树长高,要是超过三五尺还要长,就得弯腰驼背头朝下了。

据今张家界市永定区枫香岗乡丁家溶村村民介绍,古时候该村有一座很大的寺庙,全部用马桑树建成,故名桑木寺。桑植县官地坪镇中坪村已故李德清老人说,他家老祖屋的柱头都是马桑树。而西南许多古墓棺材也说成是用昔日高大、耐腐的马桑树做成的,广大西南老百姓对此深信不疑。如果马桑树由乔木变灌木传说(或传说)成立,对于研究西南环境变迁是有重大意义的。但是自然意义上的马桑树不可能在两三百年内由高大乔木变成低矮灌木。可见,西南产生马桑树传说,一定有极其深厚的神话传说和民俗文化背景。

马桑树做民居柱头的原因:柱头是住宅的重要组成部分,《摩尔根》在《古代社会》中讲:"住宅建筑本身与家庭形态和家庭生活方式有关,它对人类由蒙昧社会进至文明社会的过程提供了一幅相当全面的写照。"萧兵先生认为桑林是扶桑、空桑、穷桑、三桑的"群化",是圣林,也是圣地。扶桑、建木、若木等神树都是太阳神树兼世界树或宇宙树,而绝大部分学者认为扶桑来源于东方。马桑树与太阳有相生相克的关系,从反面证明马桑树是太阳神树。而《山海经·海外东经》:"汤谷上有扶桑,十日所浴,在黑齿北,居水中,有大木,九日居下枝,一日居上枝。"正因为太阳栖息在太阳神树扶桑(人间原型便为马桑树)上,各族英雄才可能登树射日。"《山海经·海外东经》还说:"鸟号,柘树枝长而乌(太阳或太阳乘的鸟)集,将飞,枝弹鸟,乌乃呼号,以柘为弓,因名乌号。"另"乌号弓者,柘桑之枝。枝条畅茂,鸟登其上,垂下着地。鸟适飞去,从后拨杀。取以为弓,因名乌号耳。"《说文》:"柘:桑属也。"古人多用桑树作弓,因其韧性好。《太平御览》所说柘(桑)枝乌(太阳)登其上,所指柘桑是扶桑无疑,故用柘桑制弓射乌(太阳),其相生相克之理自明。《海内十洲记》:"扶桑,在东海之东岸……扶桑在碧海之中,地方万里,上有太帝宫,太真东王父所冶处,地的林木,叶皆如桑,又有椹。……仙人食其椹,而一体皆作金光色,飞翔空立。其树虽大,其叶椹故如中夏之桑也。"从中可以看出扶桑与桑树形状、果实、叶均相似。《艺文类聚》引《神异经》曰:"东方有树焉,高八十丈,敷张自辅,叶长一丈,广六尺,名曰扶桑,有椹焉,长三尺五寸。"古人将扶桑归入桑(树)类。原始初民们的原始思维特点不是从事物的本质及其内在联系上来解释事物的演变,而是从事物与事物之间的表面类似现象去看问题。故古时楚人将扶桑归入桑的一种,而楚人尚巫,神与人互通,互变,桑树便成为《离骚》"饮余马于咸池兮,总余辔乎扶桑"登天栖日的神树在现实的原型了,故《神异经·东荒经》曰:"东方有桑树焉,高八十丈,敷张自辅,叶长一丈,广六七尺。其上自有蚕作茧,长三尺,缫一茧,得丝绩。有椹焉,长三尺五寸,围如长。"马桑与桑既不同科亦不同属,可马桑树却在西南取代扶桑原型桑树成为通天的神树,桑树却成了养蚕的树了呢?袁珂先生认为神话是古代人们头脑幼稚的、想象的、主观幻想的具有浓厚的浪漫主义色彩,将马桑与桑树二者相混是可能存在的。古时楚人包括西南各地民族都尚巫术,这使马桑成为扶桑原型成为可能。

古庸地区,一幢房屋由起修到建成,有众多仪式、禁忌,如房屋的梁柱由选到砍要经过很多工序,择日请巫师选木、杀鸡祭树而女人不得靠近,房屋建成后要拜神祭神,亲朋好友、左舍四邻要吃"上梁(柱)"酒,形式十分隆重。上梁入住以后,家里除人畜外,还有家神、门神、灶神、姜太公(牲畜之神),一个普通房屋俨然成了人神共位之神殿,而家中的神上天是沿柱梁上天的,这样柱梁便为通天之柱。而马桑树是通天神树,故许多柱梁一下便附会成马桑树柱头了。

西南少数民族,如纳西族房屋中的中柱(又叫擎天柱)是居住宅的至尊,是神的化身,作为屋内家中一切活动中心,如死者洗尸穿寿衣,年满十三岁孩子成人仪式的穿裤、穿裙都要在擎天柱下进行,前者象征死者灵魂沿柱上天回到祖先居住的地方,后者象征生命的开始,新生命的诞生。他们认为灵魂是祖先赋予的,其灵魂通道便是祖先从中柱而下附到孩子身上的。而苗、侗、傣、普米、基诺等族对房屋的柱梁有近似的仪式或信仰,具有浓厚的宗教色彩,柱梁成了人与祖先交往的通天神梯。柱头是通天神梯与笔者家乡建屋习俗几乎是一脉相承,这也是西南地区神话传说中作为天梯的马桑树便当之无愧取代原树种名而成一切房屋柱头建材了,这有西南神木神话及文化宗教与习俗的背景做支撑的。

再看马桑树建庙宇的说法:作为西南连房屋都是神人及人与祖先交往的场所,柱梁是神或灵魂往来天地的通道。而作为神在人间享受人间烟火,赐福予人的场所的庙宇,更是会被蒙上一层神秘的宗教色彩,故建庙宇的材料就被说成通天材料马桑树也就是自然的事了。重庆磁器口宝轮寺、南江马桑庙,只不过是西南马桑树通天天梯的例子罢了。

最后看马桑树做棺木的说法:溇澧悬棺放置在悬崖上有山高近天的用意,而马桑树是通往天界的天梯,死者乘上天梯不是更好上天界吗!这一切表现西南地区由于马桑树通天——天梯传说,使许多人间与天界有关的建材与柱梁、庙宇、棺木都容易被附会为马桑树制造,从宗教民俗来观察,是容易理解与接受的。

第四节　蚕虫图腾隐含伏羲图腾

《皇图御览》载:"伏羲化蚕。"《周礼注疏》卷三十《夏官·马质》郑玄引《蚕书》解释:"蚕为龙精,月直大火,则浴其种,是蚕与马同气";大禹治水后"乘龙而归",应作"乘马而归"。伏羲是最早学会养蚕的人,而大禹则是最早驯服和使用马的人。中华民族的龙图腾实际源于先庸时期澧水流域农桑民族的蚕虫图腾。龙的原型是蚕虫。伏(風)羲从虫获得灵感,找到宇宙的秘密,龙的原型是某种虫,这种虫就是蚕虫。许慎《说文解字》中解释龙为"能幽,能明,能细,能巨,能短,能长;春分而登天,秋分而潜渊"。蚕刚生出来时像小黑蚂蚁,这是"能幽,能细,能短",到结茧时,身体呈白色并趋向透明状,重量扩大万倍,身长扩展几十倍,这就是"能明,能巨,能长"。"春分而登天"指春分后桑叶长出,蚕开始活动,"秋分而潜渊"指秋分过后,桑叶凋零,蚕潜藏起来。恒久不变为阴,快速变化为阳,蚕短暂一生多次变化,为偏阳,而龙为阳刚之身。古代有"龙马"负河图传说,也有"蚕马"传说(见《搜神记》),龙马代换蚕马,"龙"就是"蚕"。蚕是古庸先民最早、最原始的图腾物。

长期以来,我们低估了古人的科学素养,低估了他们对生命现象的认识能力。古人对生命现象充满了好奇,具有极强的观察力、思辨力和表达力。大家知道,虫是典型的象形字,活像刚丛蚕卵中浮化出壳的那个小小的生命,乍一看上去仿佛正在爬动。笔者认为"蠻"(蛮)是蚕(蠶)的初文,会意理解为吐丝的虫。"蚕"这只天降神虫,每到日神(炎帝上古虚化人物,代表南国共主)远归、天气转暖的春季,它就破卵而出,不停地采食桑叶让自己一天天长大,直到能为人类吐出备冬御寒的丝来,以至最后作茧自缚,成为一只蚕"融"(疑为"蛹"的初文)。为人类献出它宝贵的一生,真是"春蚕到死丝方尽"!然而,这么一只无私奉献、福佑人类的神虫怎么会死呢?天遂人愿,它没有死,它不会死。它终于羽化成蛾听从日神召唤飞回了天空。这一神奇的生命现象,让古人感到十分好奇,小小春蚕——这只神虫让他们产生发自内心的崇拜。他们十分虔诚而又隆重地筑下神坛,请来部落最高首领主祀,向这只"大融"(融,亦为蛹,初文应为裹在丝中的"蠻虫"。"蠻"一字二指,既代表蚕也代表蛹),尸而祝之,期望这只神虫来年春天再回人间,为他的子民再赐生命之丝,古人最早的图腾就这样诞生了。著名爱国主义诗人屈原先生在他的千古绝唱《离骚》中,开言即说"帝高阳之苗裔兮,朕皇考曰伯庸(古字为'庸'或'庸')"。意思是说,我是古帝高阳族三苗部落的后裔,我的高祖叫作伯庸。也就是说,他是祝融的后裔,"伯""祝"训诂皆为"大"。伯为长,长为大,兄为长,长兄为大。跟进推论,屈原也承认自己是以"大融"为图腾的祝融后裔。

对生命充满好奇,对春蚕充满崇敬,对"大融"尸而祝之的大庸人,已不满足于他们祖先在云贵高原元谋、巫山一带的原始采集生活,向着太阳升起的方向(古人的崇东天性）一路探寻，来到被后人称作云贵高原与湖广盆地交界之地，即高山与平原结合部的今天门山（古称"嵩梁山"）下、澧水河滨定居下来。他们筚路蓝缕，沿着溪岸河堤搭起亮脚悬棚（吊脚楼的雏形）定居下来。天然食物已无法满足族人的生活，他们广植桑林，养蚕制丝（桑植县名疑为本此古传，该县朱家台古文化遗址出土的两页陶片上恰有蚕形图案），学会了织丝制衣，人人以丝蔽身，以丝御寒。"以丝裹身"的大庸原始部落成了有夷（衣）穿的"夷"（疑为"衣"的初文）人一族（"大"是"人"的象形初文，"弓"疑为"丝"的初文，象形字）。过去他们以神奇的蚕虫"蛮"为图腾，现在，他们以成为用蚕丝裹身的"夷"人而自豪。"蛮（蛮）夷"二字成了他们庸国人的象征和骄傲。同屈原一样以祝融后裔为荣的楚国（后来并庸而承庸）国君熊渠曾十分自豪地说："我蛮夷也，不与中国之号而谥"（《史记·楚世家》）。这支"蛮夷"（并非后来含有贬意），仿蚕制丝，仿蛛结网，仿虎守猎，仿鼠藏粮，仿鸟饲雏，仿燕筑巢，仿蜂酿蜜，仿鱼制舟，仿鸦造字。（据《通鉴外记》载："沮诵·仓颉造文字，有史学家分析'沮诵'为'祝庸'同音字，也就是'祝融氏仓颉'"。笔者认为"仓颉"为苍颉——天上飞来的鸟。这只"神鸟"落在枯水沼泽地留下痕迹，被祝融（大庸）人发现，得到启示，仿鸟迹创造了文字，今用爪子的"爪"就是一个鸟的脚印。以至今日人们讽刺写字不认真叫作"涂鸦"，涂者，泥也，鸦，鸟迹也），在雄伟的崇山（《国语·周语》载："融降于崇山"）下创造了灿烂的文化，人类文明的一线曙光从这里冉冉升起，中华历史上第一个具有国家意义的城邦终于形成。位于今澧水河滨的"大庸古人堤"至今遗迹犹在，与天门山（古称嵩梁山、崇山的一部分）遥相辉映，古韵悠荡。

劳动创造了人类，劳动创造了文明。随着农耕文化的不断进步，桑蚕技术的不断成熟，崇山（祖山）脚下的"大融"人成为一方霸主，他们当中一些人或者不满足于眼前生活，或者由于人口骤增带来新的生存危机，不得不离开故土，四面探寻，开拓更广阔的生存空间，既开疆拓土，又传播文明。首先是向着温暖的东南方向（古人崇东，日升之处）大踏步推进（以后成为"东夷"），在到达海边只能望洋兴叹时，庸国人的东南疆域已无法拓展。一批精英只好改投西、北，向后人称为巴蜀和中原的相对易行和温暖的地域迈进。留守故土的大庸女人们凭着勤劳的双手、聪慧的巧智在家乡播谷植桑，在屋角设案养蚕，在吊楼绣织望归（夫、儿）。最早的织锦刺绣在这里诞生（西兰卡普、寳布之类），最早的民谣（桑植民歌[今为首批国家非物质文化遗产]）、诗歌（《诗经》中的《庸风》《桑中》之类）在这里孕育。中华文明的开启由"蛮夷"之祖的大庸女人们的一双双巧手拉开了序幕。这里产生了中华最慈祥的母亲"慈姑"，涌现了中华文明史上最聪慧的姑娘"嫘祖"。笔者断言,这位伟大的母亲慈姑就是嫘祖的最亲近的人,是母亲?是姐妹?或许她本来就是一个人。司马迁在其宏著《史记》中这样写道:"黄帝居轩辕之丘,而娶于西陵之女,是为嫘祖,嫘祖为黄帝正妃。"嫘祖是我国丝绸的伟大发明者,她只可能产生在创世之初就以蚕为图腾的祝融部落,只可能产生在因养蚕而孕育文明的大庸古国。也就是说嫘祖毫无疑问地属于古国大庸人。而且她极有可能就是庸国公主。谁都熟记,中华民族是龙的传人,是炎黄子孙。与黄帝并驾齐驱,门当户对的只有炎帝,而且炎帝就其资格来说不知要早于黄帝多少"辈岁"(今天无法用确切的数字来记述),他是日神,代表南方炎热地带,只能是一个虚化的代称。而落在实处的庸国大帝则只能是祝融族的一位伟人。祝融国的公主出嫁黄帝(应是庸国最早迁入中原开疆立国的首领。从其图腾物龙来看,也未脱离笔者文首论述的那条从天而降的神虫,龙就是蛇,蛇就是虫,一条很长很长的"长虫"。而且"龙""融"音近,一声流转。可见黄帝部落和炎帝部落同宗共祖,都是从南方高山走出的古人后裔。)是我国南北联姻、交汇融合的标志性事件。嫘祖是为中华文化做出开天辟地的贡献、千古不朽的伟大女性。作为养蚕治丝的创造者,她传播的是当时最具时代意义的先进文化,一条自南至北的"丝绸之路""文化之路"由她和以她为代表的大庸人一手铺就。后世效法嫘祖的王嫱、李雁儿等都在中国历史上留下美名,成为千古传颂的伟大女性。但历史上因为南北和亲不成功引发战争的事也不少见。著名的阪泉(今说法不一,一说在山西阳曲县,一说在河北涿鹿,一说在山西运城。河北说居多)之战就是因为禹夏部落与神农部落(实为祝融部落)联姻失败而引发的。"相传双方在涿鹿议定,各嫁十男十女,禹夏部落陪嫁各类皮张和玉石、神农部落陪嫁各类丝品和种子。但神农部落首领蚩尤不同意,抢走了所有的女人和财物,战争不可逆转地暴发了。"来自河北的这个传说不一定准确,但仍然传递了较为可信的历史信息,"丝绸外交"和"种子政治"的失败,表明南方祝庸部落(大庸国)开始分化,不断开疆拓土的"大庸帝国"已开始走向衰退。

李白诗曰:"蚕丛及鱼凫,开国何茫然?"古蜀国的开国之君为蚕丛,国君以蚕为姓,显然是蚕图腾的表征,说明古蜀国的早期开发者是来自澧水流域的崇桑崇蚕民族。故四川学者伏元杰教授说,澧水流域的"不死之国"为早期古蜀国。

第五节 桑间濮上孕育桑植民歌

庸濮夏商先民多商旅,常于远足商旅之前与意中女子幽会桑林,踏青放歌昼夜欢娱,一时蔚为 独有风尚,被天下呼为"桑间濮上",将男女幽会也直呼为"桑濮"。桑植民歌多为情歌,应该直接源于桑间濮上的男欢女爱。

濮,出自有虞姓,是舜的后代。虞舜为炎黄部落首领时,其子孙散封于濮地,其后代遂以地名为姓,形成濮姓。

《山海经·大荒南经》曰:"大荒之中,……有蒲山,澧水出焉,有载民之国。帝舜生无淫,降载处,是谓巫载民。"

《礼记·乐记》有"桑间濮上之音"的记载。《庄子·秋水》有"钓于濮水"的记载。

《世本》(是一部由先秦时期史官修撰的,主要记载上古帝王、诸侯和卿大夫家族世系传承的史籍)曰:"濮人,熊姓。"韦昭注:"濮,南蛮之国,叔熊避难处也。"叔熊即芈姓叔堪,芈姓亦即熊姓。叔熊,是西周楚国国君熊严的第三子。熊严有四子:长子伯霜、中子仲雪、次子叔堪、少子季徇。公元前828年熊严卒,长子伯霜代立,是为熊霜。公元前822年,熊霜去世,仲雪、叔堪、季徇争立君位。仲雪死;叔堪南迁到澧水濮地避难,成为百濮。少弟季徇即位,是为熊徇。

《彝族源流·武濮源流》载:洪水泛滥后,武濮所一支不敢居住在地上,立了铁柱要上天上居住,因"要上天去,濮所立铁柱,铁柱伸到天。万物都献祭,不献祭蚂蚁。濮所攀铁柱,濮所防意外,背上负簸箕,到了半空中,蚂蚁蛀铁柱,铁柱倾刻倒,簸箕如濮所的翅,簸箕顺风飘,斜着飘降,斜着落地上。"

"濮"在壮语里是人的意思。"濮土(布土)"译成汉语就是"土人",即本地人或土生土长的人。濮土是与客人、外来人相对而言的。各地壮族有着不同的自称,但他们都离不开"布""濮"这个总称。

上述史料是我们研究桑植历史和民歌渊源的重要线索。

第六节　羲和之国乃制历之国

《山海经》中有这样一个故事:"东海之外,甘泉之间,有羲和之国。有女子名羲和,为帝俊之妻,是生十日,常浴日于甘渊。"也就是说,羲和国中有个女子名叫羲和,她是帝俊之妻,生了十个太阳。"太阳之母"这是关于羲和的传说之一。羲和又是太阳的赶车夫。屈原《离骚》说:"吾令羲和弭节兮,望崦嵫而无迫。"(弭:平息;崦嵫:yānzī;古代指太阳落山的地方)。诗句的意思是:羲和不慌不忙地赶着马车,和太阳一起走在归家的路上。传说她为远古时羲和部落后裔。羲和,中国神话中太阳神的名字。传说她是帝俊(舜)的妻子,与帝 俊生了十个儿子,都是太阳(金乌),住在东方大海的扶桑树上,轮流在天上值日。羲和也是她儿子们的车夫——日御。

《尚书·尧典》说:"乃命羲和,钦若昊天,历象日月星辰,敬授人时。"于是指示羲和,密切注视着时日的循环,测定日月星辰的运行规律,给大家制定出计算时间的历法。

今张家界所在的大武陵地区是最早制定天文历法的地区。24 节气在我们这里最早兴起,而且最准确、最稳定、最适用,今张家界一带应是最早的天文之国,即羲和之国所在地。也就是说,春秋时楚白县(包括今桑植县)一带刚好就是羲和时期古白帝所统辖的羲和国一带。

从《山海经》的另一记载来看,这位统治羲和之国的白帝有可能就是生于桑植澧水之源的舜帝之子"无(吴)淫(庸)"。据《山海经·大荒南经》载:"大荒之中,……有蒲山,澧水出焉,有载民之国。帝舜生无淫,降载处,是谓巫载民。"又《山海经·东山经》曰:"又南三百八十里,曰葛山之首,无草木,澧水出焉,东流注于(云梦)泽。"又曰:"又东二十里,曰历儿之山。"

《史记·五帝本纪》:"舜耕历山,渔雷泽,陶河滨,作什器于寿丘,就时于负夏。欲杀,不可得;即求,尝在侧。"又曰:"舜耕历山,历山之人皆让畔;渔雷泽,雷泽上人皆让居,陶河滨,河滨器皆不苦窳"。又曰:"一年而所居成聚,二年成邑,三年成都"。又北魏郦道元《水经注》曰:"历山,澧水所出,东至下隽入沅,过郡二,行一千二百里。"又《中次四经》曰:"又东三十里,曰雅山。澧水出焉,东流注于视(柿溪)水,其中有大鱼(鲵)。其上多美桑。"引文中的"蒲山"就是"葛山","雅山"就是今桑植内半县雅雀洞所在之山。

可见,桑植、大庸一带很可能是舜帝早年农耕、渔猎、匠作、娶妻、育子之地。联系上文所说的"帝女之桑",又可推知这位"帝女"很可能就是舜帝之女,就是《山海经》中所说的"无淫"。从"无淫"的字面意义来看,也更像描写女性的词汇。无淫,当指圣洁未婚。那么,这位圣洁的帝女为何不结婚呢? 因为她是羲和之国的司时之神,"钦若昊天,历象日月星辰,敬授人时"——密切注视着时日月的循环,测定日月星辰的运行规律,给大家制定出计算时间的历法,是她的神圣职责,她把一生的精力和心血都奉献给了她所热爱的天文历法事业。

从上述神话来看,白帝即为羲和之裔,当是舜帝儿子之一,很可能就是羲和之国的帝王。而羲和则掌握着时间的节奏,每天由东向西,驱使着太阳前进。因为有着这样不同寻常的本领,所以在上古时代,羲和又成了制历定时之人。

　　另从故事中帝女"化为白鹊"的情节来看，羲和之国的司时之神之所以称白帝的由来，也就不言自明了；楚康王将伯庸所辖的古庸国核心地区定名为白县的由来，至此也真相大白了。桑植也好，柿溪也好，安福也好，大庸也好，充县也好，崇州也好，白县也好，慈姑也好，零阳也好，一水相连，古属一国，后属一县，今属一市，同根同脉，血浓于水，亘古不变。

第十二章　三源九流澧兰香

—— 古庸国母亲河澧水源流初探

　　人类发展,临水而居,依水而生,得水而安,治水而兴,孕育出多姿多彩、生生不息的流域文明。澧水流域更是历史渊源、文化膏壤。澧水又称"澧泉""兰江",早在《山海经》《禹贡》《楚辞》等上古典籍中就有明确记载。

　　《山海经·大荒南经》曰:"大荒之中,……有蒲山,澧水出焉,有蒻民之国。帝舜生无淫,降蒻处,是谓巫蒻民。"又《史记·五帝本纪》:"舜耕歷山,渔雷澤,陶河濱,作什器於壽丘,就時於負夏。欲殺,不可得;即求,嘗在侧。"又曰:"舜耕历山,历山之人皆让畔;渔雷泽,雷泽上人皆让居,陶河滨,河滨器皆不苦窳"。又曰:"一年而所居成聚,二年成邑,三年成都"。又北巍郦道元《水经注》曰:"历山,澧水所出,东至下隽入沅,过郡二,行一千二百里。"

　　可见,桑植很可能是舜帝早年农耕、渔猎、匠作、娶妻、育子之地。

　　又《东山经》曰:"又南三百八十里,曰葛山之首,无草木,澧水出焉,东流注于(云梦)泽。"又曰:"又东二十里,曰历儿之山。"又《中次四经》曰:"又东三十里,曰雅山。澧水出焉,东流注于视(柿溪)水,其中有大鱼(鲵)。其上多美桑,其下多苴,多赤金。又东五十五里,曰宣山。沦水出焉,东流注于视水(柿溪),其中多蛟,其上有桑焉,大五十尺……名曰帝女之桑。"

　　又《禹贡》曰:"岷山导江,东别为沱,又东至于澧;过九江,至于东陵,东迤北,会于汇;东为丕江,入于海。"

　　又《列子·汤问》曰:"甘露降,澧泉涌"。

　　又屈原《九歌·湘夫人》曰:"沅有芷兮澧有兰,思公子兮未敢言。"故后人又曰:"澧之有兰,著在《骚经》。"澧水也由此被称为兰江。《离骚》曰:"揽茹蕙以掩涕兮,沾余襟之浪浪。"("茹蕙",即澧水支流茹水边的蕙草)

　　又汉王充《论衡·自纪》曰:"是则澧泉有故源,而嘉禾有旧根也。"

又南宋罗泌《路史》载:"万民蜡戏于国中,以报其岁之成,……于是神澧灢,嘉谷壮。"

又明万历袁中道《澧游记》曰:"澧水出充县西历山……至慈利与溇水合,称溇澧;至石门与溪水会,称溪澧;至澧州与涔水会,称涔澧;过此,至安乡与澹水会,称澹澧。"

又清同治《直隶澧州志》载辜滢《澧兰辨》曰:"澧地濒湖,半为下隰,固兰薮也。屈子行吟泽畔之日,方不胜郑重佩之……兰江之滨,彼未节紫茎,一类二种,丛生于其际者,宛然在也。吾今知澧之未尝无兰也。"后世文人及乡耆即借此雅称澧水为兰江,并留下兰江驿、兰江公园、兰江桥、兰香桥、澧兰镇等地名。

综合历代史料,澧水有三个源头,九条支流。据清慈利知县顾光奎《澧源说》载:"永定庄以宽言澧水源有三:一由凉水口东流,一由绿水河北流,一由上下峒西流。东流者源出今桑植县与鹤峰州抵界之七眼泉。北流者源出桑植与龙山抵界之栗山坡,经夹石河至绿水河。西流者出永顺县境内十万坪趋上下峒与绿水河会,二十里至两夹澜与凉水口之水合,是名龙江口,三源合为一。"

澧水三源自凉水口龙江口汇合后,流经南岔(今贺龙电站)至安福所(今桑植县城),与酉水会,合称"酉澧";南流至苦竹河入永定县界,流至今茅岩河段与温塘之温水会,合称"温澧";流至武溪口龙茹山与茹水会,合称"茹澧";流至慈利县与溇水会,合称"溇澧";流至石门县与溪水会,合称"溪澧";因黄溪(水)注入,又可合称"黄澧";流至澧县与涔水会,合称"涔澧";流经临澧县与道水会,合称"道澧";流经安乡县与澹水会,合称"澹澧";共计九条支流注入澧水。故整个澧水流域又称"九澧"。

其中酉水、溇水、澧水、茹水、道水五条支流均发源于今张家界市。更重要的是,澧水之源和道水之源都在张家界市。

澧者,醴也,亦即里也,既指最早发明酿酒的地方,也指人类最早居住的故里。其澧、醴、礼、浬、里都是同源性文化字群。道者,稻也,产稻之地也;亦即导也,植稻之先导也。

牢记澧水、不忘道水,就是热爱家乡、热爱故澧(里)的表现,如果背离故土,忘了根本,就是不讲"稻澧"、失了礼、不地道。可见,我们人类祖先自古就有尊祖爱国、恋家恋乡的情结,他们认为不爱家乡、不爱祖国就是不讲道水、澧水情分,即不讲"澧节"(澧水人的古老节义)、不讲"道澧",亦即不讲礼节和道理。

现在我们回头再看澧水文化积淀,都是高品位的文化品牌。

澧水之源,有桑蚕之祖(一祖)、帝女之桑(一桑)、蚕纹陶片(一蚕)、桑植文化

(一址)、桑植民歌(一歌)、杖鼓舞(一舞)、土司城(一城)、红色文化(一帅)等文化符号。

澧水靠上,有崇山文化(一山)、庸国文化(一国)、茹水文化(一水)、大庸阳戏(一戏)及"三墓"(骥兜墓、赧王墓、张良墓)、"三子"(赤松子、鬼谷子、屈子)等名人文化。

澧水中下,有白公城、九溪城、五雷山、慈利三杰(鬼谷子、杜心五、陈能宽)等"两城一山三名人"。澧水下游有石门燕儿洞、澧县城头山、彭头山文化等"一洞两山"文化遗址。

毋庸置疑,澧水是一条母亲河、文明河,她流淌的是哺育我们先祖和今人的乳汁,流淌的是历史和文化,是古今"有澧(礼)有稻(道)之人"的精神情感和发明创造。

兰江流月去无声,膏壤人文百代兴。澧水,永远是我们的母亲河……

(撰稿于 2012 年 3 月 24 日)

第十三章　九澧旱粮豆居首

——大庸古国豆作文明初探

李书泰

　　古庸澧水,清冽甘凉,又称醴泉,两岸多兰,亦称兰江。因其一水东下,九流汇入,合称九澧。九水者何? 曰酉、曰温、曰茹、曰溇、曰渫、曰黄、曰涔、曰道、曰澹。九水自酉而东,递次汇注澧水,即所谓"酉澧"、"温澧"、"茹澧"、"溇澧"、"渫澧"、"黄澧"、"涔澧"、"道澧"、"澹澧"是也。总计为九,故称"九澧",泛指澧水福流润泽之地。其山川之秀,物产之丰,人文之胜,素为历代先贤所重。虞有《山海》一经,注其"故源",夏有《禹贡》导其"江流",楚有诗祖"著在《骚经》"、《列子·汤问》歌其"甘露",王充《论衡》溯其"旧根",罗泌《路史》颂其"嘉谷",万历《澧游》释其"九澧",同治《澧志》辨其"兰薮",当代李公,源溯古今。然,均不及仓公一字,通视人文,洞彻天机,妙绝千古:

　　澧者,从"氵",从"曲",从"豆"。"氵"者,汁也。甘露也,借喻乳汁,澧水乃古庸大地之母亲河矣。曲者,酒曲也,澧水乃酿酒之河,代有佳酿,故称醴泉,又称神澧。豆者,菽也。澧水流域,遍地稻菽,三苗、百濮乐居其地,把酒话桑麻,不愧人间乐土,"神仙窟宅"。字圣仓颉,以豆入"澧",实乃智出神助,冠绝古今,一"澧"定名,树为地标,俎豆馨香,亿万斯年,澧溇大地实乃先民之摇篮,文明之母地矣。小小一字,堪比文化之芯片、智慧之宝库!

　　豆为百粮之首,粮乃民生之基,古厨初粮为豆非米,故稻粮大米,当在豆粮之后。遥想遂古之初,庸楚先祖,走出山林,告别采集游猎之生活,定居澧水两岸,优选野生豆种,择地而播,因时化育,于澧水两岸试种功成,大获丰收,计有豌豆、金豆、豇豆、鲹豆、蚕豆、陆(绿)豆、饭豆、娥眉豆等等,肇启人类豆食文明,即以旱粮为主的"豆作文明",为庸楚先民征服沼泽、兴起"水稻文明",奠基开先。其居功至伟、智德超迈者,计有崇山君之师宛华氏(华胥胞姐),黄帝长子青阳帝金天氏,庸回氏共工，共工氏崇伯鲧，祝融族蚕丛，重黎氏陆终，三苗氏驩兜等九传先祖。后世子孙为褒奖其开创之功，遂以九祖名号，九名其豆，以示旌表、纪念。故宛华化育之豆称豌豆；黄帝化育之豆称黄豆；金天氏化育之豆称金豆；共工化育之豆称豇豆；崇伯鲧化育之豆称鲧豆；蚕丛氏化育之豆称蚕豆；陆终氏化育之豆称陆豆；三苗氏驩兜化育之豆称驩（饭）豆。

食之良者，名曰粮食。作为豆作之乡，"良食"之都，古庸大地之澧水流域，至今尚有豆箕岗、黄豆坪、黄豆界、蚕豆湾、阳豆坑、金豆湾、红豆峪、豆儿嘴、豆角山、陆豆冲、豇豆河、豆腐子湾、豆腐子坪、黑王豆湾等古传地名，亦即产豆遗址。巧在公元二〇一一年十月，湘报记者赴澧采访，驻次壶瓶，得野生大豆标本，力证澧域乃大豆原产之地。

豆作之兴，文明肇基。后世仓颉，以豆为根，巧创文字，计有頭、厨、逗、登、[豆斤]（斗）、壹、豈、禮、醴、饎、短、豐（丰）、澍、橱等等，不胜枚举，可谓洋洋大观。释此头脑之"頭"，从豆从页（首），豆页一体，借喻为民植豆，乃民生首功。豆为百粮之基，首为人体之帅，不容稍有懈怠。又如厨房之"厨"，从厂从豆从寸（手），主人下厨，豆粮为主，信手取之，烹之为粥，水磨成奶，酵而为酱，滤之膏化，烘为豆干，丰富多样，足资养民。故"豐收"之"豐"，首先当为豆作豐收！

土生万物，豆养万民；豆之为食，食中之王。作为主食，堪称"国粮"；作为主菜，不输肉类；汁之饮品，誉为"国饮"。故俗语叹曰："宁可三日无肉，不可一日无豆。"

豆之为喻，道尽人文。盛豆之器，首推陶豆；陶豆陈饎，赖以祭祖；用于祭祀，堪称"国器"；国之大事，重在祭祀与戎戍；祀以敬天尊祖，戎以保疆卫民；俎豆馨香，国运永昌，故澧境之天子山庙联载曰："向以称王，神威赫赫三千里；天其有子，俎豆馨香亿万年。"

豆之引申，意蕴深厚。逗留之"逗"，从走从豆；有豆即留，无豆则走。登之字形，双足履豆，捷足先登，登山采豆，或以为食，或以祭祖；故登之内函延绅，物化为陈豆之器，用于祭祀，即《说文》所云"于豆于登；笾豆大房"（状其祭礼之隆）。更有妙者如"豆斤"字，先民武装械斗，因豆而起，持斧（斤）争豆，引发战争。因豆而"豆斤"，俗称【豆斤】争"，实为争豆。再如"禮"字，禮者，""澧"也，与醴泉之""醴"分别构成代表地域、物产、教化即禮仪的"文化字群"。故孔圣之禮源于周公之禮，周公之禮源于庸楚之禮，庸楚之禮源于古澧之禮。仓廪实，知禮仪。澧水流域本为世界最早产豆、产稻、酵酱、酿酒之地，实乃世界"良食"之都（食之良者是为粮食），人类第一轮文明（即"粮食文明"，亦即"旱粮豆作文明"与"泽粮水稻文明"）

之摇篮。此乃大庸古国禮仪文化兴起之重要物质基础与族群宗法基础。

古贤荐举,投豆选"壹"。"壹"者一也,豆多为尊,尊者为"壹"。故庸楚先民,凡遇君长禅位,或大事难以决断,均遵行丢豆众断之法。遂将族民招来,置一条案,双壶并列,或陶或铜,貌似茶壶,形类大"壹"。族民持豆近壶,二选其一,投豆其内,以达已意,投毕,专人查验。壶中豆多者当选为"壹",推为伯长,亦称伯庸,奉为元首,位居第一,至高无上。若为断事决疑,众人投豆,从多为断,一锤定音,无人不服。此乃投壶断事、民主决疑之始也。

斗转星移,值此科技昌明、文明进步之网络时代,远古豆作文化再衍诸多时髦词汇,诸如豆瓣网、豆瓣读书、豆瓣电影、豆瓣音乐、豆瓣美食云云。堪可旌表者,乃本境美食新秀、企业之星杨公××先生,深察古史,捕捉商机,锐创品牌,遂有"洪杨豆品"、"杨雄米粉"诸多食品新宠,亮牌商界。其投资经营之道,颇具儒商风范。杨公素以弘扬传统文化、打造品牌地标为己任,厚尊古史,推陈出新,冀其发扬光大,造福当代、惠及子孙,以达创富惠民、实业报国之宏愿,不愧业内之骄子,武陵之翘楚。

兰江流月去无声,膏壤人文百代兴。澧水豆作文明,兼具物质精神双层内涵,素有古庸天崇人气脉之张家界人,以不负大众、不负子孙之远见卓识,创吾澧水"良食"文明之时代传奇。古澧文化,薪火相传,绵延不绝;澧人创造,与时俱进,生生不息……

2017 年 5 月 20 日

第十四章　鬼谷洞、鬼谷源、鬼流溪、鬼炭沟、巫门岩、老道湾、道人坳与古庸国巫傩文化

—— 浅论澧水流域的巫禮（澧水）、巫傩（罗水）、
巫彭（彭壶、盘瓠）、巫咸（咸池、盐垭）文化

　　巫文化是上古三苗、驩兜时期以巫咸为首的"灵山十巫"在以今澧沅流域崇山为中心的古庸人创造的，以占星术和占卜术为主要形式，以盐文化和药文化为主要内容的地域特色文化。据《山海经·大荒西经》记载："有灵山，巫咸、巫即、巫盼、巫彭、巫姑、巫真、巫礼、巫抵、巫谢、巫罗十巫，从此升降，百药爰在。"又据郭璞《巫咸山赋》载："巫咸以鸿术为帝尧医师，生为上公，死为贵神，封于是山，因以为名。"经考证，今澧沅流域有众多盐泉可供古人类直接取食，而且古庸时代，这里还盛产"神仙不死之药"丹砂。因此，崇山沅陵自古就是以巫咸为首的上古"十巫""所从上下"、升降采药、采卤制盐的灵山，也就是真正意义的巫山。这里诞育了神秘悠远的庸文化之母体文化——巫澧文化（火文化、盐文化、药文化等三源文化；薯文化、豆文化、稻文化等三苗文化），在唐尧时期就建立了燧明国、巫咸国、长寿国、三苗国，形成了巫禮（澧水）、巫罗（罗水）、巫咸（咸池峪）、巫彭（彭头山）等巫文化在澧沅流域、武（巫）陵地区（大巫山地区）之滥觞。还从这里迁徙出巫诞一部的八姓庸（融）人到达长江、秦岭以北，巫文化、庸文化与楚文化、巴文化、蜀文化等文化融合产生了一度繁荣的夏文化，孕育了"记神事之书"《山海经》、伟大的文学开篇巨著澧歌《鄘风》、巫歌《楚辞》、周歌《诗经》，并在天文、文学、文字、艺术、医学、地理等方面取得丰硕成果。今天仍然沿袭并广泛存在于澧澧大地的澧水号子、庸山夜唱、大庸阳戏、桑植民歌、罗水傩戏等文化现象都古风浓郁，而作为巫文化之历史遗存的"远古神都"——"中央仙山""昆仑天门"的帝台、元陵、熊馆、悬圃之谜则更是神秘幽古。

　　巫的历史源远流长，甲骨文中已有巫字，说明在殷商以前就已出现了。最早

的巫字是两个工字的交叉,大概是行法术时所用器物的象形,以后加上两个人在跳舞,是巫用形体动作请神灵降临。

巫往往自称通鬼神,与鬼神感应,趋吉避凶。鬼,这一子虚乌有却又无处不在的精神怪物,历久不衰,经世不灭。谈鬼、说鬼、论鬼、写鬼、信鬼、怕鬼、祭鬼、骂鬼、驱鬼、打鬼、斗鬼、斩鬼、降鬼、扮鬼、用鬼的大有人在,形成了一套中华独特的鬼文化。本文将从鬼的来源、社会属性、地位,尤其是鬼书等方面对中华鬼文化做一番粗浅的探讨。《说文解字》曰:"人所归为鬼,从人,象鬼头,鬼阴贼害,从厶。"在中国,还有一种特殊现象不得不注意到,通常中国人在鬼与神的选择中宁可信鬼而不信神,经常是在遇到灾难、冤屈、诬陷等事情时求鬼(主要是祖宗鬼)来帮助解决。

《易经》有云:"观天之神道,而四时不惑。圣人以神道设教,而天下服矣。"

张家界天门山上下及周边地区之鬼谷洞、鬼谷源、鬼流溪、鬼炭沟、巫门岩、老道湾、道人坳、灵岩山、崆峒山、仙人溪、巫山、鬼塘、罗水、巫泉溪(石门县东山峰林场)等地名,是远古巫澧、巫礼、巫罗、巫傩等巫鬼、巫道文化的残存痕迹。

地名是长期历史积淀的产物,也是一种文化现象,通过它不仅能了解一个地方的自然环境等物质世界,还能了解这个地方人群的信仰观念等精神世界。因此,本文通过对澧水流域部分地名含义的破译和诠释,归纳出这些地名定型的命名意图,透视这些地名的命名取向,从而揭示澧水巫鬼文化的某些表现与特点。

澧沅流域是一片古老而神秘的土地,其中神秘之一便是那些独特的极富个性的巫鬼文化。古籍载澧沅先民"崇鬼尚巫"。《新唐书》卷168曾用"风俗陋甚,家喜巫鬼"来概括湘西地区的民俗,《旧唐书》卷160也有"蛮俗好巫,每淫词歌舞,必歌俚辞"之载。虽语焉不详,但还是可以从中窥视出澧沅土著居民的一些巫鬼习俗。至清代,对澧沅巫鬼习俗的记载则更为明确和详细了。如《辰州府志》载:"辰州风尚以信巫重鬼,所在皆然。""辰俗劲直而朴茂,信巫而好鬼。"《乾州厅志》云:"楚俗尚巫信鬼,自者为然,乾州边地,容能免乎?""苗人畏鬼甚于法"。由此可见,澧沅流域的巫鬼文化的历史渊源流长,且地位十分重要。

地名是长期历史积淀的产物,也是一种文化现象,所在地区各民族社会生活的各个方面都必然会在各民族语地名中得到不同程度的反映,澧沅流域地名也不例外。巫鬼文化长期盛行在湘西各地,因此,澧沅流域地名肯定对这一宗教信仰有不同程度的反映,巫鬼文化在地名上会留下深深的痕迹,特别是在澧沅苗族、土家族聚居的偏远山区,与巫鬼相关的地名尚存不少。因此,本文就通过对澧沅流域地名含义的破译和诠释,归纳出这些地名定型的命名意图,透视这些地名的命名取向,从而揭示巫鬼文化的若干特点。

第一节 麻阳鬼

澧沅巫鬼文化从总体来说是一种基于"万物有灵"的自然宗教崇拜。"自然是宗教的最初、最原始的对象"。对于澧沅先民来说,由于生产力低下,难以支配和影响自然力与自然物,认识能力的浅陋,又无法合理解释光怪陆离的物象变化,人们只能不自觉地将人类所具有的生命力和思想感情加到自然界,使自然物人格化、社会化,进而加以膜拜。如凤凰县木里乡有个叫"肉寄代"的苗寨,苗语"肉"为岩,"寄代"是把小孩拜祭给有灵的岩石作干儿子,这样才会长大成人。花垣县猫儿乡的"猫儿寨",其名就是源于寨旁有一三米多高似猫非猫的天然岩石,日久天长,当地苗家人便认为是"有灵之物"而加以膜拜。在这种自然崇拜的基础上,苗族认为万物有灵实际就是万物有鬼,是谓"山有山鬼,树有树鬼,河有河鬼,泉有泉鬼,花有花鬼"。凤凰县两头羊有个叫"鬼塘"村的苗寨,村里有口干塘有时会冒水出来,村民们就以为塘里有鬼所致,故名"鬼塘"。该县柳薄乡的"柳薄"之名也源于鬼怪,苗语"柳"为井,"薄"为怪物,"柳薄"就是水井里有鬼怪。这个乡的"科甲"苗寨,苗语"科"为山洞,"甲"为怪物,"科甲"意为该村旁的一个山洞里有鬼怪。花垣县茶洞镇有个名叫"贵炭沟"(即鬼炭沟)的苗寨,苗语"贵"为鬼,相传昔日有一烧木炭的人死于此地,后来人们常在夜晚看见闪闪火光,以为是鬼在烧炭。这个镇还有个叫"贵流溪"的苗寨,得名于该寨境内有一山洞,洞内有一深塘,有一股泉水流入洞下的小溪,时有干枯,时又流出,村民以为鬼在作怪,故名"贵流溪"或"鬼流溪"。

在澧沅众多的鬼当中,苗、土先民认为最凶恶的要属"麻阳鬼"了,这在土家地名中也有体现。永顺县两岔乡的"大去坪",原名叫"杀切坪"和"杀且土",柏杨乡的"杀且""锡铁西",大坝乡的"杀西枯"和龙山县比溪乡的"杀溪科",红岩镇的"杀西湖"村,这些地名中的"杀切""锡铁西""杀溪""杀西"都是土家语地名,意为"麻阳鬼"管辖的四湾老林和荆蓬闲散地角。村民只要进到"麻阳鬼"的辖地,就会神魂颠倒、哭笑无常。故土家人心中,"麻阳鬼"是个厉鬼,人们之所以还把村子建到那里,也是迫于汉人官兵的围剿。

由此可见,"万物有灵观"是澧沅巫鬼文化的初始,人们对自然物的崇拜,对鬼神敬畏的产生都是在此基础上发展起来的。这种长期延续下来的世界观和人生观给湘西少数民族的思想观念造成了深远的影响。这在模塑澧沅地名命名取向时发挥了重大作用,以致从流传到今的地名中,还能得到全面系统的反映。

第二节 鬼精灵

澧沅巫鬼信仰具有强烈的世俗性。澧沅流域的土家族、苗族热爱现实生活,珍惜现实生活,信仰祭祀巫鬼的目的,往往紧贴人间世俗情欲,一切围绕生存问题而发生,并无超凡脱俗的幻想和变成神仙的意愿。在他们的观念中,有利于生存的则对之亲近而加以祭祀,希望能赐福赐寿,赐儿赐孙;有害于生存的则对之敬畏加以祭祀,希望能免祸免灾,免罪免过。这些信仰目的的世俗性在澧沅流域地名中也有充分的体现。如凤凰县落潮井乡有个名"清明坑"的苗寨,其得名源于村内有一大坑,坑中有个眼井,传说井中有鬼神、鬼精灵。每年清明时,需在井旁洒上水饭,烧香烧纸,敬奉井中之鬼,以免它出来为害,故名"清明坑"。该县两头羊乡有个名"东棍岩"的村子,苗语"东"为"窝坨地","棍岩"为鬼肉。相传,坨地有洞,洞中有鬼,每逢七月鬼节,要在洞口摆上酒肉供鬼食用,这样才能防鬼为害。永顺县勺哈乡有个名叫"咱那铺"的寨子,是土家语"日啊那铺"的误记。土家语"日阿"是"鸡"的意思,"那"是"丢","铺"是"地方"的意思,连起来就是"丢鸡的地方"。这个"丢鸡"不是丢失了鸡,而是土家人"放鬼""还愿"的民俗,故"咱那铺"可以译为"放鬼的地方"或"给鬼神还愿的地方"。龙山县贾市镇有个名曰"刀头寨"的村子,其名源于此地有一形似敬鬼神所用的"刀头肉"岩石。昔日,村民以为这是鬼神在示意,要敬奉酒肉,故村民常用煮好的四方形猪肉去岩石下敬奉,以求平安。

由此可见,澧沅流域少数民族把鬼神精灵理解得和人一样,鬼的需求等同于人的需求,鬼的爱好享受等于人的爱好享乐。人们对待鬼神,不是以祈祷、虔诚、苦修等精神的方式以达到与鬼神合而为一,而是以物质的手段来取悦鬼神,同时换取自己某种具体愿望的满足。反之,对一些不讨人喜欢的凶鬼邪鬼,则往往像对待一些不讨人喜欢的恶人一样,避之远之、驱之赶之。这种思想观念也对湘西地名的命名取向产生了很大影响。如凤凰县吉信镇有个名叫"忌洞"的村子,相传该村境内有一山洞,洞中有鬼,村人忌入,故名"忌洞"。该县山江镇有个名"追表忌"的苗寨,苗语"追表"为屋背后,"忌"为汉语禁忌,意为这个村的人最禁忌别人在屋背后说话,因为一说话鬼听到了就会入村害人。龙山县老兴乡有个名曰"卧不库达"的寨子,土家语"卧不库达"虽不是阴森可怕有鬼的山洞,但土家语所指的"卧不库达"意为"惨死鬼""化生子"集中埋葬的坟地,当然也阴森可怕了,提示人们少到那里去,以免被鬼找到替身,自己不得好死。有时候,人们为避开鬼的纠缠,也往往会投掷一些鬼喜好的东西,吸引它的注意力,这种避鬼方式在湘西地名也有体现。永顺县三家田乡、盐井乡和龙山县毛坪乡、贾市镇都有"丢草坡"的地名。相传,那些地方有鬼赶人,经过那里要丢一个草把,让鬼去赶草把,否则鬼就会赶人缠身。《苗防备览》载:"土家人至其好祀青草鬼,忌带青草入室,剖竹为契,血誓为信,,则蛮苗故无区别也"。澧沅流域的巫鬼信仰也受到汉文化的影响,形成了多元文化相互碰撞与交融的格局,人们也会利用一些佛教理念驱鬼避鬼。如:龙山县老兴乡有个名"阿弥陀佛"的地方。传说此地有鬼,经过此地的人必须口中不断地念"阿弥陀佛",让佛在心中,鬼才不敢近身。保靖县野竹乡有个叫"利佛塘"的村子,传说该村塘中有鬼,村民要在塘边烧香拜佛,请佛驱鬼,才能避灾。

从上述地名的命名取向可以看出,澧沅流域的巫鬼信仰具有很强的世俗性。以酒肉香纸从鬼神那里换取实惠,以保自己的人身安全。在这里,人们关心的并不是超自然的神灵本身,真正感兴趣的是自己的现实物质利益。

澧沅流域的古庸先民巫鬼信仰中的巫师具有流动性、分散性。巫师,苗族称为"苗老司",即苗语的"巴得雄",土家族成为"土老司",即土家语"梯玛"。他们知识渊博,有驱拿鬼怪之法,深受本土土家、苗族人的崇信。然而湘西群山耸立,沟壑纵横,人们的居住往往趋于分散,以致每个村或几个村都只信奉某一个巫师,而且巫师本身平时也没有什么特别之处,都是农民,都和村民过着日出而耕日落而归的生活,只有逢驱鬼捉鬼之事,该巫师才会被邀请前往本村或周围村寨作法。这并不像西方的一些神职人员具有固定性、集中性,人们往往要前往其固定的教堂、寺庙以求行法。澧沅流域这种巫师的流动性、分散性也对地名的命名取向产生了很大影响,在澧沅流域民族地区来自巫师及其四处行法捉鬼遗迹的相关地名也不少。如:保靖县水银乡有个"锁须洞"的土家寨子,原名"锁邪洞",其名源于该村有一山洞,传说洞中有鬼,常出来为害村民和家畜,后来村民请来"梯玛"用一张黄纸条贴在洞壁上,说是鬼已锁在洞中了。龙山县毛坪乡有个叫"师刀河"的地方,"师刀"即土老司使用的法器司刀,意为这里曾有个土老司在此河边行法捉鬼。凤凰县新场乡有个叫"道人坳"的村子,"道人"即老司,意为这个山坳曾经住有老司。古丈县茄通乡有个叫"老司岩"的寨子,相传,昔日曾有位土老司与一条恶龙斗法,结果因法术不高,反被恶龙一个摆尾,摔死在岩壁上了。由此可见,澧沅流域地名的命名取向很多来自与巫师的行法活动,由于巫师的流动性和分散性,很多地方还残留一些与巫师及其活动有关的地名。

澧沅流域地名可以从不同的角度曲折地反映出湘西巫鬼文化的某些特点，帮助我们了解澧沅流域原始宗教的本质和现实影响。对于澧沅流域地名研究不仅仅局限于简单的含义破译，而是要从地名中透视出各民族地名的命名取向，从中发现有关澧沅流域原始宗教等民族文化方面的珍贵资料。

第三节 鬼谷占

生息繁衍于澧溇流域祝融部落的古三苗氏、盘瓠氏、驩兜氏诸部落先民们认为：人亡形为鬼，鬼托生于人，人与鬼相依，鬼与人同病；其丽者可以荐枕席，其豪者可以托死生，其知者可以酬歌赋，其黠者可以巧解颐……至于所谓恶者戾者，安知不是快意恩仇、决算是非？所以古庸地区称十分了解、熟悉的恶人或能人有老话：还不就是屋前屋后的几个鬼？

暗室不可欺心，举头三尺有鬼。今人虽是无神论者，但澧水、沅水流域的庸籍后裔对"鬼"却心存敬畏，凡断事决疑，必问鬼神。

1. 问婚姻

如《断易天机》卷一《无鬼无气》曰：

"鬼者，无形而有用；卦中不可无，宜静不宜动。带吉神动，亦能为福；加凶煞动，无不为殃。占身无鬼，资财聚散无常，多招兄弟嫉妒。占婚无鬼，婚难成；纵成，夫当夭折。占官无鬼，功名难就；卦中纵有贵人，终为贵而无位。占婚遇之，亦不为吉。世者男家也，鬼者夫也，自克自家，本不为美；更遇财爻发动，生助鬼爻，纵使成就，必主其妇不贤不孝公姑，搬唆夫主，割户分门，不和兄弟。"

2. 问财禄

《无鬼无气》又曰："求财无鬼，兄弟必争权；主在他人手下趁财，财亦薄。鬼者，财之主也。财虽旺，必有主张，然后能聚；无鬼无主也，必主破耗多端、资财不聚。求财遇鬼带大小耗，必主此财求得之后，非官即病，耗散费用。"

3. 问吉凶

占病无鬼，必无叩告之门，乃天年命尽也，其病难疗。意即占卜疾病，卦中无鬼，主有病难医，是命当该绝，病不能好。

如《助鬼伤身》曰："申日占得离卦，鬼临应爻克世，本非佳兆，更兼妻财发动，生助鬼爻，其凶愈甚，此乃助鬼伤身也。凡卦中鬼爻克身世者，无财，凶有限；若有两财皆动,其祸大凶。

家宅遇之,乃财多害己也。若鬼带白虎、丧门、吊客之类,必因财有病;若鬼加朱雀、官符,必因财致讼。又云:或家有不贤之妻,多招祸殃。

占国遇之,必有奸臣聚敛,蒙蔽其主,恐乖国政。

占病遇之,若占父母必致顷危,其余问病,亦是沉重缠绵,卒难脱体。若作本名占,或因财致病,或房事过频,乃大凶之兆。

以上诸事,若有子孙发动,解神来救,庶可反凶成吉,变祸为祥。"

又,《洞林秘诀》曰:

"游魂伏鬼乱蒙董,及有 蛇虚怪梦,伏神天喜并子孙,即是祯祥喜庆闻。鬼爻持世应爻怪,梦见凶神宜警戒,伏神看得甚来由,吉凶皆从八卦求。更加刑杀不为祥,克伤有祸堪祈禳,鬼爻不值卦无气,或加空亡闲梦寐。本宫伏鬼梦宗亲,却无灾福害与利,喜神卦旺梦中惊,君当发迹在前程。"

[译文]

卜梦,遇游魂卦,伏神为鬼,以及临蛇,皆主颠倒梦。若伏神临子孙爻带天喜,表示有吉庆。鬼爻持世为怪爻,随梦应怪物,就应当警戒,防止发生凶事。还要看伏神性质,从八卦中去分析吉凶。若遇刑杀,是不吉祥之事,若逢克伤,就应该祈禳去化解了。鬼爻不入卦或无气,或空亡,只是一般闲梦。本宫伏神鬼爻,梦见宗亲,无利无害。如临喜神卦旺,青龙、驿马等吉神临世爻,又得子孙爻发动生合,一定是惊人喜梦,主梦者定当发达,前程似锦。

4. 问病候

如《占疾病症候》云:

"凡是鬼爻持世身,病人心烦意乱,不愿言语,头昏眼花,视力模糊,或者狂言乱语,精神失常。不思饮食,或者饮食困难。遇四墓持世,病症同上述一样。酉爻为官鬼爻,是眼部疾病。土爻临鬼,肿胀气虚。金鬼持世,伤筋损骨。木爻为鬼,身体酸痛,头闷头晕,心气郁结。卦象鬼爻入墓,兼带休囚并杀气,临本宫白虎入墓,凶死之象。子孙爻不动,则难救治。"

又,《占病在何处》云:

"鬼在初爻,病在两足伤损。在二爻,双腿患病非常。在三爻,腰背酸软无力。在四爻,心腹及肚肠之疾。在五爻,肾脏多气胀。在六爻,病在头上。鬼在乾宫,病在头部,在坤宫,病患腹部。在坎宫,是患耳疾,在离宫,疾病眼目。在兑宫,口腔疾病,在艮宫,手臂疾病。在震宫,病在足。在巽宫,患在股。木爻为鬼,身体疼痛,水土持鬼,必是痛肿。若是金鬼,牙骨疼痛。"

又,《占何处得病》云:

"鬼在初爻,家堂内病。在三爻与二爻,是在门庭处得病。在四五之爻,是在旅途,或逢风雨侵袭。鬼爻在坎卦,必是河海行船染风寒。丧门杀临象,必然是死丧之象。子孙发动化官鬼,必是因酒食而伤。遇本宫五鬼,病症复杂难治。"

又,《占疾病凶卦》云:

"占病,遇丰、观、需、剥、节、旅、贲、明夷、蛊、夬、及同人等卦,不问四时及生旺,必死无疑。"

5. 问农事

如《卜筮元龟》曰:

"世贞行年为田地,应悔为种为荒芜,世克应兮仓廪积,外克内兮仓廪虚。初爻为田二为种,三为生长四苗秀,五为早禾主收成,六是田夫主灾咎。初爻鬼克田瘦瘠,二爻鬼克重种植,三爻鬼克多秽草,四爻鬼克费耘力。五爻鬼克阻收成,六爻鬼克忧疾病,金爻为鬼旱蚝多,火爻大旱年饥荒。水鬼水灾木鬼耗,土爻化鬼定分张,卦中两鬼两家共,年丰须是鬼空亡。大抵财爻宜旺相,不值空亡为上吉,六爻刑杀不加临,年谷丰登仓库实。"

[译文]

世爻和贞(内)卦,表示天地,应爻和悔(外)卦,表示种子和荒芜。世爻克应爻,主仓廪充实。外卦克内卦(悔克贞),主仓廪空虚。初爻为田,二爻为种子,三爻为生长,四爻为禾苗,五爻为早禾,也表示收成,六爻为农夫,也表示灾祸。官鬼爻克初爻,表示土地贫瘠。克二爻,表示要重新种植。克三爻,表示田多杂草。克四爻,表示耕耘费力。克五爻,表示收成受影响。克六爻,表示农夫有疾病。官鬼为金爻,主旱灾和蝗虫。官鬼为火爻,主大旱饥荒。官鬼为水爻,主水灾为害。官鬼为木爻,主耗损大,收成不实。官鬼为土爻,主有收成,但四处分散。卦中有两个官鬼爻,表示是两家合伙耕种。丰收之年,必须是官鬼爻逢空亡。一般而论,财爻旺相,不值空亡,就是丰收之年。只要六爻不受刑杀克伤,一定是五谷丰登,仓库充实。

农田:若见鬼在初爻,种不对,或不萌。鬼在二爻,必欠秧。鬼在三爻,农力不到,若加凶杀,田夫有病。鬼在四爻,欠牛力,或牛有损,空亡无牛。鬼化兄或兄化鬼,与人合牛,工作不利。鬼在五爻,天意不顺。鬼在六爻,必缺水。占蚕:鬼在初爻,种不出。在二爻,出后不能旺盛。在三爻,蚕娘有病。在四爻,叶必贵。在五爻,上箔有损。在六爻,财微薄,必无好蚕,亦无好丝。六爻无鬼,田蚕自然兴旺。凡遇鬼爻,须看五行所属,及观衰旺动静。鬼爻属金发动,持克世爻,主蝗虫之灾。

水爻动带鬼,狂霖损稼。火鬼必主亢旱,土鬼里社兴灾。占蚕:水鬼防鼠耗,木鬼二眠有伤,金鬼多白僵,其年吃叶多,火鬼头黄壳不生,土鬼蚕沙发热蒸伤。

田蚕皆宜阴阳相和,水火相半,庶能昌盛。纯阴不生,纯阳不化,阴阳交合,然后万物生。凡占得阳阴相半,外阴内阳,内外相生,大吉之兆。占蚕须看六神持克,仓屏云:"青龙旺相入财福,春蚕盈盈满筐簇,管取竿头白雪香,会看箱内银丝足。朱雀旺相入兄弟,必定桑铿食不济,若当离象动凶神,蚕室须防火灾至。勾陈带鬼多黄死,若遇财爻黄茧多,卦中发动并迟滞,若值凶神可奈何!螣蛇水鬼害头蚕,正要烘时却受寒,纵得丝来筐篚内,明朝缔绤也应难。白虎若临财福中,箔中多是白头公,更逢兄弟交重恶,急急祈求一半空。玄武若临咸池动,多是女人带厌来,急求蚕福来扶救,庶免春蚕目下灾。"田蚕皆以财爻为主,生旺全收,无气半收,空亡大折。鬼空财旺必称心,有鬼无财主大损,若遇子孙持世旺,六爻有鬼亦无妨。

家有千钟谷,都是从农田中辛勤耕种得来的。仓库有钱财,也是养蚕卖丝所积累的。耕种勤劳,稻谷丰收在八月。养蚕应时,春季三月正当令。卦中六爻,分别表示农桑各事。六爻遭逢鬼杀,收成不利,卦中不遇官鬼克伤,方为吉利。即使阴阳和谐,卦中财福俱全,也需用六神来参考分析,趋吉避凶。卦中六亲、六神,兴衰得其位,就可以保证丰收。从卦的六爻动静,也可以明察其吉凶得失。

李淳风《论蚕歌》:

若论春蚕诚有益,凡人问卜嫌官鬼,种若逢鬼出须迟,鬼在苗中苗损失。叶中有鬼贵非常,鬼值筐中筐内死,鬼若临簇簇中亡蚕若临鬼丝不出。外卦为蚕内为人,内能生外得千斤,马蛇现出丝如雪,官鬼须防入木金。财爻无气方言有,财爻旺相定成珍,艮离蛊咸多得利,兑坎其年枉费心。月卦生时四五月,五行财上讨分明。

[译文]

凡占养蚕,蚕旺丝好,养蚕人自然得益。最嫌官鬼爻旺相,发动。鬼临初爻,蚕种难出。鬼在二爻,蚕苗受损。鬼在三爻,桑叶价贵,养蚕成本高。鬼在四爻,蚕死筐中。鬼在五爻,蚕以上簇,未及吐丝做茧,而死亡严重。鬼在六爻,蚕丝不出。外卦为蚕,内卦为养蚕人。内生外卦,蚕丝丰收。逢巳、午两爻旺于卦中,蚕丝雪白。官鬼爻临木旺,蚕死于三眠。临金鬼旺,蚕在二眠伤。财爻无气,养蚕可得,财爻旺相,蚕茧珍贵。若值艮、离、蛊、咸卦,养蚕得利。若值坎、兑卦,其年枉费心力。占得巳、午月卦(如乾为巳月卦,豫为午月卦。)养蚕适宜,获利丰厚。从财爻所临五行,就可以明白吉凶了。

《卜筮元龟》又曰:

初爻为种二为蚕,三人四叶五为簇,六上之爻丝茧位,鬼爻值着不相当。鬼值种爻种不出,鬼值蚕苗耗不昌,鬼值人爻蚕母病,鬼值叶爻定欠桑。鬼值筐爻上箔死,鬼值茧爻丝有妨,坤宫土世黄肥死,坎宫水世必遭殃。水爻持世初忧否,金宫金爻蚕白僵,占蚕欲得震巽离,子爻旺相最相宜。乾宫正二月为吉,四五之月非其时,乾象为蚕巽为簇,离为茧子震桑木。相生旺相倍言之,相克休囚难获福,巽宫地上风雨伤,雷电亦须忧火光。财鬼火炎忧焚灼,鬼变子爻为吉祥。

[译文]

初爻为蚕种,二爻为蚕苗,三爻为养蚕人,四爻为桑叶,五爻为簇,六爻为茧丝。以上六爻,鬼爻旺相临值都不利。鬼值初爻,蚕种难出。鬼值二爻,蚕苗损耗多。鬼值三爻,养蚕人得病。鬼值四爻,桑叶欠收。鬼值五爻,蚕死簇上。鬼值六爻,茧丝有妨。遇坤宫卦土爻持世,蚕黄肥死。坎宫水爻持世,蚕必遭殃。水爻持世,开始就有忧。金宫卦,金爻持世,蚕白僵死亡。占蚕遇震巽离卦,逢子孙爻旺相,最为有利。正二月占得乾宫卦吉利,四五月得乾宫卦,则不太有利。乾象为蚕,巽为簇,离为茧,震为桑。逢相生或旺相,加倍有利。临相克休囚,终究不利。卜得巽宫卦,要防受风雨伤害。逢震离卦火旺,要防雷击火灾。财爻和鬼爻临火旺,要防火灾。官鬼爻变子孙爻,可转为吉祥。

又,《洞林秘诀》曰:

相生有气有妻财,经言多得倍收来,卦中不喜鬼爻旺,随其八卦看蚕灾。震巽之卦是蚕娘,离为丝茧艮为筐,外卦克内欠桑叶,内卦克外却剩桑。子孙与财并世应,添茧满室茧盈箱,青龙并在巳午上,木并世应富荣昌。

[译文]

卦中世应相生有气,财爻旺相,养蚕得益,获利丰厚。怕鬼爻旺相,其所在卦,就会产生相应的灾害。震巽卦是养蚕人,离卦为丝茧,艮卦为筐。外卦克内卦,桑叶不足,内卦克外卦,桑叶有余。子孙和财爻临世应爻,收获丰盈。青龙并临巳午爻上,木爻并世应爻,富贵荣昌。

又,《海底眼》曰:

子爻为蚕宜安静,财为收敛要扶持,鬼兴父动宜祈祷,兄弟爻兴一半亏。

又云:子孙木火蚕作茧,申酉扶之尽白僵,亥子二神眠湿死,如临四土半成伤。

又云:凡占蚕丝一一呈,初种二苗三主人,四为木食五为叶,六为抽缫如见真。震为筐箔并桑柘,巽为茅簇及良辰,乾象蚕子离丝论,坤艮成堆忌死频。坎象水爻伤叶湿,兑象白蚕多损失,子爻动者鼠难防,鬼出六爻缫不出。鬼爻临茧爻成蛾,鬼值春蚕人病多,财爻见水并持世,作茧如银十倍过。

又云:初种二苗三养人,四叶五簇六缲真,震筐并叶巽茅簇,乾蚕离茧坤艮死。坎象湿烂兑白僵,子爻若动鼠来伤,鬼在六爻缲不出,鬼临茧上出蛾蛉。鬼值养蚕人必病,木财持世自荣昌。

又云:初爻为种二为苗,三爻为蚕亦为筐,四为桑柘五为簇,六为茧子好推详。叶上鬼临无桑柘,簇上值鬼忌火殃,鬼在内卦蚕娘病,鬼克定损采桑郎。

又云:震巽之卦是蚕乡,离为茧子巽为筐,坤宫土世黄肥死,坎宫有水黑烂伤。寅并巳午为蚕命,亥子之爻蚕不昌,兄弟爻惊蚕不损,子孙持世蚕满箱。财爻在外不宜养,财爻在内年年强,又将震巽为蚕簇,蚕居簇簇好非常。卦中无财不用养,财爻无气必空亡,坤为蚕母坎休养,震巽风雷亦可防。卦中甲乙离乾好,坤象蚕子亦头黄。

[译文]

子孙爻表示蚕,宜安静,不宜发动。财爻表示收茧,宜旺相,要扶持。鬼爻兴旺,父母爻发动宜祈祷。兄弟爻兴旺,一半亏损。

又云:子孙爻属木火,蚕易养,成茧多。属申酉又得扶,多为白僵。属亥子水,二眠因潮湿死亡。如临辰戌丑未四土,一半损伤。

又云:凡占蚕丝,以初爻为种,二爻为蚕苗,三爻为养蚕主人,四爻为木食,五爻为叶,六爻为抽丝。震卦表示筐箔并桑柘,巽卦为茅簇,乾象为蚕子,离卦以丝论,坤艮卦,蚕成堆死亡。遇坎卦或水爻,蚕伤于雨淋叶湿。遇兑卦,蚕多白僵损失。子水爻动者,鼠耗难防。鬼在六爻,抽不出丝。鬼爻临茧位动,茧被咬破或成蛾。鬼值三爻,养蚕人病多。财爻见木并持世,作茧如银十倍过。

又云:初种二苗三养人,四叶五簇六缲真,震筐并叶巽茅簇,乾蚕离茧坤艮死。坎象湿烂兑白僵,子爻若动鼠来伤,鬼在六爻缲不出,鬼临茧上出蛾蛉。鬼值养蚕人必病,木财持世自荣昌。

又云:初爻为种,二爻为苗,三爻为蚕,亦为筐,四为桑柘,五为簇,六为蚕茧。叶爻鬼临,缺乏桑叶。簇爻值鬼,谨防火灾。鬼在内卦,蚕娘有病,鬼克世爻,男人定损。

又云:震巽之卦是蚕乡,离为茧子,巽为筐。坤宫土爻持世,蚕黄肥死,坎宫水旺,蚕黑烂伤。寅并巳午爻为蚕命,逢亥子水爻,蚕不昌盛。兄弟爻发动,蚕不受损。子孙爻持世,蚕满箱。财爻在外,不宜养蚕,财爻在内,养蚕年年发财兴旺。震巽卦又表示为蚕簇,蚕临,表示上簇簇好非常。卦中无财,不用养蚕,财爻无气,养蚕不利。坤为蚕母,遇坎卦不宜养蚕,遇震巽卦,风雷之害也须防。卦中甲乙天干,离、乾卦好。遇坤卦,主蚕亦头黄。

6. 问渔猎

姜太公《论渔猎歌》:

外卦为物内为人,内能克外得千斤,物若克人无所得,财爻旺相最为亨。金宜获兽鱼宜水,财鬼爻兴定称心,若逢相克哪能有,杀鬼交重厚获金。

[译文]

占卜打猎捕鱼,外卦表示渔猎之物,内卦表示猎人和渔夫。内卦克外卦,表示渔猎丰厚。外卦克内卦,无所收获。财爻旺相,大吉大利。捕鱼有二水爻伏,能捕很多鱼。打猎有二金爻伏,定能获猎物。财爻鬼爻兴旺,定能称心如意。若逢相克,空手而回。杀鬼发动,渔猎丰富,获利多。

又,《洞林秘诀》曰:

内卦世爻旺相克他,外卦休囚,世爻克应爻,六神又得青龙、勾陈,吉神临财爻动,又无空亡,主多得财,得渔猎财物也。

诗云:内卦世爻繁荣昌盛,旺相克他,外卦应爻衰。(注:此句不完整,疑有缺漏。)六神更得吉神助,动时多获不空归,反此不如在家里,纵行无兽可寻追。恶杀临财居旺动,克世主有兽伤灾,震棍巽弓离作网,大须艮出卦爻奇。何者克我为得地,先将胜者用为宜,财巽得鸡艮为狗,震财狐兔兑羊鸡。坤财猪猿并骆豕,乾财豹兽及猪儿,行兵出猎颇同类,行时须占得其时。

又云:求鱼若得火为财,火财鱼多满担回,金土爻并木财者,纵得无多载月来。二爻发动必无鱼,杀与财爻并不虚,卦中多水徒多只,恐怕刀砧以断诸。

又云:射猎卦中看有无,先看大杀及传符,杀若多时求便得,杀空亡至暗无归。金爻克世箭伤人,金爻克应为物身,卦有二金最为好,金克财爻物定山。世居外卦财归内,猎射须如便称心,世爻空亡只不得,(注:此处也缺漏一句。)财居外卦世居内,徒劳心力恐忧无,卦中金爻居木上,为刀砧肉满盘心。如看卦中有金木,旺相诸肉满砧看,财并世应空亡位,属并空亡徒自劳。

[译文]

内卦世爻旺相克他,外卦休囚,世爻克应爻。六神得青龙、勾陈,吉神临财爻发动,又无空亡,主得财,得渔猎财物。

诗云:内卦或者世爻旺相,克外卦或应爻,更得吉神相助,表示渔猎收获丰厚,不会空手而归。反过来说,如果外卦或应爻旺克内卦和世爻,就不利于出去了,即使出去,也无收获。财爻临恶杀旺动克世爻,表示会被野兽伤害。震为棍棒,巽为弓箭,离为网。何卦克物,就采用何种工具,以能胜鱼兽的工具优先采用为宜。财爻临巽可得鸡,临艮为狗,震为弧兔,兑为羊鸡,坤为猪猿骆豕,乾为豹猪。以财爻所临的对应动物参考类推。行动的时候,还需要选择恰当的时机。

又云:捕鱼占,若得财爻为火,满载而归。若逢金土木财爻,纵得也不多,还会披星戴月,事半功倍。二爻发动,捕不到鱼。杀并财爻,不遇空亡,可得。卦中水多,鱼也多,还需结合刀砧杀来判断。

又云:射猎的卦,看猎物有无,先看大杀以及日月传符,杀如多,所求便得,杀逢空亡,到天黑也无所获。金爻克世爻,防箭伤人,金爻克应爻,箭中猎物。卦中出现两个金爻最好,金爻克财爻,猎物很多。世爻在外卦,财爻在内卦,出猎顺利称心。世爻空亡,一无所获。财爻在外卦,世爻在内卦,徒劳心力,无收获。卦中金爻在木爻之上,为刀砧,表示猎物多。卦中金木旺相,临刀砧杀,收获多。财爻并世应空亡,猎物所属也空亡,徒劳一场。

第四节　辰州符

辰州符又称"灵符""神符""桃符"。因为其"符"是古庸国澧水崇山南麓辰州地区的巫师们首创,故名"辰州符"。辰州符流传极广。海内外众多符咒书籍均以"辰州符"为名,可见辰州符的影响之大。辰州符非常复杂,150多道巫教样符,其中有63道是用人和人头为符,有58道是以凶禽猛兽成符,有17道是以凶禽猛兽和人头组合成符,有几道符是用汉字和汉字的重复组成的,还有几道符是抽象性的线条符。

一道正规的辰州符,起码由五个主要部分组织而成。

一是"点符头",意为符咒的开笔,如同人的眼睛一样最为重要。

二是"主事符神",因为每道符的功用各有不同,遇到什么事就该找相应的主事之神,他们就如同现今某方面的权威或专家,只有他们才能使符咒产生应有的效率。所以遇到不同的场合,则需要不同的主事神。

三是"符腹内容",表示此道符要

辰州符

用于何事何地、起何作用,到底是斩妖除邪还是镇宅安民,在此处必须明了,不得张冠李戴。

四是"符胆",这是一道符的精华所至,符能不能灵验全在此诀。

五是"叉符脚",意为请兵将镇守之意。符脚变化很多,主要看此道貌岸然符本身符本身用途而定。叉符脚也有口诀。

辰州符包括符、咒、印、步等几个基本要素,只有四项都具备了,才构成一个完整的"符",才能发挥一张符的功效。

符,就是书符,代表灵界的公文。由点、圆、横竖、斜线、螺旋线、卧"8"字、方据以及特有寓意的汉字语词所组合。

咒,说中咒语,代表灵界密码与号令,可以与神灵相通,可以对鬼神起到命令或者说服作用。

印,就是手印,起凭证作用,代表灵界的权威和印信。

斗,就是步形、罡斗,叫踏罡步斗,分五行、七星、八卦等多种。

书写辰州符时,主要用品是笔、墨、纸、砚和朱砂。就是这普通的对象,也应该正确选择,认真使用。所用之笔以羊毫为宜,墨汁宜用松烟,纸宜用黄表纸、朱砂纸,条件不具备时也可以用其他类型的笔和纸代替。

"符"的表现形式是多种多样的,有用香或燃烧的纸钱画在空中、水中、碗中的"符";有用筷子或利剑,画在酒杯里或鸡血碗中的"符";有画在地上;刻在木板上;雕在岩石上"符";有画在纸上或十字路口的;也有雕刻成版,批量印刷的"纸符",随意贴在想要粘贴的地方;总之,在辰州的传统里,保护万物要"符",办好万事要"符","符"是万灵的法术。

民间传说,"辰州符"是一种威力巨大的固定法术。"符"的主要作用是保护、镇守、驱逐或镇压邪恶势力。巫师们便通过"符",使其产生长期效力。"辰州符"又称"灵符""神符""桃符"。因为此"符"是辰州地区的巫师们首创,故名"辰州符"。巫师有专用的"符",世代相袭,传男不传女,无男传徒弟,秘不外传。"符"在民间平常使用的人和事很多,节日祭祖,兴修桥梁贴"符",能确保过往行人安全;生产场地贴"符",妖魔鬼怪不敢作乱等。贴在门口,辟邪保平安。典型的是祭事中贴符"上刀山,下火海"。

"符"的用途极广,巫师们作法的各个场面,几乎都离不开"符"。"符"在民间平常使用的人和事很多,如在家禽,家畜的饲养场地贴符,能确保六畜兴旺;在作水稻秧田和蔬菜苗地贴"符",能确保种子不烂,出苗粗壮,虫鸟不侵,五谷丰登;兴修桥梁贴"符",能确保过往行人安全;狩猎场地贴符,能确保野兽不乱跑,满载而归;生产工地贴"符",能确保妖魔鬼怪不作乱,生产安全等等。

距今五万多年前,五溪地区的巫傩文化,要比中原地区发达,其中心地区便是辰州(今湖南沅陵)。辰州,原为獠人,濮人祖居地,后为夜郎国治地。这里的巫师们经过长期的实践,形成了巫术和法术,使巫文化产生了质的变化。为使威力无边的巫术和法术在巫师离开后仍具法力,巫师们便通过"符",使其产生长期效力。使用"符"的同时,一般都要念动"咒语","咒语"和"辰州符"一样,也是远古时代巫师们发明的一种法术。但"符"与"咒语"一般用途有别。"符"被道教采用后,便成了道教的一大法宝。

有的巫师有专用的"符",世代相袭,秘不外传。一般简单的"符",民间年长者,大多会画会用。在辰州,关于"符"的神奇妙用的故事流传很多。

第五节　克鬼方

澧沅流域民间流传鬼上身的说法,原是由于某些人的大脑或特定的区域发生变化,使自己的脑电波减弱,并对这些"独立漂浮于空间的脑电波"更敏感,更容易接受,其原来的脑电波会暂时处于被覆盖的状态,人暂时失去原有的意识,其行为被强占的脑电波所控制或处于一种呆滞的状态(同时有两个人的特点)。那人就可以说是被"鬼"上身了。另有黑无常、白无常的传说,称黑无常为阴间鬼使!身材高大,黑面,头戴一高帽,上书"一见就发",手拿索命钩,将死之人可以看到。由于是索命鬼使,并不会伤及活人,火焰低的人在快断气人的身边也许会看到。白无常传说为阴间鬼使!同黑无常一样,只是手拿哭丧棒。

这样,在民间也就流传许多克鬼的土方土法。克鬼法宝通常流传的为开光的玉饰品。此为最好,但是难求到,多为假。另有几种,如杀猪刀,杀气最重之物;桃木剑,通常作为装饰挂在床头;木匠墨盒,大智慧的象征;风铃,慎用,和风水有关,可能会招鬼到来;门神,需为手工绘制,带有画者的灵性,印刷品无用(也可以自己绘制,但是颜料必须齐全)。如在路上碰见鬼迎面而来,避开即可,人有三把火在肩膀和头顶,鬼通常不会惹你。如遇恶鬼,弄清其有恶意可用对其吹气的方法吹散他。如鬼从后来,拍你肩膀不说话,也不要理,自己走自己的,你不回头他拿你是没有办法的。风水克鬼方法很多,解法和破法也很多,最简单的方法为屏风,又称挡煞。鬼本是由人心生,从人而来,天理循环之物,正直的人,鬼是无法靠近的,故民间有鬼七分怕人,人三分怕鬼的说法,鬼在害人之前必会通过各种幻象,使人失去常心,才能乘虚而入,故碰见鬼者必须牢记冷静,须知他害死你后你也是鬼,大家到底谁怕谁呢。

鬼还分为赤鬼、青鬼、黑鬼、牛鬼、犬鬼、一目鬼等。这其中又以赤鬼为典型代表,所以鬼还是算个比较宽泛的概念,其对人虽凶猛,但在群妖中却只能算那种低等级的。不过日本对鬼的形象描述不仅与古庸国神话传说中雷神相似,也还类似于西方民间故事里的恶龙,就连日本自平安时代所创造的不动神明王的画像形象,在一定程度上也与鬼很相似,所以之前鬼在一定程度上也被赋予了神的色彩,不过在日本民俗学者们看来,妖怪本就是神明降格之后所化。

鬼虽是这般的凶恶和强大,但也并不是难以驯服的,最怕的就是被人用豆子打。据说,日本人在立春的前一天,大家都会依照习俗拿出豆子进行"撒豆驱鬼"的活动,不过到了现在,这样的活动更多代表着一种对新春来年的祈福。有小孩子的家庭,通常还会在家里摆个"驱鬼阵"——父亲戴上面具扮鬼,孩子们则向"鬼"撒豆子,边撒边喊"鬼出去,福进来!"最后再吃上和自己年龄一样数目的豆子。这里还要特别强调一下,如果神社里供奉的正好是某一善鬼的话,撒豆时就不能喊"鬼出去",而只能喊"福进来";如果这家人的姓氏里正好有个"鬼"字,如鬼冢,也只能喊"福进来"。

第六节　赶尸诀

澧沅流域还流传一种赶尸的巫术。赶尸的起源,民间有书记载:相传几千年以前,苗族的祖先阿普(苗语:公公)蚩尤率兵在黄河边与敌对阵厮杀,直至尸横遍野,血流成河。打完仗要往后方撤退,士兵们把伤兵都抬走后,阿普蚩尤命令阿普军师把战死的弟兄送回故里。于是阿普军师装扮成阿普蚩尤的模样,站在战死的弟兄们的尸首中间,在一阵默念咒语、祷告神灵后,原本躺在地上的尸体一下子全都站了起来,跟在阿普蚩尤高擎的"符节"后面规规矩矩地向南走。这便是赶尸的最早版本。

赶尸前期准备一般在秋决临刑的前一天,客籍死囚的亲属和同乡甚至是那些好做善事的善人,都会凑一些银子给他们请来的老司(惯例是各着青衣和红衣的两位),买好一应物品。行刑当天,老司和助手以及帮忙的人都要在法场外等候。午三刻,刀斧手手起刀落,死囚人头落地。一等到监斩官离开法场,红衣老司即行法事念咒语,助手帮忙将被斩的客籍死囚身首缝在一起,再由青衣老司将辰砂

(最好的朱砂)置于死者的脑门心、背膛心、胸膛心窝、左右手板心、脚掌心等七处，每处以一道神符压住，再用五色布条绑紧。相传，此七处是七窍出入之所，以辰砂神符封住是为了留住死者的七魄。之后，还要将一些朱砂塞入死者的耳、鼻、口中，再以神符(辰州符)堵紧。相传，耳、鼻、口乃三魂出入之所，这样做可将其留在死者体内。最后，还要在死者颈项上敷满辰砂并贴上神符，用五色布条扎紧；再给死者戴上粽叶斗笠(封面而戴)。诸事办妥，红衣老司念毕咒语，大喝一声"起!"客籍死尸便会应声站起……

运输过程是，无论尸体数量有多少，都由一个身穿道袍的法师(当地人叫作"赶尸匠")一人赶。不管什么天气，都要穿着一双草鞋，身上穿一身青布长衫，腰间系一黑色腰带，头上戴一顶青布帽，手执铜锣，腰包藏着一包符。法师不在尸后，而在尸前带路，不打灯笼，因为他是一面敲打着手中的小阴锣，一面领着这群尸体往前走的，手中摇着一个摄魂铃，让夜行人避开，通知有狗的人家把狗关起来。尸体若两个以上，赶尸匠就用草绳将尸体一个一个串起来，每隔七、八尺一个。黑夜行走时，尸体头上戴上一个高筒毯帽，额上压着几张书着符的黄纸垂在脸上。赶尸途中有"死尸客店"，这种神秘莫测的"死尸客店"，只住死尸和赶尸匠，一般人是不住的。它的大门一年到头都开着。因为两扇大门板后面，是尸体停歇之处。赶尸匠赶着尸体，天亮前就达到"死尸店"，夜晚悄然离去。尸体都在门板后面整齐地倚墙而立。遇上大雨天不好走，就在店里停上几天几夜。

其实所谓"赶尸"，就是"背尸"而已。赶尸匠找人将尸体分尸，然后在残肢上喷特制药水，防止尸体的残肢腐烂。一个人背上残肢，套在既长且大的黑袍里，头戴大草帽，将整个头部覆盖无余，连面部的轮廓也难叫人看得清楚。另一个人扮成"赶尸术士"在前面扔黄纸，摇铃铛，给背尸人指引方向。两人还故意造出恐怖气氛使人不敢与之接近，如果路途遥远两人的角色就一日一换。湘西文宗沈从文曾经探问过"赶尸"口诀，其人答曰："不稀奇，不过是念文天祥的《正气歌》"。又请他随意表演，其人则推托，说："功夫不练就不灵，早丢下了"。盘桓半日，不得要领。然而，沈从文似从巫师"伏尔泰风格的微笑"看破了玄机："为了一种流行多年的荒唐传说，充满了好奇心来拜访一个熟透人生的人，问他死了的人用什么方法赶上路，在他饱经世故的眼中，充满怀疑，仿佛在说'你和疯子的行径有多少不同?'"

关于古代赶尸，民间书中却有多处记载，而在地区性的传说中则更普遍。澧沅流域古来盛产朱砂，朱砂又具有多种药理功能。古庸澧沅流域的丧葬习俗中至今仍有沿用朱砂的习俗：死者入棺前，需以朱砂点其脑门心、背膛心、胸膛心窝、左右手板心、脚板心等七窍连同耳、鼻、口诸处，以图封其七魄三魂。为死者挖好坟墓后，还要将朱砂撒在底部，意为镇"老屋场"。当今不少专家学者的研究成果表明，古庸国三苗族是最早发明兵器、刑法、巫术的民族；其中赶尸作为一种民俗事项，是巫术的一部分。研究赶尸，对于从中了解三苗族的历史文化、民族文化、宗教文化和民俗文化，应该说具有多重学术价值。

（特按张良皋教授要求补写）

第十五章　帝张《咸池》之乐于洞庭之野

—— 昆仑丘、中央仙山与大庸古国神都文化

　　自 2008 年开始探寻大庸古国历史以来,在经过一路披荆斩棘之后,随着史料信息的不断丰富和时空视野的不断扩大,我们终于与历史真相相遇,终于发现古庸历史与神都昆仑的渊源关系和伟大文化! 昆仑山之所以伟大,其根本原因还在于它是伟大文明古国——远古中央之国——先夏大庸王朝的发祥圣地(中央仙山)。华夏民族的许多人文始祖,如天皇遂人氏祝融、天帝之女盘古氏、西王母、伏羲、炎帝、赤松子、轩辕黄帝、螺祖、帝尧、驩兜、帝舜、大禹等都出于昆仑,都曾于此创业开基。因此,昆仑山,即天崇山、"中央仙山",曾是中华民族发祥圣地的史实已无法回避。特别是轩辕黄帝乃昆仑山之神,找到昆仑山,也就找到了轩辕黄帝的最早根据地。故《河图》一书曰:"昆仑者,天地之'中'"也。

　　《山海经》所记人类最古远历史的神山昆仑,神水若水,神帝高阳,神树扶桑,神兽灵狐等文化符号,全部在我古庸湖湘境内。如桑植县汩湖乡有昆仑丘,芙蓉桥乡有高阳村,张家界永定区有茹水(茹水即若水;茹者,若之本;若者,茹之果;茹若本一物也,今引申连读为如若,即如果之意)。会同县有若水镇,沅陵县有扶桑村,桑植县芭茅溪乡有帝女桑传说,常德市丝瓜井有灵狐(仙狐)传说等,说明远古昆仑不在今青藏高原,而在今湖南省张家界市武陵源区的天子山及永定区天门山和崇山,其确切实指的地方很可能就是今日天门山与崇山之间的仙人溪和神仙湾。

　　在我们今天的地图上,新疆与西藏交界处的这座山脉,仍赫然标着汉武帝钦定的"昆仑山"字样。于阗南山就这样被汉武帝钦定为昆仑山,这一定就是二千多年一直未变直到今日。著名史学家吕思勉先生对于阗南山说批驳得很透彻,他说:"予谓以于阗河源之山为昆仑,实汉人之误,非其实也。水性就下,天山南路,地势实低于黄河上源,且其地多沙漠。巨川下流,悉成湖泊;每得潜行南出,更为

大河之源。汉使于西域形势,盖本无所知,徒闻大河来自西方,西行骤睹巨川,遂以为河源在是。汉武不知其诳,遂案古图书,而以河所出之昆仑名之。盖汉使谬以非河为河,汉武遂误以非河所出之山为河所出之山矣。"

汉武帝时,随着国力的强大,疆域的拓展,对昆仑山的界定有了新的探索。于是将内地最早、最有代表性的文化符号移植到西域最新领土之上。汉武帝虽不是史学家,但作为大政治家、军事家,他的钦定颇有政治远见和超人智慧,赢得了后世子孙的千古仰止。但他身边的迂腐子史学家司马迁却委婉地表示异议:"《禹本纪》言河出昆仑,昆仑其高二千五百余里,日月所相隐避为光明也,其上有醴泉、瑶池。今自张骞使大夏之后也,穷河源,恶赌《本纪》所谓昆仑者乎?故言九州山川,《尚书》近之也。"意思是说:那荒凉寒冷的于阗南山哪里像《山海经》里的昆仑山上有醴泉、瑶池那样美丽呢?汉使们看到的哪是《禹本纪》中的昆仑山啊?还是《尚书》对昆仑山的记载应是很实在的。当地民谣对其自然环境有非常形象的描述:"天上无飞鸟,地上不长草,风吹石头跑,氧气吃不饱。"今天我们弄清历史真相后可将太史公的话补充完整:今湖南省张家界市武陵源区的天子山及永定区天门山和崇山才是最早的万山之祖——"原始昆仑"!"其上有醴泉、瑶池"指的就是天门洞顶的水庸天池和天门洞口的"四十八点梅花雨"。

第一节 桑植昆仑

据 1983 年 7 月桑植县人民政府编印的《湖南省桑植县地名录》第 242 页《汩湖公社·地片》载:"黑儿垭、黑岩屋、昆仑、上天子庙、中天子庙在袁家界牧场;高溪峪、土地垭、折门塔、岩墩坡在咸池峪大队和小咸池大队。"这段资料看似平常,实则隐藏着天大的秘密,它集中记录了人类创世时期一组真实无误的历史人文地名符号,是一组改写张家界、湖南省、大湘西、大武陵、大西南,乃至大江南、大中华、大东亚历史的"地名化石"!其文化历史蕴涵,让我们不得不对革命老区、今日尚属贫困县的桑蚕之乡桑植县,再次刮目相看:一个最不起眼的地方,竟然隐藏着最伟大的文化!

据《山海经·北山经》曰:"又北二百三十里,曰小咸之山,无草木,冬夏有雪。北二百八十里,曰大咸之山,无草木,其下多玉。是山也,四方,不可以上。有蛇名曰长蛇,其毛如彘豪,其音如鼓柝。又北三百二十里,曰敦薨之山,其上多棕枬,其下多茈草。敦薨之水出焉,而西流注于泑泽。出于昆仑之东北隅,实惟河原。其中多赤鲑,其兽多凡,旄牛,其鸟多枀鸠。又北二百里,日少咸之山……"

"昆仑":对源头的追溯,深深埋藏在每个中国人的心中,为此,我们追问河流,我们追问高山。我们在最古老的文字里找到有关昆仑的记录——"赫赫我祖,来自昆仑",在中华文明的长河里,"昆仑"二字已经超越了地理名称所承载的意义,成为中华文明的源头之一,并以深厚的影响力,成为中国远古文化的一个重要组成部分。

"黑儿":让我们很快想到"黑帝"。黑帝者,颛顼也。颛顼即屈原笔下所谓的"帝高阳之苗裔兮"。而该县芙蓉桥乡和马合口乡分别有"高阳村""青阳村"等地名。那么这"高阳村"和"黑儿垭",则很可能就是黑帝高阳出生和生活之地。据《炎黄源流图说》载:"传说颛顼生了个儿子叫老童,具有返老还童、死而复生的本领,寿命特别长,生了很多儿子,最有名的是祝融。祝融的后人分八姓己、黄、彭、秃、妘、曹、斟、芈(米)。楚国的始祖季连就姓芈。故南方都认祝融为祖先。"

"天子":古以君权为神所授,故称帝王为天子。《诗经·大雅·江汉》曰:"明明天子,令闻不已。"《史记·五帝本纪》:"于是帝尧老,命舜摄行天子之政,以观天命。"我们一般人都以为天子山之名就源于元明时期的向王天子,实际按世居天子山的彭辉毓老人说,天子山之名"老古就已存在",现在看来所言不虚。这"天子"很可能就指高阳、老童、祝融等人,而史载"祝融降于崇山,以火施化,称火神,号赤帝",是真正的上天之子。

"咸池":咸池,是日入之地。指万物暗昧之时"日出扶桑,入于咸池",故五行沐浴之地曰咸池。古人认为西王母拥有很多年轻貌美的侍女,而咸池是专供仙女洗澡的地方。而"昆仑"恰为西王母居住之地,两地同处一乡绝非偶然,它们形成互相印证的信息链,进一步证明神都昆仑不在他处,而在大庸帝国核心地带。

据《周礼注疏·卷二十二》郑玄所注,我们可以首先认为《大咸》当属尧乐:"《大咸》《咸池》,尧乐也。尧能殚均刑法以仪民,言其德无所不施。"又有《礼记·乐记》:"《大章》,章之也。《咸池》,备矣。《韶》,继也。《夏》,大也。"

《咸池》居舜乐《大韶》之上,则应为尧或尧之前代乐舞。而《礼记正义·卷三十八》则做出了更为深入的解释,郑玄注:"黄帝所作乐名也,尧增修而用之。咸,皆也。池之言施也,言德之无不施也。《周礼》曰《大咸》。"按照《周礼》《礼记》所载,《咸池》本为黄帝乐名,至尧之时被增修采用,并沿用旧名,故而将《咸池》归于尧乐也是有依据的。"咸池"二字,咸作皆,池作施,极言布德之广。《吕氏春秋》载:"昔黄帝令伶伦作为律……黄帝又命伶伦与荣援铸十二钟,以和五音,以施英韶,以仲春之月,乙卯之日,日在奎,始奏之,命之曰《咸池》。"黄帝之乐《咸池》与天象有关。《乐叶图征》称："黄帝乐曰《咸池》。《咸池》，五车天关也。"五车天关均是天上的星宿。

据《史记》记载："西宫咸池，曰天五潢。五潢，五帝车舍。"《史记·正义》指出："咸池三星，在五车中，天潢南，鱼鸟之所托也。"《晋书·天文志》曰："天潢南三星曰咸池，鱼圃也。"《宋史·天文志》曰："咸池三星，在天潢南，主陂泽鱼鳖凫雁。"而今天之汩湖乡恰有潢河村、潢河垭、潢河庵等地名，联系邻近芙蓉桥、马合口两乡之高阳村、青阳村，石门县罗坪乡之青阳山，及永定区所辖七星山、高阳村、高阳峒、潢河村、潢河垭、天子山、天门山、天崇山、太阳坪、看日山等地名，我们不能不茅塞顿开：原来天文星宿里的"咸池星""天潢星""鱼圃星"全部源于高阳氏，源于大庸帝国最古老天文观测点的原始天文活动！再联系黄帝铸鼎君山、张《咸池》之乐，"尧增修而用之"的历史传说和记载，联系澧水之源的桑植有"洞庭山"，澧水所归的岳阳有"洞庭湖"的铁定事实，我们再也不能怀疑《庄子》所曰"帝张《咸池》之乐于洞庭之野"的历史真实性和可靠性了！

珠泽：(1)古地名。《穆天子传》卷二："天子北征，舍于珠泽。"郭璞注："此泽出珠，因名之云。今越巂平泽出青珠是。"(2)喻文采荟萃之处。南朝梁锺嵘《诗品·序》："斯皆五言之警策者也。所以谓篇章之珠泽，文采之邓林。"

又《山海经·东山经》曰："又南三百八十里，曰葛山之首，无草木。澧水出焉，东流注于余泽，其中多珠鳖鱼，其状如口而有目，六足有珠，其味酸甘，食之无疠。"

两相对照互参，我认为穆天子不是北征，而是南征，所谓"舍于珠泽"，即指"澧水出焉"的桑植"多珠鳖鱼"的"汩湖"，亦即"珠泽"！故《穆天子传》又曰："辛未，天子北还，钓于渐泽，食鱼于桑野。丁丑，天子里圃田之路(尽规度以为苑圃地而虞守之也)，东至于房(房，房子，属赵国，地有巁山)，西至于口丘，南至于桑野，北尽经林。煮口之薮，南北五十口十虞，东虞曰兔台，西虞曰栎丘，南虞曰口富丘，北虞曰相其御虞曰口来十虞所口辰。天子次于军丘，以畋于薮口。甲寅，天子作居范宫(范，离宫之名也)，以观桑者(桑，采桑也。诗曰"桑者闲闲兮")，乃饮于桑中(桑林之中)。天子命桑虞(主桑者也)，出口桑者，用禁暴民(不得令妄犯桑本)。"《穆传》中的"桑野"显然是指早在新石器时代当地人就学会植桑养蚕的桑林之野。今桑植县汩湖乡仍然是盛长桑林、盛产蚕茧的桑蚕文化之乡。

"牧场"：《山海经》《大荒西经》中说"有人戴胜，虎齿豹尾，穴处，名曰西王母室"。《水经注·河水》中说："……南有湟水出塞外，东经西王母有室。"《而今天之汩湖乡恰有潢河村、潢河垭、潢河庵等地名，这"湟水"是不是"潢河"呢？传说昆仑有牧场，牧神兽。昆仑山上著名的神兽，能够通晓天下鬼神万物状貌，可使人逢凶化吉的吉祥之兽,浑身雪白,能说人话,通万物之情,很少出没,除非当时有圣人治理天下,才奉书而至。传说黄帝巡狩,至海滨而得白泽神兽。桑植汩湖土地肥沃,水草茂盛,分48大岔、48小岔,但因潢河经常涨水,分48大岔、48小岔常常为洪水淹没,只能作为牧场。直到新中国建立后,人民公社组织群众疏通扩大消水地道,才将牧场改造成耕地和稻田。据说开始几年所种农作物,全因土地太肥沃而只长禾苗不结实。可见汩湖一带成为大庸帝国的神都牧场,完全是古代先贤们顺应自然,因地制宜的明智选择。前文所述西王母拥有很多年轻貌美的侍女,而咸池是专供仙女洗澡的地方,恰与古代妇女的放牧生活和地理环境紧密相联。男子打猎耕种,妇女放牧炊洗,是古庸初民们创世生活的生动写照,也是现代人无法体验和感受到的人与自然和谐相处的初民记忆。

第二节　天门昆仑

天门为武陵之魂,是名副其实的昆仑之源。昆仑与窟窿一声流转,音义相通。昆仑就是窟窿。在古庸先祖看来,天门既是山的窟窿,也是天的窟窿。整个张家界就有很多窟窿的山。故天子山上(袁家界)有昆仑峰、山下(汩湖乡)有昆仑丘、附近有昆仑寺。天门洞是最高、最大、最奇的窟窿,实为昆仑之母、文明之源。

苗族学者龙文玉说:"从舜帝开始,三苗中的驩兜部落融合南蛮部落,组成苗蛮集团,世代子孙,一直在天崇山生息繁衍。"崇山后来叫云梦山,苗语叫"仁云仁梦",再后叫嵩梁山,苗语叫"召嵩召梁",又叫天门山,苗语叫"仁大坝",最后才叫武陵山。《湘西苗族》一书曰:"从舜开始,三苗中的驩兜部落融合南蛮部落,组成苗蛮集团,世代子孙,一直在崇山生息繁衍。现在大庸县的仡庸堤,又叫古人堤和古城堤,就是苗蛮集团的文化遗址。"

《楚辞·九歌》中《大司命》曰:"广开兮天门,纷吾乘兮玄云;令飘风兮先驱,使涷雨兮洒尘。"译文:大开的天门啊,我要乘着盛多的黑云从这里出发。命令旋风在前开路,唤使暴雨泼洗尘路。

又《诗含神雾》云:"天不足西北,无有阴阳消息,故有龙衔火精以照天门中。"

又《太平御览·武陵记》曰:"天门山,上有葱,如人所种,畦陇成行。人欲取之,先祷山神乃取,气味甚美;不然者,不可得。岩中有书数千卷,人见而不可取。"又曰:"淳于山,与白雉山相近,在辰州、武陵二郡界。绝壑之半,有一白雉,远望首尾可二丈,申足翔翼若虚中翻飞,即上视之,乃有一石雉舒翅缀着石上。山下有石室数亩,望室里虽暗,犹见铜钟高丈余,数十枚,其色甚光明。"又云:"武陵山上有神母祠。"

又(汉)焦延寿《易林·比之第八·姤》载:"登昆仑,入天门;过糟丘,宿玉泉;开惠观,见仁君。"《古小说钩沉》辑《玄中记》曰:"天下之弱者,有昆仑之弱水焉:鸿毛不能起也。昆仑西北有山,周回三万里,巨蛇绕之,得三周。蛇为长九万里。蛇居此山(按:崆峒山有蛇滚坡),饮食沧海。

又《神农本草》曰:神农稽首再拜,问于太一小子曰:"曾闻古之时,寿过百岁而殂落之。咎独何气使然耶! 太一小子曰:'天有九门,中道最良'。"今张家界市有前天门、

昆仑之窍

后天门、大天门、小天门、南天门、北天门、上天门、下天门、中天门等地名,可谓九门皆俱。

《太平御览》卷三八引《尸子》:"赤县神洲(今桑植县尚有"国家大地""神州大队""神州村"等地名)者,实为昆仑之墟,玉红之草生焉,食其一实而醉卧三百岁而后寤。"《搜神记》卷十三:"昆仑之墟,地首也。是维帝之下都,故其外绝以弱水之深,又环以炎火之山(按:天门洞口南麓有火焰山地名)。"

清嘉庆李华《天门名峰记》曰:"天钟灵境,待久以兴;地转畅期,应时而起。颐东岱西岱,神真显化;山开五圣九嶷,菩萨放光峰头。永邑南境,天门名山,松梁首冠于汉世,天门异号于晋朝。脉发昆仑,支分口摇,连辰永以翠峰,达澧常而高耸。"

今张家界市桑植县汩湖乡,即今武陵源区袁家界景区,有昆仑丘地名。此地离天门山很近,且天门山又称玉泉山,南麓有豆渣山,即糟山。北麓古有玉泉寺,附近崇山即祝融、伏羲、驩兜等古庸先祖燧火、演卦、椎牛之地相。天门山又名武陵山,这"神母祠"无疑就是西王母祠。西邻七星山下的赤松坪、赤松岗、赤松桥、高阳洞,及正对天门之崆峒山上的神农窑、神农洞等地名,都是远古圣贤、仁君们留下的遗迹。这些信息无一不与此记载高度吻合。

又《符子》曰:"许由谓尧曰:'坐于华殿之上,面双阙之下,君之荣愿亦已足矣夫?'尧曰:'余坐华殿之上,森然而松生于栋;余立于棂扉之内,霏焉而云生于牖。虽面双阙,无异乎崔嵬之冠蓬莱;虽背墉郭,无异乎回峦之紫昆仑。余安知其所以不荣?'"可见,尧时昆仑仍在"墉郭"附近,"墉郭"很可能指苗语所说"乞(gē)庸

堤",即今张家界城区"古人堤"。

　　现在的昆仑山是有目共睹的,是世界上著名的山脉之一,它的地望和生态情况都比较清楚。但是古史文献上记载的昆仑,有的称为昆仑丘,有的称为昆仑虚(墟),有的称为昆仑山,有的只简称为昆仑,其特殊之处在于对昆仑的描述神奇万般,有许多传奇的故事,而且与传说中的人神联系在一起,有些描述竟是使人根本不敢相信的神话。古史文献上的昆仑不是一处,使人无法捉摸,学者们的认识也很不一致。其实最初的昆仑并不在今青藏高原,也并不像后来到处都有昆仑。最初的神都昆仑只有一个,它就是我国历史上曾经辉煌很长时间、南方文明古国、大庸王朝国都附近的昆仑村。据1982年版《桑植地名录》第242页记载:"汩湖公社自然实体:地片—黑儿垭、昆仑地在袁家界牧场。"

　　黑帝高阳氏颛顼首先是一位出色的天文观测者,因在"历日月,分节令,指导拓植耕耘;革巫教,定祭祀,整顿社会秩序;序长幼,定婚姻,规矩洪荒子民,在社会秩序、宗教改革、道德伦理等方面功绩卓著"而被尊为一代庸帝。庸者,功也;大庸者,大功也。于民有大功之天帝也。高阳帝长年累月观察太阳,浑身晒得黝黑,故今天子山顶昆仑地片有黑儿垭地名。

　　据著名学者王大有先生考证,古庸地区,距今9000年前的湖南澧县彭头山文化,有象形陶文日、月和象意文字"五""X"、日、月分别契刻于陶盆上,连成一圈,组成月亮周天历度图和太阳周天历度图。日月相遮蔽为昆仑,是燧皇与弁兹织女(玄女)最早以机矩方牙确定此制,其裔昆仑夷(以天穹为观测对象的人方,人作"大")以日月观测为业,世相传承,故刻"画"字于陶器上。又在石器和陶三青鸟氏支架(昆仑夷裔称此三足架为燧皇的三子为"三火神")上刻有"X"或"X",即示义天地交午,今作"五""X"在北方大地湾仰韶文化和红山文化系列中也得以传承广泛应用与传播。

　　从上述史料记载和地名符号来看,其他任何地方的昆仑,都不及张家界天门山昆仑文化底蕴深厚,也不及天门昆仑文化符号集中,且与史料记载一一对接。

第三节　崇山昆仑

　　据《山海经·海外南经》载:"狄山,帝尧葬于阳,帝喾葬于阴……南方祝融……",这话出现在"海外南经"里,明其葬于南方,在今永定区崇山顶驩兜屋场后恰有凤凰山,而帝尧又是丹朱氏驩兜之父。

又《水经注》云："墨子以为尧死葬蛩山之阴。《山海经》：'尧葬于狄山之阳，一名崇山。'崇、邛声近，蛩山又狄山之别名。"

崇山又名狄山、烈山、历山、熊山、穷山、宗山、宋山、重山、从山、祖山、国山、中央仙山，至今崇山尚有"尧湾"之地名，故上述两则史料实际都准确记载和界定：尧帝归葬之地在今张家界永定区之崇山。

又《左传·昭公元年》曰："高辛氏有二子，伯曰阏伯，季曰实沈。"喻权中先生认为，文中"实沈"，是"舜"的缓读，舜"道死苍梧"之"苍梧"即是"崇"的缓读。故历史上最早称零陵的地方不在今天的零陵，而在古代的白县、慈姑县。据《慈利县志·沿革》载："隋开皇九年(589)，改零阳县为零陵县，治所在今白公城。开皇十八年(598)，改零陵县为慈利县，县治迁永泰市，即今县委大院等处，后称永泰街，属崇州。同年改泉陵县改为零陵县，治所在今永州。"这些史料信息说明，舜帝很可能也归葬于崇山。

又《穆天子传》曰："季夏丁卯，天子北升于舂山之上，以望四野。曰：'舂(chong冲)山，是唯天下之高山也。'木华不畏雪。天子于是取木华之实，持归种之。曰：'舂山之泽，清水出泉，温和无风，飞鸟百兽之所饮食也。先王所谓悬圃。……曰天子五日观于舂山之上，乃为铭迹于悬圃之上，以诏后世。"文中"舂山"实即崇山，所谓"舂山之泽"，指崇山北坡之腰的夹门泽(疑为驾门泽或驾穆泽)，泽旁恰有两条瀑布飞流直下，故曰"清水出泉"。"舂山之泽，清水出泉"，状写崇山之顶(良田沃野)良好的水资源条件，今崇山顶有稻田800多亩，大小山泉遍地皆是，仅连五间半个村就有清澈山泉21口，有"祝融洞""六苗庸"两座水库(堪称诸水天池)。"铭迹于悬圃之上"，是说在崇山之巅勒石记功，"以诏后世"。古崇山周围有四大悬圃，今风貌依旧。三国曹魏陈琳《大荒赋》曰："仰阆风之城楼兮，县圃邈以隆崇。垩若华之景曜兮，天门闶以高骧。"

赋中"阆(láng)风"，当指今天子山袁家界之昆仑峰(见《桑植县地名录·地片》)，《楚辞·离骚》："朝吾将济于白水兮，登阆风而绁马。"王逸注："阆风，山名，在昆仑之上。"又《海内十洲记·昆仑》："山三角：其一角正北，干辰之辉，名曰阆风巅；其一角正西，名曰玄圃堂；其一角正东，名曰昆仑宫。""城楼"指天门洞南面的王楼崱(zè)，即王楼子山。章炳麟《答铁铮书》："观其以阆风、玄圃为神仙群帝所居，是即以昆仑拟之天上。"

陈琳，字孔璋，广陵(今杭州)洪邑人，三国时曹魏文臣，亦是著名文学家、檄赋家，东汉末年曾为何进主簿，在建安七子中字学最深，对其作品，有时曹操竟不能为之增减一字。刘熙载《艺概文概》称"曹子建、陈孔璋文为建安之杰"。宋朝吴棫《韵补书目》曰:"《大荒赋》,几三千言,用韵极奇古,尤为难知。"温庭筠《过陈琳墓》曰:"曾于青史见遗文,今日飘蓬过此坟。词客有灵应识我,霸才无主始怜君。石麟埋没藏春草,铜雀荒凉对暮云。莫怪临风倍惆怅,欲将书剑学从军。"作为大学问家,他将古充县的昆仑阆风巅、天门王楼山、崇山之悬圃等地名及位置记录得如此准确,说明他肯定来远古文化之都大庸古城进行过实地考察,也说明他对大庸古都和作为祖山、国山的崇山充满崇拜之情。

又司马相如《大人赋》曰:"祝融惊而踤(bì)御兮,清雾气而后行。屯余车其万乘兮,綷(cuì)云盖而树华旗。使勾芒其将行兮,吾欲往乎南矣。历唐尧于崇山兮,过虞舜于九疑。纷湛湛其差错兮,杂遝(tà)胶葛以方驰。骚扰冲苁(sǒng)其相纷挐兮,滂濞(pì)泱(yǎng)轧洒以林离。攒罗列聚丛以茏(lóng)茸兮,衍曼流烂坛以陆离。径入雷室之砰磷郁律兮,洞出鬼谷之崛礨(lěi)嵬(wéi)石襄(huái)。遍览八紘(hóng)而观四荒兮,揭(jiē)渡九江而越五河。

经营炎火而浮弱水(茹水)兮,杭绝浮渚而涉流沙。奄息葱极泛滥水嬉兮,使灵娲鼓瑟而舞冯夷。时若薆薆将混浊兮,召屏翳(yì)诛风伯而刑雨师。西望昆仑之轧沕(wù)洸忽兮,直径驰乎三危。排阊阖(天门)而入帝宫兮,载玉女而与之归。登阆风而遥集兮,亢乌腾而一止。低回阴山(融山)翔以纡曲兮,吾乃今目睹西王母?暠(hé)然白首,戴胜而穴处兮,亦幸有三足乌为之使。必长生若此而不死兮,虽济万世不足以喜。"

赋中"崇山"乃南方火神、赤帝祝融降生之崇山,尧帝居所(尧湾)之崇山,故曰"历唐尧于崇山";因天门山有鬼谷洞,故曰"洞出鬼谷(众鬼所居之地)之崛礨(lěi)嵬(wéi)石襄(huái)";慈利县有九江村,永定区有五溪(茅溪、巫溪、熊溪、武溪、禹溪),故曰"渡九江而越五河";"弱水"就是永定城区之茹水,"阊阖"就是天门,"阴山"又名融山,传说在昆仑山西,今城区阴山恰在天门之西;天门就是"昆仑"、就是西王母居住的帝宫和神都(详见后文《天门神澨与神都昆仑》),故曰"排阊阖(天门)而入帝宫兮,载玉女而与之归。低回阴山(融山)翔以纡曲兮,吾乃今目睹西王母?"

又苏轼《宿建封寺晓登尽善亭望韶石》曰:"双阙浮空照短亭,至今猿鸟啸青荧。君王自此西巡狩,再使鱼龙舞洞庭。蜀人文赋楚人辞,尧在崇山舜九疑。圣主若非真得道,南来万里亦何为。岭海东南月窟西,功成天已锡玄圭。此方定是神仙宅,禹亦东来隐会稽。"从这首诗可以看出,苏轼相信文明出于南方。

崇山又称狄山,是五帝王归葬之地(见《山海经·狄山注》)。张守节正义引张揖曰:"崇,狄山也。"北魏郦道元《水经注·瓠子河》:"《山海经》曰:'尧葬狄山之阳。一名崇山。'"），东麓又有仙人溪地名，故苏轼一语界定"此方定是神仙宅"。又据刘俊男教授《九江、涂山、会稽考》一书考证："大禹时的九江、涂山、会稽与战国秦汉以后的同名，地点地望不同，大禹至春秋时的九江在湖南，涂山即会稽山，在湖南攸县一带。周穆王伐楚（伐大越）所至之九江及涂山之会的地望与大禹同。"刘教授说九江在湖南很对，张家界市慈利县九溪就称九江，民国前一直叫九江乡，今日改为江垭镇。而攸县恰在今张家界的东方，故苏子又曰"禹亦东来隐会稽"。

第四节　庸都昆仑

《山海经·海外南经》中提到"结匈国""羽民国""讙头国""厌火国""三苗国""贯匈国""交胫国""不死民""岐舌国""三首国""周饶国""长臂国"等。在岐舌国与三首国之间，"昆仑虚在其东，虚四方。""羿与凿齿战于寿华之野，羿射杀之。在昆仑虚东，羿持弓矢，凿齿持盾。"又《封禅书》曰："黄帝采首山铜铸鼎于荆山下。鼎既成，有龙垂胡髯下迎黄帝，黄帝上骑龙，群臣后宫从上者七十馀人，馀小臣不得上，乃悉持龙髯，龙髯拔堕，堕帝之弓，百姓仰望。帝既上，乃抱其弓与龙髯而号。故后世名其处曰鼎湖，其弓曰乌号。"湖湘民间盛传黄帝命人到首山采来青铜，在洞庭山南脚铸起鼎来，铸了九九八十一天方成。又传，今常德市鼎城即由此而得名。鼎城之名，由来甚古。《衡湘稽古》曾谓黄帝颛顼氏采首山之铜，铸鼎于洞庭之野，今鼎港是也，后因此名郡，并为嘉庆《常德府志》引为论据。而岳阳君山有黄帝铸鼎台。又传，龙阳有神鼎山，以神鼎出于水而名，后取名鼎州。故《水经注》谓沅水下有一支流澹水，又作渐水，即《禹贡》九江之一，因传说神鼎出于其入沅之处，故名鼎口、鼎江口，澹水又称鼎江、鼎水。

以上提到的诸国及地名均在南方，羿与凿齿战于寿华之野，高诱注《淮南子》说："南方泽名。"在南方这个氛围中出现了"昆仑虚"，这个"昆仑虚"的方位只能在南方。且《山海经·海内经》曰："西南黑水之间，有都广之野，后稷葬焉。"《海内西经》记："海内昆仑之虚，在西北，帝之下都。昆仑之虚，方八百里，高万仞。上有木禾，长五寻，大五围。面有九井，以玉为槛。面有九门，门有开明兽守之。百神之所在，在八隅之岩，赤水之际，非仁羿莫能上冈之岩。"我认为，《山海经》中所说的"都广（yan）之野"就是《太平御览》《艺文类聚》所引的"广都之野"。

"广"在古代不读"guǎng"，而读"yǎn"。读 guǎng 者另有其字"廣"，汉字简化时借"广"为"廣"。"都广"就是"广都"。不论是"都广(yǎn)"或"广(yǎn)都",其实就是庸都,也就是"帝之下都",即"下庸"。"广(yǎn)""庸(yōng)"音义一致。"广"字在此作"掩"音,注音为"yǎn"。甲骨文和金文的写法像屋墙屋顶,其含义是依山崖搭建的小茅屋;"庸"即"牖",通"牖";牖,穿壁以木为交窗也,在墙曰"牖",茅檐土壁,草篱竹牖。两者均指远古洪荒年代先祖们简陋的房屋。故笔者以为"都广之野"就是"都庸之野",即"庸都之野";"帝之下都",实指赤帝祝融都城"下庸",亦即炎帝之都"夏庸",即"大庸"。《海内北经》:"西王母梯几而戴胜杖,其南有三青鸟,为西王母取食,在昆仑虚北。""帝尧台、帝喾台、帝丹朱台、帝舜台各二台,台四方,在昆仑东北。"而这些古帝均与古庸国有直接的渊源关系。由此又可确证,古昆仑山,实即南方素有庸国祖山、国山之称的崇山和天门山,即天崇山。

第五节 昆仑开花

随着人口膨胀,南方精英不断北迁东扩,祖山地名搬家,昆仑之名流布天下。

《庄子》里有几处提到昆仑,它只说在赤水之北,赤水在哪里又是一个疑问。但是可以说赤水之北有一昆仑。

《穆天子传》提到"天子升于昆仑之丘,以观黄帝之宫"。这在前边已经说过,有人认为它的地望在山西境内。

《搜神记》《山海经·西次三经》中都提到昆仑是黄帝的下都。毕沅汇集了各家《山海经》的注释,有甘肃的肃州说,有金城临羌说,有敦煌广至县说,有酒泉说,有于阗说等多种,各说均有自己的理由,最有说服力的是《西次三经》注中一段话:"槐江之山,南望昆仑,东望恒山,明昆仑去恒山不甚远。""黄帝使伶伦自大夏之西、昆仑之阴取竹之解谷。恒山在晋北。大夏即《左传》中说的"迁实沈于大夏",于是有人说它在晋地。从恒山与大夏的地望来分析昆仑,认定其地也必在山西境内。这与《穆天子传》所说的昆仑地望基本相同。

《西次三经》中提到"钟山"与"昆仑"。其注引高诱注《淮南子》云:"钟山,昆仑也。"这里直接把钟山称为昆仑。注引《水经注》说:"'钟山',即阴山。"又引徐广《史记》注云:"阴山……今山西朔平府北塞外,西至陕西榆林府北境阴山是也。"这里谈的阴山连绵于晋北、陕北,阴山即钟山,钟山即昆仑山。

《山海经·海内西经》中提到"海内昆仑之虚",但同时还提到雁门山,雁门山在晋北。提到"高柳在代北",也是指晋北。《经》中还有"流沙出钟山",钟山即昆仑山,在晋北、陕北。还提到"东胡"和"貊国……地近于燕"。郭璞注认为其地"在长城北"。因此《海内西经》提到的昆仑与《西次三经》中的昆仑当属同一昆仑。

《神异经》和《海内十洲记》中东方朔提到的昆仑无法捉摸。但是从《荒经》中分析,昆仑山在《中荒经》,四面八方诸经,反映了北至北极或幽州,东至海,西至敦煌,昆仑在这个范围之内。《海内十洲记》中说东方朔有"昆仑、钟山、蓬莱山及神州真形图",但把昆仑与钟山并列,说明他认为钟山不是昆仑,当另有昆仑。

《拾遗记》中提到的昆仑虽然也很神奇,但描述的形状与东方朔不同,不能认为是同一昆仑。

《博物志》中提到的昆仑,"其泉南流入中国,名曰河也",说明昆仑不在中国,应该在中国以外的北方,其泉南流最后形成黄河,当在中国以外的西北方。

《太平御览》卷三八引《尸子》:"赤县神洲者,实为昆仑之墟。"注家不知赤县实指赤帝祝融降生的崇山县圃,认为赤县与神州是泛指中国,把整个中国视为昆仑,这等于昆仑无处不存在了,或赤县神州还有特殊的含义。

《海内北经》:"西王母梯几而戴胜杖,其南有三青鸟,为西王母取食,在昆仑虚北。""帝尧台、帝喾台、帝丹朱台、帝舜台各二台,台四方,在昆仑东北。"西王母及诸帝之台皆在昆仑之北或东北。对诸台,郭璞注:"此盖天子巡狩所经过夷狄,慕圣人恩德,辄共为筑立台观以标显其遗迹也。"这句话也暗示着昆仑接近夷狄之地。此《经》内还提到"昆仑虚南,所在氾林方三百里",其注未说相关地望。但是紧接着下边有一句:"从极之渊深三百仞,维冰夷恒都焉。"其注说:冰夷即冯夷,也就是河伯。引《鱼龙河图》云:"河伯姓吕,公子夫人姓冯名夷,河伯字也。华阴潼乡隄首人。"《经》中说:"冰夷人面乘两龙,一曰中极之渊。"毕沅注说:"此即底柱处也。""底柱"当是黄河中的中流砥柱,在今三门峡境内。《经》说:"阳汗之山河出其中。"毕沅注说:"即潼关也,河出其下。"引高诱曰:"桃林县西长城是也。"引《晋地道记》曰:"潼关是也。"《经》说:"凌门之山,河出其中。"毕沅注说:"即龙门山也。""在今陕西韩城县东,河所出。"此经提到登比氏,"盖国在钜燕南,倭北。倭属燕。"毕沅注说:"在今济南,隔海依岛而成。"《经》中提到"朝鲜",其地望不用解释。还提到"列姑射在海河洲中。姑射国在海中,属列姑射。"毕沅注引《列子》云:"列姑射山在海河州中,山上有神人焉。"郭璞注引《庄子》云:"姑射之山在汾水之阳。"认为是在今山西。毕沅认为郭误引,还应在海河州中。另外,《经》中还提到"蓬莱山在海中"。《海内北经》大体范围,西到晋陕交界的潼关,东到朝鲜,蓬莱、昆仑山当在这个范围内。

《海内东经》:"在昆仑虚东南,一曰海内之郡,不为郡县,在流沙中。"此《经》中提到"雷泽",注引《括地志》云:"雷夏泽在濮州雷泽县郭外。"郭璞注:"今城阳有尧冢灵台,雷泽在北也。"其地在山东、河南交界处。《经》中还提到"郁州""琅邪""渤海"皆在海岱地区。因此这里说的昆仑应在这个范围。关于《经》中提到的大夏、竖沙、居繇、月支之国以及西湖等地名,当属错简所致,不应该出现在《海内东经》。

《大荒西经》:"西海之南,流沙之滨,赤水之后,黑水之前,有大山名曰昆仑之丘。有神人面虎身,有文、有尾,皆白,处之。其下有弱水之渊环之,其外有炎火之山,投物辄然。有人戴胜、虎齿、有豹尾、穴处,名曰西王母,此山万物尽有。"毕沅注曰:"此肃州昆仑也。"即甘肃肃州的昆仑山。

《大荒北经》:"在昆仑之北,有岳之山,寻竹生焉。"同《经》中提到"有肃慎氏之国"。郭璞注:"今肃慎国去辽东三千余里。""有北齐之国",毕沅注曰:"此疑即百济国。"辽东在中国的东北,百济在今朝鲜境。《经》内再次提到"钟山",无注。是否又一钟山,未可知。从《大荒北经》这个大环境看,所提到的昆仑山当在中国的东北地域。

《海沂子·稽阐》:"羲生成纪,都陈,在昆仑南。"伏羲生于成纪,在甘肃东部的天水;都陈,一说在河南的淮阳,一说在陕西的陈仓。《海沂子》所说的陈,可能是指陕西的陈仓。甘肃的天水,陕西的陈仓之北有昆仑山。

《淮南子·地形训》:"河水出昆仑东北隅,贯渤海,入禹所导积石山,赤水出其东南隅,西南注南海丹泽之东。赤水之东,弱水出自穷石,至于合黎,余波入于流沙,绝流沙,南至南海。"这几句话是把昆仑作为河源定位,昆仑山当在河源之西南,即指青藏高原之山。

《后汉书·郡国志》:"临羌有昆仑山。"

《括地志》:"昆仑山在肃州酒泉县南八十里。"

《晋书·张轨传》:"酒泉南山,即昆仑之体也。"

《汉书·大宛传》:"汉使穷河原,河原(源)出于阗。其山多玉石。天子案古图书,名河所出山曰昆仑山。"

史学巨擘徐旭生在《中国古史的传说时代·山海经札记》中说:"昆仑山乃青藏高原。"

著名学者、历史学家何新在《中国远古神话与历史新探》中强调,古代的昆仑,实际就是今日大家都知道的泰山。著名史学家董立章(见《三皇五帝史断代》(第

369 页)则认为,昆仑山即玉山、渤山、阮喻山。昆仑山又称昆冈,昆冈为古代昆仑山之别称。昆仑又称昆山,昆仑又称昆玉山。

以上各家所说,即可以看出天下的昆仑之名是很多的,无法说出一个具体数字。《水经注·河水》:"三成为昆仑丘。"《说文》云:"虚,大丘也,昆仑丘,谓之昆仑虚。"《尔雅释丘》:"丘一成为敦丘,再成陶丘,再成锐上为融丘,三成为昆仑丘。"如果按照这样的标准来认定昆仑,可以说昆仑是无数的。郝懿行《山海经疏》说得好:"昆仑者,高山皆得名之。"这就是说三成之丘皆可称为昆仑丘,凡高山者皆可以称为昆仑山。因此,古人所说的昆仑,的确是遍布神州大地,不必去考究谁对谁错,每一昆仑都有自己的来历,都有自己的内涵。

古代的昆仑为什么能够令人神往,主要是昆仑披上了神秘的外衣,具有特殊的含义。如扬雄的《太玄·中》说:"昆仑磅薄幽。"范望云:"昆,浑也,仑,沦也,天之象也。"这是说昆仑象征上天、天国、天庭,是天神居住的地方。经过巫师和后来方士的渲染,它越来越神奇。但是一些务实的学者,认真地探求,才发现昆仑并不是一个固定的地方,三成高地均可称为昆仑丘,天下高山均可称昆仑山,重要的是要有巫师或方士的活动和鼓吹。

著名史学家,河南省文物考古学会名誉会长、河南博物院研究员许顺湛先生说得好:"在人们的生活中,昆仑毕竟是一个实体,后代人逐步在诸多的昆仑中确认一处昆仑,即今日昆仑山脉,把古代的诸多昆仑留在文献里,作为一种历史的回忆。"但遗憾的是人们将古大庸帝国最原始的昆仑之祖——汩湖昆仑、天门昆仑抛到了九天云外,当我们重提汩湖、天门昆仑时竟然遭到一些人的冷嘲热讽!

第十六章　失败的英雄　不朽的功勋

—— 尤公坪、枫香岗与大庸古国蚩尤史迹

据《山海经·大荒南经》载:"……有宋山者,有赤蛇,名曰育蛇。有木生山上,名曰枫木。枫木,蚩尤所弃其桎梏,是为枫木。"张家界市永定区王家坪镇桥边河村有"尤公坪"的地名(1982 年版《大庸县地名录》第 194 页。附近,即今永定区王家坪镇石堰坪村有枫树边地名),几千年来,三个方言区的苗族人民,都称蚩尤为"祖公""祖父",这"尤公坪"显然就是"祖公坪"。"蚩尤"为苗语"chif yeuf"的音译,苗语"chif"意为"父","yeuf"意为"公",合译为"祖公""祖父""剖尤(蚩尤)公公",这是苗 族先民对蚩尤的敬爱尊称。且今枫香岗乡因治所所在地一棵 3000 年树龄的古枫树而得名,该乡宋坪之宋山又多有红蛇出没。这些信息均与蚩尤史迹及神话传说吻合,证明蚩尤就是古庸国的一代先祖。《初学记》引《归藏》说:"蚩尤出自羊水,八肱八趾,疏首,登九淖以伐空桑。"这"羊水"显然不是部分学者猜想的北方羊水,而是张家界市发源于山羊溪和羔羊泉(又称高阳)的"庸水"。刚好印证蚩尤率军东征九夷,开拓山东领土与土著联姻的传说。蚩尤在山东扎根后将故乡的地名搬到了新的殖民地,故山东亦有了羊水地名。更具历史意味的是,蚩尤入主山东后,极有可能将岳父(妻族)家乡的泰山称为"岱宗",岱宗者,代崇也。即用泰山代替故乡称之为祖山、国山的崇山予以祭拜。故至今人们还将岳父大人比作泰山。

第一节　蚩尤与古庸国枫木图腾

古庸地区反映三苗部落枫树(神木)崇拜习俗的地名,有桑植县枫香凼村、枫杨树村、枫家峪村、枫树嘴村、枫杨溪村、枫树台村、枫鹤台村、枫香坪村、古枫坪村、枫香湾村、枫树坡村,慈利县天枫村、枫坪村、章枫村、枫岗村,永顺县枫香岗村,张家界市永定区王家坪镇石堰坪村有枫树边地名,枫香岗镇、枫洞边村、枫杨塔村、枫香湾村、枫杨峪村古枫包村、高枫村、枫树边村,沅陵县枫香坪,宁乡县枫木桥,长沙县枫树湾、枫树冲,桃源县枫树台、枫树溶,汉寿县枫树坪,汨罗市枫树嘴,平江县枫树坑、枫木峪、枫树坳,洪江县枫木团,辰溪县枫香坪,麻阳县枫木坪,靖州县枫木壕村,衡阳市南岳区枫木塘村,湘潭县枫木垅村,涟源市枫木塘镇……等等(张良皋批曰:穷搜极讨)。本境崇山北麓的枫香岗,有一株直径达3米有余的空心枫树,村干部20余人常在"树内"开会。经科学测算,树龄约2500余年。1986年,古枫被大风刮倒,全村人如丧考妣,痛哭不已。2007年,村民自发集资两万多元,从他乡选购一棵粗壮修直,挺拔秀逸的"旺相"枫树。当枫树运回村内,家家焚香迎驾,户户鸣鞭炮相庆;当神树落穴"即位"时,全体跪拜祭祀,披彩祷告,视为神树。之后,乡贤们又勒石作记,以庄重纪念。这是蚩尤后裔,苗土乡民继承传统,不忘祖先的文化传承活动,足以证明古庸国所在地的崇山南北,就是远古三苗,百濮,盘瓠部落的发祥之地,是庸尧、庸舜、庸夏、庸楚、庸湘文化的滥觞之地。

今天,黔东南的苗族现在还认为他们是从枫木出生的"妹榜妹留"卵化出来的,因此崇拜枫木,把与蚩尤有关的枫木说成是诞生自己的祖先。德坤在《苗族》(载《中华民族》)一文中说:"苗族的自称,湘西地区的苗族称'仡熊'(果雄),其他地区称'卯''猛'或'蒙'等。猛'或'蒙'黔东南苗语意为'树心',传说枫树心'妹榜妹留'(蝴蝶妈妈),'妹榜妹留'才生苗族远祖'姜央',故把'猛'或'蒙'作为族称。局部地区称为'嘎闹',意为鸟,或许是古代鸟图腾的遗迹。"姜央有的也被称为姜炎,实际指的就是蚩尤。

苗族崇敬枫木。他们的史诗里有《枫木歌》。"远古那时候,山坡光秃秃,只有一棵树,生在天角角,洪水淹不到,野火烧不着"。这棵树恰如郭璞所说,叫枫香树。这棵树被砍倒以后其化出万物及人类祖妣。这跟蚩尤、夸父、女娲等死后,躯体或其附属品变成树林、山川等"身化宇宙"型神话十分相似。现代苗族村寨、桥头、田坎等地种植枫树,视之如"保护神",旨在保证安全和富足。在修建房屋时,以枫木为"中柱",这简直就是"建木"一般的"宇宙轴"了。所以搬迁后定居时还要先栽枫树。因为枫木能生人,枫木"活则定居,死则离去",它保卫着苗家的幸福、蕃庶、生命和爱情。唐善纯还介绍苗族"枫神"的形象,确实很像蚩尤。湖南城步县苗族有祭"枫神"为病者除鬼疫的传统风习。扮"枫神"者,头上反戴铁三架("火塘"锅架),身倒披蓑衣,脚穿钉齿鞋,手持上粗下细的圆木棒。这位令人生畏的"枫神"就是"剖尤"(牛公公)。这跟汉画里的蚩尤乃至"蹶张"都很相像,无怪乎有人把"蹶张"都当成蚩尤。

苗族对枫木十分珍爱,他们祭祖时所用的鼓必以枫木剐成,绘有蝴蝶纹。杀牛所用棒亦为枫木制成。杀时对牛说,枫木棒会指引它回到蝴蝶妈妈之家——枫木中心去。这里枫木棒与牛似乎有一种生克关系,就像古人要用桑木烧大龟(玄冥)一样。除建房以枫木为"中柱"外,"小孩病时到枫木前拜祭",契约刻木也必用枫。或说:"枫树生妹榜妹留(蝴蝶妈妈),妹榜妹留生人类及一切动物,是母系社会在想象中的反映。"蝴蝶由青虫蛹里化出,极容易使人联想到"诞生—死亡—复活"的循环。希腊人或认为人死后灵魂变成蝴蝶。"庄生晓梦迷蝴蝶",梁祝死后化蝶。而枫木在此当然也是一种"生命树"。《苗族史诗》里也有《古枫歌》和《蝴蝶歌》。它们跟《古歌》一样讲"人类起源于枫木"。近日徐华龙有专门研究。这样,人死后,"第二生命"或"灵魂"就必然复归于枫树,这样枫树就有些"祖灵"的意味了。因为人类的妈妈"妹榜妹留"是枫树心生出来的,枫树便是她的老家。所以,苗家尊崇枫树。由于蝴蝶妈妈死后回到 枫木老家里去,这又成了苗族的风俗:人死后灵魂要送回老 家去才能得到安息。曹翠云说:"苗语中有个常说的短语:'一棵枫树',通常就是'一个祖先'的意思。这个祖先就是蚩尤。"她同样以《苗族古歌》及苗族传说为证,也注意到了《山海经》的蚩尤"桎梏"化为枫木。

更重要的是,枫木被现代苗族等称为"龙(之)树"。而蚩尤曾化身为"龙",为"枫",《大荒南经》恰恰说:"有宋山者,有赤蛇,名曰育蛇;有木生山上,名曰枫木(枫木,蚩尤所弃桎梏)……"看来这"赤蛇"跟"枫木"有一种共生乃至互转的关系——赤蛇者,亦蚩尤所化,"赤"是"蚩尤血"的涂染或所化,更具可能。所以这赤蛇、枫木不但是一种"龙树",而且可以视为龙血之树、蚩尤之树。如《尔雅翼》《南方草木状》等书所载枫树 之"人形"瘿瘤,所谓"枫人""灵枫""枫子鬼"等。南朝梁任昉《述异记》卷下曰:"南中有枫子鬼,枫木之老者为人形,亦呼为灵枫。"唐·司空曙《送流人》诗:"山村枫子鬼,江庙石郎神。"明·李时珍《本草纲目·木一·枫香脂》:"枫子鬼,乃櫨木上寄生枝,高三四尺,天旱以泥涂之,即雨也。"

在苗族史诗里,妹榜妹留,苗语指"蝴蝶妈妈",是人、兽、神的共同母亲,而

三苗祖树枫香古木

她却由"蚩尤之械"的枫香树所化,可见枫木又是一种"宇宙树"兼"生命树"。散居在黔东南山寨里的倬家人跟苗族有很深的文化渊源。他们的寨畔家沿跟苗族同样爱栽古枫。据说,"枫树被倬家视作弭灾禳福的图腾"。有关枫木的仪礼很多。

苗族还用木鼓代表枫树。"既然祖宗的老家是在(枫)树心里头,木鼓就是象征祖宗安息的地方,后来,祭祖便喊成了祭鼓"。祭祀祖灵跟引导亡魂回归"蚩尤之树"(枫木)是一致的。这样,苗族的招魂仪式,有的就必须用《枫木歌》或《焚巾曲》里的某些内容将亡魂引导到蝴蝶妈妈的老家——枫树心——里去(参见前引文)。而令人惊讶的是《楚辞·招魂》的结尾居然也是:"湛湛江水兮,上有枫!目极千里兮,伤春心。魂兮归来,哀江南!"

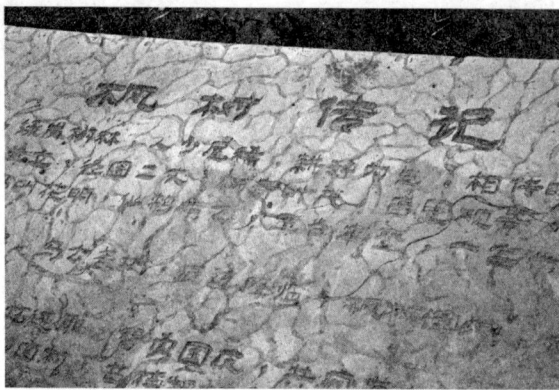

著名台湾神话学家王孝廉先生发现,这里"魂归"上有枫木的江水(或江南)跟苗族引魂回归枫木(蚩尤树)的内在联系。他说:圣树的崇拜与祖灵的信仰是分不开的,许多民族相信祖灵是来自森林,人死之后,其魂鬼再回归森林。……《楚辞》招魂是起源于楚地与枫木信仰有关的招魂巫术仪礼的巫歌。所以江南应该泛指江南楚地,即是苗蛮九黎族群所居之地,招魂是为了让亡灵回归祖林。这就更加证明庸楚文学跟苗文化有密切的血缘关系,作为"三苗"首领的蚩尤跟庸楚文化有着神秘的干连,只是我们研究得太空泛、太肤浅罢了。

第二节　蚩尤与古庸国耕牛图腾

《述异记》卷上说:蚩尤"人身牛蹄","以角抵人"。炎帝的图腾形象是"人身牛首",蚩尤的图腾形象是"人身牛蹄",从"以角抵人"来看,也可以说是人身牛首;阪泉氏蚩尤打败了炎帝后,并僭称炎帝,成了炎帝蚩尤。

　　大庸古国地区民众自古就有崇牛习俗,民谚云:杀人、放火、宰老牛,是良心泯灭的三大罪恶。并且留下许多与牛有关的地名,如桑植县牛角尖村、牛毛洞村、牛洞口村、牛下河村、牛栏溪村、野牛湖村、牯牛台村、牯牛洞村、牛角溪村、犀牛泉村、犀牛山村、牛漏垭村,慈利县犀牛村、西牛园村,永定区牛栏峪村、牛儿岗村、牛栏坑村、牛眼亏村、犀牛潭村、水牯包村、牛鼻溪村、牯牛岗村、放牛岗村、牛角洞村、牛卧池村、牛栏湾村、放牛包村、水牛池村、牛背岭村、牛家坡村、牛角冲村、牛角坪村、牛朝山村、夹牛岩村,永顺县牛家坡村、牛栏沟村、古牛包村、古牛山村,沅陵县牛栏湾村、牛栏坡村,浏阳县牛场里村、牛头坪村,宁乡县牛塘村、牛角湾村,长沙县牛角塘村,慈利县牛皮洞村、牛角台村、顶牛溪村、牛水塘村、牛家溶村,石门县牛榨湾村,桃源县古牛潭村、牛儿界村、古牛山乡,汉寿县金牛山村、牛轭冲村,澧县西牛湾村,安化县山牛塘乡,益阳市赫山区牛头岭村、牛轭湾村,桃江县牛田镇、石牛江镇、仙牛迹村、三牛塘村,临湘市牛马垄村,华容县牛角尖村,汨罗市牛形嘴村……(张良皋批曰:穷搜极讨又一例,古人见闻有限,牛是普通而又重要的动物,多见于地名,很自然)。这与蚩尤崇信牛有密切联系。今张家界一带大多数人家都养牛。人干活,牛也干活;人过年,牛也过年。勤劳的人怎么也不会忘记勤劳的牛。会干活的牛从不挨鞭子,牛的主人会时时护着它、想着它,把它当宝贝看待。过年了,实在穷的人家,煮一大盆稀饭喂牛,算是给牛补补身子;一般过得去的人家都要让牛喝几斤包谷烧,表示主人对牛一年辛劳的嘉奖!仍称牛为"尤",称黄牛为黄尤,称水牛为水尤。这个语音证据不为无力(山东人主要是读"肉"为"尤",牛肉便是"牛尤")。冬天,牛吃干稻草,饮热水。初春,则在草子拌切碎稻草饲之,称"稻花草"。清明后,开始放牧,称"放青"。首次放青,多于牛角挂红丝绵以求吉利。饲牛粥、牛酒。卖牛不卖牛绳。

　　蚩尤的化身为"牛",并且在战败后被割碎、分埋,同样是一种丰饶的巫术,而且可看作"牛体混沌"的解剖。因为蚩尤曾被当作永不屈服的"叛逆"和"混沌原则"的体现者。甚至蚩尤的后人苗族都用杀牛来纪念蚩尤。他们十三年一度的"枫木鼓大祭"(蚩尤曾化枫木,而"蝴蝶妈妈"和姜央等皆住在鼓里)都要斗牛、杀牛,跳芦笙以祭鼓。蚩尤的苗语就是"牛"。《初学记》引《归藏》说:"蚩尤出自羊水,登九淖以伐空桑"。蚩尤有"角",蚩尤与牛关系密切;蚩尤戏(角觚戏)起于斗牛。"蚩尤"二字古韵同部,例可通转。"蚩"字拆开为"虫山",虫山者,崇山也。故"蚩尤"即"崇牛",亦即"崇山之牛"。"蚩尤出自羊水",即指"崇山之牛"出自羊水。而崇山之麓的枫香岗恰有神奇的"羊水",当地人称它"羊羔泉",又称"羔羊泉"或"高阳泉"。

第三节　蚩尤与古庸国龙神图腾

　　苗族祭祀的对象主要是天神(雷龙)和龙,把龙图腾信仰发展为普及性的龙文化。苗族每年欢庆丰收时要跳龙舞。苗族的节日中有"龙船节",江中龙船竞发,岸上歌声四起,锣鼓喧天,再加上苗女翩翩起舞,真是热闹非凡。苗族龙文化内容十分丰富,有学者在《贵州"龙乡"的龙文化》中说:要吃饭,有"牛龙";要吃肉,有"猪龙";要穿衣,有"蚕龙";要跳舞,有"鼓龙";要力气,有"象龙";要避邪,有"蜈蚣龙";要安全,有"蜘蛛龙";要光明,有"公鸡龙"。总之,需要什么,就有满足要求的龙。在生活用品中,多见"鱼龙""虾龙""蛙龙""蚌壳龙""螺蛳龙""水爬虫龙"等。苗族真可称为龙乡龙族。古庸地区以龙命名的地名举不胜举。苗族丰富的龙文化,是在其远祖龙图腾崇拜的基础上发展起来的,这与龙的传人是协调一致的,苗族是中华民族大家庭中一个十分重要的成员,在七千年文明历史长河中做出了突出贡献。

第四节　蚩尤与古庸国天文学

　　《管子·五行》说:"黄帝得六相而天下治,神明至。蚩尤明乎天道,故使为当时。"注说:"谓知天时之所当也。"意思是说蚩尤善知天象指导农耕。《史记·天官书》《汉书·天文志》全说:"蚩尤之旗,类彗而后曲,象旗。"《隋书·天文志》说:"旋星,散为蚩尤旗。"或曰:"蚩尤旗五星盈缩之所生也。状类彗而后曲,象旗。"或曰:"四望无云,独见赤云,蚩尤旗也。"或曰:"蚩尤旗如箕,可长二丈,末有星。"又曰:"有云若植藋(鸖)竹长,黄上白下,名曰蚩尤旗。""本类星而后委曲,其像旗幡,可见二三丈。"蚩尤之所以能成为天上的星宿之一,也许与他为黄帝六相之首负责管天时有关,能够管天时在当时必然是观察天象的天文学家。从以上总体情况看,蚩尤的确是显赫极了,他虽然成长发迹于南方古庸地区,但其显赫的地域范围主要是在中国的北方。蚩尤在天上、人间、帝王、民间都受尊崇,正是他对民族的大融合、华夏族的形成以及文明的创造立下了不朽的功勋。虽然他是一个失败的英雄,历史终究未能抹去他在人们心中的影响,现在应该给蚩尤一个公正的评价。

第十七章　天火岭、火炼垭、火场、火儿屋场与燧人氏和祝融氏

—— 古庸国最伟大的发明创造和源远流长的用火文化

　　人类从什么时候学会了用火的,这个问题如今谁也说不准了,但是有证据表明,人类用火的时间甚至要早于智人的出现。从170多万年前的元谋人,到50万年前的北京人,都留下了用火的痕迹。人类对火的认识、使用和掌握,是人类认识自然,并利用自然来改善生产和生活的第一次实践。火的应用,在人类文明发展史上具有极其重要的意义。

　　人类最初使用的都是自然火。人工取火发明以后,原始人掌握了一种强大的自然力,促进了人类的体制和社会的发展,而最终把人与动物分开。文化人类学者提出,质地为橘红色的黏土及碳屑,实际就是人类用火留下的痕迹,时间要上溯至大约距今170万年前的云南元谋人。元谋人遗址发掘时,地层中发现大量橘红色的黏土和碳屑,长径一般在4~8毫米之间,大致可分为3层,分布在上下3米的界线内,有的较集中,呈鸡窝状,碳屑常与哺乳动物化石伴生。地层中还含有烧骨(经贵阳地球化学研究所鉴定可能为烧骨)。因此,专家们认为,不能排除"元谋人"已经学会使用火的可能性;最早学会用火的元谋人可能是人类最直接的祖先。

　　经人类学家研究,这种会用火的人其肢体比例和行动姿态,已经大体上与如今人类十分接近了,因而获得了直立人的名称。其脑容量大约相当于如今人类的2/3。专家们对元谋橘红色黏土和碳屑进行化学分析后,认为这个橘红色区域的黏土则曾经受过大约400摄氏度高温的灼烧,大多数灌木林地的野火,温度在100摄氏度上下。若要达到400摄氏度以上,其燃烧过程必须持续不断添加薪柴。这就充分表明,这些火堆一直是有人控制的,始终是一些有人看顾的小型火坑。这一发现证明,直立智人是从元谋开始逐渐迁移,向气候比较寒冷的亚欧大陆一步步转移的。诚然,直立行走、氏族群体的社会结构、石刀石斧等手段,无疑都是进

化的重要因素;但是,如果缺少了火,我们的祖先是不敢向更广大的世界继续迈进的。如果没有学会用火,古人类可能只有永远留守在气候温暖、四季如春的云南。

据英国文化人类学家丽贝卡·鲁普指出:"截至 40 万年前,当我们的祖先完全清楚地出现在历史舞台时,用火已经是人类生存方式中确定无疑的事实了。"世界各国文化人类学家已经陆续找到与云南元谋同一时期的许多用火或火炉遗迹:一处处的石圈——如今的野营者仍然继续广泛使用的办法,用石块垒成个圆圈,以限定烧火区界。遗址当中还夹杂着木炭余烬和咬嚼过的兽骨……这些都是古代人类围拢火堆,美餐一顿之后的遗留物。据此,人类学者继续论证说,这些用火遗址应当就是古人类那些最早传说的诞生地;许多神话、英雄史诗、叙事诗、歌谣等,也都发源在这些火堆旁。或许,就在这火堆旁边,刚刚形成了清楚语言与睿智头脑的新人类,开始思索和描述日月星辰、风雨雷电以及整个迷幻世界上的一切现象。

火是文明进步的条件。有了火,一切奇异的东西尽在人类掌控之中:烧陶、制鬲、烤肉、烹馔、炼丹、冶金、造兵、做蒸汽机、发射火箭等。火的应用把巨大的潜在技术能力都释放出来,人类感激用火时代的到来,这一感激心情也表现在神话当中。远古文明之火不仅改变了那时人类的生活,同时也改变了远古人类的生活方式。

在我国原始氏族社会里有三个著名的与火有关的氏族:燧人氏祝融、女娲氏娲皇和炎帝神农氏。这几个氏族对人类用火文明所起的作用应该是逐渐进步的三个阶段。燧人氏祝融的功劳不在保存火种而在于钻木取火,在于使远古的人们不再为火种的不幸熄灭而担忧,在于教会人民用火烧烤鱼肉以化腥臊以避免疾病和食物中毒。《韩非子·五蠹》"上古之世……民食果蓏蚌蛤,腥臊恶臭而伤害肠胃,民多疾病,有圣人作,钻燧取火以化腥臊,而民说(同悦)之,使王天下,号之曰燧人氏。"《古史考》:"腥臊多害肠胃。于是有圣人,以火德王。造作钻燧出火,教人熟食,铸金作刃。民人大说,号曰燧人。"《尸子》:"燧人上观星辰,下察五木以为火。燧人之世,天下多水,故教人以渔。"

人类进入了青铜时代以后发明了用来从太阳取得火种的凹面铜镜,为了纪念燧人氏,他们把这种取火用的凹面铜镜起了一个名字:阳燧。祝融氏的伟大在于学会了放火焚烧水泽山林,驱赶野兽,以创造一个人类的"宜居环境"和氏族领地。《管子·揆度》曰:"黄帝之王,破增薮,焚沛泽,逐禽兽。"《管子·轻重戊》曰:"黄帝之王,童山竭泽。"

虽然管子的说法,没有直接证明赤帝(一代炎帝)祝融氏的历史作用,但是炎黄时焚泽烧山驱兽定居已经成为常态。炎帝在历史上虽有孟子所说的"益烈山泽而焚之"的传家技艺，其氏族名号中的烈山氏也就是放火烧山的意思。但是炎帝氏族的历史作用不是因为放火而是因为"神农尝百草"而载入史册的。

第一节　先庸时期古人类对火的认识和发明创造

（一）关于炎帝祝融与火的传说

传说一：祝融是燧人氏与大比赤阴的儿子，降生于崇山火儿屋场，自幼就随母亲跟族人学打猎，见长者们腰里都带着崇山特有的火草，随时用火炼石取火，聪明的他很快就像大人一样学会了取火，并整天玩火着了迷，大人们都亲昵地称他火儿。直到今天崇山南北及山顶还留有"天火岭""火炼垭""火炼尖"（石门县）、"火场""火儿屋场"等地名，并留下"崇山人屁眼里都是火"的俗语。故《国语·周语上》有"昔夏之兴也，融降于崇山"的记载。如今，各种各样的打火机，已经普及人们日常生活中，但在张家界市一些边远山区，农民至今还随身携带着取火用的火镰。由于它不用汽油火石，随时用、随时取，因而沿用了几千年。

传说二：祝融是中国帝王。他以火施化，号为赤帝。传说从燧人氏发明钻木取火后，人类已开始用火烧熟食物，用火取暖，用火驱赶毒虫猛兽，用火打仗。可是在那时，人们只知道用火，却不会保存火种，这对过着迁徙不定的游牧游猎生活的人们来说很不方便。于是祝融又发明了"击石取火"，使人不再为保存火种发愁，大大方便了生产生活。因火又是红色，后人就把他称为"赤帝"。相传，祝融还是一个音乐家，经常在高山上奏起悠扬动听、感人肺腑的乐曲，使黎民百姓精神振奋、情绪高昂，对生活充满热爱。去世后，葬在衡山之阳，为纪念他，后人就把南岳衡山最高峰称为祝融峰。

传说三：上古帝喾（kù）在位时，有个叫重黎的人，是颛顼之子，官职居"火正"，即火官。他忠于职守，努力为帝喾和广大黎民服务，功劳很大，帝喾赐以"祝融"封号。"祝"是永远、继续的意思，"融"是光明的象征，希望重黎继续用火来照耀大地，永远给人带来光明。殁后葬于南岳衡山舜庙之南，即今祝融峰下。

传说四：黄帝时期，黄帝南巡，分不清方向，于是请"祝融辨乎南方"，担任司徒职务。后来，祝融被封楚地，成为楚国人的始祖。今南岳祝融峰顶还有一座祝融殿，殿后岩石上建有石栏杆，可以凭栏瞭望北山风光。古人认为，南方属火，火又是光明的象征，符合八卦中离属火，方位在南方的卦象，故祝融又被称为南方火神。

传说五:尧帝时期,洪水滔天,浸山灭陵,黎民百姓生活于水深火热之中。尧帝下令鲧去治理洪水,可是九年过去了,毫无成效。后来,鲧知道天帝有一种称为"息壤"的宝物,只要用一点投向大地,马上就会生长起来,积成山,堆成堤,于是想办法偷来息壤堵塞洪水,大地终于渐渐看不见洪水踪迹了。但是,天帝知道息壤被窃,就派火神祝融下凡,在羽山地方把鲧杀死,并夺回余下的息壤。天帝还命祝融监视人间治水,命他掌管一方水正大权。由于祝融属南方之神,所以就合水火为一神,兼任南海之神。

传说六:北水神王与火神祝融战斗,被祝融真火炼死。从此,祝融成为水火之神。

(二)雷电林火与火神祝融之渊源

当人类祖先首次遭遇火的时候,一定以为这是神灵射下的怒火,因为几乎完全可以肯定,这些火焰来自闪电,是以电闪雷鸣的形式出现在他们面前的。如今,即使是从科学眼光来看,闪电也是十分令人恐惧的:一股三万安培的强大电流,可以穿透大树,能把海滩的沙子熔炼成玻璃,能把徒步旅行者乃至整群的牛羊,都灼烧得焦煳透顶。这一切都向古代人类明确了一个事实:雷火是不好惹的。在古人类看来,这是神灵在发怒。雷电和风暴是雷神在放电发光,兴风作浪。

来自天空的电火降落在哪里,也是有选择的。就遭遇电火灾难的概率来说,并非各个地点一律平等。气候干燥寒冷的地区,就不大容易遭受雷电;而热带地区则比地球上任何地点都容易遭受雷电袭击。西南云贵高原和大武陵地区,也就是所谓原谋人、巫山人的诞生地,以及四川盆地、云梦大泽的洞庭湖地区,都是雷电光顾最频繁的地方。闪电是雷、雨、云的产物,雷、雨、云在温带地区的夏季或者是湿热热带地区几乎任何时候,特别是闷热的天气里,都能形成得特别快。我认为火神就是雷神,《山海经·海外南经》称"南方祝融,兽身人面,乘两龙","乘两龙"的"龙"实际就是闪电。

古希腊神话里,火神常常是个极其不负责任的坏蛋形象。北欧民族里有个火神是冰霜巨人的后裔,叫洛基,诡计多端,喜怒无常,心怀叵测。古代中国的火神爷则性情乖张,一发起怒来,就派遣了一群群火鸟(今张家界一代叫火阳)降临大地,点燃野火。亚利桑那州立大学的斯蒂芬·派因是个研究野火的专家,他在著作中写道:"我们这个星球简直太容易点燃了,充满了有机物燃料,大气里面又饱含了助燃的氧气,地球表面时时刻刻还有那么多的闪电雷火。"因此,这个地面总是周期性地爆发野火,火灾常随一阵烟熊熊而起,起火原因可能是雷电,也可能是火山爆发，还有许多其他原因。例如，烈日聚光生成一个灼烧点，就会立即引燃野火。火焰一旦失控，不论是自然原因引起，还是由于粗心大意的用火之人引燃的，都可以叫作野火。这种野火的过火面积每年都达到数百万亩。因而野火被列为我们这个星球上最为严重的自然灾害。一场森林烈火可以释放出相当于原子弹的能量。这些火灾常常引起巨大恐惧。

为防止森林大火，西方人把扑灭这种恐怖大火的广告形象物叫作"冒烟的熊"。

无独有偶，中国南方最著名的创世神话就与大熊有关。《国语·周语上》曰："昔夏之兴也，融降于崇山。"这祝融降生的"崇山"在学界被称为三苗祖山，在苗语中又叫"熊山"。山之南沿有"熊罴洞""熊璧（罴）岩"等地名；山之北麓有"熊溪""熊馆""熊娘嘎婆洞"等地名。古庸地区最著名的熊当属大熊猫。更为巧合的是中华人文始祖的黄帝轩辕氏又称"有熊氏"。在古庸核心地带的湖南湘中娄底市新化县境北部又有大熊山，又名熊胆山，被古庸湖湘人民尊为神山，今日已被建设为"大熊山国家森林公园"，公园总面积达7623公顷，森林覆盖率93%。司马迁《史记》有"黄帝……南至于江，登熊湘"的记载。据考证，"熊湘"即指大熊山所在的湖湘地区。南宋祝穆名著《方舆胜揽》亦称"山川熊山，已昔黄帝登熊山，意其此也"。近年该山古寺遗址发现有"轩辕黄帝游此山"的碑记。当地民间盛传，黄帝南巡，大熊引导至此，故名熊山。这里是蚩尤的故里、苗族和瑶族的发祥地。

奇之又奇的是作为今日国宝的大熊猫，在史前曾经是中国南方动物区系的重要构成，是古庸国三苗族的重要图腾之一；天文学中最著名的星座之一又称大熊座（位于小熊座、小狮座附近，与仙后座相对）。春天，大熊座位于正北高空，是四季中观看它全貌的最好时节。每于春季观察，它都是北方天空中最醒目、最重要的星座，古往今来各国的天文学家都很重视它。在北纬40°以上的地区，也就是北京和希腊以北的地方，一年四季都可以见到大熊座。在北天高空诸星中，大熊座全天面积为第三，仅次于长蛇座和室女座。

美国森林防火广告中那个纸熊的形象，原系动物形象艺术造型师阿尔伯特·斯塔赫耳的作品。该造型当中，这个斯莫奇照例穿着粗蓝布裤子，戴着护林防火的宽边帽子，一手提水桶，另一手执消防镐，整个形象出现在防火宣传画上。到了1950年，这个纸熊形象才终于被真熊形象替代。新形象是一只大约四个月大的黑熊仔，原型是新墨西哥州森林大火之后在烧焦的林地上攀附在一株焦黑的树干上的小黑熊。此后不久，由于公众十分喜欢这个斯莫奇，因而它的两个版本（纸熊和真熊）就经过国会专门法案通过，列入美国农业部的专有财产项目名录。根据这一财产保护法律,斯莫奇棕熊销售所得的一切利润,都归美国农业部所有,且专门用于森林防火目的。而且,从此斯莫奇棕熊有了自己专门的邮政编码以及签名赠言:"只有你能帮助森林灭火!"

而在中国汉字中,"熊"字恰为带"四点底"的"火"字符号,形容火势很大,则称"熊熊大火"! 由此我们可以洞悉诞生并创世于崇山的祝融,之所以被尊为火神的渊源所在,亦可顿悟崇山为何又称"苗山""熊山"的历史真相。

(三)森林大火与刀耕火种之由来

虽然说,任何人都不支持在森林里随意丢弃火柴头的行为,但生态学家却依然认为,野火或者林火,对整个生态系统是有利的。事实上,过度防火最终会是有害于生态的。如果一个区域5～10年中没有发生过一次林火,那么,林地上的积累物质就会太多,包括枯枝败叶、杂草朽木、块菌和腐殖质等。这样,一旦真有林火发生,必定酿成灾难性大火。因此,周期性的林地过火,不仅可以清除杂物,还可以在地表留下一层营养极其丰富的草木灰,这种覆盖物很有利于树木种子的萌发。实际上,一些树种非常需要林火帮忙,没有林火激发,它们的种子就难以从种壳或种皮内弹射出来。而且林火过后,许多林地花卉都开花繁盛,这些野花都会在林火之后纷纷争奇斗艳。古庸先民正是在大自然"森林之火"的启示之下,发明了"刀耕火种"的原始农耕技术。

刀耕火种是古代一种耕种方法,即把地上的草烧成灰做肥料,就地挖坑下种。特指热带、亚热带地区的一种原始耕作方式。先砍伐树木,再用火烧光林地,种植数年便撂荒,自然恢复林地后,再砍树、烧荒、种植作物,如此反复。

古庸国所属大武陵地区,直到二十世纪八十年代末还有"烧畲"耕种的习俗。为什么武陵人世世代代总爱"伐木杂草",燎火烧畲,刀耕火种? 一般人都认为武陵地区地处偏远,缺乏先进的农耕生产技术,只好千古相袭"烧畲"这种原始落后的生产习俗。其实这里面有着外人无法理解的林火崇拜习俗。古庸国武陵山区人民,特别是世代居于斯长于斯的澧溇土家族人,他们将一山草木砍下晒干,然后烧畲,烧畲点火颇有讲究:一是不能随意用火烧,要把艾蒿晒干,搓成火绳,从火塘点燃,拿到畲地。二是点火之前还要摆刀头(煮熟的猪头或猪肉上插把刀谓之"摆刀头")、奠酒、烧纸钱祭天,祈降"天火",然后用艾蒿火绳点燃柴草烧畲。在畲火还有余烬时,人们便高兴地上山"点种",撒下去的小米、高粱、包谷有时被烧得哗啵啵响,这叫让五谷种籽"过天火",种下去的五谷"鸟雀不敢啄,虫豸不会淫(咬吃),落雨沤不烂,日晒不枯"。地也"显灵",不须施肥锄耕,就会苗儿齐,杆儿壮,穗儿粗,地里无杂草;更重要的是结的子实不长虫。所以武陵地区烧畲习俗,不单纯是耕作的原始粗放性表现,最根本的是他们对林火的崇拜。据说那艾蒿搓成的火绳,象征小米、高粱穗子,过了"天火"的种子,即经林火薰燎而赋予了神圣不可侵犯的特性。

现在随着生态保护意识的加强,武陵山区烧畲现象可能没有了,但在菜园里烧几垅地,种上辣椒、茄子、豌豆、菜豆的,仍随处可见。也许在神秘的"天火"外衣下,有着科学种田的因子在内。因为烈火焚烧土地,烧化了害虫毒气,而"地气"在春风春雨过后则"复生"生气,禾苗茁壮成长。

武陵山区流传的《畲田行》就生动地描写了山地农民的劳动场面:"何处好畲田?团团缦山腹。占龟得雨卦,上山烧卧木。惊麏走且顾,群雉声咿喔。红焰远成霞,轻煤飞入郭。风引上高岑,猎猎度青林。青林望靡靡,赤光低复起。昭潭出老蛟,爆竹惊山鬼。夜色不见山,孤明星汉间。如星复如月,俱逐晓风灭。本从敲石光,遂致烘天热。下种煖灰中,乘阳坼芽蘗。苍苍一雨后,茗颖如云发。巴庸拱手吟,耕耨不关心。由来得地势,径寸有余阴。"

《莫徭歌》也述及武陵山区莫徭人"火种开山脊"烧畲的劳动习俗。烧畲是古庸武陵地区辰州、朗州、施州、连州、夔州等偏远地区独特的生产劳动方式,即是指刀耕火种。从诗中可知其程序是:选择地点(山坡)——占卜天气(是否下雨)——砍伐树木——放火烧畲——播种暖灰。由于地势良好,所以不用施肥经管,禾苗就长势茂盛,就此表现当地农民不费耕种之事,乐于吟唱歌咏的悠闲生活。又《竹枝词》云:"山上层层桃李花,云间烟火是人家。银钏金钗来负水,长刀短笠去烧畲。"说明烧畲这种较沉重危险的农活由男子承担,女子主要负责背水。而烧畲之时火势甚猛,摧毁山林,怎能不引起诗人的惊讶好奇?于是把所见诉诸于笔端,正如唐代刘禹锡在《刘氏集略说》中所说:"及谪沅、湘间,为江山风物所荡,往往指事成歌诗。"

唐宋时期武陵地区"击鼓焚山"的民俗活动是远古时代尚巫之风的残存,其目的是为烧龙祈雨以禳除旱灾;而"烧畲下种"则是自远古"刀耕火种"传承下来的一门农耕技术,但由于"占卜伺雨"的仪式亦使它带上了一些巫风色彩。二者既有明显的区别又有一定的联系。

山高谷深、土地贫瘠的峡江地区,处于亚热带湿润区,一年四季夏季尤长,一般长达140天左右。干旱,已成为境内主要灾害性天气之一。这种灾害性天气,"多发生在海拔1000米以下的中低山河谷区。以时段分为春旱(3~4月)、夏旱(5~6月)、伏旱(7~8月)等。尤以伏旱强度大,频率高,损失重。1959—1980年间,春旱13年,频率59%;夏旱7年,频率32%;伏旱16年,频率73%"。回溯到距今1400—700年的唐宋时期，其气候特征与今日相比，并未有何明显差异。对于这一点，我们可以从杜甫夔州诗中得知。

千百年来，武陵地区气候变化不大。这种干旱气候，常常是夏旱连着伏旱。唐宋时期，人们已将农业经济开发的触角伸向了峡江海拔1000米以下的中低山河谷地带，不言而喻，久旱不雨的气候给十分脆弱的农业经济造成的灾害性损失必然是巨大的。正如杜甫所云："大旱山岳焦，密云复无雨。南方瘴疠地，罹此农事苦。"（《雷》），在生产能力极为低下的情况下，古代的人们面对着这样的困境，只好采用各种方式祈求上天的庇佑。远古时代部落的大酋长如舜、禹等即曾从事过设坛祭天祈雨等活动。为祈求大降甘霖，远古时代更有"暴巫、焚巫"之举。

《山海经》载曰："女丑之尸，生而十日炙杀之。在丈夫北，以右手彰其面。十日居上，女丑居山之北。有人衣青，以袂蔽面，名曰'女丑之尸'。"

袁珂先生认为："女丑疑即女巫也。古代天旱求雨，有暴巫、焚巫之举。""暴巫、焚巫者，非暴巫、焚巫也，乃以女巫饰之旱魃而暴之焚之以禳灾也。女丑衣青，旱魃亦衣青，是女丑饰为旱魃而被暴也。"又云"（女丑）以右手彰其面"或"以袂蔽面"均为其"被暴而不胜其毒之象也"。袁珂先生所言极是。这完全是上古先民于"十日并出"之大旱凶年的求雨之举。

（四）焚石烧土与娲皇补天之真相

炼石补天是女娲在用火时代的革命性的进步，女娲补天原是以人力弥补天力之不足。最早记载女娲补天的是《淮南子》和《览冥训》。这两部著作中对女娲补天的神话是这样论述的，在远古时代，"四极废，九州裂，天不兼覆，地不周载；火炼炎而不灭，水浩洋而不息。"也就是说，天塌地裂，大火延烧，洪水泛滥，飞禽作孽，走兽横行。在百姓哀号、冤魂遍野之际，一位叫女娲的女神挺身而出，她"炼五色石以补苍天，断鳌足以立四极，杀黑龙以济冀州，积芦灰以止淫水"。从而克服了这一重大的自然灾害。大地恢复了鸟语花香，人类又开始了安定的生活。

现在看来，天又不是石头做的，以石补天，人力不及，似乎有些荒唐。东汉的王充《论衡·谈天篇》评述说：天非玉石，岂石能补？女娲高不及天，如何补天？龟体巨大，天地难容，肤坚似钢，女娲难以擒杀，砍龟足做天柱之事不可能。那么，后人又是怎样理解和解释女娲炼石补天这事儿呢？

明清学者解释为：上古时代，人们茹毛饮血，不知用火。女娲炼石取火，使原始人能吃上熟食，夜里能照明、取暖，实际上弥补了天力的不足，谓之补天，这是女娲在用火时代的革命性的进步。但这与燧人氏祝融钻木取火有异曲同工之效，为何不说燧人氏祝融补天呢？有学者认为，五色石指青、黄、赤、白、黑五色，应该含有金属矿物质。女娲识别了它们，并用火锻造，制成坚硬的原始器物，开创了原始炼石、焚土、烧瓦、制陶、冶金业的先河。这是了不起的功绩，以人力补天力之不足。故曰"女娲补天"。

既有女娲其人，就应有居地和陵墓。经不完全统计，仅古庸湖湘地区就有女娲娘娘洞、娲皇垭、女娲庙(今张家界市)、炼补亭(今益阳市)等四处;另有山西永济县风陵渡(史书记载女娲是风姓，故女娲陵称风陵)，也称风陵或风陵堆(《山西通志》记此是风后之夫，风后即指女娲)，陕西潼关县女娲陵，河南阌乡女娲陵(《平阳府志》说:娲皇陵)，山东济宁女娲陵等五处，一共九处传说，都有根有据地指出女娲生、葬处，也分不清谁是谁非，我们不必细究，只要证明女娲神话有历史的影子就行了。笔者认为所谓"炼五彩石"就是烧石灰、烧砖瓦、炼矿石。

石灰、陶器、青铜是先庸时期的三大发明。火在远古时是一种自然现象，常因雷电或者夏秋干燥炎热森林自燃而引发。所以在卜辞中"火"字是"山"字的变形。在破译卜辞时我提出商代甲骨文"无一字无出处"的观点。卜辞中有很多和火有关的字我们今天还在经常使用，例如表示不同程度的火有火、炎、焱三个字，此外还有光、灭、秋、焚、赤、赫、熹、热、烈、熊、杰(杰暴)等。

一斗石灰一担谷，一窑石灰一堵墙。我们的远古祖先们发现用火烧白石灰石，使它变成了生石灰，这种白色的石块浇上水就变成了"白灰"——"熟石灰"。古庸人就用这种火烧石灰石生成的白色石灰掺上草末抹在房屋墙壁的外面，使房屋变得防雨、防风、保暖，居住条件大为改善。这种"白灰"被广泛地用于建筑材料，应是远古人类发明的第一种人工制造的建筑材料，而且很可能是女娲发现了用火烧化的石头灰可以用来杀虫放病、改良土壤、粘合加固、混泥筑墙。在武陵山区，到处都是烧制石灰的碳酸钙矿石，就地取材烧制石灰，十分便宜。在今天看来，石灰石的主要成分是碳酸钙，将石灰石煅烧，碳酸钙将分解成为生石灰，呈白色块状，主要成分为氧化钙，其用途十分广泛，但在先庸女娲时代可能仅仅用于农业和筑堤加固等方面。

在农业生产中可以中和土壤酸性，消除铝离子对作物的毒害，改善土壤中有益微生物的活动条件，促使土壤养分，特别是磷素的有效化;改善土壤耕层的物理性状，提高土壤吸收量和土壤保肥能力。可以用生石灰同其他原料做配制石硫合剂和波尔多液，可防治多种病害。可以用石灰涂刷果树及其他树木，可防治树干上越冬的病虫及保护不受病虫侵害。可以用石灰乳保护和防治病害，果树膏药病可用小刀刮除菌丝膜后再喷射 20% 石灰乳，冬季修剪伤口 2 厘米以上的枝条用 30% 石灰水涂抹保护伤口。可以用于环境消毒，常用作畜禽饲养场地和环境以及水产养殖清塘和水体的消毒,它为价廉易得和长期最常用的良好消毒药。

在建筑工程中可以用石灰乳和砂浆,用石灰膏或消石灰粉可配制石灰砂浆或水泥石灰混合砂浆,用于砌筑或抹灰工程。可以用石灰稳定土 将消石灰粉或生石灰粉掺入各种粉碎或原来松散的土中,经拌合、压实及养护后得到的混合料,称为石灰稳定土。它包括石灰土、石灰稳定砂砾土、石灰碎石土等。石灰稳定土具有一定的强度和耐水性,广泛用于建筑物的基础、地面的垫层及道路的路面基层。可以用硅酸盐制品 以石灰(消石灰粉或生石灰粉)与硅质材料(砂、粉煤灰、火山灰、矿渣等)为主要原料,经过配料、拌合、成型和养护后可制得砖、砌块等各种制品。因内部的胶凝物质主要是水化硅酸钙,所以称为硅酸盐制品,常用的有灰砂砖、粉煤灰砖等。

在工业制造中可以用作纸张的填料,保证纸张的强度、白度,降低成本;使用重质石灰可以代替以往的滑石和瓷土,提高附着力;轻质石灰作为造纸用填料,可以提高纸张的不透光性和光泽度,使颜色保持力增强。在涂布颜料工业中填料专用重质石灰具有较好的油墨吸收性、光泽性、涂料的流动性好,达到高含固量。重质石灰是体质颜料,还有一点防锈作用,在金属防锈涂料中重质石灰的适当用量为30%。在塑料加工中可以降低树脂收缩率,改善流变态,控制黏度。

(五)女娲、祝融共同开创陶冶时代

1. 娲皇女娲既为陶瓦之祖亦为冶炼之祖

女娲是陶瓦之祖。"三寸的橼木(过),四寸的路(啦),五寸的瓦儿盖天下。"这是流传于古庸地区的一句家喻户晓的老话,意在歌颂女娲为后人造福的不朽功劳。我认为女娲炼五彩石以补天,可能就是烧瓦以盖房;所谓"五彩石",很可能是古人将泥质瓦胚烧制变得像石头一样有硬度后的转称或雅称,而且当时的烧制火候或工艺还不是很成熟,烧出的瓦各种颜色都有,故曰"五彩石"。由此我断定女娲老奶奶是先庸时期中国古代第一个女瓦匠,是名副其实的瓦匠之祖。瓦匠,也称泥水匠,专指有一定建筑结构技艺的工作人员,可以是一个人,也可以是一个团体。慈利金台、桑植朱家台、永顺不二门、澧县彭头山的女人们发现它可以烧硬泥土,从而用泥巴做成土胚,烧制出了中国最早的陶器生活日用品。中国人便学会了用泥土烧制他们所需要的一切生活和生产用具。从此中国进入了陶器文明时代,直到下一个全盛的青铜时代的到来。

女娲也是冶炼之祖,她烧化了五彩铜矿石熔化成为像水一样的液体,冷却后变成一块块平板,可以用来制作食器、酒器等生活用品。很可能是女娲无意中发现并开启了一个青铜时代。从这个时代开始先庸时期的祖辈们就进入了一个可

以冶炼青铜的时代。熔炼矿石,可以得到黄铜。用火熔炼铁矿,加以锻造;用火还能提炼黄金。就连用火之后的剩余物都是有用的,一撮柴灰就能治疗角斗士的青肿和擦伤;木炭混以蜂蜜还能医疗炭疽病。很多专家怀疑关于黄帝、禹铸鼎的文献记载。但从冶金学的原理上考证,黄帝和大禹时代完全具备铸造青铜大鼎的客观和主观条件。女娲补天的神奇传说之所以口口相传流传至今,就是我们祖先有意要把这些历史发现告知后世子孙。从这个意义上说,远古先庸时期的陶器和青铜器的发现远远超过我们猜测、推定的时间。陶器发明、青铜冶炼和石灰的烧制使用是远古人类的三大发明,比后世中国的四大发明对世界的贡献更早、更巨大,其影响也更加深远。

2. 火祖祝融既为制鬲之祖亦为鬲姓之祖

鬲是古代一种烹饪器,新石器时代晚期出现。商周时期继续流行。其形状多为侈口、圆腹、三个袋状足,有的颈部有双耳。使用时,在三个袋状足下直接燃火煮食。鬲有实用器与明器之分。实用多为夹砂陶,胎质坚硬器壁较厚;明器则多为泥质陶,火候较低,胎质疏松,表面打磨得很光滑,有的还用红、白两种颜色绘出各种纹饰。器形与鼎相近,区别在鼎有实足,鬲是袋形足。从其相似的功能与形状来看,鼎应该是由鬲发展而来的,新石器时代已出现,至春秋战国时期消失。一般来说,腿长裆深的陶鬲年代都早,可以直接支在地上,便于填柴引火。后来,随着灶台的广泛使用,陶鬲的腿的功能逐渐淡化,遂成为锅釜,也就是所谓“破釜沉舟”的“釜”。内蒙古昭乌达盟敖汉旗大甸子村夏家店下层文化墓葬出土的彩绘陶鬲,即是专门为死者制作的明器。

“融”字的本义是炊气上升,引申为长久、明亮、通达、流通、显明、昌盛、和乐、恬适、和煦、暖和等义。相传水神共工与火神祝融相约决战不周山,共工败在火神祝融的“火鬲符”下。今祝融氏之初祖曾为赤帝,后又有几代先祖曾为黄帝、虞舜之重臣,名为重、黎二氏。翦伯赞先生在 20 世纪四十年代就提出:祝融得名与鬲(lì)有关。因为从鬲从虫,所以融族者,就是鬲族之一。从虫者是以龙蛇为图腾的族属,从鬲者是以制鬲见长、以鸟为图腾的族属。以有虞氏为首的凤鸟图腾联盟进入中原,与以龙蛇为图腾的中原部族联合,就是“祝融”之族的来历。在先秦文献关于炎帝的记载中,几乎没有关于炎帝和火有什么关系的记载。倒是五行学说盛行以后借炎帝的“炎”字大作所谓火德文章。而祝融氏至今还在为中国人民作为火神所崇拜和敬重。所以焚泽烧山驱兽定居早在炎黄二帝之前的祝融氏时代就已经形成习俗。

鬲的可贵之处,就是它一出世,就是原始社会交易中的“准商品”,是人们生活中、人们集群中十分活跃而长期存在的生活必需品,这就是它的历史地位。鬲在中国远古时期已经成为文字的最早载体,而且鬲对中国汉字的发展具有积极的意义,在这里我们可以举出汉字中有"鬲"字的形象字根,组伴而构成的汉字一大群,说明鬲在汉字发展中的重要地位。鬲最初是以炊具的形式产生的,先庸时期中国的文字起源是从象形图画开始的。鬲,这个古老的炊具在象形文字产生之后,便有了"鬲"这个字,它是最古老的汉字之一了。它的古老如同崇山祝融文化一样。"鬲"作为千万个汉字之一,对先庸崇山文化的影响是深远的。

鬲是后世许多炊煮器的母体,如甗、甑、鼎等器形都是由鬲演化而来的,故字皆从鬲。苏秉琦先生还注意到汉语中这一现象:反映人际关系(其实也包括事物之间的关系)的"融"与"隔",都以鬲为偏旁。这确实是个绝妙的发现,尤其令人深思的是这还是一对反义词。对此可以有各种解释,但至少反映出鬲这一器物和人们的社会生活曾经是多么密切。

东汉许慎在《说文解字》中将汉字构造规律概括为"六书":象形、指事、会意、形声、转注、假借。其中,象形、指事、会意、形声四项为造字原理,是"造字法";而转注、假借则为用字规律,是"用字法"。鬲,是一个很古远的字,它在象形、会意、形声等方面都有体现。

鬲,就是象形字,是古代炊具的形状,它是依照物体的外貌特征来描绘,所谓"画成其物,随体诘诎"是也。如日、月、山、水等四个字一样,最早就是描绘日、月、山、水之图案,后来逐渐演化、楷化成现在的造型。

鬲,在形声方面有体现,以"鬲"特定形状(字根)表特有的音,作为一个字根,结合不同的属性字根,可合成表示不同意思的字。如:"隔、嗝、膈、槅、塥、滆、镉"等,而以同样的发音(也有的只有声母一样),表达不同的事物。

鬲,在会意方面也有体现,这种造字法,是将两个字根组合起来,使其衍生出新的含义。如"翮、鹝、蒚、融、鬷、鬴、鬶、鬻、鬸"等,就是由两个字根或偏旁组合起来的,表示的意思有的同器皿鬲有联系,有的已经与器皿鬲没有多少联系了。

一个一个未知文字的含义,可拆开从组成字根以及空间的配置推断出其字义。当时代发展出现新事物难以表达时,也能以字根组合原则,合成新字来用,例如中文的"镉"字,就是近代为了表现一种新发现的化学元素而新造的字,用"鬲"表其音。

从汉字的发展可看出,汉字的变化,一定程度上也反映了社会结构的变化。大部分汉字的演变是出于贵族之手。贵族手下的门客从文时,将其逐渐演变。平民则受之用之。而从甲骨文起步时,则是出于平民之手。因而,这些汉字的演变大致也可以反映出社会结构正逐步走向集权迹象。

鬲文化的发展也促进了先庸时期中国远古文化的交融。据考古资料显示,在我国大江南北,都有鬲的发现,有陶鬲、青铜鬲,特别是远古时代的陶鬲分布十分广泛。最早出现于主要活动在湖南、湖北、江西一带,即金台文化、桑植文化、石门文化、崇山文化、大溪文化、屈家岭文化分布区的三苗文化集团生活区域内。后来逐渐传播到仰韶文化和龙山文化分布区的华夏文化集团,以及今山东、河南东南和安徽中部一带,即大汶口、龙山文化和青莲岗文化江北类型分布区的东夷文化集团。研究鬲和鬲文化,可以了解人类发展史,探究出了人类文明的起源,乃至中华文明的源头。

从社会学角度来看,鬲与鬲文化的发展促进了人类的社会化进程,对远古人类的进化及其脱离蛮荒具有重要作用。鬲是一种重要的炊食工具,是为烹饪而发明创造的。鬲的出现,说明当时人类的食物以谷物为主,标志着人类从游荡迁徙的蛮荒生活状态中逐渐定居下来,开始了原始的农业生产,也说明人类社会的第一次分工出现,由此进入熟食时期,加快了人类文明演进的步伐。鬲与澧同音,很可能由最早学会人工植稻的澧水先民发明了这种以煮食谷物为主的炊具。这在人类发展史上是一个伟大的进步,是人类劳动实践的必然结果,也是鬲在人类历史进程中发挥重要作用的突出表现,推动了人类生活方式的改变。在鬲出现的时期,人类定居已经成为一种常态。鬲对于人类以血亲关系组成家庭有重要的促进作用。一个家庭成员的食物在鬲中加工和食用,各成员之间围绕食物便产生了分工与联系,鬲的使用使家庭成员间的关系越来越紧密。这种生活方式为人类血亲关系的形成和家庭的出现奠定了基础,使人类的组织活动结构逐渐发生变化,血亲关系更加紧密,不再以大部落式、大群居式结体生活。取而代之的,是以血亲关系为核心的家庭结构形式,这就十分有利于人类的社会化进程。即使现在,家庭仍然作为社会的细胞而存在。鬲的这种功用在今天仍有体现,如我们把一个单位或一个集体形象地比作"在一个锅里吃饭"或"在一个锅里搅勺把"。从一定意义上说,"鬲"以及如今的"锅"已经成为家的象征或代名词。在古代,家庭是基本的自给自足单位。所有家庭成员共同参加生产劳动、狩猎、采集和修造住所,为家庭提供必需的生存物质。家庭成员的劳动有大致的分工,男性主要承担体力劳动,女性则承担技巧性的劳动,从而形成了稳固的社会基础。人们从家庭中学会了对冷暖的感知和基本的生存技能,也学会了对自我的认知,对社会的基本了解,对人和事的态度,逐渐产生了人类文化。从鬲与家庭的联系以及家庭在人类社会发展中的作用分析,可以判断,从鬲到鬲文化的进程,正是人类的社会化进程,正是这种社会化的进程才使鬲文化不断发展,鬲文化的发展又促进了人的社会化,体现了社会分层结构的特点。鬲、鼎起初都是寻常百姓用品,二者的分化主要是由于用途和使用范围发生的变化。鬲用于煮粥,鼎用于煮食大的动物,在体形上鬲要比鼎小。鬲始终作为百姓的日常用品而大量存在,最为庄重的用途不过是在祭祀先祖时用于摆放祭品而已。鼎比鬲大,可以烹煮整个动物,寻常百姓很难吃上较大的动物,鼎便成为贵族和上流社会的用品。到了青铜器的商周时期,鼎不仅是实用品,也是奴隶主贵族身份和权势的象征,在使用上有着严格的制度。据《礼记》一类的书记载,西周时,天子用九鼎,诸侯用七鼎,卿大夫用五鼎,士用三鼎或一鼎,而一般平民和奴隶则不能用鼎。鬲、鼎就是这样随着它们用途的变化,其文化含义也发生了深刻变化,鼎从贵族专用品而最终走进了国家的殿堂,成为政权象征的重器。可以说,鬲、鼎的分化就是等级社会形成的重要标志之一。从鬲文化的研究中,我们可以得出人类社会的雏形形成于鬲出现之后的结论,它在人类社会发展中具有重要的研究价值。

　　从政治科学的角度来审视,鬲与鬲文化的发展对国家政治组织形式和政权实现方式有着广泛的影响。鬲文化的发展促成鬲的所在国较早的政权组织产生。从桑植澧水朱家台和永保大酉水(桑植有小酉水)不二门考古资料研究可知,鬲锅很可能是祝融族有鬲氏在湖南澧水酉水流域首先发明创造的,因器貌像形为"鬲",因产地为澧水而读音为"lì",又因制鬲之人为三苗部落的仡(gé)佬族,又可读音为"果"。发明者有鬲氏很可能就是西澧氏。"鬲"的发明创造改变了人们的生活方式,推动了社会进步,有鬲氏(西澧氏)也因此被部众奉为神灵,成为部族首领,他所领导的部族逐渐成为从事鬲制作的专业部族,成为鬲国,并很早就迁徙到了山东半岛,故今山东省德州市附近就有鬲国遗址,为夏朝时的一个方国。历史文献中关于夏朝的记载很简单,鬲国到底是怎么形成的,它到底是一个什么样的"国家",目前还没有出土文物或遗址发掘,难以考证,只是在一些文献中略有记载,在很长的一段时间内,鬲国比较稳定,直到西周初年被周武王所灭。据考古资料及史料记载,有鬲氏及鬲国曾扶助少康中兴。史书记载"古鬲国,偃姓,皋陶后,汉为县",说明鬲国就是有鬲氏部落,是同斟灌氏、斟寻氏、有虞氏等一样的部落。鬲国的形成应该是在夏建立以前,那时它还只是一个小部落,有鬲氏因为善于制作鬲,也就是说因手工艺发达而比较有名。当夏启攻灭有扈氏,夏王朝的统治得到各部落首领的承认以后,有鬲氏也就成为夏的一个重要部落国。这是后来真正意义上的国家雏形,已经具备了国家的一些基本要素,有了严格的等级、专门的管理机构、国民遵循的组织纪律。这种国家的出现,应该说是人类社会政治生活的真正开始。鬲文化是中国家天下政治文化的源头之一。鬲由炊具上升为祭祀礼器，自然也与家有着难以割舍的联系，使家的观念和意识在祭祀中得以体现。宗庙祭祀制度的长期发展，对维护宗族团结，维护宗法制度起到了一定的作用，影响了一代又一代中国人的宗族观念。纵观整个中国历史，不论政权怎样交替，战乱如何频繁；不管是汉人统治全国，还是北方游牧民族统一全国，万变不离其宗，那就是宗法制度深深地影响了一代又一代的中国人，各朝各代宗法制度的模式基本上循而未改，世代相传，使中国传统社会结构具有明显的家天下特征。家与国的组织系统与权力分配都是严格的父系家长制。这种宗法关系的长期存在，导致了中国社会"家国同构"的格局，家族的权力掌握在家长手中，国家的权力掌握在君主手中，国家的政治首领其实就是家长的化身，所谓"忠孝相通""家国一体"，都是建立在宗法制的基础之上的，直至今日，人们的尊祖祭祖意识仍然是很浓厚的。

第二节　古庸旧地积淀丰富多彩的用火习俗

（一）烧石灰习俗

古代社会，烧石灰习俗颇多，开山打石先要择日、供山神、祭工具。装窑时必祭窑神，以糯米饭做的白糍粑为祭品。严禁妇女走近窑边。称石为"料"，不可唤石，大个的石头称"大牛"，小个的称"细料"、长形的称"大挑"，锄头称"师傅"。烧窑从开始放火至大火上顶之前，窑头周围封禁，生人不得走入禁区，违者罚烧茅草20把。

石灰石是生产石灰的原料，在当地随处可见，都是上等的赤裸裸的露天矿。开采石灰石是一件既辛苦又危险的活，整个过程分两个步骤：打炮眼、放炮。其工具很简单：铁锤、钢钎、雷管和炸药。打炮眼由两人共同作业，一人抡锤，一人扶钎。抡大锤的人要眼明手准，扶钢钎的人要心静手稳，两人的配合要非常默契，注意力要高度集中，否则，思想一开小差，铁锤就会砸到手臂上去。

茅柴是烧石灰的燃料。一般在烧灰前两个月就要将茅柴砍好、晒干，然后再捆把、挑运、堆码。一担干茅柴重一百二十斤左右，分六小把，每三把捆在一起为一头，垒起来高约九十公分。挑茅柴时，先将扦担的一端向下插进一头茅柴，以扦担为杠杆，两只手臂分别作为力点和支点，将重物茅柴翻过一百八十度，竖在空中，再将其举起，使扦担的另一端达到齐胸的高度，然后向下插进另一头茅柴。当两头茅柴都稳稳地挂在扦担上后，就可以起肩挑运了。

窑是烧石灰的设备。说是设备,其实很简单,就是一个圆柱形的大洞,洞口朝天,洞的下半截直径略小,洞壁用耐火砖砌成。洞壁上开有烧火口和出灰口(兼作风门),烧火口离地面的高度为一米二左右,出灰口在烧火口的下面。从洞口向下俯视,在两个同心圆的重合面,沿洞壁可见有一个宽约二寸的环形圈。除三口外,整个窑洞都埋在地中。

装窑技术也是很重要的。装窑从环行圈开始,先用小片石头摆放,然后一层一层地加高,石块也一层一层地加大,最后砌成一个半圆的拱形,整个一窑石头的重量全部通过这个拱形传递到环形圈即窑洞壁上。说穿了,装窑技术,其实就是砌这个拱形的技术。构成拱形的每一块石头都要承受一定的压力,只要有一块石头松动,都可能导致整窑石头或石灰坍塌,将人压伤、烧伤,甚至夺去人的生命。所以,在砌拱形时,每一块石头在师傅们的手里都反复地比画,反复地摆试,不合要求又反复地修整或更换,必须保证砌好后确实稳当,来不得半点含糊。

当所有前期工作都完成后,接下来便是点火烧窑。从点火开始,一直到石灰烧成,需要四天四夜,中途不能熄火。因此,所有参加烧石灰的人,都必须吃住在窑上。烧石灰是烧者所在集体或单位里的一大盛事,自然伙食也就开得较好,有酒有菜(当地称猪肉为菜)。烧石灰没有妇女参加,不完全因为这是一件既耗费体力又要经受高温的作业,还包含了些许迷信色彩,说什么女子上窑,会导致窑的垮塌。烧窑确是一件很辛苦的活,要将火烧旺,必须不停地向窑中添加茅柴。大把的茅柴单纯用双手和火叉是塞不进去的,全靠用胸部及全身的力气将其顶进去,那姿态就像黄继光堵枪眼一样。有时茅柴没能及时跟上,火从火口喷出,将头发和眉毛烧着的情况常有发生。每每烧窑下来,总是满脸被烟火熏得墨黑,双手挂着血痕,浑身汗得透湿。火口吞食的不仅是茅柴,还有灰农们的血汗。

翻石烧灰的习俗由来,相传有这么个典故:从前有一个真命天子,由于前世造孽,在他七八岁那年,玉皇大帝派遣天兵天将四处追杀。一天,天空顿时乌天黑地,电闪雷鸣,天兵仍穷追不舍。这位天子害怕得不得了,赶快躲进母亲的裙下,生怕被雷电击中,牙齿紧咬着母亲的衣角不放。好容易逃过一劫,却将自己高贵的身躯换成了一副下贱的讨饭骨头,唯独保留一口天子独有的金口银牙。长大后,游手好闲,以乞讨为生。某日中午时分,路过灰窑,向正在用餐的灰民乞讨。这位灰民出于好心,在一叠玉米果(食字旁)里,从中间抽了个热一点的给他吃,谁知好心不得好报,他领会错了,误认为是到中间挑个小果给他吃,由此顿起歹意,口中喃喃念道:"好啊,你看我不起,故意到中间抽小果给我吃,那么从今往后,我也叫你到灰窑中间翻个烧。"灰民听见这番蹊跷话心急了,想,若真是这样,那烧灰的麻烦可就大了。为讨个好口彩,耐心向他解释挑选的真情实意。他一听,这不是恩将仇报吗?急忙改口说:"既然这样,那好,你们就在上面随便翻动一块吧。"从此,这一开窑翻石的习俗世代相传,延用至今。

(二)烧土锅习俗

烧土锅是土生土长的农民在酸涩日子里的一种香甜点缀,在艰难贫困岁月里的一种美好咀嚼。而今物质生活富裕了的乡村孩童不再也不大会垒土锅、烧土锅,很难体会与感知出其中的酸酸甜甜。倒是经历过那个时代的人,抽点空闲,找个时间,带着孩子,亲手垒一次土锅、烧一回土锅,吃一次带点泥土味的土锅,让记忆与灵魂复苏,抚摸并咀嚼在清风吹拂下,行走在岁月之岸的生命河谷,咀嚼清清爽爽、自然可口的土豆,心中油然而生朴素祥和的感触。

要烧土锅,先得"造"锅。土豆好吃锅难挖。这锅因陋就简,就地取材,只要天晴随时随地可造,只需选好土质及风向。避免沙土及沙滩,一般在沟头、歇地、田埂旁最好。锅头不能背风,锅底不能太浅,也不能太深。必要时还要挖个通风口,以利于走烟。我们找了块地势较高的缓坡,用铲子挖开锅门,再往深里挖挖,锅两边铲平,一个简陋的土锅就初现端倪了。

锅造好后,下一步是垒土灶。顾名思义,是用土块一层层垒起来。犁后的土块地材料最近,随挖随垒也可。我们先将锅头一圈仔细垒好,土块要适当削削,否则会垒塌。先拿出一块长方形土块,留开灶火门,试着按了按,力度好、角度巧,能经得起往上垒。这口子不能堵死,否则无法烧火。挖来土块不能太平整,要有棱有角。然后因势利导,充分利用各种土块不同的斜度与棱角,一层层小心翼翼地垒着,就像鸟雀垒窝般仔仔细细。越往上垒,土块越小,越要谨慎。这需要耐心,需要技巧,更需要沉稳的心理素质。心急气躁者,急功近利者会前功尽弃。土锅像鸟巢一样倒扣在地,在土锅的缝隙里随意塞些小土块,防止烧火时火焰钻出来。烧土锅时,谁垒土锅,谁偷土豆,谁捡拾烧柴,大体有一个分工。为了吃到香喷喷、软绵绵的土锅,谁都不愿意偷懒,谁都争先恐后,唯恐被人笑话。烧土锅没有现成的材料,随地取材,枯枝烂叶啦,草根树皮啦,谷根麻秆啦,只要能烧的就成。烧扳去粮食丢剩的麦秆,晒干的杂草,被风吹落的干树枝也是大家搜寻的目标,甚至地里随处可见的羊粪蛋蛋,都被提前捡拾了,放在深水沟其他人不易觉察的地方。垒一个土锅需要几次,垒塌了,重新再来。反正有的是时间与精力,有的是土块与人力。虽费时费力,但却乐此不疲,兴致不减,再往后垒时往往就得心应手了。有的老手,一步到位,完全是有小时垒土锅垫的底。他们说记忆能植入骨骼,渗入血液,钻入肌肉。当一种生活习俗熟而生巧,刻骨铭心了,就会轻松驾驭,游刃有余。

那纯真的日子,那云淡风轻的岁月,时时让人体味到生活的甜美,感知出人生的乐趣。

接下来的程序是烧土锅。木柴太硬,会戳塌土锅;麦草太软,火力不够强。柴草从灶火门源源不断塞进去,风也从灶火门钻进去,风助火势,火借风吹,锅里炉火熊熊,红红的火舌像一条条小小的火龙,使劲地舔着土块,不一会儿土块就烫像使人不能靠近。一直烧到土块看起来红红的,火舌从土块的空隙里钻出来,土锅里面无数条火龙在激越地跳跃、使劲地翻腾,就要"趁热打铁"砸土锅。大家拿着粗木棍,将烧红的土块砸得碎碎的。一层烧红的土块砸碎,均匀地放一层土豆。再砸碎一层,码好一层,直到最后将土锅圈边的土块砸好,再用附近的土捂(埋)住土锅。不一会儿,土锅里会散发出丝丝缕缕的香气,伴随着一股股轻烟般的气流冒出,这时要再拿铁锹埋层土,不能让一丝一缕的热气跑出。土豆是刚刚从附近农田地里挖来的,个个新鲜,带着泥土,质朴本色,在朗朗天光下,显得落落大方,煞是可爱。大家猴急猴急地等了不到半小时就铲去表层掩埋的土,焦黄焦黄的土豆半生不熟的,但一个个乐此不疲,争着抢着吃了。有的人不顾手烫,连吹带拍,将土豆表层的土吹吹,变黑的皮撕撕,先吃焦黄的皮。咬破表层,热气腾出,香香面面、软软沙沙的。一股热气顺着口腔,滑进肠胃,一种久违的亲切扑面而来,一种妥帖的抚慰植入灵魂,吃得人唇齿留香,肠胃舒畅。据说烧土豆有缓解肠胃冷寒,养胃护脾的疗效,谁见了都会抢着吃。先啃吃熟的部分,脆的扔在土锅边,到最后脆的也一扫而光(张良皋批曰:当然,土豆原生地不在中国,何时传入值得考证,烧土锅风俗不会太早)。

(三)烧木炭习俗

旧时一般农户无取暖用具,有时点燃柴草暂时驱寒取暖,老年人习惯用"火罐子"取暖,富裕之家用火笼子或烧木炭取暖。

炭窑的建造选择近水源、较平缓的地方建造,容量大小根据需要决定。大的木炭窑一般为长方体,挖成长4米、宽21米、深1.5~2米的长方体窑坑。可装入薪炭柴5000~6000千克,烧制出木炭1000~1200千克。

古湘木窑和古川木窑,通常以闷窑熄火的方法叫作窑内熄火法,所得到的炭称为"黑炭"。当木材在窑内炭化完毕时,趁热从窑内扒出,然后用湿沙土熄火的方法,称为窑外熄火法。在熄火过程中,木炭与空气接触而进行煅烧,炭的外部被氧化,生成的白色灰附在木炭上,称为"白炭"。白炭比黑炭坚硬。

木炭主要有三种:①硬阔木炭。由硬阔叶材如壳斗科麻栎属、栲属树木为主,次要的还有桦木属等。如水青冈、桦、麻栎、苦槠、榆、槭等。②阔叶木炭。由硬、软阔叶材混合烧制的炭。如杨、椴、柳等。③松木炭。由松木或其他针叶材烧制的炭。如马尾松、红松、云杉等。

(四)烧火龙习俗

沿海古骦头海国遗民元宵节迎神赛会。闹大锣鼓,舞金狮,迎花灯,烧烟火,以祈新的一年风调雨顺,五谷丰登,吉祥如意。客家人元宵之夜迎锣鼓,烧"烟架""火龙",久负盛名,饮誉海内外。起初是由硫磺、白硝、木炭末制成火药,做火箭、火花、大犁等燃放(张良皋批曰:火药未发明之前,沿海不可能有此习俗),经过几百年来的不断演变,烟架由原来的五七架发展到今十三架,高达十多米;火龙由原来的三四段发展到今十一段,长三十余米。广场上,礼炮三声巨响,在锣鼓声中,舞龙开始,百来个小伙子挥舞火炬,赤膊飞路登场,二十多个壮士高举五米龙头,由绣球引路,近百名勇士手擎"金鲤""龙虾""鳌鱼"漫游广场。由长者点燃引火索,龙口吐出金珠来后,各段火龙发出五光十色的火花,火箭呼啸腾空,五彩缤纷。

(五)炼丹习俗

"丹砂""朱砂""辰砂"为古代方士炼丹的主要原料,也可制作颜料、药剂。晋代葛洪《抱朴子·黄白》:"朱砂为金,服之升仙者上士也。"《南史·隐逸传下·陶弘景》:"弘景既得神符秘诀,以为神丹可成,而苦无药物。帝给黄金、朱砂、曾青、雄黄等。"唐代白居易《自咏》:"朱砂贱如土,不解烧为丹。"元张可久《天净沙·由德清道院来杭》曲:"丹炉好养朱砂,洞门长掩青霞。"中国湖南辰州(今沅陵)盛产此矿物。宋代梅尧臣《记春水多红雀传云自新罗而至道损得之请余赋》:"举臆发朱砂,为瑞应火德。"元代无名氏《朱砂担》第二折:"苦奔波,枉生受。有谁人肯搭救。单只被几颗朱砂送了我头。"清代昭梿《啸亭杂录·尹文端公》:"公白皙少须眉,丰颐大口,声清扬远闻,著体红瘢如朱砂鲜,目秀而慈,长寸许。"清代沉初《西清笔记·纪文献》:"上命踪迹得之,遂令祈雨,果验。上欲赏之,李言世外人无所须,乃赐朱沙一盒。"

贵州万山是丹砂主要产区,秦汉时期,因万山曾属辰州,朱砂走水路常在辰州集散,故称"辰砂"。但历来都认为,以湖南辰州(今沅陵)产者最为地道,故以"辰砂"称之。明人王士性《黔志》写道:"虽曰辰砂,实生贵竹。"宋代沅洲通判朱辅著《溪蛮丛笑》中有"辰锦砂最良,砂出万山之崖为最"的记载。万山的朱砂不仅颗大,而且多与水晶石、白云石、方解石、石英石伴生在一起,红白相映,艳丽夺目,似雪中腊梅、银池荷莲,雍容华贵至极;加之朱砂乃地道中药,有安神、定惊之药效,传统文化中朱砂又是辟邪、镇宅之物,所以历来为收藏界所追捧,尊为"幸运之星"。现在韩国人都还保留着一个传统,每当尊贵的客人进门,主人在进茶时往往会在茶杯里放上几粒朱砂,以示尊敬。当年,万山曾贡送了一颗宝砂给女皇武则天,令她眼前一亮、龙颜大悦,连赞:"美石! 宝石!"并欣然赐名万山的朱砂为"光明砂"。

据商务印书馆2002年8月第一版《中国的解释性传说》第134页载:"丹砂井(湖南常德)—— 临沅县(今湖南常德县)有廖氏,世老寿。后移居,子孙辄残折。他人居其故宅,后累世寿(每代人得高寿)。乃知是宅所为,不知何故。疑井水赤,乃掘井左右,得古人埋丹砂数十斛(注:斛,十斗,一云五斗)。丹砂入井,是以饮水而得寿。(晋干宝《搜神记》卷十三)按:丹砂,红色或棕红色,无毒。丹砂是炼"汞"的主要矿物。中医用为镇静剂,外用可治疗癣等皮肤病,也可制作颜料。又据唐李延寿《南史·陶弘景传》载:"弘景既得神符秘诀,以为神丹可成,而苦无药物,帝给黄金、朱砂、曾青、雄黄等。"可见古代方士以丹砂为炼丹主要原料。久喝含丹砂成分井水的人,可得高寿,似有某种科学根据。这篇解释丹砂井来历的传说,讲到廖姓某家,历代享高寿,后移居别村,子孙常残疾或夭折。别人在他的故居住下,子孙同样享高寿。于是初步认定高寿和那住宅有关,后向这一家水井旁边挖去,得到古人埋下的几十斛丹砂。终于明白高寿和喝那井水有关。故事有传奇色彩,但有合乎科学之处。

炼丹术分内丹和外丹。内丹术,乃道家及道教人士对气功之称,以修练成仙而达至长生不老为最终目的。此术以人体为丹炉,故称"内丹",以别于"外丹"之用鼎为炉。内丹术起于战国之前,盛于唐宋。传统上,气功之主要修练及研究者皆为道门人士以及深受道门医学影响的医师。固华夏传统气功,均属内丹功。内丹功之根,乃是阴阳之变、五行生尅、天人合一、天人相应等道门理论,以及丹士所掌握的丰富中华医学知识。唐宋之时,道家已受阴阳家及儒家等外门的影响,理论仍以老庄之学为根,然而整个体系,已远超老庄之学。纳外气、养内气、和阴阳、通经络,并以"炼精化气、炼气化神、炼神还虚"贯彻其中。汉晋唐时代,内丹功渐与道门武学融为一体,成为内家武学。内家武学暗藏内丹术,并能致用,固不少修道者亦以内家武学为炼丹修心之捷径。修炼内丹或内家拳,一般能使弱者体质于一两年内迅速转强。太极拳名家吴图南、陈微明等,均属此列。今练内家拳图以强身者众,唯多不知内家拳强身之妙,在其隐于心法中之内丹功。若只谙外形,实在无用,缺者正是内丹术。

丹砂又称朱砂和辰砂、丹砂、赤丹、汞沙,是硫化汞(化学品名称:HgS)的天然矿石,大红色,有金刚光泽至金属光泽,属三方晶系。朱砂主要成分为硫化汞,但常夹杂雄黄、磷灰石、沥青质等。朱砂有解毒防腐作用;外用能抑制或杀灭皮肤细菌和寄生虫,至于其有无镇静催眠作用,认识不甚一致。朱砂为汞的化合物,汞与蛋白质中的疏基有特别的亲合力,高浓度时,可抑制多种酶和活动。进入体内的汞,主要分布在肝肾,而引起肝肾损害,并可透过血脑屏障,直接损害中枢神经系统。

辰砂有很多用处:《本经》:"养精神,安魂魄,益气,明目。"《别录》:"通血脉,止烦满、消渴,益精神,悦泽人面,除中恶腹痛,毒气疥瘘诸疮。"《药性论》:"镇心,主抽风。"《日华子本草》:"润心肺,治疮疥痂息肉,服并涂用。"《珍珠囊》:"心热非此不能除。"李杲:"纳浮溜之火而安神明。"《医学入门》:"痘疮将出,服之解毒,令出少。治心热烦躁,润肺止渴,清肝明目,兼辟邪恶瘟疫,破癥瘕,下死胎。"《纲目》:"治惊痫,解胎毒、痘毒,驱邪疟,能发汗。"《本草从新》:"定颠狂,止牙疼。"

(六)火把节习俗

火把节是古庸后裔彝、白、纳西、基诺、拉祜等民族的古老而重要传统节日,有着深厚的民俗文化内涵,享誉海内外,被称为"东方的狂欢节"。不同的民族举行火把节的时间也不同,大多是在农历的六月二十四日,主要活动有斗牛、斗羊、斗鸡、赛马、摔跤、歌舞表演、选美等。在新时代,火把节被赋予了新的民俗功能,产生了新的形式。"火把节"共庆祝三天:

火把节第一天:祭火。这一天,人人穿着自己心爱的礼服,高高兴兴。村村寨寨都会宰牛杀羊,摆好宴席,五花八门的肉,又香又甜的酒,这些香味芬芳四溢,把它敬神,神也会赞不绝口。夜幕降临时,临近村寨的人们会在老人们选定的地点搭建祭台,以传统方式击石取火点燃圣火,由毕摩(彝族民间祭司)诵经祭火。然后,家家户户,大人小孩都会从毕摩手里接过用蒿草扎成的火把,游走于田边地角,效仿阿什嫫以火驱虫的传说。

火把节第二天:传火。这一天,家家户户都聚集在祭台圣火下,举行各式各样的传统节日活动。小伙们要效仿传说中的阿体拉巴,赛马、摔跤、唱歌、斗牛、斗羊、斗鸡。姑娘们则效仿传说中的阿诗玛,身着美丽的衣裳,撑起黄油伞,唱起"朵洛荷"、达体舞。在这一天,最重要的活动莫过于彝家的选美。年长的老人们要按照传说中阿体拉巴勤劳勇敢、英武神俊和阿诗玛善良聪慧、美丽大方的标准从小伙姑娘中选出一年一度的美男和美女。夜幕降临,一对对有情男女,在山间,在溪畔,在黄色的油伞下,拨动月琴,弹响口弦,互诉相思。故也有人将凉山彝族国际火把节称作"东方的情人节"。

火把节第三天:送火。这是庸属凉山彝族火把节的高潮。这一天夜幕降临时,人人都会手持火把,竞相奔走。最后人们将手中的火把聚在一起,形成一堆堆巨大的篝火,欢乐的人们会聚在篝火四周尽情地歌唱、舞蹈,场面极其壮观。故也有"东方狂欢夜"之称。

(七)上刀山下火海表演

作为祝融、驩兜后裔的土家族人,豪爽、痛快。在其形成与发展的历史进程中曾经饱经患难、备受欺压,几度被迫举族迁徙却能泰然。因而,同其先辈庸楚民族一样,养成了团结、勇敢、尚武的民族精神,上刀山下火海最能体现这种精神。

在今武陵源梦幻张家界大剧院影响最大的一项演出就是上刀山下火海。节目以古庸大山里最原始的素材为蓝本,经过艺术加工,旨在向游客展示庸属大武陵地区神秘的巫傩文化。

土家人对火情有独钟。火是土家族敬仰的神灵,是他们对付野兽的重要防卫工具。在与火相伴的日子里,他们练就了抗火的神奇本领。他们赤裸身体,用火烧身体的任何一个部位,却没有任何损伤;他们可以把火吃进肚里,然后吐出来;男性表演者还能把火把插入裆内,任火燃烧,引来场下一片尖叫。苗家的芦笙表演很是独特。他们一边吹笙,一边赤脚踩在锋利的刀口上,悠然自得,脚板却能安然无恙。三人合一的功夫更是让人叫绝。两人骑坐在一人的身上,同时吹响芦笙,最下面的人一边慢慢转身,一边使劲跺脚,他脚下的啤酒瓶碎片不断发出咔嚓咔嚓的碎裂声。每当祭祀时,他们都要念咒、挽节、卜卦、求神,得到神灵的佑护,然后再进行表演。在白色不锈钢柱的两边各焊接着刀刃锋利、银光闪闪的29把钢刀,高15米。梯玛师赤脚攀登,整个刀山随之转动,梯玛师表演金凤展翅、倒挂金钩等高难度的动作。五六块烧得通红的烙铁,腾腾冒着热气,梯玛师光着赤脚直接踩在通红的烙铁上,烙铁上冒出青烟,而梯玛师的双脚完好无损。

(八)燧石取火习俗

打火石俗名燧石、黑硅石,主要成分是二氧化硅,另一种成分是铁,两相击打时,火石表面受热,铁屑飞溅出去,与空气中的氧发生反应,发出火光,生成四氧化三铁。

如今,取火已不足挂齿,满街都有打火机卖,一个可用几百回。早些年,也有"自来火"——火柴,一盒两分钱,100粒火种。但古人取火则费尽心机,还有不少传说。

西方国家有位盗火英雄叫普罗米修斯,他从天上盗火给人世间,触怒宙斯,被锁在高加索山的悬崖上,让老鹰每天去啄他的肝脏。我国有燧人氏、祝融氏传说发明"燧石取火"与"钻木取火",被拥戴为"燧皇"和"赤帝"。后世《考工记》又有"金锡为镜,向日取火"的记载。

20世纪60年代,还有人使用最原始的打火镰,估计是改良后的燧石取火。钻木取火到底怎么操作,古文献记载不是很详细,以致样样发明创造都止于传说。前不久中央电视台专程赴偏僻山区采访,再现钻木取火过程,竟然颇费周折。

火镰取火需要火石、火镰、火绒三要素。

火石,只要是打得出火来的石头都是火石。据说古代人常用的是硅质岩石。火镰是一截铁条。软铁不行,生铁不错,有钢者最好,状如镰刀,故曰火镰。为携带方便,长十来公分即可,宽不到一公分,厚半公分左右,撞击面粗糙一些,有锯齿更佳。火绒,就是木柴的绒、艾蒿的绒叶、火草等。

三样备齐,即可取火。一手捏火石、垫火绒。一手拿火镰,由上往下撞击,遂有火花迸出。待火绒冒烟,再吹几口气,火绒即升起火焰。无论是钻木取火,还是燧石取火,火绒都是必备之物。东汉以后古庸旧地湘籍蔡伦发明造纸后,火绒多由草纸取代,称"纸媒子"。

"纸媒子"是用草纸卷的空心管,直径五毫米,长十几公分。大凡抽烟之人,都用"纸媒子"。"纸媒子"能驻火,不需要点火的时候,就吹灭火焰,却不完全熄火,火圈慢慢往后面熔蚀,不会很快燃烧完。一锅烟抽完了,换一锅烟,需要再点火的时候,就吹现火焰点烟。吹"纸媒子"时,应对准火圈吹气,见火圈亮了,突然伸出舌头,堵住嘴唇出气口,止住气流,发出"忽"的一声,火焰就升腾了。

"纸媒子"更重要的作用还在于引火(张良皋批曰:纸媒子必须保有端头黑碳,否则燃不起来),比火绒强,更容易点着,比火绒节省,方便,故一直常用不废。

钻木取火

(九)火祭地蚕习俗

火祭地蚕的仪式与考古文化相印证。据《文化时报》和《美国华侨报》1996年报道,"宁乡出土商代铜铙21件的师古寨,是商代的祭祀遗址",铜铙上就铸有饕餮纹、龙纹和地蚕纹。成组的铜铙编钟曾在香港回归大典上演奏《回归颂》,而名扬天下。遥想当年,在商代以前的气候高温期盛行火祭地蚕的仪式景观,每当"二月二,龙抬头",地蚕暴发,便继承祖制,在祭坛立起龙图腾柱迎祭龙星授时,把捉来的地蚕,放在立柱下的鼎内煮祭,实行"以龙镇辰(地蚕)"的巫术。并有人祭祭天,钟鼓齐鸣,火把林立,歌舞狂热。在图腾神化的祭祀中,他们相信祖先的巫术作用,通过的龙与地蚕两相"触染"和"互变",就能征服自然,统一自然,达到"人与自然和谐"的最高理想。接着,就此将祭祀的烈火漫延到了山野田庄,遍地火烧地蚕,便是巫术科学导引的"火耕农业"开始了。这种火祭成俗的流传,至今民间仍有"祭火龙""烧天虫"和"火把节"的遗存。神农炎帝火烧地蚕,同时发展火耕农业的宗教仪巫术。

地蚕又名地老虎,鳞翅目夜蛾科,又名切根虫、夜盗虫,俗称地蚕。多食性农作物害虫。种类很多,农业生产上造成危害的有 10 余种。其中小地老虎、黄地老虎、大地老虎、白边地老虎和警纹地老虎等尤为重要,均以幼虫为害。寄主和为害对象有棉、玉米、高粱、粟、麦类、薯类、豆类、麻类、苜蓿、烟草、甜菜、油菜、瓜类以及多种蔬菜等。药用植物、牧草和林木苗圃的实生幼苗也常受害。多种杂草常为其重要寄主。

小地老虎、黄地老虎、白边地老虎对黑光灯均有趋性;对糖酒醋液的趋性以小地老虎最强;黄地老虎则喜在大葱花蕊上取食作为补充营养。卵多产在土表、植物幼嫩茎叶上和枯草根际处,散产或堆产。3 龄前的幼虫多在土表或植株上活动,昼夜取食叶片、心叶、嫩头、幼芽等部位,食量较小。3 龄后分散入土,白天潜伏土中,夜间活动为害,常将作物幼苗齐地面处咬断,造成缺苗断垄灾害。

地老虎的越冬习性较复杂。黄地老虎和警纹地老虎均以老熟幼虫在土下筑土室越冬。白边地老虎则以胚胎发育晚期而滞育的卵越冬。大地老虎以 3～6 龄幼虫在表土或草丛中越夏和越冬。小地老虎越冬受温度因素限制:北纬 33°附近地带,1 月 0℃等温线以北不能越冬;北纬 33°以南地区,可有少量幼虫和蛹在当地越冬;而在四川则成虫、幼虫和蛹都可越冬。

小地老虎很强的迁飞为害性。1979—1980 年中国有关科研机构用标记回收方法,首次发现越冬代成虫由低海拔向高海拔迁飞直线距离为 22～240 公里,由南向北迁飞为 490～1818 公里;并查明 1 月 10℃等温线以南的华南为害区及其以南是国内主要虫源基地,江淮蛰伏区也有部分虫源,成虫从虫源地区交错向北迁飞为害。湖南省地处北纬 24°00′～30°之间(详见附录 1),是地蚕危害重灾区,预防和消灭地蚕危害是保证农作物顺利生长、农业丰收的重要环节,是先庸时期华胥国、三苗国、蚩庸国、大戎国、颛顼国、驩头国、盘瓠国、羽民国、厉山国等古湘故国先民高度重视的农事要务,火祭地蚕是赤帝祝融、女娲,炎帝神农、蚩尤,苗帝驩兜、盘瓠等古国先帝们必须亲临、亲历、亲为、亲理、亲祭的国之大事。

三苗国、驩头国、盘瓠国、厉山国等古湘故国先民防治地老虎主要采用几种很原始的方法：一是在菜苗定植前，选择地老虎喜食的灰菜、刺儿菜、苦卖菜、小旋花、百稽、艾篙、青蒿、白茅、鹅儿草等杂草堆放诱集地老虎幼虫，然后人工捕捉。二是在早春清除菜田及周围杂草，在清除杂草的时候，把田梗阳面土层铲掉 3 公分左右，可以有效降低化蛹地老虎量。防止地老虎成虫产卵。三是每日清晨在被害苗株的周围，找到潜伏的幼虫，每天捉拿，坚持 10～15 天。

今天，赤帝祝融、炎帝神农、苗帝驩兜、盘瓠等古国先帝的后裔们利用现代技术又多了几种灭虫方法：一是配制糖醋液诱杀成虫。糖醋液配制方法：糖 6 份、醋 3 份、白酒 1 份、水 10 份、90% 万灵可湿性粉剂 1 份调匀，在成虫发生期设置。某些发酵变酸的食物，如甘薯、胡萝卜、烂水果等加入适量药剂，也可诱杀成虫。二是利用黑光灯诱杀成虫。三是化学防治：在地老虎 1－3 龄幼虫期，采用 48% 地蛆灵乳油、乐斯本乳油或天达毒死蜱、劲彪乳油、灭百可乳油液、增效氰·马乳油、溴氰菊酯乳油、氰戊菊酯乳油、菊·马乳油、10% 溴·马乳油等配制药液，地表喷雾，逼杀地老虎。

（十）送灶神习俗

农历十二月下旬，人们忙着办年货。二十四日做谢灶团，以酒、果、团子、元宝糖放于盘内，供于灶前，燃放炮竹送灶神朝天。元宝糖是一种胶牙的饴糖，意为用此胶住灶神的嘴，不让他上奏人间的罪过。

现在，武陵地区仍有不少乡村流行送灶神习俗，但由于时代的变化，科学文化水平的提高，有的已经渐遭淘汰，有的地方则通过变化而继承下来。如新岁吃汤圆，清明食青团，端午包粽子、中秋尝月饼、重阳吃糕团、除夕包饺子制年糕等仍成为江南地区民俗。

如今，武陵山区许多市县成为旅游地区，居民文明程度提高，纷纷提出岁时禁放鞭炮的建议，为避免燃放鞭炮造成火灾、伤害事故及环境污染，地方政府大多规定城区内禁止燃放烟花爆竹，送灶神习俗将淡出人们的记忆。

（十一）禁回禄之灾习俗

火是危险的元素。各民族都有民谚告诫人们不要玩火，无论是真正的火，还是比喻中的火。

在中国有许多关于火患的迷信和故事。《紫白诀》曰："九七合辙，常招回禄之灾"。九七为先天后火象，书云："七赤为先天火数，九紫为后天火星。旺宫单遇，动始为殃；煞处相逢，静亦肆虐。或为廉贞叠至，或为都天加临，即有动、静之分，均有火灾之患"。此处之意较易理解。《玄空秘旨》云："午酉逢江湖花酒"，午为离火、为附丽、为中女、为欲火；兑为悦、为酒、为少女、为娼妓，复合而成该象。《飞星赋》云："青楼染疾,只因七弼同黄",五黄到处不留情也。这些象数组合,其实都没有什么科学依据,但古人对放火事务的关心和重视却是无可怀疑的。当然,象数的推论是模拟事物的发展形态,一种"场"的对应模拟,也不是完全没有作用。

据说火神名叫回禄(疑即吴回与陆终父子两火神的合称),顾名思义:回禄之灾多指火灾!《玄空九星吉凶断》中提道:"九七,克出。当其旺,男女聪明伶俐,横财就手。当其衰,男女花酒淫欲,家有回禄之灾。财产散尽,有成痨瘵,九七为先后天火,终有火灾、官灾之日。"

火灾,一直是悬于古代中国城邑之上的达摩克利斯利剑,由于中华文明发祥西南武陵大山区,木构建筑体系一直是三皇五帝以来的传统建筑,自庸、夏、商、周7000多年来,历朝历代都把防范和治理火灾作为国家管理公众事务的重要内容,建立相应的管理体制。《通鉴前编》载:"炎帝以火纪官,为火师,春官为大火,夏官为鹑火,秋官为西火,冬官为北火"。作为国家最高领导人的皇帝,要直接过问放火政务,发布相关诏书,在发生重大火灾时采取"素服、避殿、撤乐、减馔"等措施,甚至要下"罪己诏"以自责,进行"反省""修德",广开言路,征听臣民的批评和建议。《周易》曰:"水在火上,既济。君子以思患而预防之。"东汉史学家荀悦《申鉴·杂言》曰:"防为上,救次之,诫为下。"

由于最高统治者的亲为亲问,古代中国的城市在设计之初就将城市防火作为一个重要的考虑因素,并且形成了一套涵盖城市规划建筑营建、管理法规、吏政体制等各个方面相对完整的防火体系,这套体系很大程度上保证了古代中国很少发生西方城市因火毁城的悲剧。

第三节　女娲补天可能源于一次陨石雨撞击事件

传说盘古开天辟地,女娲用黄泥造人,日月星辰各司其职,子民安居乐业,四海歌舞升平。后来共工与颛顼争帝位,不胜而头触不周之山,导致天柱折,地维绝,四极废,九州裂,天倾西北,地陷东南,洪水泛滥,大火蔓延,人民流离失所。女娲看到她的子民们陷入巨大灾难之中,十分关切,决心炼五彩石以补苍天。于是她周游四海,遍涉群山,最后选择了东海之外的海上仙山——天台山。天台山是东海上五座仙山之一,五座仙山分别由神鳌用背驮着,以防沉入海底。女娲为何选择天台山呢,因为只有天台山才出产炼石用的五色土,是炼补天石的绝佳之地。于是,女娲在天台山顶堆巨石为炉,取五色土为料,又借来太阳神火,历时九天九夜,炼就了五色巨石 36501 块。然后又历时九天九夜,用 36500 块五彩石将天补好,剩下的一块遗留在天台山中汤谷的山顶上。

天是补好了,可是却找不到支撑四极的柱子。要是没有柱子支撑,天就会塌下来。情急之下,女娲只好将背负天台山之神鳌的四只足砍下来支撑四极。可是天台山要是没有神鳌的负载,就会沉入海底,于是女娲将天台山移到东海之滨的琅琊。至今天台山上仍然留有女娲补天台、补天台下有被斩了足的神鳌和补天剩下的五彩石,后人称之为太阳神石。

这些史前事件虽以民间传说或神话的形式存在,但却存在着事实依据。黑海的水下考古探测就曾发现圣经之中记载的"世纪大洪水"有事实依据。"大禹治水"虽无准确的文字记载,但该神话的事实被普遍认为是治理古代水患。那么,比大禹治水更为古老的一个神话——"女娲补天"是否也存在着这种事实基础呢?近日,中国地震局第一监测中心研究员王若柏提出,女娲补天的神话实际上可能是远古时代的一次陨石雨灾害。

依据地质地貌方法对近代陨石撞击的研究,他们推测,这次撞击发生的地域非常广,发生的时间大概在史前的某一时刻,最有可能是距今 4000 – 5000 年间。

推测当时的情景是,一颗小型彗星进入地球轨道,冲入大气层并在高空爆炸。在一个极短的时间内,形成规模宏大的陨石雨。分析女娲补天传说的内容,和这次规模巨大的天外来物(陨石雨)的撞击事件极为相似。

女娲补天故事中描述完全应当是一次规模宏大的陨石雨撞击全过程,"四极废,九州裂,天不兼覆,地不周载"是小型天体爆炸后形成的大规模陨石雨;"火炼炎而不灭"是巨大撞击、爆炸和其后在地面上引起的火灾;如果小型天体是一颗彗星,其成分主要是陨冰,而陨冰融化后形成大量的地表水,才会有"水浩洋而不息"的结果。"杀黑龙以济冀州,积芦灰以止淫水。苍天补,四极正,淫水固,冀州平,蛟虫死,颛民生。"

天外来物撞击灾害可能形成巨大的破坏,其中重要的是对古气候的影响。王若柏研究员说,第四纪地质学家研究了全新世气候的变化规律,发现有多次重要的降温事件。在距今 8500—3000 年前后全新世的大暖期是新石器古人类文明发展的一个重要阶段,但此期间也是一个气候剧烈波动的时期。其中距今 4000 多年前的一次降温事件,被称为"小冰期"的事件影响巨大。

实际上有关中华文明夏、商、周的研究也证实了这一点。依据历史文献《春秋》和《左传》等编绘的春秋时代各诸侯国的形势图圈出的古文化空缺区,与使用前述历史地貌方法划出的撞击区完全重合。

这次灾害就是陨星雨撞击事件。巨大的撞击灾害来临后,造成了大量人员的死亡和外迁,使当地繁盛的古文化从此中断。灾害过后的若干年,又逐渐形成了新的古代文化。这一灾害历经一代又一代的传说,一个美丽的神话——"女娲补天"便诞生了。

第十八章　咸峪、小咸峪、咸水村、盐井岩、盐湾村、盐井滩、盐垭村与古庸国煮盐文化

—— 庸古国是我国盐文化的发源地之一

　　人类最早何时开始食用盐,迄今尚无史籍记载或考古资料可以确切说明。但是,可以想见,如同火的使用一样,盐的发现和食用,同样经历了极其漫长的岁月。当古代先民处于"食草木之食,鸟兽之肉,饮其血,茹其毛"的蒙昧时代,尚不知何为咸味,亦不知盐为何物。

　　盐是人类生存的必需品。人类采集和产制盐的历史很悠久,最初是采集海滩上自然结晶的盐花、盐湖中的天然卤水和石盐以及露出地面的盐泉和岩盐,进而发展到用人工制。据文字记载,中国在距今 5000 多年前已利用海水制盐,4000多年前已生产湖盐,2000 多年前已凿井汲取地下天然卤水制盐。海盐的生产,先是刮取咸土,淋卤煎盐,逐步改为盐田晒制。湖盐有的是直接采捞,有的利用盐湖卤水晒制的生产,凿井由浅到深,开采天然卤水由提捞法逐步发展为自喷井法、气举法和利用深井潜卤泵;岩盐先是直接采出(旱采),后来大部分用钻井水溶法开采(水采);卤水成盐由圆锅、平锅煎煮发展为真空蒸发和热压蒸发。各种盐的产制都经历了一个由手工操作的小生产到机械化、现代化大生产的发展过程。

　　在古代,盐是商业利润最高的紧缺商品,中外皆然。两千多年前古罗马军队发的军饷,就是被士兵装在皮囊中随身当货币携带的盐,在那个食盐紧缺的时代,盐是可以充当易货的"第二货币"。通观人类文明,盐都在其中产生过深远影响,这种影响也使得今天的英语词根中"盐"与"薪水"无法分割。

　　大庸古国是我国盐文化的发源地之一,庸人是制盐之祖。古庸地区至今还保留远古时期留下的一系列与盐源、盐业、盐商有关的地名和故事。如盐矿洞、盐沙湾、盐水巷、盐场坪、咸("咸"读汉,下同)水溪、咸水峪、咸池峪、大咸池、小咸池、

大咸峪、小咸峪、大咸山、小咸山、咸水村大咸峪、小咸峪、大咸山、小咸山、咸水村、盐厂村、盐市村、盐行村、盐湾村、盐井滩、盐井岩、盐井村、盐厂村、盐市村、盐行村、盐湾村、盐井滩、盐井岩、盐井村、盐坳村、盐垭村、盐垭里、盐湾里、巫咸塌及"夙沙煮卤""庸人入巴""廪君控盐""巴蔓子献首保城""顷襄王收复鱼盐之地""贺胡子贩盐筹军饷"的故事世世代代流传不衰。

第一节　夙沙煮卤

　　《世本》记:"黄帝时,诸侯有夙沙氏,始以海水煮乳,煎成盐。其色有青、黄、白、黑、紫五样。"有关夙沙氏,汉宋衷有注,但《世本》散佚,后人引则各异。《路史》引宋衷注为:"夙沙氏,炎帝之诸侯。"《太平御览》引宋衷注为:"宿沙卫,齐灵公臣。齐滨海,故卫为渔盐之利。"宿(夙)沙是传说中人,但说明中国最早的盐是用海水煮出来的。"盐"字本象是在器皿中煮卤,天生者卤,煮成者盐。《说文》:"天生曰卤,人生曰盐。"开始煮盐,当在神农氏(炎帝)与黄帝之间。又,《尚书·说命》有:"若作和羹,尔惟盐梅"的记载,《尚书·禹贡》有青州"厥贡盐绨"的记载,即商代以前的夏代就有"贡"给奴隶主国家的盐。《周礼·天官冢宰》中就有"以咸养脉"的记载,这是周代人对盐的医疗功用的新认识。战国末秦相吕不韦集合门客编写的《吕氏春秋》有"调合之事,必以甘酸苦辛咸,先后多少,其齐甚微,皆有自起""咸而不减"的论述。

第二节　庸人入巴

最早记载巴人的古籍是先秦《山海经·海内经》："西南有巴国。太皞生咸鸟，咸鸟生乘厘，乘厘生后照，后照是始为巴人"。又《山海经·海内南经》载："夏后启之臣曰孟涂，是司神于巴，人请讼于孟涂之所，其衣有血者乃执，是请生"。最早记载顾（务）相的是《路史》："后照生顾（务）相，降处于巴，是生巴人。"《春秋》载："楚人、秦人、巴人灭庸"。这些文字虽很古朴简略，但它清楚地说明了两点。一是说明从后照起，始称巴人，巴人为大皞（伏曦）后裔。二是说明巴人实属一个古老的氏族部落。但无论怎么早，他们都是大庸崇山人的后裔—后照为崇山君（见《古三坟》）伏羲之孙，先居大庸后坪，后入主巴地成为巴人始祖，生务相，取代盐水女神为廪君；而孟涂则是崇伯鲧之重孙，即唯一一个有明确记载，代表庸国在巴地执掌祭祀的神职大吏！作为神职大吏、宗教领袖，孟涂可能带了"灵山十巫"等一大批神职人员到达巴地。据《山海经·大荒西经》记载，"有灵山，巫咸、巫即、巫盼、巫彭、巫姑、巫真、吴礼、巫抵、巫谢、巫罗十巫，从此升降，百药爰在"，郭璞《巫咸山赋》更载"巫咸以鸿术为帝尧医师，生为上公，死为贵神，封于是山，因以为名"。历史上的"灵山十巫"最后大多并入了巴国，巴人巴国一时强大到成为合并巫载、压倒楚蜀的大国，连春秋初年的楚国也听命于巴。

起于清江流域的白虎巴并非巴最早的起源，有一说巴人主源原居汉水中上游，也就是说庸巴可能是巴人比较早的一个强大方国和来源。还有一支散居在湖北松滋公安石首到湖南岳阳一带，这支巴族以著名的"巴蛇吞象"典故里的巴蛇为图腾，被称为巴蛇族，考古学家任乃强先生在《华阳国志校补图注》中认为巴蛇族"其都邑曰巴丘，今湖南岳阳北城陵矶是也"。与楚曾有过一场血流盈野、尸积成山的大战，是为巴陵古地名的来历。巴蛇族失败后退入湘鄂西，后与灭国后迁到湘西北的庸巴融合，称大庸（今张家界市）。

第三节　廪君控盐

《世本》载：廪君之先，故出巫诞。巴郡南郡蛮，本有五姓：巴氏、樊氏、晖氏、相氏、郑氏皆出于武落钟离山。其山有赤黑二穴,巴氏之子生于赤穴,四姓之子生于黑穴。未有君长,俱事鬼神。廪君名曰务相,姓巴氏,与樊氏、晖氏、相氏、郑氏凡五姓,俱出皆争神。乃共掷剑于石,约能中者,奉以为君。巴氏子务相,乃独中之,众皆叹。又令乘土船,雕文画之,而浮水中,约能浮者,当以为君。余姓悉沉,惟务相独浮。因共立之,是为廪君。"

又,《录异记》载:"李时,字玄休,廪君之后,昔武落钟离山崩,有石穴,一赤如丹,一黑如漆。有人出于丹穴者,名务相。姓巴氏;有出于黑穴者,凡四姓:婤氏、樊氏、柏氏、郑氏。五姓出而争焉,于是务相以矛刺穴。能著者为廪君,四姓莫著,而务相之剑悬。又以土为船,雕画之,而浮水中。曰:'若其船浮者为廪君。'务相船又独浮,于是遂称廪君。乘其土船,将其徒卒,当夷水而下,至于盐阳。水神女子止廪君曰:'此鱼盐所有,地又广大,与君俱生,可无行。'廪君曰:'我当为君,求廪地,不能止也。'盐神夜从廪君宿,且辄去为飞虫,诸神皆从,其飞蔽日。廪君欲杀之,不可别,又不知天地东西。如此者十日,廪君即以青缕遗盐神曰:'婴此即宜之,与汝俱生;不宜,将去汝。'盐神受而婴之。廪君至砀石上,望膺有青缕者,跪而射之。中盐神,盐神死,群神与俱飞者皆去,天乃开朗。廪君复乘土船,下及夷城。石岸曲,泉水亦曲,望之如穴状。廪君叹曰:'我新从穴中出,今又入此,奈何?'岸即为崩,广三丈余,而阶阶相承。廪君登之,岸上有平石,长五尺,方一丈。廪君休其上,投策计算,皆著石焉。因立城其旁,有而居之。其后种类遂繁。秦并天下,以为黔中郡,薄赋敛之,岁出钱四十万。巴人以赋为賨,因谓之賨人焉。"

《山海经·海内经》载:西南有巴国。太皞生咸鸟,咸鸟出乘厘,乘厘生后照,后照是始为巴人。"《路史》载:"后照生顾相,降处于巴,是生巴人。"《录异记》又载:"廪君之后,昔武落钟离山崩,有石穴,一赤如丹,一黑如漆。有人出于丹穴者,名务相。"《商书》又载:"太戊臣有巫咸、巫贤。"《吕氏 春秋·勿躬》又载:"巫彭作医,巫咸作筮。"《楚辞》又载:"巫咸将夕降兮。"《书·君奭》云:"在祖乙时,则有若巫贤。"董其祥先生认为:"武落,就是巫落,就是巫的部落。"又《山海经·海内南经》载:"夏后启之臣曰孟涂,是司神于巴,人请讼于孟涂之所,其衣有血者乃执,是请生"。又《山海经·大荒西经》载:"有灵山,巫咸、巫即、巫盼、巫彭、巫姑、巫真、吴礼、巫抵、巫谢、巫罗十巫,从此升降,百药爰在。"

从上述典籍记录中我们可以推断《世本》和《录异记》所载武落钟离山的廪君"务相"可能就是《路史》中的"顾相"、《商书》中的"巫咸"、《尚书·君奭》中的"巫贤",而"武落钟离山"则正如董其祥先生所说"武落,就是巫落,就是巫的部落。"

由上可知,廪君源出巫诞(载)部族的一支。故任乃强先生认为"先有巫载文化,后才有巴文化和楚文化。巴族承巫载文化而兴,其时间晚于巫载约一千年,比蜀文化的开展亦可早几百年。"从民族世系渊源上追溯,巴祖廪君的世系直接源于古庸崇山的伏羲和神农。

先看《山海经·海内经》的记载:"西南有巴国。太皞生咸鸟,咸鸟出乘厘,乘厘生后照,后照是始为巴人。"再看《路史·后纪三》的记载:"神农使巫咸主筮。"正是地道的庸人后裔北上巴域,在清江流域打败原始盐水部落,控制了巴地盐源,为庸国的强大奠定了开疆拓土的资源基础。

第四节　巴蔓子献首保城

渝东地区是中国岩盐的重要产地,有着丰富的盐卤资源。《华阳国志·巴志》记巴地物产有:"桑蚕麻苎,鱼盐铜铁。"《晋书·地道记》说:"水南有盐井,井在县北,故县名北井。建平一郡所资也。"《新唐书·食货志》载当时的夔门奉节县、云安县、大昌县、万州南浦县、忠州临江县、都设有盐官。这些制盐业的出现与当地有着丰富的盐卤资源当然分不开。《后汉书·南蛮西南夷传》说:"巴郡南蛮郡,本有五姓,巴氏、樊氏、瞫氏、相氏、郑氏,皆出于武落钟离山,其山有赤、黑二穴,巴氏之子生于赤穴,四姓之子皆生黑穴,未有君长,俱事鬼神。乃共掷剑于石穴,约能中的奉以为君,巴氏子务相乃独中之,众皆叹。又令各乘土船,约能浮者当以为君,余姓皆沉,唯务相独浮,因共立之,是为廪君。乃乘土船从夷水下至盐阳,盐水有神女谓廪君曰,此地广大,鱼盐所出,愿留共居。廪君不许。盐神暮则来取宿,旦即化为虫与诸虫群飞,掩蔽日光,天地晦冥。积十余日,廪君思其便,因射杀之,天乃开明,廪君于是君乎夷城,四姓皆臣之"。从这个传说中可以看出,以廪君为祖先的这个古族早期于清江流域(古夷水)与当地盐神争夺盐水,而获得盐鱼之利。

巴国历史上最著名的巴蔓子献首保城实际也就是为了保护这种盐鱼之利。《华阳国志》载:"周之季世,巴国有乱。将军蔓子请师于楚,许以三城。楚王救巴,巴国既宁,楚使请城。蔓子曰:'籍楚之灵,克弭祸难,诚许楚王城,将吾头往谢之,城不可得也!'乃自刎,以头授楚使。楚王叹曰:'使吾得臣若蔓子,用城何为!'乃以上卿之礼葬其头。巴国葬其身亦以上卿礼。"在产盐之地,时盐业之利系巴国最大利益。巴将军献首实在为保护行盐利益而牺牲。

千百年来,巴蔓子将军以身殉国的英雄壮举,在巴渝大地上广为传颂。东汉末年,巴郡临州(即忠县)名将严颜的一句"我州只有断头将军,而没有投降将军!"唐贞观八年,太宗皇帝念巴将军的忠仁,改其故里"临州"为"忠州"(即现在的忠县)。宋时,人们在忠州城内为巴将军建了一座祠庙,以供后人瞻仰,该祠早称永贞祠,后称巴王庙。每年的农历三月三日(巴蔓子忌日),忠州城内都要举行盛大的"三月会"以纪念其功绩。据明代史籍记载:"每值会期,旗帜塞巷,金鼓鸣街,彩亭锦棚,相望盈道"。成为弘扬巴蔓子英雄气概的千古名言,以至抗战时期,面对日寇飞机的狂袭滥炸的重庆名流在聚会演讲中多次引申——"中国自古有断头将军,无投降将军"。如今,在朝天门的"重庆历史名人馆"里,巴蔓子将军的塑像被安置在《第一乐章:千古英雄谱》最显眼的位置。在重庆的许多大型景观雕塑中,凡是涉及巴渝文化主题的作品,都将巴蔓子的形象摆在重要的位置,巴渝儿女以各种方式表达着对英雄的追思与敬仰。

第五节　顷襄王收复鱼盐之地

《史记·秦纪》载:"(秦)孝公元年(公元前361年),楚自汉中,南有巴黔中",《史记正义》亦云:"楚北及魏,西与秦相接。北自梁州汉中郡,南有巴渝,过江南有黔中、巫郡也。"在楚国的强大攻势下,巴人节节败退,巴国之都,先由枳(涪陵)迁到江州(重庆),再迁往合川,最后止于阆中。巴之故都——枳亦曾一度落入楚人手中。公元前316年,本为救援苴侯和巴国的秦将张仪、司马错,却"贪巴、苴之富",在灭掉蜀国之后,即顺手捎带,轻而易举地灭掉了巴国。其后38年(即楚襄王二十年,公元前278年),楚国又从巴国余部手中全力取权,导致楚都郢空虚,于是秦将白起趁虚而入,攻破郢都,并在夷陵烧毁楚先王陵墓,迫使楚都东迁至陈(今河南淮阳)。

楚人步步西进,实为争夺三峡地区的天然盐泉而起。在这场漫长而残酷的争战中,楚人不仅侵占了巴国的不少土地,而且还有大批的楚人乘势移居到渝东各地,形成了涌向三峡地区又一次规模较大的移民潮。最早处于巴楚争战前沿的三峡腹心大巫山地区,大批楚人的移入,其实早在熊挚之子以巫山为夔子国都之时即已开始。此后数百年时间内,楚人的移入或过境已是源源不断。到了战国后期,则将这场移民运动推向了高潮。正如晋人常璩所言:"江州(重庆)以东,滨江山险,其人半楚。"

战国中期的巴、蜀、秦、楚之间,展开了一场长达三百多年的合纵连横,彼此结盟、背弃、争战的历史。许多专家深入研究后发现,在这三百多年里,巴国经历了数千次战争,平均每年要发生上十次甚至数十次大小战争。一部巴人的历史,就是一部完全贯穿的战争史. 公元前 377 年,楚国出兵攻巴,首先攻占的就是清江流域的夷水(今恩施)-巴国东部的第一道盐泉所在地。巴国联络蜀国反击,企图夺回盐水的控制权,却以失败告终。此后祖居发迹之地长江南岸、清江流域一直陷落楚人之手。直到秦灭巴楚后,巴人才又悄悄回到这片热土。公元前 361 年,楚师又沿清江而上西进,兵锋直指黔中,夺取了巴国在长江南岸的第二道盐泉-伏牛山盐泉。公元前 339 - 329 年,楚威王兵锋直指巴国在长江北岸的最后一道盐泉-巫溪宝源山盐泉,占领了今巫溪、巫山一带,将其置为巫郡。至此,巴国主要盐泉之地丧失殆尽,失去了经济支柱的巴国奄奄一息。

公元前 316 年周慎王五年秋(秦惠文王后元九年),开明王朝的蜀国内乱,蜀王起兵讨伐其弟苴侯,苴侯投靠了同宗巴人。想趁机吞并蜀国的巴,为此邀强秦一同出兵伐蜀。秦灭蜀后,带兵的司马错、张仪贪巴盐之富,归国途中趁巴不备挥师剑门关,攻入巴国都城阆中,捉了巴王归秦。公元前 279 年(时为秦昭王三十六年,楚顷襄王二十年),楚国调集大军向秦国所控的巴国旧都"枳"大举进攻,夺回了郁山盐泉。秦人再次感受到了盐荒的压力,不得不再一次展开争夺盐泉的战争。楚集中兵力保盐泉所在之地,其余尽皆放弃。秦一直奈何不得楚。楚国与巴人经历了几百年战争才逐渐夺得的三峡地区,甚至连荆州以西地区,一下子全部归属秦国了。亡郢南逃到湖南避难的屈原写下《哀郢》《怀沙》等名章后,在汨罗江抱石自沉殉国。

公元前 278 年年底楚军大举反攻,又复国于郢,仍据有三峡区间的盐泉,并建立了巫郡,楚人因此不再闹盐荒了。宋玉的《高唐》《神女》两赋,就是作于这一时期。那其实是歌颂楚军复国战功和巴盐归楚的诗颂歌赋,借峡江风俗的"盐水女神",比喻楚人控盐和巫盐重入楚为"楚王与神女梦交相会"。在巴人入峡以前,三峡地区一直由一个或多个首领都被称"盐水女神"的控盐制贩的母系氏族所控制,不想后世真以为宋玉是在歌咏那个虚无缥缈的巫山神女呢。

第十九章　七星山刻木记时
高阳峒苍璧礼天

—— 太阳坪、看日山、七星山、高阳峒与大庸古国天文文化

　　中华文明的天文地理知识有一个极为古老和系统的积累过程。其初始期可上溯到二万年左右,古人以巨木刻录太阳、月亮的变化,是为杲木或表木。又经过几千年的日积月累,形成昼观太阳、夜观星辰(二十八宿)和月亮亏盈,时空间气节为一体的天文地理系统知识。《世本》载:"容成作调历,宋衷注:'容成,黄帝之臣。'澍按容成因五量,治五气,起消息,察发敛,作调历,岁纪甲寅,日纪甲子而时节定"。《史记·索隐》曰:"《世本》及《律历》云:黄帝使……'容成综斯六术而著调历。'《后汉书》注引《博物志》云:'容成氏作历,黄帝史官'。"这些记载说明黄帝时代,我国天文历法已比较成熟,但却并没有记载清楚,这些天文成就是在何处创造诞生的,通过地名调查,我敢肯定今张家界一带正是古代天文历法的创立之地。

　　据不完全统计,仅今张家界及周边地区反映大庸古国先民太阳崇拜、天文观测的地名就有 80 多处。如慈利县太阳湾村、太阳坪村、三阳村、青阳村、阳和乡、零阳镇、朝阳村、龙阳村、广阳村、枫阳村、阳坪村、阳风坪村、刻木山村、天山村、天台村、天星村、天桥村、天星桥村、旭日塌村、明月村、月亮山存、月亮岩村、月台村、月亮台村、月潭村、月塌村、月岩村、望月村、望月坪村、大星村、江星村、双星村、九星村、九星垭村、星斗村、星明村、星峪村、星岩村、星旗村、新星村、星朗岗村、光明村,桑植县青阳村、高阳村、明阳村、天台山村、金星村、银星村、月亮桥村、南斗溪村、天星山村、流天河村、天窝堂村、天平盖村、天平村、天合村、天圆村、七夕庄村、朝阳湾村,张家界市永定区北正街、南正街、日月山(地片)、太阳山(地片)、光坡垴(地片)、三星桥(地片)、看日山村、日岗岭村、明阳岗村、七星山村、子午台村、天罗山村、竿子(测日用)坪村、熊璧岩村,石门县阳高村、月亮山村、三星寺村、明月桥村、切璧村、礼阳村、接日村、重阳树村、贵阳村、月光坪村、天星寨村,沅陵县

有扶桑村、太阳池村、北斗口村,龙山县有柜格(测日用)山(地片)、报格村、银河村、天桥村、切璧村、黎明村,澧县红阳村、月池村、天河村,临澧县刻木山(地片)、青阳村、礼阳村、斋阳村、重阳村、珠日村、星日村、月星村等100多处地名。更重要的是天文之祖高阳帝在张家界市留下多处遗址。如桑植县芙蓉桥乡有高阳村,永定区枫香岗乡有高阳泉,大坪乡七星山上有高阳峒,阳湖坪乡有高阳寺等。

高阳帝颛顼是继黄帝之后一位比较有影响的上古中央天帝,在三皇五帝的五帝中排位第二,史称人文始祖。传说颛顼在少年时就显露出治国才能,十五岁辅佐西方天帝少昊治理国家,二十岁即中央天帝位,统领四方天帝。他在天文历法上的贡献尤为突出。据历史记载,颛顼帝根据进步的天文观察与测算,改革了黄帝颁行的《调历》,以初春元月一日黎明之时为立春,以此类推,定下四季和二十四节气,基本上吻合了自然规律,对农林牧业的生产起到了科学的指导作用。因此后人将他推戴为"历宗"。秦统一中国后,在全国颁行《颛顼历》。《颛顼历》是一种四分历。一回归年为365又1/4日,一朔望月为29又499/940日,以十月为岁首,闰月放在九月之后,称后九月,一直沿用到汉武帝时。从上面地名来看,很多都与颛顼事功对接。

第一节 "看日"与"望月"

天文学是一门古老而常新的自然科学,研究对象是宇宙的规律。它是以观察及解释天体的物质状况及事件为主的学科。主要研究天体的分布、运动、位置、状态、结构、组成、性质及起源和演化。天文学与其他自然科学不同之处在于,天文学的主要实验方法是观测,通过观测来收集天体的各种信息。可以想见,颛顼时代是没有望远镜的,天文观测者只有靠肉眼或比较简单的管窥器物,常年累月地精心观测才能获得相对可靠的数据和信息,颛顼浑身被晒得黝黑,又被称为黑神和黑帝。故我地古代多处建有黑神庙、高阳寺。永定区阳湖(和)坪镇屈家坊村屈原祖屋(宗坊)就与黑神庙为邻。

第二节 "刻木"与"报格"

《说文》曰:"漏,以铜盛水,刻节,昼夜百刻。"《周礼·夏官》:"挈壶氏:掌挈壶以令军井。（谓军穿井成，挈壶悬其上，令军中士皆望见，知下有井也。壶所以盛饮，故以壶表井也。）凡军事，悬壶以序聚柝；凡丧，悬壶以代哭。皆以水火守之，分以日夜。"（郑司农曰：悬壶以为漏也。以序聚柝，以次更聚系柝备守也。玄谓击柝，两木相敲，行夜时也。丧礼未大敛代哭，以水守壶者为沃漏也，以火守壶者，夜则视刻数也。分以日夜者，异昼夜漏也）。《诗序》曰："《东方未明》，刺无节也。朝廷兴居无节，号令不时，挈壶氏不能掌其职焉（挈壶氏掌刻漏）。"

《大荒西经》："西海之外，大荒之中，有方山者，上有青树，名曰柜格之松，日月所出入也。"经文"柜格之松"，长期无解。其实，根据"日月所出入"可知，柜格之松当与天文观测活动有关，而"方山"很可能是一座四方台形的天文观测站。所谓松木上有柜格，大约是在一笔直竖立的松木上，横向平行插有或绑有若干横木，这些横木彼此相隔一定的尺寸；观测者每天都在距离柜格松的一个固定位置上，观测日月升起的高度在第几格的横木上，并据此刻上的记号和表格，据此来判断一年的季节变化（最高的横木表示夏至，最低的横木表示冬至）。也就是说，柜格松可能是最早的天文仪器之一，亦即后世圭表的前身。事实上，圭字和表字，正是源自柜格松的象形。不过，由于使用这种观测方法眼睛容易被灼伤，以后人们才逐渐改为观测圭表影子的方向和长短，不再需要"柜格"了。《拾遗记》亦记有："帝子（少昊）与皇娥泛于海上，以桂枝为表，结薰草为旌，刻玉为鸠，置于表端，言鸠知四时之候，故《春秋传》曰司至是也，今之相风此之遗象也。"

第三节　"扶桑树"与"太阳池"

1. 汤谷上有扶桑

《海外东经》："下有汤谷。汤谷上有扶桑，十日所浴，在黑齿北。居水中，有大木，九日居下枝，一日居上枝。"汤谷又称阳谷，郭璞注："谷中水热也。"扶桑又称扶木，《文选·思玄赋》注引《十洲记》："叶似桑树，长数十丈，大二十围，两两同根生，更相依倚，是以名之扶桑。"所谓"十日所浴"云云，表明这里是举行演示太阳运行巫术活动的地方，演示者即《大荒南经》记述的"生十日"的羲和，而汤谷、扶桑则是演示场景和道具。这是因为，古人直观看到火热的太阳升于东海之上，便推测想象太阳升起的地方是一处热水沸腾的山谷，并称之为汤谷。与此同时，由于古人采取甲乙丙丁戊己庚辛壬癸十天干记日，十日为一旬，周而复始，便认为天上共有十个太阳，它们轮流东升西落，其模拟场景即"九日居下枝，一日居上枝"。因此"扶桑"当有"不丧""无伤"之义,亦即该树不会被太阳炙伤。《淮南子》曰:日出於阳谷,浴於咸池,拂於扶桑,是谓晨明。登於扶桑之上,(扶桑,东方之野。)爰始将行,是谓胐(音斐)明(胐明,将明也)。至于曲阿(曲阿,山名),是谓朝明。临于曾泉(曾,重也。早食时在东方多水之地,故曰曾泉),是谓早食。次于桑野,是谓晏食。臻于衡阳,是谓禺中。对于昆吾(昆吾丘,在南方),是谓正中。靡于鸟次(鸟次西南方之山上),是谓小迁。至于悲谷(悲谷,西南方之大壑),是谓晡时。回於女纪(女纪,西方阴地),是谓大迁。经于渊泉,是谓高春。顿於连石,是谓下春(连石西北山名,言将欲冥,下蒙悉春,故曰下春)。爰上羲和,爰息六螭,是谓悬车(日乘车驾以六龙,羲和御之,日至此而薄于虞泉,羲和至此而回六螭,即六龙也)。薄於虞泉,是谓黄昏。沦于蒙谷,是谓定昏。日入崦(音淹)嵫(音兹。示日落尝山)。经细柳(细柳,西方之野)。入虞泉之池,曙於蒙谷之浦(蒙谷,蒙汜之水)。日西垂,景在树端,谓之桑榆(言其光在桑榆树上)。

上述古籍引文中所描述的天文现象和天文观测活动牵涉今张家界许多地名,汤谷在温塘,扶桑在沅陵,咸池在汨湖,衡阳在湘中,昆吾即昆仑亦即天门,下春即崇山之下,渊泉即玉泉。证明今张家界一带是古代天文历法的诞生地,是远古文明的摇篮!

2. 太阳池与太阴池

古代太阳池由太阴池互换而来。据说太阳池一夜之间干涸,所有的水都从地下涌入太阴池。干涸了的太阳池易名太阴池。注水的太阴池改称为太阳池。太阴池边长满了芦苇。干涸了的太阳池里芦苇丛生,活像一个断足的巨鳌爬在太阴池东侧。黑水喷涌的地下水呈芦灰颜色。这种自然环境也成就了女娲补天神话的思维物质基础:天下裂口,地下洪水从渊底喷涌。女娲杀水妖黑龙,平息水患,断巨鳌四足,重建天柱,然后拔取芦柴,烧炼出青、黄、蓝、白、黑五彩石。待到芦柴成灰,补住了天上裂开的口子,挽救了人类。

《山海经·大荒西经》中所记女娲造人和补天的神话故事,是对没有信史记录的史前社会的一种诠释,其表现形式是一种扑朔迷离的神人合一的想象。后人要知其衷,须拨开重重迷雾进行破译。太阳池这个地方可以为女娲造人和补天以及后来大禹治水找到破译点。

3. 今日太阳池

今日太阳池是一种以太阳辐射为能源的人造的盐水池。它是利用具有一定盐浓度梯度的池水作为集热器和蓄热器的一种太阳能热利用系统。盐水池中随着深度的增加温度也在增加,池底温度高于池表面温度,因此可以利用池底这部分热能。太阳池主要分为非对流型太阳池和薄膜隔层型太阳池。夏末时,1.32m深的湖底温度达到 70℃;早春,湖底温度也高达 26℃。1979 年,以色列建造的 150kw 太阳池发电厂投入了运行。当今世界能源短缺,开放新能源日益被人们重视,这样就促使太阳池在广泛应用领域的研究得到了飞速的发展。

第四节　"天台"与"天梯"

1. 天台就是悬圃

天台就是悬圃,有悬圃的地方必有天梯,也必须有天梯。所有的神话都必须以现实生活为基础。传说在昆仑山顶(实即天门山顶),有金台、玉楼,为神仙所居,也称悬圃(天门山和崇山共有四大悬圃),后泛指仙境。语出《楚辞·天问》:"昆仑悬圃,其尻安在?"王逸注:"昆仑,山名也,其巅曰悬圃,乃上通於天也。"南朝梁刘勰《文心雕龙·辨骚》:"昆仑、悬圃,非经义所载,然其文辞丽雅,为词赋之宗。"唐太宗《帝京篇》之十:"无劳上悬圃,即此对神仙。"清纪昀《阅微草堂笔记·滦阳续录二》:"所谓瑶池、悬圃,珠树芝田,概乎未见。"又古神话传说中最高天帝——黄帝的花园和居所,悬于空中,植有各种神树异草。

2. 悬圃多为天文观测点

张家界市至今还有几处天台山地名,天门山有四大悬圃,皆在高阳峒周围,应该与颛顼帝观天制历有很大关系,而且代代相传,直到汉、唐仍沿用不衰。唐代官署名司天台,掌监察天文,稽历数。凡日月星辰、风云气色之异,率其属而占。有通玄院,以艺学召至京师者居之。凡天文图书、器物,非其任不得与焉。每季录祥眚送门下、中书省,纪于起居注,岁终上送史馆。岁颁历于天下。乾元元年,曰司天台。艺术人韩颖、刘烜建议改令为监,置通玄院及主簿,置五官监候及五官礼生十五人,掌布诸坛神位,五官楷书手五人,掌写御书。有令史五人,天文观生九十人,天文生五十人,历生五十五人。初,有天文博士二人,正八品下;历博士一人,从八品上;司辰师五人,正九品下,装书历生五人。掌候天文,掌教习天文气色,掌写御历,后皆废省。

3. 天梯就是建木

"建木"是上古庸先民崇拜的一种圣树,位于天地中心。传说建木是沟通天地人神的桥梁。伏羲、黄帝等众帝都是通过这一神梯子上下往来于人间天庭的。《山海经·海内南经》曰:"有木,其状如牛,引之有皮,若缨、黄蛇。其叶如罗,其实如樂,其木若藍,其名曰建木。"郭璞 注:"建木,青叶,紫茎,黑华,黄实,其下声无响,立无影也。"《山海经·海内经》:"建木,百仞无枝,有九欘,下有九枸,其实如麻,其叶如芒,大暤 爰过,黄帝 所为。"《吕氏春秋·有始》:" 白民 之南,建木之下,日中无影,呼而无响,盖天地之中也。"《淮南子·墬形训》:"建木在 都广 ,众帝所自上下。"唐代卢照邻《病梨树赋》:"建木耸灵丘之上,蟠桃生巨海之侧。"《海内南经》:"有木,其状如牛,引之有皮,若缨、黄蛇。其叶如罗,其实如栾,其木若区,其名曰建木。在契窳西弱水上。"所谓建木如牛,郭璞注:"《河图玉版》说,芝草树生,或如车马,或如龙蛇之状,亦此类也。"其实,牛字本有大意,植物种之特大者,其名前可加牛字形容。所谓"引之有皮"者,即剥下的建木树皮有丝絮状如冠缨或黄蛇。所谓"其叶如罗",或谓绫罗,或谓网罗,或亦可指其树的树叶呈星罗棋布状。栾木已见《大荒南经》云雨山"群帝焉取药"。郝懿行认为建木即刺榆。《海内经》记有九丘建木,袁珂认为建木即"天梯"。

第五节　"切璧"与"礼阳"

古人主张天圆地方,因为天是圆的,又是苍色(青色)的缘故,所以有"以苍璧礼天"的说法。古人以玉的颜色和形制,来配合阴阳五行之说,从而产生了祭祀天地四方的礼器,即俗称的"六器"。玉璧就是"六器"之一。《易坤灵图》曰:"至德之萌,日月若连璧。"《易参同契》曰:"日为流珠,青龙之俱。"(日为阳,阳精为流珠。青龙,东方少阳也。)

古往今来,"玉"字在人们心目中都是一个充满美好与祥瑞的字眼。几千年来,玉在中国人的精神领域里扮演着一个不可或缺的角色,中国玉器不但有着优美的质地和造型,而且深具人文观念、情感和民族精神。玉璧是中国古代玉器中最为常见的器类之一,它不仅延续时间长,且具有极高的历史和考古价值。玉璧作为玉制礼器之一,最早出现于新石器时代。而关于璧这种器物最有名的记载就是春秋战国时期有关和氏璧的故事。人们所熟知的成语"价值连城"与"完璧归赵"就是出自这个故事。

玉璧在造型上并不拘泥于扁圆形,还有其他的形状,如连环璧、出廓璧等。连环璧就是指多个璧体连在一起的玉璧。在玉璧的孔内或外侧一端凸出一块近三角形的镂雕装饰部位,装饰部位的高度往往超出玉璧的直径,这种玉璧则称之为出廓璧。有时还在上面刻有"益寿""宜子孙"等代表吉祥的字样。

玉璧自古以来就是权力、地位、财富、神权的象征。《周礼·大宗伯》中记载："以玉做六器,以礼天地四方;以苍璧礼天,以黄琮礼地,以青圭礼东方,以赤璋礼南方,以白琥礼西方,以玄璜礼北方"。可见玉璧作为礼器,在祭祀中的首要地位。同时,玉璧也属于"六瑞",《周礼》记载:"王执镇圭,公执桓圭,侯执信圭,伯执躬圭,子执谷璧,男执蒲璧"。"六瑞"是古时诸侯所执象征身份的信物的详细规定。

玉璧经过几千年的发展,产生的纹饰种类繁多,其中比较主要的有谷纹、素纹和蒲纹。素纹玉璧最早见于新石器时代,商代也有,璧面光素无纹,风格古朴大气,主要用于礼器。蒲纹玉璧出现于战国时期,所谓蒲纹,即蒲席的纹样。由三种不同方向的平行线交叉组织,用浅而宽的横线或斜线在玉璧表面刻成近乎蜂房排列的象征瑞草的六角形格子,六角形格子内有时还琢有阴线的谷纹,整个纹饰取蒲草能织席安人之意。随着年代的发展,玉璧还出现了其他许多纹样。如云雷纹、凤鸟纹、卧蚕纹、龙纹等。

玉璧的用途很多,随着朝代的更替,也发生了很多变化。到了战国时期乃至两汉,玉璧开始大量被用来做佩饰玉和殓葬用玉。到了宋代,政府重新开始重视玉璧的使用,并沿用了古时的用璧制度。到了清朝,玉璧则很少用于陪葬了,而主要用于祭天(礼器)和玩赏。几千年来,玉璧经过无数能工巧匠的精雕细琢,经过历代统治者和鉴赏家的使用赏玩,经过礼学家的诠释美化,最终成为一种具有超自然力的物品,成了人生不可缺少的精神寄托。

古代以玉做瑞信之物,用于朝聘,计六种,故名"六瑞"。《周礼·春官》载:周制王执镇圭,公执桓圭,侯执信圭,伯执躬圭,子执谷璧,男执蒲璧。六瑞形制大小各异,以示爵位等级之差别。六瑞礼器有玉璧、玉琮、玉圭、玉璋、玉琥、玉璜,分别代表天、地和东、南、西、北四方。《说文解字》释"瑞":以玉为信也。从玉、专。"六瑞",法华经为出世本怀之经,故说先现六种之祥瑞,以为开经之由序缘起,谓之法华六瑞序:一说法瑞,先说无量义经也。二入定瑞,次入无量义处三昧也。三雨华瑞,次从天雨四种之华也。四地动瑞,次大地六种震动也。五心喜瑞,大众见之内心生欢喜也。六放光瑞,次佛眉间白毫放光照东方万八千佛土也。此六瑞为三世十方诸佛说法华经前必示现之教化法式。见法华经序品。《虞夏传》曰:"维元祀巡狩,四岳八伯,(尧始得羲和,令为六卿,主春夏秋冬,并掌方岳之事,是为四岳,出则为伯,后乃分置八伯)。坛四奥,沉四海(祭水曰沉)。封十有二山,肇十有二州。"巧哉:今且住岗有沉坛水场。

在古庸地区发现"切璧礼阳"地名信息绝非偶然。如果今张家界一带不是一个文明发达的地区,这里断然不会叫大庸,也断然不会出现如此多的与古国古帝国事活动有关的"地名化石"。

第六节 "阳高"与"青阳"

1. 青阳乃湖湘桑植人

青阳为上古传说人物。传说他是黄帝和嫘祖的长子,名玄嚣,号青阳,蟜极的父亲,五帝之一帝喾的祖父。《帝王世纪》曰:"少昊帝名挚,字青阳,姬姓也。母曰女节。黄帝时有大星如虹,下流华渚。女节梦接意感,生少昊,是为玄嚣。少昊(玄嚣),号青阳,昊又作皓、颢。又称皓、颢。又称青阳氏、金天氏、穷桑氏、云阳氏,或称朱宣。"相传为己姓,名挚(或作质),系黄帝之子,生于穷桑,能继太昊之德,故称少昊或小昊。据《萃珍阁藏古鉴丛墨》考释湖南青盖龙虎镜时说:"秦汉时长沙郡就有青阳县,治地位于今湖南湘阴北境青山岛上。"《史记·秦始皇本纪》曰:"荆王献青阳以西。"苏林曰:"青阳,长沙县是也。"《水经注》曰:"秦灭楚,立长沙郡,即青阳之地也。"又据明、清、民国《慈利县志》载,在今桑植县又有"青阳乡"("十五都驻麦地坪,辖自生桥、佳木峪、青阳……29 乡"),故黄帝长子青阳很可能出生于古湘桑植溇水流域。

2. 颛顼生于若水亦即茹水

据《山海经·海内经》载:"黄帝妻雷祖,生昌意,昌意降处若水,生韩流。韩流……取淖子曰阿女,生帝颛顼。"《山海经·大荒南经》:"有国曰颛顼,生伯服,食黍。"《史记·五帝本纪》载:"北至于幽陵,南至于交趾,西至于流沙,东至于蟠木,动静之物,大小之神,日月所照,莫不砥属。"颛顼,姓姬,号高阳氏。传说活到98岁,在位78年。死后又化为半人半鱼的"鱼妇"。《山海经》中《大荒西经》曾经记载:"有鱼偏枯,名曰鱼妇。颛顼死即复苏。风道北来,天及大水泉,蛇乃化为鱼,是为鱼妇。"颛顼死即复苏。鱼妇是人们想象中的一种动物,有使生命转化、灵魂复苏的作用。昌意降处若水,若水就是茹水,今张家界市永定区有茹水。"茹水"即"若水";茹者,若之本;若者,茹之果;"茹""若"本一物也,今引申连读为"如若",即"如果"之意。且今湖南省张家界市永定区七星山顶尚留有"高阳洞",会同县留有"若水镇"等地名,亦可补证高阳氏颛顼帝出生并活动与古庸湖湘地区。

3. 青阳、高阳发迹庸国

张家界市桑植县马合口乡有青阳村,今麦地坪乡在民国和新中国成立初还称青阳乡,永定区阳和坪镇有青阳寺,天门山办事处有大(太)昊(蛤)洞、小(少)昊

(蛤)洞,均与青阳史料对接。而桑植县芙蓉桥乡高阳村,永定区大坪乡七星山村高阳峒、阳和坪镇高阳庙,长沙县古称青阳县(《史记·秦始皇本纪》曰:"荆王献青阳以西。"苏林曰:"青阳,长沙县是也。"《水经注》曰:"秦灭楚,立长沙郡,即青阳之地也")等信息则与高阳史料形成链条。伯侄俩史迹在古庸地区同时出现,形成互证,增添了我们确认古庸国国君的信心和依据。

第七节 "南正"与"北正"

《史记·太史公自序第七十》载:"昔在颛顼,命南正重以司天,北正黎以司地。唐虞之际,绍重黎之后,使复典之,至于夏商。故重黎氏世序天地。其在周,程伯休甫其后也。当周宣王时,失其守而为司马氏。司马氏世典周史。"

南正重以司天,北正黎以司地:索隐:南正重以司天,火正黎以司地。案:张晏云:"南方,阳也。火,水配也。水为阴,故命南正重司天,火正黎兼地职。"臣瓒以为重黎氏是司天地之官,司地者宜曰火正,古文作"北"字,非也。扬雄、谯周并以为然。案:国语"黎为火正,以淳曜敦大,光照四海",又幽通赋云:"黎淳曜于高辛。则火正为是也。"

据左氏曰:"重是少昊之子,黎乃颛顼之胤,二氏二正,所出各别,而史迁意欲合二为一,故总云'在周,程伯休甫其后',非也。然案后彪之序及干宝,皆云司马氏,黎之后是也。今总称程伯休甫是重黎之者,凡言地即举天,称黎则兼重,自是相对之文,其实二官亦通职。然休甫则黎之后也,亦是太史公欲以史为己任,言先代天官,所以兼称重耳。正义:司马彪序云:'北正黎兼南正重之职,后世为司马氏。'"故后来大星学家司马季主还来天门山寻祖,并拜访曾在古庸旧地白县为官、后隐居天门山的鬼谷子白公胜第十二代弟子。

正因为古庸张家界一带是帝王建都居国之地、天文观测之地、祭祀礼天之地,故今崇山又叫重山,即南正重观天制历之山。山下又有北正黎司地为官之处,即"官黎坪"。故今日之庸城尚留有"北正""南正""阳和""羲栖""子午""七星""天台""天门""天枢""云梯""甘溪""大昊""小昊""辰溪"(《抱朴子》曰:辰星,水精,生玄武。岁星,木精,生青龙。《天官·星占》曰:"辰星,北之位,黑帝之子,宰相之祥也"。《河图稽耀钩》曰:"辰为枉矢,流射所诛。")"酉水""咸池""汤谷""汤溪""黄石"。(《黄石公记》曰:黄石,镇星之精也)、"五星"(《荆州星占》曰:"五星,天府,一名天法,主察奸谋。"《天文录·星占》甘氏曰:"五星同色,天下偃兵,百姓安宁,歌舞以行,不见疾疹,五谷大昌。")。"雨母"(盛弘之《荆州记》曰:湘东有雨母山,山有祠坛,每祈祷无不降泽,以是名之)等天文学地名符号。

第八节 "阳和"与"羲和"

《山海经·大荒南经》记载:"东南海之外,甘水之间,有羲和之国。有女子曰羲和,帝俊之妻,生十日,方浴日于甘渊"。《山海经·大荒东经》曰:"东海之外大壑,少昊之国,少昊儒帝颛顼,弃其琴瑟。有甘山者,生甘渊,甘水出焉"。《山海经》研究专家,晋代郭璞为此作注说:"此经甘渊,实即《大荒南经》羲和浴日之甘渊"。据《尚书·尧典》记载,羲和浴日的汤谷(旸谷)在一个叫作嵎夷的地方。"乃命羲和,钦若昊天,历象日月星辰,敬授人时。分命羲仲,宅嵎夷,曰旸谷"。《楚辞·离骚》说"吾令羲和弥节兮。"洪兴祖补注说:"日乘车驾以六龙,羲和御之。"羲和从生日的女神发展成驾车御日的日神。传说尧曾命羲仲、羲叔、和仲、和叔两对兄弟分驻四方,以观天象,并制历法。《尚书·尧典》:"乃命羲和,钦若昊天,厤象日月星辰,敬授人时。"《后汉书·崔骃传》:"氛霓郁以横厉兮,羲和忽以潜晖。"李贤 注:"羲和,日也。"

上面《山海经》所记之"东海"不是今日之东海,而是古庸东部的洞庭湖。太古先民意识中"湖"就是"海"。所记"汤谷"也正是古庸地区众多温泉的写照:如温塘、汤溪、热市、热水坑、汤鸡峪、滚(烫)水峪、火盆(喷)峪、江垭温泉、万福温泉等。而"甘渊"显然就是今日城区之"甘溪"。

第九节 "天圆"与"天盖"

最早的关于天圆地方的盖天说记录出现在《大戴礼·曾子天圆》,孔子的弟子曾子对于大地的正正方方形状也有过困惑,当单居离问于曾子曰:"天圆而地方,诚有之乎?"曾子曰:"天圆而地方,则是四角之不掩也。"

1. 天圆地方的真相

《尚书·虞书·尧典》一开头就讲尧待天下太平后:乃命羲和,钦若昊天,历象日月星辰,敬授人时。随后命羲和、羲仲、和仲、和叔分赴四方,具体实施文明推广的工作(即明教的内容),这就是最早的天圆地方的理论和实践。其中可以从河图洛书中得以佐证,天圆固然没有今天的精确认识,但已经蕴育了朴素的宇宙观,地方则是指地平坐标系,方指方位或方位角,即子代表北方,午代表南方,酉代表西方,卯代表东方,并用十二个地支,八个天干,四个卦象表示二十四个方向并构在整个周天(360度圆),这才是天圆地方的真相。

2. 盖天说宇宙结构

《楚辞·天问》曰:"圆则九重,孰营度之?(言天圆九重,谁度知之)。惟兹何功,孰初作之?(言此天九重,谁功始之)。管维焉系,天极焉加?(管,转纲也。言天夜转徙,宁有维纲系其际,极安所加乎也。)八柱何当,东南何亏?(言天有八山为柱皆何直,东南不足,谁能缺也。)"

天坛是圆形,圆丘的层数、台面的直径、四周的栏板,都是单数,即阳数,以象征天为阳。地坛是方形,四面台阶各八级,都是偶数,即阴数,以象征地为阴。《天文录》曰:"古人言天地之形者有三:一曰浑天,二曰盖天,三曰宣夜。宣夜之说未尝闻也。后有虞昺作《穹天论》,姚信作《昕天论》,虞喜作《安天论》。众形殊象,参差其间。盖天之说又有三体:一云天如车盖,游乎八极之中;一云天形如笠,中央高而四边下;亦云天如欹车盖,南高北下。"

据《晋书·天文志》记载:"其言天似盖笠,地法覆盘,天地各中高外下。北极之下为天地之中,其地最高,而滂沲四,三光隐映,以为昼夜。天中高于外衡冬至日之所在六万里。北极下地高于外衡下地亦六万里,外衡高于北极下地二万里。天地隆高相从,日去地恒八万里。"盖天说宇宙结构理论力图说明太阳运行的轨道,持此论者设计了一个七衡六间图,图中有七个同心圆。每年冬至,太阳沿最外一个圆,即"外衡"运行,因此,太阳出于东南没于西南,日中时地平高度最低;每年夏至,太阳沿最内一圆,即"内衡"运行,因此,太阳出于东北没于西北,日中时地平高度最高;春、秋分时太阳沿当中一个圆,即"中衡"运行,因此,太阳出于正东没于正西,日中时地平高度适中。各个不同节令太阳都沿不同的"衡"运动。这个七衡六间图是力图定量地表述盖天说的宇宙体系,载于汉赵爽注《周髀算经》。因此,盖天说亦称周髀说。又《晋书·天文志》亦载有:"周髀家云:'天员(圆)如张盖,地方如棋局。'"这与《周髀算经》里所载的盖天说不同,实际上是较古的天圆地方说。

第十节 "北斗"与"南斗"

天上有北极星、南极星、北斗星座和南斗星座。

北极星是天空北部的一颗亮星,离北天极很近,差不多正对着地轴,从地球上看,它的位置几乎不变,可以靠它来辨别方向。北极星是小熊星座中最亮的一颗恒星,也叫小熊座 α 星。是一颗光谱型为晚型的 F 型高光度星,视星等 2.02 等,距离约 400 光年,质量约为太阳的 4 倍,是离地球最近的造父变星。中国古代称它为"勾陈一"或"北辰"。在星座图形上,它正处于小熊的尾巴尖端。

由于岁差,北极星并不是永远不变的某一颗星,现在是小熊座 α 星,到公元14000 年将是织女星。

南极座有一颗南极座 α 星(5.4 等,白色)就是南极星。它大约偏离南极 1度。但它对导航作用极小,因为它处于肉眼可见范围的极限(也就是说,用肉眼很难看清楚它),且需要理想的观察条件。北极星要比它亮 20 倍。

北斗星由七颗亮星组成,形似斗勺,易于辨认。它的勺头两颗星叫"指极星",指向北极星,可以帮助我们在夜间辨认方向。北斗星由七颗恒星即天枢、天璇、天玑、天权、玉衡、开阳、摇光组成。先民们把这七星联系起来,想象成为古代舀酒的斗形,天枢、天璇、天玑、天权组成斗身,古曰魁、斗魁;玉衡、开阳、摇光组成为斗柄,古曰杓。天璇、天枢相连成直线并延伸约五倍的距离,就可以找到北极星,构成北极星区。按现代国际星名的命名体系,北斗星属大熊星座。

北斗星示意图

北斗星周年绕北极星旋转。古人云:斗柄东指,天下皆春。斗柄南指,天下皆夏。斗柄西指,天下皆秋。斗柄北指,天下皆冬。

南斗包括在人马座中,构成人马的胸部。斗柄二星和箕宿四星构成人马的弓。南斗连柄共六颗星。"北斗七星南斗六",这是历来看星家的口诀,我们不妨拿来和这时候在西北角天空的北斗七星比较一下,两斗的形状都像裁缝用的旧式熨斗又像水勺,所以人们叫它们大斗小斗,或大勺小勺。

张家界一带有七星山、辰溪、南斗溪、看日山等地名，绝非偶然，一定与古庸国天文活动有关。

第十一节　"七星"与"七夕"

"北斗"一词的本义是指北方夜空中接近北极点的一个星组，其形状如舀水的斗勺，故名。它与位于低纬度（就赤道坐标系而言）上的"南斗"星相对应。"北斗"星的命名时代在新石器时代中晚期。在旧石器时代，人类还不会有专用的舀水器具。我们注意到斗是专用的舀水器具，与水的关系极为密切。而"五行"之"水"，正好位配北方。因此，"北斗"的命名，应当与"五行"观念和理论的出现在同一时期。北斗的命名者，必须是中纬度（北纬30°~40°）地区的居民。因为对地近赤道的部族而言，北斗时隐时显，不能成为可靠的时间指示器。北斗的命名者，应当是农耕民族。因为北斗的斗柄能指示季节（北斗东指，天下皆春；北斗南指，天下皆夏；北斗西指，天下皆秋；北斗北指，天下皆冬）。北斗星命名的时候，可能已经出现了天子。因为北斗绕北极旋转，这隐含着"帝王居中（居北极）"的概念。《春秋运斗枢》曰："第一天枢，第二天璇，第三天玑，第四天权，第五玉衡，第六开阳，第七摇光。第一至第四为魁，第五至第七为标，合而为斗。"道教形成后，以北斗为天神加以崇拜，并对之做种种神学解释。《河图帝览嬉》曰："斗七星，富贵之官也；其旁二星，主爵禄；其中一星，主寿夭。""斗主岁时丰歉。"《山海经》之《大荒西经》记载："大荒之中，有山名曰月山，天枢也，吴姬天门，日月所入"。这"北斗天枢"和"吴姬天门"的记录，一下子将我张家界历史文化推到了5000年之前。请不要怀疑我们的文化。这是无可辩驳的事实！

每年农历七月初七是我国汉族的传统节日七夕节。因为此日活动的主要参与者是少女，而节日活动的内容又是以乞巧为主，故而人们称这天为"乞巧节"或"少女节""女儿节"。七夕节是我国传统节日中最具浪漫色彩的一个节日，也是过去姑娘们最为重视的日子。在这一天晚上，妇女们穿针乞巧，祈祷福禄寿活动，礼拜七姐，仪式虔诚而隆重，陈列花果、女红，各式家具、用具都精美小巧、惹人喜爱。2006年5月20日，七夕节被国务院列入第一批国家非物质文化遗产名录。现又被认为是"中国情人节"。

"七夕"最早来源于人们对自然的崇拜。从历史文献上看，至少在三四千年前，随着纺织技术的产生和人们对天文的认识，有关牵牛星织女星的记载就有了。

人们对星星的崇拜远不止是牵牛星和织女星,他们认为东西南北各有七颗代表方位的星星,合称二十八宿,其中以北斗七星最亮,可供夜间辨别方向。北斗七星的第一颗星叫魁星,又称魁首。后来,有了科举制度,中状元叫"大魁天下士",读书人把七夕叫"魁星节",又称"晒书节",保持了最早七夕来源于星宿崇拜的痕迹。

"七夕"也来源古代人们对时间的崇拜。"七"与"期"同音,月和日均是"七",给人以时间感。古代中国人把日、月与水、火、木、金、土五大行星合在一起叫"七曜"。七数在民间表现在时间上阶段性,在计算时间时往往以"七七"为终局。旧北京在给亡人做道场时往往以做满"七七"为完满。以"七曜"计算现在的"星期",在日语中尚有保留。"七"又与"吉"谐音,"七七"又有双吉之意,是个吉利的日子。在台湾,七月被称为"喜中带吉"月。因为喜字在草书中的形状好似连写的"七十七",所以把七十七岁又称"喜寿"。

在张家界市桑植县发现七夕庄地名更加说明七夕节的历史有多么久远,桑植作为桑蚕之乡、爱情之乡、民歌之乡、文化之乡有多么厚重的历史积淀和文化底蕴。

第二十章　盘不空的大庸　塞不满的来凤

——"祝融作市"与大庸古国贸易集市文化

　　近几年来,我们研究张家界本土文化的学者注意到一些不容忽视的古老名词,即大庸、下庸、庸浦、祝浦、怡庸、祝融、庸国、庸城、庸人、容(庸)易、庸主、庸史、庸官、庸禄、容米、庸州、容成、附庸、中庸、前溶、后溶、华容、舒庸、庸风、居庸等。原来这些词汇均与远古时代中华西南地区最早、最著名的古老方国有着密不可分的渊源关系,早已远去的古庸国文明在现代汉语中留下了珍贵记忆。

第一节　盐粮古渡

　　古庸国之所以成为中国历史上最早的文明古国,成为中华文明的摇篮和发源地之一,很大程度上取决于它独特的地理位置和早孕的商贸文化。以张家界为核心的古庸国地域,恰处地球北纬30度生命繁衍最昌盛的生物圈内,位于我国地势西高东低的东经110度文化分界线两侧。境内及近邻是著名的人类远祖巫山人猿和元谋人,东侧是洞庭湖千里沃野形成的天然粮仓,西部是万山竞秀,物产多样、盐资源丰富的人间乐土。尤其是庸国都城所在地的今张家界市城区,自古就是巴盐东下和稻米西贩的重要古渡和关口,是古人日中为市、以有易无、以物易物、以盐换粮、以盐换谷的商贾集散地。

第二节　祝融作市

　　市,买卖之所也。——《说文》。按,古者神农作市,或曰 祝融也。

　　据《世本·作篇》载:"……祝融作市"。丁山在《中国古代宗教与神话考》一书中说："市与城的建筑往往相因,所谓作'市',或因作'城'而来。"古庸地区与祝融、炎帝时期"日中为市"之集市文化有关的地名比比皆是,如桑植县梯市村、银市坪村、瑞市镇,永定区茅岗市村,慈利县大市村、岩市村、盐市村、筹市村、苗市镇、象市镇,石门县皂市镇、磨市镇,澧县邢市村、刘市村、遇市村、洞市村,桃源县陬市镇、热市镇,津市市津市码头,龙山县召市乡,辰溪县浦市镇,株洲县堂市镇,茶陵县枣市村,醴陵县枫林市村,萍乡县腊市镇、上市坪村,安仁县草市镇、龙市乡,湘潭市潭市镇,祁东县粮市镇、白地市镇,衡南县茅市镇、硫市镇、洲市乡、冠市镇、相市镇、茶市镇,耒阳县黄市镇、大市乡,常宁县大市坪村,麻阳县尧市乡,永兴县龙形市乡、油市乡,临武县麦市乡、汾市乡,东安县白牙市镇,石期市镇、卢洪市镇、禾市乡,永州市冷水滩区高溪市镇、水市镇,蓝山县楠市镇、土市乡,新田县知市镇,江华县桥市乡,邵阳县罗市乡、黄亭市村、金称市镇、塘田市镇、小溪市乡,资兴市兰市乡、汤市乡、彭市乡,桂阳县塘市镇、樟市镇、洋市镇……,全省统计估计不会少于 100 处,堪称"百村为市"。这无一不是先祖商业足迹的存留,不少地方至今仍是乡亲们热衷会集的农贸市场。而古庸国都城的商业贸易更是自古不衰。

第三节　后世庸城

时至明清卫所兵屯时代及民国动荡时期,大庸古城仍有"小南京""小重庆"之称。根据本土著名学者金克剑先生撰文介绍,明初古城建卫,商业贸易一路风光,自茅岗至县城"为厂四十有八",商贩多江南巨商,贩运生铁,桐油等商品,"邑有小南京之称"。乾隆之际,更是"市廛辐辏,利及居民,省内宝庆帮、岳阳帮、湘潭帮、常德帮,省外四川帮、福建帮、江西帮、汉口帮、广东帮等,纷纷在此建会馆,开商铺,设货栈,沿河五里长街,多列廛肆,数以千列,舟行往返,终年不绝"。民国战乱期间,古城庸国成了省会大后方,小小商城,最多时流动人口达 3 万~5 万余人。由于上海、武汉、岳阳沦陷,海盐中断,由来凤转运至大庸的川盐、巴盐,自津市、澧县转运至大庸的各种军需,集中至此,曾有"盘不空的大庸,塞不满的来凤"之说。古城大庸一时成为"乱时避风港,战时'小重庆'"。1945 年 8 月 15 日,抗战胜利后,大庸商户彻夜不眠,鞭炮响彻山城,各商户自动拿出各色布匹,从文昌阁到南门码头扯满布棚,请来花灯、龙灯及各类戏班庆贺胜利达半月之久,庸城商业更加兴旺发达。今天,随着世界旅游精品城市建设的不断推进,古庸都城正以新的风采重现昔日的辉煌。

第二十一章　蜡祀水庸·苍璧沉潭

—— 蜡祭水庸与大庸古国农耕祭祀文化简论

今张家界市及整个大武陵地区农村,至今仍兴吃腊八饭。每年农历腊月初八这天,家家户户都要吃一顿用大米加腊肉丁和几种豆子及红萝卜颗熬制的稀饭即腊八粥,俗称吃腊八饭。人民群众一般都是从众、从俗跟着过节,至于此俗从何而来,一般没有去深究它。其实,这是古代的腊祭习俗。在古时候,一年将要结束,新年即将来临之时,人们都要用猎获的禽兽和收获的谷物祭祀天地、告祭祖先,喜庆丰年、祈求福寿。在古代,"腊""猎"是一个字,所以,把新旧交替的十二月称为腊月。

第一节　水庸、城隍与天门涌水和壶头神瀵

最初的城隍并不是神,而是指城郊外的护城壕。城隍最早的含义城坊,是由水庸衍化而来的。《礼记》载:"天子大腊八,祭坊与水庸。"郑玄注:"水庸,沟也。"古代人最早信奉的护城沟渠神是"水庸神",以后逐渐演变为城郊的守护神,即城隍神。

汉代郑玄则指出,"水庸神"在八腊神中排位第七,"腊有八者,先啬一也;司啬二也;农三也;邮表四也;猫虎五也;坊六也;水庸七也;昆虫八也。"其中,"先啬神",即神农氏;"司啬神",即周朝的祖先后稷;三为"农神",即古时的田官之神;四为"邮表畷神"(畷,音同"绰"),即田间庐舍和阡陌之神,感谢它始创田间庐舍,开辟道路,划分了疆界;五为猫、虎神,感谢猫吃掉野鼠,老虎吃掉了危害庄稼的野猪,保护了禾苗;六为"坊神",感激它使堤防坚固;七为"水庸神",即田间的沟渠,也有说指城隍神;;八为昆虫神(蝗虫)。

到了三国曹魏时期,中国又有了城隍庙。后来,城隍庙逐渐遍布全国各地。城隍是鬼神世界中的一城之主,是彰善惩恶、司阴阳两界之神,其部下神有文武判官、六部司、六将爷、三十六关将、七十二地煞。文判手执生死簿,武判怒目执铜,牛头马面将军横眉竖目。广额黑脸的八爷范将军,专炼生前作非的恶人;垂眉吐舌的七爷谢将军,专扶善人到极乐世界,是名副其实的"一见大吉"。庙内正对城隍爷的上方,有一乌黑的大算盘,专门用来计算人世间的罪恶,算盘上有一副对联,一针见血,"世事何需多计较,神天自有大乘除。"加上庙内光线不佳,幽暗昏黄,身临其境,如同进入阴曹地府,令人心生敬畏。

到了元代,又有了都水庸田使官名。元代,设掌管水稻生产的官署称都水庸田使司,置"都水庸田使",简称"庸田使"。至正十二年(公元一三五二年),因农民暴动,南北漕运不通,为缓解大都粮荒,于汴梁(今开封市)增设都水庸田使司,置长官"庸田使",秩正三品。下置"都水庸田副使"及"佥事",以为佐官。(《中国历代官称辞典》)

水庸发祥于古庸国地区的宗教信仰,随着庸文化的强大影响力而流传到中原及朝鲜、越南、东南亚等地,成为庸文化圈内较为普遍的信仰之一。水庸、城隍信仰带有很浓厚的庸文化色彩,海外诸国对水庸、城隍的信仰,体现了对庸国文化的吸收与转化。对比研究城隍信仰在庸国与海外的流传和演化情况,有助于深入了解庸文化圈内各国受古庸国文化影响的程度,从而进一步探究各国与古庸国在文化上的共同性与相异性。城池者,有水曰池,无水曰隍。据现代学者考证,城隍信仰源于夏代的水庸神崇拜。而我认为,这实际就是古庸国的"天门神瀵"崇拜。

据《列子·汤问》载:"禹之治水土也,迷而失途,谬之一国。滨北海之北,不知距齐州几千万里。其国名曰终北,不知际畔之所齐限,无风雨霜露,不生鸟兽、虫鱼、草木之类。四方悉平,周以乔陟。当国之中,有山,山名壶领(頭),顶有口,状如觟甄,状若圆环,名曰滋穴,有水涌出,曰神瀵,臭过兰椒,味过醪醴,一源分四埒(liè),注于山下。民性婉而从物,不夭不病,无衰老哀苦。"又曰:"经营一国,亡不悉遍。土气和,亡札厉。人性婉而从物,不竞不争。柔心而弱骨,不骄不忌。长幼侪居,不君不臣。男女杂游,不媒不聘。缘水而居,不耕不稼。土气温适,不织不衣。百年而死,不夭不病。"

列子所述之壶领山乃壶头山,即天门山也。天门洞口,远观朗然如瓶。"状若觟甄"为状如观瓶字形之误。天门山一直流传着天心眼(天然水池,地表看不见)涌水的神奇传说,且灵念无比,其48点梅花雨的传说,更与列子笔下的神瀵一致:以口承之,可不夭不病,无衰老哀苦。故天门涌水被视为神瀵,乃上天水庸神所为。因而逢涝祷之以祈日,遇旱祭之以求雨。我认为这"天门神潢"就是古人最早的水庸之神。天门洞 48 点梅花雨的传说,就是水庸神话产生的民俗和地理环境基础。

据历任广东大学(今中山大学)、上海大学、复旦大学、四川大学、扬州师范学院教授的任半塘先生指出,非人之物也可以由人来扮演,而称为尸:"物凡经过神化者,无不可以设尸。坊庸、水土、昆虫、草木,其本身之像虽不便扮饰。然无物不可'唯妙唯肖',罐头、瓜果,若一经抽象为坊神、庸神、水神、土神,以至昆虫、草木之精灵,乃无往而不可扮为尸。……神何所托,惟尸可承。""坊""庸"式水库便从这沟洫发展起来,而且跟"邮表畷"联系在一起可能它在西周时代已经出现。《周礼·地官·稻人》:"掌稼下地,以潴蓄水,以防止水,以沟荡水,以遂均水,以列舍水,以浍泻水。"周初的水利设施虽然不一定有这么复杂、齐全,但是沟洫和利用自然地形地物的水利工程肯定是有的。所谓蓄水的潴,是蓄存灌溉水的陂塘,而所说止水的"防"则是堤防,如果塘四周加土堤,它可以增加陂塘蓄水量,也可以抬高蓄水水位,扩大灌溉面积。这是原始的蓄水工程,古人正是在天然蓄水池的启示下,创造了最原始的蓄水工程。蓄水工程和灌排结合的渠系工程的出现,标志着西周沟洫工程的新水平。"坊""庸"之制便在此基础上建构起来。

第二节 蜜蜡、蜡祭与天子大腊

据(明)李时珍《本草纲目〈赤豆〉》条记载:传说那位头撞不周山的共工氏有七个"不才"的儿子,"以冬至死为疫鬼",于是作小豆粥,来驱除瘟神疫鬼。但据《礼记〈郊特牲〉》:"天子大蜡八。伊耆氏始为蜡。""蜡"本为"猎",通"腊","伊耆氏"即炎帝神农氏。"腊八祭"是腊月祭八神。《本草纲目〈赤豆〉》中记载有七个"不才子",加上共工正好八人,是为八神。也有学者认为,"腊八祭"既是"天子腊八",祭的当是天子、帝王,且为"伊耆氏"炎帝,而炎帝正好八代。(清)马啸《绎史》世系图中的八世炎帝是:神农、帝临魁、帝承、帝明、帝直、帝来、帝厘、帝榆罔。

清朝时,每年都要在北京雍和宫举行腊八盛典。雍和宫院内,至今还陈放着当年熬腊八粥的大铜锅。锅直径二米,深一米五,重约八吨。据《雍和宫志》记载,腊八盛典共分熬粥、供粥、献粥、舍粥四大幕。

从腊月初一开始,总管内务府就派司员把上等的奶油、小米、江米、羊肉丁和五谷杂粮,以及红枣、桂元、核桃仁、葡萄干、瓜子仁、青红丝等干果一车车运来,到初五方始运齐。初七清晨开始生火,到初八凌晨粥才能全部熬好。一共熬六锅,第一锅供佛;第二锅献给皇帝及宫内;第三锅给五公大臣和大喇嘛;第四锅给文武百官及封寄给各省的地方大吏;第五锅分给雍和宫的众喇嘛;第六锅加上前五锅剩的,就作为施舍的腊八粥了。可见,上古时期,腊八祭典之盛,腊八神确非炎帝八帝不可。

赤帝祝庸与炎帝神农率民蜡祭,合聚万物,索飨百神,以报岁成。又以赭鞭鞭击草木,使之萌动。(蜡之为言索也,例以每岁终行蜡礼。祭后,用赤鞭,合火德也,年不顺成之方。夏曰清祀,殷曰嘉平,周曰大蜡。《礼记》:"天子大蜡有八:一先啬,二司啬,三晨,四邮表畷,五猫,六虎,七坊,八水庸。")是时九土之国,各执方物来贡。南至交趾(南方夷人,其足两指相交,故名。即今安南地),北至幽都(古曰幽陆,后为燕地),东至旸谷(即日出之所),西至三危(山名,在沙州,三峰峭绝若倾),莫不从化。

腊祭水庸,就是迎祭水神,即农事建筑之神:坊,水庸与邮表畷(华表、界碑)。蜡祭还要祭祀由农业建筑物化成的神,裔祭坊与水庸事也。郑注:"水庸,沟也。"孔疏:"是营为所须之事,故云'事也,坊者',所以畜(蓄)水,亦以障水;庸者所以受水,亦以泄水。谓祭此坊与水庸之神。"看来这是祭祀"水库"之神。当然这还是农业神。共工、崇伯(鲧)、大禹是治水能手,被先民尊为水神,代代祭祀,故今张家界一带有禹溪、禹王庙、天师(司)庸、吊(祷)索庸、蜡烛(祝)庸等地名。而天门洞顶之天然堰窝,常有大晴之日泉水喷涌的奇观发生,正是举世罕见的天赐"水庸",亦正是祝融、伏羲、共工、高阳、崇伯(鲧)、大禹、驩兜等古庸先贤祭拜水神的圣地。故大庸古国早在夏朝已前,就已千真万确地存在于以崇山南北为中心的大武陵地区。武,足迹也。《诗·大雅·生民》曰:"昭兹来许,绳其祖武。祖武,即祖宗之足迹也。""陵"的本义是大土山,由大山引申为帝王陵墓。武陵就是留下三皇五帝等远古人文始祖们足迹和陵墓的大山区。汉设武陵郡,治所在今湖南省常德市。今张家界市武陵源区,即因地处武陵山区核心地带而得名。

水庸、城隍与古代城市的形成发展紧密相关,在远古时代的先民部落群居,为防止猛兽侵袭及抵御其他部落掠夺,在聚居的村落周围挖一道深深的防御性壕沟。《礼记·郊特牲》:"天子大腊八,祭坊与水庸事也。"郑玄注云:"所祭八神也,水庸七。"赵翼《陔余丛考》卷35则进一步解释为:"水则隍也,庸则城也。"可见,此"水庸"神即"城隍"神之前身。但直至汉代,水庸神还没有演变发展成为真正意义的城隍——城市保护神。东汉班固《两都赋序》:"京师修宫室,浚缮城隍。"此"城隍"用的是本义。后世有求城隍祝文云:"城隍之有神,犹郡国之有守,幽明虽殊,其职于民则一而已。某叨蒙上恩,来镇此土,深唯责任之重……朝夕兢兢,不敢自忽。至于蠲除灾祸,丕降福祥,则神之职也。"据说明太祖朱元璋出生在土地庙,所以对土地神的上司——城隍,极为崇敬。他为城隍钦定官职,封京城城隍为帝,开封城隍为王,府城隍为威灵公,州城隍为灵佑侯,县城隍为显佑伯;并规定新官上任,须斋戒沐浴祭祀城隍,宣誓忠于神明、忠于职守,才能入衙理事,且逢每月初一、十五,地方官员都应祭拜城隍,以阴阳互为表里,实现人神共治。

我以为腊祭即蜡祭。"蜡祭"之"蜡"指琥珀"蜜蜡"之"蜡",蜡祭就是玉祭,即以玉、以蜡敬天娱神(讨好、取悦),反映了古代先民以最贵重稀有之物敬天祭神的虔诚和庄重。蜡祭就是玉祭,只因蜜蜡比一般的玉更贵重,故以蜡祭天比以玉祭天更隆重,亦更庄重。

蜜蜡是自然界中最奇幻的珠宝,是琥珀的一种。只是因其色彩如蜜,光泽如蜡而得名,呈明黄至暗红色不透明体,在物理和化学成分上蜜蜡和琥珀没有区别。简单的说,透明的叫琥珀,不透明的就叫蜜蜡,而蜜蜡是较为高级的琥珀。所谓"千年琥珀、万年蜜蜡",可见其形成的年代要比琥珀更加久远。

蜜蜡起源于地球还是蛮荒的时期,不但人类尚未问世,许多较早的动物亦未出现。它是数千万乃至一亿年前的始新世和白垩纪时代的松树、枫树等树种的树脂埋在地底下,与空气、水源、土壤等各种矿物质产生作用而融合形成的一种有机宝石。历尽沧桑磨炼,给它增添了无数瑰丽和神秘的色彩,实为天地精"珀"。

我国古人认为琥珀是猛虎死后的魂魄变化而来的。宋代黄休复在《茅亭客话》中就有这样的记载。对此,李时珍也信以为真,曾说:"虎死则精魄入地化为石,此物状似之,故谓之虎魄。俗文从玉,以其类玉也。"倒是唐代诗人韦应物在《虎珀吟》诗中道:"曾为老茯神,本是寒松液,蚊蚋落其中,千年犹可观",描述生动传神。《天工开物》中说,猫睛黄而徽带红的琥珀最贵重,"此值黄金五倍价",也道出了其收藏的珍贵。

此外,中医认为琥珀是疗疾良药,具有安定心神,帮助睡眠的作用。《名医别录》中将其列为上品,具有"安五脏,定魂魄,消瘀血,通五淋"之功效。自古以来就有"蜡祭水庸,苍璧沉潭"之说,而在今张家界永定城区西郊澧水河畔就恰有"沉潭"地名。联系这"苍璧沉潭"的古俗,又可见今城区之"沉潭水厂",承载了多么深厚的文化蕴涵!但愿新时代的"水庸神",保佑市民用上洁净放心的自来水。

第三节　农耕祈祷与猫虎同祭

古庸先民在隆重祭祀水庸神之前,必先祭祀猫和虎。蜡祭的第五、六项是应祭猫和虎。古之君子,使之必报之。迎猫,为其食田鼠也;迎虎,为其食田豕也。迎而祭之也。田鼠和野猪是庄稼的大害,而猫和虎是它们的天敌,农业祭仪中的古人们隆重祭祀猫和虎是情理之中的事。至少,它们是从狩猎祭转到农事祭里来的。海南岛黎族的某些支系就以猫为"图腾"。其实苗族人也是以猫为图腾的民族。土家族的虎图腾最终也定猫为图腾,土家民间自古就认为猫是虎的师傅。

当地的人们将猫这种动物视作自己的祖先,称雄猫为祖父,雌猫为祖母,任何人不得伤害和食用。猫死之后,要由两个年约十二三岁的未婚男性,用竹竿将它抬至村旁山坡处或椰子树下埋葬,抬者在途中要如丧考妣似的痛哭呼叫,表示哀痛。黎族中只有对猫这种动物才有这种仪式。

然而蜡典祭猫是否保存着某种猫图腾的机制或观念却不得而知。"迎猫,为其食田鼠也。"这也是农夫的愿望。而贵州镇远涌溪一带部分龙姓苗家还保留着每年腊月初一、初二过"灭鼠节'的古俗,可以视为西南方蜡祭的一个分支。"当地苗语读作'郎爵勒'(langjiole),大意是'吃鼠肉食'或'吃鼠形粑'。"此时大抓老鼠,并摆"鼠肉宴","展望来年农业丰收",还跳"板凳舞"助兴。这至少可为理解蜡祭迎猫这一习俗提供一个经济背景。

然而也有人以为这里说的不是家猫而是猛兽"山猫"。《逸书·世俘解》:"武王狩,禽虎二十有二,猫二。"清徐时栋《烟雨楼读书记》指出:"(猫)纪之虎下,诸兽之上,似甚贵重不易得者。即《韩奕》之诗亦言'有猫有虎',言之似足贵者。……盖(此猫)真是虎类,故皆与虎连言之,犹麋之与鹿耳。"《诗·韩奕》:"有熊有罴,有猫有虎。"毛传:"猫,似虎浅毛者也。"看来这《诗》《书》里的猫确实不是家猫。所以顾颉刚先生认为蜡祭里,"猫、虎同为猛兽,然虎食田豕而猫食田鼠,则猫体必小于虎,盖即今山猫之类";石声汉先生给顾先生的信里,定为"亚洲野猫".《说文解字》卷5有个"虦",说是虎窃"虦苗"。从虎,戋声。窃,浅也。看来就是毛传说的那种"似虎浅毛"的猫,山猫。猫虎确亦同科。刘敦愿先生则说,它"可能是一种体型较虎豹为小的猫科动物,行动灵活,所以才能捕鼠"。

如果猫、虎确实都指野生猛兽的话,那么蜡祭的前身与狩猎经济亦有关系,更可以得到证明。"虎"同时也是大傩仪式里的重要角色。刘尧汉先生等还认为虎是傩蜡之风的"主角"，傩（罗）的原义就是"虎"。至少"虎"能够把"傩和"蜡"——前者主源狩猎，后者侧重农耕——这两个中国古代南北方最重要的戏剧性仪式"咬合"在一起。

至于蜡祭以虎为重要对象，当然主要出于功利的考虑：它能"为民除害"，然而，猛虎对人类的威胁要压倒贡献。那么，为什么要对老虎顶礼膜拜，敬之犹恐不及呢？这种崇拜显然出于恐惧，企图用贿赎来免祸，跟人们害怕而又祭拜恶神一样；这在狩猎时期跟农牧时期都是一样的。故今日古庸核心地区的土家族群众仍保持着传统的猫虎图腾习俗。

费尔巴哈说：在一般情况下，许多民族都直率地并不崇拜那善良的自然实体，而崇拜那凶恶的、至少在他们看来是凶恶的自然实体（原注：崇拜猛兽亦属此类）。其原因正是害怕。蜡祭甚至可能祭祀害虫，也是为了贿免。

著名学者刘敦愿先生从农业"生态学"的角度揭示这种祭祀在客观上的积极意义。他认为这种大蜡礼，应是一种带有原始意味的盛行于民间的农业祭祀；其中对于猫虎的崇拜，又有着不同的特点，即在宗教的神秘外衣掩饰下，实际却寓藏着一种对某些自然现象——生物学上"食物链"的深刻理解，发现了其中内在的必然的联系——猫和田鼠、虎和田豕之间的天敌关系，以及对于农业丰收的重要影响，而且运用宗教崇拜的形式，把这种认识固定下来，这在当时自然是很不简单的。水是生命之源，是农业的命脉，故天子大蜡最后一个仪典才是祭水庸，以示庄严和隆重。

第二十二章　天崇天鼋与白泽白县

—— 后庸(春秋)时期楚白县由来初探

"大庸有座天门山,隔天只有三尺三。谁人得道上天去,坐桥要取顶,骑马要下鞍。"这是今张家界历代祖传的一段古语。乍一听不觉有什么深刻含义,细细品味和研究,才知它蕴含着令人惊诧的玄机。原来,这与远古先庸先楚时期和春秋以后白县、慈姑县地理环境和创世始祖黄帝(曾于天门昆仑遇白泽神兽)有着息息相关的渊源关系。

天门山又称日月山、窟窿山,亦即昆仑山(窟窿与昆仑一声流转,音义相通)。据《山海经·大荒西经》载:"大荒之中,有山名日月山,天枢也……日月所入"。这说明天门山自古就是一座仙山,是古庸先祖上下天梯、出入天门、与天沟通、贯通日月、敬天祭祖的神山。故曰"隔天只有三尺三"。又《楚辞·九歌》中《大司命》曰:"广开兮天门,纷吾乘兮玄云;令飘风兮先驱,使涷雨兮洒尘。"那么,像屈原这样"得道上天去"的仙人们,为什么"坐轿要取顶,骑马要下鞍"呢?请看下面几段史载:又(汉)焦延寿《易林·比之第八·姤》载:"登昆仑,入天门;过糟丘,宿玉泉;开惠观,见仁君。"《古小说钩沉》辑《玄中记》曰:"天下之弱者,有昆仑之弱水焉:鸿毛不能起也。昆仑西北有山,周回三万里,巨蛇绕之,得三周。蛇为长九万里。蛇居此山(按:崆峒山[又名凤羽山]有蛇滚坡),饮食沧海。

晋代《伏滔集》载《习凿齿论青楚人物略》:"神农生于黔中"。又《神农本草》曰:神农稽首再拜,问于太一小子曰:"曾闻古之时,寿过百岁而殂落之。咎独何气使然耶!太一小子曰:'天有九门,中道最良'。"今张家界市远古属庸国,春秋属白县,秦汉属黔中,城区天门山恰有前天门、后天门、大天门、小天门、南天门、北天门、上天门、下天门、中天门等地名,可谓九门皆俱。故太一小子所曰"天有九门"很可能与这黔中天门山之九门有关。

《太平御览》卷三八引《尸子》:"赤县神洲(今桑植县尚有'国家大地'、'神州大队'、'神州村'等地名)者,实为昆仑之墟。玉红之草生焉,食其一实而醉卧三百岁而后寤。"《搜神记》卷十三:"昆仑之墟,地首也。是维帝之下都,故其外绝以弱水之深,又环以炎火之山(按:天门洞口南麓有火焰山地名)。"《海内北经》:"西王母梯几而戴胜杖,其南有三青鸟,为西王母取食,在昆仑虚北。""帝尧台、帝喾台、帝丹朱台、帝舜台各二台,台四方,在昆仑东北。"天门就是窟窿,就是昆仑,前文早已确证,而这些古地名均与古庸国有直接的渊源关系。

原来,天门山崇山又合称天崇山,是三皇五帝时代的"祖山"和"国山",而大庸古国则是横跨长江两岸、肩挑川(四川盆地)泽(云梦大泽)大地的一个疆域辽阔的大国。故著名建筑史学家张良皋先生说:"庸国首先肇启人文,连黄帝都不是外来户。"

第一节　天崇白泽与白县之源

周代《献侯鼎》等铭文后说:"天鼋(yuán)二字,铭文多见,旧译为子孙,余谓当是天鼋,即轩辕也"。因此,"天鼋即是轩辕"。天鼋是轩辕的氏族名称、氏族的徽号、氏族的图腾。鼋,是水族动物,黄帝以天鼋作图腾,说明他的图腾就是水族动物。东汉许慎在《说文解字》中的如此阐释鼋:甲虫惟鼋最大,故字从元,元者,大也。

关于鼋的记载由来已久。《西游记》中,在通天河畔,在唐僧师徒叫苦于通天河的汹涌以及宽阔之时,游过来的正是一只大鼋,浮水作舟,将四人载过河。据说鼋背壳略凹的花纹,就是唐僧师徒留下的印痕。相传朱元璋与陈友谅血战鄱阳湖,帮助朱元璋脱险的也正是一只大鼋。朱元璋称帝后,即封鼋为大将军。也许是因为鼋其貌不扬,头部常生疣状突起,又被人戏称为癞头鼋。《红楼梦》中就有宝玉"明儿掉到池里去,叫癞头鼋吃了去"的话语。

天鼋是华夏族古老的图腾,是一种神异的龙,背有"河图",知天地鬼神世间万物之兴衰,具有神秘先知。黄帝在昆仑山遇神龙天鼋,名谓"白泽",封其为守护神,是智慧力量和王权的象征。据说,用"河图"可以祈求幸福,抚摸龙角可以避邪消灾。

鼋全身是宝,肉性温、营养价值高,李时珍《本草纲目》记载:"用炙鼋甲泡黄酒,可治瘰疬、恶疮、痔瘘、风顽疥疮及杀虫,驱风之效";内脏用于杀百虫、解百毒、续筋骨、治妇人血热;脂可治麻风;胆性寒有毒、化生姜薄荷叶,可作催吐剂,亦可治喉痛,富于腹汁的鼋裙与熊掌并列,为最名贵佳肴,难怪《左传》中有郑灵公和公子宋为争食鼋肉,染指于鼎的记载。本境民间传说,鼋总是灵性十足。如果天鼋浮游水面,近日天气肯定会发生变化,或燥热,或暴雨。如果天鼋头朝潮上游方向翘头,三天内即有山洪暴发。还说,这样的经验屡试不爽,非常准确、灵验——鼋是他们心目中的"晴雨表"。

湖南盛产甲鱼,古庸国属地今汉寿县一带即被称为中国甲鱼之乡。鳖主要用肺呼吸,但当水温低于 15 度时,甲鱼就潜入池底淤泥开始冬眠。

黄帝号为轩辕,是以天鼋做周代《献侯鼎》等铭文后说:"天鼋(yuán)二字,铭文多见,旧译为子孙,余谓当是天鼋,即轩辕也"。东汉许慎在《说文解字》中如此阐释鼋:甲虫惟鼋最

天门山巨龟化石(丁云刚供稿)

大,故字从元,元者,大也。传说,天鼋是华夏族古老图腾,是一种神异的龙,背有"河图",知天地鬼神世间万物之兴衰,具有神秘先知。黄帝在昆仑山遇神龙天鼋,名谓"白泽",封其为守护神,是智慧力量和王权的象征。据说,用"河图"可以祈求幸福,抚摸龙角可以避邪消灾。相传黄帝的先祖是有熊氏。由于有熊氏的人们崇尚土德,土是黄色的,母亲附宝给他起名叫黄帝。居住在轩辕之丘,因他长在姬水,就以姬为姓,轩辕为号,所以后人也称黄帝为轩辕氏。神话传说时代和往古的神话传说史实中,龟作为中国古代的四大灵物之一(另三大灵物为龙、凤、麟)就已经渗入与农耕民族极为相关的水文化之中。中国第一帝王黄帝,号为轩辕氏,轩辕二字,即天鼋,即力天,意思是神化了的大龟。

"轩辕"这两个字,大家都不会解释,研究古书以后,发现轩辕可能就是天鼋。在古代,轩辕和天鼋读音是一样的,鼋,就是水族动物。黄帝以天鼋作图腾,说明他的图腾是水族动物,说明天鼋是轩辕的氏族名称、氏族的徽号、氏族的图腾。详见《中国古代史讲座》。《中国古代史讲座》(1987)修订为《大师讲史》(2007)。他们还就此进一步论证说:估计夏、周两个王朝与黄帝是一个系统,有血缘关系。因为夏的图腾和黄帝的图腾接近,周也自称出自天鼋,都是以龙蛇之类水族动物作图腾。这一论说,从远古社会的图腾上寻出轩辕的含意,科学地阐释了中华民族为什么是所谓的"龙的传人"。在远古神话里,黄帝是稍后于炎帝出现的一个大神。传说他长有四张脸,可以监视四面八方。他是中央的天帝,统治着整个宇宙。

在民间,还有种种关于他和他的臣子们创造发明的传说。有书上说,黄帝发明了车,所以人们叫他轩辕氏。

昆仑山上著名的神兽,浑身雪白,能说人话,通万物之情,很少出没,除非当时有圣人治理天下,才奉书而至,是可使人逢凶化吉的吉祥之兽。传说黄帝巡狩,至海滨而得白泽神兽。此兽能言,达于万物之情,故帝令图写之,以示天下,后用以为章服图案。唐开元有白泽旗,是天子出行仪式所用;明有白泽补,为贵戚之服饰。

东晋葛洪《抱朴子·极言》:"黄帝……穷神奸则记白泽之辞。"《云笈七签·轩辕本纪》:"帝巡狩,东至海(指洞庭湖),登桓山,于海(湖)滨得白泽神兽。能言,达于万物之情。因问天下鬼神之事,自古精气为物、游魂为变者凡万一千五百二十种。白泽言之,帝令以图写之,以示天下。帝乃作祝祈之文以祝之。"《通典》记帝王之旗就绘有白泽的形貌,被称为白泽旗。《唐书·五行志》记载中宗韦皇后的妹妹用虎豹枕以避邪,白泽枕以避魅。《开元占经》卷一一六引《瑞应图》云:"黄帝巡于东海,白泽出,达知万物之精,以戒子民,为队灾害。"

白泽虽是动物名称,但笔者认为它最初应是地域名称,很可能与张家界一带山洞众多、盛产硝土有关。

硝土又称硝硝、火硝、"中国雪""中国盐",是一种含盐类很多的盐碱土,而不一定就是指含硝酸盐的土,这需要在盐碱地很多的地方获得。硝土的特点就是土的表面往往有一层白色的盐类结晶。浓硝酸含量为68%左右,易挥发。在空气中产生白雾,是硝酸蒸汽与水蒸汽结合而形成的硝酸小液滴。

硝硝是一种非金属矿产,矿物学称为硝石。硝硝具有玻璃般的光泽,无色透明,形如冰块,沉积于干涸的盐湖,也见于热泉中。

硝硝可用于造纸、制碱、陶瓷、橡胶、制造玻璃和药品,也是纺织、印染、印刷、皮革、洗涤剂等化工生产的主要原料,还可用于食品加工业,制腊肠、腊肉,或制成元明粉、硫酸酸和硫化碱等,用途极其广泛。

硝硝在古代又称焰硝、火硝、苦硝、生硝和地霜等。我国是世界上最早认识和利用硝硝的国家。西方在13世纪以前还不知硝硝为何物,而中国早在公元前4世纪春秋战国时期硝硝便为人们所熟知。汉代的《神农本草经》把硝石作为主要药材。公元2世纪,中国人把硝石用于溶解矿物成为水溶液,故又名溶石。公元4世纪时我国的硝硝随同医药和炼丹术传到西方。阿拉伯人称为"巴鲁得"即"中国雪"。波斯人又称"中国盐"。

更能说明问题的是,今天门山北麓的且住岗有白鹤嘴,黄家铺有白鹤溶,中湖乡有白鹤坪等地名,至今还常有成群的白鹤往来栖止、繁衍生息。据考,远古时代更是成千上万,白霭霭一片白的海洋,鹤的天堂,堪称"白鹤大泽"。相传,泽内常有白龙出没,呼风唤雨,捕食白鹤,又称"白龙大泽"。故,今日永定区城郊尚有白龙泉乡和龙泉峪社区、街巷。而邻近乡镇又有白洋湾、白羊坡、白杨坡、白杨垭、白杨坪、白杨台、白羊塔、白马村、白马渡、白马磴、白马山、白马崖、白马岩、白马寺、白虎峪、白虎堂、白虎躺、白龙泉、白蛇湾、白蛇溪、白岩村、白岩山、白岩壁、白岩峪、白岩溪、白石乡、白石村、白石里、白石溪、白溪村、白水潭、白水泉、白沙湾、白竹山、白竹水、白竹界、白竹垭、白竹溪、白果湾、白果垭、白果村、白银村等。

尤其是白泥池(教字垭)、白泥塘(沙塔坪)、白光坪(瑞塔铺)、白地里(五里桥)、高白村(江垭)、白市村(官地坪)等地名,简直就是"白泽"的注脚或代名词。《湖南永定县乡土志》卷三载:天门山"其上有温泉,是名天漕堰,悬流千仞,四时不竭,滂沛乎……"又云"有瀑布,名天漕堰,每夏旱,白练千丈,悬流而下"。也许,正是在这霭霭茫茫的天门、云梦、昆仑、咸池、雷泽、春泽、珠泽、白水、白泥、白池、白塘、白里、白坪、白光霭霭的白泽之中,蕴藏孕育着大自然的勃勃生机,是雄才大略的人文始祖黄帝在此"洞庭之野""张咸池之乐"时,有幸遇见泽中吉祥神物之天鼋灵龟! 后来,人门为纪念伟大先祖在云梦大泽、洞庭之野、昆仑之丘、天门白泽发现的这一天赐神物,便将其命名为"天鼋",又名"白泽"。

"白泽"是个传说中的神兽,它知道天下所有鬼怪的名字、形貌和驱除的方术,所以从很早开始,就被当作驱鬼的神和祥瑞来供奉。因而,作为黄帝血统、高阳直系的芈熊楚国君臣,在春秋时期取代庸国、封裔置县时,还将此地封为"白县",是有着深远历史意义和深厚文化内涵的。一方面告知后人不忘本境洪荒时期的原始风貌,一方面以此纪念伟大先祖天门天鼋(轩辕)黄帝,在天门白泽发现灵瑞神兽、激扬智慧、开疆拓土、一统华夷的创世之功! 并借此向诸侯列国宣告:吾庸楚一脉本是真正的华夏正统,黄帝本来就发迹于古庸之白泽,亦即我大庸大楚之白县!

第二节　白猿、白义与白县之源

今张家界一带地热资源十分丰富,大大小小的温泉不下几十处,远古时期还可能更多。而且以盐井、盐垭、咸池命名的地方也很多,估计祝融、伏羲、炎黄先祖们来到崇山创世开基时期,这里还是白茫茫的一片盐碱地带,满眼都是白泥、白土、白气、白光。甚至连多种动物都是白色的,如白猿、白鹤、白鹭、白兔、白羊、白马、白蛇、白鄂(龙)、白虪(猪)等等。还有可能连流动的水或不动的山石、植物都有很多是白色的。

据《山海经·南山经》曰:"又东五百里,曰发爽之山,无草木,多水,多白猿。……"相传,天门山即有白猿老祖曾与鬼谷仙师一同切磋武艺,使鬼谷子武功大进。又据《寻根之路·一种神秘巫图的发现》一书记载:"纳木依神像——《卜书》曰:'一只白猿,实为猩猩,年的带路人'。"文中"纳木依族"古为羌人,乃炎帝直系,"年"即炎帝"石年"。又《西山经》曰:"西南三百八十里,曰皋(gāo)涂之山,蔷水出焉,西流注于诸资之水;涂水出焉,南流注于集获之水。其阳多丹粟,其阴多银、黄金,其上多桂木。有白石焉,其名曰口,可以毒鼠。有草焉,其状如稿茇,其叶如葵赤背,名曰无条,可以毒鼠。有兽焉,其状如鹿而白尾,马足人手而四角,名曰如。……"又《山海经·大荒西经》:"有人反臂,名叫天虞。郭璞注:即尸虞也。尸虞未见所出,据郭璞注当有成文,疑在经内,今逸。"又曰:"凡南次三经之首,自天虞之山以至南禺之山,凡一十四山,六千五百三十里。其神皆龙身而人面。其祠皆一白狗祈,稰用(禾余)。"

又《穆天子传》:"天子之骏:赤骥、盗骊、白义、逾轮、山子、渠黄、华骝、绿耳。"即后世所谓之天马。《山海经·北次三经》:"马成之山有兽焉,其状如白犬而黑头,见人则飞,其名曰天马。"《史记·大宛列传》:"得乌孙马好,名曰天马。"

"白义"为《穆天子传》所列的"八骏"之三。"奔霄"是《拾遗记》所列的"八骏"之三。"蒲梢"之名,则见于《史记》:"(汉武帝)后伐大宛,得千里马,马名蒲梢。"《汉书》将它列为来自西域的四种骏马之一:"自是之后,明珠、文甲、通犀、翠羽之珍盈于后宫,蒲梢、龙文、鱼目、汗血之马充于黄门。"

"白义",又可作"白牺"——《列子》有"(周穆王)肆意远游,命驾八骏之乘:右服骅骝而左绿耳,右骖赤骥而左白牺"之语。"义""牺"既能互易,整个称号便很可能是音译名。"蒲梢",亦作"蒲捎"——元稹《江边四十韵》诗有"高门受车辙,华厩称蒲捎"之句;还可作"蒲骚"——《史记》索隐谓"(梢),又作骚"。则此词显然是个音译名。至于"奔霄",虽然颇似"夜行(万里)"之意,但因其语音甚类"蒲梢",且与"白义"同列八骏之三,所以它仍然可能是不同地区汉语方言的同音和近音不同写法,即所谓同音异记或近音异记。那么楚康王罢母国伯(大)庸、降格建直辖白县时,也有可能以辖境内多有白猿、白义等通灵神兽而命名此地为白县。是否如此,聊备一说。当然,以康王为首的楚国王室精英们,也可能综合笔者上下文分析到的白泽、白帝、伯庸、霸庸等多种因素而命名本境为白县。

第三节 白帝与白县之源

白帝为中国五帝之一,传说为远古时羲和部落后裔。羲和,中国神话中太阳神的名字。传说她是帝俊(舜)的妻子,与帝俊生了十个儿子,都是太阳(金乌),住在东方大海的扶桑树上,轮流在天上值日。羲和也是她儿子们的车夫——日御。《山海经》中有这样一个故事:"东海之外,甘泉之间,有羲和之国。有女子名羲和,为帝俊之妻,是生十日,常浴日于甘渊。"也就是说,羲和国中有个女子名叫羲和,她是帝俊之妻,生了十个太阳。"太阳之母"是关于羲和的传说之一。羲和又是太阳的赶车夫。屈原《离骚》说:"吾令羲和弭节兮,望崦嵫而无迫。"(弭:平息;崦嵫:yānzī,古代指太阳落山的地方)。诗句的意思是:羲和不慌不忙地赶着马车,和太阳一起走在归家的路上。

从上述神话来看,白帝即为羲和之裔,当是舜帝儿子之一,很可能就是羲和之国的帝王。而羲和则掌握着时间的节奏,每天由东向西,驱使着太阳前进。因为有着这样不同寻常的本领,所以在上古时代,羲和又成了制历定时之人。《尚书·尧典》说:"乃命羲和,钦若昊天,历象日月星辰,敬授人时。"于是指示羲和,密切注视着时日的循环,测定日月星辰的运行规律,给大家制定出计算时间的历法。五行说:古人以百物配五行(金、木、水、火、土)。如春天属木,其味为酸,其色为青,司时之神就叫青帝;秋天属金,其味为辛,其色为白,司时之神就叫白帝。在《红楼梦》的一词《芙蓉女儿诔》中有"金天属节,白帝司时"等语。

从史料记载和24节气来看,今张家界所在的大武陵地区是最早制定天文历法的地区。24节气在我们这里最早兴起,而且最准确、最稳定、最适用,今张家界一带应是最早的天文之国,即羲和之国所在地。也就是说,春秋时楚白县一带刚好就是羲和时期古白帝所统辖的羲和国一带。

从《山海经》的另一记载来看,这位统治羲和之国的白帝有可能就是生于桑植澧水之源的舜帝之子"无(吴)淫(庸)"。据《山海经·大荒南经》载:"大荒之中……有蒲山,澧水出焉,有载民之国。帝舜生无淫,降载处,是谓巫载民。"又《山海经·东山经》曰:"又南三百八十里,曰葛山之首,无草木,澧水出焉,东流注于(云梦)泽。"又曰:"又东二十里,曰历儿之山。"

又《史记·五帝本纪》:"舜耕历山,渔雷泽,陶河滨,作什器於寿丘,就时於负夏。欲杀,不可得;即求,尝在侧。"又曰:"舜耕历山,历山之人皆让畔;渔雷泽,雷泽上人皆让居,陶河滨,河滨器皆不苦窳"。又曰:"一年而所居成聚,二年成邑,三年成都"。又北魏郦道元《水经注》曰:"历山,澧水所出,东至下隽入沅,过郡二,行一千二百里。"可见,桑植很可能是舜帝早年农耕、渔猎、匠作、娶妻、育子之地。

又《中次四经》曰:"又东三十里,曰雅山。澧水出焉,东流注于视(柿溪)水,其中有大鱼(鲵)。其上多美桑。"上述引文中"蒲山"就是"葛山","雅山"就是今桑植内半县雅雀洞所在之山。澧水上游的永定(大庸)、桑植及周边地区应是羲和之国的中央地带。故今日永定区后坪乡熊璧(罴)岩村还有中央仙山寺、中央仙山组等地名。

又《太平御览》卷九二一引《广异记》曰:"南方赤帝女学道得仙,居南阳崿山桑树上,正月一日衔柴作巢,至十五日成,或作白鹊,或女人。赤帝 见之悲恸,诱之不得,以火焚之,女即升天,因名帝女桑。"意思是说:"炎帝的二女儿,向神仙赤松子学道,后修炼成仙,化为白鹊,在桑树上做巢。"据《清同治安福县志·卷之四·山川》载:"七姑山在县东六十里。离鳌山五里,其地半属武陵。相传有七姑在此修炼,后跨鹤飞升,称为白鹤仙姑。今山寺中有像。上有天池,冬温夏寒,大旱不涸。"

炎帝见爱女变成这模样 ,心里很难过。叫她下树,她就是不肯。于是炎帝用火烧树,逼她下地。帝女在火中焚化升天。这棵大树就被命名为帝女桑。从故事中帝女"化为白鹊"的情节来看,羲和之国的司时之神之所以称白帝应该是位女性。又可推知这位"帝女"很可能就是舜帝之女,就是《山海经》中所说的"无淫"。从"无淫"二字的字面意义来看,也更像描写女性的词汇。无淫,当指圣洁未婚。那么,这位圣洁的帝女为何不结婚呢? 因为她是羲和之国的司时之神,"钦若昊天,历象日月星辰,敬授人时"——密切注视着时日月的循环,测定日月星辰的运行规律,给大家制定出计算时间的历法,是她的神圣职责,她把一生的精力和心血都奉献给了她所热爱的天文历法事业。

从所辖地域来看,无论是传说中的羲和之国也好,载民之国也好;是苗史中的三苗国、仡(大)庸国、䀢头国、崇山国、羽民国、贯胸国也好;是春秋战国时期的古伯庸、古白县、古黔中、古巫郡也好;还是秦汉以后的古慈姑、古零陵、古零阳、古充县、古武陵、古天门、古北衡、古崇州、古辰州、古澧州,都是之今张家界两区两县及周边县市所在的大武陵核心地区,即慈利、桃源、石门、永定、武陵源、桑植、龙山、永顺、沅陵、鹤峰、保靖、花垣、凤凰、麻阳、辰溪、吉首、古丈、来凤、咸丰、宣恩等县所辖地区。

从白帝作为司时之神来看,先楚时期的庸国都邑和春秋时期楚国白县,很可能一直就是最古老、最传统、最重要的天文观测地和历法制定点,是历朝历代大巫师、大天文学家聚会之地。三皇时期的白帝少昊,五帝时期的白帝无淫(无淫与吴庸一声流转,且本境自古称仡庸,即大庸;又称吴地,即西吴),虞夏时期的崇伯果(仡)庸,即崇伯鲧(鲧为果庸的疾呼,果庸为鲧的缓读)、商周之际的崇伯鬻熊、西周晚期的屈祖伯庸(庸伯),春秋晚期的白公子张、鬼谷子白公胜、战国晚期的屈原之父屈伯庸(庸伯)及秦汉之交的黄石公,汉代张良(子房)、司马季主,北周帝宇文邕,唐代星相家李虚中,宋代田承满,明代刘伯温,清代李自成、吴三桂、康熙帝、周培公等都有可能在这白帝故里举行个天文观测和大型祭天活动。

另有很多古籍都留下有关古白帝的文字记录:

《山海经·西山经》载:"又西三百里,曰积石之山,其下有石门,河水冒以西流,是山也,万物无不有焉。又西二百里,曰长留之山,其神白帝少昊居之。"

唐贾公彦疏解《周礼·天官·大宰·祀五帝》曰:"五帝者,东方青帝灵威仰,南方赤帝赤熛怒,中央黄帝含枢纽,西方白帝白招拒,北方黑帝汁光纪。"

《史记·封禅书》:"文公梦黄蛇自天下属地,其口止于鄜衍……于是作鄜畤,用三牲郊祭白帝焉。"

《晋书·天文志上》:"西方白帝,白招矩之神也。"

清曹寅《巫峡石歌》:"或疑白帝前,黄帝后,漓堆倒决玉垒倾;风煦日暴几千载,旋涡聚沫之所成。"

《史记正义》引《国语》载:"苍帝(或为青帝)灵威仰,赤帝赤熛怒,白帝白招矩(或为白招拒),黑帝协光纪,黄帝含枢纽。"文献中未有实质指明五帝的姓名。

纬书《尚书帝命验》称:"苍帝名灵威仰,赤帝名文祖,黄帝名神斗,白帝名显纪,黑帝名玄矩。"判断白帝的名字是"显纪"。但在《尚书·帝命验》中,却又另载:"显纪者,白帝招拒之府,名显纪。"指出白帝的名字应为"招拒",其居住的仙府才称为"显纪"。

《续汉书》曾记载关于一场祭祀五帝的仪式,当中提道:"制郊兆于洛阳城南七里,为坛,八陛,中又为重坛,天地位皆在坛上。其外坛上为五帝位,青帝位在甲寅,赤帝位在丙巳,黄帝位在丁未,白帝位在庚申,黑帝位在壬亥。"

蔡邕《独断》载:"青帝以未腊卯祖,赤帝以戌腊午祖,白帝以丑腊酉祖,黑帝以辰腊子祖,黄帝以辰腊未祖。"记述了祭祀白帝的对应时辰。

泸溪县石榴坪乡下寨村鸦溪天王庙内《白帝天王还原记》碑载:

夫白帝天王者,驱妖邪除灾患之神也。有曰竹王三郎神,或曰三侯神,或曰白帝天王神,皆是也。溯其源,出自《后汉书·南蛮南夷传》,该书所载东汉时的竹王三郎神即白帝天王神。

可见楚康王改制时,将历代伯庸所辖古庸国都邑地区定名为白县,是大有历史渊源和深远象征意蕴的。更有实际意义的是:楚国王室很可能仍然将白县所辖之古庸羲和之地,作为重要的贵族安置点和天文观测基地来看待,白县仍然是楚人心目中的祖陵、故都、圣地、帝丘、王邑、后宫。故在楚国历史上,凡是被废之王、失位之王、逃亡之王、禅隐之王及地位很高的贵族多被放回白县安置起来,仍然给予很高的名分和待遇。

如楚庄王时的伯庸,执政晚期的楚灵王(死于乾溪——今张家界城区乾溪桥——见《白公子张讽灵王纳谏》:"七月,乃有乾溪之乱,灵王死之。"),楚惠王时的白公胜(楚平王之孙,平王乱伦后随养父伍子胥投奔吴国,化名孙武。会楚后自诩为王,公元前479年起义失败后,金蝉蜕壳、诈死脱险,化名王禅归隐并终老天门山),楚襄王时的屈原(出生于楚威王元年——前339年正月十四日。并非流放,顷襄王十三年——前286年前后,被安置在古庸故都附近别无杂种的屈氏宗坊)、庄蹻(庄蹻的"蹻"字在古代文献中作草鞋解释,庄蹻的身份是打草鞋、穿草鞋的人。此时的楚国贵族已沦为庶人。庄蹻起义叛楚于公元前301年到前300年。)等等,都是活生生的例证。

至此,我们可以清晰地梳理出本境历史沿革路线图:燧明国—华胥国—蚩庸国—颛庸国—鲧(苗语果—仡)庸国(蚩庸、颛庸、鲧庸,合称"三庸",实即"三苗")—三苗国—盘瓠(彭壶)国—骧头国—下(夏)庸国—上(商)庸国—鬻(周)(音粥)熊(庸)国—伯庸国(后庸国,即楚庸国)—白县—慈姑(指白贞姬)县—零阳县—充县—天门郡—北衡州—临澧县(大庸所治)—零阳县—零陵县(隋开皇九年—589年,改零阳县为零陵县)—慈利县(开皇十八年—598年,改零陵县为慈利县)—崇义县—马楚国—索口寨、武口寨、安福寨—慈姑州—慈利州、安定州、柿溪州—桑植宣慰司—慈利安抚司、茅冈都元帅府—大庸县(明洪武二年—1369年,降慈利州改为大庸县,隶属于澧州)—大庸卫、九溪卫—桑植土司、茅岗土司—安福县—永定县(雍正十三年—公元1735年,割慈利十、十一、十二、十三都及八、九、十四都的一部分地方,以及永顺部分地方和原茅冈司地方置永定县)、桑植县、慈利县—大庸县(民国三年—公元1914年设大庸县)、桑植县—大庸市—张家界市—将来恢复大庸市—申报大庸文化遗产—建大庸古国遗址公园。

第四节　伯庸与白县之源

伯庸就是霸庸。伯：通"霸"。《白虎通》云："霸者,伯也。"《白虎通》又解释说："霸为诸侯长,行方伯职。"四方守之领主。比如：西伯姬昌,商之方国西方之领主。庸：融之通假,指祝融,芈楚近祖,其远祖为高阳,直系祖先是鬻熊。

在西周墓葬中曾出土"王伯"金铭,而当时的推断"王伯"是商王给周先人王季的封号,为西方"方伯",因此其后人姬昌被尊为西伯。《史记》认为周封诸侯为"公、侯、伯、子、男"五等。《说文解字》又推说："'霸'从月,通假'魄',为月初(初二、初三)之月光,由亏而盈,希望之光是也。"

据考,甲骨文的"霸"字只有革月。革为皮,月为肉,切肤连皮,实为至亲。今人不说"皮肉至亲",而说"骨肉至亲"。金文"霸"才有雨头。可以认为雨头的"霸"是周在商"革肉"基础上的再造字。革既皮肤,皮肉正是表里,血肉亲情之言喻。从"霸"字原始字义的线索来看,楚庄王很可能造新字以封"霸伯"。

以此推断,我可以看清一幕历史真相：楚庄王联合秦国和巴国,将早已失去生机与活力的名义上的母国——庸国取而代之后,拉着老庸君的手说："今后您仍然是我们的领导,我仍然尊您为王,庸国都邑仍然由您管理主事。您我骨肉至亲,恰如"霸"——'革肉'字所喻,您我互为表里,共昌国运。"

从伦理上看,楚庄王谋取庸国是僭越(无权冒用或要求；盗用；非法霸占；用了自己的级别所不应该用的礼仪等。在古代尤指用皇家专用)王礼、以下犯上。但从庸楚发展的长远利益来看,楚庄王不失为一位有胆量、有抱负、有远见、有智略的伟大政治家、谋略家、军事家。正是他让行将就木的庸国改朝换代,有如初月,由亏而盈,重获希望之光,以庸楚一统的昂扬气象称霸诸侯百国。

伯(霸)县就是白县。汉蔡邕《独断》曰："侯者候也,候逆顺也,其地方百里。伯者白也,明白于德,其地方七十里。子者滋也,奉天王之恩德,其地方五十里。男者任也,立功业以化民,其地方五十里。守者,秦置也。……"汉班固《白虎通·爵》："伯者白也,子者孳也,孳孳无已也。"笔者逆而释之可曰："白者,伯也；伯者,霸也。"公侯伯子男是自从周朝就开始沿袭的古代爵位(官位),天子以下,公爵最大,侯爵其次,伯爵再次,子爵跟上,男爵最小,所以春秋战国有齐桓公,龙阳侯等称呼。但在庸楚宗族内部,尚有伯庸名义之称的老庸国之君,其宗法地位和太上皇的权力象征,还很有可能被长期遵循。

故楚白县应该就是楚庄王于公元前611年取得庸楚一统霸权后,出于亲情伦理,也出于舆论压力和政治需要所尊崇的那个"霸伯之庸",即大庸古国的都邑所在地,相当后世之慈姑(据《清同治直隶澧州志》载:"秦始皇二十六年——前221年庚辰,分天下为三十六郡,置慈姑县,今澧属诸县均为慈姑,隶黔中郡,城在慈利县官塔坪。汉高祖拔黔中郡,置武陵郡;罢慈姑县,分置孱陵、零阳、充三县;旋改郡名义陵,五年己亥——前202年,又改名雒阳")、澧州(澧州历史悠久,南朝梁敬帝绍泰元年——公元555年,始置澧州,唐、宋、元、明、清亦多称澧州。1912年废州为县,以澧水命名,相沿至今)、辰州(据明万历《辰州府志》载:秦昭王二十七年——前280年击楚,拔黔中置黔中郡。汉高祖初年——前206年改为武陵郡,汉高五年——前202年又改雒阳郡。东汉建武二十四年——公元48年复为武陵郡。三国时或属吴或属蜀,晋、宋、齐并为武陵郡地。陈分置沅陵郡治沅陵县。隋开皇中——公元590年左右始置辰州。元代升辰州为路。明朝改为辰州府)两州、一县所辖地区,包括今澧县、桃源、慈利、石门、大庸、桑植、鹤峰、沅陵、辰溪、龙山、永顺、保靖、花垣、古丈、凤凰、泸溪、溆浦、麻阳诸县所在地区。

楚康王改伯庸为白县。楚康王,白公胜曾祖父,在位十五年。据晋梦天品潇水先生《青铜时代的蜥蜴战争》一文介绍:面对的政治环境,楚康王与其父楚共王颇为相似,不仅要北上中原,与晋国争霸,还得花很大气力应对吴国从东面对楚国的不断骚扰和侵袭。两面作战,广大将士疲于奔命,苦不堪言。严峻的形势促使楚康王不得不寻找和解之路,以尽快打破这种不利于楚国发展的僵局。此时,晋国更是内外交困,穷于应付,深感征战之累,也想与百年宿敌楚国和解。最后,经过宋国调解,楚晋两国与数个诸侯国在公元前546年订立了罢战息兵、平分霸权的盟约。楚康王不仅成功地解除了北方中原各国对自己的强大军事威胁,而且还凭借自身强大的实力,当仁不让地与晋国国君晋定公一起当坐上了中原霸主的宝座。

鄢陵之战是公元前575年晋国和楚国为争夺中原霸权,在鄢陵(今河南省鄢陵县)发生的战争。鄢陵之战,是继城濮之战、邲之战之后,晋楚争霸中第三次,也是最后一次两国军队主力会战,在历史上具有重要的意义,它标志着楚国对中原的争夺从此走向颓势。

鄢陵一役,楚国兵败,中原霸权地位失落,楚共王曾引为终身遗憾。康王登基为王,痛中思痛,认真反思,为了吸取公族势力增大, 权力过于集中,导致产生"二卿相恶",不利于楚的历史教训,决心大刀阔斧地对行政管理和军事管理体制进行改革。公元前 558 年(楚康王二年),他利用令尹子囊病逝于伐吴之途的机会,开始实施改革计划。首先任命楚共王的弟弟,也就是自己的叔父,楚公子午(子庚)为令尹(张良皋批曰:此为丹江水库中出现之令尹子庚墓主),同时增设右尹一职,任命公子罢戎担任。任用蒍子冯为大司马,又分别增设右司马和左司马两个职务,分别派公子橐师和公子成担任。再令屈到为莫敖,公子追舒(子南)为箴尹,屈荡为养由基为宫厩尹。他不仅对行政管理和军事管理体制进行规范,就连马政管理也是日趋完善配套。由于当时处于冷兵器时代,战马在行军打仗和日常交通中处于重要地位,我们从楚康王时代设立的大厩、中厩、宫厩等管理车马机构和设有"监马尹"主掌马政中可以看出,康王在这方面是下了很大功夫进行整顿治理的。通过改革,重新对权力进行配置和再分配,有利于权力制衡机制的建立,有利于互相监督制约,有利于提高办事效率。

为了防止大夫专权,王位弱化,楚康王重拳出击,无情打击。《左传·襄公二十二年》记载了一个康王在朝堂之上,当着文武百官的面,斩杀贪权者的故事。公元前 552 年(楚康王八年)夏天,当了 6 年令尹的子庚病逝。康王想任命蒍子冯为令尹。但子冯接受了好友申叔豫"国多宠而王弱,国不可为"的建议,以身体有疾推辞。康王便任用子南(公子追舒)为令尹。子南虽有功于楚,但其手下有许多门客,当上令尹后,更是出则前呼后拥,入则高朋满坐。子南有个亲信叫观起,没有得到楚王的赏禄,但却拥有数十匹马和数十乘车。子南的行为举止让康王忧心忡忡,他担心尾大难掉,对自己的王权形成威胁。便找了个借口在公元前 552 年杀子南于朝,车裂观起。此事如同一场政治大地震,在当时楚国的各级官员中产生了重大影响。杀掉子南后,康王再次任用蒍子冯为令尹,蒍子冯为了防止自己走子南的老路,一上任,就辞退了自己所宠爱信任的那些如同观起一样,有才华,但却"无禄而多马"的 8 人。康王见子冯辞退了心腹之人专门辅佐自己,才感到安心,才觉得他才是自己可以托付国事的人。

以上所述,就是楚国历史上著名的"康王改制"。笔者由此断定,楚庄王兵凌庸朝、一统庸楚后,采取谨祀祝融、厚尊庸祖、高封伯庸的施政方针,虽一时安抚了母国君臣,缓解了内政外交方面的舆论压力,但 54 年后的楚康王(庄王之孙)时代,楚国王室的庸楚亲情开始淡化,长期养尊处优的伯庸贵族日趋平庸(贬义庸人之称可能源于此时),作为太上皇的权力光环逐渐消弭,加之与庸国世交很深的吴国(西周蓄势剪商、经略南土时,曾派太伯、仲雍两兄弟来崇山大庸古国缔结军事联盟,武王伐纣时即靠庸国为首的庸、蜀、羌、髳、微、卢、彭、濮八国联军这支精锐之师。楚子代庸后,太伯率大庸军民一千余家奔吴,史称东吴,故国大庸习称西吴。元代还曾设立慈利茅岗吴氏都元帅府,今龙山县尚有西吴村——见刘佑平《中华姓史通书·吴姓》及拙文《周赧王归葬大庸史实探秘》)。在东部不断侵扰,楚康王不得不陷于两面作战的险恶境地,为了彻底打破晋吴联手制楚给楚国带来的不利局面,他以牙还牙,采取了"远交近结"的外交策略。

在西面,楚康王借助公元前559年晋国率八国联军讨伐秦国,再次与秦结仇之机,与秦国建立了牢固的同盟关系。在东面,晋定公于公元前555年主盟溴梁之会,组建联军全面攻入齐国,楚康王派军讨伐郑国,迫使晋国兵退齐国。齐灵公对楚康王危难之时出兵相救,心存感激,两国再建友好联盟。

楚康王巧抓历史机遇,"西结秦,东联齐",不仅有效地打破了"晋吴联手制楚",致使楚国两面受敌,疲于应对的不利局面,而且给予晋国以很大的心理压力,导致晋国在制定对外政策,兴兵伐楚时,不得不考虑秦国和齐国的态度,从而大大地缓解了楚国的军事压力和政治压力。

公元前550年,陈侯出访楚国,庆氏二兄弟见国内空虚,本性终于彻底暴露,乘机据国而反,欲附晋国。康王为保护陈国社稷安稳,立即发大兵前往征讨,"庆氏筑城以拒,役人相约,各杀其长",庆氏反叛烟消云散。康王使精锐之师护送陈侯和早已归楚的公子黄返回陈国,重建山河社稷。国家失而复得,陈侯感激涕零,与康王再订永世称臣纳贡之盟。

结好西秦,联盟东齐,内定属国。康王以超凡的政治手腕和审时度势的外交策略成功地撕裂了晋吴联手织造的桎梏楚国发展的一张大网,而且在东线对吴的作战中屡次击败野心勃勃的吴国。晋国联吴制楚战略被楚康王较为成功的击破。母国大庸(即伯庸)很可能是在这种新的内政外交形势下,被楚康王顺势降格为县,而称伯县亦即白县的。

第五节　慈姑县与白县的渊源

慈姑县是秦始皇扫平列国、一统天下后,秦王朝在原楚辖白县基础上重新命名设立的西南大县。据《清同治直隶澧州志》载:"秦始皇二十六年——前221年庚辰,分天下为三十六郡,置慈姑县,今澧属诸县均为慈姑,隶黔中郡,城在慈利县官塔坪。汉高祖罢黔中郡,置武陵郡;罢慈姑县,分置孱陵、零阳、充三县;旋改郡名义陵,五年己亥——前202年,又改名雒阳。"

澧志中这段珍贵的记录，为我们追溯慈姑县与楚白县的渊源关系提供了清晰可靠的史料线索和依据。一方面得知慈姑地是古白县随楚国消亡后首次置县，两者有前后相继的关系，与伯庸管辖的古庸国核心地区有直接渊源（见上文《伯庸与白县之源》）；另一方面可得知汉高祖罢慈姑县，分置孱陵、零阳、充三县，改隶雒阳郡，仍然与古庸国历史有渊源关系。

另据《明万历辰州府志·卷一·沿革·辰州府》（第 15 页）载："本禹贡荆州之域，古名酉阳，以在酉水之阳也。春秋属楚，为黔中。秦昭襄王二十七年击楚罢黔中置黔中郡。汉高帝初年改为武陵郡，后以武陵人曾为义帝发丧，嘉之，又改为义陵郡。五年又改为雒阳郡。"

又据《广汉市志》载："西汉时置为雒县。新莽时期（9—23 年），改益州为庸部，部牧驻雒县。自古为争蜀的战略要地，三国时刘备即因破雒城而得成都。今址四川省广汉。"广汉市位于"天府之国"四川之腹心，是成都平原以北的重镇，自古有"蜀省之要衢，通京之孔道"之说。有闻名于世界的全国重点文物保护单位、四川省三大国际旅游精品之一的"三星堆古文化遗址"；至今还有古雒城城墙。成都，简称"蓉""成"，别称"蓉城""锦城"；西汉末王莽新朝时，成都又称庸部，庸部牧即称庸国公。"雒"又通"烙"，即烙印。《庄子》曰："烧之，剔之，刻之，雒之。"古成都、古雒县与古大庸（即伯庸）、古白县、古慈姑都是古庸国先祖留下生活足迹和创世烙印的地方，故都有以"雒"名郡、名县的地名。可见，慈姑置县与改属雒阳郡与古庸国有割不断的血脉关系，也再次证明古蜀文明源于古庸文明的论断是有史实依据的。

至于秦王朝为何要将白县改为慈姑县？其答案就再简单不过了。作为灭国置县、鸿图大智的秦始皇，在将楚国版图收入囊中后，决不愿因袭楚制继续称白地为白县，而要有所区别和创新，但又不能割断历史。而楚国历史自臭名昭著的楚平王之后即江河日下，基本没有几个他看得起的人物，唯有那诈死隐去的楚白王、鬼谷子白公胜的妻子贞姬姑娘，堪称贤惠贞洁的楚国慈姑！据《古列女传·楚白贞姬》载："贞姬者，楚白公胜之妻也。白公死，其妻纺绩不嫁。吴王闻其美且有行，使大夫持金百镒、白璧一双以聘焉，以辎軿十乘迎之，将以为夫人。大夫致币，白妻辞之曰："白公生之时，妾幸得充后宫，执箕帚，掌衣履，拂枕席，托为妃匹。白公不幸而死，妾愿守其坟墓，以终天年。今王赐金璧之聘，夫人之位，非愚妾之所闻也。且夫弃义从欲者，污也。见利忘死者，贪也。夫贪污之人，王何以为哉！妾闻之：'忠臣不借人以力，贞女不假人以色。'岂独事生若此哉，于死者亦然。妾既不仁，不能从死，今又去而嫁，不亦太甚乎！"遂辞聘而不行。吴王贤其守节有义，号曰贞姬。君子谓贞姬廉洁而诚信。夫任重而道远，仁以为己任，不亦重乎！死而后已，不亦远乎！诗云："彼美孟姜，德音不忘。"此之谓也。颂曰："白公之妻，守寡纺绩，吴王美之，聘以金璧，妻操固行，虽死不易，君子大之，美其嘉绩。"贞姬姑娘不愧为白帝之正脉，古庸之贵胄，楚国之骄傲，白县之荣耀，千古一慈姑！为嘉其懿德遗风，遂将白县改名为慈姑县。

第二十三章　崇山：不朽的历史丰碑

—— 论崇山文化与山岳崇拜

生命从海洋走向陆地，人类从高山走向平原。世界上大多数民族在其原始宗教时期，有着一种共同的文化心理，即对山岳的崇拜与信仰。崇山雄伟壮观、气势磅礴，山林能兴风云雷电、聚雨水、滋润大地、孕育万物、发源江河，充满无穷无尽的生机和神秘的创造力，不仅使人们能获得生存物质的需要和宗教精神的满足，而且令人深感敬畏与崇拜。因此，在自然诸神中，顶天立地、不可撼动的山岳神性最广泛，神格也最多样化。它是神仙、圣人所居之地，是贯通天地的阶梯，是支撑上天的擎天柱，是神话传说的发源地，也是祝融（赤帝即炎帝之一）、蚩尤（炎帝之一）、赤松（神农雨师）、黄帝、颛顼（高阳）、驩兜（丹朱）等人文始祖的发祥圣地。

第一节　环境与崇山祖源文化

崇山地处湖南西北边陲，武陵山区腹地，恰为北纬30度——生命繁衍最昌盛的地区，古称三苗、百濮之地，是远古南方文明最发达、最深厚的地方（何光岳语）。早在人文初祖创世时期，就有燧人氏祝融部落在崇山钻石取火、以火施化、传播文明；枫香氏（风姓氏）伏羲部落于宋坪观天画卦、教民渔猎；崧梁氏（神农族）赤松部落在大历山（长谷庸）柔木为耒、教民农耕；丹朱氏驩兜部落在崇山椎牛合鼓、创业开基；其历史文化基因早就毋庸置疑地出现在湖湘乃至中华文化的源头。早在夏朝以前，我们的先祖们就在崇山南北的澧水、溇水、茹水、索水、酉水柿溪、熊溪、茅溪、武溪、沅溪等五水五溪流域创建了大踵国、长寿国、华胥国、羽民国、驩头国、镎于国、大钟国、大庸国等中华远古第一轮文明古国。崇山也因此被著名史学家何光岳先生称为"祖山"和"国山"，是比晋南"夏墟"、河南"殷墟"更早的文化遗址,是有待揭开谜底的"庸墟"。可以说,溇江澧水流域的崇山文化是古庸国文化的源头,是湖湘文化的起点,西南文化的核心,巴蜀文化的母体,江汉、河洛文化的前身,中原、华夏文化的远祖。

据著名地质学家陈国达先生考征,沅澧流域崇山、张家界一带,在 3 亿 8000 万年以前,处于浅海近岸地带,附近是茂密的大森林,是恐龙活跃地带。大约 2 亿年前灭绝的恐龙,留下了大量化石。恐龙之父——芙蓉龙化石,就出土于今桑植县芙蓉桥乡。以张家界为核心的沅澧流域,正处于地球上生命繁衍最昌盛的北纬30 度生物圈内。而古庸国自南至北,正处我国地形西高东低之东经 110 度分界的轴线两侧。据科考统计,张家界市境内有木本植物 106 科,320 属,850 种;脊椎动物 146 种。其中有国家级保护植物 56 种,国家级保护动物 40 种。珍奇树种有银杏、珙桐、红豆杉、樱花等;名贵药材有灵芝、天麻、何首乌、杜仲等;珍稀动物有娃娃鱼、独角兽、苏门羚、华南虎、云豹、猕猴、灵猫等,堪称生物资源之宝库,是早期人类最理想的栖息之地。

1965 年,在崇山西南之云南元谋,发现 170 万年前直立人化石;1985 年,在西北近邻之重庆巫山,发现 204 万年古猿人化石;1986 年,再次在元谋小河地区,发现距今约 400 万年的腊玛古猿人化石。古人类向东、向北繁衍迁徙的轨迹,在澧水流域已有不少文化遗址可供印证。距今 20 万年以上的,有慈利县金台遗址;距今 10 万年以上的,有桑植朱家台遗址;距今 5 万年左右的,有石门县燕儿洞遗址;距今 1 万年左右的,有澧县城头山遗址;距今 8000 年左右的,有石门皂市遗址;距今 6000 年左右的,有澧县彭头山遗址。整个澧水流域 5000 年左右的文化遗址多次多处出现,仅小小的张家界市就有商前遗址 84 处,周前遗址 142 处。这些文化遗址充分证明以崇山、崧(嵩)梁山、武陵源为核心的张家界一带,恰为元谋人东迁和巫山人南下的汇集之地,印证了以华胥、祝融(即炎帝)、赤松、蚩尤、颛顼、盘瓠、驩兜为代表的三苗、百濮先民在崇山南北创世立国的史实。

崇山及整个大武陵地区最早的人种之源是"蝴蝶人""元谋人""巫山人""建始人""石门人""金台人""桑

崇山善卷隐居常德

植人""崇山人"。最早的氏族之源是生活在崇山南北的燧人氏祝融部落,华胥氏伏羲部落,神农氏炎帝部落,有熊氏轩辕部落,也就是三皇时期的崇日、崇火的崇光部落。直接产生并流传于古庸国境内(今武陵山区)的远古先贤,有伏羲、女娲、后照、后弈、炎帝神农、赤帝祝融(庸)、黄帝轩辕、战神蚩尤(古帝)、赤松子、庸成子、盘瓠、嫘祖、姜女、女魃、辛女、吴妪、慈姑、善卷、颛顼、舜帝、崇伯、伯庸、驩兜、廪君、夸父、刑天等庸楚历史和传说人物。

第二节　祝融与崇山祖源文化

《国语·周语》载:"禹夏之兴,(祝)融降于崇山。"

罗泌《路史·前纪》卷八中说:"祝诵氏,一曰祝龢,是为祝融氏……以火施化,号赤帝,故后世火官因以为谓。"《史记·楚世家集解》说:"祝,大也。融,庸音同,古通用。"祝融即"大庸"。

《山海经》亦曰:"炎帝之妻,赤水之子听说生炎居,炎居生节并,节并生戏器,戏器生祝融,祝融降处于江水,生共工……洪水滔天,鲧窃帝之息壤以堙洪水,不待帝命。帝令祝融杀鲧于羽郊。"又载:"南方祝融,兽身人面,乘两龙。"有学者认为,融与庸同音,庸即融演化而来,祝融就是庸国的先祖,古今大庸人都是祝融氏的后代,都是帝颛顼高阳的后裔。一大批苗族学者认为,祝融就是仡索。蛮左、蛮戎都是九熊后裔,南蛮中的大氏族。他们的后裔现在自称仡戎、仡索,仆程就是濮左。九熊后裔到崇山后,叫濮人,建立大庸国;后叫苗民,建立驩兜国;再后叫南蛮,建立卵民国、羽民国、凿齿民国、黑齿民国等许多小鬼国,度过夏、商、周三朝,没有遭大的兵祸,发展农耕,繁盛一时。《湘西苗族》一书曰:"从舜开始,三苗中的驩兜部落融合南蛮部落,组成苗蛮集团,世代子孙,一直在崇山生息繁衍。现在大庸县的仡庸堤,又叫古城堤,就是这一苗蛮集团的文化遗址。"

祝融,神话传说中的古帝,以火施化,号赤帝,后人尊为火神。有人说祝融是古时三皇五帝三皇之一。住在昆仑山(即天门窨窿山)的光明宫,是他传下火种,教人类使用火的方法。

恩格斯认为,取火技术的发明比蒸汽机的发明还重要。他说:"就世界性的解放作用而言,摩擦生火还是超过了蒸汽机,因为摩擦生火第一次使人支配了一种自然力,从而最终把人同动物界分开。"

火的发明和利用,是人类文明进步第一座划时代的里程碑。降生于崇山,作为南方火神的赤帝祝庸,无疑是传播文明火种的最早旗手。女娲炼五色石以补天的神话,无疑折射出古代先民在发明用火以后,继而学会冶炼技术的历史信息。青铜是一种以铜、锡为主要材料的合金,而湖南正是金、铜、锡、锑的主要产区之一,为古庸国最早铸造青铜器提供了有力佐证。生产工具的进步,大大促进了澧水两岸、崇山南北、山上山下、旱地沼泽之原始农业的兴起,形成山上豆作农业,山下稻作农业等原始农耕文明。农耕文明是人类结束采集游猎生活,最早定居的"守土文明",是人类童年的"起步文明",也是福佑万代的"传世文明",而湖南稻耕文明,自古至今一直走在世界前列。神农炎帝就葬于我省炎陵县,以袁隆平院士为代表的湖南农学专家群,则是这块神奇土地哺育出的当今时代新一辈"神农"。

第三节 驩兜与崇山祖源文化

《尚书·尧典》云:"(舜)放驩兜于崇山"。

《大戴礼记·五帝德》曰:"放驩兜于崇山,以变南蛮。"史记五帝本纪引此文,是崇山之地在南方也。

唐杜佑《通典》一八三《州郡》十三"澧州·澧阳"条:"汉零阳(今慈利、石门、澧县、临澧一带)县地,有澧水,有崇山,即放驩兜之所。"

马融曰:"崇山,南裔也"。(《史记集解》引)《淮南子·修务训》:"放驩兜于崇山"。注:"崇山,南极之山"。《书》《伪孔传》并云:"崇山,南裔。"《庄子·在宥》:"尧于是放驩兜于崇山。"释文:"崇山,南裔也。"

《古今图书集成·职方典·岳州府·部彚考·建置沿革考·慈利县》下云:"唐虞本崇山地,放驩兜于崇山,即此……南北朝置北衡州,隋更为崇州。《读史方舆纪要》云:'隋置崇州,盖以山名'),置崇义县,又更慈利。"

《太平御览》引盛宏之《荆州记》曰:"书云:'放驩兜于崇山'。崇山在澧阳县南七十五里。"此真所谓霹雳一声,崇山从此有确实之地点。盛氏,刘宋时人,其所作《荆州记》盖多得之耳目所见闻。《通典》云:"……盛宏之《荆州记》之类皆自述乡国……"

《水经注》曰"澧水有嵩梁山(实为崇山)。……最上巨垄云驩兜墓,人不易见,见多不祥。"又《古迹考·澧州》下云:"系马树在州南四十里,相传隋建驩兜庙,石室左立石野人三,谓系马树。"(张良皋批曰:另有野三关、野山河等地名,嵩山亦有县马峰)盖崇山之正统解释在澧州慈利县一带,故此等处有所谓讙兜墓讙兜庙之古迹也。

明《万历慈利县志》卷四:"崇山在县西百余里,舜放讙兜于崇山,即此。"《明史·地理志五》"澧州慈利"条:"西南有天门山,有槟榔洞,与猺分界。又西有崇山,又有历山。"

清顾祖禹《读史方舆纪要·湖广》"慈利县·崇山"条:"县西三十里,相传即舜放讙兜处。"《清史稿·地理志·湖南》"澧州直隶州永定县"条:"雍正十三年以慈利永定卫置,析安福(今临澧)县地益之。……南天门,西南崇山,西北马耳,东北香炉。"

商务印书馆 1980 年版《辞源》据唐杜佑《通典》、明邝露《赤雅》、清顾祖禹《读史方舆纪要》等书,说"崇山在湖南大庸县西南,与天门山相连。相传舜流放讙兜于崇山,即此。"

庄子在《应帝王》篇中讲了一个故事,说:"南海之帝为儵,北海之帝为忽,中央之帝为浑沌(讙兜)。"

《左传·文公十八年》云:"昔帝鸿氏有不才子,掩义隐贼,好行凶德,丑类恶物,顽嚚不友,是与比周,天下之民,谓之浑敦(浑敦即浑沌,下同)"。又云:"(舜)流四凶族浑敦、穷奇、梼杌、饕餮,投诸四裔,以御魑魅。"

《史记·五帝纪》云:"昔帝鸿氏有不才子,掩义隐贼,好行凶匿,天下谓之浑沌。"

《神异经·西荒经》云:"昆仑西有兽焉,其状如犬。……人有德行而往抵触之,有凶德则往依凭之,天使其然,名为浑沌。"

《春秋》云:"浑沌,帝鸿氏不才子也。"浑沌就是讙兜。最早指出浑沌即讙兜的,是东汉贾逵。

《史记·五帝纪》裴骃《集解》引贾氏语曰:"帝鸿,黄帝也。不才子,其苗裔讙兜也。"

晋代杜预在为前引《左传》那段话作注时亦云:"谓讙兜。浑敦,不开通之貌。"唐代孔颖达则将《左传》所言"四凶(浑敦、穷奇、梼杌、饕餮)",与《尚书·尧典》所言"四罪(共工、讙兜、三苗、鲧)"一一进行比较,也得出了"知浑敦是讙兜也"的结论。现代知名学者丁山先生又从语言学角度做了补充,认为"浑沌"就是"讙兜"的音转。

讙兜是苗族祖先。作为三苗之君的讙兜南下崇山、开发崇山的史实,在苗族《古老话》中得到充分印证。

《古老话·前面一朝·戴骧》载:"戴骧上来坐巴人,戴骧上去坐巴扒;生西家,育骧跑。西家下坪下平野,骧跑从岭绕道;骧高务,骧高果,骧明高,骧扒代。坐守屋公,坐耕父田;坐守树梨根根,坐守树栗苑苑。西家下坪下坝子,在仁大巴生大巴,在仁大罗养大罗。在仁大巴女的生男的养,在仁大罗养儿生孙;一根树发满山,一根竹发满岭。才生仡笑濮地,才育濮郎大例。濮弟才生太列欧若先,仡笑才育欧熊欧若谋;留在明高,留在板罗。才生阿若告考,才育阿若告雅;阿仁告考坐芈偻,阿若告雅任董乍。才生大果住流当,才养楼口住高骧。女的才学跳盟跳舞,男的才来学击拍。仡笑濮地,濮郎大例,杀水牛祭祖宗,背鼓成神仙;在地上成大夔,在天上成神仙。"

古歌中《话亲话姻》一节还分《戴骧》《戴弄》《戴辽》《戴轲》《戴硚》《戴恺》《戴莱》《戴卢》《濮沙》《大(戴)若芈偻》10个小段分别记录了三苗先民十大宗首找亲结戚、繁衍子孙的历史。这恰好与传说中为古代苗族首创族外婚姻的十对夫妻(娘比归与戴欠榜茹;娘比溪与戴欠榜姑;娘细普与大芈;娘细略与惹偻;错正与后杯;错抓与后羿;金都归与大戎;金者乜与大索;姗比与大巴;英比与大罗)史料相符。更弥足珍贵的是,上述"十首"中的"八戴"恰与古代传说中八个才德之士相似。

《左传·文公十八年》:"昔高阳氏有才子八人,名'苍舒''颓敳''梼戜''大临''龙降''庭坚''仲容''叔达',齐圣广渊,明永笃诚,天下之民谓之'八恺'。"孔颖达疏:"恺,和也,言其和于物也。"《汉书·古今人表》:"庭坚作咎繇"(见1989年上海辞书出版社《辞海》缩印本307页)。而高阳氏就是颛顼帝,如果"八戴"就是"八恺"则可反证高阳帝的国都,即颛庸国的国都就在大庸崇山,舜嫁骧兜于崇山可谓顺理成章。只有皇族嫁帝邦才门当户对、各得其所。同时还可反证《史记》所记上古传说中的五帝并非同一个地方前后相继并相互承袭的五个帝王,而是分处大江南北不同地域的几个强邦大国,是各自独立而又密切联系的几个部落联盟(张良皋批曰:五帝、十巫皆当各此分境而治)。

第四节　四岳与崇山祖源文化

《国语·周语》言尧以四岳佐禹有功曰:"胙四岳国,命为侯伯,赐姓曰姜,氏曰有吕。"又说:"此一王四伯,岂繁多宠,皆亡王之后。"这里披露的一个重要信息是,"四岳"为四伯,系姜姓,属炎帝一脉。所谓"一王四伯","一王"指禹,"四伯"指四岳。韦昭注曰："王谓禹，四伯谓四岳也。为四岳伯，故称四伯。"这就是说，四方岳山之主，都是炎帝族一系的人。

《左传》言姜为大（太）岳之后，太岳当为四伯之一。其余三岳何指，《书》无明载。古籍中以岳命名的山也不止四座或五座，有些可能是后来出现的。我们相信，最迟在尧舜时代，岳最少有四座，而且这四座岳山，已成为"中央联盟"特别重要的据点。它之所以备受关注，就是因为它是炎帝族群聚集之地，是需要安抚、怀柔的重要对象。

我们认为远古四岳全部在以今湖南省张家界市永定区之崇山（即古传之"中央仙山"）为中心的古大庸帝国文化圈座标系之内。炎帝之国即庸国，炎帝即庸国之帝。炎帝亦即庸帝所在的太岳应该就是素有祖山、国山、中央仙山之称的崇山。笔者认为自古以来，"山之尊者"称为岳，"五岳"就是雄踞于神州大地五方的五座大山。但远古之五岳非今日之五岳，乃以崇山，即"中央仙山"为核心的五个代表性山岳，在今张家界市慈利县恰有"四岳"地名，即东岳观、南岳村、北岳村、华岳村。据1990年版《慈利县志·行政区划》（48～59页）载："民国元年至十八年，二都（今苗市镇、城关镇、零溪乡各一部分），辖茶林河、菖蒲、猫儿峪、龟山、北岳、东岳、南岳、白竹水、张家塌、水汪铺，共10个组。"又"1956—1958年，杨柳铺乡（辖）：升平、杨溪、保景、杨柳、蹇庄、四桥、华岳（七村）。"引文中四岳俱全，而且就在"欲问大庸俗，崇山舜典详"，"尧在崇山舜九嶷"所指的那座"中央仙山"周围。

可见，尧舜时期的经济政治文明中心，很可能就在素有"中央仙山"之称的崇山东西南北的崇山文化圈之内。

第五节　典籍与崇山文化

据《尚书·尧典》记载："流共工于幽州，放驩兜于崇山，窜三苗于三危，殛鲧于羽山，四罪而天下咸服"。《尚书·舜典》载："舜生三十征庸，三十在位，五十载陟方乃死"。

《尚书·牧誓》曰："嗟！我友邦冢君御事，司徒、司邓、司空、亚旅、师氏，千夫长、百夫长，及庸、蜀、羌、髳、微、卢、彭、濮人。称尔戈，比尔干，立尔矛，予其誓。"庸国为八国之首。

汉孔安国《古文尚书》注曰："八国皆蛮夷戎狄。羌在西。蜀，叟。髳、微在巴蜀。卢、彭在西北。庸、濮在江汉之南。"

《国语·周语》载："禹夏之兴,融降于崇山。"

《穆天子传》曰："季夏丁卯,天子北升于舂山之上,以望四野。曰:'舂山,是唯天下之高山也。'木华不畏雪。天子于是取木华之实,持归种之。曰:'舂山之泽,清水出泉,温和无风,飞鸟百兽之所饮食也。'先王所谓悬圃。……日天子五日观于舂山之上,乃为铭迹于悬圃之上,以诏后世。""舂山",即崇山;"舂山之泽",即"崇山之泽"。

《孟子》载："舜之居深山之中,与木石居,与鹿豕游,其所异于禽兽者几希。"

屈原《离骚》曰："帝高阳之苗裔兮,朕皇考曰伯庸。……揽茹(水)蕙(香草)以掩涕兮,霑余襟之浪浪。"(文中"茹水"即今张家界城区澧水)。

《史记·五帝本纪》载："黄帝居轩辕之丘,而娶于西陵(武陵)之女,是为嫘祖。嫘祖为黄帝正妃。"又载："舜耕历山,渔雷泽,陶河滨。"

汉司马相如《大人赋》曰："余欲往乎南矣,历唐尧于崇山兮,经虞舜于九嶷。"

《竹书纪年》："祝融之神降于崇山,乃受舜禅,即天子之位。"

唐王维《叔王墓》诗曰："周叔不辞亡国恨,却怜孤墓近驩兜。"

宋苏轼《晓登尽善亭望韶石》曰："君王自此西巡狩,再使鱼龙舞洞庭。蜀人文赋楚人辞,尧在崇山舜九嶷。圣君若非真得道,南来万里亦何为?"

宋任续《思王庙记》曰："崇山连天外,界越隽岗皋。靡迆如舞如弛,遏千里之势,于洞庭之野,屹瞰都治,兹为彭山,盖澧邦所瞻也。庙盖其巅,神曰彭山,世传为唐神尧子。"

清《石达开日记》载："大庸,古庸国是也,民性强悍……"。

清初顾祖禹《读史方舆纪要》载："四川首州府,周庸国地。……四川大宁、奉节、云阳、万县、开县、梁山皆其地也。"

清《一统志》记："春秋时庸国鱼邑,汉置县。"

清《四川通志》记："夔州,禹贡荆梁二州之域,春秋为庸国地,后属巴国,战国时属楚。"(可见庸国地域之广)。

清金德荣《大庸风土四十韵》诗曰："欲问大庸俗,崇山舜典详。"

清罗振鹏《崇山》诗曰："崇山万古矗层云,虞代有臣周有君。"

这些史料记载,充分证明大庸古国的客观存在,以无可辩驳的历史事实证明,今张家界市是大庸古国都城所在地,崇山是祝融、伏羲、蚩尤、神农、赤松、共工、盘瓠、驩兜等英雄祖先们的发祥圣地。刘勰《文心雕龙》曰："若乃山林皋壤,实文思之奥府。"王勃《秋日宴山亭序》云："东山可望,林泉生谢客之文;南国多才,江山助屈平之气。"陆游诗言:"挥毫当得江山助,不到潇湘岂有诗。"

第六节　"拜崇"与山岳崇拜

崇山又名狄山、烈山、历山、熊山、穷山、宗山、宋山、重山、从山、祖山、国山、中央仙山等。崇山，本义是指祖宗所住之山。今已降格单指高山，即崇山峻岭之"崇"，与其本义相去甚远。但具有引申意义的"崇拜""崇敬""崇尚""崇奉""崇仰""崇日""崇光""崇火""崇赤""崇土""崇苗""崇桑""崇蚕""崇凤""崇虎""崇牛""崇左""崇东""推崇""尊崇"等词语则更接近它最原始的本来意义。今日"崇拜"一词，其词义之源即是"拜崇"，即崇拜"崇山"。亦即对三皇五帝等人文始祖发迹之地崇山的顶礼膜拜。

以此类推"崇敬""崇尚""崇奉""崇仰"等词语，反映了庸楚先民的"左言"（即宾语提前、谓语后置）习惯，其词义之源就是"敬崇""尚崇""奉崇""仰崇"，总体归结为推戴尊敬素有祖山、国山之称的崇山；这也就是推崇、尊崇的本义所在。

至于"崇日""崇光""崇火""崇土""崇苗""崇桑""崇蚕""崇凤""崇虎""崇牛""崇左""崇东"等具有图腾、信仰、风俗意义的词语，则反映了远古先民眷恋崇山日出、崇山圣火、崇山物产、崇山地理环境的故乡情结。不管古庸人向何方迁徙，他们总是不忘崇山、不忘家乡、不忘祖国。

当他们渐行渐远、远离崇山、远离故土、异地定居以后，会自觉不自觉地选择一座遥对故乡崇山的山头，来代替崇山尸而祝之，顶礼膜拜！当崇山先民随少昊蚩尤一路迁徙到今山东半岛后，便选择泰山来代替崇山、代替祖山，以示落地生根，将泰山一带作为他们的第二故乡。故今日之泰山又叫岱宗，岱宗者，代崇也。古代竹简竖写"代崇"二字，很容易被识作"代山宗"或"岱宗"，后人未作深究，以至很少有人知道她最原始的来历和渊源。据凤凰出版传媒集团凤凰出版社出版，汉许慎撰、清段玉裁注、许惟贤整理《说文解字》第765页载："《尔雅》曰'嵩高为中岳。'《封禅书》《郊祀志》皆曰：'中岳，嵩高也。'按，《禹贡》曰'外方'，《左传》曰'太室'，《国语》曰'崇山'。崇之字亦作'密'，亦作'嵩'，故崇山亦曰密高山，亦曰嵩高山。"从几位古今语言大师的解释来看，笔者关于"岱宗就是代崇"推断，应该还是可以立论的。故而张家界一带的土家人被称为"密（充、賨、重、春、虫、从）人"、土家菜被称为"密（賨）菜"、土家布被称为"密（賨）布"的历史谜团就迎刃而解了。其实所谓"密人""密菜""密布"，指就是崇山之人，崇山之菜，崇山之布。甲骨、典籍上还有"虫山""崇庸""崇墉""崇伯""崇侯""崇州""重艮""天崇""春泽""充长""崇山君""崇山天国"等名称,其实就是"蚩庸之山""崇山之庸""崇山之墉(城)""崇山之伯""崇山之侯""崇山之州""崇艮之山""天崇之山""崇山之泽""崇山之长""崇山之君""崇山之国"紧缩语,其历史文化的发生地就在崇山南北。

尤其是最早出现的甲骨文"虫山"二字,更具有标签性解释意义:"虫"乃澧水之源祝融、蚩尤等农桑部落蚕虫图腾的标示,"融""蚩""禹""蜀"等字的初始含义都与蚕虫有关。蚩尤乃苗族之祖,始居崇山,"蚩"实际寓寄了"虫山"之音义。"虫山"即"崇山"也。"蚩尤"实为祝由、祝庸、祝融的同音异记。蚩尤部落的发展壮大,成为南方炎帝余脉能与黄帝分庭抗礼的支柱。蚩尤有兄弟八十一人,威震天下,多次打败黄帝部落,后在河北涿鹿与黄帝进行生死大决战。据《庄子·盗跖》描写,这场战争"流血百里"。《通典·乐曲》说:"三年九战,而城不下,可见战争之惨烈。"后因炎帝榆罔(末代炎帝)担心蚩尤得胜难制,将自己取而代之,遂中黄帝反间奸计,联合黄帝打败了蚩尤。随后黄帝乘其内乱又将炎帝榆罔灭掉,成为唯我独尊的一代天帝。之后几代古帝成功继承黄帝大业,开创了相对稳定的古代太平盛世。

然而,随着社会历史的变迁和发展,南方祝融民族对祖山的崇拜与信仰跳出自然宗教的框架,由最初朴素的、怀土念旧的故乡情结,步入伦理哲学范畴,跨进国家政治领域,进入理性精神殿堂。人们从山岳丘壑的万千气象变幻中演绎出宇宙乾坤构架之原理,诠释出理念的灵魂和思辨的光泽,感悟出天地自然之道和生命不朽精神。这不仅对源远流长、博大精深的中华文明方方面面产生重要影响,而且成为孕育中华人文精神的基因和胚胎。究其根源,这与古庸先民崇拜崇山的拜崇意识、拜崇传统,即崇拜自然、融于自然,强调人与自然的和谐统一,肯定自然与精神融契相通的思想观念特征,以及高扬、彰显自然主义精神是密不可分的。

《山海经》就是古庸先民崇尚自然、崇拜山陵的一部崇山文化经典著作。以崇山、张家界为中心点(中央仙山)的大武陵地区,实际就是山的海洋,山的国度,大庸古国是一个典型的"山国""山之国""山陵之国""山海之国"。故著名史学家张良皋先生称《山海经》为古庸国历史地理专著。该书一共记录了26条山脉,447座山头,100多个方国。故本境民俗老艺人龚建业先生所提供的古传《庸人歌·告祖词》曰:"祝融佳人伴夜郎,繁衍百国围崧梁。伯庸八祖铸钟铃,神农嫘祖植麻桑。"经初步研究统计,已有30多个山名与崇山周围的地名一一对应,20多个方国与崇山所在大武陵地区的民族特征和文化蕴涵有着天然的内在关联,正好印证了"繁衍百国围崧梁"的祭祖歌词。

又，我国第一部诗歌总集《诗经》，充满了对山岳的尊崇与赞颂。如曰："如月之恒，如日之升，如南山之寿"。"南山"，表面看来似是泛指南方之山，实际则是指江南大庸国都之崇山。"如南山之寿"，是说如崇山一样古老长寿，千秋不老。又如"高山仰止，景行行止"，意指品德像崇山先贤一样崇高者，就会受人敬仰；行为像崇山先贤一样光明正大者，就有人效法。故至周秦时期，山岳崇拜不仅同国家礼乐典制(五岳山镇祭礼、巡狩封禅、皇陵都城规划等)和王权神授观念、社会习俗等相契合，而且融入社会伦理道德范畴。它在文化思想领域中演绎和熔铸成一种以崇高、壮美、永恒、神圣等为核心的崇山理念与精神。这一附丽、浸润和渗透着拜崇意象的理念，涵盖着一种鼓励、鞭策与催人向上、振奋情志的精神力量，洋溢着雄强的阳刚之气，追求一种高尚的社会价值观和理想境界。而随着这一理念的不断发扬光大，不仅成为流贯于中国古代士人精神中的主旋律，而且作为一种思维方式、思想酵母和精神基因，极大地影响了古代中国社会文化的发展。

在古国大庸，拜崇意识与崇山理念的精神渗透，贯通于各种领域，是一种普遍的社会文化形态和行为。如古代社会的一切建筑营造活动及其对环境的哲学思考，皆是在堪天舆地的山脉经纬中以及山岳意象的蕴涵里进行的。因此，从文化角度而论，根深蒂固的崇山理念是古代大庸，乃至古代中国文化的灵根慧眼。荀子曰："不登高山，不知天之高也；不临深谷，不知地之厚也。"每当人们走近雄浑壮美的天门、崇山时，从山下仰望，神都天门高耸，崇垠悬圃突兀，弥漫着一种烁古辉今的神秘、深邃气息，令人敬畏与崇拜；在对天门、崇山的攀登过程中，使人产生奋发向上的激情和攀登事业高峰的联想；而登临峰顶，欲上凌霄，万象排空，气势磅礴，极目远眺，胸襟开阔，顿生"会当凌绝顶，一览众山小"之壮志豪情和无限遐思。

嗟乎！是君子者，"志当存高远！"在这天崇一览中，人们自然会产生一股自信、自尊、自励、自强的精神力量……"一划开天崇为首，中央仙山柱其间"(见《古

祖山崇拜

三坟》即《连山易》："崇山君,重艮以为首"等句)。崇山,不仅是古代庸国人民触发激情、启迪思想、筚路蓝缕、创世开先的天国乐土和祖山圣地,也是当今人们心灵中永恒的精神图腾和不朽的历史丰碑。

根据崇山百担丘实景创意绘画

根据崇山大沙台实景创意绘画

第二十四章　錾字岩·彝文镜·官仓坪

—— 大庸古国文字遗存

文字是广大劳动人民根据实际生活需要,经过长期社会实践才慢慢丰富和发展起来的。

第一节　刻划符号

在今永定区枫香岗乡丁家溶村的錾字岩石壁、石道上,有一组清晰可辨的刻划符号。如:

一一、二、三、×、#、〇、×〇、××、+、>、<、=、⌒、川、〈〈〈、爻、一等。

文者,纹也。纹指刻纹,刻纹以助记,助记以明史。故,古代文史始于文字创立之初。

"文":文就是记号:结草传讯,压石示信,刻纹铭誓,编册留史,发言为诗。

"字":是有读音的符号。史传仓颉造字,文字既成,天为雨粟,鬼为夜哭,龙为潜藏。李白"落笔惊风雨,诗成泣鬼神。"著名史学家张良皋先生认为,远古文史之鼻祖是仓颉氏·诅颂(祝融)、祝和。(1959 年,宁乡黄材又出土了"大禾"人面方鼎。鼎高 38.5 厘米,四周装饰人面浮雕,造型魁伟。鼎体上有铭文"大禾",体现了当时湖南人已开始种植小米,并在那年获得丰收。)笔者也曾撰文论证:仓颉就是古庸帝国的盐粮仓官,他很可能就在今崇山脚下的官仓坪总结前人成果,发明创造了更加适用流行的文字(详见拙文《以文贯史说大庸》)。

那么仓颉造字为何"天雨粟"呢?天道酬勤也。至于"鬼夜哭",我以为:一是"恶鬼哭",恶行记诸史册,口诛笔伐,遗臭万年,故哭哉;《春秋》一出,天下乱臣贼子皆惧;二是"冤鬼哭",焚书坑儒、莫须有、文字狱等,能不哭? 哭天无门也。老子论"道"曰:不知其名,强为之名,字之曰道。道可道,非常道;名可名,非常名。其中有形,其中有象;其中有人,其中有物;其中有灵,其中有神;其中有史,其中有诗;其中有爱,其中有恨;其中有情,其中有义;其中有仁,其中有德;其中有智,其中有谋。故一字一道,字中有人,字中有你,字中有我,字中有事,字中有爱,字中有恨,字中有情,字中有义,字中有史,字中有道也。

第二节　记数字符

1. 草码子。据罗阳先生《草码子——解放前经常使用的数目字》一文介绍:新中国成立前,在大庸城乡,凡从事商业活动的人,包括大、小厂家、店铺老板、店员、学徒、各行各业的行商,小贩以及形形色色的中间代理人,都使一种既不见于古、今典籍,也不见于各类公、私正式行文的数目字。这种数字从零到九的写法、依次为 O(0)、丨(1)、刂(2)、川(3)、乂(4)、ゟ(5)、亠(6)、二(7)、三(8)、文(9)。习惯上称这种数目字为"草码子"。

用草码子记数的方法、基础上各用阿拉伯数目字 1、2、3……记数方法一样,是从左到右横写。例如四十七、三百八十九、二千六百零一、写作 乂亠、川三文、川〇丨〇。所不同的草码子可以和汉字小写数目字一、二、三、十、卅、卌混合使用。一、二……用作有小数点的整数。例如四斤七两、七尺八寸记作 歺、学。而十、卅、卌,则是用作两位数的首位数。例如一十五、二十五记作 十ゟ、卅ゟ。

用草码子记数,还使用两个符号,一个是表示千的符号"丿",它是用在千位的下方,例如三万六千八百七十六,写作 州亠丿。另一个符号"丶"则是区分整数和小数的小数点。例如八百三十六斤四两,写作 卅川亠丶。为让人看得更清楚,小数四两的四,要写得略上一点和略小一点。

1947 年前后至新中国成立前夕这段时间,由于通货膨胀,物价猛涨、货币(当时流进的货币称法币)贬值使用的数目相当大,动辄就是几百万、几千万乃至上亿、几十亿元。在记如此巨额的数字时,往往在万位数的下方加写一个"万"字。

例如五千八百四十七万六千五百元,记[手写符号]。在这个数目中、千位数下的"ノ"就可以省略。

此外,草码子的川(三)又可以写作"厶"。这是实际运用的需要。如果将一百三十二、二百三十一、三一三这样的数字,定作丨川丨、川丨丨、川丨川,就难以辨认,但把这些数字写作丨厶丨、丨丨、丨厶丨,就一目了然了。

草码子仅限于在流水账(日记账)和临时记码单上使用。一些较大的厂家、店铺所使用的往来账和座账(总账)以及对外单据上、是不用草码子记数的,而是用大写数字壹、贰、叁、肆、伍、陆、柒、捌、玖、拾。

从以上记述中,是不难看出草码子的笔画较少、易学易记、书写快速等优点的,只须掌握并不复杂的记数方法,也不致造成错乱。正因为如此,它才得以在较大的范围内长时期的流传。当然和现在的记数方法相比较,草码子就显得既不规范又不科学了。

新中国成立后,商业部门普遍建立了新式会计账,而与此相适应的一应账簿、表册、票据等,都只能用阿拉伯数目字1、2、3……填写,人们在实际工作中,不断发现运用1、2、3的记数方法更为快速、准确、而且逐步养成了习惯,草码子就此消失了。时至今日,对其知之者已为数不多,而以其记数者,更是寥寥无几了。

2. 灰码子。另据原大庸县一中退休教师覃官生《大庸远古先民的数术密码"灰码子"》一文介绍:

"大庸人在远古时候,拥有一种原始数术符号'灰码子',它是一种人类的活化石,特别是文字的活化石。记得小时候我们教字垭一带农民挑石灰记账时采用一套特别古老的记数符号,说是老祖宗传下来的密码,叫'灰码子',当时只觉稀奇,并不知有何特别意义和作用。今天联系到古庸国文化研究,才茅塞顿开,发现它不同寻常的历史文化价值和意义。"

它的字形好似"八卦"符号的肴,含义深厚,更似十八世纪德国数学哲学大师"莱普洛斯"根据中国易学八卦创造的二近制0、1的符号,但比二近制不知要早多少年!

远古大庸人在原始部落或更早些时候的人类活动中,在与自然环境的拼搏斗争中,有意无意用手在地上或树上划痕,很随意地记下客观数目、食物或捕获物的个数,在一个漫长的岁月里便形成了原始记数符号,后来逐渐演化成了一种原始数术符号:O(0)、Ⅰ(1)、Ⅱ(2)、Ⅲ(3)、ⅨX(4)、X(5)、xⅠ(6)、ⅫⅠ(7)、ⅪⅡ(8)、文(9)、十(10)。

这种文字在先民生活中广泛应用。后来伏羲八卦更近一步地深化、拓宽了"灰码子"的应用范围。

"灰码子"的数术含义颇深,有意无意暗合了老子道德经:道生 I,I 生 II,II 生 III,III 生万物。

"灰码子"以 0 为界,左为阳,右为阴,双向可以无限延伸,现今计算机数术初源应是大庸先祖的"灰码子"。

可以说"莱普洛斯"是借用中国古老数术才掀起的一次科技革命。

"灰码子"笔形是竖,八卦的肴符号笔形是横,因此八卦和灰码子的数术是信息联通互补关系。

文字源于先民社会实践,文字的产生直接导源于原始的记事方法。我们可以大胆宣称,大庸先人拥有原始记事方法的"灰码子",早于两河流域的古埃及文字,也早于中原甲骨文,是大庸先祖在一个漫长岁月里形成的最原始的记事方法和形式。

"灰码子"记数符号可以说是人类数术文字的活化石,是远古人类智慧的结晶,其文化意义无可估量。(关于古庸国文字遗存,有待进一步深入发掘。覃官生于 2009 年 7 月 6 日上午 10 时)

第三节　木匠字符

古庸辖地木匠这一行业中通用一种主要用于民间房屋建筑上的奇特的书写符号,后世木匠们将其称为"鲁班字"。其书写方法、读法及使用范围都极为独特。"鲁班字"应该是一种"土俗字",其创造人就是无数古庸国能工巧匠。众所周知,世居古庸国湘鄂渝黔边一带的土家族是一个历史悠久的少数民族,同时也是一个仅有本民族语言而无本民族文字的民族。古庸先民在日常生活中一般都使用汉文记事。笔者所居张家界市及周边土家族聚居地区的木匠这一行业中通行着一种奇特的木匠字符——鲁班字。

大武陵地区是一个多山的地方,在山上生长着茂密的森林,古庸人就利用这便宜且坚固的树木为自己修建房屋。这就是具有独特古庸苗土风格的排扇木房(又称串架房)吊脚楼。

排扇木房吊脚楼选择 30 年以上的杉树建成,有的是一排横建,小的有三间,大的有七间,有的自成院落有三合头,四合头之分,三合头有左右厢房,四合头则是形成了一个大院落。正面为大门，中间为天井，房屋一般一至二层。这种房屋冬暖夏凉，居住舒适。

修建排扇木房吊脚楼有许多讲究，首先要选一块背靠青山，面对流水，视野开阔之地作房址，然后请来风水先生观风水，定向山，择吉时破土动工。在破土动工的同时，请来当地德高望重、手艺精湛的木匠师父来做木工。木匠师父当地人称"掌墨师"，他带几名徒弟到主人家后，首先要用墨斗、刨子、锯子三样工具挂在主人家老屋的正堂上或在新房基的正堂祭祀祖师爷鲁班，求他保佑工程顺利，新房吉祥安康。在工程进行到上梁时，主人家一定要择好日子，请来亲朋好友，摆酒宴，放鞭炮，热热闹闹地庆祝一家顶梁柱的落成。房屋造成后，又要选择日子，才能搬进新房，这时主人将大设宴席，热闹非凡。

木匠在做工时，由于人多，为了避免各自做的木工成型材料混淆，以及防止与掌墨师有矛盾的人使坏，掌墨师就用一种似汉字又非汉字的文字记录符号写在每一处成型木材上，这种文字符号实际是汉字的变体。为了适应木匠用的竹签笔的书写，以及保密起见，独创草体连笔书写，一气贯通。除了掌墨师外一般人很不容易看懂。如果徒弟想学，那就必须是品学兼优，掌墨师认为可以出师的人才会传给他。因此，在过去衡量一个木匠有没有水平，首先就看他懂不懂木匠文字符号。这种文字符号在过去涵盖很广，上到大梁、楼幢，下到立柱、横枋，每一个部件都要做记号。到所有木料准备完工后，就根据记号，在掌墨师的指挥下，有条不紊地将房子立起来。如果不算原材料的准备，这种木排串架房可以在一夜之间就立好。

相传这种木匠文字符号是"东王公"，又称"木公"。木公在创造木匠工具时，一起创造出来的。随着时代的进步，现在仅有极少数人能书写和辨别这种文字符号了。至今仍有部分木工老匠人能识别和书写已简化了的部分立柱记号。如在左方中间的五根柱子依次叫"东中前檐，东中前二金，东中、东中后二金，东中后檐。"在边上的排列柱子叫"东山前檐，东山前二金"等。巧在今日汉字东方的"东"即从日从木。东王公在古代神话中称东君，实是太阳神，而太阳神就是赤帝祝融和炎帝神农。这又回到了祝融氏仓颉造字的原始传说上来了。其实古人造字并非一人一时，也并非一人一祖，松之祖也并非只有木公鲁班。《易·系辞下》载："伏羲氏剖木为舟，剡木为楫……"，又曰："包牺氏没，神农氏作，斫木为铫，揉木为耒，耒耨之利，以教天下。"可见伏羲神农均为木匠之祖，也是文字之祖。

大武陵木排串架房，关键体现一个"串"字，它互相串连成屋，坚固牢实，不用一颗铁钉镙丝，所有材料都用木材做成。就是隔墙也是用竹篱或木板来装修。

而今砖混建筑逐渐代替了古老的串架房。而村边的老人仍守着老房，依依不舍。

在出土 36000 多枚秦简的湘西里耶古城两岸,有近千栋木房,临街面是铺台,铺台后是天井、四合院。有三柱四骑,有五柱八骑,有单层也有双层,还配有厢房、拖步、偏刷、绣花楼、转角楼等,复杂而又漂亮,集土家木屋民居艺术之大成。这些建筑师的手艺,令人惊叹不已!

一栋木房的中柱、金柱、檐柱、抱柱、挂枋、腰穿枋、地脚枋、灯笼枋、大门枋、地枕、脊梁、骑筒、挑水、漂檐、天檩、桁条、椽匹等材料,少则几百多则上千,都要在统一时间内一次性加工成型,木匠凭什么标记和识别它们的安装位置呢?秘密在那些材料的灰尘下面。轻轻地拂开那些尘封,我们就会发现一些龙飞凤舞的墨书符号,这有个古老而新鲜的名字——"松字",后人叫它"鲁班字"。细细一看,每件材料上都用鲁班字标记了它的名称和位置。原来,掌墨师傅就是凭此标记将成百上千的散件,在选定的黄道吉日内又快又准地一一派发(发料),组合成一栋漂亮的屋宇。

在继承中国几千年的木房建筑技术中,鲁班字功不可没。"鲁班字"在"仓颉字"以后,为春秋时鲁国一代工匠祖师公输班所教,由木匠师傅一代一代传承下来的"工匠文字"。只要是正规拜师的木匠,不管上过汉学没有,都会认会写鲁班字。

常用的鲁班字有"东""西""前""后""上""中""下""大""小""山""腰""檐""柱""枋""金""骑""挑"等。

鲁班字的传承有十个特点:1. 书写颜料为墨,储墨之"砚"为木或骨雕刻的"墨斗",书写之"笔"为竹片削制,名叫"墨签"。墨签形如扫帚,是中国使用了两千多年的"硬笔"。2. 墨签书写的地方是刚刨光的木料,"硬笔"对"硬纸",故有"刀刻"之遗风。3. 基本笔画为横、竖、点、撇、弯,外形反东顺西、字体右斜,反映左卑右尊的思想。4. 词句的单字排列自上而下,与秦简等古籍格式一致。5. 几个字连写,笔势不断,如行如草,又如西文。6. 将就材料上的"中墨线",可省略字中的竖笔,如"柱"可写成"1","山"可写成"11"。7. 柱头上的书写位置多在"五花墨"之上;枋扁、挑水上的书写位置多以"中墨"为轴线,以便寻找确认。8. 鲁班字,用双重命名法,即将鲁国的国名和公输班的个人名合二为一。9. 仅在工匠,尤其是木匠中流行。10. 一栋木房或一项工程的写字人只有一个,尊称为"掌墨师"。"掌墨师"在木头上书写鲁班字不叫"写",而叫作"号",字形可以稍加变化,以保持不同师承的独有风格。以上特点,绝无仅有。

鲁班字是一种工匠文字,其书法不仅是中国最早的硬笔书法,而且是在实用领域传承和流行最久的硬笔书法,再一次推翻了以往"中国古代没有硬笔书法"的说法,并将以敦煌写本为代表的硬笔书画史向前延伸至公输班生活的春秋时代。因此显示,中国书法史上有一个比里耶秦简毛笔书法更早的先秦硬笔书法时代。

这里说明两点:

第一,鲁班字在大武陵地区广为流行,至今亦然。虽然北宋李诫《营造法式》这本建筑学专著中没有详细介绍鲁班字,但我们认为鲁班字在建筑中是必不可少的,凡以鲁班修造法修建木房的地方,都会有木匠书写的鲁班字。事实上,在湘鄂渝黔的土家山寨,木屋上都"号"有鲁班字,其法与里耶古城处相似。另一些地方,只因建房用材和居住习俗的改变,有鲁班字的木房越来越少,故未引起人们注意。里耶比较突出,这里近千栋各式木房,不仅为我们留下了丰富的土家木居艺术,也留下了十数万个即将成为文物的鲁班字。

第二,里耶木房上的鲁班字与里耶秦简字的字形、书法并不相同。秦简系官方文书,字体工整规范;鲁班字是民间书法,非金非篆,不拘一格,飘逸潇洒,连绵有致,自成一体。现代日文颇宗其要。

溯源与特点表明,鲁班字既有师承的连续性,又有艺同字同的普通性,是中国语言文字和书法园中一朵新发现的奇葩。若为鲁班所传,就应是秦始皇"书同文"之前就在木匠中流传的"匠文",或者就是鲁国的部分文字和书法,即鲁书。

第四节　仓颉庙联

据陈先枢、金豫北编著《长沙地名古迹揽胜》载:

在祝融归宿之地南岳衡山附近的长沙有一座仓颉庙,刚好有一名大庸籍人士为其撰写了一副非常著名的楹联。

仓颉庙又名仓圣祠,在贡院西街,今不存。其遗址位于长沙市今开福区中山西路。庙的面积不大,建于清代,毁于 1938 年"文夕"大火。仓颉为黄帝的史官,传说生而神圣,有四目,尝观鸟兽之迹,体类象形而造字,以代结绳之政。原庙中悬有谭嗣同岳父李篁仙所撰对联,联云:上古结绳,惟轩辕史官,察见蹄迹,克继庖牺而圣;新祠释奠,愿湖湘群彦,搜罗钟鼎,勤研汶长之书。

联中"汶长"指东汉文学家许慎,许尝官汶长,著有《说文解字》14 篇。

大庸人陈桐阶亦作《题仓颉庙联》:

古文仰作家,论周孔神灵,也当瞻拜门墙,于此同来问字;

大笔惊雄鬼,除梵卢伯仲,可以别研经术,其他未敢抗衡。

梵、卢与仓颉都是佛教传说中创造文字的人。《法苑珠林》曰:"昔造书之主,凡有三人,长名曰梵,其书右行;次曰怯卢,其书左行;少者仓颉,其书下行。"只有梵、卢与仓颉,上下在伯仲之间,其他的人怎能与仓颉相比?

第五节　苗土初义

石宏规《苗字的初义》曰:"汉族入主华夏,自谓为神明之胄,而于异族恒以'夷''狄''蛮'……称之,独于苗族则不然,世传苗族为盘瓠子孙,或谓为黄帝曾孙卜明之后。究竟苗与汉,系同一祖先抑系别种,姑置不论。然按《说文》:'草生于田谷曰苗。文云,植物初生亦曰苗。则以苗字名族之义,实显示其民族躬耕力田,以农业为生活之根本,并无鄙视及阶级畛域之见存乎其间。今人昧于古义,常以苗字讥人,而苗族亦以为不美之名,讳莫如深,吁何其谬也。苗族乃中国之主人,世界最古之民族。洪荒之世,披荆斩棘,以启山林,实大有功于中国。"(摘自石宏规《湘西苗族考察记》)

《说文》地之吐生物者也。二象地之下,地之中,土物出形也。《易·离象传》百谷草木丽乎土。《书·禹贡》冀州厥土惟白壤,兖州厥土黑坟,青州厥土白坟,徐州厥土赤埴坟,扬州荆州厥土惟涂泥,豫州厥土惟壤下土坟垆,梁州厥土青黎,雍州厥土惟黄壤。又《书·禹贡》徐州厥贡惟土五色。(注:诸侯受命,各锡以方色土,建大社于国中,一曰冢土。)《诗·大雅》乃立冢土。又后土,取厚载之义。共工氏子句龙为后土,位在中央,主於四季各十八日。《礼·月令》中央土,其日戊己,其帝黄帝,其神后土。

以崇山——中央仙山为核心地区的大庸古国,是最早的农业大国,故有田谷曰苗、苗土一家之说,故甲骨庙字写作"庿",意即我们祖庙中供奉祭拜的就是百族一家的共同祖先"三苗",即彭头山、壶头山、骥头国的远古先民"盘瓠族""三苗(屮)族""三头(祖)族"。注:屮 huì,古同"卉"。今天,"苗头"一词指有可能发生的事情,曰"有苗头"。章炳麟《新方言·释器》:"茅,明也……今语为苗。诸细物为全部端兆及标准者皆谓之苗,或云苗头。今俗言事之端绪每云苗头是也。"但我认为古代"苗头"一词的原始本义应该是"苗祖",苗族之祖乃人文之祖,亦可曰"事之端绪也",故曰苗头,借指开端、端兆。

第六节　商贸暗语

大庸旧时商贸数字暗语：

幺—南—苍—松—母—牢—造—靠—弯—幺

1—2—3—4—5—6—7—8—9—10

壹—贰—叁—肆—伍—陆—柒—捌—玖—拾

甲问：今日桐油每百斤价是好多？乙答：幺靠牢。（意思是：186 块）

另在王家坪及周边乡镇土家族数目字：

牛、月、王、子、中、升、神、张、到、乐

一、二、三、四、五、六、七、八、九、十

壹、贰、叁、肆、伍、陆、柒、捌、玖、拾

1 、2 、3 、4 、5 、6 、7 、8、9 、10

第七节　江永女书

　　"女书"又名"女字"，是世界上独一无二的一种独特的女性文字符号体系。千百年来，只流传在湖南省江永县及其近邻一带瑶族妇女中，它靠母传女、老传少，一代代传下来。"女书"是人类历史上一个独特而神奇的文化现象，也是一个植根甚古、牵涉面颇广、信息含量十分丰富的文化现象。

　　1983 年，江永发现"女书"的消息向全世界公布后，引起轰动。海内外专家学者纷纷深入江永考察、学习、发掘。近年来，永州积极实施抢救和保护女书文化工程，通过兴建女书文化村，建立女书博物馆，组织开发女书工艺品，发展女书文化产业，使女书文化薪火相传，发扬光大。

　　女书，又名江永女书，是一种独特的汉语书写系统，也是世界上发现的唯一的女性文字，起源于中国南部湖南省的江永县。女书作品一般为七言诗体唱本。书写在精制布面手写本（婚嫁礼物）、扇面、布帕、纸片上，叫作"三朝书""歌扇""帕书""纸文"。有的绣在帕子上，叫"绣字"。这里妇女有唱歌堂的习惯，常常聚在一起，一边做女红，一边唱读、传授女书。妇女们唱习女书的活动被称作"读纸""读扇""读帕"，并形成一种别具特色的女书文化。

江永县位于湖南省南部,东南与江华瑶族自治县接壤,南与广西富川瑶族自治县相连,西南与广西恭城县交界,西北与广西灌阳县毗邻,北部紧靠道县。地理坐标为东经110°32′~110°56′、北纬24°55′~25°28′。夏层铺镇有汉江源村,湖北汉水、汉江之名应是随古人北迁带去的地名。汉水、汉江、汉人、汉族、汉字汉文化等概念的文化发生地当在我湖湘大地。江永女书很可能就是先庸时期母系社会创造的一种以反映女性生活为中心的"女权文字",很可能是汉字的前身,而并非今日部分研究者所说的"汉字变体"。中南民族大学文学与新闻传播学院党委副书记李庆福认为,女字就是瑶族文字,其起源早于甲骨文,甲骨文由女字发展而来。还有人认为,女字是母系氏族社会的文化产物,有近一万年的历史,是秦始皇统一文字的"漏网之鱼"。据著名女书研究专家潘慎先生与梁晓霞女仕合撰《原始母系社会的文化——江永女书》一文介绍:"在当地(江永)的女书界流传着几个神话传说,像《九斤姑娘女红造字》《盘巧姑娘造字》《七仙女造字》《神台买书》等故事"。他们认为:"女书要比甲骨文早,甲骨文是从女书演变而来的,是原始母系社会的文化产物。……母系社会,以女人为中心,既然以女为人中心,就必然有女人的文化。母社会是一个漫长的社会发展的历史时期,它不会是一年、两年或百年、千年,说不定要在万年以上。"尤其是"七仙女造字"的传说,竟与今慈利县地名信息对接。据《清嘉庆慈利县志·卷之八》载汪士羽《七姑山》诗曰:"七姑山山七姑仙,山有仙姑仙乃传。欲识此山灵异处,时看云气覆山顶。"作为甲骨汉字之祖的沮(祝)诵(融)氏·仓颉(见张良皋《巴史别观》),就很有可能在母系"女权文字"的基础上创造发明出更加进步的"甲骨汉字"和"铜镜彝文"。

第八节　女性仓颉

传说男书即汉字是仓颉创造发明的,那么女性仓颉是谁? 是谁创造发明了女书文字? 为什么要创造女书文字? 自从女书被公诸外界之后,无数感兴趣的人提出了上面这样的问题。如果让我来回答,我首先要请大家听下面几个在当地流传的故事。

宫女造字:不知什么朝代,江永县有一个女子,山歌唱得好,女红做得好,有许多的结拜姊妹,大家在一起过得很愉快。由于长得很漂亮,有一年被选到皇帝身边做宫女,离开了乡亲姊妹。她在那个充满狡诈与杀机的环境中寝食不安、惊恐万状,日夜思念着自己家乡的亲人和结拜姊妹。为了表达思念之情,她根据做女红的图案创造了一种文字,写信托人带回家乡,并转告给那些与她一起做女红的结拜姊妹,怎样去识别这些字的意思。从那以后,这种文字就在江永县的妇女中流传开来。

盘巧造字:很久以前,江永县桐山村出了一个盘巧姑娘。她 3 岁会唱歌,7 岁会绣花,长到 18 岁,没有一样女红不精通。周围一带的姑娘都喜欢与她结拜姊妹,她们一起唱歌,一起做女红。有一天,盘巧一个人在山上割草,官府的猎队发现她长得很漂亮,就把她抢到道州府去了。盘巧在官府中过着奴隶一样的生活。终于有一天,她想出了一个办法。她根据过去与结拜姊妹们一起织花边、做鞋样的图案,创造了一种文字。一天造一个,3 年造了 1080 个字。她用这些字写了一封信,带回到家乡。姊妹们最先认出这些字,知道她原来被关在道州府里。她的亲人赶到了道州府,把她接了回来。从此以后,这种文字代代相传。

九斤姑娘造字的传说是这样:古时候,桐口村有个姑娘生下来九斤重,大家叫她九斤姑娘。长大后,她女红做得好,歌唱得好,聪明能干,几十里以内的许多姑娘都是她的结拜姊妹。结拜姊妹之间交流感情,互通信息,需要通信。但是大家都不识字。九斤姑娘创造了女书文字,从此以后结拜姊妹之间就用女书文字书信往来。

这些故事都很优美,也很神秘,哪一个更真实呢?查江永县历史,曾有两个当地美女被选入宫。五代时期的楚王马殷,在江永县选中石枧村的周氏姑娘入宫。初为宫女,后封王妃。马殷死后,她削发为尼,回家乡建了佛殿,专心修炼。明末永历皇帝从广东肇庆移驾桂林,路经江永县时,选中莲塘村姑娘为宫女。永历皇帝死后,她削发为尼,回到家乡。是不是这两位宫女中的一位创造了女书文字呢?目前还没有找到能够进一步证明的材料。

盘巧与九斤姑娘显然是同一个人,因为两个人都出生桐口村,都擅长唱歌和女红,都喜欢结拜姊妹,都是根据女红图案创造了女书文字。此人生下 9 斤重,取名盘巧,故有九斤姑娘的绰号。宫女造字的传说很浪漫,但不太可信。盘巧造字相对可信一些,因为江永县上江墟的确有一个桐口村,桐口村里的确有盘姓的居民生活。

根据调查和研究,结合以上这些传说和分析,我们可以得出这样的结论:女书文字是当地的一个女性创造的,她擅长唱歌与女红,有许多结拜姊妹。她遭遇过一次人生的重大灾难,而后创造了这种文字。这种文字与女红图案似乎有某种联系,我们甚至可以大胆地设想,女书最早的一批文字可能就源于女红图案。女书的产生与当地结拜姊妹的习俗有不解之缘,它的功能主要是满足结拜姊妹之间的思想交流和文字交际需要。

第九节　造字大国

著名史学家张良皋先生认为："盐的重要性在于：人类一旦发展了农耕，以谷物为主食，盐就成了必需品。巴人行盐地域广阔，表示这一带早已进入相当成熟而繁荣的农业社会。农业的兴起是文明的开始。农业带动了盐业，盐业催生了文字。巴人是最古老的行盐民族，他们创造中国最古老的文字是顺理成章的。"张老所说的巴人其实只是庸人的后裔，他所著的《巴史别观》，其实应是《庸史别观》，是庸人最早发明创造了文字。

甲骨文中的东、南、西、北四个指示方向的字，只有"北"字被确认无疑。《说文》以为从二人相背。徐中舒《甲骨文字典》解为："象二人相背之形，引申为背脊之背。又中原以北建筑多背北向南，故又引申为北方之北。"这种解释，理当取得共识。其余东、南、西三字则异说纷纭，迄今无定论。他认为甲骨文中的"西"字形象是熬盐的陶罐，或曰"坩埚"，由此认出"西"字。

徐中舒《甲骨文字典》所录"西"字形象，多数为花边口圜底罐，少数为羊角状尖底杯（不过已稍有变形，且尖底朝上）。甲骨文未见"卤"字，但金文"卤"字与"西"字形状几乎一样，说明古人是以盐罐形象代表西方的。"覀"字的小篆作"覀"，可见秦以后的人把"卤"字直接隶定为"西"字。"覃"的金文作"覃"，其上部也是卤，即盐罐；中部似某种灶具；下部则似"羊角状尖底杯"。覃氏至今是土家大姓，在古代必是有大功于盐业的世家大族。徐中舒《甲骨文字典》引王国维、囫振玉的说法，谓"西"字甲骨文像鸟巢形，因袭许慎旧说的一般见解，但很勉强，未可遽信。

東，《说文》以为"从日在木中"，为学者们所不取，认为是据后起之字形为说。徐中舒《甲骨文字典》解释为"象橐中实物以绳约两端之形，为橐之初文，甲骨文金文俱借为东方之东，后世更作橐以为囊橐之专字"。徐先生实际是采取了唐兰先生的说法。夏渌先生在其《评康殷文字学·释东》（武汉大学出版社，1991版）一篇中做了详细的申论，最后说："唐兰先生释'东'为'橐'的初文，我们在文字结构体系中作了以上验证，确实无误。"日本人至今读"东"为"To"，正是"橐"音，唐氏正解，可信度甚高。

诸家学说，众口一辞，但橐为何能被"借"为东方之东，未见再申论，所以笔者以为尚未认清。自古迄今,橐囊主要是运粮之具,《诗·大雅·公刘》:"乃裹糇粮,于橐于囊",周代已然;直到笔者的青年时代,橐囊运粮仍然习见。应当设想:"橐"并非假借字,而是指事字。在甲骨文首创者的东方,是巨大的产粮区,大量粮食从东方橐载而来,橐才具有指东的意义。洞庭之野的澧阳平原正是产粮沃野。

祝融氏彭壶(盘瓠)之民为何橐载粮食,不辞翻山越岭,前来土家腹地? 这就该与象征盐罐的"西"字联系起来——他们为了以粮易盐。澧水下游基本是无盐区。这一带的食盐都仰给于巴蜀,必得以粮换盐。橐不仅是运粮之具,也是运盐之具。贺龙早年参加马帮,正是以驴马橐盐换粮的。芭茅溪盐局也正是设在盐粮商道上的重要关卡。《山海经·大荒南经》所记"载民之国"也正是在今桑植一带。即使巴人行盐以船为主要运具,橐也必不可少:橐在船上便架搁,避免盐分潮解,登岸也便于骡马转运。在甲骨文的创制时代,橐粮东来,橐盐东去,"橐"之与"东",形影不离,才能准确指事,取得共识。

《山海经·大荒南经》曰:"有载民之国,为人黄色。帝舜生无淫,降载处,是谓巫载。巫载民盼姓,食谷。不绩不经,服也;不稼不穑,食也。爰有歌舞之鸟:鸾鸟自歌,凤鸟自舞。爰有百兽,相群爰处。百谷所聚。"

这里的"载民"不绩不经,不稼不穑,却能丰衣足食。正是因为他拥有食盐,各地农牧人,都应其所需求,运其土产前来兑盐,遂成"百谷所聚"的富国。载民正是苗土先民,他们是行盐庸人的主体,正是他们创造了文字。

弄清"东""西"二字为囊橐和盐罐,即可锁定甲骨文之首创者为苗土先民。而北方解池制盐工艺最大面积日晒而不用盐罐,因而无从发明"卤"字,也就无从发明"西"字。

另有南字,更是南方"特产",只有识出"南"字,才有指望定出确切不移的甲骨文创制者的坐标。甲骨文中"肖"是何物? 它最早出现在商域南方,还是出在庸楚域南方? 抑或其他地域的南方?

《说文》:"南,草木至南方有枝任也。"徐中舒以为"形义均不确"。唐兰以为古代瓦制之乐器,徐中舒以为"可从"。但这种瓦器能否指实,唐徐二公皆未进一步申述。郭沫若《甲骨文研究》做了一番猜测:"由字之形象而言,余以为殆钟镈皆南陈,故其字孳乳为东南之南。"唐兰识出"南"字甲骨文像是一种打击乐器。《礼记·文王世子》有"胥鼓南"的说法。这种乐器,至迟到周代就已用金属制作,故《诗·鲁颂·泮水》说:"憬彼淮夷,来献其琛,元龟象齿,大赂南金。"旧注家以为"南金"是"南方之金"。据高明《古文字类编》所搜集的南字及其衍生字的形状,南这种乐器都有"敛腹"或曰"束腰"趋势,这就缩小了我们搜索这种乐器的范围,就我知见所及,合乎这一条的有使用至今的象脚鼓,和已经不再使用的铜鼓和錞于。再看这些字形所示演奏时扣击的方向,大多是"旁敲侧击"而非自上而下,所以像脚鼓和铜鼓可以排除。剩下来的只有錞于。而作为铸钟大国的古庸地区正是錞于生产和出土最多的地区。今崇山北麓之沅陵县北容(伯庸)乡尚有铁炉巷、钟铃巷、铸庸池、祭祝岗等地名,而且在铸钟、铸瓦、铸铃、铸钹、铸锣等铸造活动中要唱《铸钟歌》,祭祀时要唱《祭祝歌》,在《薅草锣鼓·九腔十三板·请神词》中要唱《庸人歌》,写家神词时要写歌颂祝融(伯庸)的对联:"钟铃长昭百世香火,伯庸永显千秋神明。"清嘉庆《慈利县志·卷之八·石钟》引南济汉诗云:"制传凫氏出金镛,石室谁知有异踪。圆贮月轮天上窟,啮残狮钮古来钟。鲸鲵长借峥潺水,籁寂时鸣涧壑松。志士功名期不朽,高瞻宛对燕然峰。"清嘉庆《慈利县志·卷之六·纪闻》载:"宋淳熙十四年(1187),余玠宰慈利。于周赧王墓旁五里堆,得一铜錞。乾隆五十五年(1790),六都文童张宏铨于金刚山得铜器,形如小钟,而匾高二尺许,横一尺六寸。环在钮旁。两面共三十六齿。击之,其声清越。一齿自为一音。"又据清康熙《慈利县志·卷之二·山川志》载:"伏牛山,在屯堡东北。昔有金钟伏此,现有卧牛池,故名。"2009年,古庸境内的今石门县文联,与国内科研机构联合攻关,成功研制出世界首套符合音高要求、能够用于演奏的仿古编錞,获得了国家专利局颁发的国家专利证书,成为石门文化的一张响亮"名片"。来自72个国家和地区的1200多名嘉宾、41支表演队伍、2000多名演员参加的国际非物质文化遗产博览会上,展示中华民族最为古老的青铜打击乐器的"阳刚"与"年轮"。伴随着身着土家族传统服饰的石门本土演员的载歌载舞,"清响良久""声震如雷"的石门虎钮錞于乐音首次亮相,即惊艳世界,将博大精深的中华文化传向五湖四海。2010年1月5日,编錞在湖南新年音乐会上"发声",轰动世界音乐界。可见大庸古国是名副其实的铸钟大国,称大庸古国为铸钟大国名正言顺,称大庸古国为造字大国亦名正言顺!

第十节 彝文铜镜

据广东民族学院教授李敬忠《大庸古彝文铜镜刍议》一文回忆:"一九八二年春天,国家民族事务委员会少数民族五种丛书办公室交给我们编写《土家族语言简志》的任务。五月,我们开始对湘、鄂、川、黔、四省土家族居住地区进行全面的语言调查。九月,在湘西大庸县调查时,县志编纂办公室张振莘同志拿出一个上有古文字的铜镜(暂名)来叫我们鉴别。当时,我们觉得在土家族地区发现有古文字的铜镜,这是一个很有价值、很值得研究的问题。于是对它进行了拓片处理。现将铜镜发现的经过及铜镜上的文字分别做介绍。"

李教授根据大庸县志办陈振伦(又叫马龄)提供的材料,对"铜镜"发现的经过进行了详细介绍:

"1976 年夏天,大庸县永定镇南正街五金厂退休老工人陈国雄,到大庸所公社陈家河大队马井里修补金属器皿。有位叫田银洲的老伴秦九妹(人称'九太婆')请他修补铜壶,修好后又请他吃午饭。陈不要工钱,只想要些破铜烂铁抵作材料。秦太婆就从家里翻出了这块'铜镜'交给他。陈接过'铜镜',看到上面长满绿色的铜锈,斑斑驳驳,显然是一块长期被废弃的烂铜,于是,他不假思索就随手扔进了工具箱。后来他走村串户进行修补铜器的过程中,曾几次用小熔炉熔炼,想将它化成铜水。可是,这块'废铜'每次丢进炉里烧一两个小时都依然如故,除了被烧红外,根本不能熔化。由于经过几次烈火锻烧,铜镜表面原来被氧化的铜锈脱落了,镜背显出了两圈清晰的奇怪的文字,他看不懂,请别人看也不懂。他无可奈何,但好奇又舍不得丢弃,只好又放回工具箱中。这样,不知不觉又过了四五年。到 1981 年夏天,大庸县志编纂办公室陈振伦同志到南正街办事,正好经过他的摊前。他想到陈振伦是专门与古书打交道的,见识多,很可能认得出'铜镜'上的怪字。于是就拿出'铜镜'来,请陈振伦帮忙辨认。至此,这个险些被毁掉的珍贵宝物才被保存了下来。"

李先生接着对"铜镜"上的文字进行了描述:

"铜镜"直径七厘米,一面光滑,一面刻有两圈文字(阴文)。外圈二十一字,内圈十四字,中间一个字,共计三十六字。如以中间那个字的垂直方向为基准,按顺时针方向排列,则内外两圈文字的字形及其排列的顺序如下。

外圈二十一个字的顺序是:

内圈十四个字的顺序是:

中间一个字是:東

这是一些什么文字呢? 我们查阅了许多古文字资料,发现这些文字是属于古彝文的一种。由于这些文字的年代久远,现在已不使用,所以能认的字已不多。经向古彝文专家请教,逐一考释的结果,目前能辨认的只有十九个字,即外圈九个字,内圈十个字(见附图)。

从已辨释出来的文字内容看,外圈文字有"西天""南天""东□天"等表明方位的语词。但奇怪的是"西天"和"东□天"的位置与现在一般地图上"东""西"的位置正好相反,即"西天"的位置在"南天"的右上方。与"南天"相对的本来应该是"北天",但却没有"北天"的字样,而只有"念沅(源)星"三个字。内圈的文字是"蛇来□"和"来南天位呗来潮争"。

一个七厘米的"铜镜"刻上这些似乎表示方位而又不是表示方位,有"唅沅星,蛇来……来,南天往……"等内容的字词,它的用途是什么呢? 如果只是一般照脸、梳理用的铜镜,为何花这么多的工序刻上几十个书写并不十分容易的文字? 我们根据初步辨释出来的这些文字内容判定,认为这并不是一般的铜镜,而是跟宗教迷信活动有关。很可能是宗教首领或法师、巫师、道士进行宗教迷信活动,举行宗教迷信仪式时,用来"驱赶鬼神"、捉拿"妖魔鬼怪"或"超度亡灵上天"的法具。这是因为:

第一,"西天""南天","星""蛇"等是我国佛家常用的语词。把这些语词刻在"铜镜"上做法具,这是完全可能的。因为根据一般宗教迷信的活动情况看,任何一种宗教,都必须要有一套特定的工具(包括经书和法具)来作为"教义"的支柱,才能使人们坚信不疑。如基督教的《圣经》和"十字架";佛教的《佛经》和"念珠"。法具是要随身带的,因此,一般要求体积小、重量轻,便于携带。同时,由于经常使用,还要求质地坚实,经久耐用。"铜镜"正与这些条件相符。

大庸古国铭文铜镜

第二,凡是宗教的法具,从形式到内容都要有定规,以便传播时形式统一、内容统一,不因人因时因地而异。我国古代的"甲骨"(龟甲,兽骨),就是古时候法师占卜用的一种"法具",它的形式(龟甲或兽肩股骨)和内容都是有定规的、统一的。"甲骨"上的一些符号实际上是一些规定了具体意义的文字。正是由于有了这些文字,使它传播时不仅有了固定的内容,而且正是这些经过精心安排的内容,使它具有迷惑人、慑服人的"权威"的性质。宗教从来就是依靠"法具"的这种"权威"性来体现和维持的。

"铜镜"上的文字与"甲骨"上的符号性质基本相同,它刻上一些具有特定意义的表示方位、星宿和我国佛门常见的用作"镇邪"的蛇龟一类的字(传统观念认为,蛇是龙祖,龙生正气),使它们也获得了一种特殊的"权威"性质。因此,如果说,古代的"甲骨"是专门用来占卜吉凶的"法宝",那么,根据"铜镜"目前辨析出来的字义看,它就是一种用来"镇邪""消灾遣难"的"宝器"了。

但是,这种器物的名字叫什么呢?如果叫铜镜,就应是一般梳理用的铜镜,但为何又特意刻上一些方位、星宿和动物的名字呢?我们从这件器物的制作来看,其中一面确实又不能否认它是经过精工磨制的铜镜。所以,我们认为,这个"铜镜"很可能是属于"照妖镜"一类的东西。因为"照妖镜"顾名思义,首先它是一面镜子,才能"照"出妖魔鬼怪的原形。其次,这面镜子又必须有"镇魔"的作用,否则,即使把妖魔鬼怪的原形照出来了,镜子的光如果不能像罩子那样把它们罩住,它们还是会逃脱跑掉的。

那么,一面小小的铜镜如何能够"镇"住妖魔鬼怪呢?我们从铜镜背面所刻文字的内容和布局就可以推想出制作设计者们的"匠心"。他们首先把"铜镜"设想成笼罩大地的"天","天"是分东西南北的。

按照我国佛门传统的设想,"天上"叫作"天堂","天堂"里住着数不清的各种神仙,他们每天都睁开星眼俯瞰大地。所以,天上的那些星星都是神仙,神仙是能够制服地上的一切事物,包括人和妖魔鬼怪。"天"有两个大门能够与地相通,一个是"南天门",一个是"西天门"。

既然"铜镜"代表"天",是"天"的缩影,那么,"铜镜"背面自然就是代表"天堂"了。因此,在"铜镜"背面刻上表示"南天""西天"(但没有"北天")"星"和"蛇"等具有特殊权威的字,就能够使得这个"天"具有"真实性"和"权威性"。一切"妖魔鬼怪",任凭他们有多大的本领也都是逃不出天外的。法师们利用这个"天威"再加上他们的"法海无边",当然就可以轻而易举地捉拿一切妖魔鬼怪,替人们"消灾遣难"了。

这个看法是否正确,当然还有待于精通古彝文的专家们将铜镜上所有文字辨释出来之后,再会同考古学、民族学,民俗学等专家们共同进行断定。因为"照妖镜"究竟是什么样的形状和什么材料制作,除了在舞台上一些古戏有时偶尔使用过那些道具外,至今我们还没有见过任何有关资料的记载和实物。我们现在只是根据"铜镜矽背面的文字来进行推测而已。"

第十一节　鬼谷丹篆

《永定县志》载:"鬼谷洞丹篆。洞在天门山绝壁,无路可阶,有樵者误入洞,见壁上画字如篆文,离奇不可辨,欲再往,则云气怒涌不可支。"《直隶澧州志》载:"鬼谷子。隐居天门山学《易》。石室幽邃,下有清流。今石壁上有甲子篆文。"

第十二节　惜字珍闻

惜字塔位于庸城西约 20 公里的大庸所乡后坪村,东距大庸所乡政府约 0.5公里。惜字塔为岩石制作,高 6.04 米,塔身呈六方形。共三层,第一层是双龙抢宝,鲤鱼跳龙门,第二层刻满了文字,第三层是人物浮雕图案,上刻主要内容是:阐明了"文字"的重要性,并号召子孙后代珍惜文字。

第十三节　蔡伦造纸

文化的传承和创造有如潺潺溪流,往往有着割不断的血脉渊源。时空发展到数千年后的东汉王朝,作为古庸国后世子孙的湖南人蔡伦,又发明了与文字书写、传播有着密切关系的造纸技术。

公元 105 年,蔡伦在东汉京师洛阳总结前人经验,改进造纸术,以树皮、麻头、破布、旧渔网等为原料造纸,取代竹帛成为新的文化传播工具。《后汉书·蔡伦传》说:"自古书契,多编以竹简;其用缣者,谓之为纸。缣贵而简重,并不便于人。伦乃造意,用树肤、麻头及敝布、鱼网以为纸。"蔡伦(61?~121)字敬仲,为古庸国辖地——东汉桂阳郡、今湖南省耒阳市人。在今耒阳市存在蔡伦众多物件与足迹,如"蔡子池"。《水经注》载:"(耒水)西北经蔡洲,洲西即蔡伦故宅,旁有蔡子池";"蔡侯祠"等;还有学术界名人陈寿群先生根据一些史记对蔡伦人生经历的描述,改编而成《蔡伦传奇》,其中描述了蔡伦与籍贯——耒阳一段奇缘经历。

造纸术于公元 7 世纪初期(隋末唐初)开始东传至朝鲜、日本;8 世纪西传入阿拉伯,接着传入巴格达;10 世纪到大马士革、开罗;11 世纪传入摩洛哥;13 世纪传入印度;14 世纪传到意大利,意大利很多城市都建了造纸厂,成为欧洲造纸术传播的重要基地,从那里再传到德国、英国;16 世纪传入俄国、荷兰;17 世纪传到英国;19 世纪传入加拿大。造纸的发明与传播,使文字的载体成本大幅度的下降,知识在平民中的普及得以实现,从而极大地推动了世界科技、经济的发展。

第十四节　活字印刷

无独有偶,到了北宋庆历间(1041 – 1048),作为古庸国辖地——今湖北省英山县草盘地镇五桂墩村的毕升(又作毕晟,约970—1051 年)又发明了胶泥活字印刷术,被认为是世界上最早的活字印刷技术。

作为中国古代"四大发明"之一的活字印刷,曾对世界文明进程和人类文化发展产生过重大影响。活字印刷的发明是印刷史上一次伟大的技术革命,是一种印刷方法,使用可以移动的金属或胶泥字块,用来取代传统的抄写,或是无法重复使用的印刷版。活字印刷的方法是先制成单字的阳文反文字模,然后按照稿件把单字挑选出来,排列在字盘内,涂墨印刷,印完后再将字模拆出,留待下次排印时再次使用。

活字印刷是中国人引以为豪的四大发明之一。1584 年西班牙历史学家传教士冈萨雷斯·德·门多萨在所著《中华大帝国史》一书中指出,约翰内斯·古腾堡于 1440 年左右,将当时欧洲已有的多项技术整合在一起,发明了铅字的活字印刷,完全是受到中国印刷技术的影响;中国的印刷术,通过两条途径传入德国,另一条途径是经俄罗斯传入德国,另一条途径是通过阿拉伯商人携带书籍传入德国,古腾堡以这些中国书籍,作为他的印刷的蓝本。门多萨的书很快被翻译成法文、英文、意大利文,在欧洲产生很大影响。法国历史学家路易·勒·罗伊,文学家米歇尔·德·蒙田等,都同意门多萨的论点。在历次欧美社会评选"历史上最伟大发明"的活动中,活字印刷都名列前茅。

第二十五章　大庸古国音乐遗存

—— 华胥湾、伏羲泉、祝融洞、咸池峪、尧儿坪、
姬旦口、骚水滩音乐稽古

音乐产生于劳动,反映的是劳动者的心声。早在原始社会就有简单的音乐。如狩猎、祭祀、所有集会都会载歌载舞、尽情狂欢。

司马迁认为,音乐是由于事物被人感知以后产生的。他把乐与音、声做了严格区分,认为心感于物而动,产生声;声与声相感应,发生有规律的变化,叫作音;人因音乐而产生欢乐,甚至翩翩而舞,叫作乐。在他看来,只有使人欢乐的音律才是音乐。故曰:"乐者,所以导乐也。"

关于音乐的起源,英国著名生物学家达尔文认为是"异性求爱"的产物。他说,动物常常是以鸣叫声来追求异性的,声音越优美则越能吸引异性,于是竟相发出婉约优美的声音来博取对方的青睐,这种鸣声已具有乐音或节奏的因素。达尔文由此联想到音乐的起源,认为声音是在语言产生之前就已具有。原始先民的歌曲就是模仿各种鸟类的鸣叫声和起伏的旋律而形成的。这恰与中国民间史诗传说相一致。据胡崇峻先生搜集整理的神话史诗《黑暗传》载曰:"祝融氏,听鸟音,作乐歌,神听和平人气和,能引天神和地灵。"可见,降生于崇山,在此以火施化、创世开先,由部落尊为赤帝,被后人奉为火神的祝融,应是古代音乐之祖。而且,这一推论已被出土文物所证实。

据清嘉庆《慈利县志·卷之六·纪闻》载:"宋淳熙十四年(1187),余玠宰慈邑,于周赧王墓旁五里堆,得一铜镈。乾隆二十五年(1790),六都文童张宏铨于金刚山得铜器,形如小钟,而匾高二尺许,横一尺六寸,环在钮旁,两面共36齿(形如鸟喙)。击之,其声清越。一齿自为一音。"

——自1959年迄今,长沙地区先后出土了11件商代乐器大铜铙,其中最重的达220.75公斤,最轻的也有50公斤。铜铙上以虎、象等兽面纹为主纹,并饰以

云雷纹。铜铙体形高大厚重,铸制精致,在当时用于军旅、宴会和祭祀。据音乐专家测试,每个铜铙有现代音阶1～3声,组合起来,竟能演奏现代音乐。据金相分析,其年代比湖北曾侯乙编钟早1000余年,且大都由纯铜铸成。

在原始社会,诗歌、音乐和舞蹈是紧密结合在一起的,这种艺术形式称作"乐",亦称"乐舞"。乐舞与先民们的狩猎、畜牧、耕种、战争等多方面的生活息息相关。大庸帝国的乐舞距今有七八千年的历史。在原始乐舞活动中,古庸先民常把自己打扮成狩猎的对象或氏族的图腾。乐舞反映了先民的精神信仰及日常生活,不同时期都有代表性的乐舞出现。如黄帝时期的《云门》,是崇拜天神的乐舞;唐尧时期的《咸池》,是崇拜星辰的乐舞,夏禹时期的《大夏》,是歌颂大禹功绩的乐舞……

据唐代魏征所编《隋书·卷十三·志第八·音乐上》载:"伊耆有苇籥(yu,古代管乐器像编管之形,似为排箫之前身)之音,伏羲有网罟(gǔ)之咏,葛天八阕,神农五弦,事与功偕,其来已尚。黄帝乐曰《咸池》,帝颛顼曰《五茎》,帝喾曰《六英》,帝尧曰《大章》,帝舜曰《箫韶》,……汉明帝时,乐有四品:……其四曰短箫铙歌乐,军中之所用焉。黄帝时,岐伯所造,以建武扬德,风敌励兵,则《周官》所谓'王师大捷,则令凯歌'者也。"

伏羲乐名《扶来》(或曰《立基》)、《驾辨》;神农乐名《扶持》(或曰《下谋》);祝融乐名《属续》;三皇到农业的发明推广者神农,据《路史》称:神农氏"炎帝乃命邢天作《扶犁之乐》,制《丰年之咏》,以荐厘来,是曰《下谋》。"来、是来麦。播种前或丰收后要举行祭祀麦神的盛大典礼,歌舞《下谋》——见《孝经》注"五帝三王乐"载:黄帝乐曰《咸池》,少昊曰《九渊》,颛顼曰《六茎》(或曰《五茎》),帝喾曰《五英》(或曰《六英》),尧曰《大章》、《击壤歌》,舜曰《招》(或曰《韶》)、《南风》,禹曰《夏》,汤曰《濩》,武王曰《武》,周公曰《勺》。又,《周礼·保氏》注:黄帝乐曰《云门》,尧乐曰《咸池》,舜乐曰《大韶》,禹乐曰《大夏》,汤乐曰《大濩》,武王乐曰《大武》。这些古乐曲竟然无一不在古庸国核心地区的今湖南省张家界市永定区之崇山、天门山一带闪现信息亮光、残留蛛丝马迹:

——本境至今尚有华胥湾、伏羲泉、祝融洞、邢家巷、咸池峪、青阳乡、高阳洞、高阳村、辛母岗、辛女岩、尧湾、尧坪、尧儿坪、尧充峪、雷泽坪、尹家溪、禹溪、禹溪乡、姬旦口、古人堤、骚水滩等古传地名,而唐代魏征所编《隋书·卷十三·志第八·音乐上》等史籍中恰有《华胥引》《驾辨》《属续》《扶犁》《咸池》《九渊》《六英》《五茎》《击壤歌》《大章》《大韶》《大夏》《蜡祭辞》《卿云歌》《候人歌》《古风操》《慨古吟》《泽畔吟》《离骚》《屈原问渡》等古代乐曲牌名称,而这些曲牌名称竟与远古先庸时期一批人文先祖——华胥、伏羲、祝融、邢天、黄帝、岐伯、青阳、高阳、辛女、帝喾、尧帝、舜帝、尹岐氏、大禹、姬旦、屈原等人的名号——对接！地名、人名、曲牌名等远古人文信息，穿越时空，在今张家界地区久别重逢、一气贯通、瞬间激活，就像一座冻封已久的冰山突然解冻，露出真容一角，让人惊诧、新奇、兴奋不已！

第一节　有华胥湾恰有古乐《华胥引》

《华胥引》歌颂和怀念的是在古庸崇山北麓雷泽坪履巨人足迹而孕伏羲的圣母华胥，以及华胥时代那无忧无虑的闲适而超然的生活。相传黄帝在位十五年，忧国家不治，一日，梦游华氏之国，发现该国一切顺乎自然，国治民安，于是黄帝以此来管理其国家，二十八年，天下大治，作者以此来歌颂"无为而治"的道家思想。

朱元璋第十七子朱权《神奇秘谱》载："臞仙按，琴史曰：'是曲者，太古之曲也。尤古于遁世操。一云黄帝之所作，一云命伶伦所作。'按列子，'黄帝在位十五年，忧天下不治，于是退而闲居大庭之馆，斋心服形，三月不亲政事。书寝而梦游华胥氏之国，其国自然，民无嗜欲，而不夭殇，不知乐生，不知恶死；美恶不萌于心，山谷不踬其步，熙乐以生。黄帝既寤，怡然自得，通於圣道，二十八年而天下大治，几若华胥之国。'故有华胥引。"

第二节　有伏羲泉恰有《驾辨》古曲

《驾辨》古曲出自伏羲。伏羲，又名太昊，其母华胥氏，在今张家界即有伏羲泉，又有太昊洞、华胥湾等地名，伏羲生衍于古庸地区拙著多处论及，认定《驾辨》古曲为古庸早期音乐遗产毋庸怀疑。

伏羲与神农和黄帝被尊为中华民族的人文始祖，伏羲氏是我国古籍中记载的最早的三皇之一，所处时代约为新石器时代中晚期，他根据天地万物的变化，发明创造了八卦，成了中国古文字的发端，也结束了"结绳记事"的历史。他又结绳为网，用来捕鸟打猎，教会人们渔猎的方法，并发明制瑟，创作出《驾辨》曲子。他的活动，标志着中华文明的起始，也留下大量关于伏羲的神话传说。

宋代罗泌的《路史》记载："太昊伏羲氏华胥，居于华胥之渚，尚暨叔姬翔于渚之汾。巨迹出焉,华胥决履以轹之,意有所动,虹且绕之,因孕十有二岁。生于仇夷,长于起城。"意思是说,伏羲的母亲华胥,生活在华胥水边,因为踩神的足迹而怀上伏羲。伏羲生于仇夷,长在起城(今甘肃秦安)。《路史》注释说:"华胥之渊,盖因华胥居之而名,乃阆中渝水地也。"《周地图》解释说:"阆中水为渝水。"《遁甲开山图注》亦云:"仇夷山,四面绝立。彭池、成起皆西土,是伏羲出生处。"

幕阜山古称天岳,"岳州本由天岳置",即可昭显其山名的确。中国大地山多且广,古人取名以岳称者,必须具备"既高且尊,且为众山宗"的条件。按照这个基本条件幕阜山算是符合。幕阜山是一座头自湖北通城和湖南平江,尾至江西九江庐山,跨鄂、湘、赣三省,绵延上千公里的一条大山脉。主峰1600米,主峰两翼展开左黄龙、右凤凰,雄姿勃发为三省众山之宗,名副其实。因此,该山以岳称之自在理中。然而,中国之山称岳,如泰山、华山、衡山、恒山、嵩山都只以东、西、南、北、中之方位称呼,也即寓意其方位神祇统管其山而已。幕阜却以天岳而称,大有君临天下之势。在严格讲究礼仪制度的古代中国,既取山名为天岳,决不会随意僭越,而必有其特定含意。近年读史查考,方知天岳幕阜黄龙是因中华上古三皇之首、人类文明启蒙之祖伏羲氏终葬之地。并有夏代开国之君禹,曾亲临拜谒之处,且山上曾建有规模恢宏的皇坛殿,内有48柱、48灯,供奉伏羲手托八卦的巨大神像。历来,名以文传,地以名显。看来天岳虽名正言顺,而要得到广泛认同还需假以时日。

《淮南子·墬形训》载:"昆仑之邱,或上倍之,是谓凉风之山。登之而不死……或上倍之,乃维上天,登之乃神,是谓太帝之居。""太帝",指三皇之一的太昊,即伏羲。今张家界市永定区天门山下还有太昊洞(讹称大蛤洞)、少昊洞(讹称小蛤洞)、伏溪泉等地名仍然传递着来自远古的文化信息。

又《山海经·海内经》记述说:"南海之内,黑水、青水之间,有木名曰建木,大皞爰过。"这里所说的"建木",是众神用来登天专用的。所以"建木在都广,众帝所自上下。日中无景,呼而无响,盖天地之中也。"而"大皞爰过"说的就是始祖伏羲,也能像神一样,攀缘建木、上下往返于天地与神人之间。

然而,也正是伏羲能攀缘上下,反映在华夏先民心目中伏羲,只是一位"绝地天通"时代,与神有着区别的人。伏羲是一位脱离神界、有着神力进行发明创造,带领人民开创农耕文明、实行社会变革的始祖。

又,唐·李冗《独异志》卷下:"昔宇宙初开之时,只有女娲兄妹二人,在昆仑山,而天下未有人民。议以为夫妇,又自羞耻。兄即与妹上昆仑山,咒曰:'天若遗我兄妹二人为夫妇,而烟悉合,若不,使烟散。'于烟即合,二人即结为夫妇。"

又，徐旭生《中国古史的传说时代》第六章提道："清初陆次云的《峒溪纤志》里面说：苗人腊祭曰报草。祭用巫，设女娲、伏羲位。"至现代的人类学者实地考察后，才得到这些苗族的传说。按他们的传说，苗族全出于伏羲与女娲，他们本为兄妹，人类在遭到洪水后，人烟断绝，仅存他们二人，他们为了延续人类，便结为夫妇。

日本学者属启成在其《音乐史话》一书中指出："用音乐的魅力表达爱情并使爱情获得圆满的故事，在东方或西方都屡见不鲜。从这一点上看，音乐是呼唤异性的声音的说法可以成立。随着乐人奏出的音乐，百兽群聚，翩翩起舞，这一传说既见于欧洲的神话，也以不同的形式多次在中国古籍中出现。这样看来，音乐从原始时代以来，就既能打动人心，又能使人感到悲哀和宽慰。"如此看来，伏羲所创造的《驾辨》之曲，很可能是一首凄婉的爱情乐曲，其本名可能就叫《嫁辨》。嫁、驾同音，而且俗之嫁娶素需驾车或乘轿，其义亦通。

第三节　有祝融洞恰有《属续》古乐

《属续》出自祝融，祝融生于崇山，主政庸国，说《属续》古乐乃古庸音乐遗产应该不为无据！汉代班固《白虎通·号》："谓之祝融何？祝者属也，融者续也，言能属续三皇之道而行之，故谓祝融也。"也指祝融所作之乐。《周礼·春官·大司乐》"以乐舞教国子"。唐代贾公彦疏："案《孝经纬》云：'……祝融之乐曰《属续》。'"《史记·乐书》唐司马贞述赞："乐之所兴，在乎防欲。陶心畅志，舞手蹈足。舜曰《箫韶》，融称《属续》。"

《吴越春秋》记载着这样一个故事：春秋末年，越国的国君勾践问楚国的射箭能手陈音："你可知道弓箭的来历吗？"陈音谦虚地说："我是楚国的一个粗鄙之人，虽然经常射箭，可是对其中的来历只不过是知道一点罢了。"勾践饶有兴趣地继续问："你就说说吧，我很想知道。"陈音接着说："有了弹弓才有弓箭，有了弹丸才有弹弓，而弹丸，是古时候孝顺的孩子发明的。"越王很好奇："孝子做弹丸有什么用？"陈音回答："古时候，人民生活得很简单朴素，饿的时候就吃野鸟野兽的肉，渴了就喝点露水，死了就用茅草裹在身上，被放置在野地里。孝顺的孩子不忍心看到父母的尸体被鸟兽所食，就制作了弹丸守在旁边，用来投掷啄食尸体的鸟兽。所以有歌谣这样唱道：'砍下竹子做弓背，紧紧两端做弓弦，用力射出土弹丸，赶走野兽保平安。'时人听到这首歌谣，便在弹弓的基础上发展为弓箭，从而威震四方。

弓箭就是这样产生的。"

故事里提到的这首上古歌谣叫作《弹歌》,我认为是祝融时期的我国最为古老的歌谣《属续》的异称,歌词中"续竹"就是"属续"倒装和变音,由庸楚先民的左言传统和同音异记习惯造成的字面差异,其读音和语义都是相通的。对这一制作工具和进行狩猎过程的描述,只有短短的八个字:"断竹,续竹;飞土,逐宍"("宍"读rou,通"肉")。"断竹,续竹",是歌咏"弹"的产生制作过程:先将竹竿截断,然后用弦将截断的竹竿连接两头制成弹弓。"弹"的制作虽是简单、粗糙的,却是劳动人民智慧的体现。有了"弹弓"就可以"飞土、逐宍(肉)",一场追逐野兽的活动就开始了。《弹歌》用凝练的语言概括了"弹弓"生产制造的过程和"弹弓"的用途。我们似乎看到身穿动物皮毛、散发赤脚的原始先民制弓打猎的这一全过程。颗颗弹丸从弹弓中射出,击中了一只只猎物,人们追逐着,满载而归。

这首两言体民歌简短、质朴,诗句整齐,有着和谐的韵律,我们从中可以体味它铿锵的节奏。

在思想内容上,上古歌谣最鲜明的特色是与 现实生活有着密切的联系;在艺术形式上,作为古老的民间口头创作,上古歌谣具有字句简短、节奏明快、语言朴素淳直、主题明确等特征。除了这首《弹歌》,从保存下来的其他上古歌谣,我们同样可以看到这种特征。

第四节　有刑家巷恰有《扶犁》古歌

《扶犁》古歌出自音乐之祖,亦即赫赫有名的战圣刑天。《路史》称:神农氏"炎帝乃命邢天作《扶犁之乐》,制《丰年之咏》,以荐厘来,是曰《下谋》。"来、是来麦。播种前或丰收后要举行祭祀麦神的盛大典礼,歌舞《下谋》。

刑天是中国古代神话传说中的人物,与古庸国天门山有着密切关系。刑天又称形天。其实,邢天之"天",也即昆仑山。前面章节已述,昆仑山就是天门山,又指武陵源的昆仑峰。而今天门山下恰有邢(刑)家巷村,附近沅古坪和沅陵县恰有完整的刑天传说。汉族史诗《黑暗传》里,盘古活动的地区就是昆仑山。《黑暗传》曰:"说的是远古那根痕,无天无地又无日月星,一片黑暗与混沌,天地茫茫无一人。乾坤暗暗如鸡蛋,迷迷昏昏几千层,盘古生在混沌里,无父无母自长成。那时有座昆仑山,天心地胆在中心,一山长成五龙形,五个嘴唇往下伸。……"说明盘古所开之天,开的是武陵昆仑山、天门昆仑山。"洪水漫天"的故事流传了几千年,又口耳相传到了我们这一代人。而传说中的伏羲、女娲兄妹围困在洪水中,抱住的葫芦就是搁浅在昆仑山上,因此而幸存。说明洪水漫天实际上就是水漫天门昆仑山。站在崇山西沿东望,天门山三轮水文线至今仍清晰可见!

"刑"由"荆"来。"刑天"可能是"天刑"的倒装句。即"昆仑山上的荆人"之意。据《山海经·海外西经》记载:"刑天与天帝争神,帝断其首,葬之常羊之山。乃刑天以乳为目,以脐为口,操干戚以舞。"因此,刑天常被后人称颂为不屈的英雄。东晋诗人陶渊明《读山海经》诗:"刑天舞干戚,猛志固常在。"即咏此事,借寓抱负。"干"是盾,"戚"是斧,是武舞时舞者手中所执之物,就是本境常说的"三斤半"。

刑天在神话中为炎帝武臣,酷爱音乐,为炎帝祝寿时创作《扶犁曲》《丰年词》等诗曲。自炎帝被黄帝在阪泉之战打败之后,刑天便跟随在炎帝身边,定居在南方。当时,蚩尤起兵复仇,却被黄帝铲平,因而身首异处,刑天一怒之下便手拿着利斧,杀到天庭中央的南天门外,指名要与黄帝单挑独斗。

《管子·地员》篇说:"凡听宫,如牛鸣窌(jiào 把东西收藏在地窖或洞穴里)中;凡听商,如离群羊;凡听角,如雉登木以鸣,音疾以清;凡听徵,如负猪豕觉而骇;凡听羽,如鸣马在野。"五声像五物之鸣,乐的清浊高下由此产生。"窌"音叫,是地窖。牛在地窖中叫声音低沉而浊重;离群羊叫孤独焦急而连续不断;徵声如临杀的猪惊骇而绝望!在广阔的草原上奔马昂首长鸣像羽声。

《礼记·乐记》说:"土曰埙,竹曰管,皮曰鼓,匏曰笙,丝曰弦,石曰磬,金曰钟,木曰柷敔。"

《书·舜典》注:"金(兑钟)、石(乾磬)、丝(离、琴瑟)、竹(震、箫管篪笛)、匏(艮、笙竽)、土(坤埙)、革(坎鼓)、木(巽、柷敔)。"陶土类:壎、鼎(jiào)即"大埙";

《说文》云:"乐者,总五声八音之名,像鼓鞞之形,木其虚也。"炎帝乐名下谋;黄帝乐名咸池;尧乐谓之大章、击壤歌;舜歌南风;夏启窃帝九韶;商汤之大濩;周武王乐名大武。《诗》疏说:"杂比曰音,单出曰声。"远古之民,喜怒哀乐之情只能发出单声,以表达内心的感情,与野兽无异,所以《礼记·乐记》说:"是故知声而不知音者,禽兽是也。"犬马之类都会叫,它们发的是枯燥的单声。鹦鹉能言,然而不知其义,仍不离禽兽,这些都称作声。随着语言的逐步形成完善,声有了宫商角徵羽五声,不断变换使用,能够与人应答交流,才叫作音。古人说:"人声既和,乃以其声被之八音而为乐。"故许慎说:"乐者,总五声八音之名。"

六节:古卿大夫朝聘天子诸侯,或吏民通行他国,用作凭证的六种信物。节,符信。《周礼·秋官·小行人》:"达天下之六节:山国用虎节,土国用人节,泽国("国"同"国")用龙节,皆以金为之;道路用旌节,门关用符节,都鄙用管节,皆以竹为之。"

又:"六节者,好、恶、喜、怒、哀、乐也。"汉 荀悦《申鉴·政体》:"若乃二端不愆,五德不离,六节不悖,则三才允序,五事交备,百工惟厘,庶绩咸熙。"

《管子·五行》:"昔黄帝以其缓急作五声,以政五钟。令其五钟:一曰青钟大音;二曰赤钟重心;三曰黄钟洒光;四曰景钟昧其光;五曰黑钟隐其常。五声既调,然后以正天时。"音乐需要定声,五钟就是定声并验证之器。中国文化是类比格式文化,五钟配五色、五时、五方、五行、五政等。如青钟表示东方木,主生;赤钟表示南方火,主长;黄钟表示中央土,主德;景钟表示西方金,主杀;黑钟表示北方水,主藏。搭配都是固定的,如填空而已。(见《古乐还原》)

第五节　有咸池峪恰有《咸池》古乐

《咸池》之乐有说出自黄帝,也有说出自尧帝,不管出于谁,《咸池》之乐创于古庸是无疑的——因为洞庭和大、小咸池(今桑植泪湖乡)都在古庸属地,以地名曲、以曲传地是相互关联的。

《庄子·天运》曰:"北门成问于黄帝曰:'帝张咸池之乐于洞庭之野,吾始闻之惧,复闻之怠,卒闻之而惑,荡荡默默,乃不自得。'帝曰:'汝殆其然哉!吾奏之以人,徵之以天,行之以礼义,建之以大清。夫至乐者,先应之以人事,顺之以天理,行之以五德,应之以自然。然后调理四时,太和万物。四时迭起,万物循生。一盛一衰,文武伦经。一清一浊,阴阳调和,流光其声。蛰虫始作,吾惊之以雷霆。其卒无尾,其始无首。一死一生,一偾一起,所常无穷,而一不可待。汝故惧也'。"

这段话翻译过来就是:

北门成向黄帝问道:"你在广袤的洞庭之野上演奏咸池乐曲,我起初听起来感到惊惧,再听下去就逐步松缓下来,听到最后却又感到迷惑不解,神情恍惚无知无识,竟而不知所措。"黄帝说:"你恐怕会有那样的感觉吧!我因循人情来演奏乐曲,取法自然的规律,用礼义加以推进,用天道来确立。最美妙最高贵的乐曲,总是用人情来顺应,用天理来因循,用五德来推演,用自然来应合,方才调理于四季的序列,跟天地万物同和。乐声犹如四季更迭而起,万物都遵循这一变化而栖息生长;忽而繁茂忽而衰败,春季的生机和秋季的肃杀都在有条不紊地更迭;忽而清新忽而浊重,阴阳相互调配交和,流布光辉和与之相应的声响;犹如解除冬眠的虫豸开始活动,我用雷霆使它们惊起。乐声的终结寻不到结尾,乐声的开始寻不到起头;一会儿消逝一会儿兴起,一会儿偃息一会儿亢进;变化的方式无穷无尽,全不可以有所期待。因此你会感到惊恐不安'。"

第六节　有青阳乡恰有《九渊》古曲

《九渊》古曲出自少昊青阳氏,唐·贾公彦疏《周礼·春官·大司乐》曰:"少昊之乐曰《九渊》。"而我省张家界市恰有青阳县(长沙内)、青阳乡(桑植内)、青阳村(永定内)、青阳学校(永定内)等地名,青阳氏居于古庸湘地区,《九渊》古曲有可能创于古庸湘地区。

九渊,语出《列子·黄帝》:"鲵旋之潘为渊,止水之潘为渊,流水之潘为渊,滥水之潘为渊,沃水之潘为渊,氿水之潘为渊,雍水之潘为渊,汧水之潘为渊,肥水之潘为渊,是为九渊焉。"

又汉·贾谊《吊屈原文》:"袭九渊之神龙兮,沕深潜以自珍。"

又晋·葛洪《抱朴子·清鉴》:"掇怀珠之蚌于九渊之底,指含光之珍于积石之中。"

又清·唐甄《潜书·抑尊》:"于斯之时,虽有善鸣者,不得闻于九天;虽有善烛者,不得照于九渊。"

又《周礼·春官·大司乐》"以乐舞教国子"唐·贾公彦 疏:"少昊之乐曰《九渊》。"按,其辞早失传,唐·元结 曾采用其名补作乐歌。联系今张家界市人文地理,上述引文中竟有多处与本土历史和地名信息对接。如"鲵旋之潘为渊"一句中的"鲵",指大鲵,俗名腊狗、娃娃鱼。今张家界市就是全国著名的大鲵(娃娃鱼)之乡;"止水之潘为渊"一句中的"止水",疑为怀化市"芷江";"流水之潘为渊"一句中的"流水",疑为桑植县"溇水";"氿水之潘为渊"一句中的"氿水",疑为桑植或保靖的大小"酉水";"雍水之潘为渊"一句中的"雍水",疑为张家界市永定区的"庸水";"是为九渊焉"一句中的"九渊",疑为今张家界市的"九溪""九江"或"九澧";"掇怀珠之蚌于九渊之底"一句中的"怀珠之蚌",疑为今桑植县汩湖乡咸池峪潢河村的"珠泽蚌壳";清·唐甄《潜书·抑尊》中的"善鸣者""善烛者",显然是指《黑暗传》所载"祝融氏,听鸟音,作乐歌"的"祝融",亦即"烛龙"。更重要的是今湖南省及张家界市残留许多关于青阳的地名和传说。今长沙县古称青阳县（《史记·秦始皇本纪》曰："荆王献青阳以西。"苏林曰："青阳,长沙县是也。"《水经注》曰："秦灭楚,立长沙郡,即青阳之地也。"），今张家界市永定区屈家坊古有青阳学校,民国慈利县十五区有青阳乡（今桑植县麦地坪乡）有青阳村。

相传,黄帝有二十五子,赐十二姓,由挚即帝位。黄帝一死,人心浮动。作为黄帝长子的少昊氏青阳（亦号玄嚣）,在继承黄帝各种音乐艺术的基础上,作新声,就是《九渊之乐》,也称为《大渊之乐》。青阳作新声的意思很明确,让兄弟们如登高山,如临深渊,需要小心谨慎,万勿一失足成千古恨。新天子即位按规矩新制琴瑟各百张,二百架琴瑟演奏《九渊之乐》,应该是九个乐章。这是对诸侯们的教育,也是一种警示,是通过音乐艺术委婉而明确地表达出来的。炎黄子孙自幼就接受礼乐熏陶,音乐语言一听就明白,于是各自歌咏,以表心声,对新君的恭敬顺从之心。倕为人垂,也就是站立的乐师,历代音乐总指挥应该都称之为倕。倕以钟鼎进行指挥,和以石磬加以配合。和为禾口,意思为如口吃饭那么自然顺畅,音乐艺术是需要和的。和到了后代,演化为响板,有时以鼓来替代,以掌握音乐节奏。

少昊氏青阳以鸟纪官,凤鸟来仪。为《大渊之乐》以谐人神,和上下。这种略含恐吓性的音乐也是迫不得已,就这样还发生了九黎乱德,家家都进行祭祀,迷信巫鬼,相惑以怪。神由心生,主要是人心不安,所以生出巫鬼。主要体现于天灾人祸接连不断,人心惶惶,《九渊之乐》并没有起到稳定社会,教化人心的作用。琴表现高山,瑟表现流水。琴瑟相合,跌宕起伏,二百琴瑟所体现的是颇为宏大的场面,将九渊之危表现得淋漓尽致。类似这样的大型交响乐肯定汇聚了鼓、磬、笙、管、埙、钟等多种乐器,鸟师率领元鸟、青鸟、丹鸟、鸠鸟、雉鸟五鸟诸侯随乐起舞。百鸟朝凤,天子为凤鸟,其下便是九渊。

律吕分为正律、倍律、半律,共分为三十六律。律吕左旋右转,皆可相生,相隔八音。有三分损一、三分益一之说,后人只能意会而已。律以隔八相生,隔八实为隔七,与现代音律基本相一致。上古音乐人是以竹笛定音的。

黄帝使伶伦自大夏之西,昆仑之阴,取竹之解谷,其窍厚均者,断两节间而吹之,以为黄钟之宫。制十二箭以听凤之鸣。其雄鸣六,雌鸣亦六。比黄钟之宫,而皆可以生之,是为律本。

竹笛仿效的是凤鸣,少昊氏以鸟纪官,可见是以竹笛所体现的雄凤、雌凤鸣叫之声为《九渊之乐》的和声。天数五,地数六,合于人,为十二律。太极元气,函三为一,人的主观能动作用是不可或缺的。定音之竹取自昆仑之阴,说明黄帝时期昆仑山脉还不在冰天雪地青藏高原,而在我湖南张家界之青岩昆仑峰和天门昆仑丘。湖南才是炎黄子孙的发源地,驩头国、古庸国、厉山国、三苗国、盘瓠国所在的洞庭之野才是炎黄子孙的主要活动区域,波澜壮阔的洞庭湖地区才是青阳氏演奏《九渊之乐》的文明母地。

九黎乱德,家为巫史,也就出现了民间音乐艺术形式,也就是后来的楚巫文化。楚巫之乐为小乐,且歌且舞,神鬼附体,以打击乐为主,营造出一种神秘的气氛,疑心生暗鬼,楚巫音乐艺术是很有生命力的,至今仍有遗传。主流音乐艺术为炎黄正统音乐,包括新制的《九渊之乐》。每当祭祀大典,万国来朝,汇聚一处,音乐艺术都可使与会的诸侯们得到一次升华,引发共鸣,达到绕梁三日,久久不能忘怀。古乐师所表现的是天地自然之声,是与所有人心中合拍的。早期社会还没出现靡靡之音,即便是宴享之乐,也是正大端正,令人肃穆,不可随便有所行动。没规矩不成方圆,礼乐就是早期华夏社会的道德规范。

第七节　有高阳洞恰有《六英》古乐

《六英》古乐为出生于古庸咸池峪黑儿垭(今桑植县汩湖乡)的古帝颛顼所创作。《吕氏春秋·古乐》:"帝喾令咸黑作为声歌《九招》《六列》《六英》。"引文中"咸黑"即指幼年的黑儿——后来的黑帝颛顼。《淮南子·齐俗训》:"《咸池》《承云》《九韶》《六英》,人之所乐也。"高诱注:"〔《六英》〕,帝颛顼乐。"晋·张华《晋正德大豫歌舞·正德舞歌》:"象容表庆,协律被声,轶武超濩,取节《六韺》。"唐·刘禹锡《历阳书事七十韵》:"早忝游三署,曾闻奏《六英》。"亦作"六霙"。雪花。宋·李纲《次韵志宏见示春雪长句》:"那知忽作三尺雪,草木洗尽群芳空。六英飘舞片片好,谁与刻削嗟神工。"明·陆采《怀香记·承明雪宴》:"严风起,六霙飘,建章宫阙积琼瑶,尽道梅花芳信到。"《今本竹书纪年》记"颛顼高阳氏,元年,即居濮"。经文献和考古资料确证,今崇山西南的桑植和沅陵就是典型的濮文化区域,而且就在澧水下游的湖南澧县城头山,又出土了蚌塑"人骑龙"图像,也正是颛顼继承母系龙信仰,"乘龙至于四海"的神权化身。据邵望平、郭广仁在《龙文化与中华民族学术会》一文指出,"西水坡龙是用毛蚌、淡水蚌、砺蚌、三角蚌、蛛蚌等组成的,这种蚌类,只有在长江流域、洞庭湖区存在",可见中原文化的很多原素都是南方文化北传的结果,进一步证明颛顼国在南方,作为颛顼之乐当然也只可能在南方,在古庸,在咸黑居地之咸池峪的黑儿垭!

第八节　有辛母岗恰有《五茎》古乐

帝喾作《五英》是否与辛女下嫁盘瓠有关待考，但《五英》作于古庸是可以肯定的，因为帝喾本来就是庸帝之一。

最早记载颛顼乐和帝喾乐的是《吕氏春秋·古乐篇》：

帝颛顼令飞龙作效八风之音，命之曰承云，以祭上帝。帝喾命咸黑作为声歌——九招、六列、六英，乃以康帝德。帝舜乃令质修九招、六列、六英，以明帝德。汤乃命伊尹作为大护，歌晨露，修九招、六列、六英，以见其善。其后，真伪杂糅、年代诡异的《列子》及西汉的《淮南子》文本中也出现了"承云""九韶""六莹"等乐名，"六莹"即"六英"，汉晋的注家以之归为诸古帝。而《白虎通德论》和《汉书·礼乐志》则是明确地叙述了古乐的谱系：

昔黄帝作《咸池》，颛顼作《六茎》，帝喾作《五英》，尧作《大章》，舜作《招》，禹作《夏》，汤作《濩》，武王作《武》，周公作《勺》。勺，言能勺先祖之道也；武，言以功定天下也；濩，言救民也；夏，大承二帝也；招，继尧也；大章，章之也；五英，英华茂也；六茎，及根茎也；咸池，备矣。（《汉书·礼乐志》）

《礼记》曰："黄帝乐曰咸池，颛顼乐曰六茎，帝喾乐曰五英……黄帝曰咸池者，言大施天下之道而行之天之所生、地之所载，咸蒙德施也；颛顼曰六茎者，言和律历以调阴阳，茎者著万物也；帝喾曰五英者，言能调和五声以养万物，调其英华也……"（《白虎通》卷二）

正是根据这些早期文献的记载，在学术史上对颛顼乐和帝喾乐颇有争论。如：《汉书》作六茎五英。《乐纬·动声仪》作六英五茎，于诸书独不同，非也。宣和古器有□钟，其铭凡六，其字作"□"。铭云：宋公成之钟所铸。所谓六□也，国家肇建鼎乐之际，于应天得之，制作雄伟，双龙盘锯，篆其带曰黄钟。夫宋乃微子始封之地，六茎乃高阳氏之乐。宋三王之后，故得用之以祀。则六钟为商制而高阳之遗法也。故《晋志》曰殷不纲，英茎之制已微。元结亦误矣。刘恕以为《帝系谱》、《汉志》、《世纪》放六乐撰其名，鄙哉。（宋·罗苹注《路史后纪·疏仡纪·高阳氏》"作五基六□之乐"）

《白虎通论·帝王礼乐》："《礼记》曰：黄帝乐曰《咸池》，帝喾乐曰《五英》。"郑注《周礼·春官·大司乐》云："《咸池》，尧乐也。"《乐记》正义引《乐纬》云："帝喾曰《六英》。"据宋均注作《六英》是。（范文澜《文心雕龙·乐府》注，"自《咸》

《英》以降"）

《汉书·礼乐志》作《五英》，与《白虎通论》引《礼记》同。不得作《六英》，《乐纬》及宋均注皆误。范注失检，其说尤非。且《汉书》云："《五英》，英华茂也。"明为五字也。（张立斋《文心雕龙注订》）

以上这两则不同时代的论述表明，颛顼乐和帝喾乐引起了学术上的争论，而乐名是讨论的中心。前一例中，宋代的学者使用当时出土的金石器物，参照历代学者的研究，对高阳氏之乐进行了考辨，文中高阳氏即颛顼，"茎"即茎字；不过，根据已有的学术经验可以知道，拥有"篆"字和双龙盘踞像的所谓"宋公成之钟"，基本上不会是先秦的实物。后一条则采用文献学的校勘之法，以可信程度较高的《汉书》所校《乐记正义》，下了勘误式的判断；不过，张立斋有失详考，《太平御览》卷五六六即有《乐纬》的遗文曰："颛顼曰六茎，帝喾曰五英。"

第九节　有尧儿坪恰有《击壤歌》

《击壤歌》是一首淳朴的民谣，从"击壤"二字就可断定出自南方古庸地区。古庸山地多茅根、多板结，挖荒击壤以培土，精耕细作而植苗，是古三苗、古庸人，亦即今日土家族、苗族、瑶族人民传统的农耕生活写照，而且尧帝之师善卷、尧帝之子丹朱以及尧帝本人，都是长期生活在古庸核心地区。而且南方多酸性土壤，容易板结，耕种时需用锄头将土块击碎。故《击壤歌》只可能创作、传承于古庸之湖湘地区，尧儿坪就有可能是尧帝教儿子挖土击壤、培土护苗的地方。

据《帝王世纪》载："帝尧之世，天下大和，百姓无事。有八九十老人，击壤而歌。"这位八九十岁的老人所歌的歌词就是："日出而作，日入而息。凿井而饮，耕田而食。帝力于我何有哉？"也就是我们今天所看到的《击壤歌》。意思是说：太阳出来就出门辛勤劳动，太阳落山了便回家休息，凿井取水便可以解渴，在田里劳作就可以过上自给自足的生活。这样的生活多么惬意，遥远的皇帝老儿我也不稀罕喽！与我有什么关系呢？

这首民谣描绘的是在上古尧时代的太平盛世，人们过着无忧无虑的生活，太阳出来就开始干活，太阳落下就回家休息，开凿井泉就有水饮，耕种田地就有饭吃……这反映了农耕文化的显著特点，是劳动人民自食其力自给自足生活的真实写照。《击壤歌》也许是中国歌曲之始。清人沈德潜《古诗源》注释说："帝尧以前，近于荒渺。虽有《皇娥》《白帝》二歌，系王嘉伪撰，其事近诬。故以《击壤歌》

为始。"

第十节　有雷泽坪恰有《箫韶乐》

《韶乐》,是一部表现原始社会最高艺术水准的大型乐舞,出现于虞舜时期,而虞舜则很可能出生于古庸澧水及郁水(源出今桑植官地坪镇门山界)的羲和之国(今桑植县)。《山海经·大荒南经》曰:"大荒之中,……有蒲山,澧水出焉,有载民之国。帝舜生无淫,降载处,是谓巫载民。巫载民盼姓,食谷,不绩不经,服也;不稼不穑,食也。爰歌舞之鸟,鸾鸟自歌,凤鸟自舞。爰有百兽,相群爰处。百谷所聚。"桑植澧水、郁水流域树木丛生,青翠茂盛,最宜古人生存,"郁"即茂盛之意,"郁""虞"同音,且森林之王"虞虎"就出没于树木丛生,青翠茂盛的大森林,今桑植县八大公山至今还是世界著名的原始森林。因此,虞舜很可能就是出生在郁水流域的"郁舜",即猎虎、驯虎或以虎为图腾又称"虞舜"。

舜是父系氏族社会后期部落联盟领袖,少年时的遭遇甚为悲惨:他家境清贫,不得不靠打鱼、耕耘种植、制作陶器等体力劳动来养家糊口,历经坎坷,颠沛流离,生计艰难。他的母亲早逝,父亲心术不正,继母两面三刀,弟弟桀骜不驯,并且几个人串通一气屡次加害于他。然而舜始终孝顺父母、友爱兄弟,多年如一日,没有丝毫懈怠。流光易逝,人生易老,去郁水放牧,临澧源捕鱼,必然生出许多感慨。气之动物,物之感人,故摇荡性情,于是创作并即兴吟唱了许多歌曲,形成了超常的音乐才华("郁舜"有可能是桑植民歌之祖)。

舜做了首领以后,励精图治,举贤任能,使天下人民安居乐业。他重新修订历法,又举行祭祀天地四时、祭祀山川群神的大典;到各地巡察,召见诸侯,体察民情;考察诸侯的政绩,明定赏罚。舜年老的时候,确定了威望最高的禹为继任者,并由禹来摄政事,是禅位让贤的一代圣王。乐舞《韶》就是歌颂古昔圣王虞舜大帝浩荡功德的乐舞。

歌颂舜帝的《韶》乐,从此成为重大节日及庆典必演的曲目,显示着王权皇威,而且还被规定为王子们修业的必修课之一。掌握《韶乐》的内容,既是身份的象征,也是自身修养的体现。

《韶》乐的主要伴奏乐器是编管乐器排箫,因此,它又被称为《箫韶》。由于它结构庞大,富于变化,有多段的歌唱和舞蹈,所以,它又叫《九韶》《九歌》《九辨》(这里的"九"并不是实数,而是形容很多)。乐舞的高潮为第九段,"箫韶九成,凤凰来仪"(《尚书·益稷》),意思是箫韶之曲连续演奏,到第九段的时候,歌声是如此动听,舞蹈是如此华丽,连凤凰也随乐声翩翩起舞了。

《韶乐》如此美妙,关于它有很多动人的故事。清同治刊《湘乡县志》记载:舜帝为了将中原文化传入苗地(原论观点虽错,但韶乐与舜帝有关却合符史实。),他一路南巡来到位于汉、苗交界之地的韶山。舜帝率众人登至一座最高峰的时候,忽听鼓角齐鸣,手执弓矛的苗民土著将其团团围住,长达三天三夜,形势危急。于是舜帝命人奏起《韶乐》,一时间百鸟和鸣。虎视眈眈的苗民在妙不可言的乐声中,丢下武器伴着节奏跳起舞来。于是,干戈化为玉帛,苗民也渐渐接受了中原文化,奏乐的山峰由此得名"韶山"。

春秋时期的吴国公子季札,观看了《韶乐》的表演后,赞叹不已,认为它已经达到了艺术的巅峰,精彩得无与伦比:"《韶乐》中所歌颂的舜的德行真是至高无上啊!这样的功德,真是像上天那样无不覆盖,像大地那样无所不负载!天下哪里还会有比这更加高尚的德行呢!这就是我观赏过的最经典的乐舞了,其他的乐舞,我已经不想再观赏了!"

约公元前517年前后,中国古代伟大的思想家、政治家、教育家,儒家学派创始人孔子从故乡鲁国来到齐国。在这里,孔子看到了气势恢弘的乐舞《韶乐》,他赞美《韶乐》不但在表现形式上美仑美奂,它的主题内容也是无比高尚的。因为《韶乐》表现的是舜让禹的禅让之事,用和平的方式进行政权更迭,这是孔子所推崇的。所以,《韶乐》可谓"尽美矣,又尽善也"!他听了美妙无比的《韶乐》之后,整个身体很长一段时间都被《韶乐》所带来的愉悦和回味所占据、萦绕,不由自主地陷入沉思,浮想联翩;他身心是舒坦的、宁静的、甜美的,所以竟然三个月都不想吃肉,所谓"子在齐闻《韶乐》,三月不知肉味";他迷恋《韶乐》,不觉感叹道:"没想到音乐能使人达到这样如醉如痴的境地啊!"至今山东淄博市仍有"孔子闻韶处"的碑志,而尽善尽美也成为我国美学史上评价艺术作品内容与形式完美统一的标准。

自远古以来,《韶乐》曾是中国古代宫廷音乐中等级最高、运用时间最长的音乐,在清代却一度失传。近年来,湖南、湖北两省艺术家们结合浏阳古乐、宋代《琴》谱等对《韶乐》进行研究、整理和创造,终于创作出再现四千年前《韶乐》真实面貌的乐舞表演,乐曲总长90分钟,分11首小曲,由50人演奏,所需乐器200多件。伟大的《韶乐》终于重新奏响在中华大地。

第十一节　有尹家溪恰有《蜡祭辞》《卿云歌》

今张家界市永定区尹家溪乡,很可能就是古代"伊耆氏"部落所居住的地方。"土反其宅。水归其壑。昆虫勿作。草木归其泽。"这首上古歌谣叫《蜡辞》("蜡"读 zhā,通"腊")。远古,有一个叫作"耆氏的部落,每年 12 月都要举行"腊祭"。在"腊祭"上,要祭祀百神,感谢众神灵一年来对农作物的护佑,还要为来年的丰收进行祈福。而"腊祭"必须在正规庄重的专筑土台——"靈台"上举行。"靈"字构形就是"巫师在三台前祈雨",其中的"三台"即为一字排列、并立一线的土台。而尹家溪附近一乡地名就叫"三坪"!永定区阳和坪有三星渡、三星桥,附近"潭口"疑为"坛口"之讹,应为"三星渡祭坛口"的紧缩句。崇山之南沅陵县七甲坪镇有三星村也应有祭坛遗迹(待考),在古庸属地三星堆故城也发现了实物"三星台",也为一字排列。古庸地区现存的古代祭台实物更是百分之一百地证实了这一点。可以肯定,"三级四方台"不是"三星台",它们各为一台,各有自己的业务。三级四方台不是用于祭祀的设施,而是祭祀的对象,是昆仑祖山的替身,古庸崇山、天门山(武陵山)一带的祝融棋——打三棋,就是三级四方台的平面图,即天门昆仑的平面图;它本身就是古人崇拜的图腾,就是古庸人迁居中美洲以后建造的平顶金字塔;古庸昆仑文明实为玛雅文明的源头,《蜡祭辞》在此文明奥区诞生最合情理。

《蜡辞》就是部落首领的祝辞。不足 20 字的《蜡辞》,却将土、水、昆虫、草木这些与农业生产关系最为密切的四物都列举出来,四句歌谣,既是愿望,也是命令,既是祝辞,也是咒语:土返回原地,田土不要流失;水流向洼地,不要泛滥成灾;昆虫不要滋生,免除灾害;草木回到沼泽地带,别对庄稼有危害。

"卿云烂兮,纠缦缦兮。日月光华,旦复旦兮"。《卿云歌》,相传是舜禅位于禹时,与群臣共同唱和的一首歌曲。它表达了舜帝这位圣贤之君的崇高境界和伟大胸怀:吉祥的云彩,缭绕灿烂,日月的光辉,永远照耀万物人间。上海复旦大学中的"复旦"二字,即由创始人——中国近代知名教育家马相伯先生根据这首《卿云歌》选定,意在自强不息,寄托当时中国知识分子自主办学、教育强国的希望。民国时期,作曲家萧友梅以《卿云歌》为词,创作了一首风格庄严肃穆的歌曲。1921 年,这首歌曲被中华民国北洋军阀政府定为国歌。

第十二节　有禹溪乡恰有《候人歌》

《候人歌》是我国原始社会末期的一首原始诗歌,最早见于《吕氏春秋·音初》:禹见涂山之女,未之遇,而巡省南(应为东土)土,涂山之女乃令其妾候禹于涂山之阳,女乃作歌,歌曰:"候人兮猗"。歌词就只有"候人兮猗"这四个字。大禹迎娶涂山氏之女,可还没有来得及与她举行婚礼,就到东南方治水去了。涂山氏之女在漫长的等待中,深情地唱道:"等候着的人啊……"虽然这首歌曲中"兮"和"猗"都是语气词,实际只有两个字"候人",但仍然反映出上古先民朴素、真挚的情感。我们设身处地,也能够体会到情歌中饱含着的深情和期盼。大禹治水"三过家门而不入",其夫人涂山氏就只能"寂寞寒暑空守寡"了!涂山氏每每去禹溪漂洗或捞虾都不见丈夫回家的身影,也打听不到何时能回的消息,以致抑郁成疾,望夫而逝……据《淮南子》记载:"禹治洪水,凿辕辕开,谓与涂氏曰:'欲饷,闻鼓声乃去。'禹跳石,误中鼓,涂山氏往,见禹化为熊,惭而去。至嵩(梁)山脚下化为石,禹曰:'归我子!'石破北方而启生。"有关涂山氏的所在地,长久以来众说纷纭,今天当我们破解古庸国谜团后,"候人"之地就在今禹溪乡,访问民间,恰有涂氏候夫化为石的传说。

第十三节　有姬旦口恰有《古风操》

《古风操》与古庸张家界的关联线索有三条:

(1)《古风操》早期文献失载,据说与周文王有关。而文王之师鬻熊世居本境崇山,其作品内容,据明·朱权《古风操序》认为:是赞颂远古人民过着"甘食而乐居""鸡犬之声相闻,民至老死不相往来"的生活,与自然、社会环境吻合。

《神奇秘谱》臞仙曰:"是曲者,古曲也,文王所作。其为趣也,追太古之淳风,谓不治而不乱,不言而自信,不化而自行。荡荡乎,民无能名焉,其俗也,熙熙然如登春台;以道存生,以德安形。其民甘食而乐居,怀土而重生,形有动作,心无好恶。鸡犬之声相闻,民至老死不相往来,无有好恶,无有嗜欲,此太朴之俗见於世也。"按"琴史":"是曲文王所作。其为义也,追太古之淳风,民不治而不乱,不言而自信,不化而自行。荡荡乎无能名焉。是故其民熙熙然以道存生,以德安形,甘食而乐居,怀古而重迁,形有动作,心无好恶,此太朴之俗也。"

（2）商周之际,政治腐败,社会动乱。面对残酷现实,古庸天朝所在的崇山地区讨商意愿最强,周文王作《古风操》意在启发和鼓舞人们为反抗黑暗的现实而努力。作品风格和主题正是这种社会理想在音乐创作中的反映,其社会意义也在于此。

（3）崇山东邻的天门山及附近岩板溪口恰有子牙溪、姬旦口、周公渡、姬公庸、赧王墓等地名。稍远一点的平江县还有周族之祖姜嫄故里"姜嫄村",古周国与大庸朝有着密切的亲缘关系,《古风操》很可能是文王来大庸求学时向老师鬻熊学得或自创的。

第十四节　有古人堤恰有《慨古吟》

"今古悠悠,世事底那浮沤,群雄到死不回头。夕阳西下,江水底那东 流。山岳底那荒邱,山岳底那荒邱。愁消去,是酒醉了底那方休。想不尽,楚火底那秦灰。望不见,望不见,吴越底那楼台。世远人何在,明月照去又照来,故乡风景空自底那花开。日月如梭,行云流水如何。嗟美人啊！东风芳草底那怨愁多,六朝旧事是空过。汉家萧鼓,魏北底那山河。天荒地老,总是底那消磨,消磨消磨更消磨。龙争虎斗,半生事业又何多。"

这首古曲乃朱元璋第十七子朱权于 600 年前收录在其音乐专著《神奇秘谱》之中,由中央音乐学院教授查阜西于 1913 年在大庸县阳戏班子向俗生龚子辉学得。本境著名阳戏艺术家周志家先生在其鸿著《大庸阳戏研究》一书中写道:"现在,我们在探索古庸国古老文化时发现,阳戏不仅源于傩戏,而且称谓的来源,远在古庸国时代就存在。古庸国这个古老的民族部落就是太阳神的后裔,就是高阳的子孙,亦即追逐光明的部落,崇拜太阳神的民族。乡间路人每看见唱花调小曲或傩愿戏时,问其所唱何调,答曰:"阳盘戏也。"路人曰:"啊！唱的阳戏。"因此便有了阳戏之说。或说这就是今天阳戏的雏形,或说这就是阳戏的萌芽状态,是阳戏和阴戏最早、最原始的分水岭。其实傩戏在古代的另称就是阳戏。《史记·天官书》有句"阳则日",注云:"日,阳也。"因而,"阳戏"就是关于祭祀、演绎太阳神的戏,"傩神"也就是太阳神。

历史上,澧水两岸巫风楚声十分盛行,通过长期的熏染孕育,为张家界大庸阳戏的形成和发展提供了有益的营养。据考,阳戏曲谱最早见于明·洪熙元年朱权

《神奇秘谱》，其中第四篇《慨古吟》谱中的曲调与现今阳戏正宫调的第一句的后半节曲调同出一辙，一脉相承，还有其他很多章节都是如今阳戏保留下来的音乐元素。这些资料足以证明，大庸阳戏远在明朝之前就有曲有谱、有腔有调、有板有眼了。大庸阳戏有明确文字记载的历史可以往前推移到六百年之前。

张家界市中心的"普光寺"旁的武庙古戏台的存在，证明大庸在明代就有祭祀性戏剧的存在，对阳戏的形成起到不可忽视的作用。据清道光《永定县志》和清同治《续修永定县志》及清光绪《永定县乡土志》记载，这座古建筑始建于明朝宣德五年(1430)，迄今已有580年的历史。留存至今的这座古建筑则是清朝道光二十一年(1814)重修的武庙，迄今也有197年的历史，西侧大门处刻立的"看戏公约"石碑，仍清晰可辨。直到清朝中叶，大庸阳戏随着历史发展的必然，脱颖而出，全新演绎。大庸这座古老的城市如今焕然一新，而古戏楼仍怆然肃立在市中心，它作为文明演进的碑记，倾诉着大庸古国音乐和大庸阳戏的昨天。

第十五节　有骚水滩恰有《离骚》古曲

经过长达30年的民间文化搜集积累和历时近2000多日焚膏继晷的专题研究，本土屈楚文化学者金克剑先生，以洋洋70万字鸿篇巨著《屈原故里在大庸》一书，以充分证据论证屈原故里在大庸，其第六章《屈原秘谱(《离骚》)与大庸古乐一脉相承》，发现屈原自己创作的十八段《离骚》古曲竟与大庸阳戏古调一脉相承，并认定《离骚》古曲极有可能原创于屈原家乡潭口。从潭口岸边古道行吟泽畔，至下游十数里便可进入俗有"仙溪"之称的九渡溪，其上段即为今张家界市永定区双溪桥的骚水滩。

现存最早的古琴曲谱《神奇秘谱》成书于明洪熙乙巳年(1425)。编者朱权是明太祖朱元璋之子，封于大宁，称宁献王，永乐间改封南昌。朱权自号臞仙，又号大明奇士、涵虚子、丹丘先生等。平生喜爱音乐且尤擅弹琴。

《神奇秘谱》经朱权"屡加校正，用心非一日"，历时12年之久。全书分上、中、下3卷，共收琴曲62首。上卷收16曲，为"昔人不传之秘"，称为《太古神品》。曲目包括《广陵散》《流水》《阳春》《酒狂》等，多为北宋以前的名曲，保留有早期传谱的原始风貌。

这些古曲由于久已无人演奏，谱式古老，基本上没有点句。中、下卷《霞外神品》收34曲。"霞"源于宋代浙操《紫霞洞琴谱》，《霞外神品》沿用了元代《霞外谱琴》的名称。取精神相通之意。各曲之前多有详尽的解题,为琴曲的源流演变及内容表现,提供了重要的史料,后世琴曲解题多沿用之。据说此卷的三十四曲,为朱权本人"亲受者三十四曲",其中有:《梅花三弄》《忘机》《广寒秋》《天风环佩》《神游六合》《长清》《短清》《白雪》《鹤鸣九皋》《猗兰》《列子御风》《山居吟》《樵歌》《雉朝飞》《乌夜啼》《龙朔操》《大胡笳》《潇湘水云》《离骚》《神化引》《庄周梦蝶》《秋鸿》等本,均属历史悠久的古代作品。其中《潇湘水云》、《樵歌》等为南宋浙派名家的作品。

《神奇秘谱》所有琴曲都有解题,成为研究古代音乐作品的重要文献。《神奇秘谱》编者的治学态度是严谨的,但是由于历史的局限,尽管他声称"其一字一句,一点一画无有隐讳",却还是把"其名鄙俗者,悉更之以光琴道"。他所说的"鄙俗",很可能是真正反映民间传谱原貌的曲名。经过他这样"更之",只能是隐讳了琴曲和民间音乐的联系,给后世准确地理解这些音乐作品增加了困难。不过,《神奇秘谱》反对强求一律,主张尊重各家、各派的不同特点。作者认为"操间有不同者,盖达人之志焉","各有道焉,所以不同者多,使其同,则鄙也!"正是基于这样的思想,《神奇秘谱》中许多传谱虽源自浙操徐门,却不像后世那样强调"徐门正传"。在艺术上容许不同风格并存,无疑是正确的。

第二十六章　文化不灭　大庸古国光照千秋

第一节　文化不灭——古庸炎黄文化遍布三湘四水

悠久的崇山历史和灿烂的庸国文化,素为西南乃至全国所关注。数千年来,勤劳智慧的天崇人民代代相传,在武陵山区东部这块最古老的宝地和云梦大泽西部这块最古老的沃土上创造了辉煌多彩的物质文明,积淀了博大精深的精神文化。然而多年来,人们自觉、不自觉地忽视了对崇山远古文化、始祖文化、创世文化、本源文化的高端关注和深度研究,自觉、不自觉地将崇山文化、古庸文化置于荆楚文化羽翼之下和中原正统论的阴影之下,言必谈荆楚,文必尊中原,谈到本土历史文化时一味误称或卑称从中原某处传入或引进。这里列举几组古地名、古族类、古文物、古文献信息,供大家参考。

1. 始祖信息

张家界市永定区祖(且)住岗、壶头山(瓠祖山),溆浦县祖市殿镇,常宁县祖山村,长沙县祖塔村,岳阳县祖师殿,浏阳县原祖洞,衡阳县嫘祖峰(岣嵝峰),澧县彭头山(盘祖山),江永县("长江以南名优果蔬最佳发展地带")东北边境之祖龙(《史记·秦始皇本纪》裴骃集解引苏林曰:"祖,始也;龙,人君像;谓始皇也"。亦指中华上古生物——龙,是鳄鱼恐龙,鸟类等动物共同的祖先)峰、黄甲岭乡谷母源村(产有香米、香柚、香芋、香菇。唐代武则天始列为"贡米",至今被誉为"粮中珍品"的江永香米就出自此地)、千家峒瑶族乡大宅腹村腹生庙(鲧腹生禹)、大溪源村"霸王祖"等远古时期人类始祖居住地的地名。

2. 古人信息

张家界市有古人寨、古人堤、古城堤等地名,有朱家台、金台等 10 万 ~ 20 万年前的旧石器时代文化遗址,恰处元谋人东进、巫山人南下、石门人西拓的交汇之地。这古人寨、古人堤显然应该是上述古人聚族成寨、筑堤为城的。(按:西南地区远古人类化石主要有蝴蝶人、巫山人、元谋人、建始人、陨县人、大洞人、水城硝灰洞人、桐梓人、穿洞人、桃花洞人、水城人、兴义人、柳江人、资阳人、丽江人、桂林人、长阳人、石门人)

3. 古族信息

土家族、苗族、瑶族、侗族等民族的老祖宗"三苗""百濮""百越"等"南蛮三族"的起源、迁徙、分化、回归、融合均在本境留下史迹。

4. 古蛮信息

湖南有多种"蛮夷"名称,表明湖南自古就是"南蛮核心区"的地区。如武陵蛮、五溪蛮、板楯蛮、石门蛮、溇中蛮、澧中蛮、慈利蛮、天门蛮、武溪蛮、九度蛮、黔中蛮、盘瓠蛮、九溪蛮、茅岗蛮、施庸蛮、柿溪蛮、酉溪蛮、黔阳蛮、衡阳蛮、长沙蛮、梅山蛮、相州蛮、辰州蛮等"武陵二十三'蛮'",张家界市惨遭"九蛮之辱"。

5. 古市信息

与炎帝时期"日中为市"之集市文化有关的地名,有桑植县梯市村、瑞市镇、永定区茅岗市、慈利县箭市村、苗市镇、象市镇、永泰市,石门县皂市镇、磨市镇,桃源县陬市镇、热市镇,津市市津市镇,龙山县召市乡,泸溪县浦市镇等"沅澧 14 市"。

6. 古国信息

"羲和国""载民国""小茶国""历山国""古渌国""三苗国""驩头国""古庸国""盘瓠国""古茹国""古索国""舒庸国""罗子国""麋子国""夜郎国"等与湖湘文化紧密联系的"都湘十五国"。

7. 古帝信息

祝融、伏羲、女娲、炎帝、黄帝、高阳、尧帝、舜帝、驩兜(丹朱)、大禹、周赧王、北周帝等"涉湘十一帝",直接与湘境地名信息和历史记载对应。

8. 古贤信息

赤松子、太常、善卷、高远、渌图国、鬻熊及战国时期的申鸣、屈原、宋玉、张良等"澧沅十贤"。

9. 古城信息

城头山、古庸城、长沙城、白公城、黔中城、重华城、里耶城、华容城、罗子城、麋子城等"三湘十古城"。

10. 古墓信息

祝融墓(南岳)、驩兜墓(永定崇山顶)、善卷墓(辰溪大酉山)、嫘祖墓(衡阳岣嵝峰)、二妃墓(岳阳君山)、盘瓠墓、鬼谷白公墓(慈利城关石板村)、申鸣墓(临澧合口)、屈原墓(汨罗玉笥山)、黄歇墓(常德城珠履坊)、宋玉墓(临澧望城乡)、赧王墓(永定丁家溶)、张良墓(武陵源水绕四门)等"古湘十三墓"。

11. 古陵信息

湖南多地以"陵"命名,表明湖南自古就是王侯归宿之地,如炎陵(株洲)、舜陵(九嶷)、沅陵(峪)(元陵)、零陵(县)(一在慈利,二在永州)、醴陵(醴陵)、茶陵(茶陵)、居陵(浏阳)、安陵(永兴)、迁陵(保靖)、容陵(攸县)、义陵(溆浦、舒国)、屏陵(安乡)、邵陵(邵阳)、泉陵(祁阳)、春陵(宁远)、巴陵(岳阳)、武陵(山)、黄陵(黄陵渡)等"湖南十八'陵'"。

秦始皇二十六年即前221年,在今广西全州县咸水乡设零陵县。汉武帝元鼎六年即前111年增设零陵郡,零陵县治亦为郡治。隋开皇九年(589),改零阳县为零陵县,治所在今白公城。开皇十八年(598),改零陵县为慈利县,县治迁永泰市(今县委大院等处,后称永泰街),属崇州。不久即将泉陵县改为零陵县,治所在今永州。"零陵"作为县级区域名称,在广西全州存在了810年;在湖南慈利存在了10年,在永州(1984年止)存在了1385年。

12. 古简信息

"白县楚简""里耶秦简""充城汉简""长沙吴简"等"湖南四大古简"。

13. 古艺信息

"大庸阳戏""桑植民歌""武陵傩堂""梯玛神歌""苗鼓舞""杖鼓舞"等"土家苗白六古艺"。

14. 古乐信息

舜帝古曲《韶乐》和大庸古乐《慨古吟》湖湘两大"绝版古乐",且有《慨古吟》留下真传。

15. 尧帝信息

湖南多处与尧帝行踪有关、表明尧帝故乡在湖南的地名,有张家界市永定区尧湾村、桑植县尧儿坪村、尧日坪村、尧冲村、尧充峪村,慈利县尧子峪村,麻阳县尧市乡、望城县尧塘冲村,常德市武陵区尧天坪镇,安化县上小尧村、下大尧村,龙山县尧坪村、尧城村,邵东县尧塘村,耒阳县尧隆村,茶陵县尧水村、尧市村,新田县尧头村,靖州县尧管村,洞口县尧王村,双牌县访尧村等"尧乡二十一村"。

16. 天文信息

反映湖湘先民太阳崇拜、天文观测的地名,有慈利县太阳湾村、太阳坪村、刻木山村、旭日塔村,石门县切璧村、礼阳村,张家界市永定区沉潭村、熊璧岩村、七星山村、子午台村、竿子(测日用)坪村,龙山县柜格(测日用)山村等"天文观测十二遗址"。

17. 神都信息

《山海经》所记人类最古远历史的神都昆仑,神水若水,神帝高阳,神树扶桑,神兽灵狐等文化符号,有三处在我张家界市境内。如桑植县汩湖乡有昆仑村、昆仑寺,武陵源区袁家界有昆仑峰,桑植县芭茅溪乡有帝女桑传说,芙蓉桥乡有高阳村,永定区七星山上有高阳洞、天门山下有茹水(茹水即若水;茹者,若之本;若者,茹之果;茹若本一物也,今引申连读为如若,即如果之意)。附注:会同县有若水镇,沅陵县有扶桑村,常德市丝瓜井有灵狐(仙狐)传说等。

18. 神山信息(全国罕见)

张家界市有九"天山"(《九天大濮史录》载:仡佬民始于九天天主):天崇山、天门山、天罗山(李《七划》自《六划》成《六划》隐居地,有碑文:七六六和尚。捐1700两白银。闯:壮志未酬尔等焉歇鞍马,宏愿必续吾辈岂低龙头。隐含"大顺""闯王"等历史信息)、天台山(竹叶坪)、天子山、天泉(权)山、天平山、天星山(谷罗山)、天竺山(祝融八姓各领一山,庸城郊区有"八家河""八芈桥"等地名,朱石头林场恰有与"陆终六子"有关的地名"六儿口")。这是我们先祖山岳崇拜、与天沟通的铁证。

19. 神岩信息

反映灵石崇拜古俗的地名有九"岩":日月岩(又称二尉岩)、火公(祝融)岩、关门岩、药王岩、独子岩、手巾岩、鏧字岩、脚印岩、四门岩。这是与山岳崇拜紧密相联的灵石崇拜信息。

20. 神木信息

反映三苗部落枫树(神木)崇拜习俗的地名,有桑植县枫香凹村,永顺县枫香岗村,张家界市永定区枫香岗镇、枫洞边村,沅陵县枫香坪,桃源县枫树台、枫树溶,洪江县枫木团,辰溪县枫香坪,麻阳县枫木坪等"神木崇拜十祭坛"。

21. 神草信息(拜草文化最为突出)

反映帝王茅土授封古俗的地名有茅土关、茅岗寨、茅溪口、茅岩河、茅塔坪、茅花界、芭(苞)茅溪、青草湖、茅草街。(一箭封侯;箭落定穴。侯、知、智均含有"矢"字符号)。"苞茅缩酒"是庸楚先民的一种祭祀仪式。

22. 拜草文化

茅土授封——(裂土分茅、赐茅授土、分茅锡土、分茅列土):封建社会帝王分封诸侯的一种礼仪。帝王以五色土为太社,分封诸侯时,各授以他们相应的某方某色土,如东方青土、南方赤土等,并包以白茅,使归以立社。

箭落定穴——南宋朱辅《溪蛮丛笑·葬堂》条中记载五溪蛮地区:"死者诸子照水内,一人背尸,以箭射地,箭落处定穴,穴中藉以木。贫则已;富者不问岁月,酿酒屠牛,呼团洞发骨而出,易以小函,或枷崖屋,或挂大木,风霜剥落皆置不问,名葬堂。"

明代四川督学、湘北参政郭楗《茅山叠巘》曰:"崇山巍峨楚城西,山畔苞茅浥露齐。万里龙蟠归一统,林村砧杵逐晨鸡。"

清代彭开勋(湖南宁乡人)《南楚诗纪·苞茅山》曰:"沃野滋嘉卉,菁茅淑气融。荆州登物产,禹甸效神功。缩酒虔堪告,占爻咎不丛。江淮三脊撷,包甈慰宸衷。"

苞茅缩酒——古代祭祀时用菁茅滤酒去渣,谓之缩酒。一说,束茅立之祭前,沃酒其上,酒渗下,若神饮之,故谓之缩酒。

苞甈青茅——芦茅草中有一种"冬青茅",即《禹贡》所言"苞甈青茅"。相传古梅山的辰州有苞茅山,产苞茅,在麻阳县境。苞茅纵使生长在山崖峭壁的瘠薄土壤中,在大雪纷飞的日子里,也能生出葱翠的嫩叶。这种茅草有三脊,后来传到了江淮之间。《史记·孝武本纪》言:"江淮间一茅三脊为神藉。"今柳州市柳北区长塘镇尚有青茅村地名。

拜草文化——起源于卢戎人,卢戎乃卢人与犬戎联合组成的古老部族。卢人原居"青草洞庭湖"。他们利用得天独厚的湖滨芦苇编成采摘野生果实的"卢"(饭器)。至今尚有称大饭碗为"卢碗"者。卢人发明了"结草为服"。——韩国和中国庸楚远隔数千里,却有着许多相似乃至相同的习俗。荆楚网(湖北日报)杨万娟2004年参观考察韩国江陵端午祭,发现巫祭中酿制神酒的仪式几乎是楚人"苞茅缩酒"习俗的翻版。

代鬻遗风——今麻阳县绿溪口乡枫木林村尚有苞茅山地名,山顶原有苞茅庵。这里乡民自称"歹熊""代熊"或"大熊";又称"歹鬻""代鬻"或"大鬻"。实际就是对祝融和鬻熊的敬称,名称前誉一"大"字,表示他们祖先是了不起的"大人物""大英雄""大天帝"。近有尧里河乡,其族"依山而居,聚户为寨";其民"好五色衣,织绩木皮,染草以成"。

23. 唐·吕岩说《灵茅赋》:"有灵茅之繁育,禀堪舆之粹晶,间丛薄以孕彩,候韶阳之发生。与百卉而同气,擅三脊而异名,揉纤条以为族,拔连茹以汇征。延蔓亭皋,铺敷原陆,白华霜净,翠茎云沃。杂春涧之长松,乱寒潭之明菊,不剪彰帝尧之俭,袍识子路之服。若乃荟蔚匝地,低昂顺风,或结根于江汉之澳,或蓄苗于岭岫之中。挺芳心兮,吐修叶兮丛丛,烟霰(xiàn)之所荡拂,昆虫之所翳(yì)蒙。纳日月之光照,资雨露之沾融,东市验左生之术,南征纪周王之功。嘉此物之为用,盖今昔之攸(yōu)同。至若锡履于齐俾侯于鲁,颁容卫之所藉,实礼仪之攸睹。纯束美夫诗人,缩酒贡其任土,宜有意于遗芳,谅无替于终古。茅之为物也贱,尚见采于先王;士之所贵者道,岂敢昧于文章?慕朝宗之涓滴,对词林而抑扬,若邦国之是赖,希寄心于栋梁。"

第二节　庸人不庸——庸国文化光照千秋

(一)庸人自古重情分

1. 伏羲女娲滚磨成婚

伏羲女娲兄妹结亲,变为夫妻,这个故事在中国土地上,不论南北东西都有不同的版本。湖湘瑶山古歌在叙述时尤有趣味:"妹打主意难哥哥,各一爬上一高坡。对山烧火火烟绞,两烟相绞把亲合。两股火烟相绞了,妹妹还是不愿合。妹想合亲急出火,出点主意逗哥哥。隔河梳头隔河拜,头发绞合亲也合。哥哥下水就过河,哥上一坡妹一坡。隔河梳头隔河拜,哥妹头发绞成坨。头发成坨妹又变,看哥硬石经几磨。隔河种竹隔河拜,竹屋相交把亲合。哥也拜来妹也拜,两根竹尾绞成坨。哥哥你莫欢喜早,我的主意有蛮多。对门石岭对门坡,各把磨石滚下坡。两扇磨石叠合起,磨石相合人也合。妹妹对山滚石磨,果然磨石两叠合。两扇磨石合拢了,看妹主意有好多?磨石合了我不合,围着大树绕圈捉。若是哥哥追着我,妹拉哥哥把亲合。"可以说是久经考验,从日出东方直到日落西山,最后在乌龟巧计的帮助下伏羲终于赢得了女娲的芳心,成了婚配。《精编廿六史·五帝》中说伏羲在位一百一十五年崩,寿一百九十有七,葬于陈。而后女娲氏立,治一百三十年,继之者柏皇氏、中央氏、大庭氏、栗陆氏等。

2. 帝女赤松抱月长卧

炎帝与妃子听诉生有一个儿子临魁,后来继承了帝位。还生有四个女儿,这四个女儿的命运和遭遇都各不相同。其中一个女儿,没有名字,只说是炎帝的"少女",即无名少女,因在种植五谷的劳动中,对赤松子产生了恋情。后来追随仙人赤松子升仙而去了。这个赤松子，在炎帝时期做掌雨的官，即雨师，常常服食一种叫作"水玉"——就是水晶的宝贵药物，来锻炼自己的身体。炼来炼去，炼就了一种特别的本领，即能够跳进大火里面，自己把自己焚烧起来。在熊熊烈烈的猛火燃烧中，他本人的身体就随着烟气的上下而上下，终于脱胎换骨，成了仙人。成了仙人之后，就到昆仑山（即天门窟窿山）去，住在西王母曾经住过的石屋子里。每当风雨来了的时候，身子非常轻飘的他，就在那高山的悬崖上，随着风雨上下往来。炎帝的这个没有名字的女儿，十分向往成仙，因而更加喜欢赤松子，钟情赤松子，但赤松子为了修仙成道，却不领她的情。赤松子成仙后，她也追随他到了那里。赤松子已经成仙，现在的儿女私情，对他不仅没有妨害，反而还能给他增添无穷的乐趣，于是接纳帝女，在月下一棵大松树下成婚，那真是："抱明月而长卧，挟美人而遨游"。后来无名少女大约也经过了一番服食水玉、烈火焚烧等方面的锻炼，便和赤松子一样成了仙人，并且跟随着他一同去了遥远的地方。

炎帝的另外一个女儿，也是没有名字，古书上便称她为"赤帝女"，她见姐姐——无名少女跟随赤松子成了仙，她自己也开始学道，最后，终于得了道成了仙。她住在南庸宣山的桑树上。到了正月一日这天，她就去衔了些小树枝来，在树上作巢。辛苦经营半个月的时间，直到正月十五日，巢做成了，便住在树上，再也不肯下来。她的形躯或者化作白鹊，或者仍然保持女人的状貌。炎帝见他女儿这种奇怪的行为，心里很悲恻，千方百计想引诱她下来，都没有成功。后来干脆叫人在桑树下面焚烧起一堆火，企图迫胁她从树上下到地面来。哪知在火光和烟焰中，年轻的姑娘，反倒蜕化了血肉的形躯，像追随赤松子行迹"入火自烧"的姐姐一样，冉冉升上了天空去。姐妹俩火化登仙的情况是一样，不过这位姑娘的火化登仙，乃是假手于他人罢了。后来这棵桑树，就被命名为"帝女桑"。这棵帝女桑，就是《山海经·中次十经》所记的宣山的"帝女之桑"。它是一棵围有五丈的大桑树，枝干交叉四出，叶子有一尺多大，红色的纹理，黄色的花，青色的花蕾。根据这棵树的粗细来推断，它的高当不下于一百丈，自然要算是一棵奇伟的大树了。自从炎帝的这个女儿在大桑树上鹊巢中火焚登仙以后，后代就有了这样一种风俗习惯：到每年正月十五日这天，人们总爱把鹊巢从树上取下来，焚烧作灰，拿来调和了水，把蚕卵在灰水里浸上一段时间，据说将来孵化成长的蚕，可以多吐丝，吐好丝。

炎帝的三女儿，名字叫作瑶姬，刚刚到了出嫁的年龄，还没有出嫁，就夭亡了。这个满怀热情的少女，她的精魂，就去到姑瑶之山，变做了一棵瑶草。这瑶草的叶子长起来重重叠叠，非常茂盛，开黄花，结的像茑丝的果子。谁要是吃了这果子，就可以被人喜爱。瑶姬的死,是她不愿嫁人,忧忿而亡的。巫山有十二座峰,峰峰参差错落有致。其中有一座亭亭玉立的秀峰,叫神女峰。它如同一位万古绝代的佳丽,站在高崖上眺望脚下过往的万帆千舸,无限神往,美丽多姿。清晨,它常常化作一片缥缈的朝云,悠闲地浮游在高山和幽谷之间;到了黄昏,它又由轻云变成了飘洒的暮雨,向着翠色的山岚,发出绵绵絮语和心底的哀怨。

3. 女娇候夫化岩石

禹忙的时候,"三过家门而不入"。对禹来说,治水的业绩决定着前途;但是对女娇来说,爱情是唯一的。禹出门在外的日日夜夜,女娇独守空房,不觉忆起了初次见到这个"身九尺二寸长"的魁梧男子的情景,一缕笑意袭上弯弯的嘴角,恰如那天边的一勾新月。触景生情,这个野生野长的文盲女子,居然触动灵机,发为心声:"候人兮猗!"在那弯弯的月亮下面,我等候着心爱的人儿。爱情多么伟大,多么神奇,它不仅开启了这个痴情女子的心智,而且书写了汉语爱情诗的最初篇章。《候人歌》率先拉开了中国女性文学悠远的序幕,它也被称为中国最古老的一首情诗。原始先民们的爱情大都纯粹热烈,表达却是质朴无华,《候人歌》只有短短四个字,其中"兮"和"猗"都是语气词,有实际意义的只有两个字"候人",意思是:等待着你啊,我的爱人! 还有一种比较生动的现代译法:"亲爱的,知道我在等你吗?"女娇等待的是自己的丈夫,大名鼎鼎的治水英雄大禹。

大禹生活时代,华夏大地正饱受洪患之苦,汤汤洪水,民生凋敝。禹的父亲鲧受舜帝之命主持治水,但鲧治水多年仍洪浪滔天,(举全国人力物力抗洪救灾,却连出豆腐渣工程),舜一怒之下,把他殛杀于羽山。后经四位辅佐大臣的推荐,大禹临危受命,继续父亲未竟的治水事业。为救苍生于水火,大禹丝毫不敢懈怠,栉风沐雨,日夜奔忙,年复一年,以至而立之年还未成家(俨然一个为事业奔波的男人)。还好天公眷顾,大禹三十岁时,碰到了涂山氏的美女涂山娇。

屈原《天问》:"焉得彼涂山女,而通之于台桑。"即大禹和女娇的婚姻,起源于一次两情相悦的野合。《诗经. 鄘风. 桑中》也影射道"期我乎桑中"。春意涌动,绿色盎然的桑林中,怀春的男女一见钟情,远古的爱情,并没太多礼法的约束,浪漫而自由,在哔剥燃烧的激情中,天当被来地当褥,完成一次无拘无束的"天作之合",那种原始的率性大胆,叫后人脸红心跳。当时还留有母系社会的古风流韵,野合、走访婚、对偶婚并存,女娇和大禹是典型的先通后婚。春花秋月,寒来暑往,团圆之日遥遥无期,女娇对大禹的思念与日俱增,只能靠回忆苦守着家园。"夫君啊! 你是不是已经将我忘记?"于是在涂山之巅的苍天古木下,忧伤的女娇对着巍巍群山,茫茫林海,望着大禹治水的方向,这个野生野长的女子从内心深处发出了一声声呼唤:"候人兮猗! 候人兮猗!"深情而幽怨的声音被回风吹拂着,在群山云海之间萦回,飘荡……

爱情的力量是伟大的,女峤在无意之中成就了中国古代第一首情诗。她的这首《候人歌》被尊为"南音之始",在文学史上极具意义,后世人认为一方面它使原始诗歌突破了仅只记录原始劳动场面和歌咏原始宗教活动的内容藩篱,第一次引入了异性相思和男女爱情。另一方面,在诗歌表现形式上,富有南方地域色彩的语气词"兮"字的运用,使诗歌语言具有一种节奏和音韵的美感,抑扬顿挫,委婉动听,以致影响到了后世楚辞和汉赋的艺术创作。

传说中的女娇最终化身为石(望夫石),不足为信。应是相思成疾,加上辛苦劳作以致红颜早逝吧。大禹最终治水成功,天下"九川既疏,九泽既洒",他也得到各诸候的拥戴,即位为帝。临终前,打破自古以来的"禅让制",传位给自己的儿子启,变公天下为家天下,夏朝开始了。一直以"天下为公"形象示人的大禹,晚年作此举动,颇引人深思,令人回味也。

4. 将女思父而戏马

据《搜神记》载:旧说太古之时,有大人远征,家无余人,唯有一女。牡马一匹,女亲养之。穷居幽处,思念其父,乃戏马曰:"尔能为我迎得父还,吾将嫁汝。"马既承此言,乃绝缰而去,径至父所。父见马惊喜,因取而乘之。马望所自来,悲鸣不已。父曰:"此马无事如此,我家得无有故乎?"亟乘以归。为畜生有非常之情,故厚加刍养。马不肯食,每见女出入,辄喜怒奋击,如此非一。父怪之,密以问女。女具以告父,必为是故。父曰:"勿言,恐辱家门,且莫出入。"于是伏弩射杀之,暴皮于庭。父行,女与邻女于皮所戏,以足蹙之曰:"汝是畜生,而欲取人为妇耶?"话没说完,马皮突然飞起,卷着女儿飞走。后来过了几天,在一棵大树枝条中间找到,女儿和马皮都变成蚕,在树上吐丝作茧。

5. 辛女大义娶盘瓠

《搜神记·卷十四》曰:高辛氏,有老妇人,居于王宫,得耳疾,历时,医为挑治,出顶虫,大如茧。妇人去,后置以瓠篱,覆之以盘,俄尔顶虫乃化为犬。其文五色。因名盘瓠,遂畜之。时戎(庸)吴强盛,数侵边境,遣将征讨,不能擒胜。乃募天下有能得戎吴将军首者,赠金千斤,封邑万户,又赐以少女。后盘瓠衔得一头,将造王阙。王诊视之,即是戎吴。为之奈何? 群臣皆曰:"盘瓠是畜,不可官秩,又不可妻。虽有功,无施也。"少女闻之,启王曰:"大王既以我许天下矣,盘瓠衔首而来,为国除害,此天命使然,岂狗之智力哉。王者重言,伯者重信,不可以女子微躯,而负明约于天下,国之祸也。"王惧而从之。令少女从盘瓠,盘瓠将女上南山,草木茂盛,无人行迹。于是女解去衣裳,为仆竖之结,着独力之衣,随盘瓠升山,入谷,止于石室之中。王悲思之,遣往视觅,天辄风雨,岭震,云晦,往者莫至。时值戊年,有感于盘瓠智勇,遂作歌颂焉。

《盘瓠歌》曰:"帝喾昔时斗房王,龙虎相争震八荒。寒光凛凛戟遮日,玄铁森森盾似墙。羽矢白刃谁能躲,一战再战多为殇。洞庭水黑皆是血,君山山映白骨芒。风吹草木鬼号泣,雨洗潇湘魂凄怆。天不与时帝遭困,骥马呋呋啸残阳。群臣懦兮争相去,万般无奈悬重赏。封土赐金与尊号,另有帝女相与将。女唯自怜悄悄落泪,激怒犬将盘瓠王。犬将盘瓠知为谁?帝喾驾前巨犬狼。犹记生时类小虫,帝女怜惜盘中藏。长成方知为龙犬,铁钩银牙五色光。帝命专护娇小女,行卧不离公主旁。久厌争战百姓苦,更恼帝女暗心伤。生死置外离帐中,来如魅影去如风。暂别旧主出重围,夜潜戎吴翡翠宫。戎(庸)吴宫中日夜欢,高歌天下我为雄。喜见盘瓠来相投,笑指摇尾乃献忠。设宴通宵众皆醉,守卫偷闲虎帐空。奋勇袭杀吴王将,三军败兮类扯蓬。衔得酋首至帝前,四座俱惊状若颠。进语非人不可赏,不如封地荒野边。盘瓠忽而吐人言,功名赏金视如烟。只为年年兵马乱,遂为苍生解倒悬。唯求圣恩赐帝女,恩爱鸳鸯赛神仙。公主辛女明大义,愿嫁盘瓠南山迁。开荒织补勤劳作,野蔬长藿度岁年。人言盘瓠无大志,我谓智勇与天齐。君不见功臣良将谁有幸,凤在龙前难比鸡。君心难测恩难测,不如山林自在栖。"

6. 娥皇女英苦寻夫

在古代的南方楚地,当人们经过潇湘之水而到洞庭湖的时候,人们仿佛看到湖上有两个美丽的女子,出现在秋风里木叶纷纷落下的水波上,于是楚地的人们就唱出了这样的歌。古代神话说两个女子是帝尧的两个女儿,也是帝舜的妻子,叫作娥皇和女英,后来帝舜南征,死于苍梧,这两个女子因为帝舜死了,也就殉情于潇湘之间,楚地的人们立祠纪念她们,称为湘君,流向洞庭湖的湘水以及洞庭湖中的君山,传说就是因此而得名的。

在这个帝女神话发展为帝舜的两个妻子以前,两个帝女是洞庭的水神,《山海经》说她们是天帝的两个女儿,住在洞庭之山(洞庭山,即君山。今桑植县和永顺县交界之地亦有一座洞庭山),常驾着风和云出游于江渊沣沅以及潇湘之浦,当她们出游的时候,洞庭湖上必定波浪滔滔,而且有飘风暴雨,洞庭湖上会出现许多水怪和怪鸟,这些水怪或双手操蛇,或人面蛇身……

(二)庸人自古多创造

著名建筑学家、史学家张良皋先生说:"庸国是制陶大国、诗歌大国、器乐大国、筑城大国、营建大国、冶铸大国、造历大国、农业大国,它完全可能是领先跨入文明门槛的国家。先秦时代许多文化之谜包括四灵、五行、十干、八卦及楚文化与庸国息息相关。古庸国文明被史学界低估了。"

1. 钻木燧石——庸人是用火之祖

传说祝融是燧人氏与大比赤阴的儿子,降生于崇山火儿屋场,自幼就随母亲跟族人学打猎,见长者们腰里都带着崇山特有的火草,随时用火镰石取火,聪明的他很快就像大人一样学会了取火,并整天玩火着了迷,大人们都亲昵地称他火儿。直到今天崇山南北和山顶还留有"天火岭""火炼垭""火场""火儿屋场"等地名,并留下"崇山人屁眼里都是火"的俗语。又传,黄帝时候有个火正官,名叫祝融,他小时候的名字叫作黎,是一个氏族首领的儿子,生成一副红脸膛,长得威武魁伟,聪明伶俐,不过生性火爆,遇到不顺心的事就会火冒三丈。那时候燧人发明钻木取火,还不大会保存火和利用火。但黎特别喜欢跟火亲近。所以十几岁就成了管火的能手。火到了他的手里,只要不是长途转递,就能长期保存下来。黎会用火烧菜、煮饭,还会用火取暖、照明、驱逐野兽、赶跑蚊虫。这些本领,在那个时候是了不得的事。所以,大家都很敬重他。有一次,黎的父亲带着整个氏族长途迁徙,黎看到带着火种走路不方便,就只把钻木取火用的尖石头带在身边。李白《留别广陵诸公》诗中有"炼丹费火石,采药穷山川"。柳宗元有"夜发敲石火,山林如昼明"的表述。元李好古《张羽煮海》第三折有"家童,将火镰、火石引起火来,用三角石头把锅放上"!据清代文献记载:"取火之具有火镰,缝皮为包,安铁为刃,内装火石一片,火绒一团,欲用火取火绒豆许,放石上以刃敲之,顷刻即得火。"可以说古庸母地崇山是"火的故乡"。

2. 陶罐蚕纹——庸人是桑蚕之祖

《海外北经》载:"欧丝之野在大踵东,一女子跪据树欧丝。"1988 年,在桑植县澧源镇朱家台村包子堡采集到砍砸器、石斧和石片等打制石器,为距今 3 万年至 10 万年的旧石器时代遗址。此外还有桑植县楠木岗遗址、永定区三兜丘遗址、慈利县桥头等遗址,有石斧、石刀、石锤、石球、石针、陶鼎、陶鬲、陶罐、陶钵、陶豆等多种文物出土。尤其是桑植县澧源镇朱家台龚家坟山遗址出土的陶罐腹部刻了一周蚕纹,证明早在旧石器时代的先庸时期,澧水流域的先民们就学会了人工饲养桑蚕。古庸桑植是最早学会植桑养蚕的地方,是无可争议的桑蚕之乡!

3. 植桑绩蔴——庸人是制衣之祖

《庄子》曰:"昔庸成氏、大庭氏、柏皇氏、中央氏、栗陆氏、骊连氏、轩辕氏、赫胥氏、尊卢氏、祝融氏、伏羲氏、神农氏。当是时也,民结绳而用之(郭象曰:足以纪要而已也),甘其食,美其服(适故常甘,当故常美,若思夫侈靡,则无时慊矣),乐其俗,安其居,邻国相望,鸡狗之声相闻,民至老死而不相往来(无求之至也)。若此之时,则至治也已。"笔者认为,庄子所说的"中央氏",应该就是今张家界市永定区熊罴岩(今讹为"熊璧岩")村中央仙山的那位女仙(先)人。传说中央氏领导族民垦荒种田,建设家园,改善人们的生活环境,发展新兴的手工业作坊,生产骨器、石器、木器、陶器等生产工具和生活用品,发明简易纺织机械,用树皮和麻类纺织成粗布,制做衣服,为制衣之祖。地处中央仙山腹地的古庸国,是著名的夏布产地。织夏布的蔴线全靠妇女们手工绩出。传说颛顼帝高阳氏的母亲就是一个绩蔴高手。她还教会众多姐妹绩蔴。有时她们姐妹挑灯夜战,赶绩蔴线,往往第二天就是赶集的日子,一大早就跟着母亲到附近集市去卖,用蔴线买(换)米下锅。故事中的"夏布",实际就是夏庸之布,也就是后世土家族地区的所谓"賨布",秦汉时期今湖南、四川一带板盾蛮等少数民族作为赋税交纳的贡布,亦称"賨布"。在中国古代汉文典籍中有"贡布""賨布"等词。

《后汉书·南蛮传》载:"秦昭王使白起伐楚,略取蛮夷,始置黔中郡。汉兴改为武陵,岁令大人输布一匹,小口二丈,是谓賨布。"汉许慎《说文解字》释"幏"(jià)为"南郡蛮夷賨布"。唐·李商隐《为荥阳公谢赐冬衣状》:"賨布少温,蛮绵乏煖。"清·宋琬《栈道平歌为贾胶侯尚书作》:"樊童巴舞贡天府,桃笙賨布输邛崃。"《华阳国志·巴志》载:"其地东至鱼复,西至僰道,北接汉中,南及黔涪。土植五谷,牲具六畜,桑蚕、麻纻……皆纳贡之。"可见,作为土家先民的古代庸国之子族巴人,除从事农业生产外,还善于纺织,其"桑蚕、麻纻"成为贡品。因而"禹(庸)会诸侯于会稽,执玉帛者万国,巴蜀往焉。"

我认为賨布"就是"崇布"——古庸国之特产——"国布"!

大庸地区素为苎蔴之乡,二十世纪八十年代,"大庸蔴纺厂"还兴盛一时。据李宗道先生《湘西苗族自治州发展苎蔴生产上的几个技术问题》一文载曰:"1956年秋季曾到湘西苗族自治州苎麻主产区——大庸、吉首、花垣等县通过3个县6个乡15个农业社的重点调查,丛(崇)山之间,是一个土多田少的山地麻区,农(蔴)业环境尚优。在1000多公尺左右的高峰上,利用地形,还筑成了许多梯形麻园,充分体现出湘西农民的辛勤劳动和创造。全州气候暖和,雨量足,晚上多雾,适宜苎麻生长。"根据环境条件、民间传说和古代文献资料推断,我认为古庸国先民既是植桑、养蚕、缫丝之祖,亦是绩蔴、织布、制衣之祖!素有"文化化石"之称的古汉字为我们留下了极其珍贵的"记忆":

"蠻夷",就是"南夷""夷人",就是南方制衣之人;"蛮"字拆开为吐丝的虫,"夷"字拆开为大弓,"大"是"人"的象形初文,"弓"疑为"丝"的象形初文,"夷"为

"衣"的初文;"夷人"就是古大庸原始部落最先学会养蚕、缫丝、绩麻、制夷(衣)、穿夷(衣)的人;"赍",就是"宗山之贝";宗山就是祖山,就是崇山;"赍布"就是"崇布",产自古庸都崇山地区,是古庸国名副其实的特产——"国布"! 古代以物易物,贝即是钱,布亦是钱,故钱币之"币"即布的变形,贝的变音。故费用的"费"实指布匹和海贝,"弗"是由经线和纬线织成的布,是布的初文,故今日布、弗读音仍然相近。笔者坚信:古庸人是蛮夷之祖、制衣之祖!

　　4. 炼石补天——庸人是陶冶之祖

　　上古时代,人们茹毛饮血,不知用火。女娲炼石取火,使原始人能吃上熟食,夜里能照明、取暖,实际上弥补了天力的不足,谓之补天,这是女娲在用火时代的革命性的进步。但这与燧人氏祝融钻木取火有异曲同工之效,为何不说燧人氏祝融补天呢? 有学者认为,五色石指青、黄、赤、白、黑五色,应该含有金属矿物质。女娲识别了它们,并用火锻造,制成坚硬的原始器物,开创了原始炼石、焚土、烧瓦、制陶、冶金业先河。这是了不起的功绩,以人力补天力之不足。故曰"女娲补天"。既有女娲其人,就应有居地和陵墓。经不完全统计,仅古庸湖湘地区就有女娲娘娘洞、娲皇垭、女娲庙(今张家界市)、炼补亭(今益阳市)等四处。可以说女娲是人类第一个泥瓦匠,是名副其实的陶冶之祖。

　　泱泱中华,天下陶姓,在血缘上可以追溯到4300多年以前的尧舜时期。传说尧帝从小就显示非凡的才智,13岁时就帮助其兄帝挚治理天下,因功封在陶城(坪),15岁时又改封于唐,所以史书上称尧为陶唐氏,是陶姓的授姓之祖。

　　帝尧名放勋,号陶唐氏,尧当上部落首领后,非常明智,任部落首领七十余年,年老时,他召开了一次部落首领会议,推举继承人,大家推荐虞舜为继承人,尧认为这个人选很合心意,于是决定将自己的两个女儿——娥皇和女英嫁给舜做妻子。尧的儿子丹朱不服气,经常与舜发生争执,舜便让位于丹朱,丹朱即位后,各部落首领不听他的指派,丹朱没有办法,只好又把职位让给了舜,尧之子禅位于舜后,丹朱即为虞宾。陶氏授姓起源于尧。桑植县金子山下陶姓由来:陶姓脉出陶唐,为黄帝五世孙帝尧之后。始祖陶舍距帝尧四十九世。

　　湖南有一名河——澧水,在澧水的上游有一名山——金子山(现桑植县苦竹坪乡境内),在金子山下有一名庙——盘古庙。盘古庙地处金子山下银市坪地界,此庙在当地十分著名,名气在数百里之外。话说盘古开天辟地之后,金子山下银市坪村落有一农夫,春耕时节,耕田之时,在田中偶感农具被挟,不能耕作。细观之犁已被田中一似人盘石卡住,农夫顺势将犁取出放置一旁,并很轻松将似人盘石抱起,徒步如飞,搬至不远,顿觉似人盘石重如泰山,不能移步,放下休息,喘息片刻,再行搬移时,似人盘石似已生根,竭尽全力,纹丝不动,农夫觉奇,叫来数人,齐力搬之,不能移动,众人哗然,一传十,十传百,传遍两湖边界,疑为神石显灵,由当地绅士策划,集众人之财,在盘石生根之地修建庙宇,后人取名盘古庙。此庙建成以后香火十分旺盛,许愿十分灵验,名声大震。供两湖边界众人供奉。为了祭祀,千百年来在此形成了三大庙会,即上九(正月初九),端午(五月初五),中秋(八月十五)。每逢庙会前后此地常汇聚成千上万人。除了朝拜庙神之外,还要进行实物兑换和商品交易。盘古庙不仅成为两湖众人朝拜的圣地,同时也成了物资、文化交流的中心。陶民帮叔侄两人看中此地,喜欢地处澧水源头的澧水分支——清水河旁,三岔溪水两岸,金子山下银市坪风景和肥沃土地之田园风光。农忙时在田中耕作,养家糊口,农闲时可游山玩水,猎兽垂钓,改善生活,同时还可传承盘古庙的文化,故定居于此,繁衍生息。目前金子山下有文字记载的陶姓已发展至近千人,陶民帮之后已衍生至第十世孙。

5. 崇艮观天——庸人是制历之祖

先天八卦和先天太极都产生在这一时期,并被记录了下来。而原始八卦也在这一时期出现,但却没有存世。晋皇甫谧撰《帝王世记》伏羲:"造书契,以代结绳之政。始制婚嫁,以俪皮为礼。结网罟以教佃渔,宓羲氏。养牺牲,以冲庖厨,做甲历。甲历者,起于甲寅,支干相配,为十二辰。六甲而天道周矣。岁以是纪而年不乱;月以是纪而时不易;昼夜以是纪而人知度;东西南北以是纪而方不惑。此为历日之始。"

古庸旧地张家界市著名易学专家田奇富先生撰文说:"伏羲八卦演于何处?数千年来一直众说纷纭,其实伏羲部落首创八卦就在本境崇山。据《九嶷山志》帝纪《周礼》太卜掌三易之法,干令开注云:'伏羲之易小成,为先天。神农之易中成,为中天。黄帝之易大成,为后天。读易者,知有先天、后天,而不知中天,可乎?'连山者,重山也,故'重艮以为首'。"北周盛世鸿儒朱隐老曰:"《连山》,神农之易也,以艮为首。"北周武帝时另一位学者孔颖达则曰:"《连山》起于神农。"《连山》易的核心是"重艮以为首"。《康熙字典》载:"崇,重也。又充也。"《国语·周语》载:"崇,通'充'。"《尔雅·释诂》:"崇,重也。"这两段说明三个关系:其一,"崇"为"重";其二,"崇"为"充",即汉朝的充县。我们再说"艮"字。《汉语大字典》载:"艮(gèn)在还没有汉字的八卦符号中代表山。"既然"重"为"崇",而"艮"又为"山",那么,"重艮以为首"就是"崇山以为首"或"以崇山为首"。《连山易》64爻卦大象:第一组第一卦为崇山君;第二组第一卦为伏山臣;第三组第一卦为列山民。三山均在本境,崇山不必说,伏山即浮山,在澧南左后所屯,隶其东北二面浮丘子修道处,上有炼丹捣药诸迹,庵庙最多。列山有多处。《连山易》载:"长分消翕者,至精至变至神之理寓焉。干与坤对,干之长即坤之消,干之分即坤之翕;坤之长即干之消,坤之分即干之翕。兑与艮对,离与坎对,震与巽对,余五十六卦两两相对,长分消翕,悉准八卦。"这正是"先、中天八卦"的列卦法(他俩仅乾坤易位,余卦不变),由此而知,"先、中天两卦"出于《连山易》。薛贞对《连山易》的《中天八卦》的列卦法作了具体的说明,曰:"《连山》干始于子,坤始于午。"(为中天八卦列卦法),先天是"坤子(正北)干午(正南)",而中天却是"干子(正北)坤午(正南)"。《连山易》"重艮以为首"的史料记载,犹如一把钥匙,帮助我们打开了一扇尘封数千年之久的历史大门,让人们清晰地看到了伏羲部落先民们仰观天象,俯察地理,创制天文历法,服务农牧生产的伟大创举。

6. 彭头遗稻——庸人是农耕之祖

炎帝是没有争议的农业之祖,澧水流域的澧县彭头山和湘水流域的道县玉蟾岩出土的人工水稻与神农发明农业是有密切联系的。在距今1.5万~1.2万年期间,人类进入一个新的时期,即新石器时代时期。这个时期的主要标志是:发明了磨制石器和陶器,稻作和饲养农业得到了很大的发展。这类遗址在澧阳平原星罗棋布,到处都是新石器时代先民们留下的足迹。彭头山文化是以澧县彭头山遗址而命名的。遗址位于澧县大坪乡孟坪村彭头山,1986年发现,1988年发掘,据碳14测定,距今8000~9000年,是目前在湖南发现的最早的新石器文化,也是洞庭湖区史前考古的重大突破,故命名为彭头山文化。在澧县境内,已经发现和正式发掘的有彭头山、李家岗、八十垱共10多处彭头山文化遗址,其考古收获令人瞩目。

彭头山遗址位于高出四周2米以上的圆形台地上,东距县城约10公里,保留文化堆积的面积约2万平方米。1988年科学发掘面积400平方米,揭露遗迹有居住址、墓葬、灰坑等,出土大量陶质生活用具和石质生产工具;还发现已炭化的稻谷壳、兽骨等遗物。陶器无论是质地、器形、纹饰,还是制作方法都表现出早期原始的特征。质地以泥质夹炭陶为主,夹砂和泥质陶较少。器物胎质粗糙、松脆,并有植物叶、稻壳之类的掺和物。

位于湖南省道县西北20公里寿雁镇,是一处文化性质单纯、文化内涵丰富的新石器时代洞穴遗址,时代距今约1万年以前。该遗址首次发掘在1993年,1995年第二次发掘,被评为1995年全国十大考古新发现。遗址文化堆积厚1.2~1.8米,出土遗物主要为打制石器和骨、角、牙、蚌制品及大量的动物遗骸,呈现出由旧石器文化向新石器文化过渡的面貌,时代约在1万年前。特别在两次发掘中均发现有稻谷遗存,经专家鉴定为栽培种,尚保留野生稻、灿稻及粳稻的综合特征,这是目前世界上发现最早的人工栽培稻标本,刷新了人类最早栽培水稻的历史纪录。这也是探索稻作农业起源的时间、地点及水稻演化历史的难得实物资料。据《衡湘稽古》曰:"帝之匠赤制氏,作耒耜于郴州耒山。"清人李元度重修《南岳志》卷十引《湘衡稽古》云:"今桂阳县北有淇江,其阳有嘉禾县。相传炎帝之世,天降嘉禾,帝拾之以教耕,以其地为禾仓。后置县,因名嘉禾。"而古大庸澧水(屈原)归乡岸旁恰有"禾稼村"、今永定城区恰有"禾稼山"、枫香岗乡有长谷庸、慈利县江垭镇有出谷亭、桑植县淋溪河乡恰有"嘉禾坪村"(今讹为夹河坪),株州市恰有"嘉禾县"(又称"禾仓堡")等地名。又如东汉《春秋纬·元命苞》:"少典妃安登游于华阳,有神龙首感之于常羊,生神农,人面龙颜,好耕,是谓神农,始为天子"。《山海经·大荒西经》明确记载:"大巫山、有金之山,西南,大荒之中隅,有偏句、常羊之山(大庸卫前身羊山卫即在此山)"。又,晋代《伏滔集》载《习凿齿论荆楚人物略》:"神农生于黔中",而黔中恰为古庸国核心地区。毫无疑问,是神农揭开了古庸国农业浩浩史册的第一页。

7. 荆条版筑——庸人是筑城之祖

城头山位于澧县城西北约 15 公里的车溪乡南岳村,坐落在高出周围地面 1 ~ 2 米的徐家岗高地东南端。经 1991 年至 1998 年先后七次发掘,获得三项重大发现:①发现了时间距今不少于 6000 年的当今中国最早的城。筑城时期为大溪文化第一期;②出土了 6500 年前大丘块水稻田,已知是世界上迄今发现最早的水稻田;③发现和揭露了一座时代最早的完整祭坛和众多的祭祀坑遗迹。别说后两项,单讲一个 6000 年前的古城一项,其意义就足以颠覆中原正统论!考古学家、历史学家一致认为"城"是鉴别国家出现的重要标志,有了城郭沟池就具备了国家的要件。这是因为:古城都是夯土筑成,筑城工程相当复杂,从设计、测量,以至鸠工取材、取工、运输和夯筑,过程复杂,劳力密集,由筑城工程可以透视其行政组织发展的程度,大批劳动力的编组和指挥,养活他们的粮食也显示剩余生产集中的多寡。由此可见,城头山就是一个小社会,澧阳平原当时的社会状况,基本浓缩到这一片小天地里。这里不仅有大溪文化时代的粗泥釜、红衣粗弦纹厚陶片、圆唇高领红陶罐等器物,还有已出土的 6 ~ 7 座大溪文化早、中期的陶窑。与陶窑组合一起的料坑、贮水坑、工棚,展示了一个完整的手工制陶作坊区。这里不仅有大溪文化时代早期的壕沟,而且有用竖立的木桩、芦席、横木条和子篾扎紧成篱笆状的相当紧实的护坡设施,有用榫卯结构的木构件架设的交通桥的遗存,还有十分精致的小桨和残存的船艄,展示了壕沟既可以防御,又可以通航的全方位功能。这里不仅有供人居住的多层房屋遗址,还有供人食用的近百种植物籽实和多种动物骨骼。比如水稻、冬瓜、葫芦、牛、鹿、象、猪、螺、蚌、鸟类、鱼类,简直跟近代社会一样,应有尽有。这里不仅有世界上最早的水稻田,而且有编织得如同近代样式的"人"字图案的芦席、竹席和纺织而成的麻布,以及供人使用的木质穿孔安腿的凳面,展示了当时的农业、饲养业、种植业、牧业、水产业以及木工编织等手工业已经发展到了相当水平。手工业和农业开始分离,社会分工越来越细,交易活动频繁,促使社会机构发生变化,不可避免地出现一行管一行、一块(地方)管一块,或一级管一级的机构,由此产生最高权力机构和最高权力机构的驻地。这样的驻地一般建在经济、文化、政治活动的中心。这种中心为防御上的需要,军事出现了,"城"也出现了,城垣高筑的城头山就是当时一个区域之内统治者的权力中心之一,而这个权力中心只可能是三苗国、驩兜国、古庸国等史前古国。

8. 青钟大音——庸人是音乐之祖

《黑暗传》载曰:"祝融氏,听鸟音,作乐歌,神听和平人气和,能引天神和地灵。"可见,降生于崇山,在此以火施化、创世开先,由部落尊为赤帝,被后人奉为火神的祝融,应是古代音乐之祖。而且,这一推论已被张家界市我省出土文物所证实。

自1959年迄今,长沙地区先后出土了11件商代乐器大铜铙,其中最重的达220.75公斤,最轻的也有50公斤。铜铙上以虎、象等兽面纹为主纹,并饰以云雷纹。铜铙体形高大厚重,铸制精致,在当时用于军旅、宴会和祭祀。据音乐专家测试,每个铜铙有现代音阶1-3声,组合起来,竟能演奏现代音乐。据金相分析,其年代比湖北曾侯乙编钟早1000余年,且大都由纯铜铸成。

清嘉庆《慈利县志·卷之六·纪闻》载:"宋淳熙十四年(1187),余玠宰慈利。于周赧王墓旁五里堆,得一铜錞。乾隆五十五年(1790),六都文童张宏铨于金刚山得铜器,形如小钟,而匾高二尺许,横一尺六寸。环在钮旁。两面共三十六齿。击之,其声清越。一齿自为一音。考《博古图》,云周庙乐器,徽音钟第三。后为邑侯吴焕取去。"

清嘉庆《慈利县志·卷之八·古诗》载南济汉《石钟》诗曰:"制传凫氏出金镛,石室谁知有异踪。圆贮月轮天上窟,啮残师钮古来钟。鲸鲵长借峥潺水,籁寂时鸣涧壑松。志士功名期不朽,高瞻宛对燕然峰。"

"凫氏出金镛":《山海经.海内经》:"炎帝之孙伯岐生鼓,是始为钟"。《吕氏春秋.仲夏纪》:"昔黄帝令伶伦作为律。……黄帝又命伶伦与荣将铸十二钟,……"《管子·五型篇》:"昔者黄帝以其缓急作五声,以政五钟。令其五钟,一曰青钟大音;二曰赤钟重心;三曰黄钟洒光;四曰景钟昧其明;五曰黑钟隐其常。"

又据《湖南日报》刊载:2010年1月5日晚,在长沙举办的一场新年音乐会上,一种来自2600年前的古青铜乐器"编镈"再次奏响了千古美乐。

石门县目前存于各地博物馆的镈于有150多件,其中陶制的镈于有20多件,青铜镈于有120多件,其中虎钮镈于有80多件,这些镈于在湖南石门出土最多,达到了32件。

在这次音乐会之前的2009年,石门县文联和石门县音乐家协会在有关部门和专家的支持下进行技术攻关,对出土"镈于"进行研究和复制,终于研制成功了首件符合音乐高要求,能够用于演奏的编镈,国家专利局为它颁发了国家专利证书,仿古编镈不仅在湖南,在中国也仅有一套。石门县荆河喜剧团进行镈于乐舞的创作与攻关,在新中国成立60周年大庆之际,还获得了艺术节金奖。

9. 七姑造字——庸人是文字之祖

(1)岩刻纹

在今永定区凤香岗乡丁家溶村的鉴字岩石壁、石道上,有一组清晰可辨的刻划符号。如:一一、二、三、×、#、○、×○、××、+、>、<、=、⌃、川、〈〈〈、爻、一等。文者,纹也。纹指刻纹,刻纹以助记,助记以明史。故古代文史始于文字创立之初。

(2)草码子。新中国成立前,在大庸城乡,凡从事商业活动的人,包括大小厂家、店铺老板、店员、学徒、各行各业的行商,小贩以及形形色色的中间代理人,都使用一种既不见于古今典籍、也不见于各类公私正式行文的数目字。这种数字从零到九的写法,依次为O(0)、l(1)、リ(2)、川(3)、乂(4)、&(5)、一(6)、シ(7)、ジ(8)、文(9)。习惯上称这种数目字为"草码子"。

(3)灰码子。

大庸人在远古时候,拥有一种原始数术符号"灰码子",它是一种人类的活化石,特别是文字的活化石。远古大庸人在原始部落或更早些时候的人类活动中,在与自然环境的拼搏斗争中,有意无意用手在地上或树上划痕,很随意记下客观数目、食物或捕获物的个数,在一个漫长的岁月里便形成了原始记数符号,后来逐渐演化成了一种原始数术符号:O(0)、I(1)、II(2)、III(3)、IX(4)、X(5)、xl(6)、XII(7)、XI11(8)、文(9)、十(10)。"灰码子"的数术含义颇深,有意无意暗合了老子道德经:道生 I,I 生 II,II 生 III,III 生万物。"灰码子"以 0 为界,左为阳,右为阴,双向可以无限延伸,现今计算机数术初源应是大庸先祖的"灰码子"。

(4)鲁班字

常用的鲁班字有"东""西""前""后""上""中""下""大""小""山""腰""檐""柱""枋""金""棋""挑"等。鲁班字是一种工匠文字,其书法不仅是中国最早的硬笔书法,而且是在实用领域传承和流行最久的硬笔书法,再一次推翻了以往"中国古代没有硬笔书法"的说法。

(5)仓颉联

在祝融归宿之地南岳衡山附近的长沙有一座仓颉庙,刚好有一名大庸籍人士陈桐阶为其撰写了一副非常著名的楹联,联曰:

古文仰作家,论周孔神灵,也当瞻拜门墙,于此同来问字;

大笔惊雄鬼,除梵卢伯仲,可以别研经术,其他未敢抗衡。

(6)女书字

在湖南江永女书界流传着几个神话传说,像《九斤姑娘女红造字》《盘巧姑娘造字》《七仙女造字》《神台买书》等故事"。他们认为:"女书要比甲骨文早,甲骨文是从女书演变而来的,是原始母系社会的文化产物。……母系社会,以女人为中心。既然以女为人中心,就必然有女人的文化。母系社会是一个漫长的社会发展的历史时期,它不会是一年、两年或百年、千年,说不定要在万年以上。"尤其是"七仙女造字"的传说,竟与今慈利县地名信息对接。据清嘉庆《慈利县志·卷之八》载汪士羽《七姑山》诗曰:"七姑山上七姑仙,山有仙姑仙乃传。欲识此山灵异处,时看云气覆山巅。"这就证明远古湖湘文化远远早于江汉和中原文化,是真正的创世文化、开先文化、起源文化、母体文化,是江汉文化的前身、中原文化的预演。

10. 秦楚不敌——庸人是兵战之祖

(1)兵神蚩尤

中国的兵神,就是与黄帝大战的蚩尤。关于蚩尤作兵的事迹,大多记录在《山海经》《太平御览》《神异经》或《述异记》中,形象怪异,残暴凶狠,所谓"兽身人语,铜头铁额,食沙石子……诛杀无道,不仁不慈"等。《述异记》中说:"有蚩尤神,俗云:人身牛蹄,四目六手……秦汉间说蚩尤氏耳鬓如剑戟,头有角,与轩辕斗,以角抵人,人不能向……"司马迁在《史记·高祖本记》中说:"司兵之星名蚩尤。"也就是那时的人们将天上的彗星说成是"蚩尤之旗"。《史记·天官书》又说:"蚩尤之旗,类彗而后曲,象旗,见则王者征伐四方。"也就是出现作为"蚩尤之旗"的彗星,对战争是有利的。事实上,蚩尤,无论被认为就是炎帝,或炎帝的后裔,有一个事实,那就是,他们是同族无疑。我们现在都说自己是炎黄子孙,所以蚩尤同是我们英雄的祖先。

（2）战神刑天

传说刑天是炎帝的部下。他用的武器是干戚;干,是盾;戚,是斧。炎帝被黄帝打败后屈居到南方做了个名义天帝,虽然忍气吞声,不敢和黄帝抗争,但他的子孙和手下却不服气。当蚩尤举兵反抗黄帝的时候,刑天曾想去参加这场战争,只是因为炎帝的坚决阻止没有成行。蚩尤和黄帝一战失败,蚩尤被杀死,刑天再也按捺不住他那颗愤怒的心,于是偷偷地离开南方天廷,径直奔向中央天廷,去和黄帝争个高低。刑天左手握着长方形的盾牌,右手拿着一柄闪光的大斧,一路过关斩将,砍开重重天门,直杀到黄帝的宫前。黄帝正带领众大臣在宫中观赏仙女们的轻歌曼舞,猛见刑天挥舞盾斧杀将过来,顿时大怒,拿起宝剑就和刑天搏斗起来。两人剑刺斧劈,从宫内杀到宫外,从天廷杀到凡间,直杀到常羊（疑即崇庸山）山旁。

（3）八国之首

庸人拥有强大的军事实力,《古代战事考》说"惟庸人善战,秦楚不敌也"。公元前1046年,周武王会同巴师八国,共同伐纣,战于牧野。庸国位居八国之首。

据《吕氏春秋·慎大览第三·贵因》载:

"武王使人候殷,反报岐周曰:殷其乱矣! 武王曰:其乱焉至? 对曰:谗慝胜良。武王曰:'尚未也。'又复往,反报曰:'其乱加矣!'武王曰:'焉至?'对曰:'贤者出走矣。'武王曰:'尚末也。'又往,反报曰:'其乱甚矣!'武王曰:'焉至?'对曰:'百姓不敢诽怨矣。'武王曰:嘻! 遽告太公,太公对曰:'谗慝(tè)胜良,命曰戮;贤者出走,命曰崩;百姓不敢诽怨,命曰刑胜。其乱至矣,不可以驾矣。'"

就在殷商朝野腐败淫乱到极点,亡国之象毕露,乱局已经不可收拾的时候,西北周伯和西南庸伯,两个具有传统姻亲渊源的军政大邦,联合发起强大的军事进攻,一举捣毁了早就摇摇欲坠的殷纣暴政。在这次军事行动中,尤以庸国为首的"西土八国"英姿勃发,勇锐无敌。他们荷戈持矛,一路"前歌后舞",直捣商郊牧野,将荒淫无度的商纣王围困于鹿台宫苑自焚。

据《尚书·牧誓》载曰:"时甲子昧爽,王朝至于商郊牧野,乃誓。王左杖黄钺,右秉白旄以麾,曰:'逖矣,西土之人!'王曰:'嗟! 我友邦冢君 御事,司徒、司马、司空、亚旅、师氏、千夫长、百夫长,及庸:蜀、羌、髳、微、卢、彭、濮人。称尔戈,比尔干,立尔矛,予其誓。'王曰:'古人有言曰:牝鸡无晨;牝鸡之晨,惟家之索。'今商王受惟妇言是用,昏弃厥肆祀弗答,昏弃厥遗王父母弟不 迪,乃惟四方之多罪逋逃,是崇是长,是信是使,是以为大 夫卿士。俾暴虐于百姓,以奸宄于商邑。今予发惟恭行天之罚。今日之事,不愆于六步、七步,乃止齐焉。夫子勖哉! 不愆于 四伐、五伐、六伐、七伐,乃止齐焉。勖哉夫子! 尚桓桓,如虎如貔,如熊如羆,于商郊。弗迓克奔以役西土,勖哉夫子! 尔所弗勖,其于尔躬有戮!"

武王联合庸国攻克商都后,将商王畿的一部分封给纣之子武庚,并在王畿设置"三监"加以监督。庸国一支贵族被封为三监之一,管理殷都南都(今河南卫辉市一带)百里之地——亦称鄘国,与西周形成周庸联盟,共同收拾和治理晚殷败政造成的天下乱局。

《史记·周本纪》云:"封商纣子禄父殷之余民。武王为殷初定未集,乃使其弟管叔鲜、蔡叔度相禄父治殷。"《史记·卫康叔世家》云:"武王已克殷纣,复以殷余民封纣子武庚禄父,比诸侯,以奉其先祀勿绝。为武庚未集,恐其有贼心,武王乃令其弟管叔、蔡叔傅相武庚禄父,以和其民。"《史记·管蔡世家》曰:"武王已克殷纣,平天下……于是封叔鲜于管,封叔度于蔡,二人相纣子武庚禄父,治殷遗民。"《逸周书·作雒》谓分商王畿为殷、东两部,霍叔处封于东,为"三监"之一。《汉书·地理志》谓:"河内本殷之旧都。周既灭殷,分其畿内为三国,《诗·风》邶、鄘、卫国是也。以封纣子(于邶)武庚(尹之),鄘管叔(鲜)尹之,卫蔡叔(度)尹之,以监殷民,谓之三监。"《日知录·卷三·邶鄘卫》曰:"邶、鄘、卫,三国也,非三监也。殷之时,邦畿千里,周则分之为三国,今其相距不过百余里。如《地理志》所言,于百里之间而立此三监,又并武庚而为一监,皆非也。宋陈傅良以为"自荆以南,蔡叔监之,管叔河南,霍叔河北。蔡,故蔡国,管则管城,霍所谓霍太山也。其绵地广,不得为邶、鄘、卫也。"

11. 六义附庸——庸人为诗歌之祖

中国是举世共仰的诗国。历史之长,作品之精,数量之巨,以文字传本产生之悠久,可谓举世无双。弄清中国诗歌的源头,对于认识中华诗词之本质特点,探究其发展变化的规律,评价其在世界文学中的地位,有着重要的意义。

"诗之兴也,谅不于上皇之世。大庭轩辕,建于高辛,其时亡载籍,亦蔑云焉,《虞书》曰:'诗言志,歌永言,声依永,律和声。然则诗道,放(始)于此乎。'"

这段话出于《尚书·尧典》,中云:"帝曰:夔,命汝典乐,教胄子。直而温,宽而栗。刚而无虐,简而无傲。诗言志,歌永言,声依永,律和声。八音克谐,无相夺伦,神人以和。夔曰:於! 予击石拊石,百兽率舞。"

我国第一部诗论钟嵘的《诗品》序中,也说:"气之动物,物之感人,故摇荡性情,形诸舞咏。照烛三才,晖丽万有,灵祇待之以致享,幽微藉之以昭告。动天地,感鬼神,莫近于诗。昔《南风》之词,《卿云》之颂,厥义复矣。"可见,要追溯诗歌之源,诗学之祖,必然要溯到《南风》《卿云》和唐尧、虞舜。

然而,唐虞二人都是地道的远古庸湘地区的人。

据《山海经·大荒南经》曰:"大荒之中,……有蒲山,澧水出焉,有载民之国。帝舜生无淫,降载处,是谓巫载民。"

又,《中次四经》曰:"又东三十里,曰雅山。澧水出焉,东流注于视(柿溪)水,其中有大鱼(鲵)。其上多美桑。"

又,《禹贡》曰:"岷山导江,东别为沱,又东至于澧";

又,《列子·汤问》曰:"甘露降,澧泉涌"。

又,屈原《九歌·湘夫人》曰:"沅有芷兮澧有兰,思公子兮未敢言。"

又,《史记》载:"舜耕历山,渔雷泽,陶河滨,作什器于寿丘(仙人溪长寿国)。"

又载:"舜耕历山,历山之人皆让畔;渔雷泽,雷泽上人皆让居,陶河滨,河滨器皆不苦窳。"

又,汉王充《论衡·自纪》曰:"是则澧泉有故源,而嘉禾有旧根也。"又,北巍郦道元《水经注》曰:"历山,澧水所出,东至下隽入沅,过郡二,行一千二百里。"

又,明万历袁中道《澧游记》曰:"澧水出充县西历山……至慈利与溇水合,称溇澧;至石门与渫水会,称渫澧;至澧州与涔水会,称涔澧;过此,至安乡与澹水会,称澹澧。"

又,杨青《洞庭湖区的龙文化》曰:"帝舜、夏禹入赘于历山国,帝尧既已入赘,则"尧妻之二女(娥皇、女英)"(《淮南子》)。帝舜及其父瞽叟,都妫姓,居为沩,也当在尧地。《尚书》云"厘降二女于沩讷"。沩讷何处?《水经注》曰:"宁乡益阳交界处有大沩山……沩水出大沩山,尧厘降二女于沩讷,即此"。《帝王世纪》又说"帝舜,龙颜,目重瞳,曰重华"。《路史·卷27》"长沙……梁之重华城,一号虞舜城"。帝舜入赘而接受了龙信仰,也在城中设有豢龙之宫,《拾遗记》载:"帝舜时,有南浔之国,献毛龙,一雌一雄,放置豢龙之宫,至夏代豢龙不绝,禹导川乘此龙",因而有"舜禅禹于洞庭之野"(《尚书大传》),"禹娶涂山氏"于洞庭。《汉书·地理志》记九江当涂县下"禹所娶涂山国也,有禹墟"。九江何处?《水经注》"九江,乃岳之巴陵。"这些史料充分证明:虞(虎图腾)舜作为澧水崇虎部落(今土家族)杰出首领,毋庸置疑!

(1)卿云南风:虞舜时代的《卿云歌》和《南风歌》为中国"诗空"的双子星座。虞舜《古今乐录》曰:"舜弹五弦之琴,歌《南风》之诗。"《史记·乐书》曰:"舜歌《南风》而天下治,《南风》者,生长之音也。舜乐好之,乐与天地同,意得万国之欢心,故天下治也。"

《南风歌》原文:"陟彼三山兮商岳嵯峨,天降五老兮迎我来歌。有黄龙兮自出于河,负书图兮委蛇罗沙。案图观谶兮闵天嗟嗟,击石拊韶兮沦幽洞微,鸟兽跄跄兮凤皇来仪,凯风自南兮喟其增叹。南风之薰兮,可以解吾民之愠兮。南风之时兮,可以阜吾民之财兮。"

译文:登上三山啊,商岳巍峨高耸,上天指派五老唱着歌来迎接我有一条黄龙从黄河里钻出,身上有"图"和"书",身躯逶迤舞动,看着"图"和"书",探索天意,连声慨叹,在石头上按韶乐打拍子,思考一些精微的问题,鸟兽们急急忙忙奔走,原来是凤凰出现,和煦的暖风,增添了我的感叹,和暖的南风啊,可以让我的人民绽放笑颜,南风来的正是时候啊,可以让我的人民丰衣足食。

《卿云歌》出自《尚书·禹贡》。《尚书大传》曰:"舜将禅禹,于时俊乂百工相和而歌《卿云》。帝乃唱之曰:'卿云烂兮';八伯咸进,稽首曰'明明上天';帝乃再歌曰:'日月有常'。"《史记·天官书》曰:"若烟非烟,若云非云,郁郁纷纷,萧索轮囷,是谓庆云。"庆云即卿云,盖和气也。舜时有之,故美之而作歌。

《卿云歌》原文:"卿云烂兮,糺(jiǔ)缦缦兮。日月光华,旦复旦兮。明明上天,烂然星陈。日月光华,弘于一人。日月有常,星辰有行。四时顺经,万姓允诚。於予论乐,配天之灵。迁于贤善,莫不咸听。鼚(chāng)乎鼓之,轩乎舞之,精华已竭,褰裳去之。"

舜践帝位不知不觉已经二十二年。舜帝八十三岁时,两个妃子,娥皇未育,而女英所生的儿子商均不肖,整日沉醉歌舞。经过长时间的考察,舜帝决定确定禹为帝位继承人。

这一天,祖庙里披红挂彩,气氛庄严而隆重。舜帝、禹、四岳、皋陶、伯夷、后稷以及群臣百官,济济一堂。乐官夔亮开嗓子发号施令:"乐师们啊,把玉磬敲响,让皮鼓共鸣,拨动你怀里的琴弦,吹响手里的笙、埙,让它们发出和声。放开你的歌喉,高声为舜帝的美德歌咏吧!"倾刻间,鼗鼓摇动,管乐弦乐齐鸣。乐工敲柷,奏乐开始;乐工打敔,奏乐结束。

乐师们首先演奏歌颂黄帝的《云门大卷》,接着演奏歌颂尧帝之德的《咸池》。之后,开始演奏舜帝亲自创制的《萧韶》。演奏韶乐以笙为首,箫、埙为主,辅以琴、瑟等弦乐;打击乐以编钟为首,磬为主,辅以足鼓、健鼓、悬鼓等。笙代表国之东方,钟代表国之西方,警示万物生于东而成于西,东生而西成,天下太平,四海安定。

舞队最先表演的是干戚舞(疑即板盾舞),舞者手执斧、盾,做着各种动作,变换着队列。接着是羽扇舞(疑即花灯舞),舞者有的手执羽旄,有的手执羽扇,轻歌曼舞,舞姿翩翩。武舞、文舞均罢,艺人或扮作兽,或扮作鸟,随着优美的旋律和清脆的节奏,模仿着鸟兽的各种动作扑、翻、蹦、跃,跟跄起舞。太庙外围树林里的各种鸟兽或鸣或吼,兴奋激昂,随乐而歌而舞。

冥冥之中,黄帝、颛顼、帝尧的灵魂也似乎降临了。当《箫韶》的旋律反复变换演奏了九遍的时候,象征祥瑞的神鸟也飞来了,雌者为凤,雄者为凰,成双结对,朝仪于庭。

这时,夔兴奋地说道:"于!予击石拊石,百兽率舞,庶尹允谐。"夔说:啊呀,我双手敲打起清脆的石磬,奏起乐来,让百兽都跳起舞来,请众位官员也加入礼乐队伍,跳起和谐而融洽的舞来吧。

太庙里百兽率舞,凤凰来临,百官应和,一片歌舞升平的景象。此情此景,使舜帝联想起天下太平,百姓富足,心甚欣慰。他环视众臣,随口作歌道:"敕天之命,维时维几。"稍停,又歌道:"股肱喜哉,元首起哉,百工熙哉!"意思说奉上天之命来治民,要顺应时势,要重视细微的事端。大臣们乐意尽忠哪,天子我振作发奋哪,各项事业就都会兴旺发达哪。皋陶听舜帝兴奋地歌唱,忙向舜帝行跪拜大礼,代表群臣感谢天子英明,然后高声向大家说道:"让我们记住舜帝的话吧,君王带领大臣们振兴国家,开创未来,我等当恭谨从命,尽职尽责。"

正当酷暑天,晴空万里,气候闷热,兴奋中的群臣们汗如雨下。忽然间,电闪雷鸣,大雨骤降,大庙里清风徐来。舜帝感叹苍天感应,顺人之心,喜之过望,趁机宣布荐禹于天,让禹摄行天子事。群臣拥戴。正如《竹书纪年·帝舜有虞氏》所记载的情景:"于是和气普应,庆云兴焉,若烟非烟,若云非云,郁郁纷纷,萧索轮囷,百官相和而歌《卿云》,帝乃倡之曰:'卿云烂兮,缦缦兮,日月光华,且复且兮。'群臣咸进顿道曰:'明明上天,烂然星陈,日有光华,弘于一人。'帝乃再歌曰:'日月有常,星辰有行。四时从轻,万姓允诚。于予论乐,配天之灵。迁于贤善,莫不咸听。手鼓之,轩手舞之。菁华已竭,褰裳去之。'于是八风循通,庆云丛聚,蟠龙奋迅于其藏,蛟鱼涌跃于其渊,龟鳖咸出其穴。"

这就是舜帝所作的《卿云歌》,前四句的意思是:绚丽缤纷的云霞哟,彩绸般布满天空。光芒万丈的日月啊,普照大地,一天一天没有穷尽。

一曲《卿云歌》昭示国家君臣团结,政治清明,国泰民安,歌舞升平。

(2)六义附庸:①六义:又称六诗,《诗·大序》:"诗有六义焉:一曰风、二曰赋、三曰比、四曰兴、五曰雅、六曰颂。"孔颖达疏:"风、雅、颂者,诗篇之异体;赋、比、兴者,诗文之异辞耳。大小不同而得并为六义者,赋、比、兴是诗之所用,风、雅、颂是诗之成形,用彼三事,成此三事,是故同称为义,非别有篇卷也。"②《周礼·春官·大师》:"六诗曰风、曰赋、曰比、曰兴、曰雅、曰颂。"郑玄注:"'风'言圣贤治道之遗化也。'赋'言铺,直铺陈政教善恶。'比'言见今之失,不敢斥言,取比类以直言之。'兴'见今之美,嫌人于媚谀,取善事以喻劝之。'雅'言今之正者,以为后世法。'颂'之言诵也,诵今之德,广以美之。"③古人认为赋这种文体乃《诗经》"六义"中"赋"的流衍,故以"附庸"相喻。南朝·梁·刘勰《文心雕龙·诠赋》:"然赋也者,受命于诗人,拓宇于《楚辞》也。于是荀况《礼》《智》,宋玉《风》《钓》,爰锡名号,与诗画境,六义附庸,蔚成大国。"④从刘勰"赋也者,拓宇于《楚辞》也"这句话,我们可以推知"六义附庸"的本义:即"《诗经》中风、赋、比、兴、雅、颂('六义')六种体裁的诗赋都是追随学习庸国诗词手法、风格发展而来的",楚国是庸国的子国,《楚辞》直接源于庸国,故刘勰说"赋也者,拓宇于《楚辞》也"等于说"《诗经》拓宇於《庸风》"! 故《诗经》中有《鄘风》曰:"定之方中,作于楚宫。揆之以日,作于楚室。树之榛栗,椅桐梓漆,爰伐琴瑟。升彼虚矣,以望楚矣。望楚与堂,景山与京。降观于桑。卜云其吉,终焉允臧。灵雨既零,命彼倌人。星言夙驾,说于桑田。匪直也人,秉心塞渊。騋牝三千。"翻译过来意思是:"定星十月照空中,庸王动土筑楚宫。度量日影测方向,庸国楚室正开工。栽种榛树和栗树,还有梓漆与椅桐。成材伐作琴瑟用。登临漕邑废墟上,把那楚地来眺望。庸君眺望楚堂邑,测量山陵与高冈,走下田地看农桑。求神占卜显吉兆,结果必然很安康。好雨夜间下已停,吩咐驾车小倌人。天晴早早把车赶,歇在桑田劝农耕。他是正直有为人,内心充实又深沉。良马三千多如云。"⑤庸王"定之方中"为何要"作于楚宫"? 庸国"揆之以日"为何要"作于楚室"? 庸君为何要"把那楚地来眺望"? 答案只有一个,那就是庸楚一家,庸是楚的母国,楚是庸的子国、属国。

(3)附庸风雅:古代指附属在诸侯大国下面的小国,引申为从属的地位或依赖的关系。风雅:原指《诗经》中《国风》和《大雅》《小雅》,后指风流,儒雅。形容缺乏文化修养的人追随于文化人,装出自己很有修养、文雅有风度的样子。清·李宝嘉《官场现形记》第四十二回:"喜欢便宜,暗中上当,附庸风雅,忙里偷闲。""附庸风雅"在今天是一个贬义词,用来贬低用文化装点门面的人,比如常常称那些暴发户购买书画的行为为"附庸风雅"。可见文化这东西是人人都追求的,人人都要显得"有文化"。如果明明没有文化,偏要装得有文化,这就叫"附庸风雅"。但在古代并非贬义,"附庸"是动词,就是追随庸国之意;"风雅",泛指文化。"附庸风雅",即"一附庸就风雅",亦即"跟着庸国跑(学)就变得有文化"!

第三节　天朝圣庸——大庸是百国之祖

以赤帝祝融为代表的古庸人是人类历史上最早建立国家的民族。庸国为先夏一代天朝，具有至高无上的天威。

《尚书·尧典》云："舜生三十征庸，三十在位，五十载陟方乃死。""舜生三十征庸"，而且史称"尧时庸人善弈，性狂放狡黠。"说明尧舜时代庸国就早已存在。故在周公时代还有"夏弗克庸帝""非天庸释有夏，非天庸释有殷""天不降庸释于文王受命"的文献记录。

《尚书·多士》曰："我闻曰：上帝引逸，有夏不适逸则，惟帝降格向于时。夏弗克庸帝，大淫泆有辞。惟时天罔念闻，厥惟废元命，降致罚。"意思是："我听说：上帝是不让人们放纵地享受的，然而夏王桀却不领会这节制享受的法则（恣意寻乐），那时上帝就在他的地区里布下了灾异的诫告。夏桀还不能勤勉恪守"庸国帝君"的祖训教诲和警诫，反而更加狂荡起来，处处表现了他的罪状。到了这个时候，天就不再考虑原谅他了，于是毅然废掉了免罪的命令，降下灭国的责罚。"

又，《尚书·周书·多方第二十》载："王若曰：'诰告尔多方，非天庸释有夏，非天庸释有殷。乃惟尔辟以尔多方大淫，图天之命屑有辞。乃惟有夏图厥政，不集于享，天降时丧，有邦间之。乃惟尔商后王逸厥逸，图厥政不蠲烝，天惟降时丧'。"翻译之前先解释一下"天庸"：《庄子·外篇·天道》曰："夫天地者，古之所大也，而黄帝尧舜之所共美也。"又《说文解字》曰："天"乃"颠也，至高至上，从一大也。"故按《说文》和庄子对天地的解释，"天庸"即"大庸"。整段原文的意思是说："请告诉你们国君，并不是大庸天帝要舍弃你们夏国，也不是大庸天帝要丢下你们殷邦。是因为你们国君和各大诸侯王们大肆淫逸，夸大天命，过分享乐；是因为你们夏王桀谋划政事，不集（积）德而献于子孙，于是上天降下这亡国大祸，由诸侯小邦（成汤）钻了空子，取而代之。是因为你们殷君后王满足于他们安逸的生活，在谋划其治国政务时并不周全和完美，上天于是降下这丧权亡国的大祸。"

又，《路史卷十·后纪一·禅通纪·太昊纪上》曰："（伏羲）化蚕桑为繐帛，因罔罟以制都市，给其衣服。龗（lóng）龙时瑞，因以龙纪官，百师服，皆以龙名作，为龙书，以立制号而同文。稽夬（guài）象，肇书契，以代结绳之政，百官以治，万民以察，而文籍由是兴矣。于是尽地之制，分壤时谷，以利国用。必不自圣庸，委师于宛华，爰兴神鼎，制郊禅。"意思是："伏羲时代植桑养蚕、缫丝制帛（绢）、结网捕鱼、观象制历,听隆隆雷声,察龙蛇兆征,观象制历,以龙为名,称为《龙书》(龙历)。人们通过核考物象,决断疑难,开始用契刻纹符记录往事,以此代替太古时期通行(用)过搓绳打节记录事情管理部落的原始行政方法,官员管理有序,百姓也能明白事理,因而书籍由此兴起。于是能够因地制宜,划分田地按时耕种五谷杂粮,用来满足国家和老百姓的生活需要。这种社会早在羲皇时代就以初步形成,必然不会是肇起于圣明的'天朝大庸时代',那时,伏羲拜郁华子为师(号曰无化子,教伏羲推旧法,演阴阳,正八方,定八卦,作《元阳经》),于是兴起了铸造神鼎,制定郊祀禅拜(天帝祖神)的传统礼仪。"

又,《尚书·君奭(shì)》曰:"我亦不敢宁于上帝命(即"我也不敢安然地享受上帝赐给的福命"),弗永远念天畏,越我民罔,尤违,惟人,在我后嗣子孙。大弗克恭上下,遏失前人光,在家不知天命不(丕)易,天难湛(沈),乃其坠命。""天不可信,惟宁(文)王德延,天不降庸释于文王受命。"意思是:"我也不敢安于上天的恩赐,不能长期依赖上天的眷顾而不考虑上天的惩罚,以致超越我大周臣民的利益而置他们于不顾。(如果有)过失、过错,全在于自己人为造成,在于我们后世子孙。恐怕我们后世子孙不能不恭恭敬敬地尊崇上天、善理民瘼,竭尽全力克勤克俭,永不丧失先祖们敬天爱民的光荣传统。我不知道天命的变化规律,但我知道天是很难长期偏爱某一国某一人的。如果不能坚持不懈地发扬好的传统,就会失去上天的保佑。上天是不可迷信的,我们只有老老实实地延续、发扬、光大文王德政和传统,上天才不会降旨大庸天帝舍弃文王所承接的天命王权。"

又,《国语·周语》载:"禹夏之兴,融降于崇山。"又,《尚书大传》载:"舜禅禹于洞庭之野。"

又,司马相如《大人赋》曰:"余欲往乎南矣,历唐尧于崇山兮,经虞舜于九嶷。"

又,清金德荣《大庸风土四十韵》诗曰:"欲问大庸俗,崇山舜典详。"

又,《隋书·高祖纪》:"登庸纳揆之时,草昧经纶之日。"

联系上面典籍记载,我们可以清晰地作出以下推断:

"舜生三十征庸"和"尧时庸人善弈",说明尧帝和舜帝时代庸国就早已存在;

"夏弗克庸帝",说明舜帝征庸并未灭庸,到了夏朝庸国之君仍被尊为"庸帝";

"非天庸释有夏,非天庸释有殷",说明夏国和殷国政权的存在,都要经名义上的天朝庸帝授权或认可;

"必不自圣庸,(伏羲)委师于宛华,爰兴神鼎,制郊禅",说明文化昌明的天朝圣庸有着源远流长的文化积累,并不是无本无根、无祖无宗的"早熟的婴儿"。

"天不降庸释于文王受命",说明到了周代,仍需口头上听命于"天朝庸帝";

"禹夏之兴,融降于崇山",说明大禹夏朝政权的兴起之地,是舜帝征庸后的远古祝融故里——崇山;

"舜禅禹于洞庭之野",说明大禹接受舜帝禅让并主政的地方,在洞庭湖澧沅湖湘大地;"历唐尧于崇山兮",说明尧唐时期的政治经济中心在南方庸国的崇山,而不在北方;

"欲问大庸俗,崇山舜典详",说明舜典所详细记载的大庸古国历史和风俗,要在崇山一带去寻找、去探索、去追问。

又如,历代帝王称登基即位曰"登庸"。如登庸纳揆:登庸,指皇帝登基;纳揆,指任命宰相。又如《杜夷幽求》曰:"以舜禹之登庸,视孔氏之穷屈,不似跛鳖之与晨骥乎?"

这就说明:不管哪个朝代,都视庸国为祖国,都把天朝庸帝作为国家最高权力的象征!故《慎子》曰:"……故立天子为天下也,非立天下为天子也;立国君以为国也,非立国以为君也。"

又如,《春秋·左氏传》曰:"楚左史倚相,能读《三坟》《五典》《八索》《九丘》。'即谓上世帝王遗书也。"作为庸之子国的"楚左史倚相,能读上世帝王遗书";

又如,以"学富五车,书通二酉"历史故事而闻名的二酉山,就在素有古庸祖山、国山之称的崇山南麓——盛弘之《荆州记》曰:"小酉山,山上石穴中有书千卷,相传秦人于此而学,因留之。故梁湘东王云'访酉阳之逸典'是也";而且,《太平御览·武陵记》曰:"天门山,上有葱,如人所种,畦陇成行。人欲取之,先祷山神乃取,气味甚美;不然者,不可得。岩中有书数千卷,人见而不可取。"这就进一步说明:"小酉山,山上石穴中有书千卷","天门山岩中有书数千卷",可能就是楚左史倚相所读的《三坟》《五典》《八索》《九丘》,就是天朝大庸之三皇五帝的典籍遗著。

再如,湖南省张家界市永定区沅古坪镇,民间婚俗礼仪中的《告祖词·庸人歌》曰:"祝融佳人伴夜郎,繁衍百国围崧梁。伯庸八祖铸钟铃,神农嫘祖植麻桑";

《习凿齿论荆楚人物略》曰:"神农生于黔中",而黔中恰为古庸国核心地区;

《神农本草》中252种植物类药在今张家界及周边地区都能找到,而在长江以北地区由于气候等原因有好些"神农本草"不能生长。如神农所尝的"断肠草"据《本草纲目》记载即"钩物",钩物只适宜生长在长江以南部分地区;

《新书》云:"(末代)炎帝者,黄帝同父母弟也,各有天下之半";

《庄子·天运》曰:"黄帝张咸池之乐于洞庭之野";

《史记》言黄帝"南登熊湘",田千秋言"蚩尤畔父,黄帝涉江";

《南岳志》卷一引《星经》云:"《黄帝占》曰,轸者以侯王者寿命,故置长沙一星以延期。"又云:"玉衡主荆州,而长沙一星在轸中主寿长子孙昌,亦曰寿昌之次。衡岳旧属长沙,故又称为寿岳";

《史记·天官书》曰:"轸为车,主风。其旁有一小星,曰长沙",《正义》曰:"长沙一星在轸中,主寿命",张衡曰:"长沙一星在轸中,亦曰寿星之次",其《天象赋》又曰:"爰周轸翼,厥土惟荆,长沙明而献寿,车辖朗(常德古称朗州)而陈兵。"

《山海经·海内经》,曰:"南方有苍梧之丘,苍梧之渊,其中有九嶷山,舜之所葬,在长沙零陵界中";

《玉函山房辑佚书》中的《河图稽命征》云:"生黄帝轩辕于青邱(在今临湘)";

《宋两朝天文志》:"右辖星入翼十六度,左辖星入轸五度。轸东南青邱七星入轸五度";

《攸县志》云:"轸右辖入翼宿,轸左辖与东南青邱仍入轸宿,是右属长沙星西北,左属长沙星东南;

《史记·封禅书》:"黄帝采首山铜,铸鼎于荆山下。鼎既成,有龙垂胡髯下迎黄帝。黄帝上骑,群臣后宫从上者七十余人,龙乃上去……故后世因名其处曰鼎湖(岳阳青草湖)";

《湖南通志》卷三十六:"湘阴县……县有地名黄陵,即二妃所葬";

《帝王世纪》第二:"长沙(下隽)罗有黄陵亭";

《历代帝王年表》说:"黄帝轩辕氏……在位百年,崩于荆山之阳,葬桥山";

《湖南风物志》载:"君山……山上有轩辕台,传为黄帝铸鼎之地";

《太平御览·武陵记》曰:"(壶梁)淳于之山,在辰州、武陵二郡界。绝壑之半,有一白雉,远望首尾可二丈,申足翔翼若虚中翻飞,即上视之,乃有一石雉舒翅缀着石上。山下有石室数亩,望室里虽暗,犹见铜钟高丈余,数十枚,其色甚光明";

距今9000多年的彭头山文化,距今6000多年的城头山文化均在今湖南常德市,古属庸国教育家善卷的故乡;

令人惊叹的是城头山挖出了古城墙,城域面积达八万平方米,是目前世界上挖出的最古老的城,很可能就是古庸国都城之一;

《荀子·大略》说:"欲近四方,莫如中央;故王者必居天下之中,礼也。"有学者认为,荀子所说的"礼义之中",实际也就是中庸,他的这段言论即受到《中庸》的启发,是在后者的基础上发展而来的。汉·许慎《说文解字》释"中"为:"中,内也。从口、丨,上下通"。其中"口、丨"应指礼器一类,可能是祭祀祖先的令牌、符节或苍璧、玉器之类。笔者认为:"中庸"之"中",即"符合"之意,"中庸之道"即"符合庸国传统和祖先礼制的处世之道和治国之道",故汉郑玄说子思作《中庸》是为了"昭明圣祖之德"。

等等,这林林总总的史实,清楚地告诉我们,黄帝并没有定都北方,而只是打仗时在北方设了些"营卫"。

故《管子》曰:"昔者七十九代之君,法制不一,号令不同,然俱王天下者,何也? 必国富而粟多也。夫富国多粟生于农,故先王贵之。"古庸湖湘地区乃天下粮仓,素有"两湖熟,天下足"之美誉,理所当然地应该成为三皇五帝之都城,故曰:大庸者,天庸也,中央之国也!

因此,1997 年 8 月召开的"海峡两岸史学家合撰中华民族史第四次学术研讨会"上,发出重写"中华一万年"历史的呼吁,并由台湾黄大受教授和大陆史学家史式先生联手起草《重写中华古史建议书》。史式先生说:"大约一万年前,我们的祖先逐渐从渔猎、采集生活转入农耕生活,开始定居,进入母系社会。因为食物有了保障,农闲之时可以发明创造,改进工具,发展生产,从此跨入了文明的门槛。考古学元老夏鼐早就说过:"把文明的起源放在新石器时代是理所当然的,因为不管怎样,文明确实是由'野蛮'的新石器时代的人创造出来的。"

中国考古学会理事长苏秉琦先生,早在 20 世纪 90 年代初就明确表态:"时至今日,把重建中国古史的任务正式提到全国史学学者、考古学者的面前,条件已经是基本成熟。其主要标志是重建中国古史的构思、脉络已基本清楚。从宏观的角度、从理论和实践结合的高度把中国古史的框架、脉络可以概括为:'超百万年的文化根系,上万年的文明起步,五千年的古国,两千年的中华一统实体,这就是我国的基本国情'。"

另据《太平御览·卷七十八》载:"项峻《始学篇》曰:'天地立,有天皇十二头(届),号曰天灵,治万八千岁,以木德王。'《帝系谱》曰:'天地初起,即生天皇,治万八千岁,地皇十二头(届),治万八千岁。'《三五历纪》曰:'有神圣人九头,号人皇。马摠云:一百六十五代(届),合四万五千六百年。'"

引文中天、地、人三皇,共传承 199 届,历 81600 年,刚好接近今湖南省张家界市桑植县朱家台文化遗址的 10 万年"桑植文化",而在三皇之前,恰有慈利县金台村遗址 20 万年的文化积累和传承,之后,又有石门县燕儿洞 5 万年古人类化石,道县玉蟾岩 14000 年、澧县彭头山 9100 年稻作遗址,永定区古人堤 7000 年古人遗址,澧县城头山 6000 年古城遗址相印证! 这难道只是巧合?!

第二十七章　大庸古国历史文化长卷脚本

人创造环境,环境也创造人,以崇山、天门山为核心的张家界大武陵地区,居于北纬30度与东经110度交叉区位,得天独厚的地理环境,使这里成为生命繁衍最昌盛的地区,而生命繁衍最昌盛的地区,才是人类诞生的母地,文明进步的摇篮。

早在夏商周以前,张家界一带就有着灿烂的崇山文化和伟大的庸国文明。崇山文化代表一个时代,大庸古国本是一代王朝,祝融(诸英)、伏羲、神农、黄帝、高阳、高辛、帝尧、帝丹朱(兜)等三皇五帝并非流浪天子;赤松子、蚩尤、崇伯鲧、太常、高远、善卷、录图、容光、庸成等一系列创世先贤也并非无国之臣。他们同古庸先民一道创世开基、创造了三代以前辉煌灿烂的第一轮文明;而华胥国、三苗国、颛顼国、崇山国、盘瓠国、头国、大庸国等一系列南方古国,则是这第一轮文明的创造者和承载者。

追求高品位住宅文化的大庸王府,以高度浓缩的手段,打造百米文化墙,旨在展示文明古国——大庸王朝的悠久历史和灿烂文化,展示大庸古国的诞生条件、疆域位置、前身异称、亲族属国、代表人物,旨在向世人、向世界、向后人标明一个文明古国的伟大存在,标明大庸古国造福人类的重大发明和对人类文明的伟大贡献!

1. 天门昆仑 西方文献说:"东方(中国)昆仑山是世界的中心和天的大门;山上有悬在空中的花园,是神仙汇聚的地方,是人类向往的天堂。"《慈利县志》载明代《燕子洞》诗:"玄关阔幽妙,此地得昆仑。"明代冯能成《游(慈利)仙侣洞》称"洞"为"昆仑之窍"。明代李镜说:"天门山,中有一窍,洞开如门。"原来昆仑本意就是"洞""窍",窍即"窟窿",变音"昆仑"。这个昆仑,就源于大庸天门山万丈绝壁一窟窿,即"天的大门"——天门!关于天门昆仑的文字很早见于国史典籍和本土诗文碑刻:"赫赫我祖,来自昆仑";"窃我慈阳之五雷山,闻古人云,祖自昆仑,盖亦天门之麓";"永邑南境,天门名山,脉发昆仑";今武陵源至今仍保留昆仑峰山名;汉代焦延寿《易林》载:"登昆仑,入天门,过糟丘,宿玉泉,开惠观,见仁君。""糟丘"指天门之南的豆渣山;"玉泉"指天门山顶的玉泉寺。司马迁作《史记》,根本不承认西域有昆仑。历史真相是:汉元鼎五年(公元前112年),汉武帝刘彻为扩疆拓土,采纳使臣张骞的建议,以新疆多玉,假定于田为昆仑。元太祖十七年(公元1222年),成吉思汗征战西域,困于大雪山,遂诏昆仑为元极王;元世祖至元十六年(公元1279年),元帝指西域阿尼马卿为昆仑。天门昆仑的原创版权从此流失在西域雪山沙漠。"天堂昆仑"的本意亦丧失殆尽。

2. 盘古开天　"自从盘古开天地,三皇五帝到如今"。"盘古"被公认是中华人类始祖,是人类冲破混沌走向初始文明的创世英雄。2003年2月12日,《湖南日报》推出《开天辟地,中华始祖,盘古就住在沅陵》重大新闻。考古、历史专家对盘古出生地——沅陵县丑溪口乡盘古洞进行考古鉴定,认定盘古距今一百万年。说明盘古生有其地,居有其屋,人有其名。这正是屈原《天问》中"遂古之初"的燧人氏盘古,亦即第一代发明用火播火的火神祝融!本境傩坛把盘古奉为天门昆仑大神,尊称"三元盘古":"叩请上元(中元、下元)盘古大帝,打开三十三重天门。"楚族史诗《黑暗传》记载了盘古开天辟地的中心地就在天门昆仑:"盘古生在混沌里,无父无母自长成。那时有座昆仑山,天心地胆在中心。"出于崇山的苗族古歌《都果都让》唱:"盘古叫来太阳来照白天,盘古叫来月亮来照晚上;盘古开天成天,盘古开地成地。"《岳阳市民间故事集成》说盘古死在昆仑梁山。天门又名"嵩梁山"。天门东南古有元古坪,元古即三元盘古。境内有两座盘古岭和一个盘塘村,与桃源交界处有盘古庙。可证盘古出生于沅陵,开天辟地于昆仑,拓荒繁衍于元古坪,归葬梁山天门。

3. 祝融播火　"祝融降于崇山"和"放驩兜于崇山"是大庸流传千古的两句俗话。祝融是燧人氏与大比赤阴(诸英)的儿子,降生在崇山的火娃儿屋场。相传祝融偶尔用石头擦出火花,烧了半个湾,山坡上到处是烧死的兽物。于是崇山人第一个懂得炮生为熟,率先跨入火文明时代。为纪念祝融,他的屋场就叫"火娃儿屋场";他曾居住过的山洞,叫"相公洞";他用火礁石擦火烧山的地方,叫"火礁湾";他发现"火草"的地方,叫"火草坡"。后来,尊他为火神——祝融。人类的起步文明始自崇山的火文明,比瓦特发明蒸汽机更加伟大。

4.澧豆文明　一个并不起眼的"澧"字,却记录着一个消失了的伟大文明!天下千条江万条河,唯有"澧水"是带着"豆"字的生命之河。且看:"頭(tóu)":以豆比人头;"脰(dòu)":以豆比脖子;"壹":万事万物豆为首;"豐(丰)":粮食丰歉以豆而论,故称国粮;"厨":无豆不成厨;"礼":有豆而后知礼义;"逗":能吸引人止步的地方必有豆、必产豆;"登":爬山种豆、采豆;"登","祭"字头,与登山祭祀有关系;"醴":澧水为酿酒之河;"豆":既作祭品,又作礼器,故称国豆、国器;"豆":陶豆,古人最早煮豆的陶罐……故古人奉豆为人体之豆,生命之豆,民生之豆,文明之豆,礼仪之豆,祭祖之豆,国粮之豆,国家之豆——首都(豆)。澧水是中国豆作之乡,古称九澧九蛮豆,并与历史九位创始人物发生关联,如黄豆与黄帝,豌豆与伏羲氏之师宛华氏,金豆与少昊金天氏,豇豆与共工氏,滚豆与崇伯鲧,蚕豆与蚕丛氏祝融,绿豆与祝融氏陆终,饭豆与驩兜,蛾眉豆与娥皇氏。它是介于稻作文明和渔猎文明之间的伟大文明,是中原文明之前的第一轮文明。第一轮文明发祥于大庸国崇山,第二轮文明由崇山北移中原!澧水,才是哺乳中华民族最古老的第一条母亲河!

5. 华胥立国 《山海经》载:"大比赤阴;神,是始为国(最早建立的国家)。"这个最早的国家就是华胥国。华胥氏为伏羲、女娲之母,是崇山氏族社会第一位杰出的女首领。华胥氏,又称诸英。"赤阴""诸英"都是"祝融"的变音,即大比赤阴,省称"大阴",亦即"大庸"。湖南很多地方至今"大庸"读"大阴",乃一代祝融氏,是三皇燧人氏的妻子。华胥国苗语称崇山天国,亦即祝融国、颛顼国、大庸国。与此同时,又大封四方,叫"祝融百国围嵩梁",故称祝融为万国之祖。《列子》载:"黄帝昼寝而梦游于华胥氏之国。其国无帅长,其民无嗜欲,不知亲己,不知疏物,故无爱憎;不知背逆,不知向顺,故无利害。"光绪帝师、崇山人侯昌铭有"身既为农隐,世亦与我忘。高卧华胥国,何者是羲皇"诗,写的就是家乡大庸华胥国。

6. 伏羲演卦　崇山北麓古有雷泽坪(今永定区枫香岗乡),是苗族"枫树妈妈"的原生地。其北有巫山,山上有一双荒古人类脚印,至今仍存,相传华胥氏踩了这双脚印,感而受孕,生伏羲、女娲。兄妹俩既生于古枫木之下,故以枫为姓,亦即风姓。脚印山下,有条古老的"大庸溪",溪水似两条娃娃鱼(大鲵)相互纠缠,绕成太极图形。伏羲得到启示:这不正是兄妹俩成亲、阴阳相生的原理吗? 于是对图形进行开挖修理,形成天人合一的"太极图"。《连山易》说:八卦"重艮以为首"。重艮即崇山。《三坟》载伏羲六十四卦首卦即"崇山君"。崇山君即崇山国王。《太古河图代姓记》说:"伏羲氏……文开五易,甲象崇山。"于是,人类起步文明时代的超人智慧与阴阳哲学——《崇山易》就在崇山之麓诞生了。这个人天共造的太极图,历七八千年仍完整如旧。它是南方伟大崇山文明发祥地的见证,亦证太极八卦文化只能产生在已进入豆作文明时代的澧水流域!

7. 帝女之桑 《山海经》载："又东三十里,曰雅山。澧水出焉……其上多美桑。……其上有桑焉,大五十尺,其枝四衢,其叶大尺余,……名曰帝女之桑。""雅山"即桑植五道水的雅溪,是澧水中源源头。这个"帝女"就是大庸国一代庸帝赤帝祝融的女儿。她嫁到蚕桑之乡桑植坪,利用蚕茧抽丝织帛绣花,开创了人类丝帛时代。相传帝女死后,坟上长出一株桑苗,后来长成树围五丈的参天大树,人们就叫它"帝女之桑"。1988年在桑植县朱家台旧石器时期古墓出土一陶豆(高脚盘),其纹饰即为土家族织锦"西兰卡普"纹样。在遗址中还发现一批刻有蚕纹陶片,证明桑植确为中国蚕桑文化的发祥地,祝融蚕丛氏即由此而来。比后期传播蚕桑服饰文化的黄帝之妻嫘祖早一千至两千年。

8. 赤松炼丹　明万历《慈利县志》载:"赤松山在邑西一百六十五里,与天门山对峙。昔赤松子尝辟谷于此,上下数十里,号赤松村。里人祀其神,曰赤松大王。"赤松子,苗族《跳龙歌》中称仡索,原名大索,濮语名"祝融",汉译"烛龙",即一代庸帝。大索是中国农业的奠基人,发明耧犁。他以火施化,装饰尚红,号为赤帝,又名赤索子、赤诵子,曾为黄帝雨师,封为"崇山侯"。晚年退出政界,隐居于天门昆仑,辟谷炼丹,研究养生之道,著《中戒经》。神农慕名入赤松石室行弟子之礼,聘为雨师。后代中,屈原、张良先后追随赤松子上天门山、武陵源辟谷。晚年,赤松子求雨不至而自焚祭天谢罪,神农之女女魃亦追随自焚。今大坪尚存二人自焚的"燎祭湾"。与赤松子相关的赤松坪、赤松村、赤松山、赤松峰、赤松溪、赤松桥(一作"百花桥")、赤松丹灶、赤松碑、赤松大王庙等遗迹古名至今犹存。1954 年前,大坪称赤松坪。1953 年划归大庸,改大坪。

9. 黄帝藏书　公元前960年左右,西周穆天子周游天下,曾先后五次进入古大庸国,其中三次登天门昆仑,两次上崇山(春山)。《穆天子传》记载了穆天子在天门昆仑的三大发现:黄帝宫、黄帝陵、黄帝册府。"册府",即黄帝藏书处:"癸巳,至于群玉之山(天门昆仑),庸成氏之所守。……先王之所谓册府。"《寰宇记辨伪卷六》载:"天门山。……上有葱如人所种……崖中有书数千卷,人见而不可取。"印证了穆天子日记。又据《上古神话演义》说:在沅陵县境内,有大酉山、小酉山,亦传为黄帝藏书处。善卷曾隐居"二酉",守护并研读黄帝藏书。成语"学富五库,书通二酉"或出于此。上述三大发现,与黄帝出生地、建"云中朝廷"轩辕国均在大庸境内的仙人溪(古长寿国)、熊罴岩形成史证对接。

10. 蚩尤魂归　蚩尤，与神农、黄帝同为中华民族三大宗祖，是苗族的第一始祖。黄帝当年离开崇山北伐中原时，曾有六相追随，至少有三个是崇山人，即蚩尤、祝融、太常。蚩尤是远古时代的伟大发明家、军事家、政治家，并以五大发明流传后世：发明农业，神道设教，观察星象，制作兵器，制定刑法。《归藏》说："蚩尤出自羊水。"羊水即今枫香岗阳高（即高阳）泉，相传蚩尤出生于此。"蚩"字拆开为"虫山"，即崇山。《山海经》又作"蛮山"（穷山），蛮，亦为虫，好斗的蟋蟀。后来，神农、黄帝、蚩尤三祖告别崇山，北伐中原，在河北涿鹿争夺霸权，蚩尤败，被俘，押送回故乡枫香岗行刑。《山海经》有载："有宋山者，有赤蛇，名曰育蛇。有木生山上，名曰枫木，蚩尤所弃其桎梏，是为枫木。"此宋山即枫香岗巫山，其东有宋坪村。山上常有红蛇出没。山下有株2400年古枫木，是苗族妈妈树原生点。史迹与文献吻合，可证蚩尤行刑宋山，魂归故里。

　　11. 仓颉造字　《晋书》说："昔在黄帝……有沮诵、仓颉者,始作书契,以代结绳。"著名学者张良皋发现"沮诵"即"祝融",亦即祝融。"沮诵·仓颉"合为一人就是"祝融氏仓颉"。并说："中国甲骨文的首创权,应该归于以庸国为中心的人群,即祝融氏的后裔。"(《巴史别观》)文字从收集、整理、创造、加工、提升、规范、运用、修正到普及推广,是一个漫长的过程,绝不是某一二人凭几处"鸟迹"就能创造出来的。这是崇山祝融家族持续数千年集体完成的一项人类最伟大的文化工程! 据《揭秘消逝古国—庸国—云遮雾罩的千古之谜》透露："据三峡地区和陕西安康市考古发现,早在六千年前,庸国人便已发明了文字。"

　　12. 颛顼制历　《山海经》载："大荒之中，有山名曰日月山，天枢也。吴姬天门，日月所入。……颛顼生老童，老童生重及黎，帝令重献上天，令黎邛下地，……以行日月星辰之行次。"日月山，即天门、七星二山。所谓"日月星辰之行次"，指观测日月星辰的运行状况。并以七星连线构成的斗炳辨别方向，确定一年十二月，历法由此产生。天门山的天台、七星山的观台上、中央仙山的凤凰台，及城北崆峒山上的子午台、太阳山，沅古坪的看日山、太阳山等就是颛顼家族留下的天文观测点。古代最早的《颛顼历》即产生于此。从自然气候科学分析，四季分明的历法只能产生在北纬30°上下，即秦岭以南、南岭以北的地区。颛顼是一代庸帝，史称"颛庸"（今讹为愚钝、实乃辱没祖宗）。出生地在大庸潭口的崇阳坪鱼形地，紧邻有叶家祖茔蛇形地和大水泉，与《山海经》所载"有鱼偏枯，名曰鱼妇。……天乃大水泉，蛇乃化为鱼，是为鱼妇。颛顼死即复苏"吻合。相传死后葬天门之南的诸（鲋）鱼山（今永定堡子界林场）；一说葬在七星山的颛顼洞内。

13. 后照入巴　最早记载大庸人入主巴地的是《山海经》："西南有巴国。太皋生咸鸟,咸鸟生乘厘,乘厘生后照,后照是始为巴人。"太皋即崇山君—三皇之一伏羲。后照为伏羲重孙。《路史》说:"后照生顾(务)相,降处于巴,是生巴人。"证明从后照起才有巴人,原来他们是大庸崇山人的后裔。因庸土扩张,后照率军入主巴地,成为巴人始祖,生务相,取代盐水女神,是为巴廪君。《山海经》又说:"夏后启之臣曰孟涂,是司神于巴。"孟涂为崇伯鲧(一代庸王)重孙,是代表大庸国在巴地执掌祭祀的神职大吏。鲧(音滚),大庸国主持宗教的大巫师,苗族巫师"巴得雄"的鼻祖。孟涂继承祖公衣钵,带灵山(永顺万灵山)十巫入巴,合并巫载(zhì),压倒蜀国。战国末,秦灭巴。巴国遗民中有五兄弟亡命大庸,先居崇山小五溪,后发散湘西大五溪,并成了五溪之长。此为巴人入庸之由来,实为庸人失败,南归故土。

14. **庸人王蜀**　湖南与四川,自古血肉相连。《山海经》载:"……有神,人面蛇身而赤,直目正乘……是谓烛龙。"《华阳国志》载:"有蜀侯蚕丛,其目纵,始称王。"是说这位"直目正乘"的"纵目人"烛龙人就是蜀人的始祖神——蚕丛。烛龙即祝融。蚕丛氏是崇山祝融氏的直系后裔,居住崇山下的仙人溪——长寿国。其"帝女之桑"的那个帝女,就是蚕丛之神,桑植出土蚕纹陶片必与蚕丛家族有关。后来,长寿国庸人拓疆入川,建国称王。因"寿"与"蜀"音近,故得名"蜀国"。西汉末王莽改成都(益州)为庸部,称庸部牧为庸国公;南北朝有《爨(cuán)使君》碑:"迁避庸蜀,流薄南人。"北周帝亦在此设庸部牧,称庸国公;唐杜甫有"此堂不易开,庸蜀日已宁"诗句。表明古蜀国正是大庸帝国的西部领土。而第一个把蚕桑及铸造、筑城等技术带入四川并建蜀(寿)国的君王就是蚕丛氏祝融(烛龙)。关于烛龙(祝融)的故事,在澧、沅流域广为流传。

15. 善卷让王　善卷,崇山人。尧帝师,大贤人、大学问家、教育家,巫文化创立者之一。史载尧帝南巡北归时途经崇山,以"北面而问"的大礼向善卷求教,并请他出山接替帝位。舜帝也表示让王于他。《庄子·让王》有载:"舜以天下让善卷。善卷曰:'余立于宇宙之中,冬日衣皮毛,夏日衣葛绨(chì);春耕种,形足以劳动;秋收敛,身足以休息。日出而作,日入而息,逍遥于天地之间而心意自得。吾何以天下为哉!悲夫,子之不知余也!'遂不受。于是去而入深山,莫知其处。"善卷本为庸帝颛顼之孙,其子重、黎都曾任火神祝融之职。善卷因长寿而称"老童",因博学而称"卷章",因整理古籍而称"善卷",因隐居山林而称"野老"。是大庸国崇山熊馆大学的始创人和执教者,也是黄帝天门、二酉藏书的守护者和整理者,更是中国远古教育鼻祖。

411

16. 五老兴教　早在尧帝时代,出生崇山的善卷,在崇山北麓的熊溪创办熊馆大学(即"大庠")。后由鬻熊、鬼谷子发扬光大。《永定县志》载:"熊溪绕熊馆,经广岩咀入澧。"明代《澧记》也载:"旗亭济济,熊馆翼翼。"殷商末,周文王西伯侯姬昌拜一代庸帝鬻熊为师,办校育人,推翻纣王的统治。此事载入清廷军机处所藏孤本《军谶·教行》:"西伯于澧造灵台,立大庠(大学),以明人志伦理也;熊鬻子于庸造熊台,立熊馆,以育熊罴之士也。"其时,熊馆出了五个年龄皆在九十岁以上的教授,史称"五老",鬼谷子《野老》一书有载:熊鬻子,作《野熊》,称野熊老;熊道子,作《野天》,称野天老;熊算子,作《野地》,称野地老;熊书子,作《野山水》,称野风老;熊鸣子,作《野谋略》,称野谋老。为纪念这五个教育家,把武陵源的五座石峰命名为"五老峰",并建五老祠,庙址犹在。

17. 舜放驩兜　"舜放驩兜于崇山以变南蛮"。载之于《尚书》《史记》等典籍。驩兜,又称驩头、讙头、讙朱、浑沌、丹朱。生于崇山。尧帝儿子。与崇伯鲧、共工、三苗同为尧政权"八伯"之一。因在选拔帝尧接班人会议上,推荐共工反对虞舜遭到清洗。驩兜不服,父子反目。于是爆发"尧伐驩兜""尧伐丹水"之战。共工、三苗、鲧亦起兵声援驩兜。后战败。舜囚尧,登基,并将四位"叛臣"流放四边。驩兜率三苗族迁回崇山,铸驩兜鼎,建驩头国,又称三苗国、崇山天国,并举行盛大的崇山祭典活动。因崇山是先祖祝融、黄帝、颛顼早期立国之地,称"中央仙山",古碑犹存。故《庄子·应帝王》称驩兜是"中央之南为浑沌"。舜帝为根除后患,曾数次征剿崇山。崇山苗民大多远徙他方。驩兜死,葬崇山,今存驩兜墓、驩兜屋场、驩兜庙及十八里城堡遗址,还有两条舜帝开挖的"断脉沟",长达 1 公里。今存。

18. 伯鲧筑城　鲧,因封崇山侯而称崇伯鲧,一代庸帝,三苗大巫祖,筑城大师。《吕氏春秋》说:"夏鲧作城。"《淮南子》载:"昔者夏鲧作三仞之城。"相传崇山十八里城堡、枫香岗四方城、熊馆五方城、庸都古人堤都是他的杰作。古人堤苗语称"果庸堤",又称"鲧庸堤"。因鲧的影响,庸国筑城大师递代不辍。故古文字中,留下城、堤、潇、墉、墉、郦、墉等字义相同的文化字群:挡水防洪曰"堤",筑墙防兵曰"城",围堤蓄水曰"潇",板筑造房曰"墉",依堤吊楼曰"墉",造郭守民曰"郦",筑城卫君曰"墉"。由此可知大庸古国就是因筑城和治水而立国的文明古国。

19. 大禹治水 《庄子·秋水》载："禹之时,十年九潦。"尧帝命逐臣崇伯鲧治水,失败,被杀于羽山(今市北奉禹山,即凤羽山,又作子午台、太阳山)。继又命鲧之子大禹治水。《尚书·禹贡》载："岷山导江,东别为沱,又东至于澧。"说明大禹治水已达澧水。今市内"张国际"有白马泉,古有白马寺(清更名白龙庵),内供"神禹碑",共七十七字,蝌蚪文,乃鲧禹父子治水纪功碑,相传为大禹手书。清道光《永定县志》载："周宣之鼓,神禹之碑,历久长新者也。然其质古,并在镶刻,皆博物所毕具也,宜与邑乘并传不朽。"《大庸县地名录》载："协合公社插旗峪大队有禹王庙。"永定区有禹溪,又有禹溪乡。当年在白马寺当尼姑的八十岁老人刘代姑,还能背诵七十七字神禹碑文。大禹出生、成长于白马泉,因治水立功而受禅于崇山,建立夏朝。《竹书纪年》载："当尧之时,舜举之禹,祝融之神降于崇山,乃受舜禅,即天子之位。"可知大禹亦为一代祝融。夏朝最初的都城在大庸,故称"夏庸",讹称"下庸"。这也是崇伯鲧称"夏鲧"、大禹称"夏禹"的来由。

20. 庸师北伐　史载:商纣王宠妲姬,惟其言是听。荒于酒色,不理政事。废弃祭祀,收容四方之罪犯逃逋,以之为大夫卿士,暴疟百姓,残害忠良,天怒人怨。公元前 1039 年,年过九十高龄的一代庸帝鬻熊,秘密北上。周文王、周武王父子共拜鬻熊为师。鬻熊策反商大夫姜子牙并联合七个附庸国支持武王,共举义旗倒商。公元前 1066 年,鬻熊第三代孙、一代庸帝熊绎,统帅八国联军北伐殷都朝歌。《尚书·牧誓》有载:"嗟! 我友邦冢君御事,司徒、司马、司空、亚旅、师氏、千夫长、百夫长,及庸、蜀、羌、髳、微、卢、彭、濮人:称尔戈,比尔干,立尔矛,予其誓!"《湘西苗族》一书说:"熊绎是从崇山越过长江随武王伐纣的。"《尚书》有庸帝以天帝之名先后灭夏、灭商的记载:"上帝引逸,有夏不适逸则,惟帝降格……夏弗克庸帝。""诰告尔多方,非天庸释有夏,非天庸释有殷……"前句意思是:夏国不节制自己的放纵行为,于是上天降下天庸惩罚它。夏国不能战胜庸帝;后句意思是:告诉四方诸侯,并不是天庸大帝要舍弃夏国,也不是天庸大帝要舍弃殷商。

21. 熊绎建楚　熊绎率八国联军灭商后,庸军滞留周地,协助周武王平定叛乱,开创周朝江山。周成王三十七年(前1027),在周地漂泊三十九年后,熊绎庸人才被周天子封到长宽各五十里的荆楚之地。因为庸人常用藤木荆条做材料筑堤砌墙,建筑城池塘坝,故庸人又称"荆人""荆蛮"或"庸蛮"。"楚":丛木,本境称黄荆树,条长而韧,最宜筑墙。又南方曰楚。《书·禹贡》说:"荆州之域,周熊绎始封。"到楚熊严元年(前837)即190年后才正式建楚国。至前223年秦灭楚,历时614年。可知楚国乃大庸人所创,楚是庸国的子国。楚祖熊绎,原是受"天"之命灭商扶周的天庸大帝。

22. **穆王拜祖**　成书于春秋的《穆天子传》载：公元前960年夏,西周穆天子登上崇山县圃,"以望四野",说："春(崇)山是惟天之高山也！春山之泽,清水出泉,温和无风,飞鸟百兽之所饮食,先王(周文王)所谓县圃(县圃即悬在空中的昆仑花园)。春山,百兽之所聚也！飞鸟之所栖也！"又载："天子五日观于春山之上,乃为铭迹于县圃之上,以诏后世。"穆天子在崇山花园参观了五天,其间举行盛大祭祖仪式,并在花园刻下文字,以向天下告之这件事。《山海经》载："狄山(崇山),帝尧葬于阳,帝喾葬于阴。……吁咽(舜帝)、文王葬其所。"是说五帝时的帝喾、帝尧、帝舜及西周文王都安葬在崇山。穆王为文王第四代孙。据鬼谷子白公胜《军谶·教行》载："西伯(周文王)于澧造灵台,立大庠,以明人志伦理也；熊鬻子于庸造熊台,立熊馆,以育熊罴之士也。"是说周文王在澧水崇山下造灵台,创办熊馆大学；庸帝鬻熊在大庸熊溪峪造熊台,创立熊馆武学。鬻熊曾协助周文王推翻殷商,建立西周王朝,故周文王死后归葬崇山是回归祖地。穆天子上崇山拜祖即拜周文王。

23. 三子分庸　楚国大约从熊渠伐庸,到武王熊通封长子瑕于屈邑(永定屈家坊),及至庄王熊侣,已萌生灭宗周、灭大庸国的野心。《史记·楚世家》载:公元前611年,庄王三年不上朝,"左抱郑姬,右抱越女",日夜纵淫于酒色之中,有敢上谏者皆杀之。大臣伍举冒死入谏,责问道:"有鸟在于阜,三年不蜚(飞)不鸣,是何鸟也?"庄王答说:"三年不蜚,蜚将冲天;三年不鸣,鸣将惊人。"原来庄王三年闭门不出,以"淫隐"为幌子,实则是密谋一桩天大的"僭(jiàn)越"(犯上作乱)之举:灭上庸,灭宗周。这一阴谋,早被上庸(湖北竹山)察觉,意欲兴师问罪,恰在这年赶上"楚大饥",上庸军乘机帅群蛮、麇人率百濮向楚发难,挑起战争,却正好为庄王找到灭上庸的口实。而庸人七战皆捷,势如破竹。庄王于是联合秦国、巴国,一举瓜分上庸,彻底摧毁了大庸国设在北方的军事基地。这就是战国史上著名的"三子分庸"事件。子,即古代五等王位"公侯伯子男"之第四位。

24. 屈氏后庸　公元前 720 年,楚武王封长子莫敖(楚国最高军政祭祀大臣)熊瑕于大庸屈家坊,并以屈为姓,同时进入大庸国朝廷,意在伺机篡夺大庸国王权。直到公元前 611 年三子分庸,上庸军事主力彻底覆灭,屈瑕的第四代孙屈荡乘机逼宫,夺了老庸王政权,大庸帝国易熊为屈,开始了屈姓执政的"屈氏后庸时代"。屈氏后庸,仍然沿袭"两国共监"和"二权监任"制,即:在庸,庸王兼任楚国莫敖、若敖;在楚,楚王兼任庸王。出土于湖北楚国的"庸王钟",就是明证。屈氏庸国为楚国承担四件大事:一是监管庸楚及众子国的崇山祭祀;二是组建屈氏家族军队;三是发展农耕;四是振兴熊馆大学,为大楚储备输送人才。故大庸兴则大楚兴;大庸衰而大楚衰。

25. 天门鬼谷　鬼谷子被公认为是世界谋略之祖。其名声几乎占据了半部战国史。明《岳州府志》载:"鬼谷洞,在天门山下,有洞虚厂,深邃如屋,相传鬼谷子遁居于此。"《幼学故事琼林》说:"称善卜卦者曰今之鬼谷。[注]王诩受道于老君,隐居鬼谷源,因以为号,善卜筮兵法,常入云梦山采药,得道不老。"鬼谷源在天门山之北的老道湾雪花洞,此即鬼谷子故居。鬼谷洞在天门山万丈绝壁,相传是鬼谷子初期隐身避难之处。云梦山即天门山。澧州嘉庆举人龚经济作《鬼谷洞》,发现他就是楚平王之孙白公胜:"乞儿状貌本不凡,苦心为衍捭阖策。"本土史家李书泰从鬼谷子《分定经》中破译,发现这个"乞儿"正是楚平王之孙白公胜。先为慈利白县令,后为复仇发动政变失败,破相毁容,隐居天门鬼谷,因以为号,著《捭阖策》。晚年受聘于崇山熊馆,创鬼谷学宫,作《野老》。苏秦、张仪、孙膑、庞涓、屈原等一批战国风云人物,皆为其弟子。

　　26. 秦国灭庸　公元前 280 年秋,秦国驻蜀大将军司马错以声北击南战略,明派十万大军、大舶船万艘、米六百万斛,自重庆东下长江,北上汉水,直逼商於之地(上庸);暗中却亲帅十万主力,偃旗息鼓从重庆溯乌江,穿酉阳,入酉水。然后分兵两路:一路由次孙司马靳率兵五万直指黔中(沅陵);一路由司马错亲帅五万精兵拔施庸国,捣后坪关,然后夜袭庸都。所谓明取上庸,暗拔黔中;明拔黔中,暗灭大庸。八十五岁的末代庸王屈伯庸,率主力在黔中苦战;屈原儿子屈平平则为保卫庸都与司马错挑灯夜战。屈原《招魂》词记下了这场血腥的夜战:"青骊结驷兮,齐千乘。悬火延起兮,玄颜蒸。……"结果是:屈平平战死,庸都摧毁。秦军继而直捣屈家坊,一万余口屈姓俘虏被坑杀在崇阳坪万人坑;屈原故里、老庸湾屈伯庸府邸,尽被毁灭;积累数千年的崇山文化遗存,亦全部抢掠毁灭。老庸王黔中失败,战死北溶。一个延续数千年的大庸古国从此消失于历史烟云之中。

27. 庸国疆域　《尚书》称大庸国国君为庸帝、天庸。可证大庸实为远古第一帝国。"大庸"二字最迟见于西周鬼谷子《大庸五老》"此大庸之日月山谷兮",日月山即天门、七星山。大庸国疆域因时代变化或大或小。《竹书纪年》载:"颛顼高阳氏,元年,即居濮。""濮"指今永定、桑植、沅陵、慈利一带。此为颛庸国(颛顼国)初创时版土。后扩大到"东海之外(洞庭湖)、南方之极"的"委火炎风之野"(广东)。《史记·五帝本纪》载,颛顼庸国疆域"北至于幽陵(居庸),南至于交趾(越南哈部庸),西至于流沙(成都庸州),东至于蟠木(山东上中下庸。一说在日本误)。动静之物,日月所照,莫不砥属。"这是当时世界上最大的帝国。《荀子》说:"欲近四方,莫如中央;故王者必居天下之中,礼也。"这个中央,正在北纬30°、东径110°的大庸——中央仙山(今熊壁岩村),"中央仙山"碑石尚存。

28. 屈原回乡　　公元前298年,伟大诗人屈原政坛失败,被逐出楚国郢都,回到大庸屈家坊——潭口故里。公元前977年,宋太宗亲自主持修编的国史《太平御览》记载了这一史实:"(潭口)南北岸曰屈原之乡里。原既流放,忽然归,众人喜悦,因名南岸曰'归乡岸';原有姊,闻原还,亦来归,贵其矫世,乡人又名其北岸曰'姊归岸'。"清光绪《永定县乡土志》也记载了屈原的故乡——三闾宗坊:"八使匡卫,四姓称强。指树锡姓,插草画疆。屈昭斗叶,皆楚之良。三闾族籍,兰芷馨香。子孙千亿,列甲分房。无滋他种,永奠宗坊。今屈家坊潭口一带还留有与屈原相关的诸多遗迹,如祖屋里(屈原出生老屋)、三闾大夫祠、花门、兰香桥、花神桥(屈原以兰花神列为十二月花神之首)、兰岗(辟谷种兰三百七十余亩)、相公洞、相公溪(俗称屈原相公)、屈原老屋场(潭口日月岩下)、老庸湾、婆婆礅(屈原母亲修淑贤墓地)、水帘洞(一作女娲洞、岩屋堂,屈子读书洞)、万人坑、文华寺等。

29. 赧王归庸 赧王,名姬延,西周末代君王。史载:"公元前256年,秦攻西周,西周不敌,赧王入秦,尽献其邑三十六,人口三万,与九鼎宝器于秦。时年,周赧王卒,葬悱孤。西周亡。"清初顺治慈利贡生朱国挺作《周赧王陵》诗:"曾歌麦秀叹周京……东迁谁信又南征。"是说赧王葬悱孤是掩人耳目,其实已南下归隐大庸。据赧王墓前丁姓人家口传:西周亡国时,一丁姓旧臣携赧王逃回大庸,在丁家庸隐居数年,死后葬赧王山。唐代诗人王维作《赧王墓》诗:"蛮烟荒雨自千秋,夜邃空余鸟雀愁;周赧不辞亡国恨,却怜孤墓近驩兜。"赧王墓遥对崇山驩兜墓。查《丁氏族谱》:"吾丁姓出于姜齐太公,子伋(jí)为丁公,因以命氏,此丁氏之由来也。吾丁氏始出山东也。"山东为周朝开国勋臣姜子牙封地,丁公吕伋为姜子牙之子,其子孙在周世代为官。姜子牙曾在崇山熊馆读书,后协助鬻熊扶周灭商,今官黎坪有子牙溪。《山海经》载:周文王葬崇山。《湖广通志》说辰溪钟鼓洞为周穆王藏书处。又载:"大酉山有周穆王墓。"说明西周三位君王都葬在大庸国境内。

　　30. 庸人歌舞　《黑暗传》载："祝融氏，听鸟音，作乐歌……"唐代贾公彦疏："案《孝经纬》云：……祝融之乐曰《属续》。""断竹，续竹；飞土，逐宍（肉）"的属续之歌出自祝融。降生于崇山的祝融，是大庸古国的一代音乐之祖。女娲发明笙簧，独创"充乐"（崇山古乐）、伏羲的"驾辩""劳商"古谱；周文王的《文王操》；澧水民间的"九歌"；屈原自创《离骚》古谱，以及桑植民歌、傩戏傩舞、大庸阳戏、摆手舞、毛古斯舞等都肇始于古代庸国祭祀歌舞。故《民俗博览》说："庸人好巫，端公疗疾，其效神验，乃上古遗风也。""桑植民歌""大庸阳戏""毛古斯舞"已列入国家级非物质文华遗产。在我永定区沅古坪民间至今还在传唱《庸人歌·告祖词》："祝融佳人伴夜郎，繁衍百国围崧梁。伯庸八祖铸钟鼎，神农嫘祖植麻桑。"

31. 六义附庸　六义：又称六诗，《诗·大序》："诗有六义焉：一曰风，二曰赋，三曰比，四曰兴，五曰雅，六曰颂。"南朝刘勰《文心雕龙》："然赋也者，受命于诗人，拓宇于《楚辞》也。……爰锡名号，与诗画境，六义附庸，蔚成大国。"所谓"六义附庸"，指六种体裁的诗赋都是追随模仿庸国诗词手法、风格发展而来的。楚国乃庸之子国。《楚辞》直接源于庸国。故《诗经·鄘风》中有"定之方中，作于楚宫。揆之以日，作于楚室"等诗句。庸王"定之方中"为何要"作于楚宫"？庸国"揆之以日"为何要"作于楚室"？答案只有一个，那就是庸楚一家，庸是楚的母国，楚是庸的子国、属国。四句诗词的意思是庸王选择定星十月，准备动土修筑楚宫，并于庸国楚室度量日影方向，正式确定开工日期和仪式。

32. 附庸风雅　附庸风雅在今天是一个贬义词,用来贬低用文化装点门面的人,常常称那些暴发户购买书画的行为为"附庸风雅"。即本来没什么文化,却偏要装得很有文化,是谓"附庸风雅"。但在古代并非贬义,"附庸"是动词,就是追随庸国之意;"风雅",泛指文化。"附庸风雅",即"一附庸就风雅"。

33. 登庸纳揆　登庸,指皇帝登基;纳揆(音葵),指任命宰相。皇帝登基,任命宰相,比喻政权刚刚建立。《隋书·高祖纪》载:"登庸纳揆之时,草昧经纶之日。"皇帝登基曰登庸,说明庸国早已成为万世不变的皇权象征,是认定政体合法性不可逾越的法定依据和宗法传统。

34. 张良归隐 张良,名子房,鬼谷子一代掌门人,秦汉年间最伟大的军事家,因刺杀秦始皇曾遭全国通缉追杀。后辅佐刘邦,灭秦建汉,封留侯。刘邦登基后,大杀功臣,所谓"狡兔死,走狗烹;飞鸟尽,良弓藏;敌国破,谋臣亡"。张良心灰意冷,遂挂冠而去。今版《武陵源区志》写道:"张良墓,清道光《永定县志·陵墓》载:'汉留侯张良墓在青岩山,良得黄石公书后⋯⋯从赤松子游,邑中天门、青岩各山,多存遗亦。'⋯⋯其后韩信被诛,萧何初被囚,而张良'则从赤松子游,乃学辟谷,道引轻身'。因循楚大夫屈原放逐地入湘西而至青岩山立马驻足,故该地古名止马塌。"可证张良登天门、青岩(今武陵源),是循着屈原追随赤松子的路线而来的。后来,大庸一带留下许多张良隐逸的遗址和诗句,如:"见机入道出函关,相伴赤松不见还。天子洲头留胜迹,黄冠执绂拜青山。"诗中"天子洲",即指武陵源水绕四门天子洲。公元前961年,穆天子先后五游大庸,曾专程北游昆仑珠泽(今汩湖),在水绕四门驻留,因得名。相传汉高祖刘邦晚年曾追寻张良至天门山断山圻,君臣二人一唱一和对话。刘邦力劝张良回朝,被婉拒。民国时大庸民间以此为题材创作阳戏上演。

35. 马革裹尸 成语"马革裹尸"出自大庸。汉建武二十四年(公元 48 年),武陵蛮精夫(土家族首领)相单程在桑植发动数万土民起义,攻占充城(今古人堤),又先后攻占黔中、桃源,直逼常德。一路夺关据县,大杀贪官,开仓济贫。大武陵二十余个县闻风响应。光武帝派兵征讨,结果全军覆没。六十余岁的伏波将军马援披甲请缨。帝以岁高不准。马援慷慨陈词:"男儿要当死于边野,以马革裹尸还葬耳!"建武二十五年,马援与农民军战于壶头山(天门山),马军连战不利,困守三月余,时值炎天酷暑,瘟疫流行,将士多病死,马援也病死,应了马革裹尸而还的誓言。

36. 天门设郡　史载:"吴永安六年(公元263年)十一月,武陵蛮骚动,吴武陵太守钟离牧压服之。"当吴军刚抵达大庸,突闻天崩地裂之声—天门洞崩塌了。这一大自然变故,震撼了吴军、蛮军,双双即刻罢战。钟离牧日夜兼程赶赴建业(南京)禀报,一时朝野哗然!吴王孙休以为是"嘉祥"之兆,遂下旨"分武陵置天门郡",郡治设大庸充城(古人堤),辖零阳、溇中、充县。这是庸亡之后第一次升级设郡。次年七月,吴景帝死,孙皓继位,改元元兴。晋太康四年(283),天门郡治迁石门县,充县改名临澧县,县治在充城。南朝西魏恭帝二年(555),罢天门郡,设澧州。

37. 周帝封禅　北周建德四年(575),帝宇文邕(音庸)率文武百官登天门山,举行盛大封禅大典,以彰北周之国威。封禅,原指泰山上筑土为坛以祭天。其时,天下五岳尽被他国占尽,最近的衡山又不在北周版图之内,于是另辟一岳,将天门山封祀为南岳。《南岳志》载:"封泰山禅……惟北周分裂,望祀于天门山。"故天门山又名南岳。封禅之后,周帝下旨废临澧、溇中二县,以其地置北衡州,辖崇义县,州治和崇义县城均在古充城。这是大庸第二次升格为州。据考,天门南岳大祭坛位于天门洞顶灵泉水侧,方形,边长三丈,遗址犹存。

38. 隋置崇州　公元581年2月,北周静帝以杨坚"众望有归"下诏禅让。杨坚三让而受天命,即帝位于临光殿,定国号为大隋,改元开皇,宣布大赦天下。杨坚坐稳江山17年后,以礼尊庸国、崇拜祖山、取信于民、一统华夏政治目的,于开皇十八年(598),下旨改北衡州为崇州,零阳县为慈利县,与崇义县同属崇州管辖。这是大庸第三次升级。公元604年8月13日,隋文帝杨坚去世,其子杨广于大业二年(606)废崇州,改澧州郡为澧阳郡,统辖六县(慈利,大庸均属澧阳郡)。

39. 大庸建卫　明洪武元年(1368),为征讨覃垕,明廷在永顺县羊峰山设卫,筑排栅城。洪武二年(1369),降慈利州为大庸县(历 7 年),隶澧州。洪武三年(1370),迁羊山卫城于武溪大庸城(今大庸所),更名为大庸卫(历 19 年)。四年(一作三年),大庸卫迁址建城(今永定古城区)。洪武二十二年(1389),改大庸卫为永定卫(历 346 年)。洪武二十三年(1390),在慈利县增设九溪卫,两卫同隶湖广都使司,行政隶属慈利县。洪武二十九年(1396)划归岳州府。清雍正十三年(1734),土司自治地区改设流官,大小土司献土归流,永定卫茅岗长官司依令献土。撤永定卫置永定县(历 140 年)。

　　40. 闯王隐庸　明末清初,李自成兵败京城,一路溃败,辗转至澧水流域,先是隐居石门夹山寺,继而藏匿于永定天罗山下的徐树坡一带。其侄子李过则自号野拂当了天门山寺住持。慈利高峰四十八寨古城堡遗迹及野拂墓"战吴王于桂州,追李闯于澧水"碑文,均为有力物证。而在天门山东约 40 里的天罗山古庙,有一副气势磅礴的楹联:"壮志未酬尔等焉卸鞍马,宏愿必续吾辈岂低龙头"。庙碑刻有"戚六六和尚捐银一七零零两"字样。"戚"与"七"同意,"七六六"正是"李自成"三字的笔画数;"一七零零"代表"闯王"之"闯"字 17 画;"戚六六和尚"中"六六"二字,代表"六六大顺",暗含"大顺王朝"。三层含义指向一致,这捐银 1700两的"七六六和尚"正是闯王李自成!

41. 国父复庸 清朝末期,清政府同西方列强不断签订丧权辱国条约,中国一步步沦落为半封建半殖民地国家。统治者不思强国之道,反而提出"宁赠友邦,不予家奴;量中华之物力,结列强之欢心"的口号。以孙中山为代表的革命先行者愤然而起,于1905年在日本东京成立中国同盟会,确立"驱除鞑虏,恢复中华,创立民国,平均地权"的政治纲领,提出"民族、民权、民生"的三民主义。1911年辛亥,中国同盟会发动武昌起义,推翻清王朝,建立中华民国。民国三年(1914)一月,为贯彻"驱除鞑虏,恢复中华"的政治纲领,孙中山以北京临时国民政府令,取消明清以来沿袭三百多年的"永定县"旧称,恢复"大庸"古名,建立大庸县(历80年)。

42. 大庸建省　1934 年 10 月 24 日,红二、六军团攻占大庸县城,建立中华苏维埃共和国湘鄂川黔边区省革命委员会,由任弼时任书记,贺龙、夏曦、关向应、萧克、王震等为委员;成立边区军区,由贺龙任司令员,任弼时为政委;成立省革命委员会,贺龙为主席,夏曦、朱长清为副主席。边区省革委会控制永顺、大庸、桑植大部和龙山、保靖、桃源、慈利、常德等县一部分,并以大庸、桑植、永顺为中心,开辟湘鄂川黔革命根据地。由红二、六军团组建的红二方面军不仅自己完成长征,保存强大实力,而且为策应中央机关和中央红军长征、牵制和挫败数十万国民党军队立下不朽战功。同时,为粉碎张国焘分裂红军的阴谋、促成红四方面军北上会师、维护红军三大主力统一做出巨大贡献。

43. 大庸立市　1985 年 5 月 24 日,国务院批准撤改大庸县建制,建立县级大庸市。10 月 16 日召开大庸市成立大会。1988 年 5 月 18 日,国务院以国函〔1988〕77 号文件发出《关于湖南省大庸市实行市管县体制的批复》,同意大庸市升为地级市,将原常德市慈利县和湘西土家族苗族自治州桑植县划归大庸市管辖;将原县级大庸市辖地改为永定区,市人民政府驻永定区;以原大庸市协合、中湖二乡、张家界林场、慈利县索溪峪镇、桑植县天子山镇为武陵源行政区域,区人民政府驻索溪峪镇。1994 年 4 月 4 日,经国务院批准,大庸市更名为张家界市。

　　44. 大庸更名　"大庸"二字,古代为国名;明代先后为县名、卫名、所名;民国为县名;新中国先后为县名、县级市名、地级市名。20世纪80年代,因张家界声名鹊起,知名度远远超过大庸,1994年4月4日,国务院以国函〔1994〕25号批准大庸市更名为张家界市。

附：张家界人文史话三字序

《易·贲》：文明以止，人文也。观乎天文，以察时变；观乎人文以化成天下。

牛 吼

张家界，古庸境。居北纬，三十正。

一百一，界东经。控西南，锁洞庭。

根三苗，祖濮人。溯太古，史分明。

据科考，有确证。四六亿，火球冷。

卅亿后，滋藻萍。三亿八，大繁荣。

海沙填，石英成。森林出，恐龙奔。

吾人类，古猿生。考先祖，有远根。

祖元谋，宗巫灵。出云贵，落澧滨。

居草泽，务农耕。祝庸祖，钻火星。

降崇山，创文明。枫香岗，衍风姓。

察季风，风历行。麻空山，禖宫存。

祈生育，娱鬼神。华胥氏，履足痕。

孕伏羲，有异秉。观天象，察地运。

画八卦，古历成。法天道，农事顺。

猪牛肥，桑麻蓁。盐井开，粮田垦。

聚商贾，筑庸城。王濮地，演天文。

古崧梁，赤松隐。炼丹药，济初民。

至颛顼，生八俊。正巫教，别婚姻。

娶骓兜，嫁虞舜。交尧帝，结和亲。

伐时代，启文明。夏商周，庸为尊。

吾庸国,叶根深。至商末,逐鹿鼎。

崇庸人,主力军。伐腐纣,庸复兴。

屯竹山,亲姬成。楚庄王,联巴秦。

三子国,乱庸廷。宗主国,挂空名。

辉煌史,渐消泯。独鬼谷,通世情。

择圣地,著兵经。捭阖术,传古今。

其真身,乃白胜。居白县,隐天门。

我诗祖,名屈平。回故里,吟天问。

老娃山,赧王坟。扶灵柩,老臣心。

帝子殁,亡国恨。至始皇,秦王政。

游云梦,祀虞舜。设祭坛,望巇顶。

求不老,仙药寻。秦二灭,汉高兴。

立祖庙,颂帝名。张子房,智超群。

精道术,脱凡心。尚辟谷,厌权争。

追王孙,觅容成。隐青岩,了终身。

归天位,号真人。至东汉,相单程。

举义旗,布雄兵。踞澧溇,战充城。

皇宫震,汉帝惊。王师出,金鼓鸣。

马援狂,裹尸滚。战事终,天门静。

至三国,开天门。吴王喜,始设郡。

封太守,十余任。至北周,传宇文。

封禅地,置北衡。登云梦,拜天神。

至盛唐,邑安宁。文贤至,仙楼吟。

九溪客,八斗君。诗千载,张九龄。

至五代,属马殷。立铜柱,刻盟文。

北宋始,羁縻兴,流官制,设兵屯。

田承满,受君恩。封通判,抚夷民。

古庸地,显功名。武口寨,筑宋城。

创书院,曰紫荆。状元第,进士门。

贵世袭,重家声。虎符令,镇军营。

十三世,虎王称。宣慰使,双举人。

鄱阳战,朱陈争。田覃向,共赴征。

友谅败,洪武兴。十部将,退天门。

清余部,发重兵。四面剿,武口焚。

刐罢垦,除大坤。田氏族,抄满门。

田庹姓,一祖尊。牛角记,武溪魂。

两王灭,大明兴。建两卫,继兵屯。

重安抚,少血腥。邑民安,边境宁。

抗倭寇,建殊勋。出韬略,数唐仁。

老传统,至晚清。好男儿,投湘军。

守台湾,刘明灯。书虎字,海浪平。

打荆州,王子幽。杜兴五,冠武林。

称侠客,济民生。保国父,撼东瀛。

至我党,闹革命。贺老总,显智能。

第一枪,举世惊。歌八一,颂元勋。

新中国,日月新。吾溇澧,多才俊。

大院士,田泥盆。陈能宽,两弹星。

经济界,创论新。居首者,唯卓炯。

偶有悟,初成文。挂一璧,漏万珍。

疏练句,重寻根。不当处,请批评。

2009年4月25日清晨9时至26日凌晨02:00初稿;2013年9月10日17:25修定。

【附一】古庸国重要历史文献辑录

一、《三坟》

1.《山坟》,即天皇伏羲氏《连山易》爻卦大象

崇山君　君臣相　君民官　君物龙　君阴后　君阳师　君兵将　君象首伏

山臣　臣君侯　臣民士　臣物龟　臣阴子　臣阳父　臣兵卒　臣象股

列山民　民君食　民臣力　民物货　民阴妻　民阳夫　民兵器　民象体兼

山物　物君金　物臣木　物民土　物阴水　物阳火　物兵执　物象春

潜山阴　阴君地　阴臣野　阴民鬼　阴物兽　阴阳乐　阴兵妖　阴象冬连

山阳　阳君天　阳臣干　阳民神　阳物禽　阳阴礼　阳兵谴　阳象夏

藏山兵　兵君帅　兵臣佐　兵民军　兵物材　兵阴谋　兵阳阵　兵象秋迭

山象　象君日　象臣月　象民星　象物云　象阴夜　象阳昼　象兵气

2.《气坟》,即人皇神农氏《归藏易》爻卦大象

天气归,归藏定位,归生魂,归动乘舟,归长兄,归育造物,归止居域,归杀降;地气藏,藏归交,藏生卵,藏动鼠,藏长姊,藏育化物,藏止重门,藏杀盗;木气生,生归孕,生藏害,生动勋阳,生长元胎,生育泽,生止性,生杀相克;风气动,动归乘轩,动藏受种,动生机,动长风,动育源,动止戒,动杀虐;火气长,长归从师,长藏从夫,长生志,长动丽,长育违道,长止平,长杀顺性;水气育,育归流,育藏海,育生爱,育动渔,育长苗,育止养,育杀畜;山气止,止归约,止藏渊,止生貌,止动济,长植物,止育润,止杀宽宥;金气杀,杀归尸,杀藏墓,杀生无忍,杀动干戈,杀长战,杀育无伤,杀止乱。

3.《形坟》即地皇轩辕氏《乾坤易》爻卦大象

乾形天,地天降气,日天中道,月天夜明,山天曲上,川天曲下,云天成阴,气天习蒙;坤形地,天地圆丘,日地圜宫,月地斜曲,山地险径,川地广平,云地高林,气

地下湿；阳形日,天日昭明,地日景随,月日从朔,山日沉西,川日流光,云日蔽露,气日缙蒳;阴形月,天月淫,地月伏辉,日月代明,山月升腾,川月东浮,云月藏宫,气月冥阴;土形山,天山岳,地山盘石,曰山危峰,月山斜巅,川山岛,云山岫,气山岩;水形川,天川汉,地川河,日川湖,月川曲池,山川涧,云川溪,气川泉;雨形云,天云祥,地云黄霁,日云赤昙,月云素雯,山云迭峰,川云流漳(上雨下章),气云散彩;风形气,天气垂氲,地气腾氲,日气昼围,月气夜圆,山气笼烟 川气浮光,云气流霞。

《太古河图代姓纪》

清气未升,浊气未沉,游神未灵,五色未分,中有其物,冥冥而性存,谓之混沌。混沌为太始。太始者,元胎之萌也。太始之数一,一为太极。太极者,天地之父母也。一极易,天高明而清,地博厚而浊,谓之太易。太易者,天地之变也。太易之数二,二为两仪。两仪者,阴阳之形也,谓之太初。太初者,天地之交也。太初之数四,四盈易,四象变而成万物,谓之太素。太素者,三才之始也。太素之数三,三盈易,天地孕而生男女,谓之三才。三才者,天地之备也。游神动而灵,故飞、走、潜、化、动、植、虫、鱼之类,必备于天地之间,谓之太古。太古者,生民之始也。太古之人皆寿,盈易始三男三女,冬聚夏散,食鸟、兽、虫、鱼、草、木之实,而男女构精,以女生为姓。始三头,谓之合雄纪。生子三世。合雄氏没,子孙相传,记其寿命,谓之叙命纪。通纪四姓,生子二世。男女众多,群居连逋,从强而行,是谓连逋纪。生子一世,通纪五姓,是谓五姓纪。天下群居,以类相亲,男女众多,分为九头,各有居方,故号居方氏。没,生子三十二世,强弱相迫,欲生吞害。中有神人,提铤而治,故号提挺氏。提挺氏生子三十五纪,通纪七十二姓,故号通姓氏。有巢氏生,太古之先觉,识于天地草、木、虫、鱼、鸟、兽,俾人居巢穴,积鸟兽之肉,聚草木之实,天下九头咸归。有巢始君也,动止,群群相聚而尊事之。寿一太易,本通姓氏之后也。燧人氏,有巢子也,生而神灵,教人炮食,钻木取火,天下生灵尊事之。始有日中之市,交易其物,有传教之台,有结绳之政,寿一太易,本通姓氏之后也。

伏羲氏,燧人子也,因风而生,故风姓。末甲八太七成,三十二易草木,草生月,雨降日,河泛时,龙马负图,盖分五色,文开五易,甲象崇山。天皇始画八卦,皆连山,名《易》。君臣民物阴阳兵象,始明于世。图出后二成三十二易草木,木枯月,命臣飞龙氏造六书。后草木一易,木王月,命臣潜龙氏作甲历。伏制牺牛,治金成器,教民炮食。易九头为九牧,因尊事为礼仪,因龙出而纪官,因风来而作乐。命降龙氏何率万民,命水龙氏平治水土,命火龙氏炮治器用,因居方而置城郭。天下之民号曰天皇、太昊、伏牺、有庖、升龙氏,本通姓氏之后也。

《天皇伏羲氏皇策辞》:

昔在天皇,居于君位,咨于将,咨于相,咨于民,垂皇策辞。皇曰:惟我生无道,承父居方,三十二易草木,上升君位。我父燧皇归世,未降河图,生民结绳,而无不信。于末甲八太七成,三十二易草木,惟我老极。姓生人众多,群群虫聚,欲相吞害。惟天至仁,于草生月,天雨降河,龙马负图,神开我心,子其未生,我画八卦,自上而下咸安。其居后二成二十二易草木,皇曰:命子襄居我飞龙之位,主我图文,代我咨于四方上下,无或私。襄曰:咸若咨众之辞,君无念哉。后一易草木,皇曰:命子英居我潜龙之位,主我阴阳甲历,咨于四方上下,无或差。英曰:依其法亦顺,君无念哉。皇曰:无为。后二十二易草木,昊英氏进历于君曰:历起甲寅。皇曰:甲日寅辰,乃鸠众于传教台,告民示始甲寅。易二月,天王升传教台,乃集生民后女娲子,无分臣工大小列之。右上相共工,下相皇桓。飞龙朱襄氏、潜龙昊英氏居君左右。栗陆氏居北,赫胥氏居南,昆连氏居西,葛天氏居东,阴康民居下。九州岛之牧,各统其人群,居于外。皇曰:咨予上相共工,我惟老极无为,子惟扶我正道,咨告于民,俾知甲历,日月岁时自兹始,无或不记,子勿怠。共工曰:工居君臣之位,无有劳,君其念哉。皇曰:下相皇桓,我惟老极无为,子惟扶我正道,抚爱下民,同力咨告于民,俾知甲历,日月岁时自兹始,无或不记,子其勿怠。桓曰:居君臣之位,无有劳,君其念哉。皇曰:栗陆子居我水龙之位,主养草木,开道泉源,无或失时,子其勿怠。陆曰:竭力于民,君其念哉。皇曰:大庭主我屋室,视民之未居者喻之,借力同构其居,无或寒冻。庭曰:顺民之辞。皇曰:阴康子居水土,俾民居处无或漂流,勤于道,达于下。康曰:顺君之辞。皇曰:浑沌子居我降龙之位,惟主于民。皇曰:昆连子主我刀斧,无俾野兽牺虎之类伤残生命,无俾同类大力之徒区逐微弱,子其伏之。连曰:专主兵事,君无念哉。皇曰:四方之君,咸顺我辞,则世无害惟爱于民,则位不危。皇曰:子无怀安,惟安于民,民安子安,民危子危,子其念哉。

《人皇神农氏政典》:

政典曰:惟天生民,惟君奉天,惟食丧祭衣服教化,一归于政。皇曰:我惟生无德,咸若古政。嗟尔四方之君,有官有业,乃子乃父,乃兄乃弟,无乱于政。昔二君始王,未有书契,结绳而治,交易而生,亦惟归政。昔在天皇,肇修文教,始画八卦,明君臣民物阴阳兵象,以代结绳之政。出言惟辞,制器惟象,动作惟变,卜筮惟占。天皇氏归气,我惟代政,惟若古道以立政。皇曰:正天时,因地利,惟厚于民。民惟邦本,食惟民天。农不正,食不丰;民不正,业不专。惟民有数,惟食有节,惟农有教。林林生人,无乱政典。政典曰:君正一道,二三凶。臣正一德,有常吉。时正惟四,乱时不植。气正惟和,气乱作疠。官正惟百,民正惟四,色正惟五,惟质惟良。病正四百四,药正三百六十五。过数乃乱,而昏而毒。道正惟常,过政反僻。刑正平,过正反私。禄正满,过正反侈。礼正度,过政反僭。乐正和,过政反流。治正简,过政反乱。丧正哀,过政反游。干戈正乱,过政反危。市肆正货,过政反邪。讥禁正非,过政失用。皇曰:嗟尔有官有业,乃子乃父,乃兄乃弟,咸若我辞,一归于正。皇曰:君相信任惟正,相君臣位惟忠,相官统治惟公,官相代位惟勤,民官抚爱惟仁,官民事上惟业。父无不义,厥子惟孝。兄无不友,厥弟惟恭。夫不游,妻不淫,师不怠,教不失。刑者形也,形尔身。道者导也,导尔志。礼者制也,制尔情。乐者和也,和尔声。政者正也,正其事。

《地皇轩辕氏政典》:

皇曰:嗟尔天师辅相、五正、百官、士子、农夫、商人、工技,咸若我言。政典曰:国无邪教,市无淫货,地无荒土,官无滥士,邑无游民,山不童,泽不涸,其正道至矣。正道至则官有常职,民有常业,父子不背恩,夫妇不背情,兄弟不去义,禽兽不失长,草木不失生。政典曰:方圆角直,曲斜凹凸,必有形。远近高下,长短疾缓,必有制。寒暑燥湿,风雨逆顺,必有时。金木水火,土石羽毛,必有济。布帛桑麻,筋角齿革,必有用。百工器用,必有制。圣人治天下,权以聚财,财以施智,智以畜贤,贤以辅道,道以统下,不以事上,上以施仁,仁以保位,位以制义,义以培礼,礼以制情,情以敦信,信以一德,德以明行,行以崇教,教以归政,政以崇化,化以顺性,性以存命,命以保生,生以终寿。

皇曰:岐伯天师,尔司日月星辰,阴阳历数。尔正尔考,无有差贷。先时者杀,不及时者杀,尔惟戒哉。

皇曰:后土中正,尔识山川草木,虫鱼鸟兽。尔掌尔察,无乱田制,以作田讼。尔惟念哉。

皇曰:龙东正,尔分爵禄贤智,尔咨尔行,无掩大贤以悕财,无庇恶德以私赏。

皇曰:融南正,尔平礼服祭祀,尔正惟,无乱国制以僭上,无废祀事以简恭,尔惟念哉。

皇曰:太封西正,尔分干戈刑法,尔掌尔平。

皇曰:太常北正,尔居田制民事,尔训尔均。百工惟良,山川尔图。尔惟勤恭哉。

皇曰:天师辅相、五正、百官、士子、农夫、商人、工技,咸顺我言,终身于休。——后序(唐末隐士)

《传》曰:《河图》隐于周初,《三坟》亡于幽厉,《洛书》火于亡秦,治世之道不可复见。余自天复中隐于青城之西,因风雨石裂,中有石匣,得古文三篇,皮断简脱,皆篆字,乃上古三皇之书也。

二、《诗经·国风·墉风》

1. 柏舟

[诗序]——柏舟,共姜自誓也。卫世子共伯蚤死,其妻守义,父母欲夺而嫁之,誓而弗许,故作诗以绝之。

【诗文】

泛彼柏舟,在彼中河。髧彼两髦,实维我仪。之死矢靡它。母也天只! 不谅人只! 泛彼柏舟,在彼河侧。髧彼两髦,实维我特。之死矢靡慝。母也天只! 不谅人只!

(柏舟二章,章七句)

墙有茨

[诗序]——墙有茨,卫人刺其上也。公子顽通乎君母,国人疾之而不可道也。

【诗文】

墙有茨,不可埽也。中冓之言,不可道也,所可道也,言之丑也。墙有茨,不可襄也。中冓之言,不可详也,所可详也,言之长也。墙有茨,不可束也。中冓之言,不可读也,所可读也,言之辱也。

(墙有茨三章,章六句)

2. 君子偕老

[诗序]——君子偕老,刺卫夫人也。夫人淫乱,失事君子之道,故陈人君之德,服饰之盛,宜与君子偕老也。

【诗文】

君子偕老,副笄六珈。委委佗佗,如山如河。

象服是宜,子之不淑,云如之何!

玼兮玼兮,其之翟也。鬒发如云,不屑髢也。玉之瑱也,象之揥也,扬且之晳也。胡然而天也? 胡然而帝也? 瑳兮瑳兮,其之展也。蒙彼绉绤,是绁袢也。子之清扬,扬且之颜也。展如之人兮,邦之媛也。

(君子偕老三章,一章七句、一章九句、一章八句)

3. 桑中

[诗序]——桑中,刺奔也。卫之公室淫乱,男女相奔,至于世族在位,相窃妻

妾,期于幽远。政散民流,而不可止。

【诗文】

爱采唐矣,沬之乡矣。云谁之思? 美孟姜矣。期我乎桑中,要我乎上宫,送我乎淇之上矣。爱采麦矣,沬之北矣。云谁之思? 美孟弋矣。期我乎桑中,要我乎上宫,送我乎淇之上矣。爱采葑矣,沬之东矣。云谁之思? 美孟庸矣。期我乎桑中,要我乎上宫,送我乎淇之上矣。

(桑中三章,章七句)

4. 鹑之奔奔

[诗序]——鹑之奔奔,刺卫宣姜也。卫人以为宣姜鹑鹊之不若也。

【诗文】

鹑之奔奔,鹊之强强。人之无良,我以为兄。

鹊之强强,鹑之奔奔。人之无良,我以为君。

(鹑之奔奔二章,章四句)

5. 定之方中

[诗序]——定之方中,美卫文公也。卫为狄所灭,东徙渡河,野处漕邑,齐桓公攘戎狄而封之。文公徙居楚丘,始建城市而营宫室,得其时制,百姓说之,国家殷富焉。

【诗文】

定之方中,作于楚宫。揆之以日,作于楚室。树之榛栗,椅桐梓漆,爱伐琴瑟。升彼虚矣,以望楚矣。望楚与堂,景山与京。降观于桑,卜云其吉,终然允臧。灵雨既零,命彼倌人,星言夙驾,说于桑田。匪直也人,秉心塞渊,騋牝三千。

(定之方中三章,章七句)

6. 蝃蝀

[诗序]——蝃蝀,止奔也。卫文公能以道化其民,淫奔之耻,国人不齿也。

【诗文】

蝃蝀在东,莫之敢指。女子有行,远父母兄弟。朝隮于西,崇朝其雨。女子有行,远兄弟父母。乃如之人也,怀昏姻也,大无信也,不知命也。

(蝃蝀三章,章四句)

7. 相鼠

[诗序]——相鼠,刺无礼也。卫文公能正其群臣,而刺在位承先君之化无礼仪也。

【诗文】

相鼠有皮,人而无仪。人而无仪,不死何为? 相鼠有齿,人而无止。人而无止,不死何俟? 相鼠有体,人而无礼。人而无礼,胡不遄死?

(相鼠三章,章四句)

8. 干旄

[诗序]——干旄,美好善也。卫文公臣子多好善,贤者乐告以善道也。

【诗文】

孑孑干旄,在浚之郊。素丝纰之,良马四之。彼姝者子,何以畀之? 孑孑干旟,在浚之都。素丝组之,良马五之。彼姝者子,何以予之? 孑孑干旌,在浚之城。素丝祝之,良马六之。彼姝者子,何以告之?

(干旄三章,章六句)

载驰

[诗序]——载驰,许穆夫人作也。闵其宗国颠覆,自伤不能救也。卫懿公为狄人所灭,国人分散,露于漕邑。许穆夫人闵卫之亡,伤许之小,力不能救,思归唁其兄,又义不得,故赋是诗也。

【诗文】

载驰载驱,归唁卫侯。驱马悠悠,言至于漕。大夫跋涉,我心则忧。

既不我嘉,不能旋反。视尔不臧,我思不远? 既不我嘉,不能旋济。视尔不臧,我思不閟? 陟彼阿丘,言采其蝱。女子善怀,亦各有行。许人尤之,众穉且狂。我行其野,芃芃其麦。控于大邦,谁因谁极? 大夫君子,无我有尤,百尔所思,不如我所之。

(载驰五章,一章六句、二章章四句、一章六句、一章八句)

三、历代典籍对古庸国三皇五帝及重臣的记载

(一)《史记·五帝本纪》

《五帝本纪》是《史记》全书一百三十篇中的第一篇,记载的是远古传说中相继为帝的五个部落首领——黄帝、颛顼(zhuān xū,专须)、帝喾(kù,酷)、尧、舜的事迹。同时也记录了当时部落之间频繁的战争,部落联盟首领实行禅让,远古初民战猛兽、治洪水、开良田、种嘉谷、观测天文、推算历法、谱制音乐舞蹈等多方面的情况。这些虽为传说,但从人类历史发展的规律和地下文物的发掘来看,有些记载亦属言之有征,它为我们了解和研究远古社会,提供了某些线索或信息。

黄帝

黄帝者,少典之子,姓公孙,名曰轩辕。生而神灵,弱而能言,幼而徇齐,长而

敦敏,成而聪明。轩辕之时,神农氏世衰。诸侯相侵伐,暴虐百姓,而神农氏弗能征。于是轩辕乃习用干戈,以征不享,诸侯咸来宾从。而蚩尤最为暴,莫能伐。炎帝欲侵陵诸侯,诸侯咸归轩辕。轩辕乃修德振兵,治五气,艺五种,抚万民,度四方,教熊罴貔貅䝙虎,以与炎帝战于阪泉之野。三战,然后得其志。蚩尤作乱,不用帝命。于是黄帝乃征师诸侯,与蚩尤战于涿鹿之野,遂禽杀蚩尤。而诸侯咸尊轩辕为天子,代神农氏,是为黄帝。天下有不顺者,黄帝从而征之,平者去之,披山通道,未尝宁居。

东至于海,登丸山,及岱宗。西至于空桐,登鸡头。南至于江,登熊、湘。北逐荤粥,合符釜山,而邑于涿鹿之阿。迁徙往来无常处,以师兵为营卫。官名皆以云命,为云师。置左右大监,监于万国。万国和,而鬼神山川封禅与为多焉。获宝鼎,迎日推筴。举风后、力牧、常先、大鸿以治民。顺天地之纪,幽明之占,死生之说,存亡之难。时播百谷草木,淳化鸟兽虫蛾,旁罗日月星辰水波土石金玉,劳勤心力耳目,节用水火材物。有土德之瑞,故号黄帝。黄帝二十五子,其得姓者十四人。

颛顼

黄帝居于轩辕之丘,而娶于西陵之女,是为嫘祖为黄帝正妃,生二子,其后皆有天下:其一曰玄嚣,是为青阳,青阳降居江水;其二曰昌意,降居若水。昌意娶蜀山氏女,曰昌仆,生高阳,高阳有圣德焉。黄帝崩,葬桥山。其孙昌意之子高阳立,是为帝颛顼也。

帝颛顼高阳者,黄帝之孙而昌意之子也。静渊以有谋,疏通而知事;养材以任地,载时以象天,依鬼神以制义,治气以教化,絜诚以祭祀。北至于幽陵,南至于交阯,西至于流沙,东至于蟠木。动静之物,大小之神,日月所照,莫不砥属。

帝喾

帝颛顼生子曰穷蝉。颛顼崩,而玄嚣之孙高辛立,是为帝喾。

帝喾高辛者,黄帝之曾孙也。高辛父曰蟜极,蟜极父曰玄嚣,玄嚣父曰黄帝。自玄嚣与蟜极皆不得在位,至高辛即帝位。高辛于颛顼为族子。

高辛生而神灵,自言其名。普施利物,不于其身。聪以知远,明以察微。顺天之义,知民之急。仁而威,惠而信,修身而天下服。取地之财而节用之,抚教万民而利诲之,历日月而迎送之,明鬼神而敬事之。其色郁郁,其德嶷嶷。其动也时,其服也士。帝喾溉执中而遍天下,日月所照,风雨所至,莫不从服。

帝喾娶陈锋氏女,生放勋。娶娵訾氏女,生挚。帝喾崩,而挚代立。帝挚立,不善(崩),而弟放勋立,是为帝尧。

帝尧

帝尧者,放勋。其仁如天,其知如神。就之如日,望之如云。富而不骄,贵而不舒。黄收纯衣,彤车乘白马。能明驯德,以亲九族。九族既睦,便章百姓。百姓昭明,合和万国。

乃命羲、和,敬顺昊天,数法日月星辰,敬授民时。分命羲仲,居郁夷,曰旸谷。敬道日出,便程东作。日中,星鸟,以殷中春。其民析,鸟兽字微。申命羲叔,居南交。便程南为,敬致。日永,星火,以正中夏。其民因,鸟兽希革。申命和仲,居西土,曰昧谷。敬道日入,便程西成。夜中,星虚,以正中秋。其民夷易,鸟兽毛毨。申命和叔;居北方,曰幽都。便在伏物。日短,星昴,以正中冬。其民燠,鸟兽氄毛。岁三百六十六日,以闰月正四时。信饬百官,众功皆兴。

尧曰:"谁可顺此事?"放齐曰:"嗣子丹朱开明。"尧曰:"吁!顽凶,不用。"尧又曰:"谁可者?"讙兜曰:"共工旁聚布功,可用。"尧曰:"共工善言,其用僻,似恭漫天,不可。"尧又曰:"嗟,四岳,汤汤洪水滔天,浩浩怀山襄陵,下民其忧,有能使治者?"皆曰鲧可。尧曰:"鲧负命毁族,不可。"岳曰:"异哉,试不可用而已。"尧于是听岳用鲧。九岁,功用不成。

尧曰:"嗟!四岳:朕在位七十载,汝能庸命,践朕位?"岳应曰:"鄙德忝帝位。"尧曰:"悉举贵戚及疏远隐匿者。"众皆言于尧曰:"有矜在民闲,曰虞舜。"尧曰:"然,朕闻之。其何如?"岳曰:"盲者子。父顽,母嚚,弟傲,能和以孝,烝烝治,不至奸。"尧曰:"吾其试哉。"于是尧妻之二女,观其德于二女。舜饬下二女于妫汭,如妇礼。尧善之,乃使舜慎和五典,五典能从。乃遍入百官,百官时序。宾于四门,四门穆穆,诸侯远方宾客皆敬。尧使舜入山林川泽,暴风雷雨,舜行不迷。尧以为圣,召舜曰:"女谋事至而言可绩,三年矣。女登帝位。"舜让于德不怿。正月上日,舜受终于文祖。文祖者,尧大祖也。

于是帝尧老,命舜摄行天子之政,以观天命。舜乃在璇玑玉衡,以齐七政。遂类于上帝,禋于六宗,望于山川,辩于群神。揖五瑞,择吉月日,见四岳诸牧,班瑞。岁二月,东巡狩,至于岱宗,柴,望秩于山川。遂见东方君长,合时月正日,同律度量衡,修五礼五玉三帛二生一死为挚,如五器,卒乃复。五月,南巡狩;八月,西巡狩;十一月,北巡狩:皆如初。归,至于祖祢庙,用特牛礼。五岁一巡狩,群后四朝。遍告以言,明试以功,车服以庸。肇十有二州,决川。象以典刑,流宥五刑,鞭作官刑,扑作教刑,金作赎刑。眚灾过,赦;怙终贼,刑。钦哉,钦哉,惟刑之静哉!

讙兜进言共工,尧曰不可而试之工师,共工果淫辟。四岳举鲧治鸿水,尧以为不可,岳强请试之,试之而无功,故百姓不便。三苗在江淮、荆州数为乱。于是舜归而言于帝,请流共工于幽陵,以变北狄;放讙兜于崇山,以变南蛮;迁三苗于三危,以变西戎;殛鲧于羽山,以变东夷:四罪而天下咸服。

帝舜

尧立七十年得舜,二十年而老,令舜摄行天子之政,荐之于天。尧辟位凡二十八年而崩。百姓悲哀,如丧父母。三年,四方莫举乐,以思尧。尧知子丹朱之不肖,不足授天下,于是乃权授舜。授舜,则天下得其利而丹朱病;授丹朱,则天下病而丹朱得其利。尧曰:"终不以天下之病而利一人",而卒授舜以天下。尧崩,三年之丧毕,舜让辟丹朱于南河之南。诸侯朝觐者不之丹朱而之舜,狱讼者不之丹朱而之舜,讴歌者不讴歌丹朱而讴歌舜。舜曰:"天也",夫而后之中国践天子位焉,是为帝舜。

虞舜者,名曰重华。重华父曰瞽叟,瞽叟父曰桥牛,桥牛父曰句望,句望父曰敬康,敬康父曰穷蝉,穷蝉父曰帝颛顼,颛顼父曰昌意:以至舜七世矣。自从穷蝉以至帝舜,皆微为庶人。

舜父瞽叟盲,而舜母死,瞽叟更娶妻而生象,象傲。瞽叟爱后妻子,常欲杀舜,舜避逃;及有小过,则受罪。顺事父及后母与弟,日以笃谨,匪有解。

舜,冀州之人也。舜耕历山,渔雷泽,陶河滨,作什器于寿丘,就时于负夏。舜父瞽叟顽,母嚚,弟象傲,皆欲杀舜。舜顺适不失子道,兄弟孝慈。欲杀,不可得;即求,尝在侧。

舜年二十以孝闻。三十而帝尧问可用者,四岳咸荐虞舜,曰可。于是尧乃以二女妻舜以观其内,使九男与处以观其外。舜居妫汭,内行弥谨。尧二女不敢以贵骄事舜亲戚,甚有妇道。尧九男皆益笃。舜耕历山,历山之人皆让畔;渔雷泽,雷泽上人皆让居;陶河滨,河滨器皆不苦窳。一年而所居成聚,二年成邑,三年成都。尧乃赐舜絺衣,与琴,为筑仓廪,予牛羊。瞽叟尚复欲杀之,使舜上涂廪,瞽叟从下纵火焚廪。舜乃以两笠自捍而下,去,得不死。后瞽叟又使舜穿井,舜穿井为匿空旁出。舜既入深,瞽叟与象共下土实井,舜从匿空出,去。瞽叟、象喜,以舜为已死。象曰:"本谋者象。"象与其父母分,于是曰:"舜妻尧二女,与琴,象取之。牛羊仓廪予父母。"象乃止舜宫居,鼓其琴。舜往见之。象鄂不怿,曰:"我思舜正郁陶!"舜曰:"然,尔其庶矣!"舜复事瞽叟爱弟弥谨。于是尧乃试舜五典百官,皆治。

昔高阳氏有才子八人,世得其利,谓之"八恺"。高辛氏有才子八人,世谓之"八元"。此十六族者,世济其美,不陨其名。至于尧,尧未能举。舜举八恺,使主后土,以揆百事,莫不时序。举八元,使布五教于四方,父义、母慈、兄友、弟恭、子孝,内平外成。

昔帝鸿氏有不才子，掩义隐贼，好行凶慝，天下谓之混沌。少暤氏有不才子，毁信恶忠，崇饰恶言，天下谓之穷奇。颛顼氏有不才子，不可教训，不知话言，天下谓之梼杌。此三族世忧之。至于尧，尧未能去。缙云氏有不才子，贪于饮食，冒于货贿，天下谓之饕餮。天下恶之，比之三凶。舜宾于四门，乃流四凶族，迁于四裔，以御螭魅，于是四门辟，言毋凶人也。

舜入于大麓，烈风雷雨不迷，尧乃知舜之足授天下。尧老，使舜摄行天子政，巡狩。舜得举用事二十年，而尧使摄政。摄政八年而尧崩。三年丧毕，让丹朱，天下归舜。而禹、皋陶、契、后稷、伯夷、夔、龙、倕、益、彭祖自尧时而皆举用，未有分职。于是舜乃至于文祖，谋于四岳，辟四门，明通四方耳目，命十二牧论帝德，行厚德，远佞人，则蛮夷率服。舜谓四岳曰："有能奋庸美尧之事者，使居官相事？"皆曰："伯禹为司空，可美帝功。"舜曰："嗟，然！禹，汝平水土，维是勉哉。"禹拜稽首，让于稷、契与皋陶。舜曰："然，往矣。"舜曰："弃，黎民始饥，汝后稷播时百谷。"舜曰："契，百姓不亲，五品不驯，汝为司徒，而敬敷五教，在宽。"舜曰："皋陶，蛮夷猾夏，寇贼奸轨，汝作士，五刑有服，五服三就；五流有度，五度三居：维明能信。"舜曰："谁能驯予工？"皆曰垂可。于是以垂为共工。舜曰："谁能驯予上下草木鸟兽？"皆曰益可。于是以益为朕虞。益拜稽首，让于诸臣朱虎、熊罴。舜曰："往矣，汝谐。"遂以朱虎、熊罴为佐。舜曰："嗟！四岳，有能典朕三礼？"皆曰伯夷可。舜曰："嗟！伯夷，以汝为秩宗，夙夜维敬，直哉维静絜。"伯夷让夔、龙。舜曰："然。以夔为典乐，教稚子，直而温，宽而栗，刚而毋虐，简而毋傲；诗言意，歌长言，声依永，律和声，八音能谐，毋相夺伦，神人以和。"夔曰："于！予击石拊石，百兽率舞。"舜曰："龙，朕畏忌谗说殄伪，振惊朕众，命汝为纳言，夙夜出入朕命，惟信。"舜曰："嗟！女二十有二人，敬哉，惟时相天事。"三岁一考功，三考绌陟，远近众功咸兴。分北三苗。

此二十二人咸成厥功：皋陶为大理，平，民各伏得其实；伯夷主礼，上下咸让；垂主工师，百工致功；益主虞，山泽辟；弃主稷，百谷时茂；契主司徒，百姓亲和；龙主宾客，远人至；十二牧行而九州莫敢辟违；唯禹之功为大，披九山，通九泽，决九河，定九州，各以其职来贡，不失厥宜。方五千里，至于荒服。南抚交阯、北发，西戎、析枝、渠廋、氐、羌，北山戎、发、息慎，东长、鸟夷，四海之内咸戴帝舜之功。于是禹乃兴九招之乐，致异物，凤皇来翔。天下明德皆自虞帝始。

舜年二十以孝闻，年三十尧举之，年五十摄行天子事，年五十八尧崩，年六十一代尧践帝位。践帝位三十九年，南巡狩，崩于苍梧之野。葬于江南九疑，是为零陵。舜之践帝位，载天子旗，往朝父瞽叟，夔夔唯谨，如子道。封弟象为诸侯。舜子商均亦不肖,舜乃豫荐禹于天。十七年而崩。三年丧毕,禹亦乃让舜子,如舜让尧子。诸侯归之,然后禹践天子位。尧子丹朱,舜子商均,皆有疆土,以奉先祀。服其服,礼乐如之。以客见天子,天子弗臣,示不敢专也。

自黄帝至舜、禹,皆同姓而异其国号,以章明德。故黄帝为有熊,帝颛顼为高阳,帝喾为高辛,帝尧为陶唐,帝舜为有虞。帝禹为夏后而别氏,姓姒氏。契为商,姓子氏。弃为周,姓姬氏。

太史公曰

太史公曰:学者多称五帝,尚矣。然尚书独载尧以来;而百家言黄帝,其文不雅驯,荐绅先生难言之。孔子所传宰予问五帝德及帝系姓,儒者或不传。余尝西至空桐,北过涿鹿,东渐于海,南浮江淮矣,至长老皆各往往称黄帝、尧、舜之处,风教固殊焉,总之不离古文者近是。予观春秋、国语,其发明五帝德、帝系姓章矣,顾弟弗深考,其所表见皆不虚。书缺有闲矣,其轶乃时时见于他说。非好学深思,心知其意,固难为浅见寡闻道也。余并论次,择其言尤雅者,故著为本纪书首。

(二)《太平御览》卷七八、七九

○天皇

项峻《始学篇》曰:天地立,有天皇十二头,号曰天灵,治万八千岁,以木德王。

《洞冥记》曰:天皇十二头,一姓,十二人也。

徐整《三五历记》曰:溟涬始芽,□鸿滋萌,岁起摄提,元气肇启,有神灵人十,二头号曰天皇。

《洞纪》曰:古人质以头为数,犹今数鸟兽以头计也。若云十头鹿,非十头也。

《春秋纬》曰:天皇,地皇,人皇,兄弟九人,分为九州,长天下也。

《河图括地象》曰:天皇九翼,题名旋复。

《帝系谱》曰:天地初起,即生天皇,治万八千岁,以木德王。

《遁甲开山图》曰:天皇被迹在柱州昆仑山下。(荣氏注曰:天皇兄弟十二人,身貌相类,不可分别,治在柱州,昆仑也。)

○地皇

项峻《始学篇》曰:地皇十二头,治万八千岁。

《洞纪》曰:地皇十二头。

《帝系谱》曰:地皇治一万八千岁,以火德王。

《二五历纪》曰:有神圣人十二头,号地皇。

《遁甲开山图》曰:地皇兴于熊耳、龙门山。(荣氏注曰:地皇兄弟十人,面貌皆如女子,貌皆相类,蛇身兽足,生于龙门山中。)

○人皇

《春秋命历序》曰：人皇氏九头，驾六羽，乘云车，出谷口，分九州。（宋均注曰：九头，兄弟九人。）

项峻《始学篇》曰：人皇九头，兄弟各三分，人各百岁。依山川土地之势财度，为九州，各居其一，乃因是而区别。

《遁甲开山图》曰：人皇起于刑马。（荣氏注曰：人皇兄弟九人，生于刑马山，身有九也。）

《三五历纪》曰：有神圣人九头，号人皇。（马揔云：一百六十五代，合四万五千六百年。）天皇、地皇、人皇为太古。

共81600年，刚好是慈利金台村（20万年）、桑植朱家台（10万年）、石门岩儿洞（5万年）时期人类活动的那段时间，这难道只是巧合？

○燧人氏

王子年《拾遗录》曰："遂明国，有大树，名遂，屈盘万顷。后世有圣人游日月之外，至於其国，息此树下，有鸟啄树，粲然火出，圣人感焉，因用小枝钻火，号燧人氏。《易通卦验》曰：燧皇始出，握机矩表计冥图，其刻曰："苍渠通灵。"（郑玄注曰：矩，法也。燧皇也，谓燧人，在伏牺前，作其图谓之计冥，时无书，刻石而谓之耳，刻曰苍精渠之人能通神灵之意也。）

《尚书大传》曰："燧人为燧皇，燧人以火纪。火，阳也。阳尊，故托燧皇于天。《礼含文嘉》曰：燧人始钻木取火，炮生为熟，令人无腹疾，有异于禽兽，遂天之意，故谓燧人。"

《古史考》曰："古之初，人吮露精，食草木实，穴居野处。山居则食鸟兽，衣其羽皮，饮血茹毛；近水则食鱼鳖、螺蛤。未有火化腥臊，多害肠胃。于是有圣人以火德王，造作钻燧出火，教人熟食，铸金作刃，民人大悦，号曰燧人。"

《礼》曰："昔者先王未有火化，（食腥也。）食草木之实，鸟兽之肉，饮其血，茹其毛。（此上古之时也）后圣人有作，（作，起。）然后修火之利，范金（铸作器用）合土，（瓦瓴瓮及大《俞瓦》）以炮以燔，以烹以炙，以为醴酪。"

○太昊庖牺氏

《皇王世纪》曰：太昊帝庖牺氏，风姓也，蛇身人首，有圣德，都陈。作瑟三十六弦。燧人氏没，庖牺氏代之，继天而生，首德于木，为百王先。帝出于震，未有所因，故位在东方，主春。象日之明，是称太昊。制嫁娶之礼，取牺牲以充庖厨，故号曰庖牺皇。后世音谬，故或谓之，"宓牺"。（一解云：宓古伏字。后误以宓为密，故号曰密牺。）一号雄皇氏，在位一百一十年。

《易下·系辞》曰:古者庖牺氏之王天下,仰则观象于天,俯则观法于地,中观鸟兽之文,与天地之宜。近取诸身,远取诸物,于是始作八卦,以通神明之德,以类万物之情,结绳而为网罟,以畋以渔,盖取诸《离》。

《河图》曰:"伏牺禅于伯牛,钻木作火。"

《易坤灵图》曰:宓牺时,立元部,民易理。

《易通卦验》曰:宓牺方牙苍精作《易》,无书以画事。(郑玄曰:宓牺时质朴,作易以为政令而不书,但以画其事之形象而已。)

《诗含神雾》曰:大迹出雷泽,华胥履之,生庖牺。(宋均注曰:雷泽地名。华胥伏母。)

《礼含文嘉》曰:伏者,别也。牺者,献也,法也。伏牺德洽上下,天应之以鸟兽文章,地应之以龟书。伏牺乃则象作《易》卦。

《左传》曰:郯子曰:"太皞氏以龙纪,故为龙师,而龙名。"(杜预注曰:太皞伏牺氏,风始祖也。有龙瑞,故以龙令官。)

《春秋内事》曰:伏牺氏以木德王天下。天下之人未有室宅,未有水火之和,于是乃仰观天文,俯察地理,始画八卦,定天地之位,分阴阳之数,推列三光,建分八节,以文应气,凡二十四气,消息祸福,以制吉凶。

又曰:天地开辟,五纬各在其方,至伏牺乃合,故以为元。

《孝经援神契》曰:伏牺氏,曰角、衡、连珠。(宋均曰:伏羲木精人也。日角者,骨表,取象日所出房所立有星,衡中有骨表而连珠象玉衡有星也。)

又曰:《钩命诀》曰:"华胥履迹,怪,生皇牺。"(迹,灵威仰之迹也。履迹而生,以为奇怪也。)

《遁甲开山图》曰:仇夷山西绝孤立,太昊之治,伏牺生处。

《帝系谱》曰:伏牺,人头蛇身,以十月四日人定时生。

崔实《政论》曰:太昊之世,设九庖之官。

魏陈思王曹植《庖牺赞》曰:木德风姓,八卦创焉。龙瑞名官,法地象天。庖牺厨祭祀,罟网鱼畋。瑟以象时,神德通玄。

○女娲氏

《帝王世纪》曰:女娲氏,亦风姓也。承庖牺制度,亦蛇身人首,一号女希,是为女皇。未有诸侯,有共工氏,任智刑以强,伯而不王,以水承木,非行次,故《易》不载。

《归藏》曰:昔女娲筮,张云幕,枚占之曰:"吉。昭昭九州,日月代极;平均土地,和合四国。"

《山海经》曰:女娲之肠化为神,处粟广之野。(郭璞注曰:女娲,古神女而帝者,人面蛇身,一日中七十变,其肠化为此神。粟广,野名也。)

《礼》曰:女娲之笙簧。(女娲,三皇承伏牺者。笙簧,笙中之簧也。《世本》曰:女娲作笙簧也。)

《淮南子》曰:往古之时,四极废,九州裂,天不兼覆,地不周载,火滥焱而不灭,水浩洋而不息,猛兽食精民,(高诱注曰:精,善也。)鸷鸟攫老弱。于是女娲炼五色石以补苍天,(女娲阴氏,佐伏牺治者也。)断鳌足以立四极,(黑龙水精也。故力牧太山稽杀之以止雨也。极犹干也。冀州,九州中,谓合四海之内。)积芦灰以止淫水,(芦,苇也。苇生于水,故积聚其灰以止其淫水,平地出水为淫水。)民生背方州,抱周天,(方州,地也。)和春、阳夏、杀秋、约冬,枕方寝绳。(方,矩四寸也。寝绳,直身而卧也。)

《风俗通》曰:俗说天地开辟,未有人民,女娲抟黄土作人,剧务,力不暇供,乃引绳于缲泥中于举以为人。故富贵者黄土人也,贫贱凡庸者缲人也。

《遁甲开山图》曰:女娲氏没,大庭氏王,有天下,五凤异色。次有柏皇氏,中央氏,栗陆氏,骊连氏,赫胥氏,尊卢氏,祝融氏,混沌氏,昊英氏,有巢氏,葛天氏,阴康氏,朱襄氏,无怀氏,凡十五代皆袭庖牺之号。自无怀氏已上,经史不载,莫知都之所在。(共工氏水德,君木火之间,霸而不王。女娲是三皇之,称三皇者多有不同,以太昊炎帝为二皇,其一或称女娲,或称祝融,或称共工,未知孰是,自女娲至无怀十五代合一万七千七百八十七岁。)

魏陈王曹植《女娲赞》曰:古之国君,制造笙簧。礼物未就,轩辕纂成。或云二君,人首蛇形。神化七十,何德之灵。

○炎帝神农氏

《帝王世纪》曰:神农氏,姜姓也。母曰任姒,有乔氏之女,名女登,为少典妃。游于华阳,有神龙首感女登于常,生炎帝,人身牛首,长于姜水,有圣德。以火承木,位在南方,主夏,故谓之炎帝,都于陈,作五弦之琴。凡八世,帝承、帝临、帝明、帝直、帝来、帝哀、帝揄冈。又曰本起烈山,或时称之,一号魁隗氏,是为农皇,或曰帝炎。时诸侯夙沙氏叛不用命,炎帝退而修德,夙沙之民自攻其君而归炎帝,营都於鲁。重八卦之数,究八八之体为六十四卦,在位百二十年而崩,葬长沙。

《易下·系》曰:神农氏作,斫木为耜,揉木为耒。耒耜之利以教天下,盖取诸益。

《礼含文嘉》曰:神者,信也。农者,浓也。始作耒耜,教民耕,其德浓厚若神,故为神农也。

《古史考》曰:炎帝有火应,故置官司皆以火为名。

《传》曰:郯子曰:"炎帝以火纪,故为火师,而火名。(杜预注曰:神农,姜姓之祖也。有火瑞,以火纪事名官也。)《春秋命历序》曰:有神人名石耳,苍色大眉,戴玉理,(日月清明有次序,故神应和气以生也。玉理犹玉英玉胜也。)驾六龙,出地辅,号皇。神农始立地形,甄度四海,东西九十万里,南北八十一万里。(所为如此,其教如神,农殖树木,使民粒食,故天下号曰皇神农也。甄纪地形远近,山川林泽所至。)

《孝经钩命诀》曰:任巳感龙,生帝魁。(任巳,帝魁之母也。魁,神农名,巳,或作姒。)

《典略》曰:武王伐纣,封神农之后于谯。

《文子》曰:赤帝为火灾,故黄帝禽之。

《越绝书》曰:神农不贪天下,而天下共富之;不以其智自贵于人,天下共尊之。

《庄子》曰:妸荷甘与神农同学于老龙吉,神农隐几,阖户昼瞑。妸荷甘日中奓户而入,曰:"老龙死矣!"神农隐几拥杖而起,嚗然放杖而笑,曰:"天知予僻陋慢诞,故弃予而死已。"(悟死不足惊,故还,放杖而笑。)

《尸子》曰:神农氏夫负妻戴以治天下。尧曰:"朕之比神农,犹旦之与昏也。"

又曰:神农氏七十世有天下,岂每世贤哉? 牧民易也。

《淮南子》曰:古者民茹草饮水,采树木之实,食蠃蚌之肉,时多疾病毒伤之害。於是神农乃始教民播种五谷,相土地之宜,燥湿肥硗高下,尝百草之滋味、泉水之甘苦,令民知所避就。当此之时,一日而遇七十毒。又曰:神农之治天下也,神农驰於国中,知不出於四域,怀其仁试之心;甘雨以时,五谷蕃殖;春生夏长,秋收冬藏;月省时考,终岁献贡;以时尝谷,祀于明堂。明堂之制,有善而无恶;风雨不能袭,燥湿不能伤;养民以公,其民朴重端悫,不忿争而财足,不劳形而成功,因天地之贡资而与之和同。是故威厉而不试,刑措而不用,法省而不烦,教化如神。其地南至交趾,北至幽都,东至阳谷,西至三危,莫不听从。当此之时,法宽刑缓,囹圄空虚,而天下壹俗,莫怀奸心。

又曰:神农皇帝袭九空,重九望。(九空,九天也。九望,九地也。)

《神农本草》曰:神农稽首再拜,问于太一小子曰:"曾闻古之时,寿过百岁而殂落之。咎独何气使然耶!"太一小子曰:"天有九门,中道最良。"神农乃从其尝药以拯救人命。

《周书》曰:神农之时,天雨粟。神农耕而种之,作陶冶斤斧,为耒耜、钼耨,以垦草莽,然后五谷兴。

459

《吕氏春秋》曰:神农教曰:"士有当年不耕者,则天下或受其饥矣;女有当年不绩者,则天下或受其寒矣,故夫亲耕,妻亲绩。"

《贾谊书》曰:神农以为走兽难以久养民,乃求可食之物,尝百草实,察咸苦之味,教民食谷。

陆景《典略》曰:神农尝百草,尝五谷,蒸民乃粒食。

《荆州图记》曰:永阳县[湖南省江永县古县名 隋开皇九年(589),并谢沐县、营浦县,撤永阳郡,置永阳县,属永州总管府(大业三年改零陵郡)。县治于今道县濂溪街道办事处]西北二百三十里,厉乡山东有石穴。昔神农生于厉乡,《礼》所谓烈山氏也。后春秋时为厉国。穴高三十丈,长二百丈,谓之"神农穴"。

○黄帝轩辕氏

《史记》曰:黄帝者,少典之子,姓公孙,名轩辕。诸侯有不顺者,从而征之,未尝宁居。东至于海,登丸山,及岱宗。西至崆峒,登鸡头山。南至江,登熊、湘。北极荤粥,合符釜山,而邑于涿鹿之阿。迁徙无常处,以师兵为营卫。官名皆以云命,为云师。置左右大监,监于万国。获宝鼎。举风后、力牧、常先、大鸿以治民。有土德之瑞,故号曰黄帝。有二十五子,其得姓者十四人。黄帝居轩辕之丘,而娶於西陵氏之女,是为嫘祖。(音缧)为正妃,生二子,其后有天下:其一曰玄嚣,是为青阳,降居江水;其二曰昌意,降居弱水。昌意娶蜀山氏女,曰昌仆,生高阳。高阳有圣德焉。黄帝崩,葬桥山。其孙昌意之子高阳立,是为帝颛顼。

又《封禅书》曰:"黄帝采首山铜铸鼎于荆山下。鼎既成,有龙垂胡髯下迎黄帝,黄帝上骑龙,群臣后宫从上者七十馀人,馀小臣不得上,乃悉持龙髯,龙髯拔堕,堕帝之弓,百姓仰望。帝既上,乃抱其弓与龙髯而号。故后世名其处曰鼎湖,其弓曰乌号。"

又曰:汉武帝北遂巡狩,还,祭黄帝冢。上曰:"吾闻黄帝不死,今有冢何也?"或对曰:"黄帝已仙上天,群臣葬其衣冠耳!"

《帝王世纪》曰:黄帝,有熊氏少典之子,姬姓也。母曰附宝,其先即炎帝母家有蟜氏之女,世与少典氏婚,故《国语》兼称焉。及神农氏之末,少典氏又取附宝,见大电光绕北斗枢星照郊野,感附宝,孕二十五月,生黄帝于寿丘,长于姬水。龙颜,有圣德,受国于有熊,居轩辕之丘,故因以为名,又以为号。与神农氏战于阪泉之野,三战而克之。力牧、常先、大鸿、神农、皇直、封巨人镇大山,稽鬼、奥区、封胡、孔甲等,或以为师,或以为将,分掌四方,各如己视,故号曰黄帝四目。又使岐伯尝味百草,典医疗疾,今经方、本草之书咸出焉。其史仓颉,又取像鸟迹,始作文字。史官之作,盖自此始。记其言行,策而藏之,名曰书契。黄帝一号帝鸿氏,或曰归藏氏,或曰帝轩。吹律定姓,有四妃,生二十五子,在位百年而崩,年百一十岁。

又曰:神农氏衰,黄帝修德化民,诸侯归之。黄帝于是乃扰驯猛兽,与神农氏战于阪泉之野,三战而克之。又徵诸侯,使力牧、神、农、皇直讨蚩尤氏,擒之于涿鹿之野;使应龙杀之于凶黎之丘。凡五十五战,而天下大服。或传以为仙,或言寿三百岁,葬于上郡阳周之乔山。

《鬻子》曰:黄帝年十岁,知神农之非而改其政。

《春秋内事》曰:轩辕氏以土德王天下,始有堂室,高栋深宇,以避风雨。

《孝经钩命诀》曰:附宝出,降大灵,生帝轩。(附宝,帝轩母也。电黄精轩辕气也。轩,黄帝名。附或作付也。)

《古史考》曰:有熊氏巳姓,或曰姓公孙。

《山海经》曰:有人衣青,名曰黄帝女妖。(青魅,旱鬼也。)蚩尤作兵伐黄帝,黄帝乃令应龙攻之冀州之野。(冀州,中土。)应龙蓄水,蚩尤请风伯、雨师,从大风雨。黄帝乃下天女曰妖,雨止,遂杀蚩尤。

《归藏》曰:昔黄帝与炎神争斗涿鹿之野,将战,筮于巫咸。巫咸曰:"果哉,而有咎!"

《易下·系》曰:黄帝垂衣裳而天下治,盖取诸乾坤。

《河图握枢》曰:黄帝名轩,北斗黄帝之精。母地祇之女附宝,之郊野,大电绕斗枢星耀,感附宝,生轩,胸文曰:"黄帝子"。

《河图挺佐辅》曰:黄帝修德立义,天下大治。乃召天老而问焉:"余梦见雨龙挺日图即帝,以授余于河之都,觉昧素善,不知其理,敢问于子。"天老曰:"河出龙图,洛出龟书,纪帝录列圣人所纪,姓号兴,谋治平,然后凤凰处之。今凤凰已下三百六十日矣,合之图纪,天其授帝图乎?"黄帝乃祓斋七日,衣黄衣,冠黄冕,驾黄龙之乘,戴蛟龙之旗。天老五圣皆从以游河洛之间,求所梦见者之处,弗得。至於翠妫之渊,大卢鱼溯流而至。乃问天老曰:"子见夫中河流者乎?"曰:"见之。"顾问五圣,皆曰莫见,乃辞左右,独与天老跪而迎之。五色毕具,天老以授黄帝。黄帝舒视之,名曰《录图》。

《龙鱼河图》曰:黄龙附图,鳞甲成字,从河中出,付黄帝,令侍臣自写以示天下。

又曰:黄帝摄政前,有蚩尤,兄弟八十一人,并兽身人语,铜头铁额,食沙石子,造立兵仗刀戟大弩,威振天下,诛杀无道,不仁不慈。万民欲令黄帝行天子事,黄帝仁义,不能禁止。蚩尤遂不敌,乃仰天而叹。天遣玄女下授黄帝兵信神符,制伏蚩尤,以制八方。蚩尤没后,天下复扰乱不宁,黄帝遂画蚩尤形象,以威天下,天下咸谓蚩尤不死,八方万邦皆为珍伏。

《尚书中候》曰:帝轩提像,配永循机,(轩,轩辕黄帝名。永,长也。循,顺也。黄帝轩辕观摄提之象,配而行之,以长为顺,升机为政。)天地休通,五行期化,(休,美也。天地美气相通行,应四时之期而变化。)河龙图出,(龙衔图而出也。)洛龟书成,(龟负书而出。威,则也。)赤文像字,以授轩辕。

《韩诗外传》曰:黄帝召天老而问:"凤像何如?"天老曰:"夫凤像鸿前而麟后,蛇头而鱼尾,龙文而鸡身,燕颔而鸡啄。"黄帝乃斋于中宫,凤蔽日而至。黄帝降于东阶,西面再拜稽首。皇天降祉,敢不承命。凤乃止帝东园。

《诗含神雾》曰:大电绕枢照郊野,感附宝,生黄帝。

《大戴礼》曰:宰我问于孔子曰:"昔者予问诸荣君,黄帝三百年,请问黄帝人也,抑非人耶? 何以至于三百年?"孔子曰:"黄帝,少典之子也,曰轩辕。生而神灵,弱而能言,教熊、罴、貔、貅、豹、虎以与赤帝大战于阪泉之野,三战然后得行其志。黄帝斧佛,衣大带斧裳,乘龙驾云,劳勤心力耳目,节用水火,财物生而民得其利百年,死而民得其神百年,亡而民得其教百年,故曰三百年。"

《传》曰:黄帝以云纪,故为云师而云名。

《春秋元命苞》曰:黄帝龙颜,得天庭阳,上法中宿,取象文昌,戴天履阴,秉数制刚。(颜有龙,象以轩辕也。庭阳,太微庭也。戴天,天文在首。履阴,阴字在足下也。制刚,纪也,纪正四辅也。)

《管子》曰:黄帝得蚩尤而明乎天道;得太常而察乎地利;得苍龙而辨乎东方;得祝融而辨乎南方;得大封而辨乎西方;得后土而辨乎北方;黄帝得六相而天下治。

又曰:黄帝钻燧生火以熟荤臊,民食之,无肠胃之病。

《列子》曰:黄帝即位十有五年,竭聪明,尽智力,营百姓,焦然肌色皯(古厚切。)黣,(音妹。)昏然五情爽惑,(用聪明未足以致治,祇足以乱神也。)黄帝乃喟然叹曰:朕之过淫矣。(淫当作深。)养一已其患如此,治万物其患如此(惟任而不养,纵而不治,则性命自反,天下自安。)于是放万机,舍宫寝,去直侍,撤悬,减厨膳,退而闲居大庭之馆,斋心服形,(心无欲则形自服矣。)三月不亲政事。昼寝而梦,(将明至理不可以清求,故寄之于梦,圣人无梦也。)游于华胥氏国。华胥氏国在弇州之西,台州之北,(不必便有此国也。明至理必如此耳。《淮南子》云:正西曰弇州,西北曰合州。)不知斯齐国几千万里;(舟车足力,形之员者耳,神道恍惚,不行而至也。)盖非舟车足力之所及,神游而已。其国无师长,其民无嗜欲,不知乐生,不知恶死,故无夭伤;不知亲己,不知疏物,故无憎爱;不知背逆,不知向顺,故无利害;(理无生死,故无所乐恶,理无爱憎,故无所亲疏,理无顺逆,故无所利害也。)都无所爱憎,都无所畏忌。入水不溺,入火不热,斫挞无伤痛,(至和者,无物能伤,溺热痛痒,实由畏惧也。)乘空如履实,寝虚若处床。云雾不阂其视,雷霆不乱其听,美恶不汩其心,山谷不踬其步,神行而已。黄帝既悟,怡然自得。又二十有八年,天下大治,几若华胥氏之国,而帝登假。(假当为遐。)

《庄子》曰:北门成问于黄帝:"张咸池之乐于洞庭之野,吾始闻之而惧,复闻之而惑。"帝曰:"吾奏之以人,徵之以天,行之以义礼,建之以太清。"(以人奏之,以天征之,天人合德,尔乃知以春为礼,以秋为义,太清乃建。)

又曰:黄帝将见大隗于具茨之山,方明为御,昌寓骖乘,张若、䜣朋前马,昆阍、滑稽后车。至于襄城之野,七圣皆迷,无所问途。适遇牧马童子,问途焉曰:"若知具茨之山乎?"曰:"然。"黄帝曰:"异哉小童!非徒知具茨之山,又知大隗之所存乎?"曰:"然。"黄帝曰:"吾子之事虽然,请问为天下。"小童辞。黄帝又问。小童曰:"夫为天下者,亦奚以异乎牧马者哉? 亦去其害马者而已矣。"(马以过分为害。)黄帝再拜稽首,称天师而退。

又曰:黄帝闻广成子在于崆峒之上,故往见之,曰:"敢问至道之精。"广成子曰:"自而治天下,云气不待簇而雨,草木不待黄而落,日月之光益以荒矣。又奚足以语至道?"黄帝退,捐天下,筑特室,席白茅,闲居三月,复往邀之。广成子南首而卧,黄帝从下风膝行而进,再拜稽首而问曰:"闻吾子达於至道,敢问治身奈何而可以长久?"广成子蹶然而起,曰:"善哉问乎! 来,吾语汝,至道之精,窈冥冥;至道之极,昏默默。无视无听,抱神以静,形将自正。我修身千二百岁矣,吾形未尝衰。"黄帝再拜稽首曰:"广成子之谓天矣!"

《尸子》曰:子贡曰:"古者黄帝四面,信乎?"孔子曰:"黄帝取合己者四人,使治四方,不计而耦,不约而成,此之谓四面。"

《韩子》曰:师旷谓晋平公曰:"黄帝合鬼神于西太山之上,驾象车,六交龙,毕方并馆,蚩尤居前,风伯进扫,雨师洒道,乃作为清角之乐。"

《淮南子》曰:黄帝治天下而力牧、太山稽辅之,(力牧太山稽辅,则黄帝之师也。孟子曰:王者师臣也。)以理日月星辰之道,治阴阳之气,节四时之度,正律历之数;明上下,等贵贱;使强不得掩弱,众不得暴寡;人民保命不夭,(能安性命,不夭折也。)岁时熟而不凶,(不凶,无灾害也。)百官正而不私,(皆在公也。)上下调而无尤;(君调臣和,无尤过也。)法令明而不暗,辅佐公而不阿;(卿士公正,不阿意曲从。)田者不侵畔,渔者不争隈;(隈,曲深处,鱼所聚也。)道不拾遗,市不预价;城郭不闭,邑无盗贼;商旅之人,相让以财;狗彘吐菽粟于道路而无忿争之心。于是日月精明,星辰不失其道,风雨时节,五谷登熟;虎豹不妄噬,鸷鸟不妄搏;凤凰翔于庭,麒麟扰于郊;青龙进驾,飞黄伏皂;(飞黄出西方,其状如狐,顶上有角,乘之寿千岁。皂,枥也。)诸北儋耳之国,莫不献其贡职。

《论衡》曰:谥法:靖民则法曰皇,德象天地曰帝。皇帝者,安民之谥,非得道之称也。

蒋子《万机论》曰:黄帝之初,养性爱民,不好战伐。而四帝各以方色称号,交共谋之,边城日惊,介胄不释。黄帝叹曰:"夫君危于上,民安于下,主失于国,其臣再嫁,厥疾之由,非养寇耶!今处民萌之上,而四盗亢衡,递震于师。"于是遂师营垒,以灭四帝。向令黄帝若不龙骧虎变而与俗同道,则其民臣亦害于四帝矣!

《抱朴子》曰:黄帝生而能言,役使百灵,可谓天授自然之体者。犹复不敢端坐而得道,故涉王屋而受丹经,到鼎湖而飞流珠,登崆峒而问广成,上具茨而事大隗,适东岱而奉中黄,入金谷而咨老子,论道养则质玄素二女,精推步则访山稽、力牧,讲占候则询风后,著体诊则受雷岐,审攻战则纳五音之策,穷神奸则记四泽之乱,相地理则书青鸟之说,救伤残则缀金冶之术。故能毕记秘要,穷尽道真。又曰:昔黄帝东到青丘,过风山,见紫府先生,受三皇内文以劾召万神。南到负陇荫,逮木观百灵之所登;采若戟之华,饮丹峦之水。西见中黄子,受九品之方。过崆峒,从广成子,受自然之经。北到洪堤,上具茨,见大隗君,黄盖童子授神芝图,还陟王君居得神丹。注说:到峨嵋山见皇人于玉堂。

又曰:汲郡冢中竹书言:"黄帝既仙去,其臣有左彻者,削木为黄帝之像,帅诸侯朝奉之。"故司空张茂先撰《博物志》亦云:"黄帝仙去,其臣思恋罔极,或刻木立像而朝之,或取其衣冠而葬之,或立庙而四时祠之。"

《孙绰子》曰:黄帝之游天衢,奏钧天之鼓,建日月之旗,乘珝云之舆,驾六翼之龙。彭祖前驱,松乔侠毂,光景流而不返,长风逐而不及,发轫紫宫,不崇朝而匝六合也。

《符子》曰:黄帝将适昆虞之丘,中路逢容成子,乘翠华之盖,建日月之旗,骖紫虹,御双鸟。黄帝命方明避路,谓容成子曰:"吾将钓于一壑,栖于一丘。"

又曰:黄帝谓其友无为子曰:"我劳天下矣,疲于形役,请息驾于玄圃,子其代之。"无为子曰:"焉能弃我之逸,而为君之劳哉!"乃攀龙而俱去。

晋·牵秀《黄帝颂》曰:邈矣轩辕,应天载灵。通幽远览,观象设形。诞敷厥训,彝伦攸经。德从风流,化与云征。皇猷允塞,地平天成。爰登方岳,封禅勒成。纷然凤举,龙腾太清。违落九土,陟彼高冥。民斯攸慕,涕泗沾缨。遐而不坠,式颂德声。

《帝王世纪》曰:有巢氏已降,至黄帝,为三皇,号中古。

○少昊金天氏

《帝王世纪》曰:少昊帝名挚,字青阳,姬姓也。母曰女节。黄帝时有大星如虹,下流华渚。女节梦接意感,生少昊,是为玄嚣。降居江水,有圣德,邑于穷桑,以登帝位,都曲阜,故或谓之穷桑帝,以金承土,《帝图谶》所谓白帝朱宣者也。故称少昊,号金天氏。在位百年而崩。

《河图》曰:大星如虹,下流华渚。女节气感,生白帝朱宣。(宋均注云:朱宣,少昊氏也。)

《古史考》曰:穷桑氏,嬴姓也。以金德王,故号金天氏,或曰宗师太昊之道,故曰少昊。

《遁甲开山图》曰:帝少昊死,葬云阳山。

《传》曰:鲁昭公十七年,郯子来朝,昭子问焉,曰:"少皞氏鸟名官,何也?"郯子曰:"吾祖也。我高祖少皞挚之立也,凤鸟适至,故纪於鸟,为鸟师而鸟名,凤鸟氏,历正也。玄鸟氏,司分者也。伯赵氏,司至者也。青鸟氏,司启者也。丹鸟氏,司闭者也。祝鸠氏,司徒也。睢鸠氏,司马也。爽鸠氏,司空也。爽鸠氏,司寇也。鹘鸠氏,司事也。五鸠,鸠民者也;五雉,为五工正,利器用,正度量,夷民者也。九扈,为九农正,扈民无淫者也。"

魏曹植《少昊赞》曰:祖自轩辕,青阳之裔。金德承土,仪凤帝世。官鸟号名,殊职别系。农正扈民,各有品制。

○颛顼高阳氏

《史记》曰:颛顼,静渊以有谋,疏通而知事,养材以任地,载时以像天,依鬼神以制义,治气以教化,洁诚以祭祀。帝生子曰穷蝉。颛顼崩而玄嚣之孙高辛立,是为帝喾。

《古史考》曰:高阳氏,妘姓,以水德王。

《帝王世纪》曰:帝颛顼高阳氏,黄帝之孙,昌意之子,姬姓也。母曰景仆,蜀山氏女,为昌意正妃,谓之女枢。金天氏之末,女枢生颛顼于若水,首戴干戈,有圣德。父昌意,虽黄帝之嫡,以德劣降居若水,为诸侯。及颛顼生,十年而佐少昊,十二年而冠,二十而登帝位,平九黎之乱,以水事纪官。命南正重司天,以属神;北正黎司地,以属民。于是神民不杂,万物有序。始都穷桑,后徙商丘,命飞龙效八风之音作乐,作五音以祭上帝。纳胜坟氏女娽,(音禄)生老童。有才子八人,号八凯。颛顼在位七十八年,年九十一岁。岁在鹑火而崩,葬东郡顿丘广阳里。

《河图》曰:瑶光之星,如蜺贯月,正白,感女枢幽房之宫,生黑帝颛顼。《大戴礼》曰:宰我曰:"请问帝颛顼。"孔子曰:"颛顼,黄帝之孙,昌意之子,乘龙而至四海。北至幽陵,南至交阯,西济於流沙,东至于蟠木,动静之物,大小之神,日月所照,莫不砥砺。"

《春秋元命苞》曰:颛顼并幹,上法月参。集威成纪,以理阴阳。(并犹重也。水精主月,参伐主斩刈,成功兼此月职,重助费以为表也。)

《山海经》曰:黄帝妻嫘祖,生昌意。昌意降处若水,生幹流,取倬子曰河女,生帝颛顼。

又曰:颛顼死即复苏。

《淮南子》曰:颛顼之法,妇人不避男子于路者,祓之于四达之衢。(祓,音弗。除其不祥。)

魏曹植《帝颛顼赞》曰:昌意之子,祖自轩辕。始诛九黎,水德统天。以国为号,风化神宣。威鸿八极,靡不祗虔。

○帝喾高辛氏

《史记》曰:帝喾高辛氏者,黄帝之曾孙也。父曰蟜极。蟜极父曰玄嚣。玄嚣父曰黄帝。自玄嚣与蟜极皆不得在位,至高辛即位。高辛於颛顼为族子,其色郁郁,其德嶷嶷,日月所照,风雨所至,莫不服从。帝喾娶陈锋氏女,生放勋。娶娵訾氏女,生挚。帝喾崩而挚代立。

《帝王世纪》曰:帝喾,高辛氏,姬姓也。其母不见,生而神异,自言其名曰"逡《齿并》齿"。有圣德,年十五而佐颛顼,三十登帝位,都亳。以人事纪官,故以勾芒为木正,祝融为火正,蓐收为金正,玄冥为水正,后土为土正,是五行之官,分职而治诸侯,于是化被天下。遂作乐六茎以康位。世有才子八人,号曰八元。亦纳四妃,卜其子皆有天下。元妃,有台氏女,曰姜嫄,生后稷。次有娀氏女,曰简翟,生离;次陈丰氏女,曰庆都,生放勋;次娵訾氏女,曰常仪,生帝挚。帝喾在位七十五年,年一百五岁而崩,葬东郡顿丘广阳里。(陶弘景云:在位六十三年,年九十二。)

《大戴礼》曰:宰我曰:"请问帝喾。"孔子曰:"玄嚣之孙,蟜(音乔)极之子,曰高辛氏。生而神灵,自言其名,取地之财而节用之,抚教万民而利诲之,历日月而迎送之,明鬼神而敬事之。其色蟜蟜,其德涘涘,其动也时,其服也土,春夏乘龙,秋冬乘马,黄斧黻衣,执中而获天下。"

《礼记祭法》曰:帝喾能序星辰以著众。

《春秋元命苞》曰:帝喾戴干,是谓清明。发节移盖像招摇。(干,楯也。招摇为天戈楯相副,戴之像见天中以为表。)

《古史考》曰:高辛氏,或曰房姓,以木德王。张显《析言》曰:高辛氏初生,自言其名。其君民,终无迷谬。

魏陈王曹植《帝喾赞》曰:祖自轩辕,玄嚣之裔。生言其名,木德帝世。抚宁天地,神灵察物。教弥四海,明并日月。

○帝挚

《帝王世纪》曰:帝挚之母,于四人之中,其班最下,而挚年兄弟最长,故得登帝位。封异母弟放勋为唐侯。挚在位九年,政软弱,而唐侯德盛,诸侯归之。挚服其义,乃率其群臣造唐朝而致禅,因委志心愿为臣。唐侯于是知有天命,乃受帝禅,而封挚于高辛氏。事不经见,汉故议郎东海卫宏所传云尔。

○帝尧陶唐氏

《帝王世纪》曰:帝尧,陶唐氏,祁姓也。母曰庆(祁)都,孕十四月而生尧于丹陵,名曰放勋。或从母姓伊祁氏,年十五而佐帝挚,授封于唐,为诸侯。身长十尺,常梦攀天而上,故年二十而登帝位。以火承木,都平阳。置敢谏之鼓,天下大和。命羲和四子:羲仲、羲叔、和仲、和叔,分掌四岳。诸侯有苗氏,处南蛮而不服,尧征而克之于丹水之浦。乃以尹寿、许由为师,命伯夔访山川豀谷之音,作乐六章,天下大和,百姓无事。有八十老人击壤歌于道,观者叹曰:"大哉,帝之德也!"老人曰:"吾日出而作,日入而息,凿井而饮,耕田而食,帝何力有于我哉!"有僬侥氏来贡没羽,厨中自生肉脯,如翣形。摇鼓自生风,使食物寒自不臭,名曰"翣脯"。又有草夹阶而生,随月生死,王者以是占日月之数,惟盛德之君,应和而生,故尧有之,名"蓂荚",一名"历荚"。始封稷、契、咎繇,褒进伯禹,纳舜于大麓。后年二月,又率群臣刻璧为书,东沉于洛(巧哉:今且住岗有沉坛水场),言天命当传舜之意,今《中候》《运衡》之篇是也。舜摄政二十八年,尧与方回游阳城而崩,《尚书》所谓"二十有八载,放勋乃殂落"是也。百姓如丧考妣三载,四海遏密八音。凡尧即位九十八年,年百一十八岁。墨子以为,尧堂高三尺,土阶三等。尧取散宜氏女,曰皇,生丹朱。又有庶子九人,皆不肖,故以天下命舜。

又曰:帝尧氏作,始封于唐,今中山唐县是也。尧山在北,唐水在西北入河。南有望都,县有都山,即尧母庆都之所居也。相去五十里。都山,一名豆山。北登尧山,南望都山,故名其县曰:"望都"。

《春秋合诚图》曰:尧母庆都有名于世,盖天帝之女,生于斗维之野,常在三河之南。天火雷电,有血流润大石之中,生庆都,长大形像天帝,常有黄云覆盖之。梦食不饥。及年二十,寄伊长孺家,出观三河之首,常若有神随之者。(三河之首,东河北端。)有赤龙负图出,庆都读之,赤受天运,(运,录运也。)下有图,人衣赤光,面八彩,须鬓长七尺二寸,兑上丰下,足履翼翼。署曰赤帝起,诚天下宝。(衣赤光,光像而又着衣也。八彩,彩色有八也。翼,翼星,大位宿也。图人傍有此署文七十也。)奄然阴风雨,赤龙与庆都合婚,有娠,龙消不见。(龙乘风云故先,阴风乃龙至也。婚犹会合,或为结也。)既乳,视尧如图表。及尧有知,庆都以图予尧。(如图人仪表也。)

《孝经援神契》曰:尧鸟庭,荷胜,八眉。(尧,火精人也。鸟庭,庭有鸟骨。表取像朱鸟与太微庭也。朱鸟戴圣,荷胜似之。八眉,眉彩色有八。)

《论语》曰:大哉,尧之为君也。巍巍乎,惟天为大,惟尧则之。(孔安国曰:则,法也。美尧则法天行之也。)荡荡乎,民无能名焉。(荡荡,广远之称,言布德远,民无能名。)巍巍乎,其有成功也。(功成化隆,高大巍巍。)

《孔丛子》曰:尧身修十尺,眉乃八彩,实圣也。

《龙鱼河图》曰:尧时与群臣贤者到翠妫之渊,大龟负图来出,授尧。敕臣下写取。写毕,龟还水中。

《易坤灵图》曰:其母萌之,玄云入户,蛟龙守门。(母为庆都也,天皇之女,天帝以玄云覆卫之。)故曰:"时乘六龙以御天也"。

又曰:尧之精阳,万物莫不从者。(言尧在天,阳精所在。)帝世有洪水之灾,天生圣人使救之。故言乃统天也。

《书》曰:若稽古,帝尧(孔安国曰:若,顺;稽,考也。能顺考道而行之者帝尧。)曰放勋,钦明文思安安。(勋,功;钦,敬。言尧放上世之初化而以敬明文思之四德,安安当安者也。)允恭克让,光被四表,格于上下。(允,信也。克,能也。光,充。格,至也。既有四德,又信恭能让,故其名闻充溢四外,至于天地也。)克明俊德,以亲九族。(能明俊德之士任用之,以睦高祖至玄孙之亲。)九族既睦,平章百姓。(既,已也。百姓,官也。言化九族而平章明也。)百姓昭明,协和万邦,黎民於变时雍。(昭亦明也。协和黎众。时,是。邕,和也。言天下众民皆变,是以风俗大和也。)

《尚书中候》曰:帝尧即政七十载,景星出翼,凤凰止庭,(郑玄注曰:翼,朱鸟宿。)朱草生郊,嘉禾挚连,甘露润液,醴泉出山。(朱草可以染服者。嘉,美也。《书序》曰:唐叔得禾,异亩同颖。此注之为挚连,醴亦甘。)修坛河、雒,荣光起河,休气四塞,(休,美也。荣光五色从河出,美气四塞,炫燿熠熠也。)白云起,回风摇,龙马御甲,赤文绿色,(龙形像马也。赤熛怒之使也。甲所以藏图,赤文色而绿地也。)临坛止雾,吐甲图而带足。(雾,齐,赤止也。带足者带,去也。)

又《中候运行》曰:帝尧率群臣,东沉刻璧于雒。又曰:天子臣放勋德薄,施行

不元。(元,善也。)(巧哉:今且住岗有沉坛水场)

《尚书大传》曰:尧八眉,舜四童子。八者,如八字也。

又曰:尧舜之王天下,一人不刑而四海治。

《春秋元命苞》曰:尧眉八彩,是谓通明。历象日月,璇玑玉衡。

《大戴礼》曰:宰我曰:"请问帝尧。"孔子曰:"高辛之子也,曰放勋,其仁如天,其智如神,就之如日,望之如云;富而不骄,贵而不豫,黄黼绂衣,彤车,乘白马。"

《六韬》曰:太公曰:"帝尧王天下之时,金银珠玉弗服,锦绣文绮弗衣,奇怪异物弗听,宫垣屋室弗崇,桷橼柱楹不藻饰,茅茨之盖弗剪齐。鹿裘之袿履不弊尽,不更为也;滋味不重糁,弗食也;温饭暖羹不酸馊,不易也。不以私曲之故,留耕种之时,削心约志,从事无予为。

《庄子》曰:昔尧之治天下也,使天下之人欣欣焉有乐其性。

又曰:尧治天下之民,平海内之政。往见四子于姑射之山,汾水之阳,窅然丧其天下。(四子:许由、齧缺、被衣、王倪也。窅然犹幽然,自失之貌。言尧以有事之心,至於无为之人,故亦无所用也。)

又曰:尧观于华封,封华人曰:"嘻!请祝圣人,使人圣寿,使圣人富,使圣人多男子。"尧曰:"多男子则多惧,多富则多事,多寿则多辱。"封人曰:"夫圣人,鹑居而鷇(音扣。)食,鸟行而无章。天下有道,则与物皆昌;天下无道则修德就闲。千岁厌世,去而上仙,乘彼白云,至于帝乡。三患莫至,身常无殃。"

又曰:尧治天下,伯成子高立为诸侯。及尧授舜,舜授禹,子高辞为诸侯而耕。禹往见之,曰:"尧治天下,吾子立为诸侯。尧授舜,舜授余,吾子辞之,敢问何也?"子高曰:"昔尧治天下,不赏而人劝,不罚而人畏。子今赏罚而民且不仁,德自此衰,刑自此立,后世之乱自此始矣!无落吾事!"偘偘乎耕而不顾。

《尸子》曰:人之言君天下者,瑶台九累,而尧白屋;鹿衣九种,而尧大布;宫中三市,而尧鹑居;珍怪远味,而尧粝饭菜粥;麒麟青龙,而尧素车玄驹。

又曰:尧舜有天下,四海之内皆治,而丹朱、商均不与焉;而谓皆治者,众也。

又曰:舜受天下,颜色不变;尧以天下与舜,颜色不变;知天下无能益损於己也。

又曰:人戴冠蹑履,莫不誉尧非桀敬士侮慢。故敬侮之,誉毁之,非其取也。

《韩子》曰:尧之王天下,冬日鹿裘,夏日葛衣;茅茨不剪,桷橼不斫。粝粱之食,藜藿之羹,虽监门之养,不敌于此矣!

又曰:由余谓秦穆公曰:"昔尧有天下,饭于土轨,饮于土形。其土南至交阯,北至幽都,东西日月所出入者,无不宾服。"

《吕氏春秋》曰:尧有子十人,不与其子而授舜。(《孟子》曰:尧使九男二女事舜也。)

又曰:尧以天下让于子州支父。子州之父对曰:"以我为天子,犹之可也。虽然,我适有幽忧之病,方将治之,未暇在天下也。"(幽,隐也。《诗》云:如有隐忧。)天下,重物也,而不以天下害其生者,故可托天下。

《淮南子》曰:尧之治天下也,舜为司徒,契为司马,禹为司空,后稷为大田师,奚仲为工。其导万民也,水处者鱼,山处者木,谷处者牧,陆处者农。地宜其事,事宜其械,械宜其用,用宜其人。泽皋织网,陵阪耕田。得以所有易所无,以工易所拙。是故离叛者寡,而听从者众。譬若播棋于地,圆者走屋,方者处高,各从其所安。

又曰:人之所以乐为天子者,以穷耳目之欲,而适身体之便也。今高台层榭,人之所丽也,而尧采椽不斫,弁题不枅。(言梁柱相折,矩不着枅栌也。)珍怪奇味,人之所美也,尧粝粱之饭,藜藿之羹。文锦狐白,人之所好也,而尧布衣掩形,鹿裘御寒。养生之具不加厚,而增之以大任,重之以忧,故举天下而传之舜,若解重负然,非直辞让也。

又曰:尧治天下,政教平,德润洽,在位七十载,乃求所属天下之统,令四岳明扬侧陋。四岳举舜而荐之尧,尧乃妻以二女以观其内,任以百官以观其外。既入大麓,烈风雷雨不迷。(林属于川曰麓,尧使舜入林麓之中,遭大风雨不迷也。)乃属以九子,(尧有九子。)赠以昭华之玉而传天下焉。

又曰:尧之有天下也,非贪万民之富也,而宁人主之位也,以为万姓力屈,强弱相乘,众寡相暴。於是尧乃身服节俭之行,而明相爱之仁,以和辑之。是故茅茨而不铲,采椽而不斫,大辂不画,(大辂,天子车也。)越席不缘,(越席,束蒲席也。)大羹不和,(无五味也。)粢饭不凿,巡狩行教,勤劳天下,周流五岳,岂其奉养不足乐哉?举天下以为社稷,非有利焉。年衰志闵,举天下之重而传之舜也,犹却行而释踪也。

又曰:尧之时,十日并出,焦禾穗,杀草木,而民无所食,窦窳、九婴、大风、修蛇、封豨、凿齿为民害。尧弋凿齿于畴华之泽,(畴华,南方泽也。凿齿兽持戈楯,羿持弓箭射杀也。)杀九婴于凶水之上,(九婴,水之大怪,为人之害者,北狄之地,有凶水者也。)缴大风于青丘之泽。(大风,大鸷也。缴以石磻,缴,系矢射之。青丘,东方丘。)上射十日,(羿射日堕日中乌羽。)而下杀窦(音轧)窳。(音庚,窦窳状如龙形,人齿食人也。)斩修蛇于洞庭,(洞庭,南方水也。其蛇食象,三岁而其骨出也。)离封豨于桑林。(封豨,大彘也。桑林,汤祷旱地)万民皆喜,置尧为天子也。

又曰:尧王天下而忧不解,授舜而忧乃释。

《说苑》曰:河间献王曰:尧存心于天下。有一人饥,曰:我饥之也。有一人寒,曰:我寒之也。一民有罪,曰:我陷之也。仁而立德,博而化广。故不赏而人劝,不罚而人治,先生而后杀,是尧道也。

杨子《法言》曰:尧能则天者,以其能臣二圣。二圣,舜、禹也。

又曰:尧、舜之德,轻于鸿毛。

《潜夫论》曰:尧舜之德,譬犹偶烛施明于幽室也。前烛照之后烛益明,非前烛昧后烛彰也。乃二烛相因而成大光。

荀悦《申鉴》曰:思唐虞于上世,瞻仲尼于中古,乃知小道足羞也。

谯子《法训》曰:唐虞之衣裳文法,禹稷之沟洫耕稼,人至今被之。

袁子《法书》曰:尧避舜于济阴,今定陶有尧冢,信乎?

《符子》曰:许由谓尧曰:"坐于华殿之上,面双阙之下,君之荣愿亦已足矣夫?"尧曰:"余坐华殿之上,森然而松生于栋;余立於棂扉之内,霏焉而云生于牖。虽面双阙,无异乎崔嵬之冠蓬莱;虽背墉郭,无异乎回峦之萦昆仑。余安知其所以不荣?

邓析言曰:古诗云:"尧、舜至圣,身如脯腊;桀、纣无道,肌肤三尺。"

《梦书》曰:尧梦乘龙上天,舜梦击天鼓。《续述征记》曰:城阳县有尧蒙,自汉晋二千石及丞尉刊名其众。尧即位至永嘉三年,二千七百二十有一载,记于尧碑。

魏陈王曹植《帝尧赞》曰:火德统位,父则高辛。克流共工,万国同尘。调适阴阳,其惠如春。巍巍成功,则天之神。

○帝舜有虞氏

《史记》曰:虞舜,名重华。冀州人也。作什器於寿丘,就时於负夏。舜父顽,母嚚,弟象傲,皆欲杀,不可得;即求,在侧。舜耕历山,历山之人皆让畔;渔雷泽,雷泽之人皆让居;陶河滨,器皆不苦窳。尧乃赐舜绨衣与琴,为筑仓廪,与牛羊。舜举八凯,使主后土,以揆百事;举八元,使布教于四方。皋陶为大理,民服其实。伯夷主礼,上下咸让。垂主工师,百工致功。益主虞,山泽开辟。弃主农,则百穀时茂,契主司徒,百姓亲和。龙主宾客,远人至。四海咸戴帝舜之功。于是,禹乃兴《九韶》之乐,凤凰来翔。舜年五十,摄行天子事,年五十八而尧崩,年六十一代尧践帝位。即位三十九年,南巡狩,崩于苍梧之野。葬于九疑,是为零陵。

《帝王世纪》曰:舜,姚姓也。其先出自颛顼。颛顼生穷蝉,穷蝉有子曰敬康,生勾芒。勾芒有子曰桥牛,桥牛生瞽瞍。妻曰握登,见大虹,意感而生舜於姚墟,故姓姚,名重华,字都君。龙颜大口,黑色,身长六尺一寸,有圣德,始迁於夏,贩於顿丘,责於傅虚,家本冀州,每徙则百姓归之。其母早死,瞽瞍更娶生象。象傲而父顽母嚚咸欲杀舜,舜能和谐,大杖则避,小杖则受。年二十始以孝闻。尧以二女娥皇、女英妻之。见舜於贰宫,设飨礼,送为宾主,南面而问政。命为司徒太尉,试以五典,有大功。二十,梦眉长与发等,尧乃赐舜以昭华之玉,老而命舜代已摄政。明年正月上日,始受终于文祖,太尉行事。尧崩三年丧毕。以仲冬甲子月,次于毕,始即真。以土代火,色尚黄。乃询四岳,辟四门,明四目,达四聪。东巡狩,登南山,观河洛,受图书,表赐群臣,尊伯禹、稷、契、皋陶皆益地。有苗氏负固不服,禹请征之。舜曰:"我德不厚,行武非道也。吾其敷吾未也。"乃修教三年,执干戚而舞之,有苗请服。立诽谤之木,申命九官十二牧及殳斨、朱虎、熊罴等二十五人,三载一考绩,黜陟幽明。於是俊乂在官,群后德让,百僚师师,以五采章施于五色为服,以六律、五声、八音协治。烝民乃粒,万邦作乂,庶绩咸熙,乃作《大韶》之乐,《箫韶》九成,凤凰来仪,击石拊石,百兽率舞。故孔子称《韶》尽美矣,又尽善也。景星曜於房,群瑞毕臻,德被天下。初,舜既践帝位,而父瞽瞍尚存,舜常戴天子车服而朝焉。天下大之,故曰大舜。都乎咸阳,或营蒲坂、妫汭,嫔于虞,故因号有虞氏。有二妃,元妃娥皇无子,次妃女英生商均。次妃登北氏,生二女:霄明、烛光。有庶子八人,皆不肖,故以天下禅禹。舜年八十即真,八十一三而荐禹,九十五而使禹摄政。摄五年,有苗氏叛,南征,崩于鸣条,年百岁,殡以瓦棺,葬苍梧九嶷山之阳,是为零陵,谓之纪市,在今营道县下,有群象为之耕。

《洛书灵准听》曰:有人方面,日衡重华,握石椎,怀神珠。(衡有骨表如日也。眉上日衡。重华,重,童子。)握石椎,怀神珠。(椎读曰锤,锤平轻重也。握谓如璇玑玉衡之道。怀神珠,喻有圣性也。)西王母受益地图,(西王母,西荒之国也。在西方得此益地之图来献。)舜受终,凤凰仪,黄龙感,朱草生,蓂荚挚。

《尚书·舜典》曰:慎徽五典,五典克从。纳于百揆,百揆时序。宾于四门,四门穆穆。纳于大麓,烈风雷雨不迷。帝曰:"咨,尔舜!询事考言,乃言底可绩,三载。汝陟帝位!"

《尚书帝命验》曰:虞舜圣,在侧陋,光耀显都,握石椎,怀神珠。(椎读曰锤,神珠喻圣性。)

《尚书中候考·河命》曰:帝舜曰:"朕惟不仁,蓂荚浮著,百兽凤晨。"(蓂荚浮著,萌芽。百兽率舞,凤凰司晨也。)

又曰:若稽古,帝舜曰:"重华钦翼皇象。"(翼,奉也。象,历也。舜敬奉皇天之历数,七政得失也。)

又曰:舜至于下稷,荣光休至,(稷读曰侧下之侧,日西之时。休,美也。荣光,气也。)黄龙负卷,舒图出水,坛畔赤文绿错。(错,分也。文而以绿色分其间。)

《尚书大传》曰:舜不登而高,不行而远。

又《虞夏传》曰:维元祀巡狩,四岳八伯,(尧始得羲和,令为六卿,主春夏秋冬,并掌方岳之事,是为四岳,出则为伯,后乃分置八伯。)坛四奥,沉四海,(祭水曰沉。)封十有二山,肇十有二州。(巧哉:今且住岗恰有沉坛水场)

《韩诗外传》曰:昔舜甑盆无膻,而功不以巧获罪。

《诗含神雾》曰:握登见大虹,意感生帝舜。

《大戴礼》曰:宰我曰:"请问帝舜?"孔子曰:"蟜牛之孙,瞽瞍之子也,曰重华,好学孝友,闻於四方。陶家事亲,宽裕温良。教而知时,畏天而爱民,恤远而亲亲,世以孝闻于天下。三十在位,嗣帝位,五十乃死,葬于苍梧之野。"

《礼记》曰:舜作五弦之琴,以歌南风。

又曰:舜其大智也与! 德为圣人,尊为天子,富有四海之内。宗庙飨之,子孙保之。

又曰:舜其大智也与:舜好问而好察迩言,隐恶而扬善,执其两端,用其中于民,其斯以为舜乎?(迩,近也。近言而善易以进人察而行之也。两端,过与不及也。用其中于民,贤与不肖皆能行之也。斯,此也。其德如此,乃号为舜。舜之言充也。)

又曰:子曰:"之后世虽有作者,虞帝弗可及也矣。君天下,生无私,死不厚,其子子民如父母,有恻恒之爱,有忠利之教。"

《礼含文嘉》曰:舜损己以安百姓。

《乐动声仪》曰:孔子曰:"《箫韶》者,舜之遗音也。温润以和,似南风之至。其为音,如寒暑风雨之动物,如物之动人,雷动禽兽,风雨动鱼龙,仁义动君子,财色动小人。(言乐之动人也深,故举见事以为喻。)是以圣人务其本。"

《春秋演孔图》曰:舜目四瞳童谓之重明。承乾,乾踵尧,海内富昌。(童,童子也。踵犹履也,履其所行也。)

《春秋运斗枢》曰:舜以太尉受号,即位为天子。五年二月,东巡狩,至于中月。与三公诸侯临观(太尉公官名也。唐虞五载一巡狩。中月,月半也。临观为舟,以泛于河中也。)黄龙五彩负图出,置舜前,图以黄玉为匣,如柜,长三尺,广八寸,厚一寸,四合而连有户。(此含枢纽之命,故龙匣黄也。四合有横道相合也。有户,言可开阖。)白玉检,黄金绳之,为泥封,两端章曰"天黄帝符玺"五字。广袤各三寸,深四分,鸟文。(文,字也。四或为三。)舜与大司空禹、临侯、望博等三十人集发,(大司空,公官名也。临侯,国氏,望博,名。)图玄色而绨,状可舒卷,长三尺二寸,广九寸,(而,如也。三或为五。)中有七十二帝地行之制,天文官位度之差。

《孝经援神契》曰:舜龙颜重瞳,大口,手握褒。(龙颜取象车,故有此骨表也。重童取象雷,多精光也。大口以象斗星,又为天作喉舌。握褒,手中褒字,喻从劳苦起,受褒饬,致大位者也。)

《论语》曰:舜有臣五人而天下治。(五人者,禹、稷、契、皋陶、伯益。)

又曰:无为而治者,其舜也与? 夫何为哉? 恭己正南面而已矣! (为犹安也。言舜相尧,去四凶,旋四门,穆穆也。)

《论语撰考谶》曰:尧舜等升首山,观河渚,有五老游於河渚,相谓曰:"河图将来告帝期,五老流星上入昴。有顷,赤龙负玉苞舒图出,尧与大舜等共发。曰:"帝当枢百则禅虞。"(百年而禅与舜。)尧喟然叹曰:"咨,尔舜! 天之历数在尔躬。"

《孔丛子》曰:舜身六尺有奇,面颔无毛,亦圣也。

《韩子》曰:历山农者侵畔,舜往耕,期年而耕者让畔;河滨渔者争坻,舜往渔,期年而渔者让长;东夷之陶者苦窳,舜往陶,期年而器以牢。

《墨子》曰:尧举舜於服泽之阳。

《孟子》曰:鸡鸣而起,孳孳为善者,舜之徒也。鸡鸣而起,孳孳为利者,蹠之徒也。

又曰:尧之于舜,使其子九男事之,二女女焉。百官牛羊仓廪备,以养舜於畎亩之中,而后举之加诸上位。

又曰:舜生於诸冯,迁於负夏,卒於鸣条,东夷之人也。(诸冯、负夏、鸣条皆地名也。负夏在海东方,东夷之地,故曰东夷之人也。)

又曰:舜之饭糗茹草也,若将终身焉。及其为天子也,被袗衣,鼓琴二女,果若固有之。(袗衣,画绘者也。此言舜穷居之时,若将终身,及其为万乘之主,被服绘绣,若固常自所有也。分定使之然也。)

又曰:舜之居深山之中也,与木石居,与鹿豕游。其所以异於深山之野人者几希;(舜耕历山之时,居山之间,鹿豕近人,若与人游。希,远也。当此之时,舜与野人,相去岂远哉。)及其闻一善言,见一善行,若决江河,沛然莫之能御也。

又曰:舜流共工于幽州,放驩兜于崇山,杀三苗于三危,殛鲧于羽山。四罪而天下咸服。

又曰:大舜有大焉:善与人同,舍己从人,乐取於人以为善;(大舜,虞舜也。孔子称曰巍巍,故曰大舜也有大善焉,能舍己从人。子路与舜同也。)自耕稼陶渔以至为帝,无非取於人者。取诸人以为善,是与人为善者也。故君子莫大乎与人为善。

又曰:天下大悦而将归己,视天下悦而归己犹草芥也,惟舜为然。(舜不以天下归己为乐,号泣于田也。)不得乎亲,不可以为人。不顺乎亲,不可以为子。舜尽事亲之道,而瞽瞍底豫。瞽瞍底豫,而天下化。瞽瞍底豫而天下之为父子者定。此之谓大孝。

又曰:尧崩三年之丧毕,舜避尧之子於南河之南。天下诸侯朝觐者,不之尧之子而之舜;讼狱者,不之尧之子而之舜;讴歌者,不讴歌尧之子而讴歌舜。曰:"天也,夫然后之中国,践天子之位焉。"

《庄子》曰:羊肉不慕蚁,蚁慕羊肉,羊肉膻也。舜有膻行,百姓悦之,故三徙成都,至邓之墟十万家。尧闻舜之贤,举之童土之地,(童土,不生草之地。)曰:"冀得其来之泽。"(舜来施恩泽也。)

又曰:舜让天下於善卷,善卷曰:"余立於宇宙之中,冬日衣皮毛,夏日衣葛缔。春耕种,足以劳动;秋收敛,足以休食。日出而作,日入而息,逍遥於天地之间,而心意自得。吾何以天下为哉?悲夫!子之不知余也。"遂不受。於是去而入深山,莫知其处。

又曰:舜以天下让其友北人无择,北人无择曰:"异哉!后之为人也,居於畎亩之中,而游尧之间。不若是而已,又欲以辱行汙漫我。吾羞见之!"自投清冷之泉。

《尸子》曰:舜兼爱百姓,务利天下。其田也,荷彼耒耜,耕彼南亩,与四海俱有其利。其渔雷泽也,旱则为耕者凿渎,俭则为猎者表虎。故有光若日月,天下归之若父母。

又曰:舜南面而治天下,天下太平,烛於玉烛,息於永风,食於膏火,饮於醴泉。舜之行,其犹河海乎,千仞之溪亦满焉。由此观之,禹汤之功,不足言也。

又曰:尧问於舜曰:"何事?"曰:"事天。"问:"何任?"曰:"任地。"问:"何务?"曰:"务人。"

又曰:舜一徙成邑,再徙成都,三徙成国,其致四方之士。尧闻其贤,征之草茅之中,与之语政,至简而易行;与之语道,广大而不穷。於是妻之以皇,媵之以娥,九子事之,而托天下焉。

又曰:舜云:"从道必吉,反道必凶,如影如响也。"

又曰:舜事亲养兄为天下法,其游也得六人,曰雒陶、方回、续牙、伯阳、东不识、秦不空,皆一国之贤者也。

又曰:昔者,舜两眸子,是谓重明。作事成法,出言成章。

又曰:舜举三后而四死除。何为四死？饥渴、寒暍、勤劳、斗争。

又曰:有虞之君天下也,使天下贡善;商周之君天下也,使天下贡财。

公孙弘曰:舜牧羊於黄河,遇尧,举为天子。

陆贾《新语》曰:舜藏黄金於崭岩之山,捐珠玉於五湖之渊,以塞淫邪之欲。

《淮南子》曰:舜之时,共工振滔鸿水,(滔,漫也。共工,炎帝之后。随高堙下,壅百川以为民害。)以薄空桑,(空桑,地名,在鲁。)龙门未开,吕梁未发,江淮通流,四海溟涬,民皆上丘陵,赴树木。舜乃使禹疏三江五湖,决伊阙,导瀍涧,通沟洫,注之东海。鸿水漏,九州乾,万民皆宁其性。

又曰:昔者,舜耕于历山,(历山,在济阴城阳。)期年,而田者争处磽确,以封畔肥饶相让也。钓於河滨,期年,而渔者争处湍濑,(湍,急。濑,浅。)以曲隈深涧相与也。

又曰:舜作室筑墙茨屋,辟地树谷,令民皆去岩穴,各有室家,南征三苗,道死苍梧。

又曰:舜不降席而天下治。

周生《列子》曰:舜尝驾五龙以腾唐衢,武尝服九驳以驰文涂,此上御也。

徐氏《中论》曰:小人耻其面不如子都;君子耻其行不如舜禹。

《杜夷幽求》曰:"以舜禹之登庸,视孔氏之穷屈,不似跛鳖之与晨骥乎？"

《符子》曰:"舜禅夏禹於洞庭之野。"

《吕氏春秋》曰:舜有九男,不予其子而授禹,至公也。

《风土记》曰:舜,东夷之人,生於桃丘妫水之汭,损石之东。旧说言舜上虞人也。虞即会稽县,距馀姚七十里,始宁上虞,南乡也,后为县。桃丘,即姚丘,方相近也。今吴北亭虞滨,在小江里,县复五十里对小江北岸。临江山上有立石,所谓"损石"者也。斜角西南堵俗呼为"芶公崭",高石也。

○夏帝禹

《国语·周语下》:"有崇伯鲧。"韦昭注:"鲧,禹父。崇,鲧国;伯,爵也。"

《国语·周语上》:"夏之兴也,融降于崇山。"韦昭注:"崇,嵩高山也,夏居阳城,崇高所近。"《御览》三十九"高山……卜引韦昭汪说:宗、嵩古通用。夏郁阳城,商山在焉。"

《杜夷幽求》曰:"以舜禹之登庸,视孔氏之穷屈,不似跛鳖之与晨骥乎？"

《符子》曰:"舜禅夏禹於洞庭之野。"

《竹书纪年》:"当尧之时,舜举之禹,观于河,有长人白面鱼身出曰:'吾河精也。'呼禹曰:'文命治。'言讫授禹《河图》。言治水之事。乃退入渊。""祝融之神降于崇山,乃受舜禅,即天子之位。"

《史记》曰:夏帝禹,名曰文命。禹之父曰鲧,鲧之父曰帝颛顼,颛顼之父曰昌意,昌意之父曰黄帝。帝尧之时,洪水滔天,浩浩怀山襄陵,下民其咨。尧求能治水者,群臣四岳皆曰鲧可。治水无功,乃殛鲧於羽山。尧崩,舜问四岳曰:"有能成美尧之事者使居官。"皆曰:"伯禹为司空,可成美尧之功。"舜命禹:"汝平水土,维是勉之。"禹拜稽首,让于契、后稷、皋陶。舜曰:"女其往视尔事矣。"禹为人敏给克勤,其德不违,其仁可亲,其言可信。禹遂与益、后稷奉帝命,命诸侯百姓兴人徒以敷土,行山表木,定高山大川。禹伤先人之功不成受诛,乃劳身焦思,居外十三年,过家门不敢入。陆行乘车,水行乘船,泥行乘橇,(孟曰:橇形如箕,桥行泥上。如淳曰:橇音茅蕝,谓以板置泥上通行路也。)山行乘<木樏>。(徐广曰:<木樏>音丘遥反。如淳曰:<木樏>车谓以铁如锥,长半寸,施之履下,以上下山不蹉跌也。)开九州,通九道,陂九泽,度九山。舜崩,三年丧毕,禹避舜之子商均於阳城。天下诸侯皆去商均而朝禹,禹於是遂即天子位,南面朝天下。国号曰夏后,姓姒氏。娶涂山氏之女,生子曰启,禹东巡狩,至于会稽而崩。

《帝王世纪》曰:伯禹夏后氏,姒姓也。母曰修己,见流星贯昴,梦接意感,又吞神珠,薏苡,胸折而生禹於石纽,虎鼻大口,两耳参漏,首戴钩,(钩,钤也。)胸有玉斗,足文履已。故名文命,字高密。身长九尺二寸,长於西羌夷人。初,禹未登用之时,父既降在匹庶,有圣德。梦自洗于河,观於河,始受图,括地象也。图言治水之意,四岳举之,舜进之尧。尧命为司空,继鲧治水,乃劳身勤苦,不重径尺之璧,而爱日之寸阴,手足胼胝。又纳贤礼士,一沐三握发,一食三吐餐。尧美其绩,乃赐姓姒氏,封为夏伯,故谓之伯禹。天下宗之,谓大禹。年二十始用,三十二而洪水平。年百岁,崩于会稽。因葬会稽山阴县之南,今山上有禹冢、井,祠下有群乌耘田。(修己或云修纪,未详。)

《河图握矩起》曰:帝命伯禹曰:"告汝九术五胜之常可以克之,汝能从之,汝师徒将兴。"

《雒书灵准听》曰:有人(谓禹也。)大口耳参,漏足履已,(漏,空也。戊巳,土之日,故当平水土,故以为名也。)载成钤,(有骨表如钩钤。)怀玉斗。(怀璇玑玉衡之道,或以为有黑子如玉斗也。)

《书》曰:禹别九州,(分其界也。)随山浚川,(刊其木,深其流。)任土作贡。(任其土地所有贡赋。)

又曰:正月朔旦,受命于神宗,(受舜终事之命,神宗,文祖之宗庙,言神尊也。)率百官,若帝之初。(舜初摄帝故事。)

《尚书帝命验》曰:禹,白帝精以星感,(星,金精也。)修纪山行见流星,意感栗然,生姒戎文禹。(栗然,威貌。姒,禹氏。禹生戎地,一名政命。)

《尚书璇玑铃》曰:禹开龙门,导积石,决岷山,治九贡。(龙门,积石山名。贡,功也,治九州之功。)

又曰:禹开龙门,导积石,出玄珪,上刻曰:"延喜玉,受德。天锡佩。"(禹功既成,天出玄珪,天锡之者以德佩。禹有治水功者,必佩之以玄玉。)

《尚书中侯》曰:伯禹在庶,(伯,官称,禹号也,因为德谥。庶,庶人也。)四岳师举荐之帝尧,(四岳,四方诸侯也。师,众也。荐,进也。)握括命不试爵授司空。(禹握括地象,天已命之,故不复试以官,司空於周为冬卿,掌制国之五沟,行导水之事。)伯禹稽首让于益归。(稽首,拜首至手,益归贤者尧臣,归读曰夔也。)帝曰:"何斯若真,(何不听让之辞。斯,此也。若,汝也。此汝真其人。)出尔命图示乃天。"(尔,汝也。禹方让隐之,故言出汝所天命也。图,括地象。示读曰祇,祇,是也。乃天使汝治水,非我也。)伯禹曰:"臣观河,伯面长人首鱼身。出曰:'吾河精也。'(观河,观於河水也。)授臣河图。"带足入渊。(河图,谓括地象。带足,去也。音带。)伯禹拜辞。(禹将行,故拜去。)

《诗含神雾》曰:禹之兴,黑、风会纪。(黑,黑力也。风,风历也。并黄帝臣复神,伯禹当斯而至也。)

《礼》曰:禹立三年,百姓以仁遂焉。

《大戴礼》曰:宰我曰:"请问禹。"孔子曰:"高阳之孙,鲧之子,曰文命。敏给克济,其德不回,其仁可亲,其言可信;声为律,身为度;左准绳,右规矩;履四时,据四海,平九州,戴九天,明耳目,治天下。"

《礼含文嘉》曰:禹卑宫室,垂意於沟洫,百穀用成,神龙至,灵龟服,玉女敬养,天赐妾。

《传》曰:禹会诸侯於涂山,执玉帛者万国。

《春秋孔演图》曰:天命之见,侯期门,灵龟穴庭,玄龙衔云。(灵龟,虚虎也。穴庭者,星入太微门。玄龙,水精也。衔云者,盖此召气也。)

《春秋元命苞》曰:禹之时,民大乐,其骈三圣相继,故乐名《大夏》也。

《孝经钩命诀》曰:命星贯昴,修纪梦接,生禹。(命,使之。星,谓流行之星也。)

《遁甲开山图》曰:禹游於东海,得玉,碧色,长一尺二寸,光如日月,自照达幽冥。

扬雄《蜀王本纪》曰:禹本没山广柔县人,生於石纽,其地名痢儿畔。禹母吞珠孕禹,拆埔而生於县,涂山娶妻,生子启。(广柔县:汉武帝元鼎元年(公元前116年)置,故治在今四川汶川县西北约25公里,属汶山郡,辖境盖有今四川汶川、理县、北川及茂县、都江堰市部分地区。)

《纪年》曰:禹立四十五年。

《论语》曰:子曰:"禹,吾无间然矣。(孔子惟禹功德之盛也。言不能复间厕其间也。)菲饮食而致孝乎鬼神,(马融曰:菲,薄也。致孝鬼神,祭祀丰洁也。)恶衣服而致美乎黻冕,(孔安国曰:损其常服以盛祭祀。)卑宫室而尽力乎沟洫。"(包曰:方里为井,井间有沟,沟深广四尺,十里为城,城中有洫,洫深广八尺也。)

《符子》曰:禹让天下於奇子,奇子曰:"君言佐舜劳矣,凿山川,通河汉,首无发,股无毛,故舜也以劳报子。我生而逸,不能为君之劳矣。"

《越绝书》曰:禹始忧民,救水到大越,於茅山大会计,爵有功。更名茅山,谓之会稽。及其王矣,巡狩大越。

《吴越春秋》曰:禹,案《黄帝中经》见圣人所记曰:"在九疑山。东南天柱,号曰宛委。承以文玉,覆以盘石。"其书简,青玉为字,编以白银。禹乃东巡狩,登衡山求之,卧见赤绣衣男子,自称玄夷苍水使者,来候禹,令禹斋三月,更求之。禹乃斋三月,登宛委山,取得书通水经。遂周行天下,使益疏记之,名曰《山海经》。

又曰:舜崩,禹服丧三年,朝夕号泣,形体枯槁,面目黎黑。

《十州记》曰:禹治洪水毕,乃乘蹻车到锺山,祠上帝於北阿,归大功於九天。禹经诸侯五岳,使工刻石,识其里数高下,其字科斗书,非汉人所了,诸名山亦然。

《鹖子》曰:禹之治天下也以五声听。门悬鼓钟铎磬,而置鞀(音桃)於簨虡曰:"教寡人以道者,击鼓;教寡人以义者,鼓钟;教寡人以事者,振铎;语寡人以忧者,击磬;语寡人以狱讼者,挥鞀。"此之谓五声。是以禹尝据馈而七起,日中不暇食。於是四海之士皆至。

《隨巢子》曰:昔三苗大乱,天命殛之,夏后受之,大神降而辅之。司禄益食而民不饥,司金益富而国家宝,司命益年而民不夭,四方归之。

《庄子》曰:昔者,禹堙洪水,亲自操橐耜,而涤天下之川。股无玄,胫无毛,沐甚雨,栉疾风,置万国。禹,大圣也,而形劳天下如此。使后世之墨者,多以裘褐为衣,以跂蹻为服,日夜不依,以自为极,曰:"不能如此,非禹道也,不足为墨。"

《孟子》曰:《书》曰:"洚水警余。"洚水者,洪水也。(《书》,《尚书》逸篇也。水逆行洚洞无涯,故曰洚水。洪,大也。)使禹治之。禹掘地而注之海,驱蛇龙而放之菹。水由地中行,江、淮、河、汉是也。险阻既远,鸟兽之害人者消,然后人得平土而居之。(尧使舜治洪水,通九州,故曰掘地而注之海也。菹,泽生草者也,今青州为泽有草者为菹水流行於地而去也。民下高就平土,故曰险阻远也。水去故鸟兽害人者尽消也。）

《尸子》曰:禹,长颈鸟喙,面貌亦恶,天下从而贤之,好学也。

又曰:古者,龙门未辟,吕梁未凿,禹於是疏河决江,十年不阚其家。生偏枯之病,步不相过,人曰禹步。

《墨子》曰:禹葬,衣衾三领,桐棺三寸,葛以绷(补庚切。)之,下不及泉,上不通臭。既葬,收馀壤为垄,若参耕之亩。

《韩子》曰:禹之王天下也,身执木畚以为民先,股无完胁胫不生,虽臣虏之劳,不苦於此矣。

《吕氏春秋》曰:禹年三十未娶,行涂山,恐时暮失制,乃娶涂山女。

又曰:禹南济乎江,黄龙负舟。舟中之人恐惧,禹仰而笑曰:"吾受命於天,竭力以济生人。命受天也,奈何忧於龙焉?"龙弭耳低尾而逃。

又曰:昔者禹一沐而三握发,一食而三起,以礼有道之士,通乎己之不足。通乎己之不足,则不与物争矣。

又曰:禹之决江水也,民聚瓦砾。及其事已成,功已立,为万世利。禹之所见者远也,而民莫之知。

《贾谊书》曰:禹常昼不暇食,而夜不暇寝。方是时,忧务民也。

《淮南子》曰:昔者鲧作三仞之城,诸侯倍之。禹知天下叛之,乃坏城平地,散财物,禁甲兵,施之以德,海外宾服,四夷纳职。

又曰:禹沐淫雨,栉疾风,决江疏河,凿龙门,辟伊阙,修彭蠡之防,乘"四载",随山刊木,平治水土,定千八百国。夙兴夜寐以致聪明,轻赋薄敛以宽民力,布德施惠以振困穷,吊死问罪以养孤孀,百姓亲附,政令流行。

又曰:禹为水,以身解於阳盱之河。（解,祷也。阳盱河在秦。）

又曰:尧之时,天下大水。禹身执畚锸,以为民先,疏河而导九支,（支,分。）凿江而通九路,辟五湖而定东海。

又曰:禹之趋时,冠挂而不顾,履遗而不取,(冠有所挂着,去不暇顾视。)非争其先也,争得其时也。

《说苑》曰:禹见罪人,下车问而泣之。左右曰:"夫罪人不顺道,故然焉,君王何为痛之至於此也?"禹曰:"尧舜之民,皆以尧舜之心为心。今吾为君,百姓皆以其心为心,是以痛之。"

《抱朴子》曰:禹乘二龙,郭支为驭。

《黄帝玄女兵法》曰:禹问於风后曰:"吾闻黄帝有负胜之图,六甲阴阳之道,今安在乎?"风后对曰:"黄帝藏会稽之山下,其坎深千丈,广千尺,镇以盘石,致难得也。"禹北见六子,问海口所出。禹乃决江口,鸣角会稽,龙神为见,玉匮浮。禹乃开而视之,中有《天下经》十二卷。禹未及持之,其四卷飞上天,禹不能得也。其四卷复下陂池,禹不能拯也。禹得中四卷,开而视之。

又魏陈王曹植《夏禹赞》曰:于嗟夫子,拯世济民。克卑宫室,致孝鬼神。蔬食薄服,绂冕乃新。厥德不回,其诚可亲。赍赍其德,温温其仁。尼称无间,何德之纯。

又《禹治水赞》曰:嗟夫夏禹,实劳水功。西凿龙门,疏河导江。梁岐既辟,九州以同。天赐玄圭,奄有万邦。

又《禹渡河赞》曰:禹济于河,黄龙乘船,舟人并惧,禹叹仰天。予受天运,勤功恤民,死亡命也,龙闻弭身。

庾信《禹渡江赞》曰:二江初凿,九谷新成。风飞鹢涌,水起龙惊。乐天知命,无待忧生。危舟遂静,乱楫还平。

(三)其他杂史之零星记载

1. 西汉末年刘向《战国策·卷三·秦策一》:"苏秦曰:"臣固疑大王之不能用也。昔者神农伐补遂,黄帝伐涿鹿而禽蚩尤,尧伐骧兜,舜伐三苗,禹伐共工,汤伐有夏,……由此观之,恶有不战者乎。

2. 唐·齐已《尧铭》《舜颂》:

《尧铭》——"金册昭昭,列圣孤标。仲尼有言,巍巍帝尧。承天眷命,罔厥矜骄。四德炎炎,皆不凋。永孚於休,垂衣飘。吾皇则之,小心翼翼。秉阳亭毒,不遑暇食。土皆苔绿,茅茨雪滴。君既天赋,相亦天锡。德辅金镜,以圣继圣。汉高将将,太宗兵柄。吾皇则之,日新德盛。朽索六马,罔坠厥命。熙熙萧萧,块润风调。舞擎干羽,围入刍荛。既玉其叶,亦金其枝。叶叶枝枝,百王允。享国如尧,不疑不疑。"

《舜颂》——"高高历山,有黍有粟。皇皇大舜,合尧元德。五典克从,四门伊穆。大道将行,天下为公。临下有赫,选贤用能。吾皇则之,无斁无逸。绥厥品汇,光光得一。千幅临顶,十在随跸。大哉大同,为光为龙。吾皇则之,圣谟隆隆。纳隍孜孜,孜孜切切。六宗是,五瑞斯列。排麟环凤,爬香立雪。四方纳赆,九围有截。昔救世师,降生竺乾。寿春亦然,万年万年。"

3.《隋书·卷一·帝纪第一·高祖上》([唐]魏征(580—643)主编):(开皇二年六月)丙申,诏曰:"朕抵奉上玄,君临万国……而王公大臣陈谋献策,咸云羲、农以降,至于姬、刘,有当代而屡迁,无革命而不从。……"

4.《皇王大纪·蚩尤传》([南宋]胡宏(1106—1162)撰,80卷。此书所述,上起盘古,下迄周末。):"阪泉氏蚩尤,姜姓,炎帝之裔也。兄弟八十人,蚩尤疏首虎卷,八肱八趾,好兵而喜乱,隳党崇仇,恫欲亡献,惟作五虐之刑,延于平民,罔不寇贼,鸱义奸宄,敚攘矫虔,发葛卢、雍狐之金,启九冶,作兵刑剑拔,剑拔作而岁之诸侯相兼者二十一。帝榆罔立,诸侯携低,胥伐虐弱,乃分正二卿,命蚩尤宇于小颢,以临西方,司百工。德不能驭,蚩尤产乱,出羊水,登九淖,以伐空桑,逐帝而居于浊鹿,兴封禅,号炎帝。"

5.《皇王大纪·卷十三·后纪四·禅通纪·炎帝纪下》:"炎帝器,器生钜及伯陵,祝庸。钜为黄帝师,胙土命氏而为封钜。夏有封父,封文侯,至周失国。有封氏、钜氏、巨氏、封父氏、富父氏。伯陵为黄帝臣,封逢,实始于齐。同吴权之妻阿女缘妇孕三年,生三子曰殳(shū)、曰鼓、曰延。生灵恝(jiá),灵恝生氏人……有逢氏、鼍氏、殳氏、延氏、氏氏、齐氏。祝庸为黄帝司徒,居于江水,生术器、兑首、方颠,是袭土壤,生条及勾龙。条喜远游,岁终死而祖。勾龙为后土,能平九州,是以社祀。生垂及信,信生夸父,夸父以驶臣丹朱,有句氏、句龙氏。垂臣高辛为尧共工,不贵独功,死葬不距之山。"

6.《皇王大纪·卷二十四·国名纪·炎帝后姜姓国》:"北齐《内传》:'齐之先有逢伯陵,盖伯陵前封逢,后改于齐,故《山海经》有北齐之国,姜姓,是两齐云。殳伯陵之子,尧代有殳戕,即齐地胃淳也,一[曰]朱,故传作朱戕。江水祝庸之封地,今朱提。'"

7.《皇王大纪·卷二十九·国名纪·三皇之世》:"赤:赤奋、赤松,炎帝诸侯。有赤氏、赤民,高阳师。白:白阜国六者,炎帝臣。"

8.《皇王大纪·卷一百七十四·经籍考一·总叙》:"伏羲、神农、黄帝之书,谓之《三坟》,言大道也。少昊、颛顼、高辛、唐、虞之书,谓之《五典》,言常道也。"

9.《山海经·海内经》:"炎帝之孙伯陵,伯陵同吴权之妻阿女缘妇。缘妇孕三年,是生鼓、延、殳。殳始为侯,鼓、延是始为钟,为乐风。炎帝之妻,赤水之子听訞生炎居,炎居生节并,节并生戏器,戏器生祝融。祝融降处于江水,生共工。共工生术器,术器首方颠,是复土穰[壤],以处江水。共工生后土,后土生噎鸣,噎鸣生岁十有二。"

10.《元和郡县志·卷三十·江南道·衡山县》:"衡山,南岳也,一名岣嵝山,在县西三十里。《南岳记》曰:赤帝馆其岭,祝融托其阳,以其宿。"([唐]李吉甫(758—814)撰,40卷。这里依据《四库全书》本选录。)

11.《列仙传·赤松子》(相传[汉]刘向(前77—前6)撰,2卷。据《四库全书》本选录）：

"赤松子者,神农时雨师也。服水玉以教神农。能入火自烧。往往至昆仑山上。常止西王母石室中,随风雨而上下。炎帝少女追之,亦得仙,俱去。至高辛时,复为雨师。今之雨师本是焉。眇眇赤松,飘飘少女,接手翻飞,泠然双举,纵身长风,俄翼玄圃,妙达巽坎,作范司雨。"

12.《吕氏春秋·卷四·尊师》（战国时秦相吕不韦（？—前235）主编）："神农师悉诸,黄帝师大挠,帝颛顼师伯夷父,帝喾师伯招,帝尧师子州支父,帝舜师许由,……此十圣人六贤者,未有不尊师者也。"

13.《淮南子·卷十九·修务训》（［汉］淮南王刘安（约前170—前122））："若夫神农、尧、舜、禹、汤可谓圣人乎？有论者必不能废。以五圣观之,则莫得无为,明矣。古者民茹草饮水,采树木之实,食蠃蚌肉,时多疾病毒伤之害。于是神农乃始教民播种五谷,相土地宜,燥湿肥硗高下,尝百草之滋味,水泉之甘苦,令民知所辟就,当此之时,一日而遇七十毒。盖闻书传曰：神农憔悴,尧瘦癯,舜微黑,禹胼胝。由此观之,则圣人忧劳百姓甚矣。"

14.《独断·卷上》（［东汉］蔡邕（133—192）撰,2卷。今依据《四库全书》本选录）：

五方正神之别名：东方之神,其帝太昊,其神勾芒。南方之神,其帝神农,其神祝融。西方之神,其帝少昊,其神蓐收。北方之神,其帝颛顼,其神玄冥。中央之神,其帝黄帝,其神后土。先农神：先农者,盖神农之神。神农作耒耜,教民耕（农）［种］,至少昊之世,置九农之官。

五帝腊祖之别名：青帝以未腊卯祖,青帝太昊木行。赤帝以戌腊午祖,赤帝炎帝火行。白帝以丑腊酉祖,白帝少昊金行。黑帝以辰腊子祖,黑帝颛顼水行。黄帝以辰腊未祖,黄帝轩辕后土土行。

《独断·卷下》："《易》曰：帝出于震,震者木也。言宓牺氏始以木德王天下也。木生火,故宓牺氏没,神农氏以火德继之。火生土,故神农氏没,黄帝以土德继之。土生金,故黄帝没,少昊氏以金德继之。金生水,故少昊氏没,颛顼氏以水德继之。伏牺为太昊氏,炎帝为神农氏,黄帝为轩辕氏,少昊为金天氏,颛顼为高阳氏,帝喾为高辛氏,帝尧为陶唐氏,帝舜为有虞氏。"

15.《册府元龟》（［宋］王钦若（962—1025）等编修,1000卷,后有散佚。这里依据中华书局1985年影印本摘录）：

《册府元龟·卷一·帝王部·帝系》：炎帝神农氏,姜姓,母曰任巳,有乔氏女,为少典妃,生帝。以火承木,故为炎帝（一云南方生夏）。教民耕农,故天下号曰神农氏(一云农皇,或云帝炎)。本起烈山氏,或称之。一号魁隗氏,纳奔水氏女,曰听谈生帝临魁,次帝承,次帝明,次帝直,次帝克,次帝里,次帝榆罔。自炎帝至榆罔,凡八世。

《册府元龟·卷二·帝王部·诞圣》:"神农氏母曰女登,为少典妃,游华阳,有神人身龙首,感女登于〔常〕阳而生帝。"

《册府元龟·卷四·帝王部·运历》:炎帝神农氏继庖牺氏,以火承木,故为炎帝。

《册府元龟·卷十三·帝王部·都邑》:"神农氏初都陈,后徙于鲁。"

《册府元龟·卷二十二·帝王部·符瑞》:"炎帝神农氏致大火之瑞,嘉禾生,醴泉出。

《册府元龟·卷三十五·帝王部·封禅》:"神农氏封泰山,禅云云。炎帝封泰山,禅云云。

《册府元龟·卷三十八·帝王部·尊师》:"神农师悉谓。"

《册府元龟·卷四十四·帝王部·奇表》:"炎帝神农氏人身牛首。"

《册府元龟·卷七十·帝王部·务农》:"神农氏斫木为耜,揉木为耒,耒耜之利,以教天下天下,号曰神农氏。"

16.《事物纪原·卷一·天地生植部·第一》——宋·高承(生卒不详)撰,10卷,明·李果删订):"(所尚)历代帝王为政各异,故所尚不同。邢昺《论语疏》,自夏正尚黑,推而上之,谓伏牺以上未闻,谓女娲尚白,神农赤,黄帝黑,少昊白,高阳赤,高辛黑,陶唐白,有虞赤。宜自太昊始也。"

四、历代典籍对古庸国帝王遗书的记载

(一)西汉时代孔安国所作的《尚书序》:

"古者伏羲氏之王天下也,始画八卦,造书契,以代结绳之政,由是文籍生焉。伏羲、神农、黄帝三皇之书,谓之《三坟》,言大道也。少昊、颛顼、高辛、唐虞五帝之书谓之《五典》,言常道也。至于夏、商、周之书,虽设教不伦,雅告奥义,其归一揆。是故历代宝之,以为大训。八卦之说,谓之《八索》,求其义也。九州之志,谓之《九丘》。丘,聚也。言九州所有,土地所生,风气所宜,皆聚此书也。《春秋·左氏传》曰:'楚左史倚相,能读《三坟》《五典》《八索》《九丘》。'即谓上世帝王遗书也。先君孔子,生于周末,睹史籍之烦文,惧览之者不一,遂乃定礼乐、明旧章,删《诗(经)》为三百篇,约史籍而修《春秋》,赞易道以黜《八索》,述职方以除《九丘》,讨论《坟》、《典》,断自唐虞以下,讫于周,芟夷烦乱,翦截浮辞,举其宏纲,撮其机要,

足以垂世立教,典谟训诰誓命之文,凡百篇。"

倚相倚氏,名相。春秋时楚国左史。熟谙楚国历史,精通楚国《训典》,能读古籍《三坟》《五典》《九丘》《八索》。常以往事劝谏楚君,使之不忘先王之业。楚灵王及楚平王期间,颇受楚国君臣尊敬。楚人遇有疑难常向其请教,誉之为良史、贤者、楚国之宝。

(二)《春秋左氏传》

(传十二·十一)析父谓子革:"吾子,楚国之望也。今与王言如响,国其若之何?"子革曰:"摩厉以须,王出,吾刃将斩矣。"王出,复语。左史倚相趋过,王曰:"是良史也,子善视之!是能读《三坟》《五典》《八索》《九丘》。"对曰:"臣尝问焉:昔穆王欲肆其心,周行天下,将皆必有车辙马迹焉。祭公谋父作《祈招》之诗以止王心,王是以获没于祗宫。臣问其诗而不知也。若问远焉,其焉能知之?"王曰:"子能乎?"对曰:"能。其诗曰:'祈招之愔愔,式昭德音。思我王度,式如玉,式如金。形民之力,而无醉饱之心。'"王揖而入,馈不食,寝不寐,数日,不能自克,以及于难。仲尼曰:"古也有志:'克己复礼,仁也。'信善哉!楚灵王若能如是,岂其辱于干溪?"

(三)古三坟序

《春秋.左氏传》云:楚左史倚相能读《三坟》《五典》《八索》《九丘》。孙安国叙《书》以谓伏羲、神农、黄帝之书,谓之《三坟》,言大道也。

《汉书.艺文志》录古书为详,而三坟之书已不载,岂此书当汉而亡欤?元丰七年,予奉使西京,巡按属邑,而唐州之泌阳,道无邮亭,因寓食于民舍。有题于户:《三坟》书某人借去。亟呼主人而问之。曰:古之《三坟》也,某家实有是书。因命取而阅之。《三坟》各有《传》,《坟》乃古文,而《传》乃隶书。观其言简而理畅,疑非后世之所能为也。就借而归录,间出以示好事,往往指为伪书。然考《坟》之所以有三,盖以山、气、形为别:

《山坟》言君、臣、民、物、阴、阳、兵、象,谓之《连山》;《气坟》言归、藏、生、动、长、育、止、杀,谓之《归藏》;《形坟》言天、地、日、月、山、川、云、气,谓之《乾坤》。与先儒之说《三坟》特异。皆以义类相从,曲尽天地之理。复有《姓纪》《皇策》《政典》之篇,文辞质略,信乎上古之遗书也。《胤征》引《政典》曰先时者杀无赦,不及时者杀无赦。孔氏以谓夏后为政之典籍,颇与《书》合,岂后人之能伪邪?世人徒以此书汉时已亡,非后世之宜有。且《尚书》当汉初重购而莫得,武帝时方出于屋壁间,讵可遂为伪哉?予考此书,既笃信之,将诒诸好事君子,故为之叙云。

相传为我国最早的古籍。出处《左传·昭公十二年》:"是能读《三坟》《五典》《八索》《九丘》。

早在传说中的"三皇五帝"时代,相传就出现了"档案","三皇"时期的"档案"称作"三坟",章太炎先生在《检论·尚书故言》中说:"坟,丘十二,宜即夷吾所记泰山刻石十有二家也。"是说春秋时代齐国管仲将"三皇"时代泰山十二家石刻内容抄录下来,即称"三坟"。

（四）甲骨档案

"五帝"时期的档案称作"五典",孔安国在《尚书·序》中称:"五帝之书,称之'五典',吾常言也。"孔安国认为"五典"即"五帝"时期形成的档案。

除了"三坟""五典",《左传·昭公十二年》又言,上古档案还称为"八索""九丘"。

关于"八索",当代学者孔颖达援引据传是孔安国作的《尚书·序》云:"八卦之说,谓之八索。索,求其义也。"意为上古档案的"八索"即为"八卦"之书。

至于"九丘",孔颖达解释为:"九州之志,谓之九丘。丘,聚也,言九州所有,土地所生,风气所宜,皆聚此书也。"他认为"九丘"档案即中原九州之方志。《周礼·春官宗伯第三》说:"(外史)掌三皇五帝之书。"关于"三皇五帝之书",郑玄的注释是"三坟五典"。但《三坟》《五典》究竟包含有哪些内容,郑玄却没有说明。现在人们所说的《三坟》已是有明确内容的古三坟,它完整地载于明版《汉魏丛书》中,内容包含有《三坟》易,即《山坟·连山易》《气坟·归藏易》《形坟·乾坤易》,还含有三皇的事迹。"

"索"字的含义有:大绳,绞,法,独,尽,搜求,牵引,愿欲,须要,涕流貌。但是,索作为一种文书或信息载体,应当是指结绳纪事符号体系,或许还包括以丝帛或其他编织物为载体的文书(在丝帛上写字绘画,或者编织出能够传递信息的图案符号)。事实上,中国人最先发明了养蚕和丝帛,因此也就有条件用丝帛作为信息载体;类似的例子是,由于中国制造出了又细又长又轻又结实的绳子,以及又轻又薄又结实的丝绸和纸,因此中国人才能率先发明风筝。从这个角度来说,八卦原名八索,也就顺理成章了。所谓《八索》就是丝帛文书,它源于结绳纪事和结绳占卜(卦的字形含义原指测时,结绳符号的功能之一也是计时);这就是《尚书序》称"古者伏牺氏之王天下也,始画八卦,造书契,以代结绳之政,由是文籍生焉"的由来。

"丘"字的含义有:阜,山,土之高者(或曰,四方高,中央低为丘),墟,大冢,墓,空,大,聚,区域(四邑为丘)。从字形来说,丘指有平缓坡度的地形地貌。问题是,兵字为什么也要用丘字符呢? 其实,兵字实际上是斤和陈列桌几的合形,即把

"斤"这种兵器(斤就是斧,具有斜面形状)陈列在桌几上,相传这是由蚩尤最先发明的,所谓"蚩尤作兵"即蚩尤部落最先把兵器作为神器来供奉。

那么,《九丘》这部书,为什么偏偏要选择用丘字来形容或指称呢?《尚书序》取其"聚"的含义,应当说是有一定道理的,但是并不完全。这是因为,丘还有山川、区域、庞大、空墟和大冢(通常都有丰富的随葬品)的意思。有趣的是,上述含义综合起来,很像是一种模拟的实物地图,即在不同模拟区域上有着象征该地理方位的物产和地形,用今天的话来说,就是在社稷坛的五色土上陈列着相应方位的物产。更深一层地说,"丘"字在《九丘》中的使用,还表示中央的统治权力(斤)遍布天下东西南北中的所有区域。

有鉴于此,《尚书序》所谓"九州之志,谓之《九丘》;丘,聚也,言九州所有,土地所生,风气所宜,皆聚此书也",实际上正是《山海经·五藏山经》的另一种说法,或者是《五藏山经》的另一种版本。著名学者王红旗对《山海经》进行长达二十余年的研究后,认为《山海经》一书系由帝禹时代《五藏山经》、夏代《海外四经》、商代《大荒四经》、周代《海内五经》合辑而成,时在春秋末年,编辑改写者为公元前516年追随王子朝携周室典籍奔楚的原周王室图书档案馆的学者或其后裔。而且《五藏山经》具有地理实测和国土资源考察基础,其地理方位基本可寻,其地形地貌基本符合4200年前的中国景观,实乃中华文明与文化第一历史宝典,亦为人类文明的共同文化遗产。

因此,《九丘》是一部实物地图地理书,它平铺在一处圣洁的地面上(不需要桌几或支架),有点像今天的模型沙盘,也可能是一幅巨画,画有五区九州的山川地貌和物产,以及那里的人文景观。或许是心有灵犀一点通吧,1999年9月9日,笔者和夫人孙晓琴历时多年,终于创作完成42平方米的巨画《帝禹山河图》,将《五藏山经》所记载的东、西、南、北、中五个区域的447座山,以及河流258处、地望348处、矿物673处、植物525处、动物473处(其中许多神奇的动物都是由人装扮的)、人文活动场景95处等内容全部绘出。为此,笔者曾欣然作诗曰:"功成洪水退,帝禹定九州,踏勘海内外,千古一图收。"(补注,参阅上海辞书出版社的全彩绘大画册《经典图读山海经》)大禹若有灵,当惊图复出矣!

综上所述,可知《三坟》《五典》《八索》《九丘》确实是古庸国,也是中华民族最古老的典籍。

五、《山海经》国家名录统计及含义简释

(1)羽民国:类人,长长的鸟头,有羽毛,善飞行。他们住在西南的大海边,喜欢拿着自制的叉子捕鱼。

(2)讙头国:异人,也叫丹朱国,是尧的后代丹朱的子嗣。鸟头,有翅膀,但只能当拐杖用。能从虚空直接获得生命能量,体能超常,但需要阴水来维持体阳。善捕鱼,捕食海马。

(3)厌火国:类人,长得像猴子,皮肤黝黑,以碳石为食物,能从口中喷火。在其国家有一种食火兽,叫祸斗,犬类,能喷火。

(4)三苗族:人,九黎族的后裔,巫术之乡,有着极高的宗教信仰,天生能预知生死,占卜吉凶,拥有一种与生俱来的强大的感知能力。

(5)贯胸国:异人,胸前有两个洞,可以将竹竿穿过,由于长期在大自然中受到残酷的磨砺,有着惊人的忍耐力和爆发力,能在战斗中少流血,伤口愈合快。

(6)交胫国:矮人,个头不高,四尺左右,两腿交叉着走路,不死民:人,皮肤像黑炭,长生不老。

(7)载国:人,据说是皇帝的后裔,黄色的皮肤,擅长搭弓射蛇,做事细腻,精准度高,而且通晓怪兽要害,擅长一击毙命。

(8)结胸国:异人,鸡胸,因佝偻病而使胸脯隆起。擅长捕蛇,捕鱼,把虫叫作蛇,把蛇叫鱼。

(9)歧舌国:妖,舌头分叉,蛇头人身,喜欢吐舌头,全身黑红相间,异常恐怖,会放射出剧毒液体,夜间行走,眼睛闪烁红色光芒。

(10)三首国:异人,身体上长了三个脑袋,由于三个头,所以视野开阔,防御力高,好斗,多是单人行走,喜欢攻击狼类,食狼肉。

(11)周饶国:矮人,身材短小,戴个帽子,为人和善,头脑精明,由于给人以弱小外表的印象,故被小看,但他们有着极其发达的头脑,战斗方式灵活多变,而且很有君子风范。身材矮小,善于隐蔽,不被别人发现。

(12)长臂国:人,手很长,擅长捕鱼,能用两只手就直接在水里捉鱼,长手的他们做事方便,行动灵活,能快速在枝头攀行,能站在地上采集树上的果子。臂膀非常有力。

(13)三身国:异人,长着三个身子,六臂,各拿一种武器,好斗,攻击速度快,让人防不胜防。以黍为食,善驱使虎豹熊罴。

(14)一臂国:异人,只有半体,一只胳膊,一只眼睛,一只鼻子。一臂国里有一种马,长着一只眼睛和一只角,有着虎斑。叫作纹棕马。

(15)三面一臂国:

(16)人言灵国:妖,据说与魑魅魍魉等精怪有着密切联系,能通过语言建立一种契约关系从而操控签订者,强大的契约能力使他们性格孤傲,冷漠,有着一种不可一世的傲慢态度,但他们并非无懈可击,他们的这种契约关系会耗损精力(即生命值),而且他们的自身修炼也不强,很容易受到物理攻击的致命打击。

(17)奇肱国:异人,长着一只臂膀,三只眼睛,一身兼有阴阳两性,行走需骑文马。奇肱国里有一种鸟,长着两个脑袋,红黄色的毛,常随人而行。

(18)丈夫国:人,都衣冠楚楚,身佩宝剑,长的很君子,好舞剑,喜欢将剑作为武器。

(19)巫咸国:人,总是右手缠绕一只青蛇,左手缠绕一只赤蛇,巫咸国里有座登葆山,登葆山实际是一座天梯,巫师们都是从这里往返于天上和人间。

(20)女子国:人类,族里全是女子,这里的女的都是在外族里交配,然后产子,或者与过路人,以此来繁衍后代,如果生出来的是男孩子,会一出生就送到外族。女子国里有两个女的,这两个女的住的地方周围都是水,也有说这两个女的住在洞里。

(21)轩辕国:人,轩辕国里的人都长寿,最短的也能活到八百岁,轩辕国里的国民都长着人一样的面孔,蛇一样的身型,尾巴缠绕在头上。他们住在江山的南麓以求无凶无灾。

(22)白民国:人,全身都是白色的,披头散发,以黍为食,善驱使虎豹熊罴。白民国有一种坐骑,叫乘黄,长得像狐狸,但背上长着角,人要是乘着这种坐骑,便可以活两千岁。

(23)肃慎国:人,肃慎国有一种树名叫雄常,中国每当有圣人出世,替代暴君时都会来到这里,用雄常树的树皮做成衣服。居住在不咸山上,不咸山上有两种兽,蜚蛭、琴虫。

(24)长股国:巨人,都披散着头发,脚很长,这样使他们行走速度很快,瘦弱的身体,有着灵活的动作,采集树枝上的果实,运送木头、干活都非常麻利。

(25)无启国:人,这个国家的人都没有小腿肚子。这个国家在长股国的东边。

(26)一目国:异人类,脸上长着一只眼睛,在正中间,以黍为食。

(27)柔利国:异人类,这个国家的人都只长着一只脚,一只手,膝盖是反向长的,脚心都是弯曲朝上长的,柔利国也叫作留利国,足是反折的。

(28)深目国:人类,这个国家人民的眼睛都是深陷于眼眶内的,平常总是举着一只手,以吃鱼为生。

(29)聂耳国:人,耳朵垂至腰,有的人两手能拖着两只耳朵,能使唤两只文虎,他们居住在海上的孤岛上,能入海捕捉怪物,文虎在聂耳国东边能捕捉到。

（30）无肠国：异人类，深目国的东边是无肠国，无肠国的人身材高大，腹内无肠。

（31）夸父国：巨人类，夸父族的人身材十分高大，但行动却不缓慢，是巨人类中的精英，他们族内的唯一八位巫师长者守护着女娲当年拯救世界的天柱，他们最大的优点就是耐力很好。夸父国遗留下来的人不多，为了追求自己无上的光荣使命，即追逐控制太阳的能力，不断地向东方奔跑。他们是幽冥之神后土的后代，住在北方荒野的成都载天山上。

（32）博父国：巨人类，博父国在聂耳国东部，博父国的人身材高大，手中缠着蛇，右手青蛇，左手黄蛇。夸父手杖画作的邓林就在博父国的东边，博父国的人据说是夸父族的后裔。拘缨国：人类，住在积石山的东边。种植缨树，缨树上结的果子非常甘甜，而且能充饥。

（33）歧踵国：巨人类，两只脚特别大。

（34）大人国：巨人类，善划船。在海中一个岛上。

（35）君子国：人类，衣冠楚楚，都佩戴着宝剑，他们吃野兽的肉，旁边总有两只老虎，他们性格谦让，不好争斗。君子国有一种植物，叫薰花草，寿命短，早晨生长，晚上就死了。

（36）青丘国：妖类，里面是一些妖怪聚集的地方，主要种族是狐妖。

（37）黑齿国：精怪，脑袋是黑色的，主食稻米，爱吃蛇，人人身边都有两条蛇，一条是红色的，一条是青色的。善驱使虎豹熊罴。

（38）雨师妾国：人类，雨师妾国的人皮肤是黑色的，两手总是握着一条蛇，两只耳垂各穿着一条蛇，左耳是青蛇，右耳是红蛇，他们手握龟，与祈祷、仪式有关。

（39）玄股国：人类，玄股国的人都以鱼皮做衣，以鸥鸟为食物，他们身边总是有鸟供他们使唤。以黍为食，善驱使虎豹熊罴。

（40）毛民国：类人，毛民国的人身上长着又黑又粗的鬃毛，力气非常大，但是缺乏头脑。以黍为食，擅长驱使虎豹熊皮作战，当初禹生均国，均国生了役采，役采生了修革，修革杀了绰人，天帝可怜血绰人，帮助他们的后人建立了国家，就叫毛民国。

（41）劳民国：人类，劳民国的人皮肤都是黑色的。

（42）伯虑国：人类。里耳国：妖类雕题国：妖。北雊国：人。

（43）枭阳国：类人，国民长着人的面孔，嘴唇奇长，身体黝黑，脚跟朝前，见到别人总是喜欢笑，奇丑无比。

（44）巴国：人，始祖是后照，后照是乘厘的儿子，乘厘是咸鸟的儿子，咸鸟是伏羲的儿子。

(45)氐人国:类人,据说是炎帝的后裔,人面鱼身,很美妙。

(46)匈奴国:人。

(47)开题国:人。

(48)列人国:人。

(49)流黄封氏国:人,国土方圆三百里,十分发达的都城。

(50)东胡国:人。

(51)夷人国:精怪,在大泽的东边。

(52)貊国:精怪,在东胡国的东边。

(53)燕国:精怪。

(54)犬封国:类人,犬封国长着狗头人身,嗅觉灵敏,能够追寻怪兽。犬封国有一种马,全身白色,只有马鬃是红色的,眼睛金光灿灿,这种马叫吉量,能乘骑这种的人,可以活千岁。

(55)蛴国:类人,虎头人身,虎斑非常美丽,腿部饱满有力。

(56)阘非国:妖,身形似兽,面孔似人,全身毛皮是青色的。

(57)环狗国:妖,国民身形似人,长着一个刺猬头,全身黄色。

(58)魅国:精怪,脑袋黑色,眼睛是竖着长的,身形似人。

(59)戎国:妖,脑袋似人,头上长着三只角。

(60)林氏国:人,国里有一种动物,身形似虎,全身五彩斑斓,尾巴比身体还长,不吃活的动物,叫驺吾,其上能行千里。

(61)盖国:人。

(62)巨燕国:巨人。

(63)倭国:人,臣属巨燕。

(64)朝鲜国:人。

(65)列阳国:人,臣属巨燕。

(66)姑射国:人,海上一个岛国。

(67)大蟹国:海妖,居住在大海的深处。

(68)陵鱼国:类人,身形似鱼,面孔、手、脚都似人,在大海中生活。

(69)鲧鱼国:海妖,居住在大海深处。

(70)墩端国:异人,居住在流沙大漠之中。

(71)玺唤国:异人,居住在流沙大漠之中。

(72)大夏国:异人,居住在流沙之外。

（73）竖沙国：异人，居住在流沙之外。

（74）居繇国：异人，居住在流沙之外。

（75）月支国：异人，居住在流沙之外。

（76）韩雁国：人，都周南边的大海之中。

（77）始鸠国：妖，在韩雁国南边的大海之中。

（78）大越国：人，会稽山的北边。

（79）彭泽国：人。

（80）聂阳国：人。

（81）少昊之国：人，居住在巨大的深谷之中。

（82）靖人国：矮人，居住在海外大荒之中。

（83）芍国：人，以黍为主食，善驱使虎豹熊罴。

（84）中容国：人，帝俊的后代，喜欢吃野兽和赤木玄木的果实，善驱使虎豹熊罴战斗。

（85）司幽国：人，帝俊的后代，以黍为食，吃野兽，驱使虎豹熊罴为其战斗。

（86）嬴土国：类人，柔仆民，长着鸟一样的脚。

（87）夏州国：人。

（88）盖余国：人。

（89）困民国：异人。

（90）有易国：异人。

（91）摇民国：人。

（92）熏民国：人。

《告祖词·庸人歌》：

"祝融佳人伴夜郎，繁衍百国围崧梁。伯庸八祖铸钟铃，神农嫘祖植麻桑。"

《伯庸祠·家神联》：

"钟铃长昭百世香火，伯庸永显千秋神明。"

六、重要含庸词语释义

（一）《康熙字典》对"庸"的解释

《寅集下》《广字部》·庸·康熙笔画：11·部外笔画：8〔古文〕《唐蛴》《广蛴》余封切《集韵》《类篇》《类会》馀封切，音容。《说文》庸，用也。《书·尧典》畴咨若时登庸。《传》将登用之。《庄子·齐物论》为是不用而寓诸庸。庸也者，用也。用也者，通也。

又《尔雅·释诂》常也。《易·干卦》庸言之信,庸行之谨。《书·皋陶谟》自我五礼有庸哉。《传》用我五等之礼接之,使有常。

又《玉篇》功也。《书·舜典》有能奋庸熙帝之载,使宅百揆。《传》庸,功也。《晋语》无功庸者,不敢居高位。《注》国功曰功,民功曰庸。《周礼·天官·大宰》以八统诏王驭万民,五曰保庸。《注》安有功者。

又《地官·大司徒》以庸制禄,则民兴功。

又《尔雅·释诂》劳也。《疏》谓劳苦。

又《释训》庸庸,劳也。《疏》有功庸者皆劳也。《诗·王风》我生之初尚无庸。《笺》庸,劳也。

又《广韻》和也。《礼·中庸疏》以其记中和之为用也。

又《集韻》愚也。《史记·周勃传》才能不过凡庸。

又岂也。《左传·庄十四年》庸非贰乎。《前汉·文帝纪赐尉佗书》虽王之国,庸独利乎。

又租庸赋法。《唐书·食货志》用民之力,岁二十日,闰加二日,不役者日为绢三尺,谓之庸。

又水庸。《礼·郊特牲》祭坊与水庸事也。《注》水庸,沟也。《疏》坊者所以畜水,亦以鄣水。庸者所以受水,亦以泄水。

又国名。《左传·文十六年》楚灭庸。《注》庸,今上庸县,属楚之小国。

又庸浦,地名。《左传·襄十三年》战于庸浦。

又姓。《姓谱》庸国子孙,以姓为氏。《前汉·儒林传》胶东庸生。

又与鄘通。《前汉·地理志》迁邶庸之民于邑,故邶庸衞三国之诗,相与同风。○按《毛诗》作鄘。

又与墉通。《诗·大雅》因是谢人,以作尔庸。《注》庸,城也。《礼·王制》附于诸侯曰附庸。《注》附庸,小城也。

又与佣通。《前汉·栾布传》穷困卖庸于齐。《注》师古曰:谓庸作受顾也。《司马相如传》与庸保杂作。《注》师古曰庸即谓赁作者保谓庸之可信任者也。考证:〔又与鄘通。《前汉·地理志》迁邶鄘之名于卫邑,故邶鄘衞三国之诗,相与同风。〕谨照原文两鄘字而改庸。名改民。〔《前汉·栾布传》穷困卖庸与齐。〕谨照原文与改于。

又与鏞通。《诗·商颂》庸鼓有斁。《传》大钟曰庸。

又叶于方切,音央。《陈琳·车渠椀赋》廉而不刿,婉而成章。德兼圣哲,行应中庸。

（二）重点含庸词语释义

登庸 dēng yōng（1）选拔任用。《书·尧典》：“帝曰：畴咨若时登庸。”孔传："畴，谁。庸，用也。谁能咸熙庶绩，顺是事者，将登用之。"晋 应贞《晋武帝华林园集诗》："登庸以德，明试以功。"唐 唐彦谦《留别》诗之三："登庸趋俊义，厕用野无遗。"明 方孝孺《袁安卧雪图赞》："登庸三朝，作社稷臣。"明·钱谦益《尚宝司少卿袁可立授奉直大夫》："迨予冲人辟门登庸，犹恐不及。"（2）指登帝位。汉·扬雄《剧秦美新》："臣伏惟陛下以至圣之德，龙兴登庸，钦明尚古，作民父母，为天下主。"《宋书·傅亮传》："高祖登庸之始，文笔皆是记室参军 滕演 。"《北史·高隆之传》："又帝未登庸日，隆之意常侮帝。"清 孔尚任《桃花扇·设朝》："臣伏愿登庸御宇，早继高皇。"（3）指科举考试应考中选。明徐霖《绣襦记·父子萍逢》："领父命长安科试，幸登庸占榜魁。"

采庸：笙的别称。《致虚杂俎》："笙曰采庸。"焦氏易林——21. 噬嗑采庸沫乡，要我桑中。失信不会，忧思约带。

军庸：指军中容车。即载运战死者衣冠、画像等的车。庸，通"容"。唐皮日休《三羞诗》之二："军庸满天下，战将多金玉。"

丰庸：谓五谷丰熟，民食足用。《管子·轻重丁》："齐西水潦而民饥，齐 东丰庸而粜贱。"尹知章注："庸，用也。谓丰稔而足用。"

笙庸：《尚书》云"笙庸以间"，孔以庸为大锺，郑云："庸即《大射》颂，一也。"引《大射》者，证东方之磬为笙，西方之磬为颂之事也。

庸保：旧谓受雇于人充当酒保、杂工等贱役的人。战国时期，土地开始自由买卖，自耕农常因不能维持生活而出卖土地，进入城市当雇工或酒店伙计，为"庸保"之始。《史记·刺客列传》："高渐离变姓名为人庸保，匿作于宋子。"《汉书·栾布传》："穷困，卖庸于齐，为酒家保。"颜师古注："谓庸作受顾也。为保，谓保可任使也。"《北史·乐运传》："少贫贱，为巨鹿富家佣保。"

蚩庸——语出《南齐书·萧遥光传》："萧遥光 宗室蚩庸，才行鄙薄，缇袑可望，天路何阶。"蚩 chī 从虫，之声。本义：蚩虫。喻无知，痴愚：蚩拙（粗俗笨拙）。蚩蚩。古同"嗤"，讥笑。古同"媸"，丑陋。特指如蚩尤霸道：《书·吕刑》。马注："少昊之末九黎君名。"按，郑注："蚩尤霸天下，黄帝所伐者，学蚩尤为此者，九黎之君在少昊之代也，是黄帝擒于涿鹿者。以蚩构词者有：蚩氓?、蚩狞、蚩儜、蚩弄、蚩旗、蚩然、蚩人、蚩辱、蚩妄、蚩尾、蚩吻?、蚩笑、蚩眩、蚩妍、蚩尤城、蚩尤祠、蚩尤旗、蚩尤气、蚩尤神、蚩尤戏、蚩尤血、蚩尤冢、蚩谪、蚩拙、蚩騃、蚩鄙、蚩薄、蚩蚩、蚩蚩蠢蠢、蚩蚩氓、蚩蚩嚚嚚、蚩蚩者、蚩载、蚩恶、蚩陋、诂诂蚩蚩、詅蚩符、氓蚩、扑蚩、妍蚩。上述解释都是历代统治阶级出于政治需要对蚩尤的污篾,对词义的歪曲,而其历史真相为:蚩尤乃一代庸帝,故称"蚩庸"。

颛庸——(1)愚蒙平庸。宋·苏舜钦《荐王景仁启》:"某资虽颛庸,心辄喜善,敢缘世契,上布公言。"(2)指颛顼 zhuānXū ——(前2513—2435)传说中的上古帝王。黄帝之孙,年十岁,佐少昊,二十即帝位,在位七十八年。(3)指颛臾——春秋国名。风姓,相传是伏羲之后。故城在今山东省费县西北。为鲁国的附庸 。将伐颛臾。——《论语·季氏》。又有事于颛臾。同蚩庸一样,颛庸也是一代庸帝。

庸回——汉·王符《潜夫论·明暗》:"共鲧之徒,弗能塞也;靖言庸回,弗能惑也。"章炳麟《驳康有为论革命书》:"共驩四子,于尧皆葭莩姻娅也,靖言庸回,而尧亦不得不任用之。"

徽庸——丰功,伟绩。汉·张衡《司空陈公诔》:"纂禹之跡,导扬徽庸;致训京畿,协和万邦。"汉太祖元嘉九年,诏曰:"古者明王经国,司勋有典,平章以驭德刑,班瑞以畴功烈,铭徽庸于鼎彝,配祫祀于清庙。

考庸——考察任用。《文选·王融〈三月三日曲水诗序〉》:"接礼贰宫,考庸太室。"李周翰注:"庸,用也;太室,明堂也,言考用才能于明堂之宫也。"按,此语原出《书·舜典》:"明试以功,车服以庸。"

流庸(liú yōng)——亦作"流佣"。指流亡在外受人雇佣的人。《汉书·昭帝纪》:"比岁不登,民匮于食,流庸未尽还。"颜师古注:"流庸,谓去其本乡而行,为人庸作。"《宋书·何偃传》:"然淮泗数州,实亦雕耗,流佣未归,创痍未起。"唐·刘禹锡《谢分司东都表》:"闾里获安,流庸尽复。"《明史·赵锦传》:"淮兖数百里,民多流佣,乞宽租徭,简廷臣督有司拊循。"

密庸:暗中显功效。——《列子·周穆王》:"善为化者,其道密庸,其功同人。"张湛注:"取济世安物而已,故其功潜著而人莫知焉。"

殊庸:指特殊的功劳。唐·司空图《故盐州防御使王纵追述碑》:"外训骁雄,内苏疲瘵,殊庸既显,善政亦闻。"

旌庸:表彰有功的人。北周·庾信《请功臣袭封表》:"伏惟皇帝崇德旌庸,兴亡继绝。

谨庸:谓言行敬慎合乎中庸之道。语本《易·干》:"庸言之信,庸行之谨。"孔颖达疏:"庸谓中庸。庸,常也。从始至末,常言之信实,常行之谨慎。"又《礼记·中庸》:"庸德之行,庸言之谨。"郑玄注:"言德常行也,言常谨也。"明·赵南星《许州重修尊经阁记》:"夫郑公之深于道也,于其谨庸、强恕之训知之矣。过于谨庸则非道,离于恕则非仁。"

世庸:世代的功绩。《新唐书·令狐德棻传》:"陛下受禅于隋,隋承周,二祖功业多在周,今不论次,各为一王史,则先烈世庸不光明,后无传焉。"

恒庸:平常,凡庸。汉·王充《论衡·讲瑞》:"是故颜渊庶几,不似孔子;有若恒庸,反类圣人。"

德庸:犹功德,功用。《墨子·尚贤中》:"若昔者伯鲧,帝之元子,废帝之德庸,既乃刑之于羽之郊。"孙诒让间诂:"《左传·襄二十五年》杜注云:'庸,用也。'"

贲庸:(bēn yōng)指帝王居处的大墙。《尚书大传》卷四:"天子贲庸,诸侯疏杼;大夫有石材,庶人有石承。"郑玄注:"贲,大也。墙谓之庸。大墙,正直之墙。"《太平御览》卷一八七引此文作"贲墉"。明·王志坚《表异录·宫殿》:"帝居墙曰贲庸。"

庸蜀:泛指四川、湖湘 。庸、蜀皆古国名。庸在川东大武陵地区,蜀在成都一带,王莽时复称庸部,远古时皆属庸国。《三国志·蜀志·后主传》:"乘间阻远,保据庸蜀 。"唐·杜甫《扬旗》诗:"此堂不易升, 庸蜀日已宁。"宋·王禹偁《寄献鄜州行军司马宋侍郎》诗:" 庸蜀既即叙,出命玉津宰。"《古今乐录》曰:"《惟庸蜀》,言文皇帝既平万乘之蜀,封建万国,复五等之爵也。"惟庸蜀,僭号天一隅。刘备逆帝命,禅、亮承其馀。拥众数十万,阚隙乘我虚。驿骑进羽檄,天下不遑居。姜维屡寇边,陇上为荒芜。文皇愍斯民,历世受罪辜。外谟蕃屏臣,内谋众士夫。爪牙应指授,腹心献良图。良图协成文,大兴百万军。雷鼓震地起,猛势陵浮云。逋虏畏天诛,面缚造垒门。万里同风教,逆命称妾臣。光建五等,纪纲天人。

庸渠:(1)同" 庸讵 "。渠,通"讵"。《庄子·齐物论》:"庸詎知吾所谓知之非不知耶? 庸詎知吾所谓不知之非知耶!"《论毅力》"庸讵之所谓蹇焉、幸焉者,皆彼与我之相同,而其能征服此蹇焉,利用此幸焉与否,即彼成我败所由判也。"晋·潘岳《秋兴赋》:"苟趣舍之殊涂兮,庸詎识其躁静?"宋·王禹偁《故侍御史李公墓志铭》:"邦家之光,庸詎可量?"清·王念孙《读书杂志·荀子六》"岂钜知":"鉅亦岂也。古人自有复语耳。或言岂鉅,或言岂遽,或言庸詎,或言何遽,其义一而已矣。"《隶释·晋张平子碑》:"爰登侍中,则谠言允谐;出相河间,则黎民时雝。庸渠限其所至哉!"章炳麟《訄书·商鞅》:"庸渠若弘汤之徒,专乞哀於人主,借其苛细,以行其佞媚之术者乎!"(2)水鸟名。即水鸡。《文选·司马相如〈上林赋〉》:"烦鹜庸渠。"李善注引郭璞语曰:"庸渠似凫,灰色而鸡脚,一名章渠。"(3)本指庸国人开挖筑造的水渠;借指常年觅食生活庸渠内的一种水鸟。

庸德:(1)常德,一般的道德规范。《礼记·中庸》:"庸德之行,庸言之谨,有所不足,不敢不勉。"《中国近代文论选·读新小说法》:"经,所以正人心,小说亦所以正人心;经,所以明庸德,小说亦所以明庸德。"(2)指普通人的德行。清·袁枚《随园诗话》卷十:"《姬传·姚太史》云:'诗文之道,凡志奇行者易为功,传庸德者难为巧。'"庸人:本指庸国之人,但后来却被国人解释为:无用之人,对人对事糊里糊涂,不辩事非,一生没有作为。何也? 原因是复杂的。有敌对国的污蔑,有正统论的偏见,有腐儒们的遭踏,有霸权者的厄杀,也有庸民们的自扰。

庸人自扰:指自己找麻烦。《新唐书·陆象先传》:"天下本无事,庸人扰之而烦耳。"庸人率群蛮以伐楚即是典型的"庸人自扰",本是自家人,相煎何太急! 结果激起子国不满,酿成军事政变,被楚、巴、秦三大子国分而代之。这就是春秋历史上重大的"三家分庸"事件,比中原"三家分晋",事件早了235年。

注:"周威烈王二十三年—前376年,晋大夫魏斯、赵籍、韩虔废晋静公,将晋公室剩余土地全部瓜分。因此韩、赵、魏三国又被合称为"三晋"。三家分晋是历史上具有划时代意义的重大事件。它是中国奴隶社会瓦解,封建社会确定的标志。

登庸纳揆:登庸:皇帝登基;纳揆:任命宰相。皇帝登基,任命宰相。比喻政权刚刚建立。《隋书·高祖纪》:"登庸纳揆之时,草昧经纶之日。"

靖谮庸回:语言善巧而行动乖违。犹口是行非。同"靖言庸回"。《左传·文公十八年》:"崇饰恶言,靖谮庸回。"杜预注:"靖,安也;庸,用也;回,邪也。"杜注大错! 其实庸回是人名,共工鲧的异称,"靖谮庸回",就是有人图谋不轨地毁谤、攻击共工庸回。汉·王符《潜夫论·明暗》:"共鲧之徒,弗能塞也;靖言庸回,弗能惑也。"清末,章太炎为驳斥康有为保皇理论,澄清人们的思想,宣传革命主张,于光绪二十九年上半年写了一封致康有为的公开信,即著名的《驳康有为论革命书》。《书》曰:"共、骦四子,于尧皆葭莩姻娅(姊妹二人的丈夫互相称谓"娅婿")也,靖言庸回,而尧亦不得不任用之。今其所谓圣明之主者,其聪明文思,果有以愈于尧耶?"

只要找到了路就不怕路远

——《庸国荒史研究》后记

经国内部分学者研究初步证明，古庸国是肇基远古，亡于春秋，地处长江中游，境跨长江两岸，紧邻渝东"巫山人"、滇北"元谋人"、鄂西"建始人"、湘西"石门人"等几大人类化石遗址，拥有四川和洞庭湖两大盆地及江汉平原核心地带，与远古"三苗""百濮"部落先民有直接渊源关系的南方文明古国。"古庸国文明"，是巴楚文化的前身、河洛文明的近祖，华夏文明的基因，是孕育江汉文化、预衍中原文化的母体文化。目前，已有学者提出大胆设想：大庸国是东方古罗马，中国的庞培，相当于罗马称大秦、日本称大和、阿拉伯称大食，认为庸国境内的崇山（舜放驩兜处）很可能是比"夏墟""殷墟"更早的文化遗址，是有待揭开谜底的"庸墟"。

不少专家认为，这是澧沅文化、湖湘文化、荆楚文化、南方文化乃至中华文化研究领域一个值得肯定的大胆设想，它所代表的不仅是地方史研究工作者一份难得的工作激情和追求，更是湖湘文化乃至中华文化研究理念的进步和升华。认定澧水沅江流域文化是古庸国文化的源头，是湖湘文化的起点，古庸国文化是西南文化的核心，巴蜀文化的母体，江汉、河洛文化的前身，中原、华夏文化的远祖并非异想天开。

然而，长期以来，由于我们没有整体规划，没有统一指挥，缺少基础研究，总是在前人已有的那点记录里改换名称，反复捣腾组合，先辈没有涉及的问题仍然没有涉及，先辈没有理清的线索仍然没有理清，先辈没有填补的空白仍然没有填补。结果是麻布上面绣花、沙滩上建房、茅棚里装修，永远出不了精品。如此下去，就是再空喊100年也是枉然，张家界永远摆脱不了没有文化的偏见，深埋历史底层的灿烂文化永远得不到发扬光大，就连现存的那点文化遗产也会随之淡化乃至消亡。

本人是一个长期从事本土历史文化研究的普通工作者，对张家界独特的历史

498

文化现象有一份至爱和痴迷,发现了一些确有价值的历史和文化信息,也有为之奋斗并试图破解历史难题、解开文化谜团、填补历史空白的决心,但苦于学力不足,深感心有余而力不足,有一种看到香蕉摘不着的苦恼和困惑,恰如俗话所说:"没有金钢钻,揽了磁器活。"自己心里非常清楚,要破解张家界历史文化之谜,还历史以本来面貌,光有热情和决心是远远不够的,不仅要有丰富的知识、广博的见识、睿智的胆识,还要有各学科专家团队的参与,靠集体的智慧才能攻克难关,最终打开这座文化宝库的大门。

为此,笔者曾以市政协文史委主任的身份在《中国新经济·创业导报》上发表题为《张家界历史文化呼唤基础性研究》专文,大声疾呼组织开展张家界历史文化研究,引起社会的强烈反响,尤其得到市政协党组和主席会议的高度重视。

2008 年年初,湖南省政协会议期间,周元庭主席撰写《关于系统研究湖湘远古文明,擦亮湖湘文化品牌的建议》提交省政协全会,引起省内高层重视,被评为省政协 6 个优秀提案中的重点提案。同年 4 月 2 日,周元庭主席在全市文史工作会上发表《大胆设想小心求证将大庸文化课题研究引向深入》的重要讲话,促使政协文史委工作重点转向张家界历史文化基础性研究;2009 年 6 月 1 日,市委常委会听取市政协关于加强张家界市历史文化基础性研究工作的汇报,引起市委市政府领导同志的高度重视,形成了市委常委会纪要,并由市委办行文成立了张家界市历史文化基础性研究领导小组,一场漫漫而艰辛探寻古庸国历史的破冰之旅终于现出曙光。2010 年 3 月 31 日,周元庭主席在张家界市历史文化基础究领导小组会议上发表重要讲话,号召全市文史文化工作者充分认识张家界市历史文化基础性研究的重要意义,积极参与课题研究,将研究工作进一步引向深入。

在市委市政府及领导小组的强力推动下,很快即有何光岳、张良皋、伏元杰、罗维庆、唐丽敏、金陵、陈叶红、满祥、金克剑、陈自文、周志家、田奇富、向延振、吴建国、安用甫、龚跃雄、龚建业、向光清、周保林、陈俊勉、李伊忠、于志君、杜登胜、谷娉骅等省内外一批专家教授及文史工作和文史爱好者,积极响应、支持、推动、参与这一前所未有的开创性工作。尤其是金克剑先生,以超乎寻常的热情和力度投入到这一前无古人的研究热潮中。他认为:人生真正重要的是找到那分既有益社会又快乐自己的职业,正如著名院士王选教授所说:"一个献身学术的人,就再也没有权利像先前那样生活了,必然失去以前所能享受的很多快乐,但也必然享受到以前无法享受到的不少乐趣。"正是由于他毅然决然以"失去以前所能享受的很多快乐"为代价,通过整整四年时间的超负荷脑力劳动,苦心孤诣,穷搜极讨,在成功破译"屈原故里在大庸"千古谜底的同时,还连根带土地牵出了"屈氏后庸国"一段隐秘的历史,令人钦佩,亦令人感动。

历史研究千头万绪,任重道远,面面俱到是干不出成绩,显不出亮点的。必须实事求是,一切从实际出发,抓住牛鼻子,选准突破口,有所为,有所不为,做到心往一处想,劲往一处使,以超常的钻研精神一竿子插到底,才能有所感悟,有所发现,有所创造,快出成果。这次市委组织、政协牵头的历史文化基础性研究,既是一次难得的机遇,又是一项庞大而艰巨的系统工程,我们必须抓住机遇,真抓实干,但仅凭一己之力是很难完成预定任务,达到预期目地的。作为课题组直接责任人,工作热情不能降温,研究进程不能减速。自己一定要带好头、服好务、团结课题组一班研究人员搞好交流与合作,力争在专题研究、对外宣传、成果转换几方面都能有所突破,有所创新,做出成绩,做出亮点。苹果只有落在牛顿身上才能产生牛顿定律,砸在牛身上,即使一万次也只能让牛头挨砸!我们一定牢牢记住这句至理名言。

这里,我们课题组也再次提醒自己,一定会多学习,多钻研,多思考,多吸收,多比较,学会钻故纸堆,既钻得进去,又跳得出来,防止读死书,死读书,学会发现史料以外、文字以外的隐形线索和隐形历史。我们提倡出书,但我们坚决反对从资料到资料,从文献到文献的照搬照抄,坚决反对人云亦云炒现饭,粗制滥造堆垃圾!我们一贯倡导的是:找准矿脉,再挖矿藏;挖出煤炭,再做煤球;修好水库,再说发电;种出庄稼,再祈丰收。我们一定会进一步认清形势,围绕中心,服务大局,以更加饱满的热情和更加扎实的作风,继往开来,创造出更多无愧于时代、无愧于历史、无愧于人民的新业绩、新成果,努力开创张家界市文史和历史文化基础性研究工作新局面,为建设文明张家界、文化张家界、和谐张家界、生态张家界做出新的更大的贡献。喜欢的工作不累人,只要找到了路就不怕路远!

然而,历史文化研究,修编志书,从来都是国家工程、政府工程。

至此,笔者再次郑重呼吁市委召开专题会议,专项研究和部署组建张家界历史文化研究院,建立张家界历史文化研究常设机构,迅速成立课题攻关专家小组,对全市历史文化资源和线索进行系统考察和摸底,作出全面具体的总体规划,并将研究经费列入财政预算,形成张家界历史文化研究长效机制,确保课题研究按计划稳步实施和恒久推进。我们充分相信市委市政府会一如既往地高高扛起张家界历史文化基础性研究这面大旗,领导机构一定会升格,支持力度一定会增强,推进步伐一定会提速,研究目标一定会更高,研究内容一定会拓宽,研究队伍一定会扩大!

作为后记,除了表明我门的决心和愿望,还有许多感人的事不能不记,许多感谢的话不能不说。

——五年过去了,五度寒暑易节,五度春秋更替,一千八百多个日日夜夜:我们有过疲惫,但我们没有停歇;我们有过迷茫,但我们没有退缩;我们有过失误,但更多的是收获;我门遇到过阻力,但更多的是给力、鞭策和支持!对于阻力我们会当作蛛丝轻轻抹去,很快淡忘,而对于鞭策和支持却永远铭记在心房!大恩大德无以为报,感激不尽,只有难忘!

忆往昔,难忘伯俊书记亲笔改稿,电话鼓励;小明市长放手支持,大力资助;运田书记当面交流,鞭策给力;元庭主席运智除障,稳健推动;凌之部长亲临指导,长期关注;金铭主任率团访师,聘请顾问;曙华市长听取汇报,畅言协商;德湘主席精心组织,亲理编务;红日主席带队考察,借力助推;刘桂清、陈吉红、张汉清等新老秘书长多方协调,多次助力。

难忘湘省政协文史委长伏主任,森芝副主任审阅书稿,题词肯定。

难忘省社会科学院著名史学家何光岳先生亲审规划,亲撰序文,亲笔题词,亲赴庸城,亲临指导。

难忘鄂省华中科技大学九十高龄的著名史学家,建筑学家张良皋教授通览《庸》《屈》二书,并系统点评,题词作序,给以具体指导和热情鼓励。

难忘中国先秦史学会副会长、中国社科院历史研究所先秦史研究室副主任宫长为,国防大学教授、中国先秦史研究会鬼谷子研究分会会长房立中,中国殷商文化学会秘书长、中国社会科学院历史研究所研究员徐义华,北京大学古博学院特约研究员周大明,中国人民解放军军事科学院研究员王中兴,国家旅游局《中国旅游报》主任、编审史延庭,中华鬼谷子文化研究中心主任翟杰,陕西历史博物馆研究馆员、陕西省政府参事、研究员杨东晨,中国先秦史学会会员,石泉县鬼谷子鬼谷子研究会名誉会长李佩今,新浪陕西政府事业部总监李泰等(未能一一尽书敬请谅解)专家、学者、教授审读全书或纲目。

难忘谷励生、曾祥伟、龚岳雄、龚建业、田奇富、安用甫、刘本银、丁云刚、王章贵、吴明仁、吴扬德、曹开胜等老前辈、老同志无偿寄送或上门提供珍贵文物或文稿资料。

更令人难忘的是,年近八旬、身体虚弱的陈自文老先生及其夫人王姨,他们不图回报、不辞辛劳,连续几十个日日夜夜足不出门,一人精心校稿审稿,一人整日专做后勤保障和健康护理工作。

众擎易举,正是有了领导重视,专家指导,老前辈、老同志的关心厚爱,各委办、各部门的理解支持,我们的工作才得以顺利开展,我们的研究才得以深入进行,我们的丛书才得以成功出版!

芽叶依枝盈盈生,吸乳向阳渐长成。莫道今日枝叶茂,全凭沃野一根深。天时,地利,人和。这是一个干事业的年月,这是一个做学问的季节。我们赶上了一个复兴的时代,我们遇到了一群同心同志的领导、恩师、朋友。让我们一起耕耘,一起期待更多的收获……

李书泰

2012 年报 2 月 8 日凌晨 00:35